Ostpreußen

Land der dunklen Wälder und kristallenen Seen

Ostpreußen

Land der dunklen Wälder und kristallenen Seen

Ost- und Westpreußen, Danzig, das Memelland
und die Provinz Posen in Sagen und Geschichten, Erinnerungen
und Berichten, Briefen und Gedichten

Herausgegeben von
Diethard H. Klein und Heike Rosbach

Weltbild

Das Buch erschien 1989 unter dem Titel
»Ostpreußisches Hausbuch«.

Besuchen Sie uns im Internet:
www.weltbild.de

Genehmigte Lizenzausgabe für Verlagsgruppe Weltbild GmbH,
Steinerne Furt, 86167 Augsburg

Umschlaggestaltung: Atelier Seidel, Neuötting
Umschlagmotiv: Zefa, Düsseldorf
Gesamtherstellung: Clausen & Bosse GmbH,
Birkstraße 10, 25917 Leck
Printed in Germany
ISBN 3-8289-7778-2

2008 2007 2006 2005
Die letzte Jahreszahl gibt die aktuelle Lizenzausgabe an.

Inhalt

Anhang

Vorwort

Ein Heimatbuch in einem besonderen Sinne will dieser Band sein – in bewußter Abhebung von anderen, ähnlichen Titeln nicht nur die Momentaufnahme einer bestimmten Epoche, nicht nur Rückblick auf einen umgrenzten Zeitabschnitt. Er greift vielmehr bewußt sehr viel weiter aus und bringt Berichte und Schilderungen, Stimmungsbilder und Überblicke aus jüngster ebenso wie aus lange vergangener Zeit, wobei Verfasser seit dem vierzehnten Jahrhundert zu Wort kommen, doch ebenso auch Autoren, die in den letzten Jahren die ehemalige Heimat besuchten oder heute noch dort leben.

Zu einer Reise im zweifachen Sinne wollen wir Sie hier einladen – zu einer Reise in die Vergangenheit einerseits, bei der Ereignisse und Atmosphäre älterer und neuerer Zeiten lebendig werden sollen, und einer imaginären Reise anhand der Landkarte, die durch Ost- und Westpreußen, das Memelland und das Gebiet der seinerzeitigen Freien Stadt Danzig und auch in die ehemalige Provinz Posen führt. Ehe wir noch kurz unsere Grenzziehung begründen, stellen wir hier die Reiseroute vor; da wir viel Sorgfalt darauf verwandten, neben den großen Städten auch Orte mit historischer Bedeutung, die als untere Verwaltungszentren so wichtigen Kreisstädte und manch liebenswertes Landstädtchen neben Burgen und Schlössern vorzustellen, neben den viel besuchten und viel besungenen Küstenlandschaften auch berühmte Seen- und Heidegebiete im Landesinneren und manch verträumten Landstrich, an dem das Herz seiner Einwohner hing, wechseln in ihrem Verlauf große Bögen mit bewegtem Zickzack.

Unsere Reise beginnt in Königsberg und führt über die samländische Küste ins Memelland und dann südlich über Tilsit und Stallupönen nach Insterburg und zu den masurischen Seen bis Johannisburg und Ortelsburg, von dort wieder nach Norden über Allenstein, Bischofsburg, Rastenburg nach Heilsberg, Bartenstein, Gerdauen, Friedland, Wehlau und Tapiau. Weiter geht es über Tharau, Preußisch Eylau und Kreuzburg nach Braunsberg und Frauenburg am Frischen Haff, von wo wir uns wieder nach Süden wenden, um über Mühlhausen, Wormditt, Mohrungen, Preußisch Holland, Osterode, den berühmten Schlachtort Tannenberg und Gilgenburg den südlichsten Zipfel Ostpreußens mit Neidenburg und Soldau zu erreichen. Durch das Kulmerland fahren wir in die ehemalige Provinz Posen, wo wir Hohensalza, Bromberg, Nakel, Samotschin und Strelno, den Bischofssitz Gnesen und die Provinzhauptstadt Posen besuchen, ehe es über Neustadt an der Warthe, Lissa, Fraustadt, Birnbaum, Filehne und den ehemaligen Sitz der Provinzregierung für die Grenzmark Posen-Westpreußen, Schneidemühl, ins eigentliche Westpreußen hineingeht. Von dort führt uns ein großer Bogen über Deutsch-Krone, Flatow, Preußisch-Friedland, Landeck, Hammerstein, Schlochau, Konitz und die Tucheler Heide wieder ins Kulmerland und dann über Graudenz, Marienwerder, Riesenburg, Christburg und Marienburg zur Nogat und zur Weichselniederung und über Elbing wieder ans Frische Haff bei Tolkemit. Noch einmal begeben wir uns landeinwärts, nach Dirschau und Preußisch Stargard, um über Berent, Karthaus und Neustadt an der Putziger Nehrung wieder die Ostsee und über Zoppot und Oliva schließlich Danzig zu erreichen.

Neben dem Inhaltsverzeichnis findet man am Schluß des Bandes (ab Seite 540) ein Ortsregister mit den entsprechenden Seitenverweisen sowie (ab Seite 516) ein alphabetisches Autorenverzeichnis mit näheren Angaben und Kennzeichnung der Seiten mit ihren Texten oder Gedichten aufzunehmen.

Und nun ein Wort zu den Grenzen des Raumes, an die wir uns bei der Ortsauswahl für diesen Band gehalten haben. Die Geschichte sollte uns lehren, daß Grenzen immer nur ein Produkt ihrer Zeit sind – das wird gerade auch für das hier behandelte Gebiet deutlich in der Zusammenstellung historischer Daten am Schluß des Bandes (ab Seite 501), auf die hier nachdrücklich verwiesen sei. Da in unserem Buch vielfach auch Texte aus dem neunzehnten Jahrhundert zu finden sind, haben wir als Kriterium für die Aufnahme in diesen Band auch im wesentlichen die Grenzen bis Ende des Kaiserreiches gewählt. In diesem Sinne sind auch die Kreise Deutsch-Krone, Flatow und Schlochau hier aufgenommen, auch wenn sie später verwaltungsmäßig zu Pommern kamen.

Bei den gut 120 alten Illustrationen, die wir aus vielen alten Quellen für diesen Band zusammentrugen, schien es uns gelegentlich richtig, zugunsten eines bestimmten Motivs kleinere Schwächen bei der Reproduktion in Kauf zu nehmen.

Zum Schluß dürfen wir uns ebenso bei all jenen Bibliotheken bedanken, die freundlich und hilfsbereit unsere Sammelbemühungen unterstützten, wie bei allen Verlagen, Verfassern und sonstigen Rechteinhabern, die durch großzügige Erteilung von Abdrucksgenehmigungen wesentlich zum Zustandekommen dieses Bandes beitrugen.

Diethard H. Klein

Preußenland

Nicolaus von Jeroschin

Preußerland also gereiht
Ist geteilet mit Unterscheid
In elf Teil', und der jeglich'
Hat seinen Namen sonderlich,
Nach dem auch geheißen sein,
Die die Lande wohnen ein.
Das erste Teil war Suß genannt,
Löbau und das Kulmerland
Und war wüste allesamt,
Ehe die Brüder lobesam
Des Deutschen Hauses kamen
Und der Preußen Land einnahmen.
Das ander' heißt Pomesanen,
Das dritte Pogesanen,
Ermen man das vierte nennt,
Natangen für das fünft' erkennt,
Das sechste heißet Samen,
Das siebente bei Namen
Geheißen ist Nadrowen,
Und das achte Schalowen,
Sudawen man das neunte pfleit
Zu nennen, und das bei ihm leit,
Das zehnte als wir finden,
Und ist genannt Galinden.
Das elfte Barten nennet man,
Da liegt Blick Barten an,
Dies man nun nennet gemeine
Groß-Barten und das kleine.

Pfleit: pflegt
leit: liegt

Preußen

Aus einem alten Lexikon

Die beiden ersten Regierungsbezirke bildeten ehedem die Provinz Ostpreußen, die letzteren Westpreußen. Einzelne Teile haben bis zur Gegenwart ihre alten Landschaftsnamen erhalten, so das Samland nördlich vom Pregel zwischen dem Kurischen und dem Frischen Haff, Ermland im Osten der Passarge, Natangen zwischen dem Pregel und Ermland, Nadrauen im Norden des Pregel, Schalauen zu beiden Seiten des Niemen, Galinden an der Südostgrenze, Sudauen von Galinden bis zum Niemen, Kulmerland zwischen Weichsel, Drewenz und Ossa, Pomesanien längs der Weichsel bis zur Nogat etc. Der 60 Meilen langen Küste, welche die Danziger Bucht mit dem Nebenbusen des Putziger Wiek bildet, ist die Haffbildung charakteristisch; das größere der beiden Haffs, das Kurische, nimmt den Niemen auf und wird durch die Kurische Nehrung von der Ostsee geschieden; in das Frische Haff strömen der Pregel, die Passarge und die östlichen Mündungsarme des Weichseldelta. Die eigentlichen Tiefebenen beschränken sich auf den Unterlauf der Ströme und sind an der Weichsel, dem Pregel und dem Niemen von besonderer Ausdehnung. Der größte Teil der Provinz wird von dem Plateau des Baltisch-Uralischen Landrückens erfüllt, welcher namentlich in seinen östlichen Teilen eine große Anzahl von Seen trägt und in einzelnen Gegenden sowohl durch seine relativ bedeutenden Höhen wie durch seine tief einschneidenden, steilrandigen Täler einen wirklichen Gebirgscharakter annimmt. Im Westen der Weichsel steigt das Plateau von Karthaus in dem Turmberge (334 m) zu der höchsten Erhebung des ganzen Landrückens in Preußen an, während die Kernsdorfer Höhe (317 m) und der Seesker Berg (313 m) die höchsten Berge Ostpreußens sind. Auf dieser Seenplatte läuft die südliche Grenze der Provinz hin; nur an einer Stelle dringt die polnische Tiefebene in der Form einer Bucht nach Norden in Preußen hinein. Das ist die von der Johannisburger Heide bedeckte Landschaft, eine Gegend voll Urwald und Sumpf mit Sand- und Moorboden und träge dahinziehenden Flüssen. Einzelne Teile des Plateaus sind unfruchtbar, so namentlich die Kreise Ortelsburg, Schlochau, Tuchel und Johannisburg; doch ist ungefähr 2/3 des Bodens gutes Land und die Weichselnie-

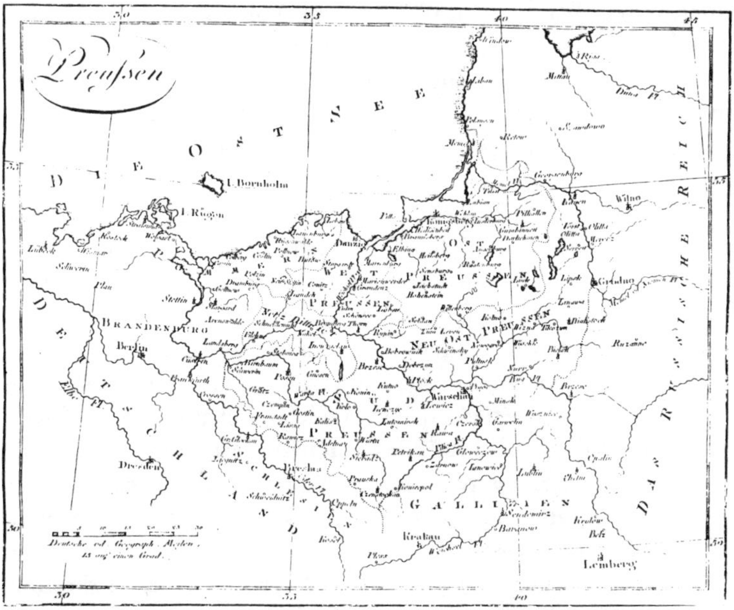

Ostpreußen zu Beginn des 19. Jahrhunderts

derung gehört, soweit sie durch Dämme und Kanäle vor Versandung und Versumpfung geschützt ist, zu den gesegnetsten Gegenden Deutschlands. Die Deutschen, welche 2/3 der Gesamtbevölkerung bilden, sind eingewandert; Litauer sitzen in einer Stärke von 146 800 Seelen in den Regierungsbezirken Königsberg und Gumbinnen und bevölkern vorzugsweise den Nordosten der Provinz. Die Slaven Preußens sind den Polen verwandt und verteilen sich mit 163 300 Seelen auf den Regierungsbezirk Gumbinnen, mit 181 500 auf Königsberg, mit 290 000 auf Marienwerder und mit 140 500 auf Danzig. Von ihnen bewohnen die größtenteils evangelischen Masuren die kalten, feuchten, sandigen Landschaften im Südosten der Provinz, die meist katholischen Kassuken die Gegenden im Westen von Danzig. Der Konfession nach bestand 1871 die Bevölkerung Preußens aus 2 202 913 Evangelischen, 874 579 Katholiken, 41 057 Israeliten und 18 952 Anhängern christlicher Sekten; unter letzteren waren 11 683 Mennoniten und 4682 Baptisten. Die wichtigste Beschäftigung der Bewohner ist die Landwirtschaft; von dem Gesamtareal der Provinz sind 48,6 Prozent Ackerland,

19,3 Prozent Waldungen, 10,8 Prozent Wiesen, 10,2 Prozent Weiden. Ein Hauptausfuhrartikel ist Weizen; Roggen und Gerste werden in großer Ausdehnung angebaut, die Heidelandschaften kultivieren viel Buchweizen. Aus dem Ermland kommen bedeutende Quantitäten Flachs. Die trefflichen Weiden begünstigen außerordentlich die Viehzucht. Von der größten Bedeutung ist die Zucht von Pferden, welche namentlich durch das große Hauptgestüt von Trakehnen befördert wird; 1873 wurden in der ganzen Provinz 541 510 Pferde gezählt, so daß auf je 10 Quadratkilometer 87 Stück kommen, mehr als in irgendeiner anderen preußischen Provinz. Auch die Zucht von Schafen und Rindern hat große Ausdehnung und der in der Provinz produzierte Käse einen guten Ruf. Zahlreich sind die Bienenstöcke in den Heidelandschaften. An der Meerfischerei beteiligten sich 1872 86 Ortschaften mit 2975 Fischern und 1222 Fahrzeugen; außerdem liefern aber auch die Flüsse und Seen große Quantitäten trefflicher Fische. Von den Wäldern, welche 227 Quadratmeilen bedecken, sind 52,2 Prozent fiskalisch. Unter den Jagdtieren ist das Elentier, das in Ostpreußen noch vorkommt, besonders charakteristisch. Von den mineralischen Produkten des Landes ist der Bernstein nennenswert. Die Industrie ist gering und beschränkt sich vorzugsweise auf Königsberg und Danzig.

Aus der Geschichte. Die ersten Versuche, die heidnischen Preußen (Borussi, Prussi), einen den Litauern verwandten Volksstamm, zum Christentum zu bekehren, machte Bischof Adalbert von Prag, welcher 997 an der Mündung des Pregel seinen Tod fand; zehn Jahre später fiel auch der Mönch Bruno als Opfer seines Glaubenseifers, und erst 1170 gelang es dem Mönch Christian, das Kloster Oliva bei Danzig zu gründen und zum Schutze des Christentums den Orden der Ritterbrüder von Dobrin zu stiften, der aber, selbst zu schwach, sich 1235 mit dem Deutschen Orden vereinigen mußte. Boleslaw Chrobri, der Polenherzog, hatte zuerst (1015) die Preußen zur Unterwerfung gebracht, doch vermochten seine Nachfolger nicht, die polnische Oberhoheit über dieses Volk zu behaupten; Boleslaw IV. ward 1161 von demselben vollständig geschlagen und 1206 sogar Masovien zur Tributleistung gezwungen. Herzog Konrad von Masovien rief deshalb den Deutschen Orden zu Hilfe und übergab ihm 1226 das Kulmerland, Löbau und alle in Preußen zu machenden Eroberungen. Darauf kam 1228 Hermann Balk mit einer kleinen Anzahl von Ordensmitgliedern in das Land, sah aber bald seine Scharen wachsen und konnte 1231 von Masovien aus über die Weichsel gehen. Das Kulmerland ward erobert und Städte wie Thorn, Graudenz und Marienburg teils neu begründet, teils vergrößert und befestigt; durch die Schlacht an der Sorge 1234 kam Pomesanien unter die Herrschaft des Ordens, der nun sein Gebiet bis zum Haff ausbreitete, 1237 Elbing gründete und von da aus auch Pogesanien der deutschen Herrschaft und dem Christentum gewann. Durch die Vermittelung des Papstes, der 1234 den Orden mit Preußen belehnt hatte, schlossen sich die Schwertbrüder in Livland 1237 an die Deutschen Ritter an und deren Macht erstarkte wesentlich auch dadurch, daß sich auf den von ihnen eroberten Landesteilen zahlreiche polnische und deutsche Kolonisten niederließen. Ein Kreuzheer, das 1239 der Braunschweiger Herzog Otto das Kind gegen die aufständischen Preußen in das Land führte, unterwarf Warmien, Natangen und das Barterland und gründete dort feste Burgen. Als aber der Herzog Suantepolk von Hinterpommern, der seine Residenz in Danzig hatte, 1241 sich mit den Preußen verband, erhob sich das ganze Land wieder, und erst 1249 ward es dem Orden möglich, die Preußen wieder zur Unterwerfung zu bringen. Die Burg Memel ward 1252 gegründet, 1253 das Barterland aufs neue unterworfen und von dem Böhmenkönig Ottokar, der 1255 ein Kreuzheer in das Land führte, die Samländer besiegt und Königsberg gegründet. Darauf kam 1275 Nadrauen,1276 Schalauen, 1277 Pogesanien und 1283 Sudauen unter die Ordensherrschaft, und mit derselben erhielt auch die deutsche Sprache und Kultur eine immer größere Ausdehnung. Das Christentum ward aber durch die Gründung der Bistümer Kulm, Pomesanien, Ermland und Samland befestigt. Der Hochmeister des Deutschen Ordens verlegte 1309 seine Residenz nach der Marienburg, die 1275 gegründet und 1306 ausgebaut worden war, und ein Jahr später bewog der Orden den Markgrafen Waldemar von Brandenburg, seine Ansprüche auf die westlich der Weichsel gelegenen Gebiete an ersteren abzutreten, und in dem ersten Jahrzehnt des fünfzehnten Jahrhunderts dehnte er seine Herrschaft im Westen bis an die Oder aus. Die glänzendste Periode der Ordensgeschichte bildet die Verwaltung des Hochmeisters Winrich von Kniprode (1351–82). Nach dessen Tode ging es mit der Macht des Ordens abwärts. In dem seit 1386 vereinigten Reiche der Litauer und Polen entstand ihm ein gewaltiger Feind, dem er in der Schlacht bei Tannenberg (15. Juli 1410) erlag. Der Friede von Thorn (1411) und spätere Kriege mit Polen rissen beträchtliche Gebiete von dem Ordenslande los, und innere Kämpfe verheerten Preußen. Dem Kurfürsten von Brandenburg mußte 1456 die Neumark überlassen werden, in demselben Jahre kam auch die Marienburg mit 23 anderen Schlössern für 436 000 Gulden an König Kasimir von Polen, und 1466 ward Westpreußen und ein Teil Ostpreußens an Polen abgetreten, für den Rest des Ordenslandes aber die Oberlehnshoheit des polnischen Königs anerkannt. Der dreizehnjährige Krieg hatte das Land zu einer Wüste gemacht. Um die verlorene Selbständigkeit wiederzugewinnen, wählte der Orden 1498 den Herzog Friedrich von Sachsen zum Hochmeister, der auch bis zu seinem Tode die Huldigung an den König von Polen zu verzögern wußte; sein Nachfolger, der Markgraf Albrecht von Brandenburg-Ansbach, ließ es deshalb sogar zum Kriege mit Polen (1519–21) kommen, mußte aber 1525 im Vertrage zu Krakau doch die polnische Lehnshoheit anerkennen, worauf ihm von Polen Preußen als weltliches und erbliches Herzogtum übertragen wurde. Unterdessen hatte die Reformation in Preußen Eingang gefunden; Albrecht selbst trat zum Luthertum über und vermählte sich mit einer dänischen Prinzessin. Zwar wurde der Herzog 1532 vom Kaiser in die Acht erklärt, doch blieb es bei den Worten. Für den Fall, daß die fränkische Linie ausstürbe, erlangte Brandenburg 1569 die Erbberechtigung und schon jetzt die Mitbelehnung. Mit dem Aussterben des herzoglichen Hauses in Preußen 1618 trat Brandenburg diese Erbschaft an, vorläufig noch unter Anerkennung der Lehnshoheit Polens; 1657 ward aber auch dieses Verhältnis zu Wehlau aufgehoben.

Niemen: Memel
Meile (preuß.): Längenmaß (7,532 km)
Plateau: Hochebene
Israeliten: Juden
Mennoniten: Sekte des Menno Simons (1496–1561), die unter anderem die Erwachsenentaufe praktizierte
Baptisten: gemeinsamer Name für alle christlichen Sekten, welche die Kindertaufe ablehnen und nur die Erwachsenentaufe anerkennen
fiskalisch: hier: vom Staat verwaltet
Elentier: Elch
Acht: Ausschluß aus der Rechtsgemeinschaft; der Betroffene verliert all seine Rechte

Altstadt, Kneiphof und Löbenicht in Königsberg

Ludwig von Baczko

Die *Altstadt* wurde 1266 angelegt, hieß anfänglich die Stadt Königsberg, bis sie zum Unterschiede des Löbenichts oder der Neustadt den gegenwärtigen Namen erhielt. Sie war vormals mit hohen Mauern und acht Türmen umgeben und hatte jetzt abgebrochene Tore. Von den Mauern sind jetzt noch einige Spuren übrig, die nach dem Pregel führen; von den Türmen der neue Turm, unweit dem Junkerhofe, vormals das Zeughaus der Altstädter und jetzt ein Gefängnis. Der Raum in diesem Teile der Stadt ist so enge und die Bauplätze so beschränkt, daß es fast unmöglich ist, Gebäude von

Königsberg

einigem Ansehen aufzuführen. Aber die innere Einrichtung der Gebäude gewinnt unaufhörlich, und man findet daher nicht selten Zimmer, die das Äußere der Häuser nicht erwarten läßt.

Von publiken Gebäuden sind zu merken: die altstädtische Kirche, bei der ein Pfarrer und drei Diakonen stehen. Sie wurde wahrscheinlich 1265 erbaut und allmählich vergrößert und erweitert, bis sie zwischen den Jahren 1504 bis 1537 ihre heutige Gestalt erhielt. Der Turm wurde im Jahr 1556 vollendet; erhielt 1710 eine neue Spitze, und der im Jahr 1754 herabgefallene Knopf wurde im nämlichen Jahre wieder aufgebracht. Sie ist im Innern 85 Ellen lang und die größte Höhe des dreifachen auf sechzehn Pfeilern ruhenden Gewölbes beträgt 27 1/2 Ellen. Die im Jahr 1763 durch den Orgelbauer Casparini vollendete Orgel ist die größte und stärkste in Königsberg und enthält 76 Züge. Alle drei Klaviere können schnell gekoppelt und mit allen Stimmen und Zügen ohne Mißlaut zugleich gespielt werden. Vor der Reformation enthielt diese Kirche ein hölzernes wundertätiges Marienbild, welches noch der Taufe gegenüber hängt, und einen St.-Georgen-Altar, dessen Besuchung ein päpstlicher Ablaß beförderte, und noch werden in der Sakristei verschiedene Meßgewänder vorgezeigt.

Die altstädtsche Schule wurde schon 1376 gestiftet, das gegenwärtige Schulgebäude 1595 eingeweiht.

Das altstädtsche Rathaus erhielt vormals den samländischen Landkasten, die Akzise und das Ober-Appellationsgericht und ist gegenwärtig der Sitz des Stadtgerichts und Braukollegiums. Der Bau des gegenwärtigen Gebäudes ist 1750 angefangen und 1773 vollendet. Auf dem Rathause befindet sich die Ratsbibliothek und unter demselben die Stadtwaage, der Ratskeller und die Stadtwache.

Der Junkergarten oder Artushof war schon im vierzehnten Jahrhundert. Das jetzige Gebäude wurde zwischen den Jahren 1708 und 1710 erbaut. Mit ihm ist der im Jahr 1711 erbaute Junkergarten in Verbindung. In beiden sind zwei Abteilungen: der Kannenwinkel; sein Wappen ist eine Kanne über und eine unter zwei kreuzweis liegenden Schlüsseln, und der Hölkenwinkel, der seinen Namen vielleicht vom plattdeutschen Wort Holke oder Hölke (Boot) erhielt. Er hat ein Schiff zwischen zwei Bootshaken zum Wappen. Ersterer hat acht, letzterer sechs Vorsteher aus den Großbürgerzünften. Vormals gehörten zu ersterm Kaufleute und Großbürger, zu letzterm die Gildefischer. Beide führten besondere Brüderbücher, worin sich auch die Namen fürstlicher Personen befanden, deren manche den Junkerhof mit Schilden beschenkten. Die Gildeschiffer können hier noch am Johannistage ein Gastmahl, auch die Hochzeiten ihrer Töchter ausrichten, welches sonst nur Standespersonen und Großbürgern erlaubt ist. Überhaupt dient der Junkerhof zu den Festlichkeiten, der Junkergarten zu den Versammlungen der Großbürger. Beide Gebäude werden alle vier Jahre neu verpachtet, und jeder altstädtsche Großbürger zahlt bei seiner Aufnahme sechs Taler zur Unterhaltung, die durch vier von den Vorstehern, die Bauherren heißen, besorgt wird; und alle vier Jahre bei einer Festlichkeit, die Morgensprache heißt, werden die Vorsteher gewählt. Im Junkergarten ist ein Springbrunnen; auch läuft hier das Wasser aus einem metallenen Kran in ein steinernes Behältnis. Die hier befindlichen Krambuden werden nur während des Jahrmarkts vermietet.

Der *Kneiphof*, eine Insel, die zuerst Voigtswerder, nachher Pregelmünde hieß, wurde bei seinem Anbau durch Pfähle von Ellernholz, die durch die Länge der Zeit eine außerordentliche Festigkeit erhielten, zur Tragung der Gebäude vorbereitet. Die Langgasse wurde 1324, hierauf die Brot- und Fleischbänkengasse und nachher die Domkirche 1332 erbaut. Von den Mauern, Türmen und Toren, welche diese Insel vormals umgaben, hat sich das Kitteltor, welches, weil es nach dem Schlacht-, vormals Kittelhofe führt, seinen Namen erhielt, doch in der veränderten Gestalt erhalten, daß jetzt Zimmer darüber erbaut sind, die zu dem daran stoßenden ansehnlichen Hause des Kaufmann Herrn Abeg gehören; das Langgassen- oder grüne Tor, welches 1592 erbaut und 1688 und 1770 erneuert wurde. Die kleinen Gassen, welche aus der Langgasse nach dem Wasser führen, sind auch noch zum Teil durch Bogen geschlossen, worüber aber Zimmer führen, die zu den benachbarten Häusern gehören; und durch ein solches Tor kommt man auch aus der Neustadt in die Langgasse.

Der Bau der Domkirche wurde 1332 vom Hochmeister Luderus von Braunschweig angefangen, der Bau des Chors durch den Bischof Jakob und durch den sechsten Bischof Bartholomäus mit Hilfe von Ablaßgeldern befördert. Sie erhielt, da Georg von Polenz sich zuerst von allen katholischen Bischöfen für Luthern erklärte, als ersten lutherischen Prediger den Georg Brißmann, der am 27. September 1523 seine Antrittspredigt hielt. Die Domherren entfernten sich aus Preußen. Markgraf Albrecht verlieh die Kirche 1528 den Einwohnern des Kneiphofs und setzte ihr durch sein Testament ein jährliches Einkommen von 100 Gulden aus. Die Kirche wird in das fürstliche Begräbnis, den Chor und die Kirche geteilt; ist 155 Ellen lang, 56 Ellen breit und 30 Ellen hoch und ruht auf zwölf steinernen Pfeilern. Der im Jahr 1544 am 13. März abgebrannte Turm wurde in den

Jahren 1552 und 1553 wieder erbaut. Er ist 210 Fuß hoch; der Knopf faßt 85 Stof. Die größte Glocke hat 10 1/2 Ellen im Umfange, drei in der Tiefe und 3 1/4 Ellen in der Breite. Rechter Hand unter dem Turme ist die 1620 gestiftete Prediger-Bibliothek, und in zwei Zimmern des Turms befindet sich seit 1650 die Wallenrodsche Bibliothek. Der heutige Altar ist 1591 erbaut und 1696 erneuert, die Taufe 1595 und die steinerne Kanzel 1589 errichtet.

In der Kirche selbst sind bemerkenswert das Denkmal des preußischen Rats von Heidenstein; das aus Stein gehauene Denkmal des Hof- und Legationsrats Reyer, zwei Epitaphien der Ritter des

Der Dom zu Königsberg

Deutschen Ordens, Moritz Knöbl und Sigismund von Zichow, in Form runder Schilde. Unter den Gemälden verdient das Denkmal des Isingius und eine Kreuzigung bei dem Denkmal des Ratsverwandten Büttner, das Gemälde eines Frauenzimmers bei dem Denkmal der beiden Söhne des Georg Sabinus und das Denkmal des Johann von Nimitz bemerkt zu werden. Noch befinden sich teils in der Kirche, teils im Chor die Epitaphien verschiedener preußischen Gelehrten, zum Beispiel des Bischofs Morlinus, des Doktor Lösel und des blinden Magister Schönberger und anderer mehr.

Das akademische Gebäude oder Collegium Albertinum besteht aus zwei Hauptabteilungen, dem neuen und alten Collegium. In letzterm befinden sich an der Ostseite das große Auditorium und das Versammlungszimmer des Senats; an der Außenseite aber unter dem in Stein gehauenen Wappen der Akademie das schwarze Brett, woran die Sachen, welche bei der Akademie bekannt gemacht werden, des Sonntags angeheftet werden. Den nördlichen Teil des alten Collegiums, der die Wohnung des Ökonomus, des Subinspektors und das philosophische Auditorium, welches zugleich der Speisesaal der Konviktoristen ist, enthält, erbaute Anna Dorothea, die erste Gemahlin des Herzogs Albert, von ihrem Leibgedinge.

Die alte Börse wurde 1624 erbaut. Ihr Eingang war von der grünen Brücke. Sie stand auf Pfählen; und da die Schiffer im Sommer von allen Seiten anlegen konnten, so entstand hieraus die Erzählung, daß die Kaufleute ihre Geschäfte mit den Schiffern von der Börse abredeten. Das an die Stelle des abgebrochenen neu errichtete Börsengebäude steht gleichfalls auf Pfählen, worüber ein starker Holzverband liegt, und auf diesem steht die gleichfalls aus Holz erbaute Börse. Sie ist ein längliches Viereck und hat an beiden Giebelseiten einen Portikus von sechs freistehenden ionischen Säulen, die ein Fronton tragen, welches die ganze Breite des Gebäudes einnimmt. In diesen Giebelseiten sind die Eingänge, der eine von der grünen, der andre von der Seite der Kittelbrücke, aus der man durch eine seitwärts angebaute große Freitreppe über den Gang am Bollwerke unmittelbar in das Gebäude der Kaufmannsressource gehen kann. Die beiden langen Seiten sind bloß mit großen Fenstern und darüber liegenden Mezzaninen verziert. An der langen Seite der Tränke gegenüber ist über einer kleinen Risalite ein Fronton, in dem die Wappen der drei Städte Königsbergs angebracht sind. Das Ganze ist mit einem hohen Bohlendache bedeckt; die Wände sind mit Dielen bekleidet und mit brauner Steinfarbe angestrichen, und dieses ist auch die Farbe der aus neun Balken zusammengesetzten und mit Blech überzogenen Säulenstämme; und die lichte Farbe, womit die Kapitelle, Simse und Zieraten an den Giebeln angemalt sind, nimmt sich auf dem braunen Grunde vorteilhaft aus. Das Innere bildet einen großen hellen blau und weiß dekorierten Saal, dessen Decke aus halb kreisförmigen verschalten Bohlenbogen besteht. In den Ecken sind kleine Kabinette abgeschnitten, welche teils für die Makler bestimmt sind, teils Treppen auf die an den schmalen Seiten des Saals in der Höhe angebrachten Balkons enthalten, und die ganze innere Einrichtung hat ein sehr heitres gefälliges Ansehen.

Der *Löbenicht,* vormals Neustadt, grenzt gegen Abend an die Altstadt, gegen Mitternacht an die Burgfreiheit, gegen Morgen an den Pregel und gegen Mittag an den Sackheim. Von seinen vormaligen Toren steht nur noch das Mühlentor gegen das Schloß und das Krönchentor gegen den Anger. Die Gestalt des ganzen Löbenichts aber hat sich durch den Brand seit 1764 sehr verändert. Zwar konnte die Langgasse, da jeder Eigentümer das alte Fundament benutzen wollte, nur um etwas breiter und gerader werden. Die Häuser, durchgehends mit schmaler Fronte und großer Tiefe, haben, da sie zum Teil Brauhäuser sind, im Innern hindurch manche Unbequemlichkeit. Da sie aber drei, manche selbst fünf Stockwerk hoch sind, die Giebel durch hohe Attiken verdeckt werden, die Häuser große Fenster und lichten Abputz haben, so fällt die Straße dennoch gut ins Auge. Auf dem Teil, welcher der Berg heißt, liegt die Kirche, vor der Reformation der heiligen Barbara geweiht. Turm und Orgel verbrannten 1695, da der Blitz in den Turm schlug; und im Jahr 1707 wurden durch das während der Beichtvesper einstürzende Gewölbe verschiedene Personen getötet oder beschädigt. Die im Jahr 1764 abgebrannte und 1776 wieder eingeweihte Kirche ist eine Kreuzkirche, deren Länge und Breite 102, die Höhe 42 Fuß beträgt.

Publik: öffentlich
Elle (preuß.): Längenmaß (0,666 m)
Ablaß: kirchlicher Nachlaß von Sünden
Akzise: Steuerbehörde
Ober-Appellationsgericht: Gericht dritter Instanz
Johannistag: 24. Juni
Ellernholz: Erlenholz
Luther, Martin (1483–1546), Kirchenreformator

Markgraf Albrecht (1490–1568), letzter Hochmeister des Deutschen Ordens und erster Herzog von Preußen
Fuß (preuß.): Längenmaß (0,313 m)
Stof: vermutlich ist Stopa gemeint (poln. Maß – 0,288 m)
Epitaphien: Totengedenktafeln
Sabinus, Georg (1508–1560), Gelehrter und Dichter
Auditorium: Hörsaal
Ökonomus: Verwalter
Konviktoristen: Bewohner eines Wohnheims
Leibgedinge: Unterhalt auf Lebenszeit
Portikus: Säulenhalle als Vorbau
ionisch: altgriechischer Baustil
Fronton: Frontispiz, Giebelteil über einem Gebäudevorsprung
Mezzanin: niedriges Zwischengeschoß
Risalit: senkrecht durchgehender, vorstehender Gebäudeteil
Kapitelle: oberer Säulenabschluß
Abend, Mitternacht, Morgen, Mittag: Westen, Norden, Osten, Süden
Fronte: Vorderseite
Attiken: Aufsätze über dem Hauptgesims eines Gebäudes

Rechte Heiratskunst

Simon Dach

Alle, die ihr freien wollt,
Merkt, wie ihr euch halten sollt,
Sintemal die Eh' ohn' Zwist
Gottes hohe Stiftung ist,
Über die er in der Welt
Noch gestreng und heilig hält.

Räumt euch keiner Lustseuch' ein,
Bleibt von aller Unzucht rein,
Euer Herz sei Tag und Nacht
Durch der Keuschheit Schutz bewacht,
Ruft, wie sehr ein jeder kann,
Gott um Unschuld herzlich an.

Flieht der Jugend Müßiggang,
Scheuet keinen Arbeitszwang,
Lernt aus aller Zeiten Not
Ehrlich werben euer Brot,
Und beileibe stellt den Mut
Nicht nur auf ererbtes Gut.

Freit in das Geblüte nicht,
Habt die Tugend im Gesicht,
Reich- und Schöne-Sein vergeht,
Nur der Tugend Gut besteht;
Sucht ein Mensch, das euch an
Sinn und Sitten ähnlich sei. [Treu,

Was euch Gott alsdann beschert,
Schätzt als seine Gab' es wert,
Wißt, daß ihr auf Lieb' und Leid
Selb's von ihm verknüpfet seid,
Der euch fügt so fest und wohl,
Daß kein Mensch euch lösen soll.

Tragt einander mit Geduld,
Niemand lebt doch außer Schuld;
Glaubt nicht einem jeden Traum,
Gebt dem Satan nirgends Raum.
Stört ein Windchen eure Ruh, [zu.
Mault nicht, sprecht euch wieder

Steigt ein Kreuz-Gewitter auf,
Haltet im Gebet zuhauf,
Hilft euch Gott nicht alsobald,
Werdet nicht verzagt und kalt;
Harret sein, es kömmt die Zeit,
Daß er euch nach Wunsch erfreut.

Solcher Art wird auch die Eh'
Schaffen ein geringes Weh;
Gott wird seine Gnadenhand
Recken über euer Band,
Und das Eurig' ingemein
Stets gesegnet lassen sein.

Sintemal: weil, zumal

Das Schloß im 16. Jahrhundert

Gustav Theodor Hoffheinz

Die derzeitige Beschaffenheit des heutigen Schloßberges ist aus den vorhandenen Stadtplänen nicht ganz deutlich, jedoch so viel zu ersehen, daß der erst im Jahre 1700 verschüttete Schloßgraben noch vorhanden war. Der Weg von der Altstadt durch das Schmiedetor zieht sich, wenig höher, als die Sohle des Schloßgrabens hart an der rechten Seite an der Kaserne aufwärts und ist von beiden Seiten von Mauern eingeschlossen, über welche sich zwei Tore wölben – das erste am Hause des Regiments-Kommandeurs der Kürassiere, das zweite am Hause des Dr. Hirsch. Durch letzteres gelangt man auf den Schloßteichsdamm. Rechts neben diesem Wege unmittelbar am Schlosse ist der eigentliche Schloßgraben, über welchen eine Brücke in das östliche Portal führt. Den Platz, auf welchem einst das erste Schloß stand (Kaserne), nahmen die herzoglichen Stallungen ein, und er hieß der Roßplatz. Um ein Bild von der östlichen Fassade des Schlosses zu gewinnen, haben wir zuerst das die ganze Gegend verunstaltende Haus des Regierungs-Baurats wegzuräumen, so daß der achteckige Turm an der nordöstlichen Ecke völlig zur Geltung kommt, den wir aber mit einem laternenartigen Aufsatz geziert uns denken müssen. Sodann beseitigen wir den ganzen südöstlichen Flügel und setzen an dessen Stelle einen Bau, ähnlich dem Teile, worin die Hauptwache befindlich, ebenfalls mit einem Vorbau versehen. Stellen wir nun noch einen dritten, und zwar runden Turm in die Ecke neben der Hauptwache, so sehen wir von dieser Seite das Schloß in seiner damaligen Gestalt. Der nördliche Flügel wäre bis auf den modernisierten Teil, worin das Tribunal seinen Sitz hat, wohl ziemlich unverändert, nur daß die Weinbude fehlt. Der westliche Flügel, die Schloßkirche ist am Ende des sechzehnten Jahrhunderts von Grunde aus neu erbaut. Die beiden großen runden Türme an der Außenseite nord- und südwestlich hatten nicht das unförmliche Zeltdach, sondern einen höheren sechsseitigen Aufsatz, und an der Innenseite stand dem schlanken, runden Treppenturme mit dem Aufgange zum Konsistorium entsprechend ein gleicher runder Turm in der Ecke am Schloßturm. Drei reich dekorierte Frontispize gaben diesem Flügel an der Innenseite nach damaligem Geschmack ein vorzügliches Ansehen. Der südliche Flügel hat seit jener Zeit wohl kaum eine bemerkenswerte Veränderung im Äußern erlitten. An der Fronte nach dem Altstädter Markt standen zwei schlanke Türme, deren Spitzen jedoch nicht über den First des Schlosses hinausragten. Im Schloßhofe selbst befindet sich ziemlich in der Mitte, jedoch mehr östlich, ein sehr tiefer, gemauerter Brunnen mit einer steinernen Umfassung und mit einer zehn Fuß hohen Säule, auf welcher die Statue des Mars steht. Aus vier Röhren ergießt sich das Wasser ohne Unterbrechung.

Kürassiere: gepanzerte Reiter
Konsistorium: Verwaltungssitz der protestantischen Kirche
Frontispize: Giebel über einem Gebäudevorsprung
Mars: römischer Kriegsgott

Was wäre Königsberg ohne seinen Schloßteich?

Theodor von Kobbe

Wir waren durch den östlichen Flügel des Schlosses an der Hauptwache und der Statue Friedrichs I. vorbei in die Französische Gasse gezogen, von wo wir durch das Haus eines Freundes auf den

Schloßteich gelangten. Was wäre Königsberg ohne seinen Schloßteich? Dieses stille grüne Gewässer, das auf höchst anmutige Weise von hohen ehrwürdigen Linden und Kastanien, freundlichen Gärten, Altanen und Lauben eingeschlossen ist, weckt und nährt zum guten und besten Teil die zarten und poetischen Gefühle der Bewohner Königsbergs. Hier liegt eine kleine warme Gemütswelt mitten in der großen kahlen Region des Verstandes. Hier erhält an schönen Sommerabenden der Nordbewohner eine leise Ahnung von dem Leben im Süden. Hier schwärmen die Verliebten; hier schwimmen Schwäne; hier scheint der Mond am schönsten; hier jagen Königsbergs Lyriker nach Bildern und Gedanken.

Unsere Fahrt war eine der schönsten und begünstigsten, die wohl jemals auf dem Schloßteich gemacht wurden. Die Nacht herrlich, klar und warm, wie selten. Unser Sängerchor, namentlich unser Männerquartett, meisterhaft und fast leidenschaftlich zum Singen aufgelegt. Der Schloßteich belebte sich immer mehr; eine Gondel nach der andern stieß vom Ufer, eine kleine Flottille bildete sich förmlich, und der Strahl des Mondes beleuchtete manche liebliche Frauengestalt, die mit kleinen weißen Händen unsern Sängern Beifall klatschte.

Altane: balkonartige Anbauten

Gott des Himmels und der Erden

Heinrich Albert

Gott des Himmels und der Erden,
Vater, Sohn und Heil'ger Geist,
Der es Tag und Nacht läßt werden,
Sonn' und Mond uns scheinen heißt,
Dessen starke Hand die Welt
Und was drinnen ist, erhellt,

Gott, ich danke dir von Herzen,
Daß du mich in dieser Nacht
Für Gefahr, Angst, Not und Schmerzen
Hast behütet und bewacht,
Daß des bösen Feindes List
Mein nicht mächtig worden ist.

Laß die Nacht auch meiner Sünden
Jetzt mit dieser Nacht vergehn,
O, Herr Jesu, laß mich finden
Deine Wunden offen stehn,
Da alleine Hilf' und Rat
Ist für meine Missetat.

Hilf, daß ich mit diesem Morgen
Geistlich auferstehen mag
Und für meine Seele sorgen,
Daß, wenn nun dein großer Tag
Uns erscheint und dein Gericht,
Ich davor erschrecke nicht.

Führe mich, o Herr, und leite
Meinen Gang nach deinem Wort,
Sei und bleibe du auch heute
Mein Beschützer und mein Hort.
Nirgends als von dir allein
Kann ich recht bewahret sein.

Meinen Leib und meine Seele
Samt den Sinnen und Verstand,
Großer Gott, ich dir befehle
Unter deine starke Hand;
Herr, mein Schild, mein Ehr' und Ruhm,
Nimm mich auf, dein Eigentum.

Deinen Engel zu mir sende,
Der des bösen Feindes Macht,
List und Anschlag von mir wende
Und mich halt' in guter Acht,
Der auch endlich mich zur Ruh
Trage nach dem Himmel zu.

Die Bibliothek der Palmbäume

E. T. A. Hoffmann

Eines Tages, als Anselmus mit dem Glockenschlag zwölf bereits die Treppe hinaufgestiegen, fand er die Tür, durch die er gewöhnlich hineingegangen, verschlossen, und der Archivarius Lindhorst erschien in seinem wunderlichen, wie mit glänzenden Blumen bestreuten Schlafrock von der andern Seite. Er rief laut: »Heute kommen Sie nur hier herein, werter Anselmus, denn wir müssen in das Zimmer, wo Bhogovotgitas Meister unsrer warten.« Er schritt durch den Korridor und führte Anselmus durch dieselben Gemächer und Säle, wie das erstemal. – Der Student Anselmus erstaunte aufs neue über die wunderbare Herrlichkeit des Gartens, aber er sah nun deutlich, daß manche seltsame Blüten, die an den dunkeln Büschen hingen, eigentlich in glänzenden Farben prunkende Insekten waren, die mit den Flüglein auf und nieder schlugen und, durcheinander tanzend und wirbelnd, sich mit ihren Saugrüsseln zu liebkosen schienen. Dagegen waren wieder die rosenfarbnen und himmelblauen Vögel duftende Blumen, und der Geruch, den sie verbreiteten, stieg aus ihren Kelchen empor in leisen lieblichen Tönen, die sich mit dem Geplätscher der fernen Brunnen, mit dem Säuseln der hohen Stauden und Bäume zu geheimnisvollen Akkorden einer tiefklagenden Sehnsucht vermischten. Die Spottvögel, die ihn das erstemal so geneckt und gehöhnt, flatterten ihm wieder um den Kopf und schrieen mit ihren feinen Stimmchen unaufhörlich: »Herr Studiosus, Herr Studiosus, eilen Sie nicht so – kucken Sie nicht so in die Wolken – Sie könnten auf die Nase fallen. – He, he! Herr Studiosus – nehmen Sie den Pudelmantel um – Gevatter Schuhu soll Ihnen den Toupet frisieren.« So ging es fort in allerlei dummem Geschwätz, bis Anselmus den Garten verlassen. Der Archivarius Lindhorst trat endlich in das azurblaue Zimmer; der Porphyr mit dem goldnen Topf war verschwunden, statt dessen stand ein mit violettem Samt behangener Tisch, auf dem die dem Anselmus bekannten Schreibmaterialien befindlich, in der Mitte des Zimmers, und ein ebenso beschlagener Lehnstuhl stand vor demselben. »Lieber Herr Anselmus«, sagte der Archivarius Lindhorst. »Sie haben nun schon manches Manuskript schnell und richtig zu meiner großen Zufriedenheit kopiert; Sie haben sich mein Zutrauen erworben; das Wichtigste bleibt aber noch zu tun übrig, und das ist das Abschreiben oder vielmehr Nachmalen gewisser in besonderen Zeichen geschriebener Werke, die ich hier in diesem Zimmer aufbewahre und die nur an Ort und Stelle kopiert werden können. – Sie werden daher künftig hier arbeiten, aber ich muß Ihnen die größte Vorsicht und Aufmerksamkeit empfehlen; ein falscher Strich oder, was der Himmel verhüten möge, ein Tintenfleck, auf das Original gespritzt, stürzt Sie ins Unglück.« – Anselmus bemerkte, daß aus den goldnen Stämmen der Palmbäume kleine smaragdgrüne Blätter herausragten; eins dieser Blätter erfaßte der Archivarius, und Anselmus wurde gewahr, daß das Blatt eigentlich in einer Pergamentrolle bestand, die der Archivarius aufwickelte und vor ihm auf den Tisch breitete. Anselmus wunderte sich nicht wenig über die seltsam verschlungenen Zeichen, und bei dem Anblick der vielen Pünktchen, Striche und Züge und Schnörkel, die bald Pflanzen, bald Moose, bald Tiergestalten darzustellen schienen, wollte ihm beinahe der Mut sinken, alles so genau nachmalen zu können. Er geriet darüber in tiefe Gedanken. »Mut gefaßt, junger Mensch!« rief der Archivarius, »hast du bewährten Glauben und wahre Liebe, so hilft dir Serpentina!« Seine Stimme tönte wie klingendes Metall, und als Anselmus in jähem Schreck aufblickte, stand der Archivarius Lindhorst in der königlichen Gestalt vor ihm, wie er

E. T. A. Hoffmann

ihm bei dem ersten Besuch im Bibliothekzimmer erschienen. Es war dem Anselmus, als müsse er, von Ehrfurcht durchdrungen, auf die Knie sinken, aber da stieg der Archivarius Lindhorst an dem Stamm eines Palmbaums in die Höhe und verschwand in den smaragdenen Blättern. – Der Student Anselmus begriff, daß der Geisterfürst mit ihm gesprochen und nun in sein Studierzimmer hinaufgestiegen, um vielleicht mit den Strahlen, die einige Planeten als Gesandte zu ihm geschickt, Rücksprache zu halten, was nun mit ihm und der holden Serpentina geschehen solle. – »Auch kann es sein«, dachte er ferner, »daß ihn Neues von den Quellen des Nils erwartet, oder daß ein Magus aus Lappland ihn besucht – mir geziemt es nun, emsig an die Arbeit zu gehen.« – Und damit fing er an die fremden Zeichen der Pergamentrolle zu studieren. – Die wunderbare Musik des Gartens tönte zu ihm herüber und umgab ihn mit süßen lieblichen Düften, auch hörte er wohl die Spottvögel kickern, doch verstand er ihre Worte nicht, was ihm auch recht lieb war. Zuweilen war es auch, als rauschten die smaragdenen Blätter der Palmbäume, und als strahlten dann die holden Kristallklänge, welche Anselmus an jenem verhängnisvollen Himmelfahrtstage unter dem Holunderbusch hörte, durch das Zimmer.

Die Bibliothek der Palmbäume: In E. T. A. Hoffmanns Erzählung »Der goldene Topf« bildet die u. a. wegen ihrer Schönheit berühmte Wallenrodsche Bibliothek in Königsberg die Vorlage für diese Szene
Archivarius: Archivar, Betreuer eines Archivs
Bhogovotgita: das altindische Gedicht »Bhagavadgita« (Gesang des Erhabenen)
Studiosus: Student
Schuhu: Uhu
Toupet: Halbperücke des 18. Jahrhunderts
Porphyr: Gestein, in dem kristallene Stücke eingeschlossen sind
kopiert: hier: abgeschrieben
Magus: Magier, Zauberer

Peter der Große in Königsberg

Eduard Heinel

... Während diese Angelegenheiten auf das Eifrigste betrieben wurden, ward den Bürgern Königsbergs die Freude zuteil, einen eben so seltenen, als merkwürdigen Anblick in ihren Mauern zu genießen. Der Beherrscher Rußlands nämlich, welcher damals noch Zar angeredet wurde, Peter der Große, hatte beschlossen, sein rohes Volk zu bilden. Zu diesem Zwecke machte er Reisen nach verschiedenen Gegenden Europas, um die Gebräuche und Sitten der gebildeten Völker kennenzulernen. Zuerst kam er nach Königsberg, wo ihn der Kurfürst mit seinem Hofstaate erwartete. Aber es gefiel dem Zaren nicht, sich in dieser Stadt in seiner Herrscherwürde zu zeigen, sondern, um desto ungestörter alles sehen, bemerken und lernen zu können, schloß er sich selbst in einer Verkleidung der Gesandtschaft an, die er an den Hof des Kurfürsten schickte. Dieser fand hierbei volle Gelegenheit, seine Liebe zur Pracht zu zeigen. In glänzender Fürstenkleidung auf einem strahlenden Throne sitzend, empfing er die russische Gesandtschaft und nahm die Geschenke des Zaren an. Die Gesandtschaft selbst aber gewährte ein seltenes und prächtiges Schauspiel. Man denke sich die Russen in ihrer halb asiatischen Volkstracht, die aber bei dieser Gelegenheit aus glänzendem Silberstoffe und kostbarem Pelzwerke bestand, mit ihren langen Bärten und den mit Federbüschen geschmückten Pelzmützen, Tataren, gleichfalls in bunter, prächtiger Tracht, vier Zwerge mit gewaltigen Atzeln und Federhüten ausgeputzt, und russische Krieger, die mit entblößten Häuptern ehrerbietig die Geschenke für den Kurfürsten dahertrugen – und hierzu den Glanz des kurfürstlichen Hofes; – und man wird sich von der staunenden Bewunderung der Bürger Königsbergs einen Begriff machen können. Mehr aber noch als dieser äußere Schimmer, machte die besondere Eigentümlichkeit des Zaren die Aufmerksamkeit rege. Mit der Neugierde eines Wilden betrachtete und betastete er alle Gegenstände, die ihm fremd waren, und konnte seine natürliche Heftigkeit so wenig beherrschen, daß er einen kurfürstlichen Diener, der aus Unvorsichtigkeit, während eines Festmahls, einen Teller zerbrach, durchaus hängen lassen wollte und nicht eher beruhigt werden konnte, als bis man einen strafwürdigen Verbrecher vor seinen Augen peitschen ließ und ihm dabei einbildete, jener unglückliche Diener erleide diese Strafe.

Peter 1., der Große (1672–1725), seit 1689 Zar von Rußland, besuchte 1697 Europa
Kurfürst: Friedrich III. (1657–1713)
Atzeln: Perücken

Friedrich III. wird zum König gekrönt

C. E. T. Amelung

Da erschien nun endlich der langersehnte und in Preußens Geschichte hochwichtige Tag der Krönung. Es war am 18. Januar 1701, als das Geläut der Glocken und das Donnern der Geschütze dem Volke schon früh die Feier des Tages verkündete.

Um neun Uhr trat Friedrich im königlichen Schmucke aus seinem Zimmer. Sein Kleid war von rotem Scharlach, mit reicher goldener Stickerei verziert. Diamantene Knöpfe, deren jeder auf 3000 Goldstücke an Wert geschätzt wurde, funkelten prächtig daran, und von den Schultern herab wallte ein kostbarer Mantel von rotem Samt mit goldgestickten Kronen und Adlern übersät und mit Hermelin gefüttert und verbrämt. Des Mantels Schleppe aber trug der Oberkämmerer, Graf von Wartenberg, dem Könige nach. An ihn schlossen sich in bestimmter Rangordnung die glänzenden Reihen der vornehmen Hofbedienten an. So ging der Zug nach dem reichverzierten Hauptsaale des Schlosses, wo sich Friedrich auf dem goldstrahlenden Throne niederließ und sich dann feierlich die Königskrone, die von Diamanten flimmerte, auf das Haupt setzte – zum Beweise, daß er selber sich zum Könige erhoben. Dann nahm er den Herrscherstab in die rechte, den Reichsapfel in die linke Hand und empfing die Huldigung seiner Brüder und des Thronerben, die knieend des Thrones Stufen umringten.

In feierlichem Zuge begab er sich nun in das Zimmer der Königin, um auch diese zu krönen. Sophie Charlotte, seine edle und vortreffliche Gemahlin, ließ sich vor ihm auf das Knie nieder und empfing aus seiner Hand das höchste Zeichen der königlichen Würde.

Jetzt sollte eine kirchliche Feierlichkeit der ganzen Handlung ihre Weihe geben.

Die Schloßkirche war zu diesem Zwecke prachtvoll verziert, und an jeder Seite des Altars erhob sich ein glänzender Thron. Der Weg, der aus dem Flügel des Schlosses, worin der König sich befand, zur Kirche führte, war mit Dielen belegt, welche rotes Tuch überkleidete. Zu beiden Seiten dieses Ganges standen die kostbar gekleideten Leibwachen, unter denen die sogenannte Schweizergarde durch auffallende Kleidung hervorschimmerte.

Als ein glückliches Vorzeichen des Schicksals wurde es angesehen, daß das ungestüme Wetter, welches die ganze vergangene Nacht und den Morgen über heftig getobt hatte, zur Stunde des feierlichen Zuges nach der Kirche plötzlich vorüberging und ein schöner, klarer Winterhimmel die Festlichkeit begünstigte.

Herolde, von Gold und Silber schimmernd, eröffneten den Feierzug. Ihnen folgten alle königlichen Hausdiener, die Abgeordneten der Städte, die Landesbehörden, die Hofleute, die Staatsräte und die obersten Beamten des neuen Reiches, welche das funkelnde Reichsschwert, den Reichsapfel und das Reichsinsiegel vor dem Herrscher hertrugen. An diese schloß sich der Kronerbe mit sei-

nem Hofmeister, und dann trat unter einem flimmernden und schimmernden Traghimmel, der von vornehmen Edelleuten über des Königs Haupt gehalten wurde, der Beherrscher selbst in ernster Würde daher. Hinter ihm wehte das Reichsbanner, von einem Grafen zu Dohna getragen.

Jetzt kam der Zug der Königin auf ähnliche Weise geordnet und aus den vornehmsten Frauen des Landes bestehend.

Endlich war der Zug in der Kirche angelangt. Der König und die Königin hatten sich auf den Prachtsitzen niedergelassen, und der Gottesdienst begann. Nachdem Gebete, Lieder und Predigt geendet waren, erhob sich der König von seinem Throne, um sich nach uralter Sitte salben zu lassen. Zu diesem Ende hatte er sowohl den reformierten wie auch den lutherischen Hofprediger, Ursinus und Sanden, zu Bischöfen erhoben und ihnen schwarzsamtne Röcke und köstliche Talare geschenkt. Beide erwarteten, vor dem Altare stehend, den Fürsten, der an den Stufen des Altars niederknieend Krone und Herrscherstab ablegte. Der reformierte Bischof goß sich nun von dem geweihten Salböl, das ihm der Oberkämmerer in einem prächtigen Gefäße überreicht hatte, etwas in die Hand und bestrich unter feierlichen Worten die Stirne und beide Hände des Königs. Unter Trompeten- und Paukenschall antwortete die Menge auf sein Gebet: Amen! Amen! Glück zu dem Könige! Gott verleihe ihm langes Leben!

Nachdem in gleicher Weise die Salbung der Königin vollbracht war, bewegte sich der Feierzug wieder in derselben Ordnung, wie er gekommen, aus der Kirche nach dem Schlosse. Hier war ein überaus prächtiges und glänzendes Festmahl angeordnet, wobei der König und die Königin von ganz goldenen, der Kronerbe aber und die Brüder des Königs von vergoldeten Tellern aßen.

Dabei war auch des Volkes nicht vergessen. Ein großer, gebratener Ochse, mit Wildpret und Federvieh aller Art ausgefüllt, wurde der Eßlust des schaubegierigen Volkes preisgegeben, und um auch den Durst desselben zu stillen, sprudelte aus einem künstlichen Springbrunnen, der die Gestalt eines doppelten Adlers nachahmte, den ganzen Tag über roter und weißer Wein. Auch das Tuch, womit der Gang bis zur Kirche überzogen war, durfte das Volk abschneiden, und zudem wurden noch an 6000 Taler Gold- und Silbermünzen unter dasselbe ausgestreut. – Doch wichtiger als dieses war für Preußen die Stiftung des Waisenhauses zu Königsberg, wodurch König Friedrich I. dem Tage seiner Krönung ein schönes Denkmal setzte. – Des Abends war die Stadt glänzend erleuchtet, und in einem ganz vergoldeten Wagen, von einem schimmernden Gefolge umgeben, durchfuhr der König, unter dem immerwährenden Jubelrufe des Volkes, die Straßen der Stadt. Bis zum achten März verweilte der Fürst in der Hauptstadt seines Königreiches, und Feste und Lustbarkeiten aller Art drängten sich während dieser Zeit aneinander.

Friedrich III. (1657–1713), Kurfürst, krönt sich 1701 zum König in Preußen und heißt von da an Friedrich I.
Sophie Charlotte (1668–1705), Gemahlin Friedrichs
Herolde: Hofbeamte, Ausrufer, Boten eines Fürsten
reformiert: evangelische Glaubensgemeinschaften neben der lutherischen
Talar: Amtskleidung

Wer sein Wesen überlegt

Robert Robertin

Wer sein Wesen überlegt
Und bedachtsam zählet,
Wie ein Mensch sich quählet
Weil er diesen Körper trägt,
Der wird gern bekennen,

Daß wir diese schwere Pein,
Der wird hie verpflichtet sein,
Fälschlich Leben nennen.

Sein wir doch mir Angst und Not
Immer überfallen,
Und nach dem allen
Frißt uns noch zuletzt der Tod;
Ja, was meistlich kränket,
Ist, daß ein Gemüt erschrickt,
Wen es auf sein Ende blickt
Und der Sünden denket.

Fragst du, was uns schützen soll
Gegen dein Vermögen?
Lasse dich begnügen,
Unsre Hoffnung stehet wohl
Und auf festen Gründen,
Jesu Christi Gnadenflut,
Gottes Sohnes heilig' Blut
Macht uns rein von Sünden.

Sünde, du betrübte Last,
   Treibst mit stetem Nagen
   Uns wohl zum Verzagen,
Wenn du deinen Willen hast,
   Wenn wir nicht dein Wüten,
Deinen wilden Mörderpfeil
   Wissen zu verhüten.

Dieser Trost ist unser Licht
   In des Lebens Wegen,
   Und im Tod ein Segen,
Dieser Trost gebreche nicht,
   So wird uns gelingen,
Hin durch alle Lebensnot
Und zuletzt auch durch den Tod
   Ritterlich zu dringen.

Sein: sind

Sophiens Ankunft in Königsberg

Johann Thimotheus Hermes

Wir stiegen vor dem Posthause ab, und mein erster Gedanke war: »Hier müssen wohl viel müßige Leute sein!«, weil Alte und Junge dastanden und uns angafften. Wo das alle ankommende Reisende denken, wie ich glaube, so möchte ich nicht unter dem Haufen solcher Beobachter des Nichts stehen. Wenn ich Menschen ohne Geschäfte sehe, so erstaune ich vor der großen Höhe, die die Not eines Landes noch ersteigen muß, wenn sie den Absichten Gottes entsprechen und den Menschen fühlbar werden soll.

Die Frau Predigerin ging mit ihrem Mädchen ins Posthaus, indem ihre Post gleich abgehen sollte, und umarmte mich kalt. Mein Gott! dachte ich, jetzt gehöre ich keinem Menschen an!, und dies machte meine Gegenumarmung so feurig, daß sie es merkte. »Ich wüßte kein beßres Haus für Sie«, sagte sie, »als das Haus der Madame Debeau.«

»Und wo wohnt die?«

Sie konnte es mir nicht beschreiben, und ihre Mitreisenden (– Gegenumarmung, Mitreisende – nun, ich kann eine Wörterfabrik anlegen) baten sie, aufzusteigen. Sie fuhr fort und bückte sich zu spät, um mir etwas zu sagen.

Hier stand ich. – Ein Träger, der meinen Koffer, ohne daß ich es mir hatte einfallen lassen, darauf zu merken, ergriffen hatte, war so ehrlich, mich zu fragen, wohin er ihn tragen sollte. »Zur Madame

Debeau« – und wir wußten beide gleich genau, ob die in Perou oder in Novazembla wohnte. Ich glaube – in Wahrheit, ich kann's nicht deutsch sagen – Je crois que de tous les animaux celui qui se trouve le plus complettement desorienté dans l'occasion, c'est l'homme, ou plutôt la femme. Der Träger ging fort, um sich zu erkundigen. Unterdessen stand ich da, ward von allen, von einigen sogar mit gewaffnetem Auge (ein Ausdruck, der mir immer weniger eigentlich in dieser Bedeutung geschienen hat, als wenn er von einer Kokette gesagt wurde) beantlitzt und hatte keine Ursache, einen von allen nur obenhin anzusehn. Ich halte dies für etwas so Beleidigendes, daß ich eine Person, die in Verwirrung ist, nie ansehe, es sei denn, um ihr zu helfen. Ja, die Mannspersonen selbst finden sich beleidigt, wenn ein Unbekannter sie scharf ansieht. Der Träger kam sogleich wieder, forderte für die Einziehung der Nachricht »man wisse es nicht« einen Tympf, ließ meinen Koffer stehn und ließ sich von einem andern Fremden dingen.

Ich ward der Madam Debeau recht gram und stand schon auf dem Grade der Verlegenheit, daß ich das alberne Spiel mit dem Handschuh und Fächer anfing, als zu meinem Trost eine Briefkarte ausgehängt ward, die den Haufen um mich zerstreute, wie das Räuspern des kommenden Rektors die müßigen Schulknaben zerstreut.

Ich wollte mich eben an eine Krauthändlerin, die dasaß, wenden, als ein wohlgekleideter Mensch mit einem empfehlenden Gesicht mir sehr höflich sagte, er wisse die Wohnung der Frau, die ich suchte. »So werden Sie mich«, antwortete ich ihm, »recht sehr verbinden, wenn Sie mich hinführen wollen.« Ich gab ihm, weil es schon dunkel ward, den Arm, und wir gingen schnell durch das Gedränge. Er führte mich durch eine Hauptstraße, in der ich wünschte, dies Haus anzutreffen, aber ich irrte mich. Wir fanden uns auf einmal zwischen Kornspeichern, wo mir die Gegend gar unbesucht aussah. Ein Mann, der uns in einiger Entfernung gefolgt war und nach welchem mein Führer sich einigemal verdrießlich umsah, näherte sich mir hier und fragte, ob ich meinen Koffer jemand anvertraut hätte. Ich erschrak, denn ich hatte ihn treuherzig dem Publico überlassen. »Wollen Sie mich einen Augenblick erwarten«, sagte mein Führer, »so will ich dies mit Vergnügen besorgen.« Zugleich verließ er mich.

Der Fremde sagte mir, der Verlust meines Koffers sei das Geringste, was ich zu befürchten gehabt hätte, denn ich hätte mich einem Erzbösewicht anvertraut. Er seinesteils habe nur diesen Vorwand gebraucht, um mich aus den Händen dieses Kerls zu reißen, der auch gewiß nicht wiederkommen, sondern froh sein würde, auf eine gute Art sich entfernen zu können. Ich sei in einer Gegend, in der ich nicht länger mit Anstand bleiben könnte – in der allerschändlichsten Gegend der Stadt.

So schrecklich dies alles ist, so gleichgültig sagte er es mir, jedoch mit einer Art, die mir viel Zutrauen gab. Ich bat ihn, mir zu sagen, wo die Madame ... und nun hatte ich vor Angst den Namen vergessen! In meinem ganzen Gedächtnis war kein Fach, wo ich ihn vermuten konnte.

»Die Madämm, die Madämm«, sagte er komisch und mit Nachäffung meiner Aussprache des Worts Madam. »Kaum sind Sie aus den Händen des feinen Herrn befreit, so denken Sie schon an die Madämm ... die Madämm ... Ich dächte, ein bißchen Dank hätten Sie mir doch sagen können?«

»Ich bin Ihnen aufs allerlebhafteste ...«

»Nun gut, und so weiter. Ich wollte nur wissen, ob ich's auch recht gemacht habe? Wie heißt nun die Madame?«

»O noch eins«, sagte ich, »wird der Mensch nun nicht meinen Koffer stehlen?«

»Ich wundre mich«, sagte er, »daß Sie dran denken. Sonst ist's der Jüngferchens kleinster Kummer, für solche Dinge zu sorgen, es müssen wohl schöne Kopfzeuger oder süße Briefchen drin sein. Nun ängsten Sie sich nur nicht, mein Engelchen«, indem er mir die Backen kniff, »ich habe Ihre Herrlichkeiten dem Wagenmeister schon übergeben. Jetzt frägt sich's nur, wo Sie schlafen werden? Erst will ich Ihnen mein Haus zeigen; das steht aber heut hier und morgen zwanzig Meilen weiter fort.«

Er führte mich zugleich an den Fluß, wo ein Schiff lag, das ihm gehörte. »Ist Ihnen das Logis anständig?«

»O mein Herr! Sie spotten meiner ...«

»Nun, nicht anders, ein Memento gehört Ihnen, daß Sie mit dem närrischen Kerl mitgelaufen sind. So ein Streifelchen Gold auf dem Rock, gelt, das blendet? Meine silbernen Knöpfe sind wohl mehr wert, wenigstens sind sie bezahlt. (Denn das müssen Sie wissen, wenn ich einen gepuderten Herrn mit Gold auf dem Brusttuch oder der Weste, wie es heißt, kommen sehe, so ist mir immer, als wenn

Im Hafen von Königsberg

ich ihn lesen hörte: auf diesen meinen Solawechsel zahle ich ...) Also ist mein Rock wohl mehr wert, und Mosen habe ich auch in der Tasche. Aber ich denke, mir hätten Sie das weiße Ärmchen wohl nicht so dienstfreundlich hingegeben wie jenem? Sie hätten mich für einen ehrbaren Fleischer gehalten, was?«

Das Schiffsvolk stand und hörte dies alles an.

»Madame Debeau heißt die Frau«, sagte ich, indem mir (vor Angst, wie ich denke) der Name wieder einfiel.

»Potztausend Madame Debeau! Du, Schlingel, Cornelius, wo wohnt die?«

Ein Schiffsjunge, so schmutzig ostindianisch, wie man es von einem Schiffsjungen fordern kann, kam hier hervor und gestand die sehr glaubliche Sache, »daß er es nicht wisse«.

»Nun, ich werde Sie bei die Madame van Berg bringen lassen, das ist meine Schwester. Sie klingt wohl nicht so französisch als die Madame Du Veau, aber sie ist eine Frau wie ein David! Sie wird Ihnen ein Stübchen geben, und morgen werden Sie ja denn sehen. Du, Cornelis, bring das Frauensmensch hin, und ich würde gleich kommen, und hörst du?« Was war zu tun? Ich ging, der Junge pfiff vor mir her, und bald darauf kam der Schiffer, vermutlich durch einen nähern Weg, neben mir. Er zupfte mich am Arm, winkte mir und schlug den Knaben auf den Mund. »Da ist ein Stöpsel auf die Pfeife; mußt du Flachsrekel dich in Gegenwart einer Dame so aufführen?« –

Gut, dachte ich, jetzt ist das Frauensmensch zur Dame geworden.

Wir wollten gleich in das Haus seiner Schwester gehn, als aus einer Quergasse derselbe Mensch, der mich geführt hatte, herauskam, aber sogleich umkehrte.

»Hier«, schrie mein Schiffer, »hier, pst, holla, Herr Buntrock, wo wohnt Madame de Beau? Merkt Er nicht wieder ein Jüngferchen? Leckt Er sich nicht das Maul? Hat Er auch nicht mit dem Wagenmeister gesprochen?«

Der Mensch kehrte sich um und kam mit halb trotzigem, halb furchtsamem Gesicht zu uns.

»Ach«, sagte der Schiffer, indem er auf mich wies, »gelt, Junker, das wäre ein gefunden Fressen gewesen?«

»Kerl«, sagte der Mensch und hob den Stock auf.

»Kind, Kind!« antwortete der Schiffer in einem tiefen Ton und winkte ihm seitwärts – und der Mensch ging. Ich will ihm alles vergeben, daß er aber das einnehmende Gesicht, das die Natur ihm gegeben hat, so sträflich mißbraucht, das vergebe ich ihm nicht, denn es wird mir schwer, eine Widerlegung des Satzes »das Gesicht ist der Spiegel der Seele« zu dulden. – Doch still! Ich vergaß, daß man mich hie und da für stolz hält, da ich es doch zuverlässig nicht bin!

Jetzt traten wir in ein schönes Haus – Sie können denken, welche tröstliche Figur ich gemacht habe! Mein Schiffer führte mich in das Zimmer seiner Schwester, die er, indem ich hineintrat, herausrief, und nun stand ich zwischen den zwo Töchtern der Madame von Berg und einer Näherin hingepflanzt. Neue Verwirrung! Ich war auch zu unbekannt, als daß ich von der Witterung hätte sprechen können, und hatte überdem in der Angst nicht einmal das Wetter bemerkt. Julchen, die jüngste von beiden, ein Mädchen, das das Urbild der Schönheit ist, fragte mich mit einer leichten Art, ob ich etwa mit ihrem Oheim eine Schiffsreise machen wollte? Alles, was ich außer »nein« hätte antworten können, war so schwer herbeizubringen, daß das Schicksal ihre Mutter hereinführen mußte, die so liebreich mit mir sprach, daß ich beinah geglaubt hätte, meine Begebenheit bringe mir Ehre.

Je crois que ...: Ich glaube, von allen Lebewesen, die sich gelegentlich am meisten verwirrt finden, ist das der Mensch (Mann) – oder vielmehr die Frau
Kokette: Kokotte, Dame der Halbwelt
Tympf: polnische Münze
Publico: Publikum
Meile (preuß.): Längenmaß (7,532 km)
Logis: Unterkunft
Memento: Mahnung
Solawechsel: Wechsel, auf peruanische Währung in Gold ausgestellt
ostindianisch: ostindisch
Du Veau: Wortspiel (beau, schön zu veau, Kalb)
Oheim: Onkel

Die städtische Ressource

Alexander Jung

Die Königsberger wenden ihr Interesse dem Nächsten zu, was die Ihrigen und sie selbst betrifft, um mit vereinter Kraft, wenn auch nicht Abhilfe, doch Milderung der Not zu bewirken, und über das Weitere miteinander zu beraten. Hier tut sich denn wieder unverkennbar das Große, das Einflußreiche eines tüchtigen Vereinswesens hervor. Niemand wird, ohne vielfach unterrichtet zu werden, die Versammlungen der Königsberger Bürger, *die städtische Ressource*, besuchen. Ich wenigstens gestehe, daß ich hier schon manche Belehrung und dazu manchen ergötzlichen Eindruck empfangen habe. Man kommt alle Montag zusammen, abends von sieben bis zehn Uhr. Ich werde bemüht sein, Ihnen von dem erwähnten Institut eine spezielle Anschauung zu geben.

Die städtische Ressource in Königsberg, welche ihre Sitzungen des Winters im Kneiphöfischen Junkerhofe, des Sommers in einem öffentlichen Garten hält, besteht jetzt etwa anderthalb Jahre und wurde, irre ich nicht, was die äußere Beschaffenheit angeht, nach Art der Breslauer eingerichtet. Dennoch darf sie sich rühmen, in ihrem wesentlichsten Teile original zu sein. Denn sie ist doch eigentlich die, in solidem Stil fortgesetzte, frühere Bürgergesellschaft, welche auf ministeriellen Befehl aufgehoben wurde, so daß sich dann die viel besprochenen Volksversammlungen in Böttchershöfchen daraus hervorbildeten, die im nächsten Winter in die Privatgesellschaften der Bürger übergingen, bis endlich auch diese allmählich aufhörten und die städtische Ressource an deren Stelle trat. Sie zählt jetzt etwa 900 bis 1000 Mitglieder, welche aus selbständigen Männern bestehen, denn eine gewisse Selbständigkeit der Lebensstellung ist eine der Hauptbedingungen bei der Aufnahme. An der Spitze der Gesellschaft befindet sich der Vorstand, welcher auf Ordnung sieht, die Vorträge überwacht, die aufgeschriebenen der Zensur unterwirft, die mündlichen, an welche sich die Debatte knüpft, vor Abschweifungen schützt, neue Beschlüsse, jedoch immer nur mit Zustimmung der Gesellschaft, faßt, und von Zeit zu Zeit eine Generalversammlung hält.

Das Lokal der städtischen Ressource ist ein sehr heiteres, geräumiges. Es besteht aus einigen Vorzimmern und einem sehr stattlichen Saale, den in der Höhe Logen umgeben, so daß es eine gar interessante Perspektive gewährt, wenn man von oben, mit *einem* Blick, über dieselben Köpfe hinwegsieht, deren Meinungen unten oft in so weiten Differenzen auseinander gehen. Die Königsberger Kaufmannschaft legt einen Beweis der schönsten Humanität ab, indem sie dieses Lokal den Bürgern zu den Versammlungen einräumt, denn die Tabakswolken, welche hier in kolossaler Ausdehnung entwickelt werden, dürften der Zartheit der Stuckatur nicht eben mit Zartheit entgegenkommen. Vom Katheder dirigiert der Präsident, der ein Mitglied des Vorstandes ist, den Gang der Verhandlungen und gibt mit einem Hammerschlage das Signal zur Ruhe an; von hier aus werden auch die Vorträge gehalten, deren Ablesung vom Manuskript jedoch, da die öffentliche Meinung mit Recht gegen alle Zensur ist, jetzt immer seltener vorkommt, so daß der freie Vortrag und die Debatte stets mehr Platz greifen. Die Debatte wird zunächst dadurch in Bewegung gesetzt, daß der Präsident bestimmte Fragen veröffentlicht, welche von Mitgliedern der Gesellschaft gestellt worden sind und in dem sogenannten Fragekasten gesammelt werden. Der Präsident erkundet nun, wer der anwesenden Herren die Frage zu beantworten wünsche, worauf sich dieser oder jener erhebt und sein Dafürhalten abgibt, auf den dann wieder andere folgen. Religiöses und Politisches soll eigentlich nicht besprochen werden. Indessen, wo hörten denn wohl eigentlich Religion und Politik auf? So weit der Himmel blaut, gehört ja die Welt Gott, und so weit der Planet reicht, gehört ja die Erde irgendeinem Herrn doch auch gewiß, nämlich dem Menschen.

Es ist in der Tat erstaunenswert, mit wie vieler Intelligenz, aber auch mit welchem rednerischen Geschick in dieser Versammlung oft die verschiedenartigsten Gegenstände besprochen werden. Man hat einen Landtag in verjüngtem Maßstabe vor sich und um sich. Die früheren Bürgergesellschaften sind allerdings gute Vorstudien gewesen. Man hört es vielen der Redner an, sie sind geschult, und dann und wann schießt aus dem dicksten Knäuel der Gesellschaft auch wohl ein völlig ungeschulter auf, ein naturwüchsiger, und findet erst recht den allgemeinen Beifall, denn er trifft den Nagel auf den Kopf, so daß der Hammer des Präsidenten, der vom Katheder aus ihn zurechtweist, vorbeitrifft, denn er kommt zu spät.

Ungeachtet diese Ressource vielfach aus denselben Mitgliedern besteht wie die frühere Bürgergesellschaft, so macht sie doch, bei mancher Ähnlichkeit im einzelnen, einen ganz und gar anderen Eindruck im Ganzen, aber ebenfalls einen sehr rühmenswerten. Der Feuergeist einer oft schwer zu bändigenden Jugendkraft, die Lyrik eines gewissen demokratischen Übermuts war mehr der Charakter der Bürgergesellschaft. In der städtischen Ressource dagegen zeigt sich vorherrschend die Gesetztheit des Mannes, der da verständig abwägt, was das Zweckmäßigere sei, was nicht, inwieweit gewisse Forderungen gemacht, inwieweit sie verwirklicht werden könnten; jedoch so, daß das alles mit Rüstigkeit und Entschiedenheit ausgesprochen wird, und zum Zeichen, daß hier keiner an Geist gealtert hat, zuweilen doch auch der Enthusiasmus wieder das Wort ergreift, der, wo es das allgemeine Wohl gilt, in steifer, kalt reflektierter Rede aufzutreten verschmäht.

Man kann, wie es mir scheint, soweit ich nämlich die Gesellschaft kenne, unter den im Durchschnitt wiederkehrenden, wenn auch unendlich nuancierten Redeweisen drei Gattungen von Rednern unterscheiden, welche für die ganze Debatte den Ton angeben, und woraus sich in Verbindung mit dem, wie die Mehrzahl den Redenden durch einzelne Äußerungen akkompagniert, der Charakter der Gesellschaft gestaltet. Diese drei Gattungen sind: erstens, der schlichte Handwerker, der eigentliche Kern des Bürgerstandes; zweitens, der sogenannte Literat, gleich viel ob dieser der Gelehrte im strengeren Sinne oder nur in der leichteren Bedeutung des Wortes ist, wie wohl zuerst die Modernen zu diesem leichteren Gebrauche des Wortes Literat Anlaß gegeben haben: endlich, drittens, ist es der Gebildete als solcher, der Kaufmann, der Künstler, der Beamte, ohne daß der letzte zugleich Gelehrter in vorherrschendem Sinne wäre.

Differenzen: Unterschiede
reflektiert: überlebt
nuanciert: abgestuft
akkompagniert: begleitet

Was ist Aufklärung?

Immanuel Kant

Aufklärung ist der Ausgang des Menschen aus seiner selbst verschuldeten Unmündigkeit. Unmündigkeit ist das Unvermögen, sich seines Verstandes ohne Leitung eines anderen zu bedienen. *Selbstverschuldet* ist diese Unmündigkeit, wenn die Ursache derselben nicht am Mangel des Verstandes, sondern der Entschließung und des Mutes liegt, sich seiner ohne Leitung eines andern zu bedienen. Sapere aude! Habe Mut, dich deines *eigenen* Verstandes zu bedienen! ist also der Wahlspruch der Aufklärung.

Faulheit und Feigheit sind die Ursachen, warum ein so großer Teil der Menschen, nachdem sie die Natur längst von fremder Leitung frei gesprochen, dennoch gerne zeitlebens unmündig bleiben; und warum es anderen so leicht wird, sich zu deren Vormündern aufzuwerfen. Es ist so bequem, unmündig zu sein. Habe ich ein Buch, das für mich Verstand hat, einen Seelsorger, der für mich Gewissen hat, einen Arzt, der für mich die Diät beurteilt usw. so brauche ich mich ja nicht selbst zu bemühen. Ich habe nicht nötig zu denken, wenn ich nur bezahlen kann; andere werden das verdrießliche Geschäft schon für mich übernehmen. Daß der bei weitem größte Teil der Menschen (darunter das ganze schöne Geschlecht) den Schritt zur Mündigkeit, außer dem daß er beschwerlich ist, auch für sehr gefährlich halte: dafür sorgen schon jene Vormünder, die die Oberaufsicht über sie gütigst auf sich genommen haben. Nachdem sie ihr Hausvieh zuerst dumm gemacht haben und sorgfältig verhüteten, daß diese ruhigen Geschöpfe ja keinen Schritt außer dem Gängelwagen, darin sie sie einsperrten, wagen durften: so zeigen sie ihnen nachher die Gefahr, die ihnen droht, wenn sie es versuchen, allein zu gehen. Nun ist diese Gefahr zwar eben so groß nicht, denn sie würden durch einigemal Fallen wohl endlich gehen lernen; allein ein Beispiel von der Art macht doch schüchtern und schreckt gemeiniglich von allen ferneren Versuchen ab.

Es ist also für jeden einzelnen Menschen schwer, sich aus der ihm beinahe zur Natur gewordenen Unmündigkeit herauszuarbeiten. Er hat sie sogar liebgewonnen und ist vor der Hand wirklich unfähig, sich seines eigenen Verstandes zu bedienen, weil man ihn niemals den Versuch davon machen ließ. Satzungen und Formeln, diese mechanischen Werkzeuge eines vernünftigen Gebrauchs oder vielmehr Mißbrauchs seiner Naturgaben, sind die Fußschellen einer immerwährenden Unmündigkeit. Wer sie auch abwürfe, würde dennoch auch über den schmalsten Graben einen nur unsicheren Sprung tun, weil er zu dergleichen freier Bewegung nicht gewöhnt ist. Daher gibt es nur wenige, denen es gelungen ist, durch eigene Bearbeitung ihres Geistes sich aus der Unmündigkeit herauszuwikkeln und dennoch einen sicheren Gang zu tun.

Daß aber ein Publikum sich selbst aufkläre, ist eher möglich; ja es ist, wenn man ihm nur Freiheit läßt, beinahe unausbleiblich. Denn da werden sich immer einige Selbstdenkende, sogar unter den eingesetzten Vormündern des großen Haufens, finden, welche, nachdem sie das Joch der Unmündigkeit selbst abgeworfen haben, den Geist einer vernünftigen Schätzung des eigenen Werts und des Berufs jedes Menschen, selbst zu denken, um sich verbreiten werden. Besonders ist hierbei: daß das Publikum, welches zuvor von ihnen unter dieses Joch gebracht worden, sie hernach selbst zwingt, darunter zu bleiben, wenn es von einigen seiner Vormünder, die selbst aller Aufklärung unfähig sind, dazu aufgewiegelt worden; so schädlich ist es, Vorurteile zu pflanzen, weil sie sich zuletzt an denen selbst rächen, die, oder deren Vorgänger, ihre Urheber gewesen sind. Daher kann ein Publikum nur langsam zur Aufklärung gelangen. Durch eine Revolution wird vielleicht wohl ein Abfall von persönlichem Despotism und gewinnsüchtiger oder herrschsüchtiger Bedrückung, aber niemals wahre Reform der Denkungsart zustande kommen; sondern neue Vorurteile werden, eben sowohl als die alten, zum Leitbande des gedankenlosen großen Haufens dienen.

Zu dieser Aufklärung aber wird nichts erfordert als *Freiheit*; und zwar die unschädlichste unter allem, was nur Freiheit heißen mag, nämlich die: von seiner Vernunft in allen Stücken *öffentlichen Gebrauch* zu machen.

Despotism: Despotismus, Gewaltherrschaft

Der gefährliche Tugendbund

Karl Friedrich Leopold von Gerlach

Meine Treupflicht gegen Eure Königliche Majestät und mein Vaterland legt mir die Notwendigkeit auf, höchstdieselben von einer im Werden begriffenen Sache Bericht zu erstellen, deren Ausführung von den schrecklichsten Folgen für den Staat sein würde.

Es hat sich insgeheim eine Verbindung gebildet, die den Zweck hat, einen Volksaufstand zu erregen, um dadurch Deutschland aus dem Zustande der Unterdrückung, worin es sich befindet, herauszureißen. Ich weiß von sehr glaubwürdigen Männern, daß ihnen Anträge geschehen sind, in diese Verbindung zu treten, und daß ihnen eröffnet worden ist, man rechne besonders auf die Landräte und auf den Landadel, um durch sie eine Menge Landleute hineinzuziehen. Diese sollten sich mit Schießgewehr, Piken oder Sensen versehen und sich mit diesen Waffen auf das ihnen zu gebende Zeichen an den ihnen zu bestimmenden Örtern versammeln, welches geschehen werde, sobald die Nachricht von einem zwischen Österreich und Frankreich ausbrechenden Kriege kund werde. Alsdann müßten bei aller Treue gegen Ew. Kgl. Majestät alle bestehenden Autoritäten, die dieser Volksbewaffnung nur hinderlich sein würden, aufgelöst werden.

Es kann nichts erdacht werden, was unser unglückliches Vaterland so sicher in den Abgrund des Verderbens stürzen müßte als eine solche Volksbewaffnung. Die französische Regierung war schon vor der Räumung Ew. Kgl. Majestät Provinzen von dem Plan unterrichtet, wie die Nachrichten zeigen, welche sie in öffentliche Blätter hat einrücken lassen. Sie ist gewiß auf alles, was auf dessen Ausführung abzweckt, höchst aufmerksam, und bei dem ersten Schritte, welcher hierzu geschähe, würden ohne Zweifel französische Truppen von neuem in die von ihrem Drucke kaum befreiten Provinzen wieder einrücken, welches sehr leicht geschehen könnte, da drei Festungen im Herzen derselben und die Ufer der Elbe von ihnen besetzt sind. Auf diese Art würde bei der ersten Volksbewegung der Staat von neuem einem erbitterten Feinde preisgegeben sein und vielleicht dessen Untergang herbeigeführt werden, ohne daß eine Wahrscheinlichkeit für irgendeinen glücklichen Erfolg vorhanden ist. Und selbst ohne Rücksicht hierauf würde uns die Ausführung dieses Planes durch den Umsturz aller bürgerlichen Ordnungen in die Übel stürzen, in die Frankreich durch die Revolution geraten ist.

Es ist heilige Pflicht eines jeden, der es mit Ew. Kgl. Majestät und dem Vaterlande wohlmeint, so verderblichen Plänen entgegenzuarbeiten. Ich habe daher geglaubt, eine allgemeine Warnung gegen alle auf Unterbrechung der öffentlichen Ruhe und Zusammenrottungen abzielenden Insinuationen durch Zirkularium an die Landräte ergehen lassen zu müssen, und muß es Ew. Kgl. Majestät Weisheit anheimstellen, welche Maßregeln zu ergreifen sein dürften, um Höchstdero aktives und außer Aktivität befindliches Militär von dieser gefährlichen Verbindung abzuziehen. Ich werde mit Freuden alles, auch den letzten Blutstropfen aufopfern, wenn ich dazu beitragen kann, Ew. Kgl. Majestät den Staat und die bürgerliche Ordnung aufrechtzuerhalten.

Tugendbund: Sittlich-wissenschaftlicher Verein; bildete sich 1808 mit dem Ziel, die allgemein schlechte Lage zu bessern. Daneben geheimer Versuch, sich von der französischen Herrschaft zu befreien

Piken: Speere, Spieße

Insinuationen: Einflüsterungen

Zirkularium: Rundschreiben

An die Deutschen

Zacharias Werner

Kraft, Freiheit, Glauben! – habt ihr es vernommen?
Sie sind nicht außer euch, noch in den Dingen.
Das Herrliche, es kann euch noch gelingen,
Doch kann es euch nur aus euch selber kommen.

Seht, eure Stützen sind euch fortgeschwommen,
Vergebens mit dem Strom der Zeit zu ringen,
Das Schicksal nicht, nur euch könnt ihr bezwingen,
Das ist das Ziel des Starken und des Frommen.

Ihr saht nur Teile stets und nur das Viele,
Gesammelt wart ihr nie zum Ganzen, Einen,
Drum ist gekommen, was ihr selbst verschuldet.

Jetzt rettet euch zum einzigen Asyle,
Flieht zur Idee, entflieht dem leeren Meinen,
Das Rechte tut und das Gerechte duldet.

Asyl: Zufluchtsort

Der Landtag zu Königsberg im Jahre 1813

Ernst Moritz Arndt

Hier in Königsberg gab es nun ein ganz neues gewaltiges Leben der Freuden und Wonnen und auch des buntesten Getümmels, Lärms und Wirrwarrs, in dessen großen Knäuel ich gottlob nicht eingewickelt war, aber den ich stets wickeln und abrollen sah, und von dem auch mir bei Gelegenheit einige Fädchen um Stirn und Nase schwirrten, auch sie zuweilen wohl etwas empfindlich streiften, denn ich ward, wie es in solchem mächtigen Wirrwarr zu geschehen pflegt, von manchen in manchen Dingen, von welchen ich weder Schuld noch Wissen mit mir trug, mitschuldig und mitwissend geglaubt; sehr begreiflich, denn ich war mit dem Höchsten hergekommen und wohnte mit ihm unter einem Dache.

Ja, Königsberg gab jetzt auf seine Weise auch ein recht lebendiges Bild des Kriegslebens: wechselsweise die tapfern Regimenter des Generals York in und um der Stadt, russische Generale und Offiziere, zum Teil sogar noch solche, die als preußische Gefangene oder Verwundete hierher gebracht waren und die nun, ohne daß die Lage der Dinge zwischen Rußland und Preußen erklärt und abgeklärt war, doch als bei erklärtem Frieden und Bündnis frank und frei umhergingen; auch Durchführungen und Durchtreibungen unter dem Knall der Kosakenpeitschen unglücklicher einzelner Trupps französischer Gefangener; zu diesen die meist unter lautem Jubel einziehenden Scharen von Jünglingen, welche das Yorksche Heer ergänzen und verstärken sollten; dazu die Getümmel um die mit deutschen, russischen, auch noch hin und wieder mit einzelnen französischen kranken oder verwundeten Kriegern gefüllten Kriegslazarette, auch hier der viele Tod, doch keine so greuliche Erscheinung als in Wilna; doch wie der viele Tod mit seinen Seuchen immer den Krieg begleitet, hatte die Plage auch in der Stadt um sich gegriffen, oft so schlimm, daß in den Lazaretten die Hälfte der Ärzte gestorben war. Nun war auch Stein dazugekommen, und die Augen aller Menschen waren auf ihn gerichtet, aus allen Enden des Landes strömten die Männer herbei, teils in des eignen Herzens Angelegenheiten, teils zu dem großen, von Stein veranlaßten preußischen Landtage gelockt und berufen.

Man begreift, daß dieses alles zusammengenommen die Stadt in die außerordentlichste, lebendigste Bewegung und alle Herzen in eine ungewöhnliche Teilhaftigkeit versetzt hatte. In diesem Ozean von stürmischer Bewegung und Leben schwamm ich, ein glücklicher Tropfen, so mit, allen hohen Versammlungen und dem Landtage und allen öffentlichen Festlichkeiten und Ehren- und Freudengelagen fast immer mit beiwohnend und in meinen Mußestunden mich der freundlichsten Treue und Liebe gleichgesinnter Genossen, alter und neuer Freunde in der Wonne des aufgehenden deutschen Morgenrots so jugendlich erfreuend, als wäre ich plötzlich aus meinen Vierzigen in meine Zwanzige versetzt worden.

In diesem Leben und Weben der Dinge und Menschen war Stein der Morgenstern der Hoffnung, wohin alle blickten; um ihn rissen sich Freunde und Feinde – ich sage: auch Feinde; denn die Feinde kamen auch wohl heran, aus Furcht und für den Schein, oft mehr als Lauscher, Späher und Berichterstatter. Der große Mann sollte nun in allem sein, bei allem sein, er konnte vor Festschmäusen und Mittagstafeln, meistens doch von seinen Getreuesten angerichtet, sich kaum retten, wich den meisten aus, weil er dafür weder Zeit noch Gesundheit übrig hatte, wo er aber erschien, war jetzt durch ein in den deutschen Grenzen gleichsam mächtiger erglühtes und erblühtes Leben in ihm die Lust der Mutigen, der Schrecken der Feigen, durch Schritt und Tritt und Blick und Rede den Kühnsten voran. Bei diesen Gastmählern wußte er auch scharf zu unterscheiden; jeder frische Hauch des Lebens, auch der frischeste Hauch des Kriegs vom Feldmarschall bis zum Feldwebel hinunter schien dem Tapfern zu behagen. Ich erinnere mich eines Mittagessens bei dem damals russischen General Tettenborn, ein schöner, tapfrer, weiland österreichischer Reiter, jetzt ein russisches Reiterregiment und Kosaken führend; eine lustige, leichte Husarennatur, gleich leicht im Nehmen und im Geben, der sich auch gern etwas geben ließ.

Tettenborn hatte Stein und mich zu einer großen Soldatentafel geladen: Russen, Preußen, selbst ein verwundeter Franzos, neben ihm ein verwundeter preußischer Major von Zastrow, von Tettenborn in einem blutigen Scharmützel zum Gefangenen gemacht, jetzt als Freund mit am Tische. An dieser Tafel sollte ein kleiner Franzosenbursch von dreizehn, vierzehn Jahren zuletzt durch Absingen fröhlicher Lieder die Schlußergötzung machen: Tettenborn hatte den Jungen aus einem französischen Marketenderkarren herausgehoben, vor welchem das Pferd und in welchem seine Mutter tot lagen, hatte den Halbtotgefrorenen wieder zum Leben erwärmt und auf seinen letzten Kosakenzügen nach Königsberg mitgebracht. Hier nun sang der in bunten Kleidern mit seidenem Gürtel recht hübsch phantastisch ausstaffierte Bursch üppigste und leichtfertigste Lieder, wie sie in Lagerzelten und Hauptwachen zu ertönen pflegen. Natürlich waren sie zum Teil der allerschmutzigsten Art, und da der Junge sie mit einem solchen Ton und solchem Ausdruck der Mimik sang, als wenn er schon das volle Verständnis ihres Inhalts hätte, so ward mein edelster deutscher Ritter böse und schalt laut: »Wahrhaftig, Sie haben uns mit Ihrem Sänger guten Geschmack zugetraut; hätten Sie den Jungen mit allen andern doch auch erfrieren lassen – das wäre ihm für seine Seele wahrlich besser gewesen; in Ihrem Gefolge bleibt und wird er doch ein Galgenstrick.« Da erwiderte der leichte Husar lächelnd: »Ich werde den Knaben auch nicht bei mir behalten, finde in Deutschland in irgendeinem Dorfe wohl einen guten Pfarrer oder Küster, dem ich ihn übergeben will.«

Unter vielen solchen kleinen Dingen standen die großen Dinge und die großen Personen, Rußland, Deutschland, Preußen, Kaiser Alexander, König Friedrich Wilhelm, York, Stein, Hardenberg und mehrere andere bedeutende Angelegenheiten und Menschen in der Schwebung, Senkung und Hebung des Tages; es waren schwerste Knoten zu flechten und zu lösen, schwerste Fragen zu erörtern, geschwindeste Bereitungen und Rüstungen gegen Deutschland und den Westen hinaus zu machen: denn das wußte man wohl, Napoleon, welchen man hundertfünfzig Meilen Flucht durch deutsche Grenzen in einem einsamen Schlitten unbeschädigt hatte entrinnen lassen, werde daheim nicht schlummern und schlafen, der gewaltige Löwe werde seine Stimme in den deutschen Wäldern schon wieder ertönen lassen. Stein träumte, wußte, dachte Tag und Nacht nichts anderes als Erhebung und Aufstand des ganzen deutschen Volks gegen den bösesten Feind, als baldigstes Bündnis zwischen Kaiser Alexander und König Friedrich Wilhelm und dann geschwindesten Marsch über Weichsel und Oder zur Elbe und zum Rhein.

Hier in Königsberg öffnete sich nun der Anfang des künftigen deutschen Volkskriegs, hier sahen alle deutschen Hoffnungen auf die Gerüchte von Napoleons Unglück und Steins Ankunft in Preußens Grenzen, und schon waren aus Berlin, Dresden und andern Orten manche wackre deutsche Männer und Degen mitten durch die französischen Heerhaufen hindurchgedrungen, zu schauen und zu erkunden und den Freunden jenseits im Westen zu berichten und zu erzählen.

Der Höchste: Karl Reichsfreiherr vom und zum Stein (1757–1831), war 1807–1808 auf Veranlassung Napoleons preußischer Staatsminister, mußte 1808, als er sich gegen die Herrschaft Napoleons wandte, nach Rußland fliehen. Jetzt, 1813, organisierte er mit anderen die Erhebung gegen die Franzosen.

Hans David Ludwig Graf Yorck von Wartenburg (1759–1830), führte militärisch die Erhebung

Marketenderkarren: Wagen der Händler, welche die Truppen im Feld begleiten

Der Königsgarten in Königsberg

Die Speicher brennen (2. August 1839)

Carl Rosenkranz

Mit rascherem Schritt stürzte ich über die Honigbrücke der Ecke des blauen Turms zu. Als ich mich um diese wandte, hielt ich einen Augenblick inne. Das ganze Ufer war mit Menschen dicht gedrängt besetzt, auf dem Pregel eilten Boote hin und her. Hinter der Börse schlugen die Flammen wie breite Schlangenschwerter in den Himmel. Ein schwarzer Qualm preßte sich – noch war es windstill – nach allen Richtungen unheimlich umher. Der Hanfspeicher an der Lastadie brenne, aber das Feuer greife blitzschnell immer weiter und habe bereits die Dächer der Nachbarspeicher gefaßt; – so hörte ich und suchte nun nach der Klapperwiese zu kommen, um zu sehen, wie ein mir befreundetes Handlungshaus, das des Herrn Toussaint, sich verhalte und ob ich etwa irgendeinen Dienst leisten könne, denn der Speicher dieses Hauses befand sich unter den bedrohten.

Indem ich nun über die nächste Brücke durch das Gewühl mich durcharbeitete, verwandelte sich plötzlich der schwarze Rauch in einen graulich gelblichen Qualm, der seine Fledermausflügel über den ganzen Pregel breitete, so daß man zehn Minuten hindurch fast gar nichts sehen konnte. Dieser Moment war der Empfindung nach der furchtbarste. Er hatte etwas von Weltuntergang in sich. Das plötzliche Verschwinden aller Gegenstände in dem wüsten Dampf frappierte gewaltig. Das Tannenholz der Sparren war nämlich verzehrt und der Hanf im ersten Aufbrennen begriffen. Allmählig ward die Luft bewegt, und man sah nun durch große Risse in dem Flammennebel bald die von Menschen vollgestopften Brükken und Ufer, bald die lustig spielende Feueresse.

Langsam kam ich am Bohlenwerk entlang bis zum Eingang an die Klapperwiese, wo die Ladebrücke sich befindet. Die Hitze war furchtbar. Die Menschen standen wie betäubt und schoben sich, starr auf das Schauspiel gerichtet, in gepreßten Massen durcheinander. Auf dem Pregel waren alle Schiffe, die an der Lastadie vor Anker lagen, zunächst in den Pregelarm nach dem Kai geflüchtet, einige nach dem Holländerbaum, einige Wittinen unter der grünen Brücke fort nach dem Weidendamm zu. Als aber das Feuer mit ungemeiner Geschwindigkeit auch die Speicher faßte, welche über den roten Kran hinauslagen, als das Dach des Toussaintschen loderte, als die Funken weit über den Strom nach der Vorstadt zu flogen, mußten alle Schiffe räumen. Die meisten, welche in dem inneren Pregelarm sich geborgen hatten, eilten wieder hervor und suchten mit aufgespannten Segeln nach dem Holländerbaum zu entkommen. Dies Flüchten der Schiffe erschien in dem gräßlichen Rauch, der sie Sekunde um Sekunde wie in ein Leichentuch hüllte, als wenn riesige Gespenster auf dem Strom wandelten. Die Fahrzeuge am diesseitigen Bohlenwerk, wo ich ging, mußten ebenfalls weichen. Jede Minute Verzug konnte sie in Brand setzen. Es waren meist Wittinen. Die Mannschaft zog sie an Stricken, und sie krochen gleichsam am Ufer hin. Diese allgemeine Bewegung der Schiffe, die Hast, das Geschrei, das Zusammenstoßen – an der Ladebrücke riß ein Anker von einem holländischen Zweimaster und stürzte ins Wasser, mit seinem Zahn ein Stück Planke des Bohlenwerks wegschnappend – der Rauch, man hätte eine Seeschlacht vermuten sollen.

So kam ich denn auf die Klapperwiese, fand aber im Toussaintschen Hause niemand. Der Hausherr war mit seiner Familie in Rodmannshöfen, einem Landgut, anderthalb Meilen von der Stadt. Der eine Sohn war hinausgeritten, die Meldung von dem Brand zu bringen, der andere mit sämtlichen Comptoiristen bei dem Feuer tätig.

Ich ging wieder der Ladebrücke zu. Die Anschauung des jenseitigen Ufers war ganz die, welche ich in meinen Knabenjahren bei dem Lesen der Offenbarung Johannis mir von solchen welt-zertrümmernden Momenten gemacht hatte. Diese kolossalen Gluten, diese Rauchsäulen, dies Ameisengewimmel der Menschen, diese Angst, was noch kommen könne, dieser peinlich lauernde Blick, ob nicht schon nach der Stadt zu, wo die Straßen so eng und bergig sind, oder nach der Vorstadt zu, wo die Häuser und Magazine erst aus dem letzten Speicherbrande im Neubau wieder erstanden waren, ob nicht das Feuer dahin seine vernichtende Epidemie erstrecken könne, die Vorsicht, die man im Gewühl anzuwenden hatte, nicht von Wagen, Pferden, Lastträgern, Spritzen, Soldaten zerquetscht zu werden, die immer mehr sich steigernde Hitze, welche den Pregel dampfen machte, als das Bohlenwerk aufzuglühen begann, – es war wohl genug, um dem einzelnen die Empfindung seiner Unbedeutendheit und Machtlosigkeit recht tief mitzuteilen. Die Hitze wurde immer sengender. Man spritzte unaufhörlich Wasser auf die diesseitigen Hanfspeicher. Die Feuerflocken durchschossen immer häufiger und stärker die Luft, welche jetzt wahre Pfeile nach der grünen Brücke und den zunächst stehenden Speichern sandte. Die Dächer derselben waren daher mit Menschen besetzt, welche mit Äxten, Feuerhaken, Wassereimern und nassen Säcken versehen waren und jeder Gefahr zu begegnen suchten.

Schon brannte nun die ganze Speichergruppe bis zur Häringsbracke hin, diese noch ausgenommen. Der Toussaintsche Speicher, der mittlere, war erst einige Zeit zuvor, als das Haus das Fest des hundertjährigen Bestandes seiner Firma beging, frisch mit hellgrüner Farbe aufgeputzt. Die Balken des Fachwerks und Lukentüren waren mit schwarzer Ölfarbe bestrichen, die Türen mit Blech beschlagen. Lange widerstand er. Im Innern glühte und tobte es schon. Das Dach war bereits geborsten, und die Flamme schlug hoch empor. Aber die Vorderseite verhielt sich wie ein Ritter mit geschlossenem Visier. Alle Türen waren noch fest zu, und nur ein gewaltiges Knacken zuckte zuweilen durch das Gebälk. Während rings umher alles die Form der Ruine gewann, während die Rettungsversuche sich nach immer entlegeneren Punkten entfernen mußten, schien dieser Speicher der Zerstörung trotzen zu wollen. Wenn der Rauch etwas verwehte und die Flammenfackeln ihn hell anleuchteten, sah der Ernst der schwarzen Luken so finster, so verachtend aus, das Grün dagegen so besänftigend, so zufrieden, als wenn der Schutt, der sich rechts und links auflagerte, für ihn unmöglich wäre, bis mit einem Male, wie auf ein Kommando, alle Luken zugleich aufbrachen und das Feuer drachenartig daraus hervorschoß und von oben nach unten im Nu das ansehnliche Gebäude überringelte, ein glorioser Moment.

Von hier wälzte sich der Flammenstrom zur Häringsbracke, einem langgestreckten, einstöckigen, schlichten Gebäude an der Ecke, welche hier der in den Fluß einmündende Pregelarm macht. Erst dampfte das Gebäude. Aus dem Dache brach einige Minuten hindurch ein wahrer Angstschweiß aus. Ein sonderbarer Geruch verbreitete sich, scharf, bitter. Da loderte der Dachstuhl an den Ecken auf, und rasch spielte nun das Feuer in dem Sparrenwerk, wie die Lampen bei einer Illumination vom Wind bewegt flackern. Ein Hüpfen, ein Tanzen der Flammen, als wenn sie mutwillige Geister wären, welche hier ein Fest feierten und sich jauchzend mit dämonischer Schnelligkeit hin und her bewegten. Es war der schönste Kontrast zu dem düstern Widerstande, den der Toussaintsche Speicher geleistet hatte. Nur zur Selbstbefriedigung einer geheimen Lust schien hier das helle Feuer zu rasen.

Weiter drang es nicht. Den tapferen Anstrengungen der Rettungsanstalten, den Bemühungen der jungen Kaufmannschaft, der Soldaten, die unermüdlich bei den Prahmspritzen tätig waren, gelang es, die Ausbreitung des Feuers nach der Stadt hin zu verhindern. Auch die Richtung des Luftzuges war günstig geworden. Wagen auf Wagen konnte noch mit Flachs, mit Hanf aus Nachbarspeichern fortgeschafft werden.

Der Anblick, welchen der Pregel jetzt darbot, war köstlich. Das Wasser, von Glut durchgossen, sah doch streifenweise ganz schwarz aus, und seine Wellen glänzten wie vergoldeter polierter Stahl. Große Fässer brennenden Öls und Spiritus' schwammen auf ihm umher. Wachtschiffe fuhren an den Bohlenwerken und an der grünen Brükke hin und her, denn an der Lastadie brannte das Bohlenwerk.

Aber der Mittelpunkt des Schauspiels war der rote Kran, der sich wie ein Zepter durch die Flammen streckte und zuweilen zu sinken schien, wenn dieselben heftig wogten. Allein er stand. Das Brennen hatte in den Speichern bald den klappernd-knisternden Ton eines Pelotonfeuers, bald den eines dumpfen Krachens, Kollerns, wie wenn Erde auf einen Sargdeckel geschaufelt wird. Aber am Kran mischte sich ein knarrendes Seufzen ein. Die mächtigen Eisenmassen ruckten und zuckten, aber er stand. Endlich war das Holzwerk aus ihm herausgebrannt, das Tretrad verzehrt, und ungeduldig erwartete die Menge den Sturz. Noch war er nur ein Gerippe von Eisen, das sich im Flammengewoge mit bloßen Linien abzeichnete, aber er stand, bis das veränderte Fundament, das Fortfressen des Feuers am Bohlenwerk, ihn mit einem Mal zusammensinken ließ.

Von hier ab, es war etwa zehn Uhr, blieb die Physiognomie des gräßlich-schönen Schauspiels die Nacht hindurch ziemlich dieselbe, und die Masse der Zuschauer zerstreute sich gemach.

Frappieren: überraschen, befremden
Wittinen: flache Flußkähne
Meile (preuß.): Längenmaß (7,532 km)
Comptoiristen: Kontoristen, in Handelsbüros Beschäftigte
Visier: Gesichtsschutz
glorios: großartig
Illumination: Beleuchtung
Prahm: flaches Arbeitsfahrzeug
Pelotonfeuer: von der Flanke zur Mitte überspringender Beschuß
Physiognomie: Aussehen

Königsberger Bürgerhäuser

Eduard Anderson

Auch in der besten Zeit unserer Stadtentwicklung waren prunkhafte bürgerliche Bauten nur dünn gesät, und ganze Reihen stattlicher Häuser, wie sie Danzig aufweist, hat Königsberg wohl nie gehabt. Selbst wenn man den Braunschen (1573) und den Beringschen Plan aus dem Jahre 1613 genau studiert, findet man wenige Bürgerhäuser von großen Ausmaßen oder gar prunkvoller Ausgestaltung; Häuser, wie wir sie heute noch in geringer Zahl am Altstädtischen

Markt finden oder im Kneiphof – hier oft unter neuzeitlichen Fassaden versteckt –, weiter in der *Altstädtischen Langgasse*, im *Löbenicht usw.* haben keinen besonders großen Zuschnitt, obwohl sie architektonisch immerhin interessant sind. Die frühere *Reichsbank*, wo jetzt das Kulturamt sein Heim aufgeschlagen hat, bekannt unter dem Namen das »Schindelmeißersche Haus« – erbaut 1797 –, gehört zu den größeren Bürgerhäusern der Stadt; das »Zschocksche Stift«, am Neuen Graben gelegen, einst dem Kommerzienrat Saturgus gehörend, ist noch heute bemerkenswert durch seine Fassade und seinen schönen Garten. Dieses interessante Haus ist aber ganz wesentlich kleiner als das vorhergenannte. Die alten Häuser von der Königstraße Nr. 79, 65–67, 54–56, das Pionierkasion, das Dohnasche Palais, das Dumckesche Haus am Vorderroßgarten, usw. sind nur Bauten mittlerer Größe, die aber von tüchtigen Baumeistern entworfen wurden …

Von den früheren beliebten *Sandsteinportalen*, die eine Zierde für die Straße waren, sind viele verschwunden, von anderen hat man wenigstens die Umrahmungen des Oberlichtfensters erhalten (Koggenstraße, Altstädtischer Markt). Aber viele von diesen schönen Portalen, die wir noch aus alten Abbildungen kennen, sind leider auf den Schutthaufen gekommen. An manchen alten Fenstern findet man noch gut geformte geschmiedete Beschläge. Kunstvolle Schmiedearbeiten sind noch hin und wieder zu finden – Bülowstraße, Scharfrichterhaus, ein Balkon in der Schmiedestraße usw. Die in den 80er und 90er Jahren des vorigen Jahrhunderts aufkommende Mode, schlichte Giebelhäuser mit prunkvollen Renaissancefassaden zu versehen, ist ebenso geschmacklos, wie es leider heute Sitte wird, brave Giebelhäuser aus dem 18. und 19. Jahrhundert à la Mendelson zu frisieren. Die plötzlich auftauchende Mode, die alten Häuser, deren Architektur ihr schönster Schmuck ist, mit bunten Farben anzustreichen, flaut glücklicherweise mehr und mehr ab.

Eine schöne Abwechslung in manchen Straßenfronten bilden die *Torwege* und *Einfahrten*, die zum Hof führen. Sind sie geschmackvoll und schön ausgestaltet, wie etwa am Kleinen Domplatz Nr. 15, so wirken sie ungemein anmutig. Daß man früher eine besondere Vorliebe für plastische Ausschmückung der Innenräume und Fassaden, und Königsberg insbesondere zahlreiche Stuckdecken von künstlerischer Bedeutung hatte, ist bekannt. Ein Teil davon ist im

Kneiphöfischen Rathaus, im *Stadtgeschichtlichen Museum* uns erhalten. Aber auch Bürgerhäuser weisen diesen schönen Schmuck aus dem 18. Jahrhundert, der bis in den Anfang des 19. Jahrhunderts hinein beliebt war, auf. So sind in der Französischen Straße Nr. 1, in der Magisterstraße Nr. 45, am Pauperhausplatz Nr. 3, in der Königstrage Nr. 79 usw. reichere und auch einfachere Stuckdecken erhalten. Die Fassadenverzierung in gleicher Art kennen wir noch in der Wassergasse Nr. 15, in der Altstädt. Holzwiesenstraße Nr. 8 und an der Drei-Kronenloge. Welche kunstvoll geschnitzten *Treppengeländer* und Füllungen in den einzelnen Häusern noch zu finden sind, ist dem Lokalforscher natürlich bekannt. Aber wer an alten Häusern vorübergeht, ohne sich die Zeit zu nehmen, einen Blick in die Flure zu werfen, sollte wenigstens dem Fremden nicht erzählen, daß Königsberg nichts Altertümliches mehr aufzuweisen habe. So ist z. B. Domstraße Nr. 14 eine sehr wenig bekannte, schöne Wendeltreppe mit guten Schnitzereien erhalten. Auf dem Kleinen Domplatz Nr. 7 finden wir eine zwar halsbrecherisch steile Wendeltreppe, die aber in ihrer Konstruktion um die spiralförmig gedrehte Spindel sehr eigenartig ist. Außerdem sind verzierte Treppenaufgänge aus dem Anfang des 18. und 19. Jahrhunderts in außerordentlich zierlichen und schönen Formen vorhanden, obwohl sie nur die einfache Zweckmäßigkeit betonen …

Königsberg, 10. April 1945

Hans Graf von Lehndorff

Die Königstraße herauf, über den Roßgärter Markt hinweg und weiter zum Schloß hin wälzt sich eine Riesenschlange einrückender Truppen, in die wir nun hineingeraten. Ich kneife heftig in meinen Oberschenkel, um mich zu vergewissern, daß dies alles Wirklichkeit ist und kein Traum. »Königsberg 1945« sage ich zu wiederholten Malen in mich hinein. Daß man es der guten alten, ehrwürdigen Stadt, die man nie so ganz für voll nahm, früher nicht angesehn hat, daß sie nur noch auf dies grandiose Schauspiel wartete, um dann zu verlöschen! Wie gut hat sie es verstanden, ihr Geheimnis vor uns zu hüten, als wir noch gar vor gar nicht langer

Zeit in ihren gleichbleibend freundlichen Falten ahnungslos und mit überlegener Miene einhertrotteten. Erst die Stürme des letzten Sommers, die beiden englischen Fliegerangriffe, rissen ihr die Maske vom Gesicht und machten sie äußerlich reif für diesen Augenblick. Wir schwimmen inmitten eines Lavastromes, der sich von einem boshaften Stern auf die Erde ergießt. Nun macht er einen Bogen nach rechts – warum? Ach so, ja, hier haben ja Häuser gestanden, und hier ungefähr wohnte einmal unser Zahnarzt. Da oben in der Luft hat er gearbeitet. Vielleicht hat er früher auch manchmal aus dem Fenster auf die friedliche Straße gesehn, so als ob er auf irgend etwas wartete. Nun wälzt sich zwischen flammenden Trümmern ein wüster, johlender Haufen die Straße entlang, ohne Anfang und Ende. Ist das wirklich heute, an diesem Tage? Ist das nicht schon vor zweitausend, vor zehntausend Jahren oder ebensoviel später? Die Zeit ist doppelt, dreifach in diesem Augenblick. Nicht zu beschreiben, was sich da alles fortbewegt an Menschen, Tieren und Fahrzeugen. Ich weiß nur das eine: Dies ist der Sieg, der Sieg, wie er im Jahre 1945 aussieht, aussehen muß …

Wir treiben weiter, auf das Schloß zu. Aus den Ruinen erhebt sich, wie ein Ausrufungszeichen, der Turm, der Länge nach gespalten, von tausend Geschossen zerfetzt, gekämmt, zerhackt. Man sieht in ihn hinein – da oben hängt noch die Glocke. Und auf einmal ist eine Stimme in mir, die gibt Antwort, und sie befiehlt mir: Mach nur die Augen auf und sieh, denn in der Tat wäre das, was hier vorgeht, sinnlos, zwecklos, höllisches Gelächter, wenn du es nicht sähest. Dies ist nicht ein Augenblick der Weltgeschichte – irgendeiner, der wieder vergeht –, das ist Weltgeschichte in einem Augenblick, in deinem Augenblick. Darum sieh nur hin, so wirst du die Herrlichkeit Gottes erkennen. Und dieser schmutzige, erschöpfte Menschenwurm, der ich bin, erschauert vor tiefer Seligkeit.

Wieder hat mich der Strom erfaßt. Flintenweiber kommen auf Autos stehend vorbeigeschwommen, furchterregend und lächerlich zugleich. Ihre Gebärde bekundet, daß sie es sind, die sich als Repräsentanten des Sieges fühlen. Ich lache in mich hinein und weiß doch dabei, daß mein Äußeres ganz dem entspricht, was sie von Besiegten erwarten.

Rechts und links in den Trümmern schleichen, wie verregnete Hühner, Reste der Bevölkerung umher. Man muß schon genau hinsehen, um sie zu entdecken. Hier und da verrät sie ein mattes Flügelschlagen, wenn sie von einem der unermüdlichen Spürhunde aufgestöbert und überrannt werden. Sie sind wohl schon auf der Suche nach Brot …

Bekenntnis

Rudolf Jacquemien

Mag der heiße Süden locken
mit der Trauben edlem Wein,
mit der Blüten zarten Flocken
und mit stetem Sonnenschein.
Meine Liebe gilt dem Norden,
seinem sturmumwehten Strand,
wo des Bernsteins goldne Orden
leuchten aus dem Dünensand,
wo die mächtgen Riesenföhren
ragen wie ein Mastenwald,
wo die rauhen Winde röhren
und die Lüfte herb und kalt,
wo der Flug in Winternächten,
mit des Eises Panzer klirrt'
und, beschwingt von Frühlingsmächten,
Kranichpfeil nach Norden schwirrt,
wo der Elch trägt seine Krone
majestätisch durch den Forst
und auf schwankem Wipfelthrone
wiegt sich kühn der Falken Horst,
wo die weißen Nächte schimmernd

durch den kurzen Sommer gehn
und des Nordlichts Fahnen flimmernd
hoch vom dunklen Himmel wehn …
Mag der Süden lockend winken
mit der Palmen Fächerhand –
seinen Wein will gern ich trinken
auf dein Wohl, mein nordisch' Land!

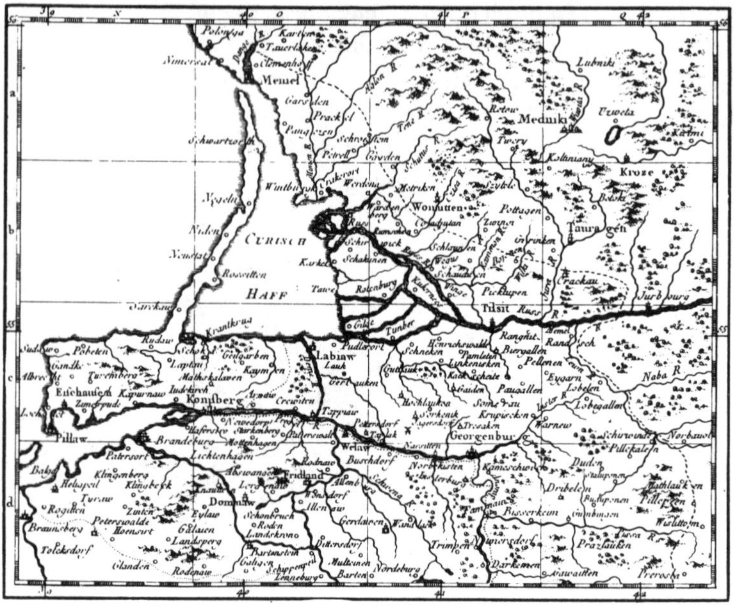

Das Gebiet um Königsberg und Memel

Der Pregel

Ludwig von Baczko

Dieser schiffbare und fischreiche Fluß entsteht aus Vereinigung der Rominte, des Pisa oder Pisar, der Angerap und der Inster. Nach dem Zusammenflusse der beiden letztern bei Insterburg, nach vielen aber auch schon bei Gumbinnen, erhält er den Namen des Pregels und nimmt bei Wehlau die Alle auf, die sich bei Schippenbeil mit der Guber vereinigt. Von Tapiau ab geht ein Arm des Pregels, die Deine, nach Henneberger ein gegrabener Kanal, eigentlich aber ein im Baumwalde entspringender Fluß, durch einen von Tapiau bis Laukischkeu gegrabenen Kanal mit dem Pregel vereinigt, und verbindet letztern mit dem Kurischen Haffe. Der Hauptstrom des Pregels aber teilt sich bei dem Dorfe Steinbeck, anderthalb Meilen von Königsberg, in zwei Arme, wovon der rechte der alte, der linke der neue Pregel heißt. Von Osten durch den litauischen Baum fließt er nach Königsberg; bildet hier die Insel Kneiphof; fließt durch den holländischen Baum wieder aus der Stadt und fällt bei Fischhoff und Hollstein, eine Meile von Königsberg, mit zwei Armen in das Frische Haff.

Meile (preuß.): Längenmaß (7,532 km)

Ein guter Poet

Johann Christoph Gottsched

Ich sage also erstlich: Ein Poet sei ein geschickter Nachahmer aller natürlichen Dinge, und dieses hat er mit den Malern, Musikverständigen u. a. m. gemein. Er ist aber zum andern von ihnen unterschieden durch die Art seiner Nachahmung und die Mittel, wodurch er sie vollzieht. Der Maler ahmt sie durch Pinsel und Farben nach, der Musikus durch den Takt und die Harmonie, der Poet aber durch eine taktmäßig abgemessene oder sonst wohl eingerichtete Rede oder – welches gleich viel ist – durch eine harmonische und wohlklingende Schrift, die wir ein Gedicht nennen.

So fremd vielen diese Beschreibung eines Dichters vorkommt, so vollständig und fruchtbar ist sie in der Tat. Ein Poet wird dadurch nicht nur von den obgedachten freien Künsten, sondern auch von allen andern Teilen der Gelehrsamkeit unterschieden. Ein Geschichtschreiber soll nicht nachahmen, was die Menschen zu tun pflegen oder wahrscheinlicher Weise getan haben könnten, tun sollten oder würden, wenn sie in solchen Umständen befindlich wären, sondern man fordert von ihm, daß er getreulich dasjenige erzählen solle, was sich hier oder da vor Begebenheiten zugetragen. Ein Redner soll nicht nachahmen, was andre Leute tun, sondern die Leute überreden, etwas vor wahr oder falsch zu halten, und sie bewegen, etwas zu tun oder zu lassen. Ein Weltweiser ist gleichfalls von der Nachahmung sehr weit entfernt, indem er uns die Gründe von der Möglichkeit aller Dinge untersuchen lehrt. Wie die Rechtsgelehrsamkeit, Arzneikunst und andre Wissenschaften mehr von der Poesie unterschieden sind, das wird ein jeder selbst leicht abnehmen können.

Vor: für

Fischhausen und der heilige Adalbert

Anton von Etzel

Die Nordküste des Frischen Haffs macht drei Meilen westlich von der Pregelmündung eine über eine Meile in das Land dringende Bucht, die »schöne Wiek«, an welcher das offene Städtchen Fischhausen, der Sitz des Bernsteingerichtes, liegt. In ihm verbindet sich mit dem Interesse und Reiz der Lage die Erinnerung an die vergangenen Jahrhunderte, denn Fischhausen war der Sitz des samländischen Bischofs. Hier war es auch, wo die alten litauischen Bewohner des Samlandes eins der Hauptheiligtümer ihres Kultus besaßen und ihre feierlichen Feste zu Ehren ihrer Götter feierten. Der heilige Adalbert, Sohn eines böhmischen Großen, der sein Bistum Prag um der rohen Sitten seiner Landsleute willen verließ und nach frommem Wandrerleben in Italien, Deutschland und Ungarn zum Herzog Boleslaus von Polen nach Gnesen zog, gründete Fischhausen. Ein Traum, der seinen apostolischen Eifer von neuem entflammte, trieb ihn aus Gnesen fort, zur Bekehrung der Preußen. Nachdem er in Danzig zu taufen begonnen, ließ er sich durch eine wenig gastliche Aufnahme nicht zurückschrecken, sondern machte am 23. April 997 einen zweiten Versuch, den hartnäckig an ihrem Glauben hängenden Preußen das Christentum zu predigen. An den Ufern des Frischen Haffs fand er zu heidnischem Feste versammelt zahlreiche Mengen der Bewohner des Samlandes und richtete an sie seine heißen Ergüsse. Die apostolische Stimme aber ward

überhört und von wilden Drohungen der heidnischen Priester erstickt; man umringte ihn, und als er in begeisterter Blindheit der Gefahr trotzte und sich neuen Schmähungen des Heidentums überließ, tötete ihn der Lanzenstich eines verzückten Priesters, als Opfer seines Eifers. Sein Leichnam wurde von Boleslaus von Polen zurückverlangt und von den Preußen gegen Bewilligung seines Gewichts in Golde ausgeliefert, endlich im Dome zu Gnesen beigesetzt.

Heiliger Adalbert: Adalbert von Prag, »Apostel der Preußen«, 997 als Märtyrer gestorben, 999 heiliggesprochen
Meile (preuß.): Längenmaß (7,532 km)
Kultus: Kult, Gottesdienst
apostolisch: hier: missionarisch
Boleslaus I. von Polen (gest. 1025)

Am Meer

Fanny Lewald

Ich war gern am Meere, seine Poesie war mir stets zugänglicher, als die der Gebirge. Die große, unabsehbare Weite hatte etwas, worin mein Geist sich gern verlor, das Schrankenlose gab mir stets das Gefühl einer persönlichen Allmacht, denn wie weit das Auge auch trug, der Gedanke reichte darüber hinaus. Stundenlang habe ich, wenn meine Mutter ruhte oder schlief, vor der Türe auf dem Balkon gesessen und dem Spiel der Wellen, dem Meeresleben in allen seinen Äußerungen gelauscht. Es war mir ein unaussprechlicher Genuß, das Meer in seiner Ruhe sich vor meinen Füßen ausbreiten zu sehen, und ein noch größeres Entzücken, wenn der Wind es aufjagte, wenn im fernen Westen die dunkeln Wolken am Rande des Horizontes wie ein schwarzer Streif emporstiegen, wenn sie sich schnell über den ganzen Horizont verbreiteten, und wenn der Wind aufkam, sich zum Sturm gestaltete, und Wolken und Wellen in wildem Jagen vor sich hertrieb. Im Wind am Meere zu atmen ist eine Wollust. Man fühlt, als könnte man damit unendliche Lebenskraft in sich aufnehmen, und während man die Ohnmacht des Menschen gegen die Gewalt der Elemente klar vor Augen hat, trat und tritt mir noch heute das Bewußtsein freien, selbstherrlichen Wollens und Vermögens nie deutlicher hervor, als gegenüber dem Sturm am Meere. Ja, auch ich kann sagen: »Ich liebe das Meer wie meine Seele!« Und ich habe niemals in der Gebirgswelt gelebt und vor ihrer starren Erhabenheit gestanden, ohne eine unbeschreibliche Sehnsucht nach dem Meere und seinem Leben und seiner Bewegung zu empfinden. Wenn ich mich krank gefühlt, hat mein ganzes Verlangen nach dem Meere gestanden, und ich könnte, wäre ich gezwungen, dauernd in Bergen zu leben, ein wahres Heimweh nicht nur nach dem Meere, sondern auch nach der freien Fernsicht der Ebenen bekommen.

Pillau

August Eduard Preuß

Als Schlüssel und Hafen von Königsberg ist Pillau von großer Wichtigkeit. Durch die zwischen den Jahren 1808 bis 1818 ausgeführten bedeutenden Hafenbauten (Steinkastenbau auf der Spitze der Frischen Nehrung und Anlegung einer neuen Mole von der Spitze der Nehrung in die See hinein) hat der Hafen an Sicherheit, das Seegatt an Tiefe gewonnen. Es ist nämlich dadurch eine Zusammenpressung der durch das Gatt aus- und einströmenden Wassermenge hervorgebracht, so wie eine Vertiefung (von neun bis dreizehn Fuß) und geradere Richtung der Fahrbahn bewirkt worden, und endlich der lose Sand der Nehrungsspitze dem Spiele der Winde entrissen. So können nun ungeachtet der nicht breiten Fahrbahn (das Seegatt selbst ist gegen 1800 Fuß breit) Barken, Schoner, Galeassen, Briggs u. a. Fahrzeuge mit voller Ladung in den Hafen einlaufen, ohne vorher auf der Rede erleichtert zu werden. Von Pillau aus müssen indes die Warentransporte nach Königsberg wegen der Untiefen des Haffs durch kleinere Schiffe, Jachten, Sloopen, Bordinge bewirkt werden. Die Hauptnahrungszweige der Einwohner sind wie natürlich Schiffahrt, Speditionshandel, Schiffbau und alles was dahin gehört, Fischerei; daher denn auch, sobald der Handel blüht, (wie 1783, da 1869 Schiffe ein- und 1819 Schiffe ausliefen, und 1784, da 1967 Schiffe ein- und 1989 Schiffe ausliefen, oder 1817, da 1096 Schiffe ein- und 1085 ausliefen) der Wohlstand mächtig sich hebt, schnell aber auch wieder sinkt, sobald jener ins Stocken gerät.

Unter den öffentlichen Gebäuden merken wir besonders den Leuchtturm (in den Jahren 1805–13 für 25 000 Reichstaler erbaut), einen schlanken, runden Turm mit einer schönen Kuppel, 100 Fuß hoch. Das Leuchtfeuer in der Laterne brennt 92 Fuß über dem Ostseespiegel und ist 2 3/4 deutsche Meilen in See sichtbar. Es wird durch zwei Reihen Lampen bewirkt, die im Kreisbogen um eine Säule von Gußeisen befestigt sind. Die parabolischen Reverber dahinter sind von Robertson in London gefertigt, 20 Zoll im Durchmesser, und zeichnen sich durch ihre glänzende Politur aus. Von der Galerie des Turmes hat man bei heiterm Wetter eine angenehme Aussicht. Das freundliche Städtchen mit dem Hafen zu den Füßen, die weite See, die Nehrung, das Haff mit seiner gegenüberliegenden romantischen Küste, die Höhen vor Elbing, der Frauenburger Dom, auf der andern Seite Samlands Höhenzüge und in der Ferne die Türme Königsbergs vereinigen sich zu einem großen und reizenden Bilde, auf dem das Auge des Beschauers gern verweilt. Die Kirche, welche von den Einwohnern und der Garnison gemeinschaftlich benutzt wird, liegt innerhalb der Festung. Außerdem besitzt Pillau eine Navigationsschule (Seeschule), eine höhere Stadtschule, mehrere Elementarschulklassen, ist der Sitz eines Stadtgerichts, eines Hauptzollamts, einer Kommandantur und dient zwei Garnisonkompagnieen, einer Artilleriekompagnie und einer Divisionskompagnie zur Garnison. – Da das hiesige Wasser schlecht ist, auch zur Bierbereitung nicht taugt, so wird der Getränkebedarf von Königsberg bezogen, und zwar vermittels der sogenannten Bierböte, welche eine regelmäßige Verbindung (wöchentlich zweimal) zwischen beiden Städten bewirken.

Barke: kleines Boot
Schoner: mehrmastiges Segelschiff
Galeasse: Küsten-Frachtsegler
Brigg: zweimastiges Segelschiff
Sloopen: Küstenschiffe
Bording: Leichterschiff
parabolische Reverber: Lampen, die das Licht in Form einer Parabel verbreiten

Gustav Adolf in Pillau

Ferdinand Schmidt

Sehen wir uns nun zuvörderst Gustav Adolfs Auftreten gegen Polen an, insoweit es ihn mit dem Herzogtume Preußen und dadurch in Beziehungen zu seinem Schwager Georg Wilhelm von Brandenburg brachte.

Wir gehen damit in unserer Darstellung vier Jahre zurück; Gustav Adolf war in seiner Kriegsführung gegen Polen meist glücklich gewesen, und nur durch die Hilfe des Kaisers vermochte sich Polen aufrechtzuerhalten.

Um nun entschiedenere Erfolge zu erzielen, erschien Gustav Adolf mit einer Flotte vor Pillau (1626) und bemächtigte sich dieser Feste, was dem Kurfürsten schon aus dem Grunde höchst unwillkommen sein mußte, weil es seine Absicht war, in dem Kriege zwischen Schweden und Polen gänzlich unbeteiligt zu bleiben.

In den Verhandlungen, die infolgedessen stattfanden, äußerte sich Gustav Adolf gegen die ihm zugesandten Bevollmächtigten unter anderem:

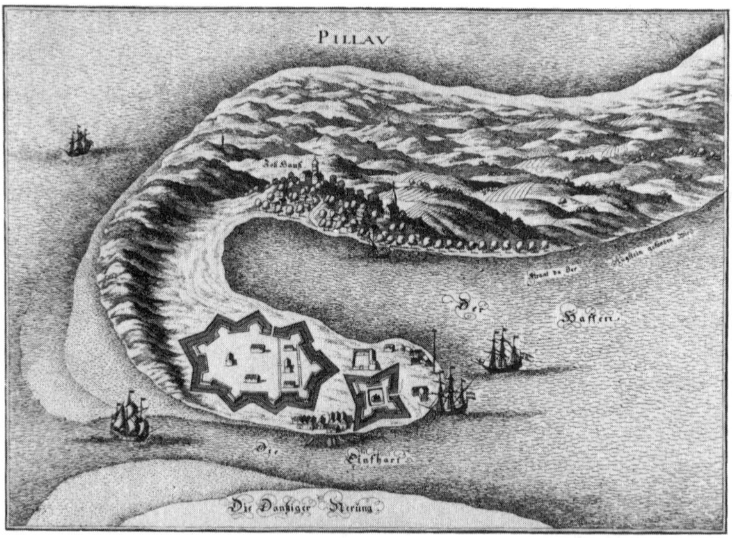

Pillau im 17. Jahrhundert

»Ich habe nicht gewünscht, des Kurfürsten, meines Schwagers, Land zu betreten, aber die natürliche Lage des Ortes nötigt mich, meinen Zug dahin zu richten, um Rache an Polen zu nehmen, welches mich und meinen Vater öffentlich für Reichsfeinde erklärt hat. Ich will nur die Pfaffenknechte im Bistum Ermland besuchen und ihnen beweisen, daß ich ihr Feind bin. Ich komme nach Preußen als Freund und verlange keinen Beistand, sondern nur den schlechten Sandplatz (Pillau) zu meinem Rückhalte. Nicht ein Huhn soll von meinen Soldaten genommen werden; tut Ihr aber einen Schuß auf mich, so will ich des Landes Feind sein und Euch rechtschaffen auf die Wolle greifen. Ich will auch weiter über die Weichsel gehen und bin eine große Sache eingegangen, auf welcher meiner Krone Wohlfahrt ruht und die meinen Hals angeht.«

Er riet den preußischen Bevollmächtigten, dem Kurfürsten von Brandenburg Geld zu senden, damit dieser sich der Kaiserlichen erwehren könne, auch forderte er sie auf, sich ihm gegen Polen anzuschließen. »Ihr solltet«, sagte er, »Anwerbungen machen, um auf die Pfaffenknechte zu schlagen. Tretet zu mir über, ich will euer General sein und euch schützen helfen!«

Es erfolgten Einwendungen verschiedenster Art, so namentlich: die Pflichten gegen Polen wie auch die gegen den Kurfürsten erlaubten es nicht. Man wollte offenbar Zeit gewinnen. Gustav Adolf drängte, sich ihm als Freund oder Feind zu erklären. »Danket Gott«, sagte er, »daß Ihr nicht unmittelbare Untertanen des Königs von Polen seid, sondern daß der Kurfürst von Brandenburg Euer Lehnsherr ist; wollet Ihr aber auf dessen Entscheidung warten, so würde diese doch weder warm noch kalt sein.«

Er wies darauf hin, daß eine männliche Entschließung in der vorliegenden Frage eine Notwendigkeit sei.

»Geht nicht«, fuhr er fort, »den Mittelweg! Seht nur Deutschland an, da haben sie es auch getan und keinen erzürnen wollen; was ist darauf erfolgt? Sie haben Haus und Hof, etliche ihre Seligkeit verloren; in Livland ist es ebenso hergegangen. Die Polen wollen aus Preußen wie aus Livland Starosteien machen, die Einwohner wie Sklaven halten und à coup de baton traktieren. Ihr mögt tun, was Ihr wollt; die Polen werden Euch doch für Verräter halten und sengen und brennen; denn Ihr habt den Pillauer Hafen nicht gegen mich verteidigt, die Schanzen nicht vollendet und nicht gehörig besetzt. Schlagt auf sie zu, ich will Euer General sein. Die Kosaken werden Euch plündern, aber schlagt auf sie zu, sie werden nicht wiederkommen. So habe ich's auch gemacht. Wollt Ihr Euch recht raten, so müßt Ihr Extrema ergreifen, entweder Euch an mich oder an die Krone Polen wenden. Ich bin Euer Religionsverwandter, habe ein Fräulein aus Preußen als Gattin, will für Euch fechten, will Königsberg befestigen, habe Ingenieurs bei mir, verstehe auch selbst etwas davon, will es wider Polen und den Teufel selbst verteidigen: haltet es nur mit mir.«

Die Abgeordneten beriefen sich auf die Verträge, durch welche das Herzogtum Preußen mit Polen verbunden sei, worauf Gustav Adolf entgegnete: »Habt Ihr sie nicht selbst gebacken und dem Vater meines Weibes, dem Kurfürsten Johann Sigismund eingemischt? Sie werden Euch noch im Halse steckenbleiben! Verträge hin, Verträge her; man hat jetzt keinen Prozeß, denn im Kriege schweigen die Gesetze. Man muß durch den Prozeß einen Strich machen. Wenn der Kurfürst das Land behalten soll, so müssen wir Freunde sein; er kann Euch auch hier ohne Gefahr nichts helfen, es ist besser, er bleibt draußen; Ihr müßt Euch selber helfen, und das kann Euch keiner verdenken. Ihr kommt mir vor, wie einer, der krank ist und die Arznei nicht gebrauchen will, die ihn gesund macht. Ihr handelt nicht ehrlich, wollt mich hinhalten, bis der König von Polen mit einer Macht gegen mich kommt, alsdann wollt Ihr unter dem Vorwande der Eidespflicht zu ihm treten und mir den Hals entzweischlagen helfen. Werdet Ihr stille sein, so ist's gut; wo nicht, so will ich alles einnehmen, was ich kann. Ich will die reifsten Birnen vorher abschütteln. Wenn ich Elbing habe, so will ich so eine Katz herumbauen, die wohl um sich kratzen soll: es wird sie keiner ohne Handschuh angreifen. Pillau will ich dermaßen befestigen, daß mich nicht leicht einer aus der Herberge treiben soll!«

Das Auftreten des Königs erregte die Besorgnis des Kurfürsten Georg Wilhelm. Er fürchtete, Gustav Adolf habe wohl gar im Sinne, Preußen von Polen und Brandenburg zu trennen und mit Schweden zu vereinen, was die Absicht desselben aber durchaus nicht war.

Schwarzenberg wies darauf hin, daß man versprochen habe, dem Kurfürsten Hilfe zu gewähren, und daß man ihm jetzt Pillau genommen habe, und der Kurfürst, von seinem Minister fortwährend aufgehetzt, klagte: »Was helfen mir meine Freunde, wenn sie mir das tun, was ich von meinen ärgsten Feinden erwarten sollte? Was geht mich die gemeine Sache (der Krieg zwischen den Katholiken und Protestanten) an, wenn ich meine Reputation, Ehre und zeitliche Wohlfahrt verlieren soll?«

Er fühlte sich verletzt durch die Äußerungen Gustav Adolfs gegen die preußischen Abgeordneten, in denen derselbe des Kurfürsten Verhalten im Kriege gemißbilligt hatte, und er sagte in bezug darauf:

»Sitze ich still und sehe meinem Unglück zu, was wird man von mir sagen? Hingegen da ich mich noch wehre und tue, was ich kann, so habe ich doch nicht solchen Schimpf und glaube nicht, daß es der Kaiser mit mir werde ärger machen als mein Schwager, der König Gustav Adolf. Der Kaiser hat bis jetzt gegen mich nichts getan, so darf ich denn Gnade und Gutes hoffen, wenn ich mich zu ihm schlage.«

Noch eine andre Äußerung des Kurfürsten aus jener Zeit läßt einen Blick in sein Gemüt tun und zeigt zugleich von dem Einflusse des katholischen Schwarzenberg sowie von dem Ziele, auf das dieser fortwährend zusteuerte. »Der Kaiser«, sagte er, »ist doch die von Gott gesetzte höchste Obrigkeit; ich habe nur einen Sohn. Bleibt der Kaiser Kaiser, so bleiben ich und mein Sohn wohl auch Kurfürsten, wenn ich mich an den Kaiser halte.«

Was Gustav Adolf von Schwarzenberg hielt, beweist folgendes Wort von ihm.

Man solle, sagte er, den Grafen, der des Kurfürsten Gewissen gefangennähme und daher ein Verräter sei, aus dem Fenster werfen und ihm den Hals entzweischlagen!

Wer weiß, wohin zuletzt noch Schwarzenberg das brandenburgische Staatsschiff gesteuert hätte, wenn die Ereignisse nicht stärker gewesen wären als selbst die klügste Berechnung einzelner!

Das Jahr 1627 war herangekommen, und Gustav Adolf, der den Winter über in Schweden zugebracht hatte, erschien wieder in Pillau, das er sich durch eine Besatzung gesichert hatte und das er nicht herausgeben wollte («weil er es als Rückhalt gebrauche«), wie dringend entschieden auch der Kurfürst dies von ihm forderte.

Sigismund verlangte nun, Preußen solle sich für ihn gegen Schweden waffnen, wogegen indes die Stände die Erklärung abgaben: »Unsre Väter haben sich an Polen geschlossen, um geschützt zu werden, nicht aber, um Polens Kriege ausfechten zu helfen. Königsberg wird daher bei seiner Parteilosigkeit so lange verharren, solange die schwedische Fahne in Pillau weht.«

Der Kurfürst war mit sechshundert Reitern und zweitausend Mann Fußvolk selbst in Preußen erschienen. Gustav Adolf forderte ihn auf, binnen vierundzwanzig Stunden zu erklären, ob er parteilos bleiben wolle oder nicht. Da der Kurfürst mit der Antwort zögerte, so erschien der König mit einigen tausend Kriegern vor der Burg Lochstädt, wo die preußischen Räte eben versammelt waren. Das kriegerische Auftreten Gustav Adolfs bewirkte, daß der Kurfürst versprach, bis Ende September nichts gegen Pillau zu unternehmen, wogegen der König sich verpflichtete, seine Heeresmacht (mit Ausschluß der Besatzung Pillaus) aus dem Herzogtume zu entfernen. Dies Abkommen erbitterte den Polenkönig aufs Höchste, und er sowohl als ein kaiserlicher Abgesandter bestürmten, unterstützt von Schwarzenberg, den Kurfürsten, seiner Lehnspflicht gegen Polen und auch seiner Pflicht gegen den Kaiser eingedenk zu sein und sich demgemäß der gegen Gustav Adolf eingegangenen Verpflichtungen ohne weiteres als ledig zu betrachten.

Der Kurfürst ließ sich auch in der Tat dazu bewegen, in diesem Sinne zu handeln, und alsbald befanden sich tausend Mann seiner Truppen auf dem Marsche, um sich mit den Polen zu vereinigen.

Kaum vernahm dies Gustav Adolf, so eilte er mit einigem Kriegsvolk der brandenburgischen Hilfesschar nach, um eine Vereinigung derselben mit seinen Feinden zu verhindern. Sobald aber die Brandenburger den Heldenkönig erblickten, erklärten sie, sich ihm anschließen zu wollen. Die Befehlshaber sowie die Geschütze, die mit dem Übertritte der tausend Mann in die Hände des Königs gefallen waren, sandte dieser an seinen Schwager zurück, indem er ihm Vorwürfe darüber machen ließ, daß er die ihm zugesicherte Parteilosigkeit so schnell und ohne jegliche Veranlassung von seiten der Schweden gebrochen habe.

Georg Wilhelm war über das Geschehene anfangs sehr aufgebracht, erklärte dem zu ihm gesandten Geheimschreiber des Königs, jetzt entschieden bei Polen stehen zu wollen, hielt es aber, im Hinblick auf seine Machtlosigkeit, doch bald darauf für geraten, einen Vertrag zu unterzeichnen, dahingehend, daß er den Polen fernerhin keine Hilfe mehr leisten wolle.

Georg Wilhelm, Kurfürst von Brandenburg (1582–1641)
Gustav II. Adolf, König von Schweden (1594–1632); landete 1621 mit einem Heer an der Mündung der Düna, aufgrund des Streits mit Polen um das Recht auf den schwedischen Thron, und besetzte im Zuge dessen auch die preußischen Städte Memel, Pillau, Braunsberg und Elbing.
Kaiserliche: im Dreißigjährigen Krieg (1618–1648) die katholische Seite
Starosteien: polnische Verwaltungseinheit, etwa vergleichbar einem Landratsbezirk
à coup de baton (frz.): mit Stockschlägen
traktieren: behandeln
Extrema: äußerste Mittel
Kurfürst Johann Sigismund von Brandenburg (1572–1619)
Adam Graf von Schwarzenberg (1584–1641), Minister unter Kurfürst Georg Wilhelm
Reputation: guter Ruf, Leumund

Sommer in Rauschen

Käthe Kollwitz

Höhepunkte des Jahres waren die Sommerferien in Rauschen. Seit meinem neunten Jahr waren wir alle Sommer dort. Die Eltern machten einmal eine Reise durch das Samland und kamen nach dem Fischerort Rauschen, eine halbe Stunde von der See entfernt. Es waren vor kurzem mehrere Männer des Orts von einem großen Sturm auf See ertrunken. Die Witwe eines solchen, eine Frau Schlick, fanden die Eltern teilnahmslos vor sich hinbrütend auf der Schwelle ihres Hauses sitzen. Dies Haus hatte eine Lage, die die Eltern entzückte. Sie mieteten es erst und kauften es dann der Frau Schlick ab, so aber, daß diese mit ihren beiden Töchtern weiter im Hause wohnte. Der Vater nahm nun ein paar Veränderungen an dem Hause vor, aber es behielt ganz den Charakter des Bauernhauses. Die Fahrt nach Rauschen dauerte fünf Stunden. Eisenbahn gab es nicht, wir fuhren mit einer Journaliere, das war ein großer, mit vier oder fünf Sitzreihen versehener bedeckter Wagen. Die hinteren Sitzreihen waren herausgehoben, und es kam da herein, was man für viele Wochen brauchte: Bettsäcke, Wäsche, Körbe, Bücherkisten, Weinkisten. Welche Wonne, wenn erst die Journaliere vor dem Hause stand, alles aufgeladen war, Mutter, Mädchen, wir Kinder (der Vater kam meist nach) auf den Vordersitzen verstaut waren, der Kutscher sich auf seinen vorderen Extrasitz schwang, die drei, manchmal vier Pferde anzogen, und es losging durch die engen Königsberger Straßen, durch das hallende Tragheimer Tor und dann quer durchs ganze Samland. Erst kurz vor Sassau konnte man zum erstenmal die See sehen. Die See ist mir niemals und nirgends mehr, auch nicht die Ligurische See, auch nicht die Nordsee, das gewesen, was die samländische See war. Diese unaussprechliche Erhabenheit der Sonnenuntergänge von der hohen Küste aus! Dies Ergriffensein, wenn man zum ersten Male sie wieder nah sah, den Seeberg runterrannte, Schuh und Strümpfe auszog und die Füße wieder das Gefühl des kühlen Seesands hatten! Dieser metallische Schall der Wellen!

Die schwärmerische Seeliebe wuchs, je mehr man in die empfindsamen Jahre hineinkam. Aber damals war Rauschen ein unbekannter Ort, nur aufgesucht von Naturschwärmern, da war man noch allein bei Sonnenuntergang, war die Küste unbebaut. Dies Kinderparadies ist gründlichst verloren.

Die Bernsteingewinnung

Anton von Etzel

Das Schöpfen (Fischen) und das sogenannte »Stechen« des Bernsteins aus der See wird unmittelbar nach einem Sturme, sobald mäßiger Wellengang eingetreten ist, vorgenommen. Die Leute sind hierzu mit einem Hamen, »Kütscher« genannt, versehen. Sie schreiten, soweit es ohne Gefahr tunlich, in die See und schöpfen den mit den Wellen zum Lande treibenden Seetang (Fucus maritimus) heraus, der am Ufer ausgebreitet und von welchem dann durch Weiber und Kinder der Fischer der daran sitzende Bernstein abgelesen, gesammelt und den Strandreitern gegen eine bestimmte kleine Vergütung abgeliefert wird. Größere Tangmassen werden auch in Netzen gefangen oder mit Enterhaken auf das Land gezogen. Das »Stechen« des Bernsteins ist ein sorgfältiges Suchen am Strande der *ruhigen See*, mit denselben Mitteln und bis zu einer Tiefe von vier bis vier und einen halben Fuß. Auf ähnliche Art wird derselbe im Winter, wenn das Meer am Rande zugefroren ist, durch eingehauene Öffnungen (Wuhnen) gewonnen. Mit einer langen dünnen Stan-

Bernsteinfischer

ge, an deren Ende eine kleine eiserne Schaufel befestigt ist, werden die im Sand zwischen den Steinen befindlichen Bernsteinstücke losgemacht und in einen kleinen Kätscher geschoben, der an einem langen Seile befestigt ist. Da es aber möglich ist, bei ruhiger See die Gegenstände in einer Tiefe von zehn bis zwölf Fuß (mitunter noch mehr) deutlich sehen zu können, so benutzt man auch, nach Durchforschung des Wassers in unmittelbarer Nähe der Küste, nicht selten kleine Fischerkähne, um den in größerer Entfernung vom Rande lagernden Bernstein in Sandbänken und zwischen Steinen aufzusuchen. Gewöhnlich befinden sich drei Mann im Nachen: der eine rudert ihn langsam vorwärts, von Zeit zu Zeit haltmachend, während die beiden anderen, zur rechten und zur linken Seite des Kahnes mit ihren einfachen Instrumenten sorgsam über Bord spähend, nach der kostbaren Meeresgabe suchen. Die in ihrem schwierigen Handwerk scharf bewachten Fischer sind in der Regel sehr starke und kräftige Leute, wurden aber früher, wegen der geringen Zahl von Männern, die sich so harter Arbeit um geringen Lohns halber unterziehen wollten, von der Last der Konskription befreit, bis die Wehrpflicht in Preußen zu einem allgemeinen Ehrenrechte wurde.

Aber nicht die Wellen allein sollten die launischen Agenten des ganzen Bernsteinbedarfs bleiben, denn zufällige Entdeckungen bei

Ausgrabung von Brunnen, Grundgraben zu Häusern etc. geben den Beweis, daß nicht nur in den Tiefen des Meeres und an dessen Rande, von den Stürmen herbeigetragen, Bernstein zu finden sei, sondern man ihn auch aus dem Schoße der Erde selbst ausgraben könne. Solche Bernsteingräbereien findet man zwar meist in unmittelbarer Nachbarschaft des Meeres, zuweilen aber auch auf Meilenweite von demselben entfernt; – der letzte sehr bedeutende Fund wurde im vergangenen Jahre bei Prenzlow in der Uckermark getan. – Während die ergiebigste Bernsteinfischerei von den Anwohnern des Vorgebirges Brüsterort (nordwestlichster Punkt des Samlandes im Regierungsbezirk Königsberg) betrieben wird, ist es auch dieselbe Gegend, welche den Bernstein*gräbern* die meiste Ausbeute gewährt; vorzugsweise die nächste Umgegend des Dorfes Großhubnicken, nordöstlich von der Hafenstadt Pillau. Das *Graben* des Bernsteins ist viel jünger als das Fischen desselben. Zu jener Zeit, als noch der Deutsche Orden auf der großen Landstrekke, welche heutzutage die Provinz Preußen bildet, gebot, scheint dieses Verfahren zur Bernsteingewinnung nicht angewendet worden zu sein; wenigstens geschieht desselben in den Chroniken nicht früher als im Jahre 1556 Erwähnung, also zu einer Zeit, wo Westpreußen schon seit hundert Jahren dem polnischen Zepter gehorchte, und Ostpreußen auch bereits aus einem Ordenslande ein weltliches Herzogtum geworden war. Veranlassung war der Umstand, daß man seit dem Beginne des sechzehnten Jahrhunderts – früher scheint es nicht der Fall gewesen oder nicht darauf geachtet worden zu sein – wiederholt beim Beackern des Bodens Bernsteinstükke, zum Teil in ziemlich weiter Entfernung von dem Küstensaume, fand. Was war nun wohl natürlicher, als daß man, bei dem hohen Werte, welchen der Bernstein damals hatte (und zum Teil noch jetzt hat), an solchen Stellen weitersuchte, das heißt *nachgrub*. Länger als zwei Jahrhunderte hatte man auf diese Weise durch den Spaten des kostbaren Fossils sich zu bemächtigen gesucht, und in der Tat eine nicht unbedeutende Menge zutage gefördert. Da diese Arbeit mit der Zeit aber immer geringern Gewinn brachte, namentlich mit dem Beginne des dritten Viertels des achtzehnten Jahrhunderts die Menge des alljährlich durch das Graben gewonnenen Bernsteins auffallend abnahm, so wurde der Vorschlag gemacht, den Bernstein auf völlig *bergmännische* Weise durch Schachte und Stollen zu gewinnen. Friedrich der Große genehmigte diesen Vorschlag seiner Königsberger »Kriegs- und Domänenkammer«, und so ward denn im Jahre 1782 bei Großhubnicken versuchsweise das erste Bernsteinwerk angelegt. Da man, namentlich durch einige vorzüglich schöne Stücke, anfänglich einen nicht ganz unbedeutenden Überschuß über den Kostenaufwand gewann (in den Jahren 1783/84 und '85 durchschnittlich 1200 Taler jährlichen Überschuß), so kam man schon auf den Gedanken, ein zweites Bernstein-Bergwerk anzulegen; allein die mit dem Jahre 1786 eintretende Abnahme der Überschüsse des Ertrages, welcher schon nach zehn oder zwölf Jahren die Betriebskosten nicht mehr deckte, verhinderte nicht nur jenes Projekt, sondern hatte auch die Aufhebung des Großhubnicker Bergwerks zur Folge. Seitdem hat man, wie es scheint, nicht nur den Gedanken, den Bernstein auf *bergmännische* Art zu gewinnen, gänzlich fallen lassen, sondern auch die seitdem ausschließlich wieder stattfindende »Aufdeckearbeit« – bei der man nämlich durch Scharren oder Abstechen der Oberfläche mittels der Spaten zu dem Bernstein zu gelangen sucht – beschränkt sich fast überall bloß auf die Strandhügel, und nur in der gebirgigen Gegend nordwestlich von Danzig, bei den Dörfern Gluckau und Materne, geht man etwas tiefer ins Land hinein. Bei diesen Dörfern sowie bei den an der samländischen Küste liegenden Orten Hubnicken, Laupönen, Rauschen und dem Badeorte Neukuhren wird eine starke, in manchen Jahren recht ansehnlichen Gewinn abwerfende, in vielen jedoch nur die darauf verwendeten Kosten deckende Gräberei getrieben. Man stellt dabei die Arbeiter, je nach Beschaffenheit und Höhe des Berges, mit Spaten in angemessener Entfernung vom Rande desselben auf, läßt den festen Boden – mit Beachtung einer notwendigen Böschung nach der See zu – abstechen, und befördert die Erde mit Karren so weit weg, daß sie, sobald man auf das Lager des Bernsteins gelangt ist, die fernere Arbeit nicht behindert. Wo es irgend möglich ist, vermeidet man es, die höchsten Stellen zu bearbeiten. Der halb kesselförmige Raum läßt nur eine geringe Anzahl von Arbeitern zu, die von Aufsehern streng überwacht werden, welche den Bernstein sammeln und vorläufig sortieren. Während die geübten Arbeiter in mehreren Reihen terrassenartig mit etwa zwei Zoll breiten Spaten den schwarzgrauen Boden behutsam losstechen, zerteilen, die Erde sieben und so die kleinsten Teile des Bernsteins aussuchen – dabei aber beim Graben selbst sorgsam sich in acht nehmen, nicht etwa größere Stücke zu trennen oder zu zerstoßen –, werden die übrigen Arbeiter anderweitig verwendet. Jene ersteren Arbeiter erhalten in der Regel neben ihrem Tagelohne noch kleine Prämien für die von ihnen zutage geförderten Bernsteinstücke und stehen sich bei ihrer Arbeit recht gut. Freilich ist diese aber auch nicht bloß eine mühsame, sondern nicht selten eine lebensgefährliche. In den so bloßgelegten Lagern, die fast nie eine Mächtigkeit von drittehalb bis drei Fuß übersteigen, findet sich das Succinit gewöhnlich unter fossilem erdharzigem (bituminösem) oder kiesartigem (pyritösem) Holze; an einigen Stücken dieses Holzes hat man eine Art Früchte erkannt, welche die Form einer Mandel haben; der Bernstein selbst ist, zum Unterschiede von dem durch die Wellen angespülten, der rein und nur in einige Seekräuter gehüllt ist, mit einer harten Rinde umschlossen. Ist ein Lager vollständig erschöpft, so wird es verlassen, zugedeckt, und das Graben beginnt an einer anderen Stelle.

Die Ausbeute des kostbaren Fossils ist der Konkurrenz des Privatunternehmens vollständig geschlossen. Schon zur Zeit der Ordensherrschaft über diese Küsten wurde Bernstein als ein Regal betrachtet, und da sein Aufsammeln unter harter Leibes-, im Wiederholungsfalle sogar bei Todesstrafe verboten wurde, zogen die Großmeister daraus eine ganz beträchtliche Einnahme. Als Preußen ein weltliches Herzogtum wurde, blieb das Monopol für den Herrscher aufrechterhalten und durchlebte alle Wechsel der Zollernmacht. Der Große Kurfürst erließ in den ersten Jahren seiner neuen Regierung eine neue Strandordnung, worin aber auch noch die harten Strafen beibehalten wurden. Allein vergebens; wiederholte Leistung des »Strandeides« und zahlreiche Galgen auf den hohen Seebergen für die Übertreter desselben vermochten nicht zu schrecken, dienten vielmehr nur, um zu heimlicher Entwendung zu reizen und eine rohe, tiefe, nicht selten in blutigen Gewalttaten sich Luft machende Erbitterung gegen die Strandwächter hervorzurufen. Bernsteindiebstahl galt nun einmal im Sinne des Volks nicht als Unrecht. »Das wilde Wasser wirft ihn aus«, meinte der Strandbewohner, »darum gehört er uns, die wir am Meere wohnen.« Gegen diese Logik half keine Strafe, kein Eid, der noch unter Friedrich dem Großen – welcher übrigens die übermäßig harten Strafen in etwas milderte – geleistet werden mußte und der mit den Worten schloß: »Da ich auch sehen oder spüren würde, daß mein eigener Vater oder Mutter, Sohn, Tochter, Geschwister einige

Untreue mit dem Bernsteine verüben sollten, ich solches nicht zulassen, sondern fördersamst getreulich anzeigen werde.« Dabei waren die Strandbewohner dem widernatürlichsten Zwange unterworfen: sie durften, wenn sie zum Fischen auszogen, sich nicht von ihren Booten entfernen, sich nach dem Dunkelwerden nicht am Strande ertappen lassen und dergleichen mehr. Fremden war der Strand ganz verschlossen und selbst das Spazierengehen bei hoher Geld- eventualiter Gefängnisstrafe verboten.

Dieser unnatürliche, traurige Zustand dauerte bis in die neueste Zeit. Denn obwohl 1807 die Invasion der Franzosen und 1808 die in diesem Jahre erfolgende Verpachtung des Rechtes zum Bernsteinsammeln an Privatpersonen – wobei auf das natürliche Recht der Strandbewohner denn doch einige Rücksicht genommen wur-

Bernsteinbaggerei

de – einige Erleichterungen herbeiführten, so lag es doch in der Natur der Verhältnisse, daß jene Leute nicht in den vollkommenen Genuß der persönlichen Freiheit kamen. Dies geschah erst im Jahre 1837, wo die Nutzung des Bernsteinregals den Strandbewohnern selbst in Pacht gegeben wurde. Dabei wurde auch zugunsten des Publikums, welches bisher ohne spezielle Erlaubnis des Generalpächters oder seiner Beamten den Strand nicht betreten durfte, ohne sich der Gefahr auszusetzen, wegen versuchten Diebstahls behandelt zu werden, der unbehinderte Besuch desselben freigegeben. Erst seit dieser Zeit datiert sich der zahlreiche Besuch der Seebäder an der samländischen Küste und auf der Nehrung.

Die durch Auswerfen des Meeres, Fischen oder Graben gewonnenen Bernsteinstücke werden für den Handel und die demnächstige Verarbeitung nach Farbe, Form und Größe sowie nach ihrer Reinheit und Durchsichtigkeit sortiert. Die Größe ist sehr verschieden; das Hauptstück in der Bernsteinkammer des Königsberger Schlosses mißt über einen Fuß im Durchmesser. Vollkommen durchsichtige Stücke sind in der Regel die geschätztesten; zumal wenn in ihnen ein fremder Körper, wie Wassertropfen, Sandkörner, ein Insekt oder Fischreste, eingeschlossen sind, dergleichen jedoch durch Raffiniertheit der Bearbeiter und ein geheimnisvolles Mittel von außen durch Erweichung trügerisch hineinzuschaffen sein soll; von undurchsichtigen Stücken erhalten die milchweißen den Vorzug. In den beiden Hauptstädten der Provinz Preußen, in Danzig und Königsberg, ist folgende, meist von der Größe hergenommene Einteilung üblich. Die größeren, festen und reinen Stükke, von dem Umfange einer Haselnuß an, heißen »Sortiments-« oder »Arbeitssteine«, die weniger großen »kleine Ware«. Die ersteren sind entweder durchsichtig, undurchsichtig oder durchscheinend, dann »Bastard« genannt. Letzterer macht den Haupthandelsartikel aus, führt vorzugsweise den Namen »Sortiment« und wird vornehmlich nach dem Orient verkauft. Der Preis ist je nach der Größe ein sehr verschiedener. Während z. B. von dem durchsichtigen Bernstein bei Stücken von acht und mehr Lot das Pfund mit 60 bis 80 Talern und noch mehr bezahlt wird, kostet es bei Stükken von unter einem Lot nur sieben bis acht, höchstens zehn Taler. Der bloß durchscheinende Bernstein hat etwa zwei Dritteile des Wertes des vollkommen durchsichtigen, nach denselben durch die Größe der Stücke bedingten Wertabstufungen, und der undurchsichtige den halben Wert des durchscheinenden Bernsteins. Zu kunstvollen Bernsteinarbeiten pflegt man Steine von weniger als einem halben Lot nicht zu benutzen; vielmehr ist dies die äußerste Grenze der *»Arbeitssteine«*, auf diese folgen die *»Grundsteine«*, von denen die ein bis zwei Quentchen schweren »eigentliche Grundsteine«, diejenigen aber von weniger als einem Quentchen »Knibbel« mit dem technischen Ausdrucke genannt werden; aus beiden werden noch Perlen gedreht. »Abgänge« heißen die zur Bearbeitung nicht mehr tauglichen Stücke und Splitter von einem halben Quentchen und darunter, welche man zur Bereitung von Firnis, Öl und Säure benutzt. Wichtig ist nämlich auch die Benutzung des Bernsteins zu Lackfirnissen (durch Auflösung in Terpentinöl, worin er vollkommen löslich ist), welche als schöner, glänzender und dabei luft- und wasserdichter Überzug für Holzwerk und andere Dinge gebraucht werden. Bernsteinöl und die flüchtige Bernsteinsäure, welche, wie erwähnt, als sal succini durch Sublimation und Behandlung mit Alkalien gewonnen werden kann, sich aber auch in manchen Terpentinen vorfindet, dienen als reizende, nervenstärkende, krampfstillende Mittel; Bernsteinbähungen werden bei Podagra, Gicht und Rheumatismen, Bernsteinräucherungen bei pestilenziösen und andern ansteckenden Krankheiten angewendet. In früheren Zeiten trug man Bernstein bei den zuerst aufgeführten Übeln als ein Amulett bei sich, wie denn auch heutzutage noch in Danzig, Königsberg und in anderen norddeutschen Städten bei den ungebildeteren Volksklassen die Meinung ziemlich allgemein verbreitet ist, daß Bernstein-Perlenschnüre, den Kindern um den Hals gehängt, das Zahnen derselben erleichtern. Besonders viel Räucherbernstein geht in katholische Länder, wo er in den Kirchen neben dem Weihrauch benutzt wird, und nach dem Orient, weil Türken, Perser und Chinesen den Geruch des Bernsteins dem nach unseren Begriffen schöneren der bei ihnen einheimischen aromatischen Stoffe vorziehen. Vormals kamen Türken und Griechen, ja selbst Armenier und Perser nach Danzig und Königsberg, um hier, die geschätzte Ware dicht bei ihrem Fundorte, einzuhandeln. Jetzt gehen sie nur noch bis Frankfurt am Main und Leipzig, wohin von den genannten Städten – die aber auch direkt nach dem Orient handeln – der Bernstein gebracht wird.

Konskription: Wehrdienst
Fossil: erhaltener Überrest von Tieren oder Pflanzen aus der frühen Erdgeschichte
Friedrich II., der Große (1712–1786), König von Preußen seit 1740
Succinit: Bernstein
Regal: königliches Nutzungs- und Hoheitsrecht
eventualiter: möglicherweise
Lot: 14,606 oder 12,797 g, ein Lot ist gleich vier Quentchen

Firnis: durchsichtiger Schutzanstrich
sal succini (lat.): Bernsteinsalz
Sublimation: in der Chemie sofortiger Übergang von einem festen in einen gasförmigen Zustand
Alkalien: Verbindungen von Alkalimetallen (leichte, wasserzersetzende Metalle) mit Hydroxyden
Bähung: Umschlag
Podagra: Gicht im Fuß
pestilenziös: pestartig

Der Badeort Neukuhren

Ferdinand Gregorovius

Begleiten Sie mich nun in den ersten und größten Badeort des nördlichen Samlandes, nach Neukuhren. Unter den Baderepubliken beansprucht diese die Hegemonie, weil einige Hundert Menschen darin zusammenkommen und die Menge überall auch die Macht ist. Die Lage dieses von Fischern und Ackerbauern bewohnten Dörfchens ist sehr schön. Es liegt hart auf dem Ufer, dessen malerische Partien hier beginnen, auf einem Berge, von dem man die immer schöne Aussicht auf das Meer und seine bewaldeten Gestade genießt. Die sogenannten Kurhäuser, einfach und nicht ohne Geschmack gebaute zweistöckige Gastwohnungen, stehen in einem Garten unmittelbar auf dem Ufer, von dem eine kunstlose Treppe zur Badestelle hinunterführt. Der Badeapparat besteht dort in einer Reihe von strohernen Buden und in einem Badestrick, der etwa dreißig Fuß weit an Pfählen in die See geleitet ist. Der freie Gartenplatz zwischen den vier Kurhäusern ist zu allen öffentlichen Vergnügungen bestimmt. Unter den samländischen Badeorten ist gerade Neukuhren das Eldorado der jungen vergnügungssüchtigen Welt. Der Königsberger Student, der Referendar und der junge Kaufmann geben hier den Ton an, welcher immer einen Anstrich von familiärer Gemütlichkeit, von burschikoser Ausgelassenheit und von flacher Äußerlichkeit hat. Die jugendliche Gesellschaft erzeugt sich dort sogar eine spezifische Lokalsprache und Kuhrener Nationalgesänge, welche die Begeisterung aus einer Punschbowle geschöpft hat. In jeder Badesaison wird ein neues Gesellschaftslied zur Nationalhymne gestempelt, und man hört diese Kuhrener Marseillaise bei jeder Gelegenheit, wo sich das junge Volk lustig macht. Man wählt übrigens einen Rat der Lustbarkeit, meist aus jungen Leuten, welche in den Künsten der Courtoisie bewandert sind. Diese Meister des Vergnügens sind die Götter der unauslöschlichen Heiterkeit und die Gesetzgeber der Freude, unter allen Gesetzgebern wohl die glücklichsten. Sie beginnen ihr Amt damit, daß sie vor allen Dingen eine Musikbande, eine samländische Dorfkapelle, für die Badezeit mieten. Sie hat ihren Sitz unter einem wilden Birnbaum, wo sie mittags das Andenken Mozarts, Beethovens und Haydns auf höchst eindringliche Weise verherrlicht, abends aber, sobald Hesperus über die See kommt und die Talglämpchen in den Bäumen glimmen, zum Tanz aufspielt. Regelmäßig tanzt dort die Jugend alle Abend unter dem Birnbaum auf der nackten Mutter Erde, in ländlicher Losgebundenheit, den Kornblumenkranz im Haar und die blühende Lust auf den Wangen – das naivste und frischeste Genrebild, das man sehen kann. Aber es gibt auch bisweilen ein vagabondierendes Theater, wobei das junge Publikum die Schauspieler durch Dazwischenspiel zu persiflieren pflegt, eine Jongleurproduktion, ein Feuerwerk, eine Darstellung von lebenden Bildern, welche irgendein junger Königsberger Maler arrangiert. Dies muntere Völkchen hat auch seine genialen Anwandlungen.

Hegemonie: Vorherrschaft
Eldorado: hier: im Sinne von Paradies
Referendar: Anwärter für den höheren Dienst
Marseillaise: französische Nationalhymne
Courtoisie (frz.): Höflichkeit
Wolfgang Amadeus Mozart (1756–1791), Komponist
Ludwig van Beethoven (1770–1827), Komponist

Joseph Haydn (1732–1809), Komponist
Hesperus: im griechischen Altertum Name für den Planeten Venus
Genrebild: typische Darstellung aus dem Alltag
vagabondierend: herumziehend
persiflieren: versteckt verspotten
arrangiert: zusammengestellt, angeordnet

Der Große Kurfürst überquert das winterliche Haff

C. Hildebrandt

Auf den folgenden Morgen wurde ein allgemeiner Buß- und Bettag mit öffentlichem Gottesdienste angesetzt, und nach Endigung des letztern zogen die zu dieser Unternehmung gewählten Regimenter aus. Mutvoll ging diese Heldenschar ab; keiner von ihnen dachte an die Beschwerlichkeit, die seiner warteten; und dachte ja einer daran, so geschah es mit dem ernsten Entschlusse: allen diesen Hindernissen einen unerschütterlichen Mut entgegenzustellen. Am dreißigsten Dezember brach der Kurfürst selbst auf und erreichte schon den zehnten Januar die Weichsel. Das Annähern dieses tapfern Fürsten, das die Schweden nicht im Traume gefürchtet hatten, verbreitete unter ihnen Furcht und Schrecken. Jene feindlichen Truppen, die sich bei Danzig sammeln sollten, flohen und brachten jener Armee, die von Livland aus eingedrungen war, die erschütternde Kunde von der Annäherung des Helden, der von Fehrbellin aus den Schweden so bekannt geworden war. Fast dreißig deutsche Meilen waren die Schweden noch von dem Kurfürsten entfernt; aber diese große Entfernung hinderte nicht, den Rückzug so eilig zu nehmen, als wären die Brandenburger nur noch wenige Stunden von ihnen entfernt. Der Kurfürst, der sein Herzogtum Preußen auf längere Zeit sichern wollte und dessen Plan es war, die Feinde nicht bloß zu verjagen, sondern ganz zu vernichten, ließ die Infanterie sogleich auf Schlitten setzen; die Vortruppen wurden dem General Görzke anvertraut, der den gemessensten Befehl bekam: dem Feinde nicht einen Augenblick Ruhe zu lassen, sondern ihn beständig anzugreifen und dadurch den Rückzug der Schweden aufzuhalten, ein Unternehmen, das auch nach Wunsch glückte. Görzke machte nicht allein viel Gefangene, unter denen der Prinz Karlson selbst war, – und ließ ihrer viele niederhauen, sondern schadete auch dem Feinde dadurch noch mehr, daß dieser sich alle Nacht zusammenziehen und, der strengen Kälte ungeachtet, sich in freiem Felde lagern mußte. Viele Hunderte wurden auf diese Art durch Hunger und Kälte ein Opfer des Todes.

Der Kurfürst folgte mit dem Hauptkorps nach; schon zehn Tage nachher war er in Königsberg, wo er die Nachricht erhielt, daß der Feind seinen Rückzug über Tilsit nähme. Auf diese Meldung folgte der Kurfürst mit dem Hauptkorps bis Labiau, indes das unter Görzke vorgeschickte Korps immer weiter vorwärts ging. Auf eine neue Meldung des Generals Görzke: daß der Feind kaum noch einen Tagemarsch entfernt sich gesetzt habe und Miene zu einem ernsten Widerstande mache, wurde dem General noch eine Verstärkung geschickt, während Oberst Treffenfeld mit tausend Reitern dem Feinde in die Flanke gehen mußte. In Labiau ließ der Kurfürst seine Gemahlin zurück, die ihn den ganzen Weg begleitet hatte, und nachdem ein feierlicher Gottesdienst gehalten war, wurde der weitere Marsch angetreten.

Man stand jetzt an der südlichen Seite des sogenannten Kurischen Haffs, eines Meerbusens, der bloß durch die sogenannte Kurische Nehrung von der Ostsee getrennt ist. Der Weg zu Lande um die südöstliche Spitze des Haffs war wegen der Mündung mehrerer Flüsse, der sonstigen Unebenheiten des Bodens und der mit Schnee angefüllten Hohlwege zu beschwerlich; überdies würde dieser Marsch nur auf einem großen Umwege gemacht worden sein. Der Kurfürst entschloß sich daher, mit seinem Korps den Weg über das gefrorene Haff zu nehmen, ein Weg, der nicht nur ungleich kürzer war, sondern auch, da mehrere mitten auf dem Haff liegende Reihen von Eisbergen den Zug des Windes bei dem Einfrieren des Wassers gehindert hatten, die Oberfläche des Eises frei von allen Unebenheiten, glatt wie einen Spiegel hatte.

Eine Meile westlich von Labiau ließ sich das ganze Korps auf den Spiegel des Haffs hinab; die Artillerie, aus dreißig Stück Geschütz bestehend, bildete den rechten Flügel, der sich näher an dem östlichen Gestade des Meerbusens hielt; ihr zur Seite ging links die Reiterei, und dann kam noch weiter links das Fußvolk, das in zwei starken Kolonnen fortzog. Alle Mündungen der Ströme wur-

den rechts gelassen, und so stieg, nach einem Marsche von fast acht Meilen, das Heer bei Gilge auf das östliche Ufer des Meerbusens und setzte den Weg sogleich bis Kuckerneesn fort. Während der Zeit hatten sich die Schweden in Tilsit, drei Meilen von hier, festgesetzt und außerhalb der Stadt eine ihrer Ansicht nach sichere und unangreifbare Stellung genommen. Dieses wurde dem Kurfürsten gemeldet. Er schickte sogleich dem Obersten Treffenfeld noch viertausend Reiter, mit dem strengen Befehle: den Feind sogleich anzugreifen und sich durch keine Schwierigkeiten abschrekken zu lassen. Es war den dreißigsten Januar, als Treffenfeld ganz unerwartet bei der schwedischen Stellung ankam, die ihm entgegengeschickten vier feindlichen Kavallerieregimenter nicht zum Formieren kommen ließ, sondern sie gleich warf. Der bei weitem größte Teil wurde niedergehauen; nur ein geringer Teil ward gefangengenommen. Treffenfeld erbeutete das ganze Gepäck der Schweden und brachte dem Kurfürsten als Trophäen des Sieges ein Paar Pauken und zwölf Fahnen, die er persönlich dem Kurfürsten überreichte, der zur Vergeltung den braven Mann auf dem Schlachtfelde zum General ernannte.

Ein so unerwarteter Angriff, und mehr noch die Niederlage jener vier schwedischen Regimenter, verbreitete unter den eine Meile entfernten Schweden eine solche Furcht, daß sie nicht erst den folgenden Tag zu ihrem weiteren Rückzuge abwarteten, sondern diesen auf die erste Nachricht von der Niederlage ihrer Brüder gleich unter dem Schilde der Nacht antraten. In ihrer Bestürzung dachten sie nicht daran, ihr mitgebrachtes Getreide, Brot und übriges Gepäck mitzunehmen; alles dieses blieb eine Beute der Brandenburger, und der durch diesen Umstand entstehende Mangel mußte natürlich das Elend der Schweden vermehren. Die Truppen des Kurfürsten fanden diese willkommene Beute an dem Ufer des Niemens; sie mußte ihren Mut vermehren.

Friedrich Wilhelm von Brandenburg (1620–1688), der Große Kurfürst; schlug im Winterfeldzug 1678–79 die Schweden aus Preußen nach Livland zurück
Joachim Ernst von Görzke (1611–1682), brandenburgischer General
Formieren: Aufstellung nehmen
Niemen: Memel

Die Kurische Nehrung

Anton von Etzel

Ostwärts der Nordküste dieser Halbinsel des Samlandes schließt sich die Kurische Nehrung an, eine zusammenhängende Landzunge loser Dünenberge, die eine Fläche von über vierzehn Meilen Länge und eine halbe bis eine Meile Breite bedecken. Ihre Richtung ist entschieden nordnordöstlich, und sie macht einen nur wenig nach der See geöffneten Bogen. Die Boden- und Nahrungsverhältnisse sind auf ihr ganz dieselben wie auf der frischen Nehrung. An eini-

gen Stellen ist sie so schmal, daß bei scharfen Weststürmen die Meereswogen über sie hinweg in das Haff schlagen. Waldungen konnten auf diesem lockern Sande nicht festen Fuß fassen. Die Bäume, die stehen blieben, sind zum größten Teile ihrer Äste und Zweige beraubt und gleichen Pfählen mit starken Köpfen. Sandwirbel türmen sich an ihren Stämmen auf und verschütten oft die dahinterliegenden Häuser lawinenartig; im siebzehnten Jahrhundert warf ein heftiger Sturm, verstärkt durch die Wucht des Sandes, zwei Dörfer auf diese Weise ins Meer. In jedem Herbst und Frühjahr, zur Zeit der Tag- und Nachtgleichen, wechselt der Boden seinen Anblick, Hügel werden zu Ebenen, und auf diesen türmen sich wieder Hügel auf. Einiges Damwild und Hasen fliehen scheu durch diese ungastliche Öde, die sonst nur von einer übermäßig großen Schar Raben und Falken bevölkert wird, auf welche die Bewohner der nahen Städte eine gern betriebene Jagd veranstalten, und deren Zehntabgabe früherhin das Einkommen des Nehrungspredigers war.

Das durch diese Landzunge von der Ostsee getrennte Haff, welches dem Glauben nach älteren Ursprunges als das Frische Haff ist, hat die Gestalt eines beinahe rechtwinkligen Dreiecks mit nach Norden gerichteter Spitze, und bei dem die Nehrung die lange Seite bildet. Seine südnördliche Länge beträgt fünfzehn, seine Breite im Süden sieben und im Norden kaum eine halbe Meile; der ganze Flächeninhalt desselben bildet einen Wasserspiegel von achtundzwanzig und eine Viertelquadratmeile. Die Tiefen in demselben sind sehr verschieden und wechselnd durch den mehr oder weniger hineingetriebenen Flugsand. Fast das ganze innere Becken ist ohne Strömung und das Wasser so ruhig, daß es sich gleichzeitig mit den nahen Landseen mit einer Eisdecke belegt; in der Nähe der Rußmündung aber, die eine verhältnismäßig nicht unbedeutende Bucht in der Ostküste bildet, wird die Flut reißend und wirbelnd, so daß in dieselbe geratende Fahrzeuge häufig auf die Untiefen geworfen werden, die den Strand umgeben. Das »Memeler Tief«, die nach Nordwest gehende Ausströmung des Haffs in die Ostsee, ist eine nur dreitausend Fuß breite Enge von zwölf Fuß Tiefe, weshalb nur geringere Fahrzeuge beladen in das Haff gehen können. Den Namen Kurisches Haff gab die Wissenschaft dem Wasserbecken nach dem alten Stamme der Kuren, der in vordenklichen Zeiten seine Sitze bis rund um seine Ufer ausgedehnt haben soll; im Munde der Umwohner aus dem Volke heißt und hieß es aber schlechthin der »Mümmel«.

Zehntabgabe: Steuer in Höhe des zehnten Teils der Ernte

Aus »Der Wilddieb«

Ernst Wichert

Es regnete jetzt nicht in Tropfen, aber ein dichter nasser Nebel zog vom Haff her über die Stoppelfelder und Weidepläne, durch die er seinen ungebahnten Weg nahm. Mitunter tauchte aus der grauen Wand der dunklere Schattenriß eines Baumes oder einer Reihe von Bäumen vor, die den Rand eines Grabens anzeigten und bald wieder verschwanden. Lauronat mied die Landstraße, die ihn durch Dörfer führen mußte, und behielt immer das Moor ein paar hundert Schritte seitwärts. Trotz der Dunkelheit verirrte er sich nicht. Es ging ihm zwar durch den Kopf, daß Busze sich so sonderbar benommen hatte wie noch nie, aber das beunruhigte ihn wenig. Wenn alles gut ablief, konnte er ihr ja sagen, was Lenke gewollt hatte. Jetzt beschäftigte ihn nur die Jagd, zu der er sich mit leidenschaftlichem Eifer rüstete. Er beeilte möglichst seine Schritte und öffnete den Pelzrock, als ihm zu heiß wurde. Nach einer Stunde sah er die dunkle Masse der Torfhütte dicht vor sich. Er klopfte an das kleine Fenster, hinter dem kein Licht brannte.

»Bist du's?« fragte eine Stimme von innen.

»Komm nur«, antwortete Lauronat, »ich bin bereit.«

Kalbis brachte zwei Stangen mit. Das Gewehr hatte er unter dem langen Rock von grauem Want versteckt. »Geh an den Graben voran«, sagte er, »ich bringe das Boot aus dem Schilf. Aber nimm dich in acht, daß du nicht einsinkst. An der Weide kannst du stehenbleiben und auf mich warten.«

Dort stieg Lauronat ins Boot, um dann hinten die Stange zu handhaben, während Kalbis mit der seinen vorn zur Seite einstieß und den Weg kreuz und quer durch das Moor anzeigte.

Endlich nach scharfer Arbeit war der Forst erreicht. Das Boot glitt zwischen Ellerngebüsch hin, mitunter an dessen Wurzeln stoßend. Eine Viertelstunde weiter lichtete sich wieder der Wald. Die Ränder des Grabens wurden ganz flach und verloren sich bald völlig im Sumpf, der sich rechts und links seeartig ausbreitete, soweit der Nebel einen Ausblick gestattete. Dahinter tauchten einzelne Bäume auf, die auf einer Insel zu stehen schienen. Wirklich stieß das Boot nach einer Weile auf festeren Grund. Kurz vorher noch waren die Stangen tief eingesunken.

»Hier ist's«, sagte Kalbis, indem er hinaussprang und die Spitze aufs Land zog. »Das Wasser geht rund herum. Gestern stand es aber noch höher, und morgen wär's zu spät gewesen.« Er machte sein Gewehr schußfertig.

Lauronat folgte ihm. Es war ein wenig heller geworden. Der Mond mußte aufgegangen sein; wenn er auch unsichtbar blieb, gab er doch dem Nebel einen mehr lichten Ton. Mitunter riß auch der Sturm in die Wand ein Loch, das sich erst nach Minuten wieder schloß. Die beiden Männer schritten durch das nasse Gras den Bäumen zu. An einer Stelle, wo sie dichter aneinandergereiht waren, machte Kalbis halt. Er zeigte mit der Hand geradeaus, ohne zu sprechen. Lauronat sah, daß sich hinter dem Gebüsch etwas bewegte. Bald erkannte er die Schaufelgeweihe von mehreren Elchen.

Sie schlichen heran, das Gewehr unterm Arm, von einem Baumstamm zum anderen Deckung suchend. Plötzlich entstand unter den Tieren eine merkliche Bewegung. Die Köpfe richteten sich mit ihrer schweren Last auf, das klappernde Geräusch der Hufe wurde hörbar. Wie auf ein Zeichen setzte sich die Herde in Trab und jagte in entgegengesetzter Richtung davon. »Sie kommen nicht durch«, flüsterte Kalbis, »das Wasser ist zu flach zum Durchschwimmen und zu tief zum Durchwaten; sie wissen ganz genau, wie weit sie mit den Beinen einsinken, und bringen sich nicht in Gefahr – wir müßten sie denn verfolgen und in Schrecken setzen. Das lassen wir bleiben. Wenn wir einen Hirsch schießen, der halb im Sumpf steckt, wie bekommen wir ihn heraus? Aber es dauert nicht lange, so kehren die Tiere hierher zurück. Ich habe sie da gestern auch stehen gesehen – es ist ihr Standort. Wir können uns indessen noch etwas näher heranbringen.«

Sie nahmen hinter einer mächtigen Kiefer Aufstellung. Es verging wirklich keine lange Zeit, bis das Elchwild sich wieder hinter

dem Gebüsch zeigte. Freilich war die Dunkelheit so groß, daß ein Schuß auf einen der sich schwach auf der Nebelwand abzeichnenden Köpfe kaum ein sicherer Treffer sein konnte. Die Jäger warteten noch. Da setzte einer von den größten Elchen aus dem Gebüsch heraus und näherte sich ihnen langsam mit hochgehobenem Geweih. Jetzt zielte Lauronat und schoß. Das Tier war getroffen und kehrte schwankend um. Nun legte auch Kalbis an und gab ihm einen Schuß in die Seite. Mit einem ächzenden Laut brach es zusammen. Die erschreckte Herde jagte in wilder Flucht davon.

Die beiden Wilddiebe sprangen vor, um sich ihrer Beute zu bemächtigen. Sie faßten das noch zuckende Tier an den Hinterläufen und bemühten sich, es über das Gras zu schleifen. Das erforderte größere Anstrengung, als sie erwartet haben mochten. Doch gelang es ihnen, den Elch bis in die Nähe des Bootes zu schaffen. Nun mußte er aber gehoben werden. Die Gewehre waren ihnen sehr hinderlich. Sie stellten sie diesseits in einen Wacholderstrauch. Jetzt bewies Lauronat seine Riesenkraft, indem er die Schulter untersetzte und so das Hintergestell vom Boden und über Bord brachte. Kalbis schleppte den Kopf am Geweih nach und warf ihn ins Boot, um selbst nachzupoltern, da er das Gleichgewicht verloren hatte. Nun schob Lauronat mit aller Anstrengung das schwer belastete Gefährt so weit ins Wasser, daß er es mit einem Stoß ganz frei machen konnte. Er wollte vorher nur noch die Gewehre holen.

In diesem Augenblick aber gewahrte Kalbis von der Forst her einen Kahn mit zwei Männern. Im Nebel hatte er sich um die Insel herum unbemerkt bis auf fünfzig Schritt nähern können. »Der Förster«, zischte er, »fort, fort!« Zugleich stieß er mit der Stange gegen den Erdrand. Lauronat erkannte sogleich die Gefahr. Es war keine Sekunde Zeit zu versäumen. Mit den beiden kräftigen Armen das Bordbrett fassend, stieß er ab und schwang sich hinüber. Das Boot schwankte und schöpfte Wasser, wurde aber bald wieder ins Gleichgewicht gebracht, als er erst stand und seine Stange regierte. Es war doch durch dieses Manöver ein kurzer Aufenthalt entstanden, der hingereicht hatte, die Entfernung von dem Förster und seinem Gehilfen bedeutend abzukürzen. Sie wäre noch geringer geworden, wenn deren Kahn nicht, zuletzt in zu rasche Bewegung gesetzt, am Ufer aufgestoßen wäre und erst wieder hätte flott gemacht werden müssen.

»Hatt' ich mir's doch gedacht«, knurrte der Förster, »daß die Kerle sich die Gelegenheit nicht entgehen lassen würden. Diesmal aber krieg' ich dich, Halunke! Wir haben auch ein Boot. Halt!« schrie er, »und ergebt euch, ihr Schufte, oder ich schieße. Ich kenne dich, Pawils Lauronatis, ich kenne dich, warte nicht ab, bis dir eine volle Ladung in die Kaldaunen fährt. Halt, sag' ich, und zum drittenmal Halt!«

»Niederknien!« kommandierte der frühere Unteroffizier, »und die Stange fest einsetzen.«

Der Schuß krachte, aber die Rehposten pfiffen über ihren Köpfen weg.

»Zum Teufel«, knirschte Lauronat, »wir haben unsere Gewehre zurückgelassen. Sonst sollt' er bald merken, daß ich besser treffe als er.«

Der Förster lud von neuem. Indessen mußte der Gehilfe allein den Kahn schieben. Dadurch gewannen die Wilddiebe einen Vorsprung, der sich mehr und mehr vergrößerte, als sie nun wieder aufrecht standen und mit dem ganzen Körpergewicht gegen die Stangen drückten. Sie hatten schon den Graben erreicht, als die Verfolger noch durch den Sumpf einen Weg für ihren breiteren Kahn suchten.

Und nun begann eine tolle Jagd durch das Moor. Kalbis wußte hier so gut Bescheid, daß er wagen konnte, in die Quergräben einzulenken und die Verfolger irrezuführen. Er fand sich immer wieder zur richtigen Fahrtstraße zurück. Diese plötzlichen Wendungen hinderten den Förster denn auch, nochmals von seinem Gewehr Gebrauch zu machen. Er mußte von Glück sagen, wenn er im nächtlichen Nebel die Gestalten der Wilderer nicht ganz aus den Augen verlor. »Vorwärts, vorwärts«, ermunterte er den Gehilfen, dem schon der Arm matt wurde, »sie dürfen uns nicht entwischen.« Ihm selbst perlte der Schweiß von der Stirn.

Für Kalbis' kleines Boot war die Last der beiden Männer und des Elchs fast zu groß. In der Mitte ragte das Bordbrett kaum einen Zoll aus dem schwarzen Wasser vor. Nur wenn sie ganz gleichmäßig die Stangen einstießen, beugten sie gefährlichen Schwankungen vor, und bei allem Geschick konnten sie das Einströmen doch nicht ganz hindern. Ihre Hoffnung, den Forstbeamten außer Sicht zu kommen, wurde immer wieder getäuscht. Und jetzt, nach einer Stunde eiligster Flucht, näherten sie sich bereits dem Ende des Moors, wo die Gräben flacher wurden und in verschilfte Sümpfe einliefen. Kalbis wußte, daß er dort festsitzen müßte, wenn er den Förstern nicht die einzige Fahrtstraße nach seinem Hause zu anzeigen wollte. »Es hilft nichts«, sagte er, »wir müssen den Elch abwerfen und ihnen den Graben sperren.«

Lauronat überlegte noch eine Weile. Der Entschluß, die Beute fahren zu lassen, wurde ihm sehr schwer. Endlich stimmte er doch seufzend zu. »Dann aber sogleich«, riet Kalbis. »Es geht hier immer geradeaus, und sie sind uns bald nach.« Er gab dem Boot, um einen festeren Halt bei der schwierigen Ausladung zu schaffen, eine Wendung, so daß es sich vorn und hinten in den Grabenrand eindrückte. Dann steckten sie zu beiden Seiten die Stangen knapp und tief ein. Nun hoben sie mit Anstrengung aller Kräfte den schweren Körper hoch, gaben ihm eine schwingende Bewegung und ließen ihn quer durch den Graben ins Wasser plumpsen. Es spritzte auf und übergoß das schwankende Boot. Viel fehlte nicht, so wäre Lauronat nach der anderen Seite übergefallen. Er mußte sich bücken und lang niederlassen. Kalbis zog seine Stange heraus. »Weiter können sie

nicht«, sagte er lachend. »Bis sie den Elch aus dem Wege geschafft haben, sind wir in Sicherheit.«

Der Zeitverlust war doch groß gewesen. Kalbis hatte eben erst wieder sein Boot flott machen können, als der Förster die Sperre erreichte. Er bemerkte sofort, was geschehen war; der Rücken des Tieres und die Schaufeln des Geweihs ragten aus dem Wasser vor, der Kahn saß fest. Ohne Zögern legte er das Gewehr an. »Halt!« rief er, »zum letzten Halt!« Die Wilddiebe achteten nicht darauf, sondern suchten sich nur um so eiliger zu entfernen. Da ein Blitz und ein Knall. Kalbis sank in die Knie. »Verdammt – ich bin getroffen«, ächzte er. Lauronat erhob sich und schob das Boot weiter. »Der Schuft«, murmelte er in den Bart. »Er weiß, daß er uns nicht einholen kann, und schießt doch. Das ist eine elende Rache. Nimm dich zusammen, Jakubs – halte dich aufrecht, es wird so viel nicht sein. Ich weiß nicht den Weg durchs Schilf. Rechts oder links?«

»Links«, stöhnte Kalbis. »Ich kann nicht auf – der Schuß traf gut – es ist ein Höllenschmerz. Da links hinein – und dann auf die verkrüppelte Weide zu – dann, wo das Schilf aufhört, rechtsum – noch hundert Schritt weiter, da liegt trockener Fichtenstrauch und ein Brett – beeile dich, sonst bringst du mich – nicht mehr – lebend ...«

Lauronat wurde bange. Mit gewaltigen Stößen trieb er das Boot vorwärts, bis es an der bezeichneten Stelle auf den Grund geriet. Kalbis konnte sich nicht aufrichten, selbst mit seiner Hilfe nicht gehen. Er lud ihn auf die Schultern und trug ihn die weite Strecke über Land bis zur Torfhütte. Ohne ihn loszulassen, klopfte er an. »Aufgemacht, Lenke, aufgemacht«, rief er. »Schnell! Es ist ein Unglück geschehen.«

Sie hatte eiligst ein wollenes Tuch übergeworfen und öffnete die Tür. Kalbis wimmerte kläglich. »Gott im Himmel! – Bruder –« sagte sie ängstlich, »was ist es mit dir?«

»Der Förster – ein Schuß in den Rücken –« antwortete er. »Mach' Licht, aber verhäng' das Fenster.«

Lenke zündete mit zitternden Händen eine kleine Blechlampe an. Dann half sie, Jakubs auf dem Stroh in seiner Bettlade niederzulassen. Lauronats Pelz war mit Blut überströmt. Ganz erschöpft sank er auf einen Holzschemel und suchte Atem zu schöpfen.

Das Mädchen stellte eine Flasche mit Branntwein vor ihn auf den Tisch. Er goß zwei Gläser dicht hintereinander hinunter. »Wir müssen ihm den Rock und die Jacke abziehen«, sagte er dann. »Bringe Wasser und alte Lappen. Ich hab' als Unteroffizier einen Kursus gehabt, wie sie das nannten, und gelernt, wie man zur Not einen verbindet. Hast du nicht alte Leinwand, so müssen wir ein Hemd zerreißen. Es soll euer Schade nicht sein – ich will euch später eins von meinen geben.«

»Trinken«, stöhnte Jakubs, »trinken – laßt mich einen Schluck – trinken.«

Lenke hielt ihm die Flasche an den Mund. Er schien sie leeren zu wollen, so gierig sog er mit den trockenen Lippen daran. Dann krümmte er sich wieder auf seinem Lager. »Ach – hier in der Brust – es muß da – etwas zerrissen sein ...« Er spie aus. Der Mund war ihm blutig.

Lauronat entkleidete ihn mit Lenkes Hilfe. Nahe dem linken Schulterblatt fand er zwei Wundstellen. »Der Förster hat Rehposten geladen gehabt«, bemerkte er, »herausholen kann ich sie nicht, sie stecken zu tief.« Er wusch das Blut ab und kühlte die Wunden mit frischem Wasser. Lenke mußte Scharpie zupfen und viereckige Lappen schneiden. Jakubs drückte die Fäuste gegen die Brust und knirschte mit den Zähnen. »Hier inwendig – da brennt's – hier inwendig ...«

Eine Stunde war vergangen; draußen fing es an zu dämmern. »Wenn du willst«, sagte Lauronat, »spanne ich zu Hause an und hole den Doktor. Gegen Mittag kann ich hier sein.«

»Nein, nein«, ächzte Kalbis, »er sieht ja doch gleich – daß ich angeschossen bin – und dann ist's heraus.«

»Ja, dann ist's heraus«, wiederholte Lauronat. »Wenn du dir's verbeißen kannst, ist's besser, niemand erfährt ...«

»Gebt mir nur zu trinken. Es steigt mir immer heiß auf ... Dieser höllische Durst! O – o – o!«

»Du könntest einmal sehen, Lenke«, sagte Lauronat nach einer Weile, »ob der Elch noch im Graben liegt. Die Schaufeln hätt' ich ihm gern ausgebrochen.«

Das war auch für Kalbis eine wichtige Sache. So schwer er litt, beschrieb er doch seiner Schwester genau die Stelle und den Fußweg, der nicht weit davon vorüberführte.

Lenke brachte die Nachricht zurück, der Elch sei fort. Von Torfarbeitern, die in der Nähe beschäftigt waren, hatte sie gehört, der Förster habe sie, als sie früh zur Arbeit kamen, angerufen und aufgefordert, ihm beim Einladen des Tieres in seinen Kahn zu helfen. Das sei geschehen. Er hätte auf die Wilddiebe geflucht und gesagt, den einen kenne er ganz gut; ob das derselbe sei, dem er eins auf den Pelz gebrannt, wisse er freilich nicht, das werde sich aber bald zeigen.

»Von mir weiß er nichts«, äußerte Kalbis befriedigt. »Das ist auch gut, sonst hätt' ich hier am Moor keine Ruhe mehr.«

»Hätten wir nur nicht die Gewehre eingebüßt«, bemerkte Lauronat. »Ja, das ist schlimm«, stöhnte Kalbis. »Wer weiß aber – ob sie der Förster gefunden. Vielleicht – sucht er nicht einmal. Er kann denken ... Ah – ah!« Er krümmte sich winselnd.

»Es ist wohl möglich, sie stehen noch im Wacholder«, meinte Lauronat. »Ich kann mich natürlich da nicht blicken lassen, aber ein anderer –«

»Die Lenke kann mit dem Boot hinfahren – und nachsehen. Ich habe noch – einen Haufen Knüttelholz im Forst stehen. Hält einer sie an – so fährt sie danach.«

Lenke zeigte sich sogleich bereit. Es war indessen heller Tag geworden und die Lampe längst ausgelöscht. »Aber einer muß doch bei dir –« sagte sie zu Jakubs und sah dabei den Wirt von der Seite an.

»Ich bleibe hier, bis du zurückkehrst«, versicherte Lauronat. »Ich wär' auch sonst nicht fortgegangen.«

Lenke flocht nun ihre Zöpfe vor einem Spiegelscherben, der schräg ans Fenster gestellt war. Es schien ihr gar nicht unlieb zu sein, daß der Gast ihr zuschaute.

»Du solltest deinen Pelz abwaschen«, riet sie, als sie über das Hemd mit den weiten Ärmeln eine Jacke zog und ein Tuch um den Kopf band. »Wenn das Blut antrocknet, wirst du die Flecken gar nicht mehr fortbekommen.«

»Du hast recht«, antwortete Lauronat. Er machte sich auch nach ihrer Entfernung gleich an die Arbeit. Zwischendurch bediente er den Kranken und aß von dem Schwarzbrot, das Lenke nebst einem Messer auf den Tisch gelegt hatte.

Allmählich wurde Kalbis ruhiger und dann schlief er, von dem Blutverlust ermattet, ein. Beim Atmen röchelte er aber beängstigend. Mitunter war ihm die Kehle wie abgeschnürt, bis ihn ein Husten erleichterte. Einmal würgte er eine Weile, richtete sich plötzlich auf und spie einen Strom Blut auf die Erde. Er riß dabei die

Augen auf, blickte Lauronat wie geistesabwesend an, ächzte schwer und sank wieder auf das Strohlager zurück.

Lauronat wiegte bedenklich den Kopf. »Das wird nicht gut. Zum Teufel –! Er stirbt mir unter den Händen.«

Es dauerte mehr als drei Stunden, bis Lenke zurückkehrte. Aber sie brachte die beiden Gewehre. »Das ist brav«, lobte Lauronat und klopfte ihr die Wange. »Wir müssen sie verstecken, bis alles von der Sache wieder still ist.«

»Schläft er?« fragte sie.

»Ja – aber das Blut kommt ihm immer in den Hals. Wer weiß –«

Sie schälte Kartoffeln zum Mittag, wusch sie ab und setzte sie in einem eisernen Topf mit drei Füßen aufs Feuer. Die Hütte hatte keinen Schornstein; der Rauch mußte durchs Dach abziehen und erfüllte bald den kleinen Raum. Sie schien davon nicht die geringsten Beschwerden zu haben, aber der Kranke hustete häufiger und heftiger. Lauronat stieß die Tür auf, aber es nützte wenig, denn der Wind blies hinein. Kalbis stöhnte schmerzlich, der Mund stand offen, die Augen schlossen nicht ganz. Mitunter stockte der Atem, und dann warf er wieder Blut und Schaum aus. Bei einem besonders heftigen Anfall sprangen beiden hinzu, ihn aufzurichten. Er rang mit den Armen und Beinen, es steckte ihm etwas in der Kehle, und er konnte es nicht herausstoßen, das Gesicht wurde ganz blau. Dann brach er zusammen, röchelte noch ein paarmal und bewegte sich nicht mehr.

»Um Gottes Jesu willen«, jammerte Lenke, die neben ihm kniete, »er wird doch nicht –«

Lauronat faßte seine Hand und hielt das Ohr über seinem Mund. »Tot –« sagte er leise. »Es ist nicht anders – tot.«

Lenke weinte und wehklagte. Dann holte sie aus ihrer Kammer ein litauisches Gesangbuch und legte es Jakubs auf die Brust.

»Wir müssen ihn abwaschen und anziehen«, bemerkte Lauronat. »Ich will dir helfen.«

Die Frauen von Nidden

Agnes Miegel

Die Frauen von Nidden standen am Strand
Über spähenden Augen die braune Hand,
Und die Boote nahten in wilder Hast,
Schwarze Wimpel flogen züngelnd am Mast.

Die Männer banden die Kähne fest
Und schrieen: »Drüben wütet die Pest!
In der Niedrung von Heydekrug bis Schaaken
Gehn die Leute im Trauerlaken!«

Da sprachen die Frauen: »Es hat nicht Not, –
Vor unsrer Türe lauert der Tod,
Jeden Tag, den uns Gott gegeben,
Müssen wir ringen um unser Leben,

Die wandernde Düne ist Leides genug,
Gott wird uns verschonen, der uns schlug!« –
Doch die Pest ist des Nachts gekommen
Mit den Elchen über das Haff geschwommen.

Drei Tage lang, drei Nächte lang,
Wimmernd im Kirchstuhl die Glocke klang.
Am vierten Morgen, schrill und jach,
Ihre Stimme in Leide brach.

Und in dem Dorf, aus Kate und Haus,
Sieben Frauen schritten heraus.
Sie schritten barfuß und tiefgebückt,
In schwarzen Kleidern, buntgestickt.

Sie klommen die steile Düne hinan,
Schuh und Strümpfe legten sie an
Und sie sprachen: »Düne, wir sieben
Sind allein noch übriggeblieben.

Kein Tischler lebt, der den Sarg uns schreint,
Nicht Sohn noch Enkel, der uns beweint,
Kein Pfarrer mehr, uns den Kelch zu geben,
Nicht Knecht noch Magd ist mehr unten am Leben, –

Nun, weiße Düne, gib wohl acht:
Tür und Tor ist Dir aufgemacht,
In unsre Stuben wirst Du gehn
Herd und Hof und Schober verwehn, –

Gott vergaß uns, er ließ uns verderben.
Sein verödetes Haus sollst Du erben,
Kreuz und Bibel zum Spielzeug haben, –
Nur, Mütterchen, komm uns zu begraben!

Schlage uns still ins Leichentuch,
Du unser Segen, – einst unser Fluch.
Sieh, wir liegen und warten ganz mit Ruh«, –

Und die Düne kam und deckte sie zu.

Jach: jäh

Memel

P. Rosenwall

Memel hat ohngefähr 9000 Einwohner, unter denen keine Bettler und nur wenige Arme sind. Es wird hier, obgleich die Stadt in Litauen liegt, beinahe nur deutsch, doch in den vornehmen Häusern auch englisch, und von dem Gesinde und den Kaufdienern, des Wochenmarkts und des Kleinhandels wegen, etwas Litauisch gesprochen. Die Stadt wird von allen Erdbeschreibern für eine Festung angegeben, doch ist sie nach Rußland zu ganz offen und hat nur – wunderlich genug! – nach der entgegengesetzten Seite einige schwache Befestigungen. Das, was man einst Zitadelle nannte, war nichts mehr und nichts weniger, als ein mit einem Wall umgebenes altes Schloß,

Memel in der zweiten Hälfte des 17. Jahrhunderts

das bis auf einen alten Turm ganz abgetragen ist. Auf dem Wall haben früher einige eiserne Kanonen gestanden, die aber längst weggenommen sind, da sie den Hafen durchaus nicht schützen konnten, weil ihnen die Stadt im Wege ist. Der Hafen ist übrigens durch die Natur geschützt: denn vor der Reede liegt eine Sandbank, die eine starke Brandung verursacht und den Schiffen das Einlaufen ohne Lotsen unmöglich macht. Die Küste ist bei Memel sehr flach und mit einer Menge von Schiffstrümmern bedeckt, die hier, da das Meer in dieser Gegend äußerst gefährlich ist, gestrandet sind.

Etwas die hiesige Seepolizei Betreffendes kann ich nicht umhin, Dir zu erzählen; es gibt einen Beweis, zu welchen grausamen Mitteln man leider auch in einem so mild regierten Staate zuweilen greifen muß, um die entartete Menschheit im Zaum zu halten.

Die Matrosen sind bekanntlich nach Art des Elementes, auf dem sie den größten Teil ihrer Lebenszeit zubringen, wild und unbändig; vor allen aber zeichnen sich die englischen, die hier die Mehrzahl ausmachen, hierin aus. Wenn sie in den Hafen eingelaufen sind, haben sie die Freiheit, eine gewisse Zeit auf dem Lande zuzubringen, die sie beinahe ohne Ausnahme dazu anwenden, in der Vitta, einer Vorstadt von Memel, die, wie die Judengasse in Amsterdam und Frankfurt am Main nur von Juden, hier ausschließlich nur von Lustdirnen bewohnt wird, den sinnlichen Begierden zu opfern. Sie sind aber gewöhnlich in ihrem Vergnügen so unersättlich, daß sie auch über die Zeit des Urlaubes wegbleiben und kein Bitten, kein Befehl des Kapitäns sie zu ihrer Pflicht zurückbringen kann. Nun hat man dabei folgende Einrichtung getroffen: Ein großer, riesenhafter Mann, der das Schlagen als Virtuose treibt, ist unter dem Namen Verbotter dazu angestellt, um die Ungehorsamen zum Schiff zurückzutreiben, und durchspäht, sobald ihm der Schiffskapitän von einem Widerspenstigen Meldung tut, alle Häuser der verrufenen Vorstadt, bis er ihn gefunden hat. Jetzt fängt er mit einer gewaltigen Peitsche, die er zu diesem Ende stets mit sich führt, auf den Matrosen auf eine barbarische Art an loszuschlagen und hört gewöhnlich nicht eher auf, bis seine Kräfte erschöpft sind oder der Straffällige einer Ohnmacht nahe ist. Keine Klage findet gegen ihn statt, wenn er nur den Schuldigen nicht auf der Stelle tötet, und selbst in diesem Fall ist er straflos, wenn er beweisen kann, daß sich der Matrose widersetzt hat. Außerdem aber hat die geringste Widersetzlichkeit gegen ihn jahrelange Kettenstrafe zur Folge. Warum macht die entartete Menschheit doch solche Grausamkeiten notwendig?

Der hiesige Postdirektor soll den einträglichsten Posten im ganzen Lande, und zwar ein reines Einkommen von 12 000 bis 17 000 Taler haben, welches daher kommt, weil hier ein Grenz-Postamt ist und weil er viel durch Lieferungen von Zeitschriften, die er nach Rußland sendet, gewinnt.

Zitadelle: Befestigungsanlage
Virtuose: Meister seines Fachs

Seeschiffe mitten in der Stadt

Fr. Förster

Der Bischof Heinrich von Kurland erbaute, einer Urkunde von 1250 zufolge, in diesem Jahre gemeinschaftlich mit dem Deutschen Orden die Burg Memel, und um dieselbe Zeit legte der livländische

Landmeister Eberhard die Stadt, ebenfalls gemeinschaftlich mit dem Deutschen Orden, an. Die Wahl des Ortes begünstigte zugleich die Anlage eines Hafens, da die Stadt am Einfluß der Dange in die Ostsee und an dem Tief gelegen ist, welches die Verbindung zwischen dem Kurischen Haff und der Ostsee bildet. In neuester Zeit ist für die Einfahrt durch einen Leuchtturm sowie für die Vertiefung und Räumung des Hafens gesorgt worden, so daß er gegen zwanzig Fuß Tiefe hat; Seeschiffe gehen auf der Dange bis mitten in die Stadt. Diese wird in die Altstadt, Friedrichstadt und Neustadt geteilt und war ehedem befestigt. Gegenwärtig dient die Zitadelle zum Gefängnis. Memel hat vier Kirchen, ein Zeughaus, eine Börse, Theater und erfreut sich, ebenso wie Berlin, innerhalb der Stadt einer schönen Lindenstraße. Die Seemächte halten hier Konsulate. Memel ist der Geburtsort Simon Dachs, eines der tüchtigsten Liederdichter in Luthers Geist und Sprache.

Konsulate: diplomatische Vertretungen im Ausland
Simon Dach (1605–1659), Dichter

Untertänigste Flehschrift

an seine Churfürstl. Durchl. um einigen Unterhalt in meinem schwachen und unvermögenden Alter

Simon Dach

Held, zu welches Herrschaft Füßen
Länder liegen, Ströme fließen,
Die ich auch nicht zähle schier,
Welchen ehren und anbete
Samt den Dörfern und den Städten
Auch die wild- und zahmen Tier.

Von dem großen Teil der Erden
Laß ein kleines Feld mir werden,
Welches mir erteile Brot,
Nun die Kraft mir wird genommen
Und auf mich gedrungen kommen
Beides, Alter und der Tod.

Hat ein Pferd sich wohl gehalten
Und zuletzt beginnt zu alten,
Und nicht mehr taug' in die Schlacht,
Es muß fressen, bis es stirbet;

Ja, kein alter Hund verdirbet,
Der uns treulich hat bewacht.

Laß auch mich nur Futter kriegen,
Bis der Tod mich heißt erliegen,
Bin ich dessen anders wert,
Hab' ich mit berühmter Zungen

Deinem Haus' und dir gesungen,
Was kein Rost der Zeit verzehrt.

Phöbus ist bei mir daheime,
Diese Kunst der deutschen Reime
Lernet Preußen erst von mir,
Meine sind die ersten Seiten,
Zwar man sang vor meinen Zeiten,
Aber ohn' Geschick und Zier.

Tu, o Kurfürst nach Belieben.
Such' ich Huben zehnmal sieben?
Nein, auch zwanzig nicht einmal,
Andre mögen nach Begnügen
Auch mit tausend Ochsen pflügen,
Mir ist g'nug ein grünes Tal,

Phöbus: Gott der Dichtkunst
Huben: altes Maß für bäuerlichen Grundbesitz

Doch, was ist hievon zu sagen?
Fürsten schenken nach Behagen,
Gnade treibet sie allein,
Nicht Verdienst, das sie tun sollen,
Nein, sie herrschen frei und wollen
Hie auch ungebunden sein.

Da ich Gott und dich kann geigen,
Und von fern sehn aufwärts steigen
Meines armen Daches Rauch,
Wenn der Abend kommt gegangen.
Sollt' ich aber nichts empfangen,
Wohl, Herr, dieses g'nügt mir auch.

Von Memel bis Ruß

P. Rosenwall

Die Landschaft von Memel bis Heydekrug wird von vielen kleinen Flüssen, die zum Teil sehr reißend dem Haff zustürzen, durchströmt. Die Scheschupp und die Gratusch sind die größten darunter, allein wegen ihres schnellen Falles nicht schiffbar.

Bei Heydekrug, einem bedeutenden Marktflecken, fängt die Gegend an fruchtbar zu werden, und hier kündigt alles schon die Nähe einer der reichsten Landschaften von Preußen an. Mein Reisegefährte, der die Gegend bereits kannte, riet mir, meinen Wagen von hier aus nach Memel zurückzuschicken, da wegen der vielen Kanäle und Flüsse die Reise leichter und angenehmer zu Wasser fortgesetzt wird. Ich folgte seinem Rat und habe nicht Ursache gefunden, ihn zu bereuen.

Wir mieteten einen Nachen bis nach Ruß, einem ansehnlichen Flecken, der nur eine Meile von Heydekrug entfernt ist. Unsere Fahrt auf einem breiten Kanal ging ununterbrochen durch fruchtbare Wiesen, deren üppiger Graswuchs mich in Erstaunen setzte. Mir schien der Boden so fett und die Vegetation so reich als in Seeland zu sein; auch das Vieh, was hier und da an den Ufern des Kanals weidete, gab meines Bedünkens dem holländischen nichts an Größe nach. Endlich kamen wir in den mächtig flutenden Ruß, den größten der drei Hauptarme des Niemen, der hier ins Haff fällt. Es ist ein Fluß vom ersten Range, der voll und prächtig durch eine unermeßliche Wiesenfläche fließt, keinen Sand mit sich führt und keine Inseln bildet. Der reine, helle Wasserspiegel, die grünen blumigten Gestade, die reichen Triften mit unzähligen Herden des schönsten Viehes bilden ein höchst reizendes idyllisches Gemälde; ich fühlte mich hier unendlich wohl.

Ruß ist von großer Wichtigkeit für die Holzhändler zu Memel, die hier sämtlich ihre Faktoren halten, um die aus dem polnischen Litauen kommenden Holztraften in Empfang zu nehmen, zu behandeln, zu sortieren und den weitern Transport nach Memel zu besorgen. Der Ort, der überdem noch den Sitz eines Domänenamtes enthält, ist daher sehr lebhaft und wohlhabend. Eine bedeutende Erwerbsquelle ist auch noch der Lachsfang, der hier so ansehnlich ist, daß Tilsit, Memel und Königsberg hinreichend von hier aus mit dieser wohlschmeckenden Fischgattung versehen werden. Der Fang wird in einem von dem Flecken etwas entfernten Arm des Flusses auf folgende Weise betrieben: Der Flußarm ist, seiner ganzen Breite nach, mit einer hölzernen Wehre besetzt, die zwar Öffnungen genug hat, das Wasser durchzulassen, aber zu dicht ist, als daß die Fische durchschlüpfen könnten. Diese Wehre steht ohngefähr drei Fuß hoch aus dem Wasser hervor und hinter ihr ragt, in einiger Entfernung, eine zweite Wehre acht bis neun Fuß über den Wasserspiegel heraus. Wenn nun der Lachs, seinem Instinkt nach, gegen den Strom schwimmt und an die erste Wehre kommt, so springt er darüber weg; die zweite ist aber zu hoch für ihn, er muß also, da er nie zurückgeht, innerhalb der Wehre bleiben, wo die Fischer von Zeit zu Zeit mit Netzen die auf diese Weise gefangenen Fische herausfischen. Der Fang wird im Frühjahr und im Herbst betrieben, daher hatte ich nicht Gelegenheit, ihn mitanzusehen.

In einem sehr anständigen Wirtshause, wo wir in jeder Rücksicht gut bedient waren, übernachteten wir und schlossen zugleich einen Akkord mit einem Schiffer, der uns den folgenden Tag nach Tilsit fahren sollte. Da wir es uns ausbedungen, daß er allenthalben, wo wir es für gut finden würden, landen sollte, so mußten wir die Fahrt ziemlich teuer bezahlen, obgleich das Rudern gegen den Strom, der ziemlich langsam fließt, nicht besonders beschwerlich ist; indessen, wir hatten dafür auch den Vorteil, ganz über unsre Zeit gebieten zu können, welches auf einer Reise, die man unternimmt, um ein Land kennenzulernen, viel wert ist.

Faktoren: Leiter von Handelsniederlassungen
Holztraften: Holzflöße
Domänenamt: Verwaltungsamt für königlichen Landbesitz
Akkord: Vereinbarung

Kindheitserinnerungen an Heydekrug und Werden

Hermann Sudermann

Der Besitzer des Gutes wechselte, als ich etwa vier Jahre alt war. Mit der Familie des Fortziehenden, der Westphal hieß, hat meine Mutter eine innige Freundschaft unterhalten. Eine Liebesgeschichte hat sich darin abgespielt, von der sie noch heute mit verschleiernden Andeutungen leise zu erzählen weiß. Sein Nachfolger hat uns niemals nahegestanden. Dessen Kinder blieben mir fremd, auch als wir uns später in Heydekrug fast gegenüber wohnten.

In diesem Heydekrug, dem Kreisort und Marktflecken, der zusammen mit drei oder vier sich daran schließenden, langgestreckten Dörfern ein durchaus städtisch geartetes Gemeinwesen bildet, gab es eine »Ressource«, die gesellige Vereinigung der zwischen den Honoratioren und dem Handwerkerstande liegenden Mittelschicht. Sie feierte im Rosciusschen Saale drei- oder viermal während des Winters ein Tanzfest, dem eine Theateraufführung voranging.

Was das war: »Theater«? Meine Mutter mochte es mir noch so oft erklären, ich wurde daraus nicht klug. Nur daß es etwas unfaßbar Schönes und Herrliches sein mußte, begriff ich bald. Die Geschichten, die sich irgend einmal zugetragen hatten, die Märchen, die ich mir heimlich weiterspann, zu Gegenwart, zu Wirklichkeit geworden, Träume, die nicht mehr Träume waren, erfüllte Sehnsucht, sichtbar gewordene Gottheit, berghohe Marzipantorten und ewige Weihnacht – das war Theater.

Die Vorbereitungen zu einer solchen Theaterfahrt erfüllten das Haus stets mit dem gleichen festlichen Wirrwarr. Die Lichter vor dem Spiegel wurden angezündet, Papa mußte ein schneeweißes Plätthemde haben, die Krinoline paßte schon wieder nicht, das Blondenhäubchen sollte umgenäht werden, weil die Bänder zu tief in den Nacken fielen, die Schildpattkämme waren verlorengegangen, und endlich, endlich – wurde der Longschal entfaltet.

Habt ihr eine Ahnung, was der Longschal war? Der Inbegriff allen irdischen Glanzes, die Musterkarte jeder möglichen Farbenpracht, Schönheit, Würde, Bezauberung, das alles war der Longschal, der von einem Feste zum anderen sorglich eingepackt in seiner Hülle lag.

Die Brüder waren zu Bette gebracht, ich aber saß starr vor lauter Feierlichkeit in meinem Winkelchen und dachte: »Jetzt fahren sie bald und sehen – Theater.«

Und wenn ich den Gutenachtkuß bekommen und versprochen hatte, recht brav zu sein, wenn draußen das Schlittengeläute verhallte und die Lichter vor dem Spiegel verloschen, wenn Jette kam und bettelte: »Geh schlafen, mein Jungchen«, dann fing mein Fest an, dann machte ich mir im Kinderwinkel ein Nest zurecht und ließ mir »Theater« vorspielen. Bis die Augen zufielen und keine Kraft mehr übrig war, den knöpfenden und ziehenden Händen Jettes zu widerstehen.

Am nächsten Morgen aber fand sich ein Stück Marzipantorte an meinem Bett. Das war Mamas Mitbringe, – das war der erste Gruß, den meine Zukunft mir sandte. – – –

Und es kam ein Tag, ein Sonntag, da sagte Papa zu Mama: »Ich denke, er ist groß genug, wir können ihn in die Kirche mitnehmen.«

Da machte mein Herz einen Freudensprung, denn das große weiße Haus mit dem spitzen Turme, das in Werden geheimnisvoll hinter den dunklen Lärchenbäumen lag, war schon immer ein Ziel meiner Wünsche gewesen. – Den guten Anzug hatte ich an, ich brauchte also nur die Sonntagsmütze aufzusetzen, und dann fuhren wir los. (...)

Von dem Orgelspiel und dem Choral habe ich keine Erinnerung behalten, aber plötzlich geschah etwas, das ich mein Lebtag nicht vergessen werde: Ganz fernab, dort, wo alles sehr klein war, zeigte sich in einer Seitentür eine schwarze Puppe, die ging nicht, sondern glitt oder schwebte – das sah ich nicht genau – auf den verhangenen Tisch zu, der viel höher gelegen war als die Bänke, auf denen wir saßen, und stellte sich davor und fing mit dunkler, schöner Stimme zu sprechen und zu singen an.

Mir wurde weh und feierlich zumut, mir war, als spräche der liebe Gott zu mir, und mit einem Male wußte ich: »So ist Theater.«

Auch als sich die Puppe vollends in einen Menschen verwandelt hatte, der einen noch höhergelegenen Balkon bestieg und von ihm herab so eindringlich auf die Zuhörer einredete, daß sie ringsum zu schnauben und zu schluchzen begannen, erlosch die Ahnung nicht: »So und nicht anders muß Theater sein.«

Nur daß es hier nichts zu lachen gab, während Mama doch nach manchem Abend erzählt hatte, daß es wieder sehr lustig gewesen sei, aber sie hatte auch immer hinzugefügt, sie selber freilich liebe die traurigen Stücke mehr.

Und darum entschied ich mich auch für sie.

Krinoline: Reifrock

Die Memel

Johannes Bobrowski

Hinter den Feldern, weit,
hinter den Wiesen
der Strom.
Von seinem Atem
aufweht die Nacht.
Über den Berg
fährt der Vogel und schreit.

Einmal mit dem Wind
gingen wir, stellten das Netz
in der Mündung des Wiesenbachs.
In den Erlen
hing die Laterne. Der Alte
nahm sie herab.
Das Schmugglerboot stieß auf den Sand.

Aus der Finsternis
kommst du, mein Strom, aus den Wolken.
Wege fallen dir zu
und die Flüsse, Jura und Mitwa,
jung, aus Wäldern, und lehmschwer
Szeszupe. Mit Stangen die Flößer
treiben vorbei. Die Fähre
liegt auf dem Sand.

Und der Himmel
dunkelt von Vogelheeren.
In der Luft aus schlagenden Flügeln, hoch,
Schilflaut, Brunnenrauch, harziger Wälder Rauch.

An den Birken, über dem Ufer nun
stehn die Frauen, mit Bändern,
gelben und roten – eine,
an den gewölbten Leib
zieht sie die Töchter, die jungen
Söhne baden im Strom.

Strom,
alleine immer
kann ich dich lieben
nur.
Bild aus Schweigen.
Tafeln dem Künft'gen: mein Schrei.
Der nie dich erhielt.
Nun im Dunkel
halt ich dich fest.

Die Memel, ein mächtiger Strom

P. Rosenwall

Der Niemen, wie er polnisch und russisch, oder Memel, wie er deutsch heißt, ist ein mächtiger, majestätisch dahinflutender Strom, der, nach dem Augenmaß zu urteilen, der Düna nichts an Größe nachgibt, aber bei weitem nicht so schnell als diese fließt. Er entspringt bei Kozana, wird zehn Meilen diesseits Grodno schiffbar und fällt in drei Ausströmungen – die kleinern Arme und Kanäle nicht gerechnet – in das Kurische Haff. Der stärkste der drei Arme ist der Ruß, die beiden andern heißen die Timber und die Gilge. Dieser Strom ist die Hauptquelle des Ausfuhrhandels, und daher auch des Reichtums von Tilsit, Memel und Königsberg, denn auf ihm werden alle Erzeugnisse des größten Teiles von polnisch, nun-

Auf dem Fluß

mehr russisch Litauen, nach genannten Städten geführt. Tilsit ist, ihrer Lage nach, auf den Zwischenhandel eingeschränkt, dagegen Memel beinahe den ganzen Holzhandel sowie Königsberg den Getreidehandel vorzüglich hat. Die Ursache dieser sonderbar scheinenden Teilung der Ausfuhrartikel, ist mir in folgender Art erklärt worden: Die russischen Litauer besitzen nicht nautische Kenntnisse genug, um das stürmische Kurische Haff mit ihren unbeholfenen Fahrzeugen (Wittinen) oder gar mit den Holztraften durchschiffen zu können, daher ließ schon zu Anfange des achtzehnten Jahrhunderts eine patriotische Frau, die Gräfin Truchses Waldburg, auf ihre eigne Kosten, zum Besten des Königsberger Handels, einen Kanal graben, der den Niemen mit dem Deumefluß, der in den Pregel fällt, verbindet und auf diese Weise es möglich macht, ohne das Haff zu berühren, nach Königsberg zu kommen. Nun ist aber dieser Kanal für die ungeheuren Holzflöße nicht breit genug, daher solche in dem südlichen Arm des Niemen, in der Gilge, auseinander gebunden und kleiner gemacht werden müssen, welches natürlich einen Zeit- und Kostenaufwand erfordert. Dagegen können sie bis Ruß ohne Aufenthalt flößen, wo die Memler Kaufleute ihre Komptoirs haben, in denen die Holzverkäufer ihre Geschäfte abmachen und ihren Rückweg zu Lande nehmen. Die Getreideverkäufer, die auf ihren Gefäßen gewöhnlich eine Rückfracht von Salz, Heringen, Eisen und Luxuswaren nehmen, finden ihre Rechnung besser in Königsberg, wo sie selbst zur Stelle hinkommen können, welches bei einem Verkauf nach Memel, wo sie das Getreide des Haffes wegen in Ruß ablegen müßten, nicht der Fall sein würde.

Der Kaiser von Rußland und der König von Preußen wollten einst den Niemen tiefer ins Land hinein schiffbar machen, zu welchem Zweck jeder der beiden Monarchen 200 000 Taler ausgesetzt hatte; der unglückliche Krieg, der so manches Gute im Werden zerstörte, verhinderte auch die Ausführung dieses Planes, der Litauen kultiviert und Königsberg reich gemacht haben würde.

Bis an Tilsit sahen wir den Niemen nur durch Wiesen herabströmen, durch eine Landschaft, die an Fruchtbarkeit wenige ihresgleichen hat. Das Land ist allenthalben von Kanälen durchschnitten und durchaus flach. Die unabsehbaren, bunten Wiesenmatten, auf denen es von Schnittern wimmelt, die Triften mit unzählbaren Herden von wohlgenährtem Rindvieh, andere mit ausgezeichnet schönen Pferden bedeckt und im Hintergrunde die zahllosen Heuberge, die noch von dem Segen des vergangenen Jahres erübrigt sind – dieses zusammen bildet ein höchst anmutiges Gemälde, das, wenn es sich gleich nicht mit den erhabenen Naturszenen der Schweiz und Italiens vergleichen läßt, doch ohne Übertreibung Seelands und Westfrieslands schönsten Gegenden zur Seite stehen kann.

Der Niemen fließt an vielen Orten, wo das Land niedriger ist als der Wasserspiegel, durch starke Dämme, die schon in frühen Zeiten der Entwässerung des Landes wegen gezogen sind. Dieser Fluß, der weder Untiefen noch einen starken Eisgang hat, auch keinen Sand mit sich führt, soll doch zuweilen im Frühjahr durch seine Überschwemmungen große Verwüstungen anrichten. Man wendet daher viele Sorgfalt auf die Unterhaltung der Dämme, deren mutwillige Beschädigungen man durch harte Strafen, die darauf gesetzt sind, zu verhüten sucht. So wollte ich mir eine Weidenrute von einem am Damme stehenden Busch abschneiden, der Schiffer warnte mich aber, es nicht zu tun, da Gefängnisstrafe darauf steht.

Der Landstrich zwischen dem Ruß und der Gilge ist ohngefähr fünfzig Geviertmeilen groß und so fruchtbar, daß er selbst für den Weizenbau zu fett ist. Man schränkt sich hier auf den Wiesenbau ein und auf den Anbau von Gartengewächsen, die von solcher Güte sind, daß sie bis nach Königsberg verschickt werden. Außerdem gewinnt man noch etwas Anis und Gerste. Die Wiesen werden jährlich dreimal geerntet und liefern ein so vorzügliches Heu, daß die

Pferde ohne alle Körner, auch bei der schwersten Arbeit, damit wohl genährt werden. Selbst die Schweine füttert man mit Heu. Diese Landschaft hat das eigene, daß kein adliger Gutsbesitzer, kein Katholik und kein Jude darin wohnt; wer also mit dem Adel zerfallen oder ein Feind der beiden genannten Religionsparteien ist, der findet hier einen Zufluchtsort, wo er seine Antagonisten vermeiden kann. Auch keine Stadt ist in diesem Landstrich befindlich.

Nautisch: seemännisch
Wittinen: flache Flußkähne
Holztraften: Holzflöße
Komptoirs: Kontore, Büros von Kaufleuten
Geviertmeilen: Quadratmeilen
Antagonisten: Gegenspieler

Die alten Preußen

Ludwig von Baczko

Preußen wurde von Masovien, Litauen, der Memel, Ostsee und der Weichsel begrenzt, die mit ihren drei Armen die Werder umfaßte, jetzt Preußens fruchtbarste Gegend, damals Moräste voll Rohr und Gesträuch und nur von wilden Tieren bewohnt. Das Land war mit Landseen, Sümpfen und Wäldern bedeckt, die so wie Flüsse und Berge, die natürlichen Grenzen der elf preußischen Provinzen bildeten, die Kulm, Pomesanien, Pogesanien oder Hockerland, Warmien, Natangen, Barten, Nadrauen, Sudauen, Galinden, Samland und Schalauen hießen. Die litauische Sprache galt in Preußens östlichen Provinzen; die polnische hatte sich in Galinden, Kulm und Sudauen eingeschlichen; hingegen in Pomesanien, Pogesanien, Barten, Samland, Warmien und Natangen war die jetzt erloschene altpreußische Sprache, eine Tochter der litauischen, üblich, die durch Vermischung mit der Sprache der Deutschen und Wenden entstanden war. Weil die ältesten uns bekannten preußischen Namen aus der litauischen Sprache erklärt werden können, so folgern wir, daß Preußen während einer Reihe von Jahrhunderten vor Ankunft des Deutschen Ordens durch litauisch redende Völker bewohnt wurde, und aus der Leichtigkeit, womit sauromatische und getische Namen aus der litauischen Sprache zu erklären sind, daß die Litauer Sauromaten bestimmte Slaven vom Völkerzweige der Geten waren. Die Ähnlichkeit des litauischen Sprachgebäudes mit dem der orientalischen Sprachen und die eigentümlichen Namen vieler orientalischen Produkte in der litauischen Sprache gestatten die Mutmaßung, daß die Litauer, doch, ohne daß sich die Zeit und die nähern Umstände hierbei bestimmen lassen, in den ältesten Zeiten aus Asien nach Europa eingewandert sind.

Die alten Preußen hatten gelbes Haar, blaue Augen, eine ansehnliche Länge und viel körperliche Stärke; und hohes Alter war unter ihnen häufig. Sie waren nachlässig in betreff der Kleidung; setzten aber doch auf bunte und schöne Kleider einen hohen Wert. Ihre Kleider bestanden in Wolle und Leinen. Sie verstanden beides zu bearbeiten, und Männer und Weiber spannen. Auch tauschten sie aus dem Auslande Tuch für ihr Pelzwerk ein. Die Männer trugen lange leinene Beinkleider, Schuhe aus ungegerbtem Leder oder aus Lindenbast geflochten, einen Rock, der bis an die Knie reichte, mit langen Ärmeln, um den Leib mit einem ledernen Gürtel befestigt; den Kopf größtenteils unbedeckt, manche aber auch eine etwas spitz zulaufende Pelzmütze. Die Mädchen flochten ihre Haare in Zöpfen; schmückten sie mit Bändern und Kränzen. Die Weiber aber bedeckten ihre Haare sorgfältig; sie wickelten einige, die reichern viele Stücke Zeug um den Leib, die mehrenteils aus Leinen und bunt waren. Sie wickelten gleich den Männern statt der Strümpfe wollene Bänder um die Füße; trugen ebensolche Schuhe und um die Schultern eine Decke, wovon zwei Enden über der Schulter durch eine Schnalle befestigt waren. Diese Kleidung hat sich noch im Preußischen und im vormaligen Großherzogtum Litauen erhalten und der Schmuck der alten Preußen aus Metall: Armringe, verschiedene Schnallen, Nadeln und kleine viereckige Bleche, Korallen, aus Bernstein und farbigem Ton sind uns aus ihren Grabhügeln und Urnen bekannt geworden. Ihre Nahrung bestand aus dem Fleisch ihrer Herden und Pferde. Jagd war ihre Lieblingsbeschäftigung, Hunde und Falken wurden zugleich mit ihren toten Herrn verbrannt. Sie hatten heilige Gewässer, in denen nicht gefischt, und heilige Felder, auf denen nicht geackert wurde. Ihnen war Ackerbau, weniger der Gartenbau bekannt. Ihr Getränk war Wasser, Met, durch Gärung berauschend gemachte Pferdemilch und späterhin Bier. Ob sie sich des Salzes bedienten, ist ungewiß; doch hatten sie dafür eine eigentümliche Benennung mit den Russen gemein; auch hatten sie für Metalle einen eigentümlichen Namen; ob sie es selbst bearbeiten konnten, bleibt ungewiß. Ihr übriger Hausrat bestand aus hölzernen Trinkschalen und Hörnern der Auerochsen.

Sie hatten bestimmte Namen für Zeiten des Jahres und des Tages. Die heutigen Litauer haben eigentümliche Monatsnamen, aber für Stunde und Minute ein Wort, das dem deutschen Worte Weile gleichkommt. Sie verehrten Sonne, Mond und Sterne, den Donner, vierfüßige Tiere und selbst Kröten; und in der Mitte des Landes zu Romowe, wo ein ewiges Feuer unterhalten wurde, wohnte der von ihnen allgemein hochgeachtete Oberpriester oder Kriwe, dem die Opfer von der Beute übergeben wurden und der sich rühmte, Erscheinungen der Verstorbenen zu haben. Manche Preußen badeten sich täglich zu Ehren der Götter, welches andere verabscheuten. Sie glaubten an ein künftiges Leben; dachten es sich dem gegenwärtigen gleich, und glaubten, daß die mit den Toten zugleich verbrannten Tiere und Hausgeräte ihm dort zustatten kämen. Es gab verschiedene Arten der Priester, und jährlich wurde dem Curcho, den sie für den Gott des Essens und Trinkens hielten, ein neues Bildnis errichtet, nachdem das alte verbrannt war.

Fest war der Glaube der Preußen an ein unveränderliches Schicksal, welches Laima, die Schicksalsgöttin, einem jeden spann. Sie hielten gewisse Dinge den Göttern heilig; hierunter gehörten der

Holunder, die Schlangen, welche sie als Hausgötter ehrten und fütterten, und auch das Elentier. Die Priester hatten nach Verschiedenheit ihrer Geschäfte mannigfache Benennungen, wovon wahrscheinlich einer mehrere führte. Die gewöhnlichsten waren: Waidelotten und Worußkaiten. Die Preußen hatten eigentümliche Namen für den Ort der Bestrafung und Belohnung nach dem Tode und sollen in den ältesten Zeiten auch an Seelenwanderung geglaubt haben. Um die Mitte des März wurde ein fröhliches Fest zu Ehren des Frühlingsgottes Pergubrus durch Gesänge und Tänze gefeiert. Beim Anfange der Ernte feierten sie ein Fest, Zazinek genannt; dankten den Göttern bei einer reichlichen Ernte; baten sie bei einer schlechten Ernte um Verzeihung ihrer Sünden. Einer, aus der Gemeinde erwählt, machte den Anfang der Ernte, und der Tag wurde mit einem Schmause beschlossen, wobei man Brot von frischem Korn auftrug. Bei einem Feste nach der Ernte, Ozinek, wurde immer zugleich ein männliches und weibliches Tier von der nämlichen Gattung geopfert; der Priester gab dem Opfertiere einen Schlag auf den Kopf, mehrere auf die Beine, und nachher schlugen alle Anwesenden darauf los. Kleine Stückchen Opferfleisch wurden in alle Ecken des Hauses geworfen, das übrige von den Anwesenden, die dabei zugleich zechten, verzehrt. Statt dieses Festes galt bei den Sudauern und in einigen andern Gegenden Preußens ein Fest, welches von den Chronikenschreibern den Namen der Bockheiligung erhielt. In einer Scheune legte der Priester auf einen Bock oder Bullen seine Hände während des Gebets; nachher wurde während eines Lobgesanges das Opfertier von den Anwesenden in die Höhe gehalten, hierauf niedergesetzt, vom Priester geschlachtet, der die Anwesenden mit dem Blute des Opfertieres besprengte; das Fleisch den Weibern zum Kochen übergab, indes die rund um ein Feuer sitzenden Männer sich einen Teig von Roggenmehl, bis er gebacken schien, durch die Flammen zuwarfen; ihn nebst dem Fleische verzehrten; dabei zechten und am Morgen die Überreste des Mahls in der Stille vor dem Dorfe vergruben. Zu Ehren des Waldgottes Pußkaitis wurden allerlei Opfer unter einem Holunder niedergelegt; für die Barstukai oder unterirdischen Menschen wurden Speisen in eine Scheune gesetzt, deren Verzehrung man für ein gutes Zeichen hielt. Zu Ehren des Gottes der Kaufleute und des Meeres, des Pardoytis, oder Wellenschäumers Bangputtis, den sich die Preußen als einen großen, auf dem Meere stehenden, geflügelten Menschen dachten, dessen Blasen die Winde erregte, wurden Fische gekocht und verzehrt; aber kein Christ wurde bei diesen Festen als Zuschauer geduldet; wenn einer zufällig darüber kam, ward er ermordet, und wenn er entfloh, ein anderer Mensch statt seiner den Göttern geopfert.

Met: Honigwein
Waidelottin: heidnische Priesterin
Elentier: Elch

An die Sonne

Jakob Michael Reinhold Lenz

Seele der Welt, unermüdete Sonne!
Mutter der Liebe, der Freuden, des Weins!
Ach, ohne dich erstarret die Erde
Und die Geschöpfe in Traurigkeit.
Und wie kann ich, von deinem Einfluß
Hier allein beseelt und beseligt,
Ach, wie kann ich den Rücken dir wenden?

Wärme, Milde! mein Vaterland
Mit deinem süßesten Strahl, nur laß mich,
Ach, ich flehe, hier dir näher,
Nah wie der Adler dir bleiben.

Der Kreis Tilsit

Albert Weiß

Derselbe zerfällt in zwei Hauptabschnitte, von denen der eine der Höhe angehört, der andere dagegen das Tal des Memelstromes bildet. Letzteres teilt sich in eine eingedeichte Niederung auf dem linken und in eine offene auf dem rechten Stromufer. Auch die »Höhe« besteht aus zwei durch den Strom und dessen Gebiet ganz gesonderten Teilen, die sich im Osten des Kreises in den Uferhöhen – Schloßberg und Rombinus – am nächsten kommen, nach Westen zu jedoch mit der zunehmenden Breite des Memeltales immer weiter auseinandergehen. Der südliche, nicht viel über eine Meile breite Teil charakterisiert sich als die Abflachung der Höhenzüge des linken Memelufers und ist in der etwas größeren östlichen Hälfte hügelig, in der kleineren westlichen ganz eben.

Der nordwestlich sich hinziehende andere Höhenteil ist der größte des Kreises und trägt gleichfalls den Charakter der Abflachung von Osten nach Nordwesten. Er verläuft parallel mit der die Ostgrenze des Kreises bildenden Jura etwa eine halbe Meile westlich von derselben, von Norden nach Süden. Seine höchsten Punkte sind der Mühlenberg bei Schillinen (150 Fuß) und der Kapellenberg bei Schreitlaucken (145 Fuß) hoch. An diesen Bergrücken lehnen sich westlich verschiedene Höhenzüge an, welche das Land südlich von der Wilk wellenförmig erscheinen lassen. Dieselben erhalten durch die gegen 100 Fuß hohen Berge von Pogegen ihren Abschluß und setzen sich in geringeren Erhebungen auch auf der rechten Seite der Wilk fort. Hier bildet sich das Land immer mehr zur Hochebene aus, die sich nördlich der Jaege nach dem Rußstrome hin vollständig abflacht und auf deren ganzer Nordgrenze gegen Rußland hin mehrfach Höhenzüge hervortreten.

Tilsit

Aus »Borussia«

Tilsit, in einer angenehmen und fruchtbaren Gegend, am Einflusse der Tilse in den Niemen, über welchen eine Pontonbrücke führt, im gleichnamigen Kreise und Regierungsbezirk Gumbinnen, ist die bevölkertste Stadt nach Königsberg und der vornehmste Handelsplatz nach Königsberg und Memel in Ostpreußen, indem es in fast 900 Häusern gegen 12 500 Einwohnern zählt, welche ihrer Abstammung und Religion nach aus Deutschen, Preußen, Salzburgern, Litauern, Mennoniten und Juden bestehen und einen ziemlich bedeutenden Handel mit Getreide, Holz, Wachs, Leinsamen, Hanf, Flachs, Vieh, Butter, Leder, Leinwand und Haselnüssen treiben.

Andre Nahrungszweige sind der Ackerbau, die Fischerei, besonders Lachsfang, eine Zuckersiederei, die Bierbrauerei, die Branntweinbrennerei und Gerberei nebst einigen Mahl-, Öl- und Walkmühlen. Beträchtlich sind auch die jährlichen Pferdemärkte, und der Verkehr hat seit 1834 durch die Hauptpostverbindung mit Rußland, welche früher über Memel ging, sehr an Lebhaftigkeit gewonnen. Die Stadt hat vier Kirchen, ein altes Schloß (an dessen Wiederherstellung fortwährend gearbeitet wird), ein Gymnasium, eine Armenstiftung, ein großes Hospital, ein Witwenstift, ein Oberpostamt, ein Landratsamt, ein Land- und Stadtgericht und ein Hauptzollamt mit ansehnlichen öffentlichen Gebäuden.

Nachdem 1289 Ragnit an der Memel von den deutschen Rittern angelegt worden war, ward auch die Schelauer Burg, später Tilsit genannt, schnell erbaut, stark befestigt und zahlreich besetzt. Unter ihrem sichern Schutze entstand bald ein kleiner Marktflecken, welcher 1512 zur Stadt erhoben ward, und diese, in ihrer gegenwärtigen Gestalt angelegt, bildet zwei lange, breite Straßen, die Deutsche und Hohe Gasse genannt, zu welchen noch die sogenannte Freiheit als Vorstadt kommt, mit dem Schlosse durch die Tilse von der Stadt getrennt, welche mit jenem von dem Flusse ihren Namen erhalten hat. Der Markgraf Georg Friedrich legte 1586 bei der deutsch-evangelischen Kirche eine Provinzialschule an, und der Bürgermeister Georg Falk fügte 1698 die Stiftung für zehn arme Knaben hinzu. Das schöne Gebäude des Gymnasiums ließ der Große Kurfürst 1684 von einem holländischen Baumeister aufführen; der Bau der reformierten Kirche erfolgte 1707, der evangelisch lutherischen Kirche 1760, und 1764 erhielt die Stadt in dem neuen Rathause, einer Börse und dem Hospitale neue Zierden. Die Katholiken haben eine halbe Stunde von der Stadt eine Kapelle, Drangowskinne genannt.

Welthistorisch merkwürdig ward der Niemen 1807 durch die Zusammenkunft Napoleons mit dem Kaiser von Rußland und dem Könige von Preußen auf demselben, und Tilsit durch den darauf erfolgten Frieden, den 7. und 9. Juli. – Tilsit ist auch der Geburtsort des ritterlich frommen Dichters Max von Schenkendorf (geboren den 11. Dezember 1784), welcher im Befreiungskriege, wie Theodor Körner, Leier und Schwert gleich rühmlich führte und als Regierungsrat zu Koblenz 1817 an seinem Geburtstag starb. Alles, was jene Zeit der allgemeinen Begeisterung so groß und denkwür-

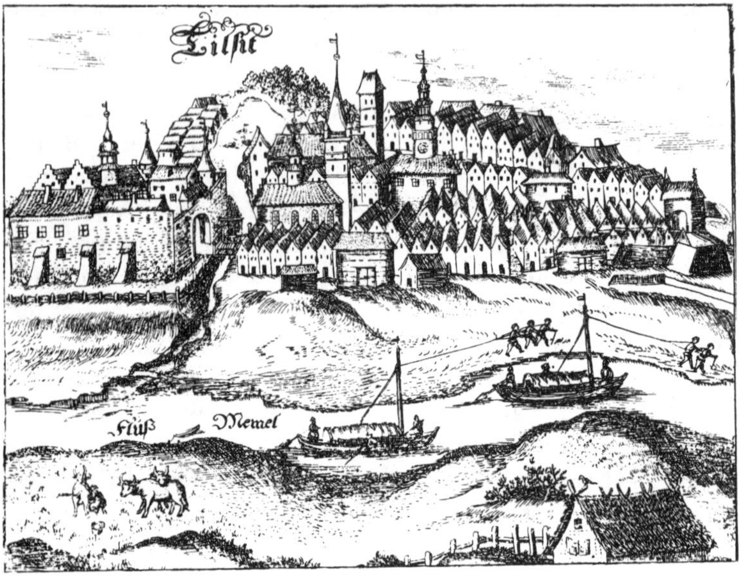

Tilsit in der zweiten Hälfte des 17. Jahrhunderts

dig machte, fand in seiner edlen Seele den vollsten Anklang und in seinen lieblichen Gedichten (vollständig, Berlin 1837) den reinsten Widerhall.

Inner- und außerhalb der Stadt gibt es viele schöne Gärten, und eine Stunde westwärts fängt die Tilsiter Niederung oder Nehrung an, eine sehr fruchtbare Gegend, zwischen den Armen des Niemens, der Gilge und Russe, bis ans Kurische Haff, in einer Länge von vier Meilen. Diese bildet die Kreise Niederung und Heydekrug, in welchen nur zwei Flecken, Heydekrug und Ruß, liegen, in deren Nähe es große Heiden gibt, wo die kleinen, schwarzen Schafe sehr häufig sind, welche sich in der Lüneburger Heide unter dem Namen Heidschnucken finden und nur eine kurze Wolle (Kratzwolle) haben. – Die durch Gräben ausgetrocknete und durch Dämme geschützte, oft aber durch Überschwemmung verheerte Niederung hat einen so fruchtbaren Boden, daß er selbst für den Weizen zu fett ist und daher zu Gerste, Gartengewächsen und Wiesen benutzt wird. Man unterhält deshalb auch viel Hornvieh und zieht vorzüglich schöne Pferde.

Pontonbrücke: Brücke aus Schiffen
Mennoniten: Sekte des Menno Simons (1496–1561), die u. a. nur die Erwachsenentaufe anerkennt
Markgraf Georg Friedrich von Brandenburg, zu Ansbach und Bayreuth (1539–1603), übernahm ab 1577 anstelle seines geistig behinderten Vetters Albert Friedrich die Regierung des Herzogtums Preußen
Friedrich Wilhelm von Brandenburg (1620–1688), der Große Kurfürst
Napoleon I. Bonaparte (1769–1821), Kaiser der Franzosen, drang im Feldzug gegen Preußen und Rußland 1806 bis zur russischen Grenze vor
Frieden von Tilsit: geschlossen am 7. Juli 1807 zwischen Frankreich und Rußland und am 9. Juli 1808 zwischen Frankreich und Preußen, das dadurch die Hälfte seines Gebiets verlor
Theodor Körner (1791–1813), Dichter

Freiheit

Max von Schenkendorf

Freiheit, die ich meine,
Die mein Herz erfüllt,
Komm mit deinem Scheine,
Süßes Engelbild.

Magst du nie dich zeigen
Der bedrängten Welt?
Führest deinen Reigen
Nur am Sternenzelt?

Auch bei grünen Bäumen
In dem lust'gen Wald,
Unter Blütenträumen
Ist dein Aufenthalt.

Ach! das ist ein Leben,
Wenn es weht und klingt,
Wenn dein stilles Weben
Wonnig uns durchdringt,

Wenn die Blätter rauschen
Süßen Freundesgruß,
Wenn wir Blicke tauschen,
Liebeswort und Kuß.

Aber immer weiter
Nimmt das Herz den Lauf,
Auf der Himmelsleiter
Steigt die Sehnsucht auf,

Aus den stillen Kreisen
Kommt mein Hirtenkind,
Will der Welt beweisen,
Was es denkt und minnt.

Blüht ihm doch ein Garten,
Reift ihm doch ein Feld
Auch in jener harten
Steinerbauten Welt.

Wo sich Gottes Flamme
In ein Herz gesenkt,
Das am alten Stamme
Treu und liebend hängt.

Wo sich Männer finden,
Die für Ehr' und Recht
Mutig sich verbinden,
Weilt ein frei' Geschlecht.

Hinter dunkeln Wällen,
Hinter ehrnem Tor
Kann das Herz noch schwellen
Zu dem Licht empor,

Für die Kirchenhallen,
Für der Väter Gruft,
Für die Liebsten fallen,
Wenn die Freiheit ruft.

Das ist ein rechtes Glühen
Frisch und rosenrot,
Heldenwangen blühen
Schöner auf im Tod.

Wolltest auf uns lenken
Gottes Lieb und Lust,
Wolltest gern dich senken
In die deutsche Brust.

Freiheit, holdes Wesen,
Gläubig, kühn und zart,
Hast ja lang erlesen
Dir die deutsche Art.

Königin Luise trifft Napoleon in Tilsit

Karl Gustav von Brinckmann

Da ich voraussehe, wie viele falsche oder übertriebene Gerüchte sich bald über diese Zusammenkunft verbreiten werden, und da ich weiß, welchen Wert die Königin von Preußen dem unparteiischen Urteil Euer Königl. Majestät beimißt, so beeile ich mich, Ihnen alle die interessanten Einzelheiten darüber zu übermitteln, die die Königin selbst die Gnade gehabt, mir mitzuteilen, und ich halte es für meine Pflicht, dabei soviel als möglich die eigenen Ausdrücke Ihrer Majestät beizubehalten.

Es würde sehr ungerecht sein, wollte man diese Fürstin im Verdacht haben, nach einer derartigen Unterhandlung gestrebt zu haben. Eine Unterhaltung, mit der sie mich vor ihrer Abreise nach Tilsit beehrte, hat mir keinen Zweifel darüber gelassen, wie sie ihre eigene Stellung auffaßt. Ihre Majestät fand mich bei Tisch traurig und schweigsam und hatte deshalb die Gnade, mich nachher zu fragen: »Ich glaube, Ihr Schweigen verstanden zu haben. Sagen Sie mir aufrichtig: Was halten Sie von dem, was sich hier vorbereitet?«

»Ihre Majestät befehlen mir, aufrichtig zu antworten. Sie wollen also gnädigst verzeihen, wenn ich bekenne, daß mich im Augenblick nichts mehr bekümmert, als Ew. Majestät hier zu sehen.«

»Sie sind nicht der einzige, der mir das sagt. Allein, wenn man von mir ein solches Opfer für mein Land und meine Kinder forderte, können Sie meine Resignation mißbilligen?«

»Ihre Motive, Majestät, sind ebenso achtungswert wie Ihre Lage für ein Herz wie das Ihrige peinlich sein muß.«

»Sie haben ganz recht. Ich bin erst dreißig Jahre alt, aber ich habe mich schon selbst überlebt.«

»Eure Majestät sind lange glücklich gewesen. Sie haben inmitten allen Unglücks soviel Seelengröße bewiesen; Ihr Charakter wird immer sich gleich bleiben. Heute besonders wird Ihre Würde gerade dem Übermut Ehrfurcht gebieten.«

»Ja, ich schmeichle mir, daß die Würde des Unglücks Achtung einflößen wird. Was wird Ihr König dazu sagen?«

»Alles, was hier geschieht, Majestät, muß eine Seele wie die seinige tief bekümmern.«

»Ja, ich bin völlig überzeugt, daß unser Unglück ihn betrüben wird.

»Als Bonaparte in Tilsit bei der Königin eintrat, verließen alle, auch der König selbst, das Zimmer Ihrer Majestät. Nach den ersten Komplimenten und einigen nichtssagenden Redensarten begann die Königin eine sehr ernste Unterhaltung.

»Ich lerne Ew. Majestät in einem für mich höchst peinlichen Augenblick kennen. Ich sollte vielleicht Bedenken tragen, zu Ihnen über die Interessen meines Landes zu sprechen. Sie haben mich einst angeklagt, mich zuviel in Politik zu mischen, obgleich ich wirklich nicht glaube, diesen Vorwurf je verdient zu haben.«

»Seien Sie ganz überzeugt, Majestät, daß ich niemals das alles geglaubt habe, was man während unserer politischen Zwistigkeiten so indiskret verbreitet hat.«

»Sei dem, wie ihm wolle, ich würde es mir nie vergeben, wenn ich diesen Augenblick nicht benutzte, freimütig mit Ihnen zu sprechen, als Gattin und als Mutter. Ich schmeichle mir, daß alle, die mich kennen, der Art Gerechtigkeit widerfahren lassen, wie ich beständig die Pflichten zu erfüllen gesucht habe, die mir diese Eigenschaften auferlegen.«

»Alle Welt, Majestät, muß das zugeben.«

»Nun wohl, wäre ich dem König aufrichtig ergeben, wenn ich nicht in diesen grausamen Augenblicken seinen Kummer und seine Besorgnisse teilte? Wir haben einen unglücklichen Krieg geführt, Sie sind der Sieger, aber soll ich annehmen, daß Sie Ihren Sieg mißbrauchen wollen?«

»Eure Majestät wollen mir gestatten, freimütig zu antworten.

Warum haben Sie mich gezwungen, die Dinge aufs äußerste zu treiben? Wie oft habe ich Ihnen Frieden angeboten? Österreich, das sich ungefähr in derselben Lage befand wie Sie nach der Schlacht von Auerstedt, glaubte vernünftige Bedingungen nicht zurückweisen zu sollen, obgleich es noch zwei intakte Königreiche hatte, Sie aber haben stets jedes freundschaftliche Abkommen abgelehnt. Man hat die Vorschläge, mit denen ich Bertrand nach der Schlacht von Eylau beauftragt hatte, kaum anhören wollen.«

»Was die ersten Verhandlungen nach der Schlacht von Auerstedt betrifft, so war es gewiß nicht der König, der sie abgebrochen hat, und in letzter Zeit – Sie wissen es ja besser als ich – hing es nicht mehr von uns ab, auf Sonderverhandlungen einzugehen. Doch

genug, ich wage nicht, die großen politischen Interessen zu erörtern; ich spreche Ihnen nur meine Besorgnisse aus über das Schicksal meiner Familie und meiner Kinder. Die Geschichte unserer Tage stellt mir schreckliche Beispiele vor Augen, und ich könnte den Gedanken nicht ertragen, unglücklichen Wesen das Leben geschenkt zu haben. Sie haben selbst eine zahlreiche Familie und bei jeder Gelegenheit bewiesen, wie sehr Ihnen das Schicksal der Ihrigen am Herzen liegt. Müssen Ihnen die Besorgnisse einer Mutter hierüber nicht gerecht und achtungswert erscheinen?«

»Aber Majestät glauben doch nicht etwa, daß von der Vernichtung Preußens die Rede sei?«

»Nein, aber der Friede, den man uns in Aussicht stellt, kann die Vernichtung für die Zukunft vorbereiten. Sonderinteressen könnten mit unseren Wünschen in Widerspruch stehen, aber wenn von Ihnen allein dieser Friede abhängt ...«

»Oh, Sie dürfen überzeugt sein, Majestät, daß ich allein zu entscheiden habe.«

»Ich kenne Sie nur nach Ihrem Rufe, aber ich möchte Ihnen nicht das Unrecht tun zu glauben, daß Sie unempfindlich wären gegen das Vergnügen, zu dem Glücke derjenigen beizutragen, die man beklagen mag, aber die man nicht verachten kann. Ist die Rache dessen würdig, der sie widerstandslos ausüben darf? Eine Frau darf Ihnen sagen, was einem Manne nicht wohl anstehen würde. Erwerben Sie sich Rechte auf unsere Dankbarkeit, und Ihre Siege werden Ihnen doppelt Ehre machen.«

»Aber haben nicht Ew. Majestät selbst meine Freundschaft für Preußen zurückgewiesen?«

»Allerdings habe ich daran nicht geglaubt in einem Augenblick, wo Sie, der Sie uns erst gezwungen hatten, Hannover anzunehmen, allein mit England über die Rückgabe dieses Landes verhandelten. Damals habe ich vielleicht zu warm *gegen* Ihre Interessen oder vielmehr *für* die des Königs gesprochen.«

»Ja, ich weiß, Sie haben damals den Irrtum Ihres Kabinetts geteilt; aber ich habe nie die Absicht gehabt, den Engländern Hannover zurückzugeben.«

»Gegenwärtig handelt es sich nicht mehr um dies Land, sondern nur allein um einen Zustand der Dinge, der uns nicht gerade den Frieden, den wir so sehr nötig haben, unerträglich macht.«

»Und was wünschen Sie vorzugsweise zu diesem Zwecke?«

»Ich gebe mich keiner Täuschung hin über unsere Lage. Ich weiß, daß wir Opfer bringen müssen; aber wenigstens trenne man von Preußen nicht Provinzen, die ihm seit Jahrhunderten gehören; wenigstens nehme man uns nicht Untertanen, die wir wie Lieblingskinder lieben und die unter jeder anderen Herrschaft unglücklich sein werden. Der Krieg ist nicht zu unserem Vorteil ausgefallen, aber er hat die Anhänglichkeit unserer Völker an uns nicht vermindert – ich rufe Sie selbst zum Zeugen auf –, und das ist ein großer Trost, der uns bleibt.«

»Leider, Majestät, stehen die allgemeinen Kombinationen oft den besonderen Rücksichten entgegen.«

»Ich verstehe nichts von den großen politischen Kombinationen; aber ich glaube der Würde einer Frau nichts zu vergeben, wenn ich den grausamen Schmerz des Königs betone, falls er einige der ältesten Provinzen seines Hauses abtreten müßte. Obwohl Sie mir einen Vorwurf wegen der Verlängerung des Krieges gemacht haben, so kann ich mir doch nicht denken, daß Standhaftigkeit im Unglück in Ihren Augen ein Unrecht ist. Aber Sie lassen mich immer allein sprechen, ohne auf meine Hauptfrage etwas zu erwidern, und doch kostet es Sie nur ein Wort, um einen vernünftigeren Frieden zu machen.«

Diese Unterhaltung, Sire, schien mir zu merkwürdig, um nicht aufbewahrt zu werden. Ich habe sie mir deshalb auch gleich nach der besonderen Unterredung, mit der die Königin mich beehrte, in meine Schreibtafel notiert und kann mich auf die Treue meines Gedächtnisses verlassen.

Königin Luise (1776–1810) von Preußen, versuchte unter Angabe von humanitären Gründen in einem Gespräch mit Napoleon die im Frieden von Tilsit am 9. Juli 1807 vereinbarten preußischen Gebietsverluste (alle Gebiete links der Elbe, Festung Magdeburg, Hessen-Kassel, Braunschweig, Posen) zu verhindern

Napoleon I. Bonaparte (1769–1821), Kaiser der Franzosen, drang im Feldzug gegen Preußen und Rußland 1806 bis zur russischen Grenze vor

Schlacht von Auerstedt (1806) : Sieg der Franzosen über die Preußen

Schlacht von Preußisch-Eylau (1806), endete mit dem Rückzug der Preußen

Kombinationen: Gegebenheiten

Ragnit

Carl Friedrich Schinkel

Das Schloß Ragnit ist eines der wenigen Schlösser, wo der Umfang des Hauptgebäudes noch vollständig da ist. Der innere Hof ist sehr bedeutend und das umgebende Gebäude überall mit sehr starken Mauern aufgeführt, der Verteidigungsgang krönt noch ringsum das Viereck des Gebäudes.

Die große Masse im Karree, welcher jetzt das Dach fehlt, macht eine sehr imposante Wirkung, und es ist wünschenswert, daß bei einer künftigen Bestimmung die Dächer pultartig nach dem Hofe abfallend angelegt würden, damit jener reine architektonische Eindruck, wie ihn die Ruine jetzt erzeugt, gewonnen bliebe.

Karree: Viereck

Ragnit um 1680

Der Deutsche Orden kommt ins Land

Heinrich von Treitschke

In dieser gewaltigen, die Ostsee umspannenden Kette deutscher Kolonien fehlte noch ein Glied – : das Land Preußen östlich der Weichsel. Durch das unendliche Gebiet der Sümpfe am Dnjepr, Dnjestr und Pripecz vor slawischen und byzantinisch-christlichen Einwirkungen gesichert, hatte dort ein vermutlich mit anderen Völkertrümmern vermischter Stamm des Litauervolkes durch Jahrtausende ein harmloses Sonderdasein geführt. Wie noch heute die Ostsee minder tief als andere Meere in das Binnenland einwirkt, so blieb vollends dort, wo Nehrungen und das süße Wasser der Haffe den Verkehr mit der hohen See erschweren, der mäßige Tauschhandel des städtelosen Volkes mit einigen westlichen Häfen ohne Einfluß auf die Sitten. Eine geheimnisvolle Priesterschaft, selten dem Heimischen, dem Fremden niemals sichtbar, hütete in heiligen Eichenwäldern die geweihten Schlangen und entzündete auf den Opfersteinen das duftende Bernsteinfeuer vor den Göttern eines Glaubens, der von den Greueln aller Naturreligionen, Blutdurst und Wollust, nur weniges offenbarte. Die den deutschen Spartanern den Namen geben sollten, lebten dahin als ein still friedliches Volk von Hirten und bequemen Ackerbauern, die langen Winternächte mit dem Zauber einer milden elegischen Dichtung verkürzend, zersplittert in Kleinstaaten und ohne jeden Trieb, den Partikularismus ursprünglicher Menschheit in harter staatlicher Arbeit zu überwinden – aber ein Volk von Freien, eingesessen seit uralten Tagen, geschützt gegen Westen durch das Sumpftal der Weichsel, gegen Süden durch gewaltige Verhaue, Seen und Waldungen, und darum furchtbar jedem fremden Dränger. Das hatten wiederholt die Polen erfahren: ihre Grenzprovinz gegen Preußen, das Kulmerland, ward von dem gereizten Heidenvolke oftmals mit blutiger Plünderung heimgesucht. Hartnäckig wahrten die Preußen ihren heimischen Glauben. Schon im zehnten Jahrhundert ward der kühne Heidenbekehrer, der Tscheche Adalbert von Prag, der später in christlicher Zeit als Preußens Schutzheiliger galt, von den Erbitterten erschlagen, da er frevelnd den heiligen Wald von Romove betrat. Bald darauf fiel auch der Sachsenfürst Bruno, der erste deutsche Mann, der dies ungastliche Gestade betrat, als ein Blutzeuge des christlichen Glaubens. Jetzt, im Anfang des dreizehnten Jahrhunderts, nahm der Zisterziensermönch Christian von Oliva diese Versuche wieder auf, er gründete die ersten christlichen Kirchen jenseits der Weichsel und wurde vom Papste zum Bischof von Preußen erhoben; die heilige Jungfrau, die weithin am fischreichen Strande der Ostsee als die Schirmerin der Küsten galt, sollte auch das Land am Frischen Haff beherrschen. Die Kurie nahm das Heidenland als eine Stätte der Bekehrung in ihren besonderen Schutz, nach jenem notwendigen Rechte, das von den Kulturvölkern jederzeit wider die Barbaren behauptet wird und damals nach dem Glauben der Christenheit unzweifelhaft dem Heiligen Stuhle zustand. Aber kaum hatte der Bischof im Bunde mit dem Herrn des Kulmerlandes, dem Herzoge Konrad von Masovien, ein Kreuzheer in das Heidenland geführt, so erhoben sich die Preußen, vernichteten jede Spur christlicher Niederlassungen und trugen Mord und Brand in das Gebiet des polnischen Herzogs. Der Herzog – ohne Rückhalt an der Anarchie und dem unreifen Christentum der Polen – rief endlich den Todfeind Polens, den Deutschen zu Hilfe.

Hermann von Salza gewährte seinen Beistand, aber nicht als Hilfstruppen sollten die Kreuzheere der deutschen Herren auftreten. Der Plan, dem Orden einen Staat zu gründen, gedieh jetzt zur Reife. Leicht war der Kaiser beredet, dem Orden das Kulmerland und alle künftigen Eroberungen in Preußen mit aller Gerichtsbarkeit und Herrlichkeit eines Reichsfürsten zu verleihen (1226). Sodann ward Konrad von Masovien veranlaßt, sein Kulmerland dem Orden abzutreten (1230). Endlich (1234) bewog der Hochmeister den Papst, das Land für ein Eigentum St. Petri zu erklären und dem Orden gegen einen mäßigen Kammerzins an die Kurie zu überlassen.

So entschied sich alsbald jene zweifelhafte Stellung Preußens zum deutschen Reiche, die sich später bitterlich rächte. Doch entschieden war auch, daß ein deutscher Staat sich zwischen Polen und das Meer drängen sollte, entschieden damit die ewige Feindschaft zwischen Polen und dem Ordensstaate.

Alle Hebel geistlicher Gewalt setzte die Kurie in Bewegung, um dem Orden von St. Marien die Eroberung des Heidenlandes für seine Schutzheilige zu sichern. Das Kreuz ward gepredigt im Reiche. Wer teilnahm an der Kreuzfahrt – sogar die der Brandstiftung und der Mißhandlung von Geistlichen Schuldigen, ja selbst die Ghibellinen –, war jeder Buße ledig, und gern willigte der Papst in die

Ehescheidung der Gatten, die unter die »neuen Makkabäer in der Zeit des Heils« treten wollten. Es war die Zeit, da das Papsttum den Höhepunkt seiner weltlichen Macht erreicht hatte, da der Römische Stuhl in Portugal widerstandslos einen König stürzen, in Island der Republik ein Ende setzen, in Deutschland die Königswahl ohne päpstliche Bestätigung für ungültig erklären konnte. War an sich schon jeder Kreuzzug ein Vorteil für die geistliche Gewalt, so durfte Rom hoffen, in dem neugewonnenen Gebiete dieser von Feinden rings bedrohten geistlichen Brüderschaft durch seine Legaten eine schrankenlose Macht zu üben. Im Jahre 1231 setzt der von Salza gesendete Landmeister Hermann Balke mit seinem Kreuzheere und sieben Ordensbrüdern über die Weichsel, und nun beginnt ein Vorschreiten, sicher und stetig, nach festem Plane, einzig in dieser Zeit regelloser Kriegführung. Kaum ist ein Stück Landes von den Deutschen durchstürmt, so führen deutsche Schiffe Balken und Steine die Weichsel herab, und an den äußersten Grenzen des Eroberten entstehen jene Burgen, deren strategisch glückliche Lage Kriegskundige noch heute bewundern – zuerst Thorn, Kulm, Marienwerder. Diese vorgeschobenen Posten sind im kleinen, was das Ordensland dem Reiche ist: ein fester Hafendamm, verwegen hinausgebaut vom deutschen Ufer in die wilde See der östlichen Völker. So werden neue Stützpunkte gewonnen für das weitere Vordringen, das Auge der Barbaren abgelenkt von dem bereits eroberten Lande, und indem man die Preußen zwingt, sich in hellen Haufen gegen diese Burgen zu scharen, entgeht der berittene Deutsche der Gefahr des kleinen Krieges, der in diesem Lande der Wälder und Sümpfe unrettbar ins Verderben führen muß.

Mit jener Unfähigkeit, der Zukunft zu denken, welche den Barbaren bezeichnet, lassen die Preußen das erste fremdartige Beginnen des Burgenbaues geschehen, bis allmählich das Verständnis der Lage erwacht, die lange schlummernde Wildheit des Volkes furchtbar ausbricht und ein Krieg sich entspinnt von unmenschlicher Grausamkeit. Alle Härte unseres eigenen Volksgeistes entfaltet sich hier, wo der Eroberer dem Heiden gegenübertritt mit dem dreifachen Stolze des Christen, des Ritters, des Deutschen. Die wild feierliche Poesie des hohen Nordens erhöht den romantischen Reiz dieser Kämpfe. Willkommen ist der Frost, der die Straße bahnt durch die unwegsamen Wälder, gefürchtet der weiche Winter. Oftmals erhebt sich das Würgen bei grellem Nordlichtschein auf dem

Eise der Flüsse und Sümpfe, bis unter der Wucht der Streiter die Decke bricht und die Wellen Freund und Feind begraben. Die politisch und militärisch zersplitterte Macht der Preußen muß endlich der fest organisierten Minderzahl der Deutschen weichen, und nach dem ersten großen Siege an der Sirguna (1234) hallt wieder und wieder durch das Land das übermütige Lied der Eroberer: »Wir wollen alle fröhlich sein, die Heiden sind in großer Pein.« Sechs Jahre darauf wird ein erster großer Aufstand der Unterjochten blutig niedergeschlagen. Immer häufiger wird durch den Ruf solcher Siege waglustiger deutscher Adel zur Kriegsreise nach Preußen gelockt. Auch Otakar der Böhmenkönig unternimmt eine Preußenfahrt, die von der Sage mit einer bunten Fülle abenteuerlicher Züge ausgeschmückt wird. Nachdem die Wasserstraße der Weichsel und des Frischen Haffs gewonnen und durch die Feste Elbing gesichert ist, rüstet sich der Orden, den Kern der Heidenmacht, das Samland zu erobern. Das uralte Heiligtum, der Wald von Romove, wird genommen, die Göttereiche fällt unter den Axtschlägen christlicher Priester, und der erste samländische Edle wird auf den Namen des Böhmen getauft, der mit slawischer Wahrheitsliebe sich rühmt, das gesamte Volk Samlands getauft und das Böhmerreich von der Adria bis zur Baltischen See vergrößert zu haben. Doch unter diesem phantastischen Gebaren bleibt des Ordens nüchterne militärische Staatskunst unverändert, das System der vorgeschobenen Posten wird stetig erweitert. Noch ehe Samland erobert worden, schickt er Truppen und frönende Bauern ostwärts über die Kurische Nehrung, gründet die Memelburg. Dem königlichen Gaste zu Ehren wird eine Feste in Samland errichtet, empfängt den Namen Königsberg und einen Ritter mit gekröntem Helm in ihr Wappen (1255), und Otakars Kampfgenosse, der Askanier Markgraf Otto III., schenkt der neuen Feste Brandenburg am Haff seinen roten Adler in ihr Wappen.

Noch höher, bis zu dem verwegenen Plane der Herrlichkeit über die Ostsee, erhoben sich die Gedanken des jungen Militärstaats. Schon im Jahre 1237 ward der livländische Schwertorden mit dem Deutschen Orden vereinigt. Also sah Hermann von Salza zwei Jahre vor seinem Tode seinen jüngst noch heimatlosen Orden als den Herrn einer Staatsgewalt, welche ihren Besitz und Anspruch über einen Küstensaum von hundert Meilen erstreckte.

Deutscher Orden: auch Deutschherren, Deutscher Ritterorden genannt, 1198 gegründet
Spartaner: Volk im alten Griechenland, das ein besonders hartes (sprich »spartanisches«) und kriegerisches Leben führte
elegisch: wehmutsvoll
Partikularismus: Bestreben, politische Selbständigkeit und Eigeninteressen über das staatliche Ganze zu stellen
Adalbert von Prag (997 den Märtyrertod gestorben, 999 heiliggesprochen), »Apostel der Preußen«
Bruno der Sachsenfürst: Bruno von Querfurt (um 970–1009), »Apostel der Preußen«
Christian von Oliva (gest. 1245), von Papst Innozenz III. 1215 zum ersten Bischof von Preußen ernannt
Anarchie: Gesetz- oder Herrschaftslosigkeit
Hermann von Salza (gest. 1239), Hochmeister, Begründer des Ordensstaates
Kurie: päpstliche Zentralbehörde in Rom
Ghibellinen: im Mittelalter Bezeichnung für Anhänger des Kaisers im Gegensatz zu den Guelfen, den Anhängern des Papstes, im Kampf um die weltliche Vorherrschaft
Makkabäer: Bezeichnung für Judas Makkabäus und seine Brüder Simon und Jonathan, welche die Juden von der syrischen Fremdherrschaft befreiten
Legaten: päpstliche Gesandte
Hermann Balk(e) (gest. 1239), erster Landmeister des Deutschen Ordens in Preußen
Otakar: Ottokar II. Przemysl (um 1230–1278), König von Böhmen
Markgraf Otto III. von Brandenburg, regierte 1220–1267
livländischer Schwertorden: auch Schwertbrüderorden genannt, 1202 gegründeter Ritterorden, der 1237 im Deutschen Orden aufging

Trakehnen – Paradies der Pferde

Marion Gräfin Dönhoff

Die Krone der ostpreußischen Pferdezucht war Trakehnen. Trakehnen mit seinen alten Eichenalleen, den weißgestrichenen Koppelzäunen, den Paddocks für die Hauptbeschäler, die kleinen Bungalows glichen, mit den wunderbar gepflegten Pferden, die durch Leistung bei den Reitjagden einer strengen Auswahl unterzogen wurden. Beide, Beschäler wie auch Mutterstuten, mußten sich im Jagdstall bewähren. Sie mußten ihr Talent im Gelände zeigen, Temperament, Zuverlässigkeit, Herz und Nerven beweisen.

Die jungen Stuten wurden im Herbst, zweieinhalbjährig, aus der Herde genommen, auf einem der Höfe zusammengezogen; dort arbeiteten sie während des Winters unter dem Reiter. Im Frühjahr spannte man sie dann ein, und erst nachdem sie paarweise im Zweigespann vor dem Ackerwagen eine Zugleistungsprüfung abgelegt hatten, wurden sie den Herden als Mutterstuten zugeteilt und dann als Dreijährige gedeckt. Die Prüfungs- und Selektionsmethoden waren ganz auf die Bedürfnisse der Landeszucht abgestellt.

Etwa 350 Sprünge gab es im Trakehnergelände. Fast alles kombinierte Sprünge: Graben mit Wall, Graben mit Rick, Auf- und Absprünge, zum und vom Wall. So lernten die Pferde richtig taxieren und aus jeder Situation heraus zu springen. Es war der Jagdstall, der den Trakehnern den Weltruf als harte Leistungspferde verschafft hat. Wer diese Reitjagden gesehen hat, bei denen es darauf ankam, daß die Pferde hinter schnellen Hunden ausdauernd galoppierten und sich mit Schwung und Passion über die Hindernisse fliegen ließen, den muten die Jagdspringen, wie man sie heute oft zu sehen bekommt, ein bißchen wie Zirkusakrobatik an.

Martin Heling, der Oberlandstallmeister jener Zeit, schildert in seinem Buch »Trakehnen«, wie einmal der vierjährige Schimmelhengst Cancara, als er Meutehunde erblickte, die hinter einer Schleppe herjagten, den 1,80 Meter hohen Zaun übersprang, der seinen Auslauf begrenzte. Sein Großvater, der berühmte Schimmelhengst Nana Sahib, konnte es noch besser, er übersprang die zwei Meter hohe Mauer, die ihn einfriedigen sollte, so daß sie erhöht werden mußte.

Trakehnen war wirklich das Paradies der Pferde – eine optimale Kombination von einmalig schöner Landschaft, Großzügigkeit der Anlage, züchterischem Können und perfekter Harmonie von Pferd und Gestütspersonal. Aber auch die ostpreußische Warmblutzucht ganz allgemein hat sich mit ihrer vielseitigen Leistungsfähigkeit ein einmaliges Renommee erworben.

Dietrich von Lenski-Kattenau vom Züchterverband sagt, die 1888 gegründete ostpreußische Stutbuchgesellschaft, in welcher 15 000 Züchter mit mehr als 25 000 eingetragenen Warmblutstuten zusammengeschlossen waren, habe als Leistungsprüfung für Mutterstuten verlangt, daß jede nacheinander erst Leistung am Pflug, dann im Zug vor dem Wagen und schließlich unter dem Reiter im Galopp erbringen mußte. In Pardubitz in der ČSSR, beim schwersten Hindernisrennen Europas, das über 6900 Meter und 30 gewaltige Sprünge führt, haben nach dem Ersten Weltkrieg in 14 Jahren neunmal ostpreußische Pferde gesiegt.

Von den 26 000 Stuten und 852 Hengsten, die bei Kriegsende im »Stutbuch für Warmblut-Trakehner-Abstammung« eingetragen waren und zur Zucht benutzt wurden, blieben nur 700 Stuten und 60 Hengste übrig, deren Nachzucht heute über die Bundesrepublik verstreut ist. Manche sind in geschlossenen Zuchtstätten zusammengefaßt, so daß einige der großen alten Namen, die jedem Ostpreußen ein Begriff sind, – »Zitzewitz-Weedern«, »Scharffetter-Kalwischken«, »Gestüt Prökelwitz« – erhalten blieben.

Franz Scharffetter war zur Flucht aufgebrochen, als die Russen nur noch drei Kilometer von Kalwischken entfernt waren: »Ich bin mit 21 Stuten getreckt, die fast alle hochtragend waren. In den ersten 24 Stunden bin ich Tag und Nacht gefahren, ohne zu füttern und zu tränken. Es waren, denke ich, 120 Kilometer.«

Ein anderer berichtet über seinen ersten Fluchtabschnitt: »Wir fuhren bei Schneetreiben und zwanzig Grad Kälte mit einem Fahrzeug von über vierzig Zentnern los. An ein Unterkommen in Quartieren zur Nacht war nicht zu denken. Über sechs Wochen haben die Pferde bei Tag und Nacht nur am Wagen, ohne abgespannt zu werden, in Wind und Wetter ausgehalten. Meine Stuten waren beide tragend und haben in Pommern verfohlt. Die Fohlen waren vollständig ausgewachsen, aber im Mutterleib verhungert.«

Ohnegleichen sind die Leistungen, die den Pferden in jenem bitterkalten Winter abverlangt wurden. Was sie durchgestanden haben, gleicht einem mittelalterlichen Heldenepos.

Ostpreußenlied

Erich Hannighofer

Land der dunklen Wälder
Und kristallnen Seen,
Über weite Felder
Lichte Wunder gehn.

Starke Bauern schreiten
Hinter Pferd und Pflug,
Über Ackerbreiten
Streift der Vogelzug.

Und die Meere rauschen
Den Choral der Zeit,
Elche stehn und lauschen
In die Ewigkeit.

Tag hat angefangen
Über Haff und Moor,
Licht ist aufgegangen,
Steigt im Ost empor.

Der Name Stallupönen

Johann Georg Theodor Grässe

Der Name Stallupönen schreibt sich von folgendem Grunde her. Es befinden sich dort mehrere Teiche und Dämme, bei einem von diesem hat vorzeiten eine dicke Eiche gestanden, und darauf soll oben ein Tisch befestigt gewesen sein, an welchem die alten vornehmen Preußen sonst ihre Zusammenkünfte und Mahlzeiten hielten, während das gemeine Volk unten an der Erde ebenfalls an Tischen saß und sich von dem nährte, was ihnen die Vornehmen von oben herab zuwarfen. Weil nun in der alten litauischen Sprache Stahletz ein Tisch und Uppön ein Teich heißt, so ist daher der Name entstanden.

Die Salzburger

Albert Weiß

Nach Norden zu von Masuren fällt das Terrain ziemlich schnell ab, so daß der Wasserspiegel des Pregelstromes bei Insterburg nur noch etwa 80 Fuß über der Ostsee liegt. Namentlich in den Kreisen Insterburg, Gumbinnen, Stallupönen, Pillkallen und dem südlichen Teile des Kreises Ragnit bildet es eine dem Ackerbau äußerst günstige Ebene mit leicht wellenförmiger Oberfläche, in welcher hauptsächlich deutsche Bevölkerung Fuß gefaßt und die eingeborene litauische aus ihren Besitztümern fast ganz verdrängt hat.

Von allen diesen eingewanderten Stämmen hat sich unbedingt

der Salzburger als der für die Kultur des Regierungsbezirkes ersprießlichste erwiesen. Denn unzweifelhaft haben auf die Bevölkerung des letzteren die hervorragendsten Eigenschaften des Salzburgers: Betriebsamkeit und Wirtschaftlichkeit neben einer praktischen, soliden auf strenger Moral gegründeten Lebensanschauung einen durchaus wohltätigen Einfluß ausgeübt. Durch den Salzburger erhielten Ackerbau und Gewerbe entschieden einen höheren Aufschwung, durch ihn wuchs der Sinn für Kirche und Schule in dem Maße, als sich seine streng-sittlichen Grundsätze allmählig mit der Gesinnung eines großen Teiles der Bevölkerung innig vermischten. Leider aber trägt der Salzburger im allgemeinen – ohne so manche zum Teil recht glänzende Ausnahme ist natürlich auch diese Regel nicht – in seiner ganzen geistigen Anlage das Gepräge der Mittelmäßigkeit an sich, wie sie allerdings für das materielle Fortkommen in der Welt durchaus nicht ungeeignet ist. Demgemäß hat er sich zwar trotz aller Ungunst der Verhältnisse seine fetten Nährstellen zu bewahren gewußt und dadurch einem großen Teile des Mittelstandes der Bevölkerung eine gewisse Festigkeit und auf sicheren Besitz gegründete Basis verliehen. Den höheren Ansprüchen steigender Kultur zu genügen, aber ist er nur ausnahmsweise geeignet. Dazu fehlt es ihm ebenso an Unternehmungsgeist als an Opferwilligkeit und Gemeinsinn, um den Hemmnissen der Kulturentwickelung wirksam entgegenzutreten. Mißtrauisch gegen fremde Neuerungen hängt er starr am Althergebrachten. Sorgsam zwar, aber meist nach alter Methode, bestellt er seinen Acker und führt er seine Wirtschaft fort. Die größtenteils in seiner Hand ruhenden Gewerbe werden nur selten in ihrem Betriebe erweitert oder mit Neuerungen ausgestattet. Diese Schwächen des Salzburgers sind hinlänglich bekannt, und um seine oft kleinliche, nur auf äußeren Erwerb gerichtete Gesinnung und seinen hieraus erwachsenden Wohlstand zu bezeichnen, nennt man ihn hie und da auch wohl: Schmalzburger. Abgesehen hiervon aber sei ausdrücklich wiederholt, daß seine Einwanderung dem Regierungsbezirke zum größten Segen gereicht hat sowie daß Träger von Namen mit bestem Klange in allen Lebensstellungen diesem höchst achtungswerten Volksstamme angehören.

Christinchen

(Aus Ostpreußen)

Christinchen ging im Garten,
Drei Rosen wollt' sie warten;
Die eine blühet weiß, die andere rot,
Die dritte das war der bittre Tod.

Christinchen ging im Garten,
Drei Rosen wollt' sie warten;
Da hat sie am Himmel ein Zeichen gesehn,
Daß sie im Rhein sollt' untergehn.

Sie ging zu ihrem Vater:
›Herzallerliebster Vater,
Könnte dies, könnte das, könnt's möglich sein,
Daß ich noch ein Jahr könnt' bei dir sein?‹

»Ach nein, das kann nicht gehen,
Die Hochzeit muß geschehen,
Die Hochzeit muß vollendet sein,
Und du, Christinchen, mußt über den Rhein.«

Sie ging zu ihrer Mutter:
›Herzallerliebste Mutter,
Könnte dies, könnte das, könnt's möglich sein,
Daß ich noch ein Jahr könnt' bei dir sein?‹

»Ach nein, das kann nicht gehen,
Die Hochzeit muß geschehen,
Die Hochzeit muß vollendet sein,
Und du, Christinchen, mußt über den Rhein.«

Sie ging in ihre Kammer,
Beweinte ihren Jammer;
Sie zog wohl an schneeweißes Kleid
Und klagte Gott ihr Herzeleid.

Der Bräutigam kam gefahren
Mit vierundzwanzig Wagen;
Der erste war mit Gold beschlagen:
›Darin soll mein Christinchen fahren.‹

Sie fuhren über eine Brücke,
Die Brücke brach in der Mitte;
Christinchen fiel ins Wasser hinein,
Die junge Braut ertrank im Rhein.

Der Bräutigam stand daneben,
Sah seine Braut da schweben:
›Ach, hätt' ich doch nur eine goldene Kett',
Damit ich Christinchen vom Tode errett'!‹

Was zog er aus seiner Tasche?
Ein Tuch schneeweiß gewaschen,
Darin ein Messer, von Golde so rot,
Damit stach er sich selber tot.

Der Gumbinner Kreis

Albert Weiß

Der Kreis Gumbinnen ist größtenteils eine ebene Landfläche, gehört aber trotzdem der Höhengegend an. Die Formation des Terrains deutet darauf hin, daß dieser Landstrich einst zum Meere gehört und unter Wasser gestanden hat. Nur im südwestlichen Teile des Kreises befindet sich ein Höhenzug mit verschiedenen Abdachungen, welcher sich von Osten nach Westen vom linken Ufer der Rominte bis zur Darkehmer Kreisgrenze in einer Länge von etwa zweieinhalb Meilen erstreckt und bis zu einer Höhe von 380 Fuß (32 Ruten preußisch) über die Meeresfläche erhebt. Auf dem Kamme desselben sowohl als auch in seiner Abdachung findet man abwechselnd neben kleinen Wasserbehältern plötzlich aufsteigende Hügel, die im südlichen Teile des Kreises bei Plicken, Girnen, Wusterwitz öfters sandige Kegelformen bilden, während mehr nach Westen hin (Kallnen) und von da ab nach dem Angerappflusse zu, diese Abdachungen bedeutend flacher werden. Auf dem linken Ufer der Angerapp ist, m. A. der sich nach dem Flußbette zu neigenden schroffen Abhänge, dieser Höhenzug mehr geebnet und erst an der südwestlichen Seite des Kreises zeigen sich wieder schroffe Hügel (bei Klein-Pruschillen). Die Ufer der Angerapp sind durchweg steil und nur in den halbkreisförmigen Biegungen des Flusses ebener. Am linken Ufer zerklüften Bergschluchten, die sich in nicht unbedeutender Länge nach dem Strome hinziehen und in ihren Tälern kleine Bäche führen, oft in einer Tiefe von 30 bis 50 Fuß die Ebene. Die Höhen selbst dachen sich bald nach Norden, bald nach Süden ab. Auch das rechte Ufer der Angerapp hat in der Nähe des Flusses dasselbe koupierte Terrain, die Abdachungen verlieren sich aber bald in die große Ebene. – Die im Kirchspiele Nemmersdorf entspringende Auxinna hat durchweg flache Ufer und geringen Abzug. Das Flußgebiet der Rominte dagegen bleibt im südlichen Teile des Kreises in seinen Ufergegenden steil und hügelig; mehr nach der Kreisstadt hin, wo die Einmündung in die Pissa erfolgt, wird das Terrain jedoch gleichfalls eben. Die aus dem Stallupöner Kreise kommende Schwentaine hat anfangs ebenfalls hohe Ufer, von der Domäne Grünweitschen ab wird ihre Umgebung jedoch bedeutend flacher. Das Flußgebiet der Pissa endlich ist im Verhältnis der ebengenannten Flüsse durchweg von mehr ebener und gleichförmiger Beschaffenheit.

Terrain: Gelände
Rute (preuß.): Längenmaß (3.766 m)
koupiert: hier: eben
Domäne: Staatlicher oder königlicher Landbesitz

Napoleon in Gumbinnen

Robert von Eberstein

Wie der große, helle, überaus langschweifige Komet von 1811 es dem allgemeinen Volksglauben klar und deutlich prophezeit hatte, daß ein großer, verheerender, blutiger Krieg im Anzuge sei, so traten in den ersten Tagen des Monats Mai 1812 für Gumbinnen die ersten sprechenden und sichtbaren Anzeichen dazu ein. Es rückten mit einem Male französische Chasseurs in Gumbinnen ein, denen nun bald auch andere Truppen folgten, bis dann ein ganzes Armeekorps Gumbinnen passierte und eine halbe Meile davon für einige Zeit ein Lager bezog. Diesem Korps folgten bald andere, und es dauerte nicht lange, so häuften sich die Durchmärsche der großen napoleonischen Armee so, daß man Tag und Nacht in ununterbrochener Folge die Durchzüge aller Waffen, denen auch zahllose Wagen, Munitions-Kolonnen, Ponton-Trains, auch große Herden von Ochsen folgten. Daß Gumbinnen da keinen Tag ohne Einquartierung blieb, ist leicht begreiflich, und ebenso daß diese nicht nur den Hauswirten, sondern auch den Mietern zufielen. Die erste Einquartierung, welche meine gute Mutter erhielt, war ein französischer Regimentsarzt, dem eine obere Giebelstube als Quartier angewiesen und der seine gepriesene französische Artigkeit damit begann, daß er dem Dienstmädchen, welches ihm unser sogenanntes »feines Brot« präsentierte, dieses mit dem Ausrufe: »pour les cochons« vor die Füße warf und Weizenbrot verlangte. Diesem folgten einige Adjutanten und Generalstabsoffiziere, welche sogar in unserem Familienzimmer eine Art Bureau etablierten.

Einige Tage später kam ein Beamter der Servicedeputation zur

Mutter mit dem Antrage, den an einem Fieber erkrankten Sohn des Herzogs von Bassano (Maret) bis zu seiner Wiederherstellung in Quartier und Pflege zu nehmen, wogegen sie von aller sonstigen Einquartierung befreit sein sollte. Die gute Mutter ging willig darauf ein. Als aber Mitte Juni Napoleon selbst mit seiner alten Garde nach Gumbinnen kam, da platzten mit einem Mal 36 Mann mit dicken, roten Epaulettes und den alten napoleonschen Bärenmützen in unser Häuschen und ließen sich auch nicht abweisen, als ihnen begreiflich gemacht wurde, daß schon der kranke Sohn des Herzogs von Bassano hier im Quartier läge. Sie richteten sich nun in den Ställen, auf dem Hofe und im Gärtchen nach Möglichkeit, allerdings mehr biwakmäßig ein, benutzten nur vorzugsweise unsere Waschkessel und dergleichen Gerätschaften sowie das Gemüse, das sie im Garten fanden, sonst aber wurden sie aus dem Magazin verpflegt und zeigten sich im allgemeinen ordnungsmäßig und bescheiden, die Zeit besonders benutzend zu einem gründlichen Putzen und Reinigen aller ihrer Effekten und Montierungsstücke. Napoleon selbst hatte sein Quartier im Hause des Geheimen Staatsrats von Schön unter den Linden. Da der Sohn desselben, Robert von Schön, mir näher bekannt war, so fand ich auch während der drei Tage, während Napoleon dort logierte, immer leicht Eingang und hatte vollauf Gelegenheit diesen mächtigen Imperator in nächster Nähe zu sehen. Seine nächsten Wachen waren Mamelucken, deren einer in trüber Ahnung, daß ihm auf dem russischen Zuge doch kein Glück blühen werde, sich im nahen Kornfelde erschoß, wohin sich Napoleon in allerhöchsteigener Person zur Besichtigung der Leiche in meiner Gegenwart begab. Vor der Tür des Schönschen Hauses ist eine Lindenallee, in welcher ich nun den Kaiser öfter, immer die Hände auf dem Rücken, auf- und abgehen sah. Auch erblickte ich ihn einige Male durch das Fenster seiner nach dem Garten gelegenen Parterrestube an einem großen viereckigen, mit Landkarten bedeckten Tische sitzen und mit Offizieren seiner Umgebung sprechen. Ich sah ihn ferner mit einer großen Suite von seinem Quartiere auf einem kleinen Araber (Langschwanz) über die Gumbinner, von Menschen stark bedrängte Pregelbrücke reiten, wo ich ihm so nahe kam, daß ich ihn persönlich berührte; ich sah ihn demnächst seine alte Garde, die en parade vom Insterburger bis Stallupöner Tore aufgestellt war, mustern, wobei ich mich aber nicht erinnere, daß gewöhnliche »Vive

l'empereur!« gehört zu haben. Ebenso sah ich ihn am Nachmittage des dritten Tages seines Gumbinner Aufenthaltes bei uns in einem großen Reisewagen vorüberfahren. Es existierte vom seligen Vater eine Pistole, die sogar noch geladen sein sollte. Als wir das Vorüberfahren Napoleons erwarteten, holte ich diese Pistole rasch herbei mit dem Bemerken, es wäre doch für unsern König gewiß sehr schön, wenn ich Napoleon beim Vorüberfahren tot schösse, worauf die Mutter erwiderte: »Junge, um Gottes willen nicht! Was würden sie dann mit deiner Mutter machen!« Natürlich wurde die Pistole nun wieder beiseite gelegt, und Napoleon fuhr gestreckten Trabes aus Gumbinnen, von wo er eben die Kriegserklärung mit den Worten beginnend: »Der zweite polnische Krieg beginnt, der erste endete bei Friedland und Tilsit« in die Welt geschleudert hatte.

Die französischen Durchmärsche hörten noch lange nicht auf, sondern währten noch ganze Tage in ununterbrochenen Zügen fort. Bei jedem Regimente die Sappeursektionen, die besonders martialisch erschienen, voran, dagegen fielen aber auch viele kleine schwächliche Leute auf, deren Stiefeletten mitunter wahre Kinderknöchel zeigten. Viele, selbst wenn sie mit Musik vorübermarschierten, traten aus und forderten sich einen Schluck kaltes Wasser, das ihnen auch von unserem Hause aus in einem bereitstehenden Eimer immer bereitwillig gereicht wurde.

Es waren dieses Soldaten aller Nationen, wovon die Franzosen mir durch ihr hübsches Singen, von den Rheinbündlern die Bayern durch ihren auffallenden Dialekt, die Portugiesen durch ihre braunen Montierungen, durch ihre schwarzen, glänzenden Haare, judenhafte Physiognomien usw. auffielen. Die von den Franzosen am häufigsten gehörte Redensart war das »sacre mon dieu!« Die schlimmste Einquartierung waren die Süddeutschen, Bayern und Württemberger, da sie grob, brutal und mit nichts zufrieden waren; die Portugiesen waren die schmuddeligsten und voller Ungeziefer. Daß auch Holländer, Italiener, selbst Spanier durch Gumbinnen marschierten, weiß ich aus eigener Erinnerung sehr wohl, besinne mich aber nicht mehr ihrer Eigentümlichkeiten. An einem Sonnabendmittag, als ich aus dem Gymnasium kam, marschierte ein Kavallerie-Korps, darunter besonders viel Kürassier-Regimenter bei unserm Hause vorüber, während ich, der ich auf der entgegengesetzten Seite war, nun dicht vor unserm Hause wohl zwei bis drei Stunden stehen mußte. Die Mutter, die sich ängstigte, ich würde mich wo etwa durchzudrängen suchen, lobte mich nachher meines geduldigen Ausharrens wegen.

Napoleon I. Bonaparte (1769–1821), Kaiser der Franzosen, kam am 18. bis 20. Juni 1812 auf seinem Rußlandfeldzug nach Gumbinnen
Chasseurs: leichte Infanterie
Ponton-Trains: Versorgungseinheiten für den Brückenbau
pours les cochons (frz.): für die Schweine
Bureau: Büro
Herzog von Bassano: Hugues Bernard Maret (1763–1839), französischer Diplomat
Epauletten: Schulterstücke auf der Uniform
biwakmäßig: wie im Feldlager
Effekten: Hab und Gut
Montierstücke: Ausrüstung
Imperator: Kaiser, Feldherr
Mamelucken: in orientalische Uniform gesteckte Abteilung der napoleonischen Garde
Suite: Gefolge
en parade (frz.): in Paradeaufstellung

vive l'empereur (frz.): Es lebe der Kaiser!
Sappeursektionen: Belagerungstruppen
martialisch: kriegerisch
Montierung: Uniform
sacre mon dieu! (frz.): etwa ›ach, du lieber Gott!‹
Kürassiere: gepanzerte Reiter

Die lebhafte Stadt Insterburg und Schloß Georgenburg

August Eduard Preuß

Insterburg, eine ansehnliche und lebhafte Mittelstadt an der Angerapp, doch nahe am Zusammenflusse derselben mit der von Nordosten kommenden Inster, welche Flußverbindung von hier ab den Namen Pregel erhält, mit 7338 Einwohnern, liegt in recht freundlicher Gegend, dreidreiviertel Meilen westlich von Gumbinnen,

Insterburg um 1680

zwölf Meilen von Königsberg entfernt. Sie wurde 1572 angelegt und besitzt ein Schloß (1342 erbaut, ehedem eine Heidenburg Kaminiswike), eine lutherische und eine reformierte Kirche, eine Bürgerschule (mit sechs Lehrern), eine Mädchenschule, drei Elementarschulen, ein Krankenhaus und ist der Sitz des königlichen Oberlandesgerichts von Litauen, eines Stadtgerichts, als Kreisstadt des Landratsamts und der Superintendentur des Kreises sowie einer Forstinspektion. Nachdem die seither in Ragnit befindliche Strafanstalt abgebrannt, wird hier zu demselben Zwecke ein großes und schönes Gebäude aufgeführt. Die Hauptnahrungszweige der Einwohner bestehen in Getreide- und Leinsaathandel auf dem von hier ab schiffbaren Pregel, Brauerei, Brennerei, Leinweberei und andern bürgerlichen Gewerben. Seit 1788 befindet sich hier ein Marstall des litauischen Landgestüts. Dicht bei der Stadt finden wir an der Inster, nahe am Zusammenflusse mit der Angerapp das Amt und Schloß Georgenburg in schöner Gegend, mit einer Kirche, einer Wasser- und einer Windmühle. Das alte, ehedem berühmte Schloß ist 1259 erbaut worden. Den Pregel abwärts gehend betreten wir die viereinhalb Meilen längs dem Pregel sich erstreckenden großen und schönen fürstlichdessauischen Besitzungen, die aufs trefflichste angebaut und eingerichtet sind. Sie gehören dem regierenden Fürsten von Anhalt-Dessau und machen einen viereinhalb Meilen langen, eine halbe bis dreiviertel Meile breiten schönen und fruchtbaren Strich Landes aus. Fürst Leopold von Dessau kaufte sie 1721 für mehr als 70 000 Reichstaler, und sie wurden bis zum Jahre 1740 durch den Ankauf benachbarter Güter bedeutend vergrößert. Die Veranlassung zum Ankaufe war folgende: Da durch die Pest und öftere Viehseuchen viele adelige und kölmische Güter und Domänendörfer in einen traurigen Zustand geraten waren, ermunterte Friedrich Wilhelm I. den genannten Fürsten Leopold, als er mit ihm Preußen besuchte, einige dieser in Verfall geratenen Güter an sich zu kaufen. Der Fürst ging darauf ein und verwendete nach geschehenem Ankaufe bedeutende Summen auf die Ansetzung vieler Kolonisten aus Deutschland. Dafür erteilte ihm der König 1721 ein Privilegium, wodurch alle Besitzungen zu adeligen Rechten erhoben wurden und der Fürst die Gerichtsbarkeit und Jagdgerechtigkeit erhielt. Die Hauptorte dieser Güter sind: Gr. Bubainen am Pregel, eineinviertel Meilen westlich von Insterburg, ein großes, hübsch gebautes Dorf auf dem hohen Ufer, mit einer Schiffsschleuse am Pregel und bedeutenden, trefflich eingerichteten Mühlwerken (holländische Öl- und Schneidemühle, eine Mahl- und Graupmühle). Von hier aus werden Weizenmehl, Perlgraupen und etc. nach Königsberg und weiter hin verschickt. In den Jahren 1734–37 ließ der Fürst Leopold hier ein prächtiges Schloß aufführen, das auch sein Sohn Leopold als Erbprinz eine Zeitlang bewohnte, das aber später wieder abgebrochen wurde.

Superintendentur: Amt eines evangelischen Kirchenkreises
Leopold von Anhalt-Dessau (1676–1747), genannt »Der alte Dessauer«
Friedrich Wilhelm I. (1688–1740), seit 1713 preußischer König
Privilegium: Recht, Vorrecht

Das Klima in Preußen

Samuel Wald

Die vier Jahreszeiten haben hier ungefähr folgende Gestalt:

1) Die Frühlingswitterung, wo der Schnee und das Eis auftaut, fängt gewöhnlich im April an. Die Sonne erwärmt den Boden so, daß die Vegetation beginnt und die größern Zugvögel, besonders die wilden Gänse und Störche, sich einfinden. In manchen Jahren steigt die Temperatur allmählich, es regnet von Zeit zu Zeit, und schon stellen sich Gewitter ein. Die Felder nebst den Wiesen fangen an zu grünen, und das Laub der Bäume entfaltet sich. Sind hierbei die Landwinde aus Süden, Südost und Südwest herrschend, so geht das Wachstum der Pflanzen ungestört fort und der Frühling allmählich in den Sommer über. Doch wehen oft gegen das Ende des Aprils, oder im Anfange des Maimonats, Nordwinde und bringen Nachtfröste, welche der angefangenen Vegetation hinderlich sind. Dieser allmähliche Übergang vom Winter zum Sommer ist jedoch nicht herrschend, sondern Eis und Schnee verlieren sich gewöhnlich gegen das Ende des Aprils in kurzer Zeit, und nun tritt schon eine merkliche, jedoch trockene Wärme ein, bei welcher das Wachstum der Pflanzen desto weniger vonstatten geht, je länger der im Frühjahr wehende Nordwind anhält. Es scheint, als habe dieser letztere seinen Grund darin, daß im Bottnischen und Finnischen Meerbusen das Eis erst im Mai schmilzt, wodurch die Atmo-

sphäre dort oftmals um 72 Prozent kühler wird. Eben dadurch nimmt ihre Dichtigkeit zu, und sie muß nun, um das aerostatische Gleichgewicht wiederherzustellen, die bereits erwärmte Luft in den südbaltischen Küstenländern verdrängen. Hätte die Provinz Preußen entweder noch ihre vormalige dichte Bewaldung oder hohe Berge längs der Küste: so würde der Luftstrom aus Norden nicht in der untersten Region der Atmosphäre merklich sein und das Wachstum der Pflanzen aufhalten. Indessen geht es nach dieser Unterbrechung desto rascher vor sich, wenn nur nicht anhaltende Dürre erfolgt. Auf die menschliche Gesundheit hat diese Frühlingswitterung keinen nachteiligen Einfluß; denn der Himmel ist heiter, die Wärme noch nicht drückend; die Luft, bei mittlerm und hohem Barometerstande, weder zu feucht noch zu trocken, auch mit Elektrizität nicht überladen. Folglich kommen während dieser Jahreszeit mehrenteils nur wenige und leichte Krankheiten vor.

2) Die Sommer in Preußen haben manchmal einen gehörigen Wechsel von Sonnenschein und Regen, zuweilen sind sie dürre, mitunter auch wohl naß. In einigen Jahren gibt es wenige Gewitter, in andern aber viele, die zwar bald vorübergehen, auch nur selten von Hagel begleitet werden, aber doch oft einschlagen und besonders den Landbewohnern gefährlich sind. Sie zeigen sich vom April bis in den September und Oktober. Ein sicheres Vorzeichen ihres Entstehens an schwülen Tagen ist das Erscheinen kleiner abgerundeter Wolkenschichten, unter den sogenannten Strichwolken, oder dem graulich weißen Wolkenflor in der obern Luft. Dabei ist die untere Atmosphäre entweder ganz in Ruhe oder doch nur in einer geringen, mehrenteils ungleichförmigen, Bewegung. Das Barometer steht in einigen Sommern ziemlich lange hoch und manchmal am höchsten, wenn es auf kurze Zeit regnet. In andern Sommern ist der Barometerstand veränderlich oder doch unbestimmt. Manchmal hält die Dürre drei bis vier Wochen an, und es zeigt sich in der Luft ein rötlich gefärbter Dunst, unter dem Namen des Heerrauchs. Im August pflegt sich anhaltender und heftiger Regen einzustellen, wodurch die Ernte behindert wird, indessen gerät sie in Sommern, welche herrschenden Ost-, Südost- und Südwind haben, gewöhnlich sehr gut. Eigentliche Stürme gibt es in dieser Jahreszeit nicht, obgleich starke Gewitter von heftigem Winde begleitet werden. Wegen der Nähe der See ist die Temperatur in den verschiedenen Tageszeiten sehr ungleich, des Vormittags warm, des

Mittags drückend heiß und des Abends kühl. Daher entstehen oft Krankheiten durch Erkältung. Die gewöhnlichsten sind: Cholera, Diarrhöe, Kolik, Ruhr und Fieber.

3) Der Herbst ist mäßig warm, und oft bringt der Oktober noch die heitersten Tage. Zuweilen ist die Witterung in der ersten Hälfte dieser Jahreszeit ungewöhnlich trocken, so daß es an Wasser mangelt. In manchen Jahren tritt bereits im November eine starke Kälte ein, doch pflegt sie nicht lange anzuhalten. Am gewöhnlichsten ist die Luft um diese Zeit feucht, neblig, unfreundlich kalt, windig und stürmisch, bis der Frost sich einstellt. Indessen hat die gewöhnliche Herbstwitterung auf die menschliche Gesundheit hier keinen sonderlich nachteiligen Einfluß.

4) Die Winter sind in der Provinz Preußen mehrenteils unbeständig. Es tritt oft plötzlich starke Kälte ein, hält einige Tage an, hierauf kommt wieder Tauwetter und manchmal Regen. Zuweilen veranlaßt dieser Wechsel der Temperatur die heftigsten Stürme, durch welche große Verwüstungen angerichtet werden; auch zieht er mancherlei Krankheiten herbei, als Katharre, Brustentzündungen, Rheumatismen und Fieber. In der Regel dauert hier die Zeit, in welcher Schnee und Eis erscheinen, vom November bis zum April, also fünf Monate. Nur außerordentliche Jahre kürzen diesen Zeitraum bedeutend ab. Ebenso ungewöhnlich ist es aber auch, ihn viel länger zu haben. Wenigstens widerspricht es aller Erfahrung, daß seine Dauer seit einigen Jahrhunderten zugenommen haben sollte. Wenn man daher in neueren Zeiten behauptet hat, daß das Klima in Preußen vormals besser gewesen sei: so ist dies gar sehr in Zweifel zu ziehen. Denn die Gründe, welche davon hergenommen werden, daß der Weinbau hier eingegangen ist und der Walnußbaum nicht mehr gut fortgeht, reichen allein zur völligen Überzeugung nicht hin; weil das Gedeihen dieser Pflanzen offenbar von der Zubereitung des Bodens und von der Pflege abhängt, welche ihnen zuteil wird.

Vegetation: Pflanzenwelt
Atmosphäre: Lufthülle
aerostatisches Gleichgewicht: Gleichgewicht der Luft und/oder Gase
Wolkenflor: Wolkenschleier
Diarrhöe: Durchfall

Der Kreis Darkehmen

Albert Weiß

Die Terrainbildung des Kreises ist im Ganzen eine wellenförmige, welche sich nach Westen zu einer großen Ebene abflacht, von wo ab der Kreis eigentlich erst den vollständigen Charakter des angeschwemmten litauischen Landes annimmt. Seine eigentliche Bildung erhält das Terrain durch drei Höhenzüge, welche ziemlich parallel von Süden nach Norden den nördlichsten Teil des Kreises durchziehen und ihm im allgemeinen eine westliche und südliche Abdachung geben. Sie sind die Ausläufer des Waldai oder Olchonskischen Höhenzuges. Der östliche Zug bildet die Fortsetzung der Goldaper Berge und verleiht dem Kreise den Charakter Masurens. Diese etwa zwei Quadratmeilen große Hügelgruppe besteht aus unfruchtbaren Dünensandhügeln mit erratischen Blöcken bedeckt, teils einzeln, teils in mächtigen Geschieben und mit Kalk- und Feuersteinen reichlich vermischt. Die Täler bilden teils See-, teils Teichbecken, teils Moore, in den verschiedensten Wachstums-Phasen von nur oberflächlich überwachsenen Wasserbecken (die mit Rittergutsqualität versehene 340 Morgen große Zetmar-Wiese), bis zum reichen konsistenten Torflager; nur anspruchslose Sumpf- und Dünenpflanzen zeigen hier ein naturgemäßes Wachstum. Der zweite Höhenzug erstreckt sich längs dem Flußufer der Angerapp und der dritte in westlicher Richtung in einer ein bis eineinviertel Meile weiten Entfernung von diesem und heißt hier das Kukulinsgebirge. Beide gehen in den Gumbinner Kreis über. Diese drei Höhenzüge bilden ein Plateau, welches sich etwa 250 bis 280 Fuß über dem Ostseespiegel erhebt. Die höchste Erhöhung in demselben beträgt bei Schniepseln im Kuklins-(Kuckucks)Berge 522, bei Kallnen 480 Fuß über dem Meeresspiegel. An letzterwähnten Höhenzug schließt sich nördlich ebenes Gelände, südlich hügeliger Boden an. Neben diesem Höhenzuge liegen einzelne Vorberge bei Potkemen mit 484, bei Galiwoden (der Kirchhofsberg) mit gleichfalls 484 und bei Scherrewischken (der Windmühlenberg) mit 400 Fuß Höhe.

Der südöstlichste Teil des Kreises ist hügelig und bildet schon die Anfänge des in Masuren sich höher erhebenden vormaligen Sudauerlandes. Hier sind die höchsten Punkte die Wabliner Höhe mit 607, der Erbsenberg bei Jagotschen mit 577 und endlich der trigonometrische Punkt bei Petrelskemen mit 603 Fuß.

Erratisch: verirrt, verschleppt
Morgen: Flächenmaß (2553,2 qm)
konsistent: fest
Plateau: Hochebene
trigonometrischer Punkt: Punkt in der Landvermessung

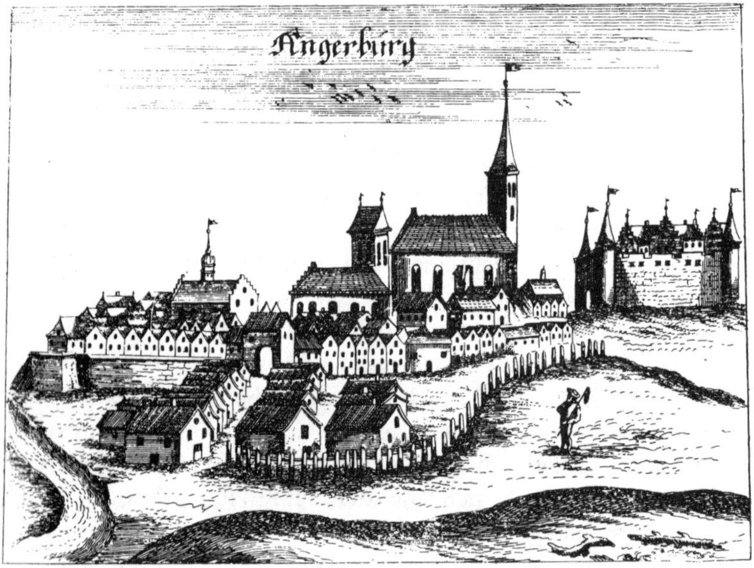

Angerburg

August Eduard Preuß

Angerburg, Kreisstadt, mit 2786 Einwohnern, deren Hauptnahrungszweige der Ackerbau, Fischerei, Holzhandel, Wollweberei sind, liegt nahe der Angerapp, welche hier aus dem großen Mauersee nach Norden abfließt, siebeneinhalb Meilen von Gumbinnen, sieben Meilen von Insterburg entfernt. Sie ward im Jahre 1571 an der Stelle des Dorfes Neuendorf angelegt und nach dem alten, schon

1312 vom Deutschen Orden erbauten Schlosse Angerburg benannt. Sie enthält außer dem Schloßgebäude eine lutherische Kirche, eine Bürgerschule, ein Schullehrerseminar, welches die polnischen Schulen im Königsberger und Gumbinner Regierungsbezirke mit Lehrern versorgt und mit dem eine Taubstummenschule verbunden ist, ein Krankenhaus, und ist der Sitz eines Landratsamtes, einer Provinzial-Landschafts-Direktion, eines Stadtgerichts und der Superintendentur des Kreises; zugleich dient sie dem Stabe eines Landwehrbataillons zur Garnison. Eine Wasserleitung versorgt die Stadt mit Wasser. Durch die am Ende des vorigen Jahrhunderts zustande gebrachte Verbindung des Mauersees mit den südlich gelegenen kleinern Seen und mit dem Spirding behufs der Verflößung des Holzes aus der Johannisburger Heide hat Angerburg sehr an Lebhaftigkeit gewonnen und würde noch mehr gewonnen haben, wenn die Ausführung des Planes, die Holzflößerei auch die Angerapp hinunter fortzusetzen, gelungen wäre.

Provinzial-Landschafts-Direktion: Sitz der Gebietsverwaltung
Superintendentur: Amt eines evangelischen Kirchenverwaltungskreises

Warum die Bewohner von Goldap Ferkelmacher heißen

Johann Georg Theodor Grässe

Die Bewohner der Stadt Goldap haben von alters her den Spottnamen der Ferkelmacher durch einen liederlichen Maler erhalten, mit dem verabredet war, das Stadtwappen am Rathause zu malen, der aber eine Sau mit Ferkeln in Ölfarbe und darüber mit Wasserfarbe doch das ordentliche Stadtwappen gemacht hat, welches die nasse Witterung nachher abspülte, so daß das in Ölfarbe Gemalte zu sehen war, worüber dann dem Maler ein großer Prozeß gemacht ward.

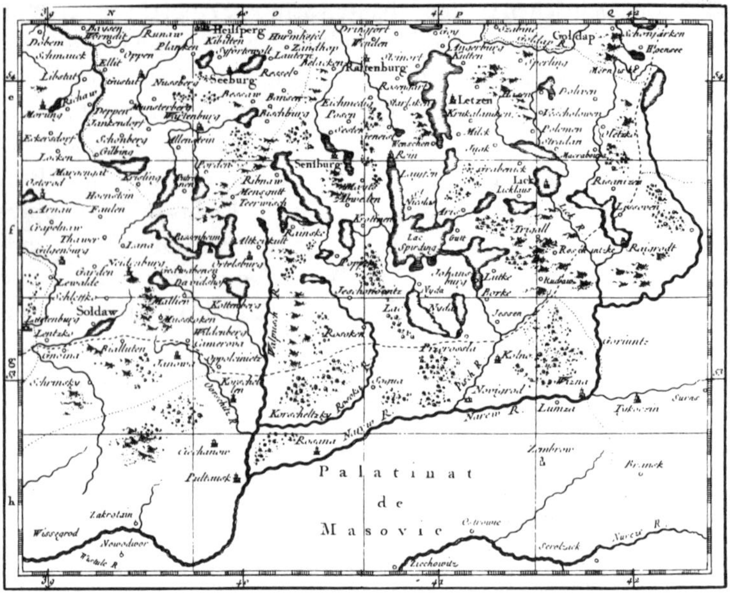

Masurenlied

Wild flutet der See,
Drauf schaukelt der Fischer
Den schwankenden Kahn!
Schaum wälzt er, wie Schnee
Von grausiger Mitte
Zum Ufer hinan.
Wild fluten die Wellen
  Auf Vaterlands Seen,
    Wie schön!

O, tragt mich auf Spiegeln
Zu Hügeln,
  Masovias Seen!
O, Heimatland,
Masovias Strand, –
  Masovia lebe,
  Mein Vaterland!

Wild brauset der Hain,
Drin suchet der Jäger
Des Wildes Spur.
Kühn dringt er hinein,
Durchwandelt die Höhen,
Die Täler, die Flur,
Ihr schwebenden Wolken
  Gedenket mein
    Im Hain!
O, führt mich durch Wälder
  Und Felder
    Zur Heimat ein!
  Der Jugend Hain,
  Der Seen Strand –
    Masovia lebe!
    Mein Vaterland!

Tal, Hügel und Hain!
Dort wehen die Lüfte
So frei und so kühn!
Möcht' immer dort sein,
Wo Vaterlands Söhne
So kräftig erblüh'n;
Dort ziehen die Höhen
  Durch Nebelgrau!
    O, schau'!
Hold lächelt auf Seen
  Und Höhen
    Des Himmels Blau!
  O, Heimatland,
  Masovias Strand, –
    Masovia lebe,
    Mein Vaterland!

Die Evakuierung

Siegfried Lenz

Glaub mir, insgeheim haben wir es nicht für möglich gehalten, im stillen hat keiner von uns mit einer Evakuierung oder gar Flucht gerechnet, einfach weil wir es uns nicht vorstellen konnten, Lucknow aufzugeben, die alte Stadt; wir konnten sie uns nicht leer und entblößt vorstellen, lautlos und gereinigt von unseren Spuren; und wie es uns unmöglich schien, die Stadt preiszugeben, so konnten wir auch nicht glauben, daß die Stadt uns preisgeben würde, sie, die für uns zum Inbegriff von Dauer und Aufgehobenheit geworden war. Wir hatten uns an den Gedanken gewöhnt, daß wir ihr gehörten, so wie sie uns gehörte, und zwar durch die Zeit, unabänderlich.

Doch dann, an einem Morgen im froststeifen Januar, kam der Befehl zur Evakuierung. Die Stadt lag unter dem Feuer von Ferngeschützen, Staubschleier trieben über die Dächer, zwischen den wummernden Einschlägen gellte die Sirene. Wir rannten zur Domäne, Marian und ich, und auf die Sonderbescheinigungen, die uns attestierten, im Dienst des Reichsjägermeisters zu stehen, gestanden sie uns zwei Fahrzeuge zu: einen Schlitten und einen Leiterwagen. Wir spannten an, die Pferde rochen den Brandgeruch und waren schwer zu halten, doch wir mußten sie kurz gehen lassen wegen der blänkernden Glätte, wegen der dünnen Eisschicht, die über der Straße lag. In zwei Stunden sollte sich der Treck an der Domäne sammeln, diese Frist hatten sie uns gegeben, um durchzumustern, was wir besaßen, um zu packen, was wir nicht entbehren wollten, um aufzuladen und zu verzurren, was uns ins Ungewisse begleiten sollte. Eine schwere Granate schlug in das Eis des Sees, eine Wand von funkelnder Grütze erhob sich, Splitter und Eisgrütze, ja, und wie aus einem Bohrloch schnellte eine Fontäne empor. Im Haus an der Flußschleife erwarteten sie uns bereits, tatenlos, ungläubig noch immer, auch sie konnten sich nicht vorstellen, daß wir die Stadt und die Häuser und alles, was uns hielt und was wir unser eigen nannten, preisgeben mußten. Jeht es wirklich los? Müssen wir tatsächlich auffe Flucht? Wenn das man nich ein Irrtum is ...

Wir riefen ihnen zu, was wir wußten, und sie weigerten sich noch immer, den Befehl anzuerkennen, sie starrten uns nur fassungslos an; erst als Marian ihnen die Frist nannte, die uns gesetzt war, als er selbst an ihnen vorbeistürzte und ins Haus lief, da regten sie sich ab, da folgten sie ihm beklommen und begriffen schließlich, was geschehen war, als sie das erste Stück zur Hand nahmen, von dem sie sich um keinen Preis trennen wollten.

Und ich weiß noch: ich sprang zu den Ausstellungsräumen hinauf, entschlossen, die Kisten und Körbe, die ich vorsorglich gepackt hatte – sie bargen nur einen geringen Teil des Inventars –, zum Leiterwagen zu schleppen; doch dann, inmitten der Dinge, vor den Stapeln und immer noch besetzten Regalen, spürte ich eine lähmende Unentschiedenheit, ich zitterte, ich bekam Stiche, ich hatte das Gefühl, nicht einmal den Karton mit den Brautgewändern anheben zu können, und für einen Augenblick erwog ich, alles sich selbst zu überlassen, in seiner Vollständigkeit, in seiner gesammelten Zeugenschaft. Ich glaubte, daß ich nicht trennen und auseinanderreißen dürfte, was sich in seiner stillen Beweiskraft ergänzte, was sich gegenseitig belichtete. Rangfolge, ich konnte doch keine Rangfolge aufstellen: dies nicht, und dies nicht, aber dies. Es gehörte zusammen, es mußte zusammenbleiben.

Benommen öffnete ich das Fenster, unten schleppten sie Stühle, die Wanduhr, das gewürfelte Bettzeug ins Freie und setzten es vor dem Leiterwagen ab – eine Last, die den Wagen jetzt schon zu einem Drittel füllte, und als Marian auf seinem Rücken den Eßtisch hinaustrug, wandte ich mich ab, trat zu einem Glaskasten und kippte die arme Schmucksammlung in eine Kiste. Blind, am liebsten hätte ich blind in die Regale gelangt und zusammengerafft, was sich gerade zwischen den gebeugten Armen befand. Frag mich nicht, was beim Wählen den Ausschlag gab, was mich bewog, Brummtopf und Teufelsgeige zum Dableiben zu verurteilen, dem alten masurischen Spinnwocken hingegen einen Platz auf dem Leiterwagen zuzugestehen. Ich kann dir nicht sagen, warum Schaber und im Klemmstiel steckende Streitäxte mitdurften, der zerplieserte Bienenstock aber zu Hause bleiben mußte.

Planlos raffte ich, warf ich zusammen, was mir in den Blick kam, Dokumente, Münzen, Festtagsgewänder; historisches Küchengerät fand Nestwärme zwischen Kodderteppichen, bronzezeitliche Waffen rutschten zwischen Kinderspielzeug und »Pflanzen der Heimat«. Ich kann dir auch keinen Grund dafür nennen, warum ich, betäubt und schweißüberströmt, Stücke zur Mitreise bestimmte, die von jenseits der Grenze auf uns gekommen waren: den selbstgeschnitzten Feierabendstuhl, eine masovische Zierweste, altes Sattelzeug und hölzernes Feldgerät – ich wählte sie ebenso planlos, wie ich das andere gewählt hatte, wie die sudauische Urne, wie die Strohkrone, ja.

Sonderbar, während ich die Dinge, fast wie in Trance, von ihrem Platz nahm und verstaute, wußte ich jederzeit, woher sie stammten, welche Geschichten sich mit ihnen verbanden.

Kein Wort hatte ich für Paulchen übrig, wenn er ihm lieb gewordene Stücke anschleppte, wenn er mich um eine Entscheidung bat – und das? Darf das mit …? Ich sah ihm nur schweigend zu, als er, um Platz zu sparen, unsere Sammlung von Heimaterde einfach großzügig vermischte, die masurischen Kalke und Kiese, die Quarze, Glimmer und Tonproben, die in Röhrchen und Flaschen steckten, herausschlackerte und vermengte und das Gemisch in eine Spitztüte füllte, die er in seinen Schulranzen hineinpreßte. Er war es, Paulchen, der mir gleich darauf das »Buch« in die Hände legte, Sonja Turks Kompendium der masurischen Teppichkunst, das ich, zusammen mit frühem Werkzeug, als erstes zum Leiterwagen hinabtrug.

Zwei Soldaten, die ihre Gewehre an den Zaun gehängt hatten, halfen Marian und den Frauen, das Schwergepäck auf die Fahrzeuge zu wuchten, das heißt die Soldaten stauten und zurrten, während die Frauen einmal und noch einmal ins Haus stürzten und heraustrugen, was nicht, was unter keinen Umständen zurückbleiben durfte: nur das noch, das muß. Trocken schluchzend, von einem unstillbaren Bedürfnis getrieben, zerrte und schleifte meine Mutter alles ins Freie, was transportabel war, ohne Rücksicht auf Wert und Gewicht; sogar die Tiegel, die Mörser und Pfannen, in denen mein Vater einst seine wunderwirkenden Substanzen erweckt hatte, schleppte sie herbei. Edith barg ihren Teil wortlos, mit zusammengepreßten Lippen, mein Zuruf schien sie nicht zu erreichen, und einmal, als wir auf der Treppe zusammenstießen, sah sie mich so ausdruckslos an, daß ich erschrak. Apathisch, unter schwarzem Häkeltuch, saß Sonja Turk auf der Ladefläche des Schlittens, sie war mit Kissen umsteckt, ihr Rollstuhl war so verkeilt, daß er Windschutz gab, du mußtest annehmen, daß sie nichts mehr von dem betraf, was neben ihr geschah.

Wie schnell die Ladeflächen zuwuchsen; schon stapelte und türmte es sich, und im zertrampelten Schnee vor den Fahrzeugen lag die gleiche Menge an Dingen, die mitsollten, mitwollten. Keins der Behältnisse trug eine Inhaltsangabe, es gab keine Listen, die uns sagten, was dieser Korb, dieser Koffer, diese Truhe enthielt, nicht einmal das Inventar des Museums, das ich vorsorglich gepackt hatte, war gekennzeichnet, und auf einmal – drüben, jenseits des Sees, rumpelten die ersten Wagen zur Sammelstelle des Trecks –, auf einmal begann ein verzweifeltes Sichvergewissern: Is auch das Album mit? Und die Wärmflasche? Wo, moi Bosä, is das Plätteisen? Der Honig? Und der große Spiegel: is der mit? Und der Wecker? Die eingemachten Kaninchen? Und meine Fußbank? Und das Faß mit Kumst?

Wir konnten nicht anders, die jammernde Nachfrage zwang uns, die Lasten noch einmal durchzuwühlen, wir zerrten also, wir befühlten und grabbelten, und ich weiß noch, wie ich plötzlich ratlos erstarrte: bis zur Schulter in unsere Habseligkeiten tauchend, erfühlten meine Finger den Tatarenstein, die mit Holzleisten verschalte pockige Granitkugel –, offenbar hatten die Soldaten sie hinaufgewuchtet. Es war zu spät, ihn hinunterzustoßen, die Fracht neu zu ordnen und zu verstauen; das klumpige Geschoß, das sechzehnsechsundfünfzig dem Anführer der Tataren zum Verhängnis geworden war, mußte mit auf die Reise.

Ich kann dir nicht sagen, wie oft ich das Signal zum Aufbruch gab; sie kamen nicht von den Sachen los, die im Schnee vor dem Haus standen, sie wollten sie hineintragen oder mit wärmenden Säcken bedecken, gegen den Januar, gegen den schneidenden Nordost. Wir mußten von den Wagen klettern, Marian und ich, wir mußten die Frauen wegführen und ihnen auf die kreuzweis verzurrten Lasten hinaufhelfen, wo sie endlich Sitzmulden fanden zwischen himmelwärts zeigenden Tischbeinen, Bettzeug und geschnürten Teppichen; doch auch jetzt hörte das Abfragen und Vergewissern nicht auf.

Ob wir an Wiederkehr dachten? Ob wir die Evakuierung nur für eine vorläufige Maßnahme hielten? Siehst du, Martin, das habe ich mich auch oft gefragt: ob wir im Augenblick des Aufbruchs mit einer Rückkehr rechneten. Doch wenn ich mich an die Gefühle erinnere, die uns beherrschten, an die Gedanken, die uns nahegelegt wurden, dann muß ich dir sagen, daß zumindest mich nur ein einziger Wunsch erfüllte: zu entkommen; mit dem, was mir anvertraut war, zu entkommen …

In den Erzählungen und Romanen von Siegfried Lenz verfremdet er seine Heimatstadt Lyck unter dem Namen Lucknow

Über die Entwicklung der Städte

Albert Weiß

Der Entwicklung der Städte sind die neueren Zeiten im allgemeinen günstig gewesen. Seit Einführung der Städteordnung und den Freiheitskriegen gegen Frankreich ist die Einwohnerzahl der meisten Städte des Bezirkes um das Doppelte und Dreifache gestiegen. Am meisten blieben in dieser Beziehung die Städte 1. Arys, 2. Schirwindt und 3. Bialla zurück. Sie zählen noch heute nur 1226 respektive 1333 und 1630 Einwohner. Dann folgen: 4. Nikolaiken mit 2150, 5. Rhein mit 2237, 6. Pillkallen mit 2293, 7. Johannisburg mit 2933, 8. Darkehmen mit 3052, 9. Sensburg mit 3156, 10. Ragnit mit 3743, 11. Stallupönen mit 3758,12. Lötzen mit 3771, 13. Marggra-

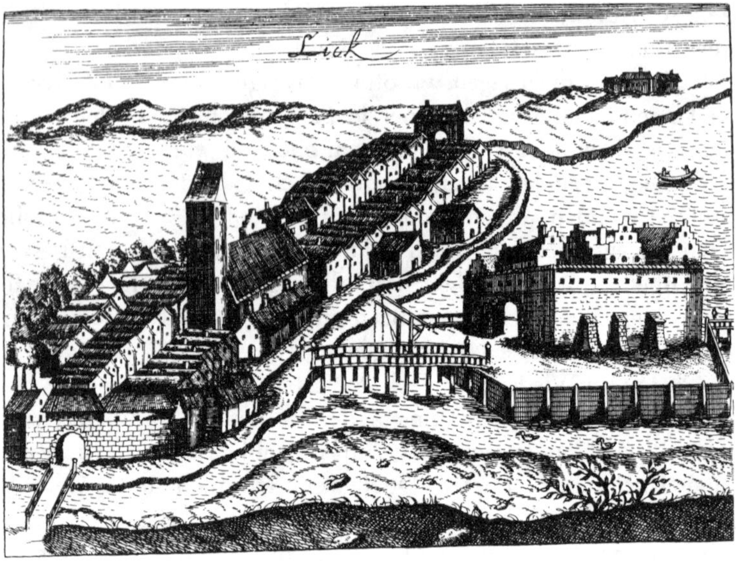

Lyck um 1680

bowa mit 3973,14. Angerburg mit 4007, 15. Goldap mit 4549, 16. Lyck mit 5744, 17. Gumbinnen mit 9242, 18. Insterburg mit 14 809 und endlich 19. Tilsit mit 18 187 Einwohnern.

Die bedeutendsten Aussichten für die Zukunft dürften gegenwärtig Insterburg als Knotenpunkt von vier Eisenbahnen, Lötzen als der militärische, Lyck als der Mittelpunkt der geistigen Bildung Masurens haben. Die beiden letzteren Städte liegen an der Eisenbahn. Beide sind bald nach den Freiheitskriegen fast gänzlich niedergebrannt (Lötzen 1822, Lyck 1819, 1821 und 1822) und mußten damals fast ganz neu wieder aufgebaut werden.

Die Stadt Lyck errichtete dem General Günther in der Mitte des Marktes mit einem Kostenaufwande von 1500 Talern ein Denkmal, welches am 16. Juni 1841 enthüllt wurde. Seitdem wurde es durch eine Reihe stattlicher öffentlicher Gebäude geschmückt, unter denen die schöne große Kirche nebst Turm, das neue Gymnasialgebäude und die Synagoge hervorzuheben sind. Die einstökkigen Häuser weichen fast überall den zwei- und dreistöckigen, und schon bei der Separation wurde auf Anlegung eines neuen Stadtteiles Bedacht genommen, in welchem später der Bahnhof angelegt wurde. Lyck ist gegenwärtig die volkreichste und schönste Stadt Masurens, und dabei nicht bloß der Sitz der Kreisbehörden, sondern auch der Mittelpunkt des kirchlichen und wissenschaftlichen Lebens dieser Landschaft und verdient insofern wohl den Titel der Hauptstadt Masurens.

Freiheitskriege (1813–1815), zur Befreiung Europas von Napoleon und den Franzosen
respektive: beziehungsweise

Elche in Masuren

Julius Schumann

Endlich hatten wir das Haus des Försters erreicht. Vor uns hochstämmiger Wald, dessen zackige Firste sich noch deutlich von dem duftigen Himmel abhob, obwohl der Abend bereits stark der Nacht zuschritt. Links auf einer Anhöhe, hart am Rande des Waldes, die Försterei. Es war noch Licht im vorderen Zimmer. Nachdem die Hunde beruhigt worden, bewillkommte uns Herr M. aufs freundlichste.

Vor nicht langer Zeit war sein Vorgänger durch die Kugel eines Wildschützen gefallen. Hätte dieser ihn nicht gefällt, so wäre wohl der zweite, der zehnte eingetreten; war doch einer von ihnen im Walde erschossen gefunden. Ein erbitterter Kampf, der so lange dauern wird, als das Reh und der Elch standhält. Wer den Gemsjäger der Schweiz für einen Menschen hält, der für acht oder zehn Franks, die er für ein erlegtes Grattier empfängt, sein Leben aufs Spiel setzt, versteht ihn nicht. Und auch hier, in unseren masurischen Wäldern und Mooren, ist's nicht der kärgliche Lohn, es ist die Weidmannslust, die Lust an Gefahr, die den Wildschützen nachts in den Wald treibt.

Unser Wirt, der die Stelle des Gefallenen eingenommen, war kein Neuling. Zwanzig harte Jahre hatte er in einem der polnischen Grenze benachbarten Walde überwunden. Mitten in der Schilderung einer der Szenen, die er handelnd und leidend erlebt, faßte er sich nach der Schläfe und klagte über heftigen Schmerz. Eine breite Narbe zeigte, daß der Kolbenhieb ernsthaft gemeint gewesen. Auch der Stich in die Brust mahne bisweilen, und die gequetschte

Hand wolle nicht mehr rechte Dienste tun. Und doch, wenn er seine nächtlichen Erlebnisse ausmalte oder auch nur skizzenweise andeutete –, wir hörten es ihm an, daß er mit besonderer Lust gerade bei den gefährlichsten verweilte.

Ich hatte genug gehört von Hirschfängern und Messern, von gefallenem Wilde und gefallenen Menschen und lenkte das Gespräch auf das Elen, das hier kräftig vertreten ist.

Im vorigen Jahr sei Lord F. herübergekommen, um das in England längst ausgestorbene Elchwild kennenzulernen, auch habe er die Erlaubnis bekommen, den stärksten Schaufelträger, den er fände, zu schießen. Am ersten Tage seien ihm acht Tiere vorgeführt worden; aber sie waren ihm nicht stark genug. In der darauffolgenden Nacht habe er, der Förster, ganz nahe bei der Försterei ein seltsames Schreien und Stampfen gehört. Bald seien nur Klagetöne zu vernehmen gewesen. Der Kampf zweier Elche war beendet. Am frühen Morgen fand er den überwundenen Elchhirsch noch stehend, aber blutend und todesmatt. Er war bereits verendet, als Lord F. erschien. Einige Stunden darauf wurde dem Ehrengaste ein Trupp von 40 Stück vorbeigetrieben. Er sah sie, bewunderte die gewaltigen Tiere, unter denen sich mehrere der kräftigsten befanden, die der Wald birgt, aber er schoß nicht. Es sei doch schade, meinte er, ein solches Prachtgebilde zu fällen, und – Ehre bringe es wahrlich nicht.

Kurze Zeit darauf – begann unser Wirt nach einer Pause – sei er auf den Bruch hinausgegangen, um Arbeiter beim Torfstich zu beaufsichtigen. Da sieht er ein freistehendes Elchtier, das seltsam blökt, wie er es noch nie gehört. Auf Schußweite läßt es sich ankommen und macht auch jetzt noch keine Anstalt zur Flucht. Es ist die Mutter, die ihr Junges ruft, das in eine Torfkaule gefallen. Eilig werden die Arbeiter beauftragt, Reisig hineinzuwerfen, damit das Kalb herauskommen könne. Doch scheint es die Absicht nicht zu verstehen, sondern arbeitet sich nach der entgegengesetzten Seite fort und gerät so, nachdem es kaum festen Fuß gefaßt, in eine offene Lache, die es durchschwimmt. Auf diese Weise kommt es von Bruch in Wasser, aus Wasser in Bruch. So oft es quebbigen Boden erreicht hat, wirft es sich auf die Seite und arbeitet sich mit den Läufen fort, bis es wieder schwimmen kann. Endlich hat es feste Erde unter den Füßen und läuft der fort und fort rufenden Mutter nach. Hiernach ist die Fabel, über die Stubengelehrte so oft gespottet haben, nicht Dichtung, sondern Wahrheit, und der Spott fällt auf die Spötter zurück.

Die Lampe brannte schon düster, der Morgen begann zu grauen. Da erklang der Gesang einer Lerche, und – als wenn dies ein Signal für alle Genossen gewesen – der ganze Chor erhob sich und begrüßte mit jubelndem Liede den kommenden Tag. Doch wenige Minuten – und alles war lautlos wie zuvor. An dieser eigentümlichen, unsere Feldlerchen kennzeichnenden Vorfeier des Tages kann sich der nächtliche Wanderer an jedem Frühmorgen ergötzen, wenn er eine Gegend durchstreift, die reich an Lerchen ist. Nach Sonnenaufgang erhebt sich dann hie und da eine einzelne Lerche, um ihr freudiges Lied zu singen. Ein Chorgesang entwickelt sich im Laufe des ganzen Tages nicht mehr.

Wir hatten dem leidenden Mann die Nacht geraubt, aber er selbst schien das Bedürfnis zu haben, seine interessanten farbenreichen Lebensbilder Teilnehmenden vorzuführen. Auch hatte er uns bald nach dem Empfange gesagt, daß wir nur in der frühsten Dämmerung erwarten dürften, Elche zu sehen. Wir brachen auf.

Nur wenige Schritte, und wir atmeten frische Waldluft, gewürzt durch den Duft reichblühender Maililien, die freilich nur dem scharfen Auge sichtbar waren, da die Morgenhelle noch säumte. Über uns sangen Nachtigallen ihre volltönenden Lieder. Nicht selten nur eine allein, während die anderen schwiegen, als wollten sie den Wohlklang der melodisch fortrollenden, dann und wann rhythmisch unterbrochenen Töne nicht stören. Den Hauptbestand des Waldes bildet hier wohl unsere nordische Fichte; die mächtigen Bäume, die sich einzeln neben dem Wege zeigten, schienen Eichen zu sein. Auch hier ist noch der rotbeerige Taxus vertreten.

Allmählich hellte sich der Himmel auf. An dieser Stelle etwa sollten wir den Weg verlassen und rechts ab nach dem Waldrande gehen, an den ein ausgedehnter Moorbruch stoße. Bald hatten wir ihn erreicht. Wir fanden den weiten wüsten Plan mit dürftigen Gräsern und vereinzelten kümmerlichen Sträuchern besetzt. Da zeigte sich uns zur Linken in mäßiger Ferne ein Elchtier und trabte an uns vorbei, um in einem vorspringenden Waldstreifen zu verschwinden. Vielleicht war mein Urteil durch das Ungewöhnliche der Situation bedingt – ich meinte, ein antediluviales Tier vor mir zu haben, ein Palaeotherium der Vorzeit, das sich durch verschiedene Metamorphosen des Erdballs in unsere Periode hinübergerettet hätte. Solch ein Langkopf mit hängender Flabbe und stieren Augen paßte nicht zu den modernen Gebilden, zum Reh, zum Edelhirsch und der schönäugigen Gazelle.

Um das etwa nachfolgende Wild nicht zu verscheuchen, kehrten wir auf unseren Weg zurück. Doch bald waren wir wieder am Rande des Waldes. Statt des Elchs kam uns ein kecker Rehbock entgegen. Als er uns bemerkte, stampfte er unwillig den Boden, blökte laut und eilte in schönen Sätzen davon. Vor uns zeigte das lichte Gewölk bereits goldene Säume, und es erhob sich die strahlende Sonne, die heiter den Pfingsttag begrüßte.

Franks: Franken, Schweizer Währung
Elen: Elch
quebbig: moorig
antediluvial: vor der letzten Eiszeit
Palaeotherium: ausgestorbene Gattung der Huftiere
Metamorphosen: Verwandlungen
Flabbe: herunterhängende Unterlippe

Die Pest in Johannisburg

Albert Weiß

Über den Verlauf der Pest in Johannisburg berichtet Pisanski:

Im Jahre 1709 äußerte sich hier die Pest. Ein Kaufmann aus Danzig, der bereits damit angesteckt war, nahm bei seiner Durchreise die Nachtherberge bei dem Richter Maletius, und man fand ihn am folgenden Tage tot im Bette und an seinem Leibe ausgebrochene Pestbeulen. Kaum war solches in der Stadt ruchbar, so versammelte sich sogleich ein großes Volk vor dem Hause und drang mit Ungestüm darauf, daß das Haus ohne Anstand vernagelt werde, der Richter aber mit den Seinigen augenblicklich aus der Stadt sich entfernen solle. Beides geschah unverzüglich, obgleich der Richter mit seiner Familie am schlimmsten daran war, weil ihn auf den Dörfern niemand aufnehmen wollte. Er bezog endlich in der Wildnis ein neu gebautes, aber noch nicht bewohntes Haus und lebte daselbst höchst kümmerlich, weil die Einwohner der benachbarten Dörfer vor ihm flohen und er es nur mit vieler Mühe dahin bringen konnte, daß sie ihm die Lebensmittel in einer weiten Entfernung hinsetzten und gleich davoneilten. Indessen hatte sich ein

Mann, den man für blödsinnig hielt, unter der Schwelle in des Richters verschlossenes Haus eingegraben, die Speisekammer darin ausgeleert und auch Verschiedenes von den Sachen des verstorbenen Kaufmanns mitgenommen. Hierdurch verbreitete sich die Pest alsobald durch die ganze Stadt, raffte den größten Teil der Einwohner fort und setzte die übrigen, da die Stadt gesperrt war und alle Zufuhr ausblieb, in die größte Verlegenheit und in einen Mangel von Lebensmitteln. Bei angehendem Winter schien die Pest aufgehört zu haben, so daß in acht Wochen keiner daran starb. Aber im folgenden Jahre (1710) brach sie abermals mit Heftigkeit aus und brachte die meisten Überbliebenen, darunter beide Prediger, beide Lehrer und die meisten Magistratsmitglieder in das Grab. Die Stadt war von Menschen so entleert worden, daß der Markt ganz mit Gras bewachsen war; nur fünfzehn Bürger sollen übriggeblieben sein.

Als im Jahre 1710 – sagt der Angerburger Pfarrer Helwing – die Pest bei uns heftig wütete und insonderheit im Dorfe Harsen, welches groß und volkreich war, viel Menschen hingerissen wurden, brachten einige dieses auch als ein Pestkonsilium auf die Bahn, daß man einen an der Pest Verstorbenen ausgraben solle, an dem man einige Zeichen bemerke, daß er sich im Grabe zu fressen angefangen. Dies geschah; die Totengräber fanden aber keinen. Endlich gaben sie einen, den sie selbst zerfleischt hatten, für einen solchen aus. Diesem wurde solenniter der Kopf abgeschlagen, und so wurde der Körper nebst einem lebendigen Hunde in die Gruft geworfen. Aber die Pest hörte nicht auf.

Infolge der Pest war meilenweit kein Mensch anzutreffen. Ein Pferd, ein Ochs, eine Kuh galten wenige Groschen. Das Vieh ging gleich wilden Tieren auf den Feldern und mußte zum Teil, wegen Mangels an Pflege, umkommen. Vor Schrecken und Angst flohen viele aus dem Lande.

Der von 1708 bis 1753 in Kutten (Kreis Angerburg) fungierende Pfarrer Drigalski ließ zum Andenken an die entsetzlichen Leiden des Jahres 1710 in der dortigen Kirche am Orgelchor ein Gemälde anbringen, welches den Tod mit der Sense auf einem dahinjagenden Rosse, ringsum die ihm erlegenen Leichen und die für sie vom Totengräber bereiteten Gräber sowie einen Leichenzug in grausiger Zusammenstellung dem Auge des Beschauers noch jetzt vorführt.

Damals wurde ein großer Teil von Privatgrundstücken königliches Eigentum, nachdem sie ihrer Besitzer durch den Tod beraubt oder von diesen freiwillig verlassen wurden. Selbst wiederholte Aufforderungen von seiten des Königs und die Verheißung von Freijahren bestimmte anfangs nur in wenigen Fällen diejenigen, die Haus und Hof aus Furcht verlassen, zur Rückkehr.

Pestkonsilium: Ratschlag gegen Pest
solenniter: feierlich
fungierend: tätig
Freijahre: abgabenfreie Jahre

Der Name der Stadt Sensburg

Johann Georg Theodor Grässe

Die Stadt Sensburg hieß eigentlich Segensburg nach dem Segen, den der Mensch allen seinen Unternehmungen wünscht. Nach der Sage aber kommt der Name daher, daß einst ein gewaltiger Bär die Gegend um Rastenburg sehr unsicher machte. Die Bürger dieser Stadt, die damals noch gar keinen Namen hatte, zogen mit Sensen (daher Sensburg) bewaffnet den Rastenburgern zu Hilfe und hieben nach hartem Kampfe dem Untier eine Tatze ab, die zum ewigen Gedächtnis mit dem Datum 1348 (eine Bärentatze in weißem Feld) in ihr Wappen aufgenommen ist. Die Rastenburger, welche dann das Tier erschlugen, tragen davon noch den Rumpf mit abgehauener Tatze in dem ihrigen.

Masuren, August 1914
Die Zerstörung der Stadt Ortelsburg, die Russenflucht und der Sieg von Tannenberg

Wolfgang Koeppen

Am 30. Juli 1914 zog ein Flammenschein die deutsch-russische Grenze entlang. Die Landbewohner, die mit dem Einbringen des Korns auf den Feldern beschäftigt waren, sahen ihn. Die Frauen und die Kinder, die im Dickicht des Waldes die Beeren sammelten, bemerkten ihn erschreckt und flohen hinaus auf die Wiesen, weil sie glaubten, der Wald brennt. In den kleinen Städten, in Willenberg, in Neidenburg, in Angerburg, in Lyck und Lötzen besprach man das Ereignis und konnte es nicht recht begreifen, denn man lebte ja im Frieden. Die Russen hatten gegenüber der deutschen Blockhauslinie ihre Grenzhäuser, die Kordons, in Flammen gesetzt.

Man lebte im Frieden. Der 30. Juli war noch nicht Krieg. Man ging seiner Arbeit nach. Man erntete den Roggen. Man fuhr in die Stadt, das Korn mahlen zu lassen. Man schlug den Baum, die Sägegatter gingen auf und nieder, und der Wasserlauf trieb auch das Rad der Mühle. Das Jägerbataillon »Graf Yorck von Wartenburg« kehrte von einer Übung heim. Am Seeufer spielten Knaben Trapper und Indianer und schlugen mit langem Schilf aufeinander ein. Kein Mensch dachte an einen Krieg, wenn auch die Grenze brannte. Erst am nächsten Tag geschah die offizielle russische Mobilmachung, der am 1. August die deutsche folgte.

Die Stadt Ortelsburg in Masuren war damals im August 1914, als sie von der Narewarmee der Russen zerstört und niedergebrannt wurde und zu einem Trümmerhaufen zusammenfiel im Geschützfeuer der Tannenbergschlacht, eine kleine Handelsstadt von etwa 10 000 Einwohnern. Ihr Schicksal mag in der Folge, als der Krieg weiter ging und im Westen nicht nur die eine Stadt, sondern die Erde brannte, als aus dem Inferno von Tanks und Gas und tausend Feuerschlünden die Namen Verdun, Soissons, St. Quentin, der Argonner Wald und die Somme in unser Bewußtsein sich eingruben, der Beachtung nicht wert erschienen sein. Und doch war die

Zeit der Kämpfe in Masuren eine besondere im Verlauf des Krieges. Die Schlachten im Wald- und Seengebiet des Südostens waren die einzigen, die auf dem Boden der Heimat und unmittelbar und jedem einleuchtend um deutsches Land geschlagen wurden. Der Feind stand nicht nur vor dem Tor, er saß im Haus …

Der Abmarsch der deutschen Truppen war das Signal für den flüchtenden Aufbruch der zivilen Bevölkerung. Das Gerücht von der Räumung Ostpreußens war nun kein Gerücht mehr. Die Geschehnisse bestätigten es. Willenberg, nur wenig mehr als 20 km von Ortelsburg entfernt, war von den Russen genommen. In der Nacht war im Südosten der Himmel rot vom Flammenschein brennender Dörfer. Am Morgen des 21. August setzte eine Panik ein.

Die Einwohner standen auf dem Bahnsteig. Sie standen wie eine schwarze Mauer und warteten auf den Zug, der sie fortbringen sollte. Jeder einzelne hatte von seinem Hab und Gut mitgenommen, was er nur schleppen konnte. Man sah Wandspiegel und Uhren und ungeheure Säcke zusammengeschnürter Betten. Ein paar Frauen weinten; ein paar Kinder schrien – und der Zug blieb aus. Der fahrplanmäßige nach Allenstein verkehrte nicht mehr; alle Lokomotiven des Bahnhofs waren allein nach Allenstein abgefahren, aber ein Flüchtlingszug sollte doch noch zusammengestellt werden. Es hieß, es sei der letzte, und endlich kam er und wurde von allen Seiten zugleich bestürmt …

Als der Zug endlich fuhr, schlich er langsam durch das Land. Und man sah über der Kaserne vor der Stadt eine weiße Fahne wehen, und man sah die Chausseen voll von Wagen, die erst das eigentlich erschütternde Bild der Flucht boten.

Das war nicht die Stadt, das war das Land, das außer Landes ging. Wagen hinter Wagen, bepackt mit Hausrat und mit Säcken voll Korn, mit Schweinekoben und Geflügelkäfigen, gezogen von allen Pferden, die der Bauer hatte, und oft von einer Kuh, wenn die und nicht ein Pferd sein Hauptbesitz war. Es waren Leute, die hier wanderten, die kein Geschäft und keine Wohnung, sondern mehr, die eine ganze Existenz, das Haus, den Hof, den Acker und die schon mühsam erarbeitete Ernte hinter sich zu lassen hatten. Es waren auch keine Menschen, die das Reisen gewohnt waren, oder die es liebten, denn ihr Wesen war so, daß sie nie das Verlangen gepackt hatte, den engen Bezirk ihrer Heimat auch nur zeitweilig zu verlassen. Sie konnten sich am wenigsten von ihrer Heimat trennen, konnten am schwersten es erfassen, daß sie das eigene gefährdete Leben zu retten hatten und klammerten sich nun an alles, was mitlaufen konnte, an den Hund, an die Katzen, an das noch munter neben dem Wagen trabende Kälbchen, an alle Tiere, die noch den eigentümlichen Geruch von dem zurückgelassenen Zuhause in ihrem Fell hatten. Das Ziel der Flüchtlinge war die Weichsel …

Währenddem hatten am 22. August die Russen die Stadt Ortelsburg besetzt, in der fünfhundert deutsche Bürger zurückgeblieben waren und die Zeit der Besetzung und die Zeit der Schlacht erlebten.

Das Dorf Plohsen brannte. Der Wind trieb den Geruch des Feuers in die Stadt. Die Straßen waren von Menschen leer. Der Unruhe der Flucht war eine gefaßte Erwartung der Zurückgebliebenen gefolgt. Erst als eine Reiterpatrouille durch die Gassen sprengte und sich mit einer anderen traf und durch laute Rufe verständigte, erwachte der wie ausgestorben stille Ort wieder zu Leben und Lärm. Infanterie folgte den Reitern und lagerte auf dem Markt. Und dann zog gegen Abend Regiment auf Regiment in die Stadt. Die ganze Nacht hindurch. Als am nächsten Tag, einem Sonntag, die Sonne zu scheinen begann, da schien sie in dieser Stadt auf russisches Militär, das alle Straßen, alle Plätze, die Anlagen und die Gärten besetzt hatte. Lagerfeuer brannten; Tiere, die in den Ställen geblieben, waren dem Eroberer willkommene Beute geworden, und schon begannen die Plünderungen der Häuser, wurden Betten aus den Fenstern geworfen und als Stoff zu schnellen Freudenfeuern verwandt.

Dennoch war das Verhalten der Besatzung gegen die dagebliebene Bevölkerung zunächst freundlich, ja gemütlich, und der Krieg von dieser Seite frisch-fröhlich. Die Russen glaubten gesiegt zu haben. Sie glaubten, in ein reiches Land gekommen zu sein und auf Kosten seiner Bewohner gut leben zu können. Erst als der deutsche Widerstand einsetzte, erst als die Schlacht bei Tannenberg und das Zurückweichen geschlagener russischer Vortruppen begann, wurde die Stimmung der »Sieger« ungnädiger. Der feindliche Stadtkommandant erklärte in der Ahnung kommenden Unheils, er würde die ganze männliche Bevölkerung, soweit sie in seiner Gewalt sei, niedermachen lassen, wenn auch nur ein Schuß auf russisches Militär abgegeben würde. Das Leben vieler deutscher Männer hing diesem Gebot zufolge an dem Zufall, ob eine Kinderpistole wo knallen würde oder nicht.

Je bedrohlicher die Lage der Russen wurde, je schlechter die Nachrichten klangen, die ihre Offiziere von Tannenberg bekamen, um so nervöser wurden sie und um so unerträglicher wurde die Lage für die Deutschen. Es geschah, daß Kolonnen in gestrecktem Galopp über den Markt rasten und mit ungeheurer Heftigkeit ein Gewehrfeuer gegen die Häuser zu beiden Seiten eröffneten, so daß die Kugeln durch die Fenster und die Türen schlugen und jedes Leben im Haus gefährdeten.

Die Deutschen mußten sich in die Keller zurückziehen. Die Frage des ersten Offiziers, der die Stadt betreten und verwundert gemeint hatte, warum denn so viele geflohen seien, beantwortete sich von selbst, als die Brandstiftungen begannen. Die russischen Soldaten handelten systematisch. Es war keine Ausschreitung einzelner, sondern ein befohlener kriegerischer Akt. Aus ihren Kellerluken hervorschauend, sahen die Deutschen sie mit Zelluloidstreifen und Petroleumkannen versehen von Haus zu Haus gehen, und bald standen ganze Straßenzüge in Flammen. Es ereignete sich, daß eine ganze Stadt tagelang brannte. Es geschah, daß der Krieg, der so plötzlich gekommen war, hier sofort ganz der Krieg wurde, wie er in den Geschichtsbüchern zu lesen und auf alten Bildern mit Rauch und Feuersglut zu sehen ist. Die Bewohner, die in der überfallenen Stadt geblieben waren, erlebten einen Vorgang, den sie, ohne überhaupt je darüber nachgedacht zu haben, im 20. Jahrhundert für nicht mehr möglich gehalten hatten. Die Geflohenen hörten hinter der Weichsel mit Angst und Entsetzen von dem Geschehenen und weinten um die Heimat, die zerstört war. Während die anderen Deutschen die Nachricht von dem Schrecken gleichzeitig mit der des Sieges von Tannenberg erhielten und zum ersten Mal den Namen Hindenburg in jubelnder Freude nannten.

Um die schon brennende Stadt war die Schlacht gegangen. Die Russen hatten sie wohl erst, und nicht zuletzt durch die von ihnen entfesselte Hitze getrieben, verlassen, und eine deutsche Eskadron der Jäger zu Pferde war schon in den Straßen zu sehen gewesen, aber dann griffen die russischen Kräfte noch einmal von Osten her an. Die direkt von Tannenberg zurückflutenden Truppen sammelten sich vor den Toren in den Dörfern Rohmanen und Lehmanen und rückten gegen die Stadt, in der nur kleine Abteilungen deutscher Kavallerie und Radfahrsoldaten sich notdürftig hielten, vor. Die Lage schien sehr bedrohlich, bis es deutschen Infanterieregimentern gelang, den russischen Ring zu durchbrechen und zur Entlastung der Besatzung in die Stadt zu gelangen.

Die Bewohner atmeten auf. Das Schlimmste galt als überstanden. Gemeinsam mit den Soldaten versuchte man die Feuer zu löschen. Da setzte gegen Abend die russische Artillerie ein. Sie zielte gegen die großen Häuser. Krachend explodierten Granaten, durchschlugen die Geschosse und setzten in Brand, was bisher verschont geblieben. Und dies war erst die eigentliche Zerstörung. Aus dem Dreißigjährigen-Kriegs-Grauen der von Banden angezündeten Häuser wurde das stählerne Inferno der modernen Materialschlacht.

Das Bombardement, das von deutschen Batterien erwidert wurde, dauerte nicht ganz 24 Stunden. Als am Nachmittag des 30. August die Kanonen zu donnern aufhörten, da war ein Berg von Schutt und Ruinen, wo einst die Stadt gewesen war. Ein Berg, in dem noch Teile sich von stehenden Mauern lösten und kleine Feuer aufzüngelten. Ostpreußen war frei, aber Ostpreußen hatte geblutet.

Inferno: Hölle
Eskadron: französische Bezeichnung für eine Schwadron, eine berittene oder motorisierte Truppeneinheit

Erinnerungen an Allenstein

Georg Hermanowski

Bauwerke, Straßen und Plätze, Wald und Seen ziehen an meinem Auge vorüber und geben mir Kunde von meiner Stadt. Ins enge Korsett der Reste einer alten Stadtmauer gepreßt, liegen die für eine Straßenbahn und den beginnenden Autoverkehr zu schmalen Straßen. Richtstraße und Oberstraße erschließen sich mehr und mehr der Geschäftswelt; ruhig, beschaulich ist es zu beiden Seiten. Kleinbürgertum verraten die Straßennamen: Schanzenstraße, Krummstraße, Kurkenstraße, Unterkirchenstraße und so fort. Andere verweisen auf die enge Verbindung der Stadt mit ihrer Umgebung: Liebstadt, Hohenstein, Wadang, Mohrungen, ja selbst Warschau gaben ihre Namen her. Im Kern der Altstadt, neben Schloß und Jakobikirche verrät das Hohe Tor, das letzte der einstigen fünf Stadttore, noch die befestigte Stadt. Letzte Zeugen aus der Zeit der Backsteingotik, der ermländischen Bischofsgeschichte und der Randnachbarschaft mit dem Ordensstaat.

Allenstein im 19. Jahrhundert

Gen Norden sprengte die Stadt zuerst ihren Gürtel. Das neue Rathaus, eines der schönsten seiner Art, Regierungsgebäude, Amtsgericht, moderne Schulen verweisen auf das rasche Wachstum, auf eine stetig steigende Einwohnerzahl. Doch was wäre diese Stadt ohne die Alle, die sie durchfließt, was wäre sie ohne ihre Seen, den Langsee und den Okullsee, was wäre sie ohne ihre Wälder!

Die Natur erst hat Allenstein zur Perle des südlichen Ostpreußen gemacht. Sie hat der Stadt den vertrauten Charakter gegeben, sie machte sie zu unserer Stadt.

Kaufleute und Handwerker prägten ihr Bild, ein Ackerbürger noch ab und zu, dessen Pferdefuhrwerk man in den Straßen traf. Und neben diesem Bild: das Allenstein der Fremden. Sie kamen und gingen, fanden die Stadt schön und kehrten im Sommer noch einmal zu ihr zurück, gemeinsam mit den Ihren, denen sie die Schönheiten Ostpreußens zeigen wollten. Ihnen verdankte die Stadt ihren Aufstieg – doch dieser Aufstieg ängstigte mich. Er zerstörte allmählich das Bild der Geborgenheit. O-Busse, die wachsende Zahl der Kinos, in Jakobsberg ein Vergnügungsbetrieb … Zu meiner Stadt paßte die Allüre der Großstadt nicht, sie war und blieb eine Stadt des Mittelalters. Eine Stadt, in der man sich kannte, sich auf den Straßen grüßte, Freuden und Gefahren gemeinsam trug. Ich weiß, dieses dritte Bild meiner Stadt hat es in Wirklichkeit nie gegeben, es ist ein Wunschtraum geblieben – wie jede Stadt kannte auch diese innere Zerrissenheit: politische und konfessionelle Gegensätze, Arme und Reiche, stolze, hochmütige und bescheidene Menschen.

Sinnbilder bürgerlichen Gemeinsinnes waren eigentlich nur jene Male, die an die Pest erinnerten. Arg von der Seuche heimgesucht, hatten die Vorväter einst gelobt, Wallfahrten zu benachbarten Heiligtümern zu machen, um weiteres Unheil von ihrer Stadt abzuwehren. Und was die Urväter gelobt hatten, hielten Kinder und Enkel. Singend und betend sind wir so manches Jahr nach Heiligelinde gezogen, nach Glottau oder nach Dietrichswalde. Ich erinnere mich jener kalten Wintertage, des Morgens früh gegen fünf, wenn es draußen noch stockdunkel war, wenn plötzlich der monotone Gesang einer Litanei anhub und Menschen, in Tücher gehüllt, mit brennenden Kerzen dem Kreuz folgten. Sie zogen an unserem Haus vorbei nach Dietrichswalde, um der Gottesmutter für ihren Schutz im vergangenen Jahre zu danken und für das neue Jahr neuen Schutz zu erflehen. Dieser Sitte sind die Ermländer bis heute treu geblieben.

Bischofsburg

Manfred Vollack

Es ist die jüngste der zwölf ermländischen Städte, 1395 verlieh Bischof Heinrich III. Sorbom dem neben einer bereits 1389 erwähnten Burg angelegten Ort eine Handfeste. Die junge Stadt lag an der im Mittelalter bedeutenden Handelsstraße Königsberg-Warschau, die sie zusammen mit der Burg zu schützen hatte. Im Dreizehnjährigen Krieg 1454–66 völlig zerstört, wurde nur die Stadt wiederaufgebaut, von der Burg blieb kaum etwas übrig. Bischofsburg fristete fortan ein bescheidenes Dasein, nicht zuletzt, weil der Burggraf wegzog und die Stadt zum Kammeramt Seeburg gelegt wurde. Erst im 19. Jahrh. setzte ein Aufschwung ein, vor allem, nachdem 1862 das Landratsamt des Kreises Rößel hierher verlegt und 1898 ein Eisenbahnanschluß erstellt wurde. Als nunmehrige Kreis- und seit 1899 auch als Garnisonstadt überrundete Bischofsburg die übrigen drei Städte des Kreises. Die Einwohnerzahl, die 1772 nur 1064 Seelen betragen hatte, stieg bis 1939 auf 8463 Bewohner (heute 7900).

Auch nach 1945 blieb Bischofsburg, das 1945 etwa zur Hälfte zerstört wurde, Sitz des nunmehr von den Polen allerdings etwas nach Südosten in den Kreis Ortelsburg hinein vergrößerten Kreises Rößel (bis 1975). Die alte katholische Pfarrkirche St. Johann entbehrt heute ihren charakteristischen hohen Turm, nur der Stumpf blieb, von einem Notdach dürftig gesichert. Die 1842–46 nach Plänen Schinkels erbaute evangelische Kirche blieb ebenfalls – mit eini-

Kloster Heiligelinde

gen Schäden – erhalten; die Orgel verschwand jedoch nach dem Kriege. In ihr wird noch evangelischer Gottesdienst abgehalten.

Heiligelinde

Aus »Borussia«

Kloster Heiligelinde, ein besuchter Wallfahrtsort im Kreise Rastenburg in Ostpreußen unweit Rössel und Heilsberg, mitten im Walde in einem engen Tal gelegen, hat eine schöne Kirche mit zwei Türmen und sehenswerten Malereien. Den Namen erhielt es von einer Linde, an welcher sonst im Walde ein wundertätiges Marienbild befestigt war, welches sich gegenwärtig in der Kirche, vor dem Hochaltare, an einem künstlichen Baume, von massivem Silber befindet und mit großen Kostbarkeiten geschmückt ist. Außer der prachtvollen Kirche, welche seit 1816 zur Pfarrkirche erhoben worden ist, und dem ansehnlichen Klostergebäude, in welchem früher auch eine Missionsanstalt der Jesuiten war, liegen noch zwölf Häuser in der Nähe. Zweimal des Jahres ist großer Ablaß, zu welchem sonst oft 20 000 Menschen zusammenkamen. Mit diesem sind zwei Jahrmärkte verbunden, von denen der eine am Marientage sehr beträchtlich ist, wo hauptsächlich Leinwand verkauft wird.

Das Rastenburger Schloß

Carl Beckherrn

Das nichts Bemerkenswertes enthaltende Erdgeschoß des nördlichen Flügels übergehend, haben wir zunächst die Nordseite des ersten Stockes zu betrachten. Hier wie auch beim Erdgeschoß fällt uns der gänzliche Mangel an Fenstern auf, statt deren, um die glatte und einförmige Mauerfläche etwas zu beleben, sechs Spitzbogenblenden angebracht sind. Es mag hier gleich vorausgeschickt werden, daß den unteren Stockwerken aller Flügel auf der Außenseite die Fenster fehlten, und zwar aus fortifakatorischen Rücksichten. Diese Stockwerke empfingen Luft und Licht von der Hofseite aus. Im ersten Stockwerke des Nordflügels ist auf der Hofseite, wo die Wände ringsum neuerdings abgeputzt sind, jetzt nur ein zugemauertes Spitzbogenfenster noch zu erkennen. Das zweite Stockwerk des Nordflügels ist abgebrochen, jedoch nicht vollständig, da der untere Teil seiner Mauern in der Höhe von etwa zwei Meter stehengeblieben ist. An diesem Reste sehen wir an der Nordseite fünf, an der Westseite einen und an der Ostseite zwei breite Mauerblenden mit ihrem untern Teile unter dem Dachgesimse hervortreten. Nach Analogie der anderen Blenden, werden auch diese nach oben hin durch einen Spitzbogen abgeschlossen worden sein. Ob diese großen Blenden in ihrer Mitte vielleicht von kleineren Fensteröffnungen durchbrochen gewesen, ist jetzt nicht mehr zu entscheiden. Unzweifelhaft ist es jedoch, daß sich auf der Ostseite zwischen den beiden Blenden ein breites und wahrscheinlich auch hohes Fenster befand, von dem der untere, jetzt vermauerte, mit schräger Laibung versehene Teil noch zu sehen ist. Rätselhaft ist an diesem Gebäudeteil auf der Hofseite eine Reihe von rohen großen Feldsteinen, welche jetzt unter dem Dachgesimse aus der Mauer hervorragen und wohl Kragsteine gewesen sein dürften; was sie aber einstmals getragen haben, wird wohl nicht mehr aufzuklären sein. Die inneren Wände dieses Stockwerkes waren mit Malerei bedeckt, wovon der übriggebliebene Teil noch deutliche Spuren trägt. Dieses Geschoß hat vermutlich noch ein niedriges Stockwerk getragen, welches zu Verteidigungszwecken eingerichtet und demgemäß auf den äußeren Seiten mit weiten, niedrigen und flachbogigen Öffnungen versehen war. Diese Voraussetzung ist dadurch gerechtfertigt, daß die beiden anderen Flügel ebenfalls diese Einrichtung hatten, wie noch deutlich zu ersehen ist. Der Ostflügel ist in einer Länge von 23 und in einer Breite von neun Metern rechtwinkelig an den Nordflügel angesetzt und hat außer dem Erdgeschoß nur zwei Etagen. Das Erdgeschoß desselben ist in seiner Mitte von einem Tor durchbrochen, welches aber erst in der Mitte dieses Jahrhunderts zu wirtschaftlichen Zwecken angelegt worden ist. Der erste Stock zeigt auf seiner fensterlosen östlichen Außenseite fünf schmale Spitzbogenblenden, von denen zwei gekoppelt sind. Die Südseite ist nur durch eine sehr hohe Blende mit flachem Bogen versehen. Die zweite niedrige Etage setzt sich von der darunterliegenden durch ein Gurtgesims auf den beiden

Außenseiten ab und ist hier mit weiten flachbogigen Schußöffnungen versehen. Auf der Hofseite ragen die Balken des Fußbodens dieser Etage weit in den Hof hinein, und auf sie stützt sich das verlängerte Dach, so daß die Wand des Stockwerks durch das Dach vollständig verdeckt wird. Dieser vorspringende Dachteil bildet die Bedeckung einer hölzernen Galerie, welche auf dem Hofe an der ersten Etage dieses Flügels und des Südflügels entlang läuft. Dieser letztere ist westlich an den Ostflügel angebaut und 23 Meter lang und neun breit. Das Erdgeschoß zeichnet sich vor den übrigen dadurch aus, daß der am östlichen Ende desselben liegende Raum mit einem Tonnengewölbe versehen ist. Der erste Stock zeigt auf der Hofseite die Spuren von sechs zugemauerten spitzbogigen Fenstern, und der zweite ist in derselben Weise wie der des anliegenden Flügels zur Verteidigung eingerichtet. Das Dach der vorhin erwähnten hölzernen Galerie stößt hier bis unter das Gesimse des Daches des Gebäudes und verdeckt ebenfalls die Wand der zweiten Etage auf der Hofseite. Auf die Galerie führt neben dem Torhause eine Treppe. Dieses Torhaus mit dem Zwischenflügel schließt die vierte Seite des Hofes ab. Ersteres ist acht Meter breit, 4,34 Meter tief und hat wie auch der Zwischenflügel auf dem Erdgeschosse noch zwei Etagen. Es tritt 1,60 Meter aus der Westfront heraus und ist verziert mit einem vertieften Gurtgesims, welches die Grenze zwischen Erdgeschoß und erstem Stock bezeichnet. Dicht über diesem Gesims befinden sich zu beiden Seiten des Portals zwei kreisrunde verputzte Blenden. Das sehr niedrige spitzbogige Portal hat in dem Bogen als Ornament eine Lage übereckgelegter Ziegel. Der hintere in der Flucht des Gebäudes liegende Teil ist bedeutend breiter als der vortretende und von einem flachen Bogen überspannt. Der Verschluß des Tores konnte außer durch den Torflügel noch durch ein Fallgatter bewirkt werden, dessen Nut oben in der Wölbung noch sichtbar ist. Seine direkte Verteidigung ging von zwei Pechnasen oder Machicoulis aus, von denen je eine auf der Außenseite und auch auf der Hofseite über dem Portal angebracht ist. Das Torhaus scheint ursprünglich ebenfalls höher oder wenigstens mit einem andern Dache versehen gewesen zu sein; darauf deuten die beiden Giebel von Brettern, welche in das so massive Gebäude durchaus nicht hineinpassen. Der Zwischenflügel, welcher das Torhaus mit dem Nordflügel verbindet, ist sechs Meter lang und knapp drei Meter breit, also sehr schmal, und weist nichts Bemerkenswertes auf. In der Ecke des Hofes, welche von den beiden eben genannten Flügeln gebildet wird, steht ein runder Turm von annähernd fünf Meter Durchmesser und gleicher Höhe mit den übrigen Teilen des Schlosses. Er enthält eine Wendeltreppe, welche zu den oberen Räumen hinaufführt, und ist erst im Jahre 1622 erbaut worden. Über seiner Eingangstür hängt ein eiserner Feuerkorb, welcher das damalige Beleuchtungsmaterial, Pechkränze oder harziges Holz in sich aufnahm, das entzündet den Schloßhof beleuchten sollte.

Fortifikatorisch: aus Gründen der Befestigung
Analogie: Entsprechung
Laibung: innere Wölbfläche
Kragsteine: Stützsteine für das Gebälk
Gurtgesims: Zwischengesims
Pechnase: Gebäudevorsprung mit Öffnung, durch die sich im Verteidigungsfall Pech etc. auf die Angreifer schütten ließ

Winter

Arno Holz

Du lieber Frühling, wohin bist du gegangen?
Noch schlägt mein Herz, was deine Vögel sangen.
Die ganze Welt war wie ein Blumenstrauß.

Längst ist das aus!
Die ganze Welt ist jetzt, o weh,
Barfüßle im Schnee!
Die schwarzen Bäume stehn und frieren.
Im Ofen die Bratäpfel musizieren,
das Dach hängt voll Eis.
Und doch! Bald kehrst du wieder, ich weiß, ich weiß!

Bald kehrst du wieder,
oh, nur ein Weilchen,
und blaue Lieder
duften die Veilchen!

Die St. Georgenkirche

Carl Beckherrn

Bei Erbauung der St. Georgenkirche zu Rastenburg ist außer dem gottesdienstlichen Zwecke auch der fortifikatorische maßgebend gewesen, wozu schon die Lage der Kirche aufforderte. Diesem Zwekke entspricht hauptsächlich die Anordnung und Einrichtung der Türme, welche beide, mit gänzlicher Verleugnung des Gefühls für Schönheit, auf die Angriffsseite hinausgerückt und mit zahlreichen Schießlöchern versehen sind. Von Kirchen, die zur Verteidigung eingerichtet waren, gibt es mehrere Beispiele, sowohl in Deutschland als namentlich auch in unseren Provinzen Ost- und Westpreußen. Ich führe nur hier an die Dome von Marienwerder, Frauenburg und Königsberg. Für die früheste Zeit haben wir uns das Kirchengebäude übrigens in sehr abweichender Gestalt vorzustellen. Es fehlte dieser Kirche der Chor und der daneben befindliche Turm. Daß dieser erst später angebaut ist, erkennt man ganz deutlich an dem fehlenden Verbande der aneinanderstoßenden Mauern

Rastenburg mit Schloß und Georgenkirche um 1680

und an den Spuren der abgehackten Giebelverzierungen oben an der westlichen Seite des Turmes. Die Zeit seiner Errichtung ist nicht bekannt. Der Chor ist erst im Jahre 1515 angebaut worden, und zwar nicht auf der Mittellinie des Schiffes, sondern um mehrere Fuß nach der nördlichen Seite abweichend, woraus der Schluß zu ziehen sein dürfte, daß der Turm vor dem Chor erbaut worden ist. An die westliche Giebelmauer der Kirche schloß sich die Stadtmauer in gerader Linie an; dasselbe war der Fall auf der Südseite der Kirche, so daß durch das Kirchengebäude ein vollständiger Abschluß in der Stadtbefestigung hergestellt wurde. Zur Verstärkung dieses Punktes war der auf der Südseite und auf der Westseite der Kirche liegende alte Kirchhof mit einer hohen und starken Mauer umgeben, welche mit den entsprechenden Seiten der Kirche parallel lief und auf der Südseite 25 Schritte, auf der Westseite zwölf Schritte davon entfernt blieb. An der Nordwestecke dieses so eingeschlossenen Raumes stand ein zierlicher runder Turm von mäßigen Dimensionen, der Josephsturm genannt, welcher heute noch sehr wohl erhalten ist. In der Südwestecke stand ein weit vorspringender mächtiger runder Turm, in der Form dem vorigen ähnlich, von dem aber jetzt nur noch der untere Teil übriggeblieben ist. In der Mitte der langen Mauer auf der Südseite befand sich, auf halber Höhe aus der Mauer herauswachsend, ein kleines rundes Türmchen, von dem jetzt nur noch der mächtige Kragstein aus der Mauer hervorragt. Ein gleiches Türmchen zierte die südöstliche Ecke der Kirchhofsmauer. Man sieht dasselbe noch halb aus der Mauer der polnischen Kirche hervorragen, woraus hervorgeht, daß das Gebäude der polnischen Kirche noch nicht existierte, als die Kirchhofsmauer mit ihren Türmen aufgeführt wurde. Die Verbindung des Kirchhofs mit dem Innern der Stadt vermittelten zwei Pforten, die eine am Glockenturm gelegen, die andere neben der Nordwestecke der Kirche. Von dieser Ecke des Gebäudes ist ein starkes Stück abgeschrägt, um dadurch die Pforte etwas zu verbreitern.

Fortifikatorisch: aus Gründen der Befestigung
Dimensionen: Ausmaße
Kragstein: Stützstein für das Gebälk

Touristenziel Wolfsschanze

Egbert H. Hoffmann

Ostwärts von Ketrzyn, dem stark zerstörten Rastenburg, finde ich verwitterte Bunker, unkrautüberwachsene Trümmer und gesprengte Soldatenunterkünfte. Die Wolfsschanze, das einstige Führerhauptquartier. Hier geschah das Attentat vom 20. Juli 1944. Der Name Wolfsschanze ist heute, so viele Jahre danach, immer noch in aller Welt ein fester Begriff.

Polnische Touristenmanager erkannten sehr bald, daß sich die Überreste der Wolfsschanze zu einem Urlaubermagnet machen lassen. So pflanzte man Gaststätten, Wurstbuden, Andenkenkioske und sogar ein Hotel ans Ufer des Moy-Sees. Ein ausgedehnter Camping-Platz fehlt selbstverständlich nicht. Und der Betrieb funktioniert prächtig: fast täglich kommen Touristenbusse aus allen Teilen Polens nach Rastenburg. Die Ausflügler lassen sich von angeblich Kundigen genau beschreiben, wo Hitlers Bunker einmal gewesen ist. Immer wieder taucht dabei das Gerücht auf, daß in dem ausgedehnten unterirdischen Gängelabyrinth deutsche Soldaten noch lange nach Kriegsende gehaust haben. Ein Gerücht, das bei den Besuchern seine Wirkung in Gestalt gesteigerten Gruselgefühls nicht verfehlt.

So ist auch die Zeit in Rastenburg, das übrigens am 25. Januar 1945 von der Sowjetarmee besetzt wurde, nicht stehen geblieben. Allerdings findet man den Namen Wolfsschanze in keiner polnischen Karte. Das einstige Führerhauptquartier wurde in Gierloz umgetauft. Ein nichtssagender Name für jene Stätte, wo einmal die Machthaber des Nationalsozialismus an den Hebeln brutaler Gewalt saßen. Halb Europa wurde einst von hier terrorisiert – und heute staunen fröhliche Urlauber über die verwitterte Bunkerstadt. Vielleicht ist das gut so.

Aussiedlung 1946/47

In der Folge der Potsdamer Beschlüsse billigt am 6. Dezember 1945 der Berliner Kontrollrat der vier Siegermächte die Ausweisung von dreieinhalb Millionen Deutschen aus den der polnischen Verwal-

tung unterstellten Gebieten. Obwohl viele sowohl rechtliche wie organisatorische Fragen ungeklärt bleiben, erfolgen Schritt für Schritt die entsprechenden Umsiedlungsaktionen. Dazu hier ein Augenzeugenbericht:

Am 6. Dezember 1946 wurde ein Transport Deutscher nach dem Reich zusammengestellt. 25 Glückliche aus Dönhofstädt waren auch dabei, darunter auch mein alter Freund Heinrich Morscheck, mit dem ich zusammen wohnte. Die Auswahl der Personen war ganz willkürlich, man kann wohl sagen nach Gunst. Der Transport fiel in eine sehr kalte Zeit, und es war gut, daß wenig Kinder und gebrechliche Personen dabei waren.

Im Laufe der Zeit wurde dann oft von den Polen das Gerücht verbreitet, daß wieder ein Transport nach dem Reich bevorsteht, damit recht viel Möbel, Betten u. dgl. von den Deutschen zu billigem Preis verkauft würden. Tatsächlich haben es manche getan und litten hernach Not. Man hörte es zu gern, wurde nachher mißtrauisch und glaubte gar nicht mehr daran.

Der Winter und Frühling 1946/47 verging unter allerlei Arbeiten. Polnische Arbeiter kamen im April aus verschiedenen Gegenden, einige Familien aus der Lubliner Gegend, andere von Krakau. Es waren einige darunter, die als Emigranten in verschiedenen Teilen Deutschlands jahrelang gelebt hatten und die entsprechenden deutschen Dialekte redeten. Aus der Gegend von Warschau jüngere männliche Personen, die etwas von Motoren und Maschinen verstehen wollten, diese standen, wenn ein Schlepper streikte, da herum, und es gab ein großes Palaver. Saufen verstanden sie besser. Jeden Sonntag machten sie Tanzvergnügen, zum Schluß Schlägerei. Nur wenige deutsche Mädchen haben an diesen Vergnügen teilgenommen.

Am 11. Mai 1947 ging wieder ein Transport, leider kamen nur zwei Frauen und zwei Kinder von Dönhofstädt mit. Am 30. Juni 1947 [ging] ein Transport [von] 25 Personen aus Dönhofstädt, diesmal [waren] mehr alte arbeitsunfähige Leute dabei. Die beiden Frauen, die für mich solange gesorgt hatten, waren nun auch weg, und die Schwägerin derselben hat dieses dann bis zum Schluß getan. Den ganzen Sommer 1947 war es still geworden mit Transporten, wir sparten unser übriges Getreide auf und hofften, im kommenden Winter Vorrat zu haben, leider. Hätten wir lieber alles verkauft und teure Hemden oder Speck gekauft. So kam unser Abtransport wie ein Dieb in der Nacht. Am 3. September in der Nacht kam polnische Miliz aus Barten und sagten: »Heute noch nach Deutschland fahren, schnell einpacken!« und überwachten zum Teil noch die Packerei. Wenn man auch einen Teil unserer Lumpen schon immer gepackt hatte, die Vorräte an Getreide mußten stehenbleiben. Einige Familien versuchten noch in dieser Nacht, Brot zu backen, es wurde nicht mehr gar. Dazu hatten wir für Monat August noch kein Geld bekommen, es waren über 1000 Zloty. Auch dieses erhielten wir nicht mehr. Überall Betrug. Die polnischen Direktoren und Verwalter steckten das Geld ein. Der polnische Verwalter vom Gut Kolbiehnen kam nach Barten nachgefahren und zahlte dort seinen deutschen Arbeitern dieses Geld aus. Warum konnten es die andern nicht auch so machen?

Die Bummelei mit dem Transport begann bereits, als wir auf den bereitgestellten Wagen (Pferdewagen) Platz genommen hatten. Bis zum Morgen des 4. September hatten wir acht Kilometer bis Barten zurückgelegt. Dort absteigen. Stundenlange Pause. Nachher Verlesen der Listen, ein Ehepaar Kossack aus Dönhofstädt war durch Einschüchterung nicht mitgekommen. Sie sind wohl heute noch dort, wie ich aus dem Briefwechsel sehe, den ich mit einer Familie in Ostpreußen führe. Eine Frau Morzick war mit ihren drei Kindern schon auf dem Transportwagen, wurde aber heruntergeholt, weil sie, um ihre Kinder besser pflegen zu können, für Polen optiert hatte. Nach Verlesung brachten uns die Fuhrwerke nach Rastenburg zur Kreisstadt. Dort erhielten wir Unterkunft im Amtsgericht und Verpflegung. Nach einer ausgiebigen Zollkontrolle am 6. September wurde mir ein noch gebliebenes Sparkassenbuch genommen. Manchem nahm man neue Kleidung, Wäsche, Wolle oder Erbsen. Je nachdem es den Zollbeamten oder Beamtinnen gefiel, wurden wir mit LKW zum Bahnhof befördert.

Am 7. September gab es Marschverpflegung, und um die Mittagszeit setzte sich unser Zug in Bewegung. Über Korschen, Allenstein, Thorn, Posen, Gnesen, Teplitz. In Teplitz standen schon zwei Transportzüge, wo ich Anverwandte traf. Es ging weiter über Forst, Leipzig bis Altenburg, wo wir entlaust, d. h. mit weißem Pulver eingestäubt wurden. Am nächsten Tag bis Sonneberg, Süd-Thüringen, in ein Quarantänelager zwölf Tage. Dort begann der Hunger bei den dünnen Suppen. Auf der Fahrt konnte man sich nicht beklagen, außerdem besaßen die meisten etwas Vorrat an Lebensmitteln. Hätten natürlich mehr gehabt, wenn der Rausschmiß nicht so unverhofft gekommen wäre. Von Sonneberg wurden wir verteilt, nach Wunsch aufs Land oder in Städte der Ostzone.

Die Burg Rössel

Aus »Borussia«

Unter denjenigen Burgen des alten Preußens, welche im dreiundfünfzigjährigen Kampfe der heidnischen Preußen (1230–1283) mit den deutschen Rittern entstanden, sowie durch die spätern Schicksale teils wieder untergegangen, teils bis jetzt erhalten worden sind, verdient auch die Burg Rössel in Ostpreußen genannt zu werden. Sie ward schon 1240 unter dem Hochmeister Konrad von Thüringen, zum Schutz des Barterlandes gegen die Einfälle der Preußen, zwar in der Ebene, aber auf einer schroffen Anhöhe erbaut, rings von Wäldern umgeben und durch tiefe Burggräben, welche der an ihrem Fuße fließende Zain füllte, und durch hohe, starke Mauern vorzüglich befestigt. Zwanzig Jahre blieben alle Stürme der Feinde durch die Stärke der Mauern und durch die Tapferkeit der Ritter und Schildknechte fruchtlos; als aber 1262 die wilde Empörung das ganze Barterland ergriff und in der Burg die niederschlagende Nachricht eintraf, die wichtigsten Burgen zu Königsberg, dreizehn Meilen, Kreuzburg zehn Meilen, und Bartenstein, nur vier Meilen davon entfernt, würden bereits von den Empörern umlagert, verloren die Ritter mit ihren Kriegsknechten allen Mut, brannten die Burg selbst nieder und suchten darauf, heimlich durch die Wälder entfliehend, in andern Ordenshäusern Schutz und Sicherheit.

Lange blieb die Stätte ein öder Steinhaufen, und der Wiederaufbau der Burg erfolgte unstreitig erst nach der gänzlichen Unterjochung der Preußen, 1283. Denn im Jahre 1337 ward unter ihren Mauern von dem ermländischen Domkapitel die Stadt gleiches Namens erbaut. Beide teilten aber schon, zehn Jahre später, mit ganz Ostpreußen das traurige Los der Zerstörung und Plünderung, als 1347, unter dem Hochmeister Heinrich Dusemer von Arffberg, die Großfürsten von Litauen, Olgjerd und Kynstutte, mit ihren Raubscharen gegen Rastenburg heranstürmten und sechs Jahre später, 1383, ihre Raubzüge wiederholten. Darauf kam sie an den Bischof von Ermland und verlor seitdem den geschichtlichen Zusammenhang mit dem übrigen Ordenslande. Erst der Zwiespalt des Ordens mit seinen Landständen und Städten im Bundeskriege versetzte auch die Burg Rössel wieder auf den Schauplatz der Ereignisse, da auch der Bischof mit seinen Städten in Streit geriet, die Stadt Rössel sich gleichfalls dem Bunde anschloß und von Polen dem Orden, wie dem Bischofe, gleich große Gefahr drohte.

Da gab der Bischof die meisten ermländischen Burgen in des Ordens Schutz, und der Komtur von Elbing, Heinrich Reuß von Plauen, rückte 1455 mit Ordenstruppen in Ermland ein, zugleich die Stadt und Burg Rössel besetzend. Diese mußte daher dem Bunde entsagen, und jene erhielt eine Besatzung von Söldnern unter Rottenführern, denen ein Ordensritter zur Seite stand. Diese dehnten aber bald ihre Gewalt über die Stadt und Umgegend aus und drückten Stadt und Land mit ihren Erpressungen und Räubereien. Vergeblich erhoben die unglücklichen Bürger und Landleute bittere Klagen; vergeblich bewirkten ihre dringenden Bitten beim Hochmeister 1456 die Errichtung eines förmlichen Ordenskonvents von Rittern und Priestern, unter Erwin Hugo von Heiligenberg; denn auch dieser war nicht imstande, das unbezahlte räuberische Söldnervolk im Zaume zu halten. Da beschloß 1461 der neue Bischof, Paul von Legendorf, durch einen Vertrag mit dem Hochmeister, Stadt und Burg von diesem Raubgesindel zu befreien. Allein die Söldner wollten, ohne Auszahlung einer großen Schuld, die Burg nicht räumen, und diese vermochte der Hochmeister nicht aufzubringen. Daher dauerte der Streit noch bis zum Jahre 1464, in welchem sie endlich abzogen und die Burg dem Hauptmann Andreas Senzkau übergeben ward. Da sich der Bischof seit 1466 unter polnischen Schutz begab, trat die Besatzung, 300 bis 500 Mann stark, feindlich gegen den Orden auf und verteidigte sie mit solcher Tapferkeit, daß sie die Ritter nicht überwältigen konnten; ja selbst ein polnisches Heer machte 1478 einen vergeblichen Versuch, sie mit Sturm zu nehmen. Und seit jener Zeit ist sie den politischen Stürmen so fremd geblieben, daß sie sich vor andern Burgen Preußens noch so erhalten hat. Die Kreisstadt Rössel zählt 3000 Einwohner in siebzehn öffentlichen und 258 Privatgebäuden, hat drei

Kirchen, worunter eine schöne katholische Pfarrkirche und eine evangelische Kirche in einem Saale des alten Schlosses, wo sich zugleich eine Zucht- und Irrenanstalt und ein Progymnasium befindet, und treibt Ackerbau mit Viehzucht, Wollenweberei und Garnhandel. Sie ist der Sitz eines Landratsamtes und eines Stadt- und Landgerichts zweiter Klasse. Seit dem Brandunglücke von 1807 ist sie schöner wiederaufgebaut worden.

Konrad von Thüringen (gest. 1240), Hochmeister des Deutschen Ordens
Domkapitel: Gemeinschaft der Geistlichen an einem Dom
Heinrich Dusemer von Arffberg, Hochmeister des Deutschen Ordens von 1345 bis 1351
Komtur: Leiter einer Komturei, eines Ordenskreises oder Verwaltungsbezirkes
Heinrich Reuß von Plauen (um 1370–1429), Hochmeister des Deutschen Ordens
Ordenskonvent: Versammlung eines Ordens
Progymnasium: in Preußen Vorschule zu einem Gymnasium

Annchen und Ulrich

(Aus Ostpreußen)

Schön Annchen wollt' spazierengehn,
Der Ulrich wollte mit ihr gehn.

Schön Annchen wollt' spazierengehn,
Der Ulrich wollte mit ihm gehn.

Und als sie in den Wald reinkamen,
Da sang die schöne Nachtigall.

»Ach Ulrich, liebster Ulrich mein,
Wie singen so schön die Vögelein!

Ein jeder Vogel hat seinen Gesang,
Wir beide gehn den Wald entlang.«

Und als sie noch ein End' gegangen war'n,
Schön Annchen fing zu weinen an.

»Ist dir der Ulrich nicht gut genug,
So sollst du heut' die zwölfte sein.«

»Soll ich noch heut' die zwölfte sein,
So laß mich noch zwei Wörtlein schrein.«

Das erste rief sie Gott dem Herrn,
Das andre ihren Brüdern zu.

Die Brüder saßen bei kühlem Wein
Und hörten die Stimm' ihres Schwesterlein'.

Der jüngste schnürt' sich lang und schlank
Und eilte jetzt den Wald entlang.

Und als er in den Wald reinkam,
Der Ulrich ihm entgegenkam.

»Ach Ulrich, liebster Ulrich mein,
Wo hast gelassen mein Schwesterlein?«

»Deine Schwester ist mir unbekannt,
Sie ist nicht mehr in diesem Land.«

»Ach Ulrich, liebster Ulrich mein,
Wie können deine Schuh so blutig sein?«

»Wie können meine Schuh so blutig sein?
Ich hab' geschossen ein Täubelein.«

»Das Täubelein, das du erschoß't,
Das lag auf meiner Mutter Schoß.«

Schloß Heilsberg

Aus »Borussia«

Das Schloß Heilsberg, durch traurige Schicksale in alter und neuer Zeit merkwürdig, ward schon in der ersten Zeit, als die deutschen Ritter nach Preußen gekommen waren, in einer angenehmen Gegend, welche der Kreuzberg und das Simser Tal, durch seine Tuffsteine bekannt, sehr verschönern, um 1240 an der Alle von denselben erbaut, um das Innere Ermlands (Warmiens) gegen die Einfälle der Preußen zu schützen. Anfangs war es nur eine Burg mit Wall und Graben; diese kam 1255 an den Bischof von Ermland. Nachdem die Preußen das Ordensheer bei Pokarben 1262 geschlagen hatten, zogen sie unter Auctumo und Glappo vor Heilsberg und nahmen es nach hartnäckiger Belagerung ein, da die Besatzung durch Hungersnot zum heimlichen Abzuge genötigt worden war. Erst 1273 eroberten es die Ordensritter wieder, und der Bischof von Ermland, Johann I. von Meißen († 1355) umgab 1320 die neue Ansiedlung mit einer Mauer. So entstand die Stadt Heilsberg, die eigentliche Hauptstadt des Ermlandes, welche die Schicksale des Schlosses teilte. Während des unglücklichen Bundeskrieges (1454–1466) ließ der Hochmeister, Ludwig von Erlichshausen, kraft einer Übereinkunft mit dem Bischofe, die Burg wieder besetzen; allein neun Jahre später zwangen die Polen den Bischof, der Verbindung mit dem Orden zu entsagen und die Burg einer polnischen Besatzung einzuräumen, worauf sie der Orden 1466 vergeblich belagerte. Als einige Jahre nachher, durch den Streit zwischen Stanislaus Opporowski und Nikolaus von Jungen um das Bistum der sogenannte Pfaffenkrieg ausbrach, wurde Heilsberg, welches Jungen, gegen den sich der König von Polen erklärt hatte, besetzt hielt, wieder lange Zeit belagert und litt dabei großen Schaden. Darauf folgte 1497, am Tage des heiligen Georgs, ein großer Brand, und im Kriege mit Polen belagerte es 1520 der Hochmeister Albrecht von Brandenburg dreimal zwar ohne Erfolg, aber nicht ohne große Zerstörung: ein großer Teil der Mauern und mehrere Türme sanken durch das Geschütz in Trümmer. Im Jahre 1523 brannte die Stadt abermals ab, und 1559 ging auch das Schloß bei einem Balle in Flammen auf. Nicht minder litt Heilsberg in den spätern Kriegen (im Nordischen Kriege hatte Karl XII. im Jahr 1703 sein Hauptquartier daselbst), namentlich im Siebenjährigen durch die Russen und im Preußisch-polnischen durch die Franzosen, als 1807 den 10. Juni daselbst ein blutiges Treffen vorfiel. Auch das Schloß ward von denselben verwüstet. – Die Stadt Heilsberg, 10 1/4 Meile von Königsberg, zählt gegenwärtig in 392 Häusern über 7000 Einwohner, welche von Ackerbau, Brauerei, Gerberei und Weberei leben, und ist der Sitz eines Landratsamtes, des fürstbischöflichen Landvogteigerichts und der Superintendentur des Ermlandes. Unter den vierzehn öffentlichen Gebäuden sind fünf Kirchen (die schöne katholische Pfarrkirche und die evangelische Kirche, ein ehemaliges Nonnenkloster), zwei Schulen und ein Kranken- und Armenhaus. Um die Stadt führen angenehme Spaziergänge.

Bundeskrieg: Durch den Krieg mit Polen setzte der Deutsche Orden den Adel und die Städte hohen Steuern aus, diese schlossen sich deshalb 1440 zum Preußischen Bund zusammen. Das Wirken des Bundes führte dann 1454 zur Aufkündigung des Gehorsams gegenüber dem Orden; die Herrschaft bot der Bund dem polnischen König Kasimir IV. an; dies führte zum Bundeskrieg (1454–1466), in dem der Bund und Polen gegen den Orden kämpften und der auch »westpreußischer Städtekrieg« genannt wird. Der Orden konnte jedoch nicht die Oberhand gewinnen und schloß 1466 in Thorn Frieden, wobei er Westpreußen an Polen abtrat.

Ludwig von Erlichshausen, Hochmeister des Deutschen Ordens von 1450 bis 1467

Tag des heiligen Georg: 23. oder 24. April

Albrecht von Brandenburg (1490–1545), begründete mit seinem Übertritt zur lutherischen Kirche das Ende des Ordens und erhielt 1525 Ostpreußen vom polnischen König als erbliches, weltliches Herzogtum

Nordischer Krieg (1700–1721) zwischen Karl XII. von Schweden und einer Koalition aus Polen, Sachsen, Dänemark, Rußland, Preußen und Hannover

Siebenjähriger Krieg (1756–1763): eigentlich dritter Schlesischer Krieg zwischen Preußen und Österreich (und Rußland, Frankreich, Kursachsen) um Schlesien

Bartenstein

Matthaeus Merian

Ein Städtlein, auch im Bartenland, Anno 1331 gebaut, so erstlich Rosenthal geheißen, und Anno 1460 in dem Polnischen Krieg von den Bürgern dem Deutschen Orden aufgeben worden ist. Es hat da aber in Natangen (dann die Alle Barten und Natangen scheidet) ein wackeres Schloß gehabt; so aber im Krieg verwüstet worden ist.

Anno: im Jahr
dann: wo

Gerdauen

Fr. Reiche

Gerdauen im Bartener-Lande war in der Mitte des dreizehnten Jahrhunderts der Sitz eines edlen Preußen Girdawe, der dem Orden ergeben war und an den Aufständen seiner Landsleute gegen denselben nicht teilnahm. Der Kriegshauptmann Dywane belagerte deshalb seine Burg, aber diese wurde solange verteidigt, bis Hunger und Not es nicht mehr zuließen. Da zündete Girdawe sie mit eigener Hand an und flüchtete sich mit den Seinigen in das Ordenshaus Königsberg.

Als im Jahre 1325 der Hochmeister Werner von Orseln hier eine neue Burg erbauen ließ, behielt sie, zum Andenken an jenen edlen Preußen, den Namen Gerdauen. Man sah es als ein glückliches Zeichen an, daß eben, als bei der Erweiterung der Burg die Messe gelesen wurde, zwei Haustauben um die Mauern derselben flogen; eine Erscheinung, die in dieser Wildnis sonst nie bemerkt worden war.

Macht hoch die Tür

Georg Weißel

Macht hoch die Tür, die Tor' macht weit,
Es kommt der Herr der Herrlichkeit,
Ein König aller Königreich',
Ein Heiland aller Welt zugleich,
Der Heil und Leben mit sich bringt;
Derhalben jauchzt, mit Freuden singt:
Gelobet sei mein Gott, mein Schöpfer, reich an Rat!

Macht hoch die Tür, die Tor' macht weit!
Eu'r Herz zum Tempel zubereit't,
Die Zweiglein der Gottseligkeit
Steckt auf mit Andacht, Lust und Freud',
So kommt der König auch zu euch,
Ja Heil und Leben mit zugleich!
Gelobet sei mein Gott, voll Rat, voll Tat, voll Gnad'!

O komm, mein Heiland Jesus Christ,
Mein's Herzens Tür dir offen ist!
Ach zieh' mit deiner Gnade ein!
Dein' Freundlichkeit auch uns erschein'!
Dein Heil'ger Geist uns führ' und leit'
Den Weg zur ew'gen Seligkeit.
Dem Namen dein, o Herr, sei ewig Preis und Ehr'!

Dieses bekannte deutsche Weihnachtslied schrieb noch vor 1623 der aus Domnau stammende Georg Weißel

Die Kreisstadt Wehlau

August Eduard Preuß

Wehlau oder Welau, Kreisstadt mit 3239 Einwohnern, liegt am Einflusse der Alle in den Pregel, fünf Meilen westlich von Insterburg, sechseinviertel Meilen östlich von Königsberg entfernt. Die Einwohner treiben Ackerbau, Handel und bürgerliche Gewerbe verschiedner Art. Schon im Jahre 1255 legten die Preußen hier eine Burg an; die Stadt aber ward erst durch den Orden 1336 gegründet. Gegenwärtig enthält sie eine evangelische Kirche, eine Bürgerschule, mehrere öffentliche Gebäude, eine Brücke über den Pregel und die anliegenden Sümpfe 891 Fuß lang; ist der Sitz eines Land- u. Stadtgerichts, eines Landratsamtes und dient zwei Kürassier-Schwadronen zur Garnison. Die Pferdemärkte, welche hier gehalten werden, sind sehr bedeutend. Geschichtlich merkwürdig ist Wehlau durch den Frieden am 19. Sept. 1657, zwischen dem Großen Kurfürsten und Polen, der späterhin in Bromberg beschworen wurde, worin der König von Polen der Oberlehnshoheit über Preußen förmlich entsagte und das Land der Alleinherrschaft des Kurfürsten übergab. Sehr sehenswert sind die dicht vor der Stadt auf städtischem Grunde, auf der sogenannten Pinnau im Jahre 1766 nach holländischer Art angelegten großen pinnauschen Fabriken- oder Mühlenwerke.

Schützenfest vor Tapiau (1872)

Lovis Corinth

Mitten im Hochsommer fällt alljährlich das große Schützenfest. Wochenlang wird fieberhaft dafür gearbeitet. Die Mädchen richten ihre Ballkleider, die männliche Schar übt sich im Schießen und hält Schau ab, ob der Frack von den Motten verschont geblieben ist. Abends vor dem Fest ist der große Zapfenstreich. Die Straßen (in Tapiau) sind mit Birkenbäumen geschmückt und, dort wo es zur Stadt hinausgeht zur Festwiese, ist ein großes Triumphtor mit mächtigen Guirlanden aufgeführt. Den nächsten Morgen geht es dann mit Musik hinaus. Alle mit mächtigen Kränzen umwunden, selbst die kugelwerfenden Gewehre mit unschuldigen Blumen bekränzt. Vor dem Zuge reitet der Schützenkönig des vorigen Jahres mit seinem Gefolge. Alle mit silbernen Orden und farbigen Bändern reich besteckt. Dann strömen die fliegenden Fahnen von den bestaussehenden Jünglingen getragen, und dann das Gros der Degenträger von ihren Leutnants kommandiert; diese Waffen sind meistens von den Aufsehern der Besserungsanstalt geborgt worden.

Die Festwiese selbst ist zu einer Zeltstadt geworden. Hier haben sich die Gastwirte eingerichtet und hoffen während dieser Tage, wenn Petrus ein schönes Wetter mit blauem Himmel geschickt hat, einen erklecklichen Gewinn zu ziehen. Mitten in den Zeltreihen ist die Tanzbühne, ein primitiver Bau, der auch alljährlich (wieder) verschwindet. Gen Osten aber bildet ein schwarzer Nadelwald, allgemein »Die Fichten« genannt, einen Dekorationsabschluß. Das Hauptfest beginnt nachmittags; um vier Uhr belebt sich allmählich der Platz. Der Schützenkönig … nebst Gemahlin mischen sich leutselig unter das Volk, und bald sind seine Getreuen um ihn versammelt. Auch Gerbermeister Stiemer ist in seinem blanken neuen Tafelwagen, die Füchse davor, mit Familie und einem Gast auf dem Platz erschienen. Der Gast ist ein entfernter Verwandter (Ludwig) … und Fleischergesell in der Großstadt. Tadellos bedeckt der Frack seine kräftige Figur. Die wasserhellen hervorstehenden Augen sehen etwas blöde in die Welt, dafür zwirbelt ein heller Schnurrbart seine Spitzen stolz gen Himmel, und unter der roten Unterlippe ist ein Bärtchen in dem sonst glattrasierten Kinn stehen geblieben, »Fliege« genannt, im Fleischerjargon »Mädchenzwinger«. Das dunkle Haar ist mitten gescheitelt, um dann seitlich in aufquellenden Locken das weißrosige Gesicht einzurahmen. Am Finger steckt ein Siegelring. Er hat seine städtischen Manieren bei Rieke gut angewandt; denn diese verläßt ihn kaum mehr mit den Augen, obgleich sie doch früher nur einen Beamten für beachtungswert hielt. Sie hat auch ihre Toilettenkünste angewendet, um diesen Tag in dem Schönheitsstreit nicht hinten zu bleiben. Ihre fahlblonden Haare sind straff über zwei wurzelartige Polster, die an die Schläfen gelegt sind, nach hinten gezwängt und dann in einem

Lovis Corinth, Selbstbildnis

Netz drin. Das Gesicht erhält dadurch ein etwas steif-byzantinisches Ansehen. Die Schultern und Arme sind bloß, den Körper bedeckt ein rosarotes Musselingewand über einer Krinoline eine richtige Glocke bildend. Eine künstliche Rosenguirlande zieht sich von dem Busen zur Taille herunter. – Auch die Meisterin, die übrigens die Annäherung der beiden jungen Leute mit Genugtuung zu verfolgen scheint, hat ihr altes Schwarzseidenes aus dem Schrank hervorgeholt, eine massive goldene Halskette umgelegt, und über die breiten Schultern trotz der großen Hitze ein schwerwollnes rotes Tuch mit türkischen Mustern ... Nachdem für die Frauen ein schattiger Platz in einer Bude gefunden ist, suchte der junge Gast seine Freunde auf. Mit Bewunderung wird er hier empfangen ...

Die beiden Söhne August und Franz der Meisterin Stiemer haben sich auch feingemacht. Die vorigen Weihnachten geschenkten langen goldenen Uhrketten prangen stolz auf weißseidenen Westen, nur die Fingerspitzen ließen noch ahnen, welches Geschäft (Lohgerberei) sie treiben; denn diese sind von der Lohe braun gebeizt, und keine Seife der Welt kann sie reinwaschen …

Jetzt tritt zu der Gruppe noch ein großer ungeschlachter Mensch …

»Gehen wir zu der Theke«, ruft er …, »Famoses Bier, außerdem ist ja die Schenkmamsell wieder da. Famoses Mädel, was, Franz?« Einmütig wenden sie sich der Bude zu, den Franz mit eigenartigen Blicken ansehend. Mit leuchtenden Blicken empfängt sie die Kellnerin, rückt einen Tisch und Stühle zurecht. Dem Franz gibt sie verstohlen mit vielsagendem Augenaufschlag einen zärtlichen Händedruck …

»Wieviel sind wir denn?« ruft der Fleischer, »Mamsell, bringen Sie mal Bier und für jeden einen Rum.« Sie nickt ihm freundlich zu und holt dann das Bestellte … Geht dann zu Franz und trinkt von seinem Glas einen großen Schluck; mit Feuer setzt dann dieser seine Lippen auf dieselbe Stelle und trinkt das Glas leer … »Mädel, bring mir noch eins«, nörgelt er …

Diese bringt es ihm tänzelnden Schrittes im Walzertakte eine Tanzweise hinträllernd: »Ach, nur ein einziges Mal lasset uns tanzen im fürstlichen Saal.« Zu gleicher Zeit schallt von draußen eine flotte Polka in das Zelt hinein. Hastig springt der schöne Fleischer auf, nickt allen zu, eilt fort, weil er ja doch seiner Cousine, der Rieke, den ersten Tanz versprochen hat. Die andern bleiben noch einige Zeit …

(Dann sagt einer:) »Prost, Franz, wollen wir austrinken und auch zum Tanz beide gehen?« …

Sie trinken aus, ziehen weiße Glacéhandschuhe an und gehen zur Musik. Vor der Tanzbude mustern Franz und der andere junge Mann kritisch die Mädchen …

»Na so in Gedanken«, ruft ein Bekannter …, »kommen Sie, Franz, zum Schießen, vielleicht gewinnen Sie einen silbernen Löffel, Ihr Bruder August wär' bald Schützenkönig geworden.« Er zieht den Gerbergesellen nach dem Rande des Waldes, wo der Schießstand ist, und woher von Zeit zu Zeit ein Knall in die Tanzmusik hineinschallt …

Die Stunden verrinnen, die Sonne läßt die Schatten der Gebäude und Menschen gespenstig lang über die grüne Wiesenfläche lagern; eine Wolke verschleiert sie, manchesmal leuchtet die Sonne noch vor, – fast mit dem Anschein jedem ein gutes Vergnügen wünschend, dann taucht sie unter den Horizont ... Die Dämmerung bricht an. Am blauen Himmel sind noch rote Wölkchen mit goldigen Kanten. Die Familien rüsten sich meistens zur Heimkehr. Jetzt bekommt das Leben und Treiben auf dem Platze einen andern Charakter. Mancher Mann bleibt und nimmt ein freies Wesen an. Herumtreibende sprechen zu Dirnen und Bauernmädchen, die sich jetzt am Abend eingefunden haben und ungeniert unter der Menge herumflanieren.

Auch in den Buden geht es frivoler zu. In dem Königszelt liegen der frühere Schützenkönig, ... und der jetzige einträchtig nebeneinander mit schweren Köpfen auf dem Tisch; desgleichen schlummert auch ihr Generalstab teils auf den Bänken teils darunter ...

Die Bude, wo seine Schenkmamsell arbeitet, umschleicht der eifersüchtige Franz ... Er stürzt herein ... Die Kellnerin hatte sich eben die Ärmel heraufgekrempelt ... Tückisch sah sie den aufgeregten Menschen an, umschlingt ihn und bringt ihren Kopf ganz nahe an den seinen ...

»Laß mich in Ruh«, schrie er, »jetzt ist es aus mit uns« ... Sie führte ihren Schürzenzipfel an die Augen ... und schluchzte: ... »Ach, daß ich so unglücklich lieben muß, mein Gott, mein Gott, was fang' ich nur an.« Der Mann stand unschlüssig da ...

Seine Füße führten ihn unbewußt neben sie, und sie warf sich an seine Brust ...

In der hellen Sommernacht schwankten einzelne Gestalten und Pärchen der Stadt zu. Dort gingen auch Franz und seine Geliebte Hüfte an Hüfte mit umschlungenen Armen.

Gros: 12 Dutzend; der überwiegende Teil
gen: gegen
Krinoline: Reifrock
frivoler: leichtfertiger, schlüpfriger

Anke von Tharau

Anke von Tharau ist's, die mir gefällt,
Sie ist mein Leben, mein Gut und mein Geld.

Anke von Tharau hat wieder ihr Herz
Auf mich gerichtet, in Lieb und in Schmerz.

Anke von Tharau, mein Reichtum, mein Gut,
Du meine Seele, mein Fleisch und mein Blut.

Käm' alles Wetter gleich auf uns zu schlah'n,
Wir sind gesinnt, beieinander zu stah'n.

Krankheit, Verfolgung, Betrübnis und Pein
Soll unsrer Liebe Verknotigung sein.

Recht als ein Palmbaum über sich steigt,
Je mehr ihn Hagel und Regen angreift:

So werd' die Lieb in uns mächtig und groß,
Durch Kreuz, durch Leiden, durch allerlei Not.

Würdest du gleich einmal von mir getrennt,
Lebtest da, wo man die Sonne kaum kennt:

Ich will dir folgen, durch Wälder, durch Meer,
Durch Eis, durch Eisen, durch feindliches Heer.

Anke von Tharau, mein' Sonne, mein Schein,
Mein Leben schließ' ich in deines hinein.

Schlah'n: geschlagen
stah'n: stehen
Verknotigung: Verknüpfung, Band

Die Schlacht bei Preußisch-Eylau

C. E. T. Amelung

Eine stete Reihe von heißen, blutigen Gefechten, die sich längs der Weichsel bis an die ostpreußische Grenze hinaufzogen, bezeichnete das Ende des scheidenden und den Beginn des neuen Jahres 1807. Die meisten Festungen waren in den Händen der Franzosen. Nur Kosel, Glatz, Silberberg in Schlesien, Graudenz und Pillau in Preußen und Kolberg in Pommern behaupteten sich rühmlich. Als die Feinde Courbière, dem Kommandanten von Graudenz, sagen ließen, er solle die Festung übergeben, da es keinen König von Preußen mehr gäbe, der nach Memel geflüchtet sei, antwortete der brave Mann: »Nun, so bin ich König von Graudenz, und ich will sehen, wie lange ich es sein kann.« –

Der tapfere Befehlshaber von Pillau versammelte die Besatzung, ließ einen Sarg in die Mitte tragen, trat vor denselben und sprach: »Kameraden, lebendig übergebe ich die Festung nicht. Hier ist mein Sarg, wer mich überlebt, lege meine Gebeine hinein. Schwört mit mir: Preußen oder Tod!« – Alle schwuren. Graudenz und Pillau wurden nicht erobert. Ebensowenig Kolberg. Hier befehligte der wackere Gneisenau, der sich, von Nettelbeck und Schill unterstützt, wie ein Löwe gegen die heranstürmenden Franzosen wehrte und alle Angriffe abschlug.

Das Toben des Kampfes hatte sich auf die Gefilde Ostpreußens gewälzt, und bei dem Städtchen Preußisch Eylau, nur wenige Meilen von Königsberg entfernt, trafen die feindlichen Heere (die Preußen unter Benningsen vereinigt mit den Russen unter L'Estocq gegen die Franzosen unter Napoleon) zusammen.

Es war am 7. Februar 1807, als der blutige Kampf begann. Vom schneidend kalten Wintersturm umheult, während häufiges Schneegestöber die Luft verdunkelte, rasten hier die Krieger aus Europas Norden und Westen mit der wütendsten Tapferkeit gegeneinander. Ganze Reihen der Feinde wurden namentlich durch die auf Veranlassung des Generals von Brockhausen von der preußischen Artillerie geschleuderten Kettenkugeln dahingerafft. Hatte man zunächst um die Anhöhe vor der Stadt gekämpft, so galt es nun dem Besitze der Stadt selbst, und schon war die Nacht hereingebrochen, als noch immer in den Straßen Eylaus mörderisch gefoch-

ten wurde, bis zuletzt die russische Reserve genötigt war, sich auf das Hauptheer zurückzuziehen. Nichts war bis dahin entschieden, als die Finsternis auf wenige Stunden das mörderische Gefecht hemmte. Schon lagen Tausende teils tot, teils mit klaffenden Wunden in der kalten Winternacht auf der hartgefrorenen Erde, und rings war der Schnee mit Blut gerötet.

Die Morgendämmerung des achten Februar verkündigte kaum den Anbruch eines trüben Wintertages, als um halb sechs Uhr jenes schreckliche Morden begann, welches diesen Tag in der Geschichte des neunzehnten Jahrhunderts blutig auszeichnete. In unglaublicher Wut drangen die Franzosen gegen die Kämpfer des Nordens vor, aber es gelang ihnen nicht, sie zum Weichen zu bringen. Napoleons beste Krieger sanken hier vergebens vor der vereinten Tapferkeit der Preußen und Russen in ihr Blut, und das ununterbrochene Feuer aus mehr denn 800 Geschützen vernichtete unerbittlich das Leben von Tausenden. Erst um neun Uhr abends, nachdem sich der letzte Sturm der Franzosen an L'Estocqs mutigen Scharen gebrochen hatte, endete das wütende Morden damit, daß die Russen das Schlachtfeld behaupteten; aber auch die Krieger Napoleons blieben, als die Sonne zum zweiten Male über dem blutigen Schlachtfelde zum Westen hinabsank, auf ihrer Walstatt, und so hatte noch immer der lange furchtbare Kampf nichts entschieden. Vielleicht würde ein vollständiger, glänzender Sieg die Anstrengungen der russisch-preußischen Waffen belohnt haben, wenn sie am dritten Tage den Angriff abermals erneut hätten. Tausende von Sterbenden und Verwundeten sowie Ströme von Blut deckten das Schneegefild; Versprengte, zum Teil in großen Haufen, trieben auf der Straße nach Königsberg umher, und die noch um die Fahnen versammelten Krieger waren durch Kämpfe,

Nachtmärsche, Entbehrungen und Frost erschöpft. Diese Umstände, verbunden mit Neys vorteilhafter Stellung in der rechten Flanke der Russen, waren es, welche Benningsen bewogen, den bereits gegebenen Befehl zur ferneren Verfolgung des Feindes wieder zurückzunehmen und noch in der Nacht den Rückzug nach Königsberg anzutreten. – Ebensowenig aber hatte diese Schlacht für die Franzosen glückliche Erfolge herbeigeführt, vielmehr war ihre Lage noch bei weitem mißlicher, was Napoleon selbst unwiderleglich dadurch bewies, daß er die Russen in der höchst nachteiligen Stellung bei Königsberg unangefochten ließ und überhaupt fürs erste keine neue Schlacht wieder wagte; nicht minder bewiesen die unablässigen Scharmützel, die nach der Schlacht bei Eylau zwischen der Passarge und der Alle vorfielen, daß hier dem Siegesfortschritte der französischen Armee eine mächtige Schranke gezogen worden sei. –

Friedrich Wilhelm knüpfte Friedensunterhandlungen an, die sich aber an dem trotzigen Übermute des französischen Siegers wieder zerschlugen. Nach der unglücklichen Schlacht bei Friedland an der Alle (14. Juni 1807), in welcher Napoleon Sieger war, kam es zum Waffenstillstande und dann zum Frieden zu Tilsit. Überaus hart waren die Friedensbedingungen des hochmütigen Siegers für Preußen; und selbst die Bitten und Vorstellungen der sanftmütigen Königin Luise, die in Bekümmernis um ihre Untertanen nach Tilsit gekommen war, konnten den Unersättlichen nicht zur Milderung seiner übertriebenen Ansprüche umstimmen. Mit Rußland erfolgte der Abschluß des Friedens am siebten, mit Preußen am neunten Juli 1807.

In diesem unseligen, schmachvollen Frieden verlor Preußen die Hälfte seines Königreichs, nämlich alle auf dem linken Elbufer gelegenen Länder mit Einschluß Magdeburgs, und alle seine Besitzungen in dem ehemaligen Polen, welche als Herzogtum Warschau an Sachsen kamen; außerdem mußte sich der König verpflichten, England seine Häfen zu schließen, ein Heer von nur 42 000 Mann unter den Waffen zu halten und eine sehr bedeutende Summe als Kriegskosten zu zahlen, bis zu deren völliger Entrichtung französische Heere in Preußen blieben und mehrere Festungen (Stettin, Küstrin, Glogau) besetzt hielten.

Mit tiefem Schmerze erfüllten diese traurigen Ereignisse das treue Preußenvolk und sein geliebtes Herrscherpaar. Doch aus der Zeit der Schmach entwand sich die Zeit des höchsten Ruhmes, und Preußen drang durch Nacht zum Lichte.

August Graf Neidhardt von Gneisenau (1760–1831) preußischer General
Meile (preuß.) Längemaß (7, 532 km)
Anton Wilhelm von L'Estocq (1738–1815), preußischer General
Napoleon I. Bonaparte (1769–1821), Kaiser der Franzosen
Kettenkugeln: mit Ketten verbundene Kugeln
Walstatt: Kampfplatz, Schlachtfeld
Michel Ney (1769–1815), französischer General
Friedrich Wilhelm III. (1770–1840), seit 1797 preußischer König
Frieden von Tilsit: am 9. Juli 1807 zwischen Preußen und Frankreich geschlossener Frieden, bei dem Preußen große Teile seines Gebiets abtreten mußte
Königin Luise (1776–1810), Gemahlin von Friedrich Wilhelm III.

Die erwünschte Heimat

Michael Kongehl

Geister, die die Welt durchreisen,
fürchten keiner Skythen Eisen,
achten nichts den blanken Stahl,
halb-bemond'te Partisanen,
blut-bespritzte Martis-Fahnen
stürzen sie in keine Qual.

Des entbrannten Ätnas Spitzen
und die zwei erhöhte Stützen,
die Alkmönen Sohn erbaut,
werden oftmals überstiegen,
Thule bleibt dahinten liegen,
und Peru wird selbst durchschaut.

Aber, wann das Rund der Erden
mit viel tausend Angstbeschwerden
endlich überstiegen ist;
Must du doch zurückgedenken
und die Sinnen heimwärts lenken,
wo du nicht von Marmor bist.

Du wirst schlechte Ruh empfinden,
bis du von den Oeols Winden
wirst getrieben seewärts ein,
daß du kannst aus fremden Landen
fröhlich an dem Ufer stranden,
da dein Herz zu Haus mag sein.

Skythen: iranisches Reitervolk, das im achten Jahrhundert ins Gebiet zwischen Don und Donau vorstieß
halb-bemond'te: türkische
Martis-Fahnen: Kriegsfahnen
Ätna: Vulkan auf Sizilien
Alkmönen Sohn: im griechischen Mythos Herkules
Thule: im Altertum Name für das Gebiet nördlich von Britannien, galt als nördlichstes Land der Erde (wahrscheinlich die Shetland-Inseln)
Oeols: Äolos, in der griechischen Mythologie der Gott der Winde

Braunsberg

P. Rosenwall

Braunsberg hat eine vorteilhafte Lage an der Passarge, die ohnfern davon in das Haff fällt und die Kommunikation mit Pillau und Königsberg erleichtert. Die Stadt ist der Stapelort für das ermländische Garn, mit dem mehrere Kaufleute, vorzüglich aber das Haus Östreich und Söhne, einen bedeutenden unmittelbaren Handel nach England treiben. Letzteres Haus hat sich ein ungeheures Vermögen erworben; seine Wechsel gelten an allen Plätzen, und sein Kredit ist unermeßlich. Das Haupt dieses Hauses ist ein liebenswürdiger Greis, der jedem Verehrung und Hochachtung abnötigt, der das Glück hat, seine Bekanntschaft zu machen. Er ist schon lange wegen seiner Verdienste um den Handel zum Geheimrat ernannt worden, auch hat ihm sein König, wegen seiner Vaterlandsliebe, den roten Adlerorden erteilt, er bedient sich aber weder des Titels, noch schmückt er sich mit dem Orden, obgleich er die Gnade seines Königs dankbar erkennt. Er ist ein frommer Katholik, aber duldsam genug, zwei seiner Söhne lutherische Frauen ehelichen zu lassen, wovon die eine noch dazu unter seinem Stande ist. Er hat

Die Kirche in Braunsberg

seinen Kindern sein großes, schönes Haus überlassen und wohnt einsam in der Vorstadt, wo er den Abend seines tätigen Lebens ruhig verlebt und nur wenigen Anteil an den Geschäften nimmt. Er hat nach dem unglücklichen Kriege 1807 seinen Reichtum benutzt, um das grenzenlose Elend der Provinz Ermland zu mindern, und Tausende danken ihm ihre Errettung.

Braunsberg ist ein lebhafter Ort, in dem viele wohlhabende Familien wohnen. Es sind hier mehrere katholische Kirchen, unter denen sich die Pfarrkirche wegen ihrer Altertümlichkeit und Votivbilder und Figuren auszeichnet, mit denen alle Wände bedeckt sind. Welcher Heilige hier Wunder wirkt, habe ich vergessen. Auch ein katholisches Priester-Seminarium besteht hier und eine lutherische Kirche. Ich muß gestehen, selten soviel Eintracht zwischen Katholiken und Lutheranern angetroffen zu haben wie hier; die Geistlichen beider Konfessionen gehen brüderlich miteinander um und geben so ein Beispiel schöner Verträglichkeit, das von den Einwohnern nachgeahmt wird. Der Direktor des katholischen Gymnasiums, Herr Burgund, ist ein aufgeklärter, gelehrter, für die Beförderung alles Guten tätig wirksamer Mann. Eine Mädchenschule, worin Kinder weiblichen Geschlechts vom geringen Stande, ohne Unterschied der Religion, in allen weiblichen Handarbeiten unterrichtet werden, hat ihren Ursprung seinem Eifer zu danken, die Bürger für den Nutzen einer solchen Anstalt empfänglich zu machen. Er ist auf vielfache Weise bemüht, seinem Vaterlande nützlich zu sein, und sieht seine Mühe mit dem herrlichsten Erfolg gekrönt. Die Namen Östreich und Burgund werden lange dann noch dankbar genannt werden, wenn ihre Gebeine schon längst in Staub zerfallen sind.

Kommunikation: Kontakt, Verständigung
Stapelort: Ort, an dem alle Waren, die für den weiteren Transport bestimmt waren, zunächst hier zum Verkauf angeboten werden mußten

Eine ansehnliche Stadt

August Eduard Preuß

Braunsberg, eine ansehnliche Stadt, die ehemalige Hauptstadt des Ermlandes, siebendreiviertel Meilen von Königsberg entfernt, liegt an der Passarge, welche die Altstadt von der Neustadt trennt, und eine Meile unterhalb sich ins Frische Haff ergießt, mit 7144 Einwohnern, welche besonders Handel mit Getreide und Garn (der letztere, früher sehr bedeutend, hat in neuerer Zeit außerordentlich abgenommen), aber auch mit Schiffbauholz, Flachs, Federn, Borsten ect., Tuch- und Leinwandweberei, Gerberei und andere bürgerliche Gewerbe treiben. Der Handel, die Schiffahrt auf der bis Braunsberg für kleinere Fahrzeuge schiffbaren Passarge und die große hindurchführende Kunststraße zwischen Königsberg und

Berlin machen den Ort zu einem der lebhaftesten und zugleich wohlhabendsten in der Provinz. Die Erbauung der Altstadt fällt in das Jahr 1255, und ihren Namen trägt sie zu Ehren des Bischofs von Olmütz Bruno, welcher den Böhmenkönig Ottokar auf seinem Zuge gegen die heidnischen Preußen begleitete. Die Neustadt ist erst 1350 durch den Bischof Hermannus erbaut. Zur Zeit der Ordensherrschaft gehörte Braunsberg zum hanseatischen Bunde und hatte damals das Stapelrecht über alle ermländischen Produkte, wodurch Handel und Wohlstand in hohe Blüte kamen. Seit dem fünfzehnten Jahrhundert wurde sie bischöflich und zur Hauptstadt des Bistums erhoben. – Unter den öffentlichen Gebäuden und Anstalten, welche die Stadt jetzt besitzt, merken wir: die katholische Pfarr- oder Katharinenkirche, ein altes, ansehnliches Gebäude, die neustädtsche Kirche und die Kreuzkirche vor der Stadt (alle drei bischöflichen Patronats), eine neu erbaute evangelische Kirche (königlichen Patronats), ein altes Schloß (1241 erbaut), das zu einem Seminare für katholische Schullehrer benutzt wird, ein katholisches Gymnasium in dem schönen Gebäude des von dem berühmten Kardinale und ermländischen Bischofe Stanislaus Hosius gestifteten ehemaligen Jesuitercollegiums, ein bischöfliches Seminar für junge Geistliche (neben dem Gymnasium), das im Jahre 1818 in eine höhere theologische Lehranstalt auf königliche Kosten verwandelt ist (mit einer theologischen und philosophischen Fakultät), drei Hospitäler.

Ottokar II. Przemysl (um 1230–1278)
Stapelrecht: Vorrecht für einen Ort, darauf zu bestehen, daß alle durch den Ort geführten Waren hier zuerst zum Verkauf angeboten werden müssen, bevor sie weitertransportiert werden dürfen
Fakultät: Fachbereich

Frauenburg

Aus »Borussia«

Frauenburg, eine kleine, offne, 1279 erbaute Stadt, am Fuße des Domberges, welcher die ganze Gegend beherrscht, und an der Mündung der Baude ins Frische Haff, im Regierungsbezirk Königsberg und Kreise Braunsberg gelegen, welcher mit den Kreisen Heilsberg und Rössel ehemals das Bistum Ermland (domus Emeritorum) bildete, hat zwei Kirchen, ein Hospital und außer den übrigen öffentlichen Gebäuden mit den Vorstädten oder dem sogenannten Hospital- und Mühlengrunde, 200 Häuser mit 2000 Einwohnern, deren Nahrungszweige Gewerbe, Fischerei, Ackerbau, Schiffahrt, Gerberei, Tuchmacherei, Töpferei, Garn-, Feder- und Holzhandel ausmachen. Außer der prächtigen Domkirche mit einigen sehenswerten Gemälden, einer Assumtion der heiligen Maria, der Bekehrung Sauls, der Speisung der 12 000 Mann und einem Jüngsten Gericht, sind noch zu bemerken der bischöfliche Palast und die Domherrenwohnungen auf dem Berge, welcher von der Stadt durch den von dem unsterblichen Mathematiker und Astronomen, dem Domherrn Nikolaus Kopernikus (Cöpernik, aus Westfalen stammend, geboren den 19. Februar 1473 zu Thorn, hier gestorben den 17. Juni 1543 und im Dome begraben), der durch sein Planetensystem seinen Ruhm an die Dauer der Welt geknüpft hat, eine halbe Stunde von der Stadt hergeleiteten Kanal, die neue Baude genannt, geschieden ist. An diesem Kanal steht noch der alte Wasserkunstturm, durch welchen das Wasser auf den Domberg getrieben und in alle Wohnungen der Domherren geführt wurde. Allein dieses herrliche Kunstwerk, nach welchem Ludwig XIV. die berühmten Wasserkünste von Marly anlegen ließ, ist schon längst durch Mangel an nötiger Unterhaltung in Verfall geraten. – Zur Bequemlichkeit der Reise- und Fischerkähne ließ 1675 das Domkapitel am Frischen Haff das Fahrwasser anlegen, auf welchem die kleinen Fahrzeuge bequem aus- und einlaufen können und bei Sturm vor aller Gefahr sicher sind. – Das Domkapitel, mit einem fürstbischöflichen General-Vikariatsamte und einem aus drei Instanzen bestehenden Gericht zweiter Klasse hat hier nebst einem Stadtgerichte seinen Sitz. – Um die Stadt herum sind viele Windmühlen. – Zwischen Frauenburg und Tolkemit findet man in noch vorhandenen Opfersteinen Spuren von der Verehrung des preußischen Landesgottes Kurche, welcher als freundlicher Geber der Speisen und Getränke im ganzen Lande verehrt wurde, wie die überall zerstreuten Opfersteine und viele Orte seines Namens noch jetzt beweisen.

Assumtion: Empfängnis
Ludwig XIV. (1638–1715), seit 1643 französischer König

Der Dom zu Frauenburg

Der Dom zu Frauenburg

P. Rosenwall

Schon von Braunsberg aus sieht man den hohen Dom zu Frauenburg, obgleich beide Örter drei Stunden voneinander entfernt sind. Die kleine, unansehnliche Stadt liegt am Fuße des Domberges und steht, in ihrer Erbärmlichkeit, im schreiendsten Widerspruche mit dem stolzen Tempel und den ihn umgebenden prächtigen Kurien. Der Dom hat, sowohl seiner Lage, als seiner Bauart nach, viel Ähnlichkeit mit dem Dom zu Meißen, doch ist er nicht, wie jener, von Sandstein gebaut, sein Innres aber sehr reich verziert. Der Berg, auf dessen Gipfel er erbaut ist, beherrscht die ganze Gegend und ist mit Mauern und Türmen umgeben, daher er eine Art von Festung ist. Die prächtigen Kurien des Bischofs und der Domherren liegen auch auf diesem Berge.

Die Aussicht vom Dom ist unbeschreiblich schön, da hier der höchste Punkt der ganzen Gegend ist. Man überblickt, nach drei Seiten zu, die Landschaft bis auf eine Weite von drei Meilen; an der vierten Seite sieht man das Haff und die Nehrung.

Kurien: Versammlungsort der Geistlichkeit oder deren Verwaltung

Mühlhausen

August Eduard Preuß

Mühlhausen, ein Städtchen an dem Flüßchen Donne mit 1392 Einwohnern, die Ackerbau, Brauerei, Töpferei u. a. Gewerbe treiben, zwei Meilen von der Kreisstadt Preußisch Holland, elfeinviertel Meilen von Königsberg entfernt. Winrich von Kniprode legte 1356 den Ort in der Absicht an, die Landleute von den Märkten zu Braunsberg und Wormditt hieher zu ziehen, um dadurch dem Bistume Ermland diesen Vorteil abzuschneiden. Das hiesige Bier und Töpferzeug sind beliebt und werden rings umher verfahren. Die Stadt hat eine lutherische Kirche und ein Stadtgericht. Von dem allmählich aufsteigenden sogenannten Gerichtsberge in der Nähe genießt man eine vortreffliche Aussicht. Überhaupt gehört diese Gegend zu den angenehmsten in der Provinz, sowohl wegen der Fruchtbarkeit als wegen des vielfachen Wechsels von Berg und Tal, Wiese und Wald. Die Wege von hier nach Frauenburg, Tolkemit, Trunz sind äußerst romantisch, an einzelnen Punkten an wirkliche Gebirgsgegenden erinnernd.

Winrich von Kniprode (gest. 1382), seit 1351 Hochmeister des Deutschen Ordens

Wormditt

Matthaeus Merian

Polnisch Ornetta genannt, Stadt und Schloß Anno 1316 gebaut. Liegt am Fluß Passarge, zwischen Guttstadt und Mehlsack im Ermländischen.

Volkstrachten in Ostpreußen

Fastnachtstanz

(Aus Ostpreußen)

Seht mal an mein rosa Kleid, mein rosarotes Kleid,
mein rosarotes Kleid;
Seht mal an mein rotes Kleid, mein rosarotes Kleid.
Denn es geht ja noch immer ohne euch, vallera,

ohne euch, vallera, ohne euch, vallera,
Denn es geht ja noch immer ohne euch,
vallera, ohne euch könn'n wir wohl sein.

Seht mal an mein schönes Haar, mein blondgelocktes Haar,
mein blondgelocktes Haar;
Seht mal an mein schönes Haar, mein blondgelocktes Haar.
Denn es geht usw.

Dieser in dem blauen Rock, der fällt mir in mein Aug',
der fällt mir in mein Aug';
Dieser in dem blauen Rock, das ist gewiß mein Schatz.
Denn es geht usw.

Liebe Herrn, ich sag' es euch, verliebt euch nicht in mich,
verliebt euch nicht in mich;
Liebe Herrn, ich sag' es euch, verliebt euch nicht in mich.
Denn es geht usw.

Der Dom zu Guttstadt

Guttstadt

Matthaeus Merian

Ein Städtlein, von dem Henneberger sagt, daß es sei im Lande zu Glottau Anno 1325 gebauen worden und dem Bischof von Heilsberg oder Ermland gehöre. Liegt an der Alle und hat einen Dom, und unterschiedliche Abenteuer ausgestanden. Anno 1414 in dem Preußischen Krieg haben die Polen in Preußen etliche schlechte Städtlein und Kastelle als Nidburg, Hohenstein, Allenstein, Zirgon, Bischofswerder, Riesenburg, Kreuzburg und dieses Guttstadt eingenommen.

Weihnachtsreise nach Altpreußen

Bogumil Goltz

Da es in meiner Erinnerung Winter ist, so kommen mir Bilder von einer Winterreise, die ich vielleicht in meinem sechsten oder siebenten Jahre mit meinen Eltern zu den Großeltern mütterlicherseits nach Altpreußen gemacht. Es waren wohlstehende, aber schlichte Bürgersleute, die ihre alten Tage mit einer unverheiratet gebliebenen Tochter in einem Landstädtchen verlebten. Man muß so ein ostpreußisches Städtchen im Winter gesehen haben und an einem trüben Abende, nach weiter Reise durch eingeschneite Felder, Wälder und über gefrorene Seen; man muß da in eine Herberge hineingefahren und über Nacht geblieben sein, um in der Seele zu begreifen, was es mit dem nordischen Kleinbürgerleben und mit der winterlichen Symbolik bereits in Ostpreußen so gut wie in Grönland zu bedeuten hat.

Von den Zurüstungen der Reise hab' ich nichts weiter behalten, als daß ich in ein altes Umschlagetuch der Mutter vom Kopf bis zu den Beinen und bis zum Ersticken festgewickelt worden bin.

Um mich her in der Stube stehen Kisten und Kasten; da nimmt mich eine polnische Magd in die Arme, um mich in den Schlitten zu tragen. Jählings abgerufen, wirft sie mich aber mitsamt meiner Emballage wieder zu dem übrigen Gepäck, so daß ich umfalle und mir bei der Arbeit des Aufrichtens das über den Kopf gezogene dicke Tuch auch über das Gesicht herabschlägt. Da mir nun beide Arme wie einem Wickelkinde beschnürt sind, so daß ich mir schlechterdings nicht helfen und nicht 'mal ein heiles Geschrei ausstoßen kann, so ist es mir fast Matthäi am letzten, als meine liebe Mama erscheint und mich befreit.

Unterwegs finde ich mich im Rücken der Eltern, unter einem fabelhaften Verdeck und zwar mehr liegend als sitzend verpackt. Die liebe Mutter sagt dann von Zeit zu Zeit zum Vater: »Wenn der arme Junge nur gut Luft holen kann«; und dann fragt sie mich laut und ängstlich: »Jungchen, lebst du auch noch, mein Kind?« »Ja, liebe Mutter.« »Friert dich auch nicht?« »I nein, nur ein bißchen.« »Na, wickle dich nur recht fest ein und rühr' dich nicht viel, mein Kind.«

Dann sagt wieder der Vater: »Na, na, ängstige dich nur nicht, liebe Frau, der ist ein knorriger Bengel und ein Unkraut obendrein; so eins verdirbt sobald nicht; wenn dir das Maul zugefroren ist, Junge, dann meld es der Mama.«

Dann wieder fahren wir bei einbrechendem Abende über einen großen gefrorenen See. Der Kutscher und der Vater gehen neben dem Schlitten her, und mich hat die Mama von hinten fort und auf den Schoß hervorgeholt, um mich, falls der Schlitten einbrechen möchte, gleich weit aufs feste Eis zu werfen; so denk' ich es mir jetzt, und so hab' ich's wohl damals gefühlt.

Es geht alles ganz glücklich bis zum Ufer; da ist das Eis mürber, die Pferde brechen ein, der Schlitten sinkt einen Augenblick ins Wasser, aber wir kommen doch mit viel Geschrei und Antreiben aufs Land und gleich darauf in einen »Krug« (Herberge). Die Mama und ich selbst, wir sind trocken. Der Kutscher aber und der arme alte Papa sind pfützennaß und die liebe Mama so erschrocken, daß sie dem Vater mit Tränen um den Hals fällt, der sie lachend beruhigt und mit lauter Stimme eine ganze Kasserolle voll Warmbier kommandiert.

Dann muß der Wirt dem Vater die nassen Stiefel abziehen, und da dies nicht auf die gewöhnliche Weise gehen will, so hat der Mann sich mit dem Gesicht vom Vater abgekehrt und dieser ihm einen Fuß gegen den Rücken festgestemmt, der Wirt aber den einen Stiefel fest in den Händen gehalten, bis er ihn richtig mit Gelächter herunterkriegt.

Am andern Tag fahren wir bei ganz gelindem Wetter und indem der Schnee wie in ganzen Lämmervliesen herunterflockt, durch einen unermeßlichen Föhrenwald, der in Ostpreußen eine Heide genannt ist. Ich sitze, da weiter keine Gefahr mit Erfrieren vorhanden, ganz wohlgemut und munter zwischen den lieben Eltern.

Zwischen den Schneemassen blickt überall das herzerfrischende Weihnachtsgrün der Kiefern und Fichten hervor, die wie große heilige Christbäume zuhauf stehen.

Ich empfinde und denke nichts weiter als die gleichmäßige stille und schnelle Bewegung des Schlittens; mir ist so reinlich, so säuberlich und dann wieder so mystisch, so verwandlungsvoll, so feierlich und weihnachtlich bis in die innerste Seele hinein, daß ich lauter Weihnachtsstimmung, also gar nicht bei ordinärem Menschenverstande bin. Mir ist vielmehr so märchenhaft, wie wenn die ganze Welt zu lauter Schnee und Weihnachten werden will; als wenn ich selbst ein warmes und leibhaftiges Schneewetter und Weihnachtswunder bin, in dessen heilige Stille das Schlittengeläute feierlich und wundersam hineintönt wie die Glocken des heiligen Christes, der die großen Menschenkinder im eingeschneiten Walddome zur Weihnachtsbescherung ruft. Damit sie nun nichts anderes hören, sehen und empfinden, so wird mit der jungfräulichen Unschuld der Mutter Maria und des Christkindes die schwarze, harte Menschensünde so zugedeckt, verwandelt, gereinigt und verträumt, wie der schwarze, hartgefrorene, von jedem

Tritt widerhallende Erdboden weich und weiß mit Schnee überdeckt wird.

Und in solcher dicken Weihnachtsstimmung kommen wir zu dem Städtchen der Großeltern und durch das in Ritterzeiten gebaute Tor.

Aber wenn das auch nicht gewesen wäre, so mußten wir doch alle von mancherlei Gefühlen bestürmt sein. Meiner Mutter Heimat und ihre Geburtsstätte umfingen uns hier. Der Vater hatte hier um seine Lebensgefährtin gefreit; er hatte in diesem Städtchen viele Jahre in Garnison gestanden und hier seine Jugendzeit verlebt; ich selbst aber fuhr zum erstenmal mit vollem Bewußtsein in die Stadt.

Wir schwiegen also alle mitsammen stille, aber die Eltern hielten sich bei den Händen, die Mutter brachte das Taschentuch an die Augen, und ich hatte nicht Augen und Sinne genug, um das zu bewältigen, was jeden Augenblick an Wundern zum Vorschein kommen oder vielmehr auf uns losstürmen mußte. So stand's mit uns.

Mein Vater suchte wohl seine Rührung hinter den Versen eines alten Soldatenliedes zu verbergen, von denen ich nur zwei Strophen behalten habe, die er allemal rezitiert hat, wenn ihm so recht behaglich oder wundersam zumute war. Mit tremulierender Stimme und halblaut sang der alte Herr vor sich hin:

»O wunderbares Glück,
kehr noch einmal zurück!«

Aber ich habe die Ankunft und den Empfang im großelterlichen Hause vergessen. Ich war wohl zu schläfrig oder von der Ofenwärme wie von den großelterlichen Liebkosungen zu benommen, um heute noch was Rechtes davon zu wissen.

Man hatte mich in ein Oberstübchen zu Bette gebracht, und es geschah zum erstenmal, daß ich unter dem frommen Gesange des Nachtwächters entschlief, dessen zehnmaliges Pfeifen mir noch viel mehr zu schaffen gemacht hätte, wenn ich nicht so todmüde gewesen wäre.

Am andern Morgen aber weckte mich die Reveille des Trompeters auf, den ich schon im Traume gehört. Es waren mir entzückende und unbegreifliche Töne, wie eines ungeheuern messingenen Hahns, und als sie unter dem Fenster erschallten, war es mir durchaus so, als kämen sie geradewegs zur Stube herein und als schmetterten und krähten sie mir das Weihnachtswunder in den Kopf.

Nachdem es wieder still geworden war, fühlte ich mich einen Augenblick wie berauscht und verwirrt.

Als ich mich aber ein wenig in meinen Bewußthaftigkeiten examiniert und zur süßen Gewohnheit des Daseins orientiert hatte, brachte ich zu meiner dreifachen Wonne ordentlich heraus: daß heute der erste heilige Christfeiertag, daß ich bei den Großeltern einlogiert und in einer wirklichen Stadt angelangt sei.

Als ich nun so mit urdeutscher Gründlichkeit inne geworden war, wo ich denn eigentlich befindlich und was mir alles in die nächste Aussicht gestellt sei, da zappelte mir mein armes Herzlein wie ein Lämmerschwänzlein in der Brust.

Die obwaltenden Finsternisse disharmonierten allzu dusterlich mit den hellen Lichtern in meiner Weihnacht feiernden Seele. Ich mußte notwendig auch von draußen Licht haben, um die altpreußische Wunderstadt oder doch die großelterliche Schlafgelegenheit zu besehen. Ich mußte mit der goldenen, herzigen Mama vom Trompeter plaudern und in der Geschwindigkeit so ein paar Dutzend Fragezeichen und Wunder vom Herzen loskriegen, bevor vielleicht der Papa und die halbe Welt dazwischen kam; denn lange ließ mich mein Erzeuger mit der allzu gütigen und zärtlichen Mama nie allein. Und doch wollte ich die liebe, gewiß auch müde gemachte Mutter nicht aus ihrem süßen Schlummer aufstören, darum hüstelte und rabastelte ich nur ein ganz klein wenig in meinem weichen Lagerchen, bis denn doch die wankelmütigen Bettpfosten so laut ächzten und meine redelüsternen Lippen so vernehmlich wisperten, daß die liebe Mama mit ihrer so sanften, zum Herzen schleichenden Stimme respondierte: »Na, mein Jungchen, du kannst wohl schon vor Freuden nicht länger schlafen.«

Die Großeltern hielten einen Gewürz- und Kramladen von den Trümmern eines bedeutenden Geschäfts, das von Hause aus in Königsberg betrieben worden war. Aus jener goldenen oder silbernen Zeit hingen da noch im Laden einige Raritäten: eine Kokosnuß, ein Straußenei, vor allen Dingen aber ein Seeschiff und, was mir für das fabelhafteste galt, ein Krokodil. Die Mutter hatte an langen Herbstabenden von diesen Wundern in ihrer Eltern Laden mit derselben Miene wie von Märchenabenteuern erzählt, und jetzt stand ich auf einmal mitten unter diesen Herrlichkeiten, das heißt mitten im Kram. Denn als wir zum Frühstück die Treppe herabkamen, wurden eben aus dem verschlossen gehaltenen Laden Rosinen und Mandeln und was sonst noch geholt. Sodann sah ich mit stieren Augen und mit allen meinen Sinnen in Wirklichkeit, was bis dahin nur in der Einbildungskraft gelebt.

Die Mutter wie der Ladenbursche vergnügten sich wohl an meiner Verwunderung und beleuchteten zunächst auf mein leises Befragen das vielbesprochene Krokodil. Es hing schauerlich-schön überfirnißt und bestäubt von der Decke herab. Der halbgeöffnete Rachen zeigte die furchtbaren Zähne, und so fehlte es mir keineswegs an dem heiligen Respekt, mit welchem man Altertümer und Ungeheuer in Augenschein nehmen soll. Es waren, genau gezählt, nur die vier Raritäten; meine Sinne aber waren so berauscht und Wunder gebärend, daß ich in allen Schiebladen nichts als Krokodileier, Straußeneier, Kokosnüsse und kleine Seeschiffe sah.

Aus dem Wunderladen ging es nun zu den Großeltern in die große Putzstube mit einem kolossalen Fenster auf das Gehöfte hinaus.

Auf dem großen Eichentische mit gewundenen Füßen stand nicht nur Kuchen und Kaffee bereit, sondern in einer blaugemusterten hohen Porzellankanne duftete eine Schokolade, von der die Mama noch aus dem Vaterhause her eine große Liebhaberin war. Mein Sinn und Geschmack aber schwamm in lauter Weihnachten und blieb demnach auf die Türe des letzten Hinterstübchens gerichtet, wo die liebe Großmama unter dem Beistand der alten Ladenjungfer mit Beschickung des heiligen Christes beschäftigt war.

Weihnachten hatte damals für alle Christenmenschen, gläubige wie ungläubige, in der Seele denselben Klang und Sang, denselben Schimmer und heiligen Schein. Kinderweihnachten zu beschreiben ist so unmöglich und so überflüssig, wie wenn einer seine Seele und sein Christentum oder sein Eingeweide wie einen Handschuh herauswenden wollte. Ich mag also nur sagen, was eben die altpreußische Weihnacht Absonderliches mit sich geführt hat, und das war hauptsächlich ein Tannenbaum mitten aus der Heide, in eine große Bütte mit nassem Sande gepflanzt, so daß der goldene Apfel auf der Spitze beinahe die Zimmerdecke anstieß. Dann ein neuer Zinnteller, so gleißend wie eitel Silber, auf dem die Thorner Pfefferkuchen, die Marzipanstücke, die Nüsse, die Rosinen und Mandeln und die roten Stettiner Äpfel lagen, und endlich eine Schachtel mit gedrechselten »Heiligenbeiler Spielsachen« von Wacholder, welches ein Geäder wie Zedernholz hat und dessen star-

ker und ganz eigentümlicher Geruch mich heute noch, wo ich auf ihn treffe, ganz tiefsinnig und schwermütig macht.

Während nun Eltern und Großeltern zu ihrem Herrn und Heiland in der Kirche beteten und Buße taten, habe ich traum- und glückselig mit meiner Christbescherung gespielt. Und so geschah und geschieht es von Schrift wegen; denn der Heiland ist der älteste und echteste Kinderfreund, und da die Kinder nach seinem Ausspruche vom Christentume lebendig beseelt sind, so soll ihnen der Ernst und die Arbeit des Christentums noch ein Spiel und eine Glückseligkeit, ein Weihnachtshimmel auf dieser Erde sein.

Emballage (frz.): Verpackung
Vlies: Fell
tremulierend: bebend, zitternd
Reveille (frz.): Weckruf
respondieren (frz.): antworten

Weihnachtslied

Max von Schenkendorf

Brich an, du schönes Morgenlicht!
Das ist der alte Morgen nicht,
Der täglich wiederkehret.
Es ist ein Leuchten aus der Fern'
Es ist ein Schimmer, ist ein Stern,
Von dem ich längst gehöret.

Nun wird ein König aller Welt,
Von Ewigkeit zum Heil bestellt,
Ein zartes Kind geboren.
Der Teufel hat sein altes Recht
Am ganzen menschlichen Geschlecht
Verspielt schon und verloren.

Der Himmel ist jetzt nimmer weit,
Es naht die sel'ge Gotteszeit
Der Freiheit und der Liebe.
Wohlauf, du frohe Christenheit!
Daß jeder sich nach langem Streit
In Friedenswerken übe.

Ein ewig festes Liebesband
Hält jedes Haus und jedes Land
Und alle Welt umfangen,
Wir alle sind ein heil'ger Stamm,
Der Löwe spielet mit dem Lamm,
Das Kind am Nest der Schlangen.

Wer ist noch, welcher sorgt und sinnt?
Hier in der Krippe liegt ein Kind
Mit lächelnder Gebärde.
Wir grüßen dich, du Sternenheld!
Willkommen, Heiland aller Welt!
Willkommen auf der Erde!

Liebstadt

August Eduard Preuß

Liebstadt, ein im Jahre 1414 neben dem bereits 1329 erbauten Schlosse angelegtes Städtchen mit 1665 Einwohnern, welche Tuch- und Leinweberei, Brauerei, Garn- und Leinwandhandel etc. treiben, liegt am kleinen Mühlenflusse, der aus dem Mildensee kommt, in der Stadt mehrere Mühlenwerke treibt und eine halbe Meile von Liebstadt in die Passarge fließt, zweieinviertel Meilen von der Kreisstadt Mohrungen, 13 1/4 Meilen von Königsberg entfernt. Außer dem Schlosse besitzt die Stadt eine lutherische Kirche, eine Wasserleitung und ist der Sitz eines Stadtgerichts. Im Jahre 1807 brannte sie ganz ab. Der als Theolog und Lehrer Herders bekannte Prediger in Mohrungen, Trescho, ist hier geboren. In dieser Gegend soll die beste Walkerde in Preußen gefunden werden.

Johann Gottfried Herder (1744–1803), Theologe, Dichter
Walkerde: Ton, der beim Walken von Geweben benutzt wird

Historische Reime von dem ungereimten Reichstag Anno 1613

Abraham von Dohna

Ihr Herren allzumal, wie ihr euch auch möcht' nennen,
Katholisch, evangelisch, ihr müßt es wohl bekennen,
Ihr habet harte Köpf', keiner will nit gern weichen,
Wie könnt ihr denn zu Hauf kommen und enk vergleichen?
Ein Teil soll von dem andern nichts Unbillichs begehren,
So soll kein Teil dem andern, was recht ist, auch nit wehren.
Befleißt euch nur des Friedens, fangt ja kein' Krieg nit an,
Sonst muß es entgelten der arme Bauersmann,
Welcher unschuldig ist, weiß nichts von euerm Zank,
Den wollt ihr so mutwillig legen auf die Schlachtbank.

Woher nehmt ihr denn Geld, zu füllen eure Taschen,
Wenn Dörfer, Städt' und Schlösser da liegen in der Aschen?

Ihr Herren weltlige, wie man euch also nennet,
Bleibt doch bei eurer Jagd, weil ihr die Wäld selbst kennet;
Behaltet eure Lust und spart ein wenig Geld
Für eure junge Herrschaft und schickt die in die Welt:
Do lernt man fremde Sprachen, Fechten, Reiten, Turnieren,
So können sie den Damen für die Langweil hofieren.
Wollt ihr ja führen Krieg, so laßt's beim alten bleiben,
Laßt eure Sekretarios unnütze Briefe schreiben;
Zankt euch ein' Weil' mit Worten, dürft ihr euch doch nit schlagen,
Es muß einer den andern in etwas übertragen;
Greift ja nur nit zum Schwert, denn das ist aus dem Scherz,
Das verderbt euer Land und bringt euch auch in Schmerz.

Ihr Herren geistlige, wollt ihr es recht besehen,
So wird nur über euch der Krieg allein ausgehen.
Ihr wißt wohl, daß ihr nur ad vitam Fürsten seit
Und daß viel eures Tods warten mit schwerem Leid,
Weil ihr zu lange lebt; drum denn eure Bastarden
Von eurem Erbgut nichts nit haben zu gewarten,
Wofern ihr nichts erkratzt, das ihr bei eurem Leben
Gleich als gestohlen ihnen könnt zu verschwenden geben.
Was nutzt euch doch der Krieg? denkt nur ein wenig nach,
Warum ist nach der Ketzer Blut euch also jach?

Wollt ihr die Stifter haben? Ihr werd't's schwerlich hinbringen
Nur mit großer Gewalt; wie, wenn's denn sollt mißlingen?
So wurdet ihr bestehen wie Butter in der Sonnen, –
Genad ja Gott den Mönchen und wehe den armen Nonnen!
Kommt Hans Hun da hinein, er dürft' wohl seltsam hausen
Und die heil'gen Pelz sehr weltlich überlausen;
Die Klöster wird man denn zugrund und Boden reißen,
Das Heiligtum den Hunden, die Bild ins Feuer schmeißen.
Wenn es nun kommen wird einmal zu der Unruh,
So wird ein jeder Fürst sehr gierig greifen zu
Nach den geistligen Gütern, nach Zehnten und Gefällen. –

Sagt mir eins auf Vertrauen, wie wollt ihr euch denn stellen?
Denn das ist euer Mark in euren Pfaffenknochen.
Tut ihr sie gleich in Bann, ihr seit drum nit gerochen;
Sie fragen nichts danach und fahren immerfort
Und jagen euch wohl ganz, jeden von seinem Ort.

Anno (lat.): im Jahr
enk: euch
Herren weltige: weltliche Herrscher
also: auch
hofieren: den Hof machen
Sekretarios: Sekretäre
Herren geistlige: geistliche Herrscher
ad vitam (lat.): zu Lebzeiten
Bastarde: uneheliche Kinder
Ketzer: Protestanten
jach: gierig
Zehnt: Steuer in Höhe des zehnten Teils der Ernte
Bann: Ausschluß aus der Kirche

Die Vorsehung

Johann Gottfried Herder

Und was soll mich Not und Tod
Nur im Bilde schrecken?
Immer ja in Gottes Hand,
Wird sie stets mich decken,
Wohin der Weg sich wende.
Wer war es, der auf diese Welt
Mich, eh ich noch war, gestellt?
Der schon für mich gedacht,
Mich, was ich bin, gemacht,
Mich der Welt, die Welt für mich bereitet?
Ein Vater, ein Gott!
Ewiger Gedanke!
Vater, Gott, so bist es du,
Der stets mich leitet.

Einst in meiner Mutter Schoß,
Wen kannt' ich der Meinen?
Aus der tiefen Fremde kam

Johann Gottfried Herder

Ich in Fremde. Weinen
War meine erste Stimme.
War nie gekannt und doch gekannt,
Schon geliebt und Kind genannt,
Fand vor mir Vaterarm,
Fand vor mir Mutterbrust,
Fand selbst Schmerzen mir als Liebesbande,
Als Bande ans Herz
Väterlich bereitet.
Schwachheit, Not, die Träne selbst
Ward Band der Liebe.

Ewiger, der also mich
Ließ geboren werden,
Du bist vor mir, leitest mich
Auch zu bessern Erden,
Hast meinen Tritt gezählet.
Die Blüte reifet dort zur Frucht;
Dort find ich, was mein Herz sich sucht
Und hier nicht finden kann;
Du nimmst den Sprößling an,
Pflanzest weiter ihn auf Himmelsauen.
Sei's Veilchen im Tal
Oder Zeder Gottes, –
Alle, alle blühen wir
In Gottes Reiche.

Zeder: Kiefernart
Johann Gottfried Herder ist der wohl berühmteste Sohn Mohrungens

1767 auf Ostpreußens Schlössern

Aus dem Tagebuch des Ernst Ahasverus von Lehndorff

[15. Juli 1767] … Am gleichen Tage komme ich noch zum Diner beim Grafen Dönhoff in Quittainen, einem alten Bekannten von mir, dessen Wiedersehen mir Freude macht. Sein Haus ist sehr gut

bestellt und seine Gattin eine vortreffliche Frau. Ich beschließe meinen Tag bei ihnen recht angenehm.

Anderentags komme ich in Schlodien an und werde mit größter Freundlichkeit aufgenommen. Der regierende Graf ist der rechtschaffenste Mann, den es nur geben kann, und seine ganze Gesellschaft setzt sich aus vortrefflichen Personen zusammen, denen man sofort ansieht, daß sie aus sehr vornehmem Hause sind. Ich bin entzückt von allem, was Dohna heißt. Dieses prachtvolle Schloß zeigt noch den Glanz, in dem diese Familie zu Friedrichs I. Zeit lebte; der Marschall Graf Dohna hat es erbauen und einrichten lassen. Sein Enkel, der jetzige Besitzer, ist abwesend, aber ein französischer Offizier, den er im Dienst hat, macht den Wirt. Am folgenden Tage fahren wir nach dem Mittagessen nach Lauck, wo eine andere Linie der Dohna ihren Sitz hat, und wo ich eine ebenso freundliche Aufnahme finde. Alle diese Häuser sind sehr hübsch eingerichtet und haben alle schöne Gärten. Am 18. reise ich von Schlodien ab. Der Graf erweist mir dazu noch die Aufmerksamkeit, mir Pferde zu stellen, wodurch meine Reise bedeutend beschleunigt wird. Ich fahre durch das Bistum Ermland. In Heilsberg feiert man das Fronleichnamsfest, und ich komme gerade zu einer schönen Prozession. In Schippenbeil, wo der Oberstleutnant Rohr mich sehr freundlich aufnimmt, will ich übernachten, da aber Pferde von Steinort dort eintreffen, so reise ich weiter, komme nachts in Dönhoffstädt an, das ein prachtvolles Schloß ist, und am andern Mittag treffe ich glücklich in Steinort ein. In Drengfurt fand ich schon die Mehrzahl meiner Bauern vor; sie warteten zu Pferde auf mich, um mir das Geleit zu geben, und ich war tief gerührt über diesen Beweis der Anhänglichkeit der armen Leute. In der großen Allee traf ich meinen Schwager Schlieben mit seiner Familie und meinen Nichten Ysenburg, die mich alle aufs herzlichste begrüßten, und im Dorfe kam mir auch meine Schwester Schlieben entgegen, die ich seit 17 Jahren nicht mehr gesehen hatte. Eine unendliche Rührung überkam mich, besonders als ich an das Bett meiner kranken Mutter trat. Ein so herrliches Gefühl wie die Freude des Wiedersehens geht über alle Freuden und Genüsse, welche die große Welt gewöhnlich bietet und die stets von Mißgunst, Ärger und Verdruß begleitet sind.

Mit süßem Behagen genieße ich das Landleben, das ich tausendmal angenehmer finde, als ich es mir gedacht hatte. Ich lasse im Garten einige Veränderungen vornehmen, lasse Alleen aushauen und bin so mit Leib und Seele bei diesen Arbeiten, daß ich mit Josua ausrufen möchte: Sonne, bleibe stehen! Eine wahre Angst erfaßt mich, wenn ich so einen Tag um den anderen verfliegen sehe. Meine Nachbarn kommen zu mir auf Besuch, unter anderen ein Major Graf Schlieben vom Regiment Tettenborn, ein sehr liebenswürdiger Herr. Die Gesellschaft meiner Nichten bereitet mir ebenfalls viel Vergnügen; es sind recht anmutige, unschuldsvolle und hübsche junge Mädchen. So habe ich nach all dem Leid, das mir widerfahren, doch wieder einmal ein paar frohe Tage.

Juli 1767. Ich mache mit meiner Schwester Schlieben, ihren beiden Töchtern und meinen Nichten Ysenburg einen Besuch in Dönhoffstädt. Die schönen Promenaden und der prächtige Park dieses Ortes bereiten uns einen köstlichen Tag. Am folgenden Tage begeben wir uns nach Heiligelinde, einem hierzulande berühmten Markte. Hier treffe ich eine große Zahl unseres Adels, darunter ziemlich lächerliche Persönlichkeiten, so eine Frau v. Hirsch, geborene Gräfin Geßler, die beschuldigt wird, ein Paar Ohrringe gestohlen zu haben. Auch die Obermarschallin Gröben, geborene Gräfin Truchseß, ist da, eine reizende Dame, die am größten Hofe glänzen könnte. Der Ort liegt prächtig, und wir gehen lange darin spazieren. Anderntags gehe ich mit meinem Schwager und meiner Schwester nach Prassen zu einem Freiherrn Eulenburg. Dieses Gut ist gleichfalls sehr hübsch. Abends begeben wir uns wieder nach Dönhoffstädt, und tags darauf kehre ich mit Vergnügen nach Steinort zurück, wo es mir doch immer am besten gefällt.

August 1767. In aller Ruhe genieße ich das Landleben. Ich reite aus, sehe bei der Ernte zu, fahre auf dem See spazieren …

Die Folgen der Feuersbrunst in Osterrode (1788)

Johann Friedrich Goldbeck

Im Jahr 1788, den 21. Juli wurde die Stadt durch eine schnelle und schreckliche Feuersbrunst fast gänzlich eingeäschert. Innerhalb drei Stunden waren Schloß, Kirche und die mehresten Häuser, in allem

169 Gebäude niedergebrannt. Die einzige polnische Kirche, die Vorstadt vor dem Bader-Tore und die daselbst befindliche Scheunen blieben stehen. Die Einwohner konnten wenig oder nichts retten und wurden in das äußerste Elend versetzt. Doch blieben sie nicht ohne Unterstützung. Außer sehr vielen von den benachbarten Städten, adeligen Gütern und andern Dorfschaften ihnen zugeführten Lebensmitteln, Kleidungsstücken, Leinen und Betten gingen auch bis zu Ende des Jahrs 1788 an barem Gelde zu Unterstützung der abgebrannten nahe an 7000 Reichstaler, größtenteils von Ost-Preußen ein, wozu die Kaufmanns- und Mälzenbräuer-Zünfte in Königsberg allein über ein Drittel, nämlich 2476 Reichstaler 60 Groschen und die Stadt Königsberg überhaupt mehr als die Hälfte beigetragen hat. Von auswärtigen Städten haben Riga 300 und Lübeck 70 Reichstaler beigetragen.

Die Schlacht von Tannenberg (1410)

Henryk Sienkiewicz

Der Großmeister betrachtete inzwischen die polnischen Truppen, die aus dem Walde in immer größerer Menge vorrückten. Man konnte diese Bewegung mit einem Riesenvogel vergleichen, der seine mächtigen Flügel nach beiden Seiten ausbreitet. Dieses und die vom Winde bewegten bunten Fahnen ließen sein Herz unter einer unbekannten, schrecklichen Empfindung zusammenpressen. Vielleicht erblickte er mit seinem geistigen Auge Leichenhaufen und Blutströme. Wenn er auch Menschen nicht fürchtete, so bekam er vielleicht Furcht vor Gott, der oben im Himmel schon die Waagschalen des Sieges hielt.

Zum erstenmal stieg ihm der Gedanke auf, was für ein furchtbarer Tag angebrochen, und zum erstenmal empfand er, welche ungeheure Verantwortlichkeit er auf seine Schultern genommen.

Sein Gesicht erblaßte, die Lippen bebten und den Augen entstürzte ein Tränenstrom. Die Komture betrachteten verwundert ihr Oberhaupt.

»Herr, was ist Euch?« fragte Graf von Wende.

»Fürwahr, das ist eine geeignete Zeit zum Weinen!« ließ sich der grausame Komtur Heinrich von Schlochau vernehmen.

Und der Großkomtur, Kuno Lichtenstein, blähte die Lippen auf und sagte: »Offen gesagt, ich tadle dich, Großmeister, denn dir ziemt es jetzt, Mut einzuflößen, nicht aber zu entmutigen. Fürwahr, früher pflegten wir dich nicht so zu sehen.«

Schließlich bezwang sich der Großmeister einigermaßen, und den Komturen einen strengen Blick zuwerfend, rief er: »Ein jeder zu seiner Fahne!«

Da sprengte jeder zu seinem Banner, denn er hatte sehr streng gesprochen.

Dann streckte er die Hand gegen seinen Knappen aus und sagte: »Gib mir den Helm.«

Auf beiden Seiten schlugen die Herzen wie Hämmer, die Hörner aber gaben noch kein Signal zum Kampfe.

Es war dies ein erwartungsvoller Moment, der vielleicht noch schwerer war, als der Kampf selbst. Auf dem Felde zwischen den Deutschen und dem Heere des Königs erhoben sich von der Seite Tannenbergs einige alte Eichen, auf die einheimische Bauern geklettert waren, um auf das Ringen dieser riesigen Menschenmassen, wie die Welt sie seit undenkbaren Zeiten nicht gesehen hatte, zu schauen. Außer dieser einzigen Baumgruppe aber war das ganze Feld entsetzlich öde und grau, einer abgestorbenen Steppe ähnlich. Nur der Wind strich darüber hin und über ihm schwebte der Tod. Die Augen der Ritter wandten sich unwillkürlich nach dieser unheilverkündenden, schweigenden Ebene. Die am Himmel vorüberfliegenden Wolken verhüllten von Zeit zu Zeit die Sonne, und dann versank sie in ein tödliches Halbdunkel.

Da erhob sich ein Sturmwind. Im Walde rauschte es, Tausende von Blättern fielen zur Erde, er fegte übers Feld, griff trockene Grashalme auf, ließ Staubwolken aufsteigen und trieb sie den Kreuzrittern in die Augen. Im selben Moment wurde die Luft vom durchdringenden Schmettern der Hörner und Pfeifen erschüttert und der ganze litauische Flügel griff wie eine unermeßliche Vogelherde zum Fluge aus. Ihrer Gewohnheit gemäß gingen sie gleich zum Sprunge über. Die Pferde, die Hälse ausstreckend und die Ohren anschmiegend, griffen aus Leibeskräften aus; die Reiter, mit den Schwertern und Speeren schwenkend, sprengten unter furchtbarem Geschrei dem linken Flügel der Kreuzritter entgegen.

Der Großmeister befand sich eben bei ihm. Seine Rührung war vorüber, er weinte nicht mehr, sondern seinen Augen entsprühten Funken. Die daherrasenden litauischen Scharen erblickend, wandte er sich an Friedrich von Wallenrod, der auf dieser Seite befehligte und sagte: »Witold hat den Anfang gemacht. So beginnt auch Ihr in Gottes Namen!«

Und mit einer Bewegung der Rechten setzte er vierzehn Banner geharnischter Ritter in Bewegung.

»Gott mit uns!« schrie Wallenrod.

Die Lanzen senkend, begannen sie anfänglich im Schritt zu marschieren. Aber wie ein vom Berge rollender Fels im Fallen einen immer eiligeren Lauf nimmt, so auch sie: vom Schritt gingen sie in Trab über, dann in Galopp und sie rückten unaufhaltsam wie eine Lawine vor, die alles vor sich zerschmettern und zermalmen muß.

Der Boden erbebte unter ihnen.

(...) Wieder ereignete sich ein seltsamer Umstand. Der dem Felde am nächsten stehende Mikolaj Kielbasa erkannte zwar den Feind, die anderen polnischen Banner erkannten ihn aber nicht in der Staubwolke, und während die Litauer in die Schlacht zurückkehrten, beeilten sie sich nicht, die Kreuzritter zu empfangen.

Erst Dobko aus Olesnica sprang dem an der Spitze reitenden Großmeister entgegen und erkannte ihn an dem Mantel, dem Schilde und dem Reliquienkästchen, das er auf der Brust über dem Panzer trug. Aber der polnische Ritter wagte nicht, mit der Lanze nach dem Reliquienkasten zu stechen, obwohl er viel stärker als der Großmeister war, und so schlug jener nach ihm und verwundete leicht das Pferd, dann, aneinander vorbeireitend, schwenkte jeder zu den Seinen ab.

»Die Deutschen! Der Großmeister selbst!« schrie Dobko.

Als sie dies vernahmen, sprengten die polnischen Banner in vollem Lauf an den Feind heran. Mikolaj Kielbasa griff mit seiner Schar zuerst an, und wiederum entbrannte die Schlacht.

Aber sei es, daß die Ritterschaft aus der Gegend von Kulm, unter welcher viele polnischer Herkunft waren, nicht herzhaft genug angriff, oder auch, daß nichts mehr vermochte, den Ungestüm der Polen aufzuhalten, genug, dieser neue Angriff hatte keinen solchen Erfolg, wie ihn der Großmeister sich versprach. Er hatte nämlich geglaubt, daß dies der letzte der Macht des Königs beigebrachte Schlag sein werde, nun aber gewahrte er bald, daß die Polen vor-

rückten, schlugen, Streiche austeilten, die Scharen wie mit Eisenzangen umklammerten, und daß seine Ritter sich wehren mußten, statt anzugreifen. Vergebens versuchte er sie durch seine Zurufe anzufeuern, vergebens trieb er sie mit dem Schwerte in die Schlacht. Sie verteidigten sich zwar und das nachdrücklich, sie hatten aber weder jenen Schwung noch jene Begeisterung, die siegreiche Truppen hinreißen und wovon die polnischen Herzen glühten. In zertrümmerten Rüstungen, blut- und wundenbedeckt, mit schartig gewordenen Waffen, ohne Stimme in der Brust, stürmten die Polen wütend in die dichtesten Haufen der Deutschen, und diese begannen die Pferde herumzuwerfen und um sich zu blicken, um zu sehen, ob diese eisernen Ringe, die sie immer schrecklicher umklammerten, sich schon ganz geschlossen hatten, und sie wichen langsam, aber stetig zurück, als sehnten sie sich, unbemerkt aus diesem mörderischen Getümmel hinaus zu gelangen. Da erscholl von der Seite des Waldes neues Schreien. Sensen knirschten über Eisen, Panzer dröhnten unter Schlägen von Dreschflegeln, es fielen immer mehr Leute, das Blut ergoß sich in Strömen über die aufgestampfte Erde und die Schlacht wurde wie eine Flamme unermeßlich, denn die Deutschen, in der Erkenntnis, daß nur im Schwerte Rettung sei, verteidigten sich verzweiflungsvoll.

Sie fochten weiter in Ungewißheit des Sieges, bis plötzlich riesige Staubwolken hinter der rechten Schlachtlinie aufstiegen.

»Die Litauer kehrten zurück!« erschollen freudig polnische Stimmen. Und sie hatten es erraten. Die Litauer, die man leichter auseinandersprengen als besiegen konnte, kehrten jetzt zurück, und lärmend stürmten sie auf ihren flinken Pferden wie ein Wirbelwind ins Treffen.

Da sprangen einige Komture, an ihrer Spitze Werner von Tettlingen, auf den Großmeister zu.

»Herr, rette dich!« rief mit erblaßten Lippen der Komtur von Elbing. »Rette dich und den Orden, solange der Kreis noch nicht geschlossen ist.«

Der ritterliche Ulrich aber blickte ihn düster an und die Hand gen Himmel erhebend, rief er: »Gott bewahre! Ich werde dies Schlachtfeld, auf welchem so viele tapfere Männer gefallen sind, nicht verlassen. Gott bewahre!«

Den Leuten zurufend, daß sie ihm folgen sollten, stürzte er sich ins Schlachtgewühl.

Unterdessen waren die Litauer angelangt, und es entstand solche Verwirrung, solch ein Wirbel und Getümmel, daß das menschliche Auge nichts mehr zu unterscheiden vermochte.

Der Großmeister, von einem Wurfspieße in den Mund getroffen und zweimal im Gesicht verwundet, parierte noch einige Zeit mit der schlaff werdenden Rechten die Hiebe; schließlich stürzte er, zu Tode getroffen, wie eine Eiche zu Boden.

Werner von Tetlingen flüchtete mit einigen Bannern, aber rings um die zurückgebliebenen Scharen schloß sich der eiserne Ring der polnischen Truppen. Die Schlacht verwandelte sich in ein Blutbad und in solch eine Niederlage der Kreuzritter, wie die Weltgeschichte wenig aufweist. In den christlichen Zeiten, seit den Kämpfen der Römer und Goten mit Attila und der Kriege mit den Arabern, hatten so mächtige Heere nicht miteinander gekämpft. Jetzt aber lag eines von ihnen zum großen Teile wie eine niedergemähte Getreideflur danieder. Die Banner, welche der Großmeister zuletzt ins Treffen geführt, ergaben sich. Die Kulmer steckten die Fahnen in den Boden, andere sprangen von den Pferden, zum Zeichen, daß sie besiegt seien, und knieten auf der blutgetränkten Erde nieder. Das ganze Banner des heiligen Georg, in welchem die ausländischen Gäste dienten, streckte gleichfalls samt seinem Befehlshaber die Waffen.

(...) Die Schlacht verwandelte sich in ein Blutbad und ein Lager von Gefangenen. Wer sich nicht ergeben wollte, wurde niedergemacht. In jenen Zeiten gab es auf der Welt genug Schlachten und Gefechte, aber niemand wußte sich an solch einen Zusammenbruch zu erinnern. Zu den Füßen des Königs lag nicht nur der Kreuzritterorden, sondern auch ein Teil der deutschen Ritterschaft, jene teutonische Vorhut, die sich immer tiefer in den slavischen Körper hineinschob.

Von siebenhundert »weißen Mänteln«, die als Befehlshaber diese germanische Hochflut angeführt hatten, blieben kaum fünfzehn. Über vierzigtausend Menschen bedeckten im ewigen Schlafe die blutige Walstatt.

Die zahlreichen Fahnen, die noch mittags über dem unermeßlichen Kreuzritterheere geflattert hatten, fielen alle in die siegreichen Hände der Polen. Keine einzige wurde gerettet, und die polnischen und litauischen Ritter legten sie jetzt Jagiello zu Füßen, der, seine Augen andächtig gen Himmel richtend, mit gerührter Stimme wiederholte: »Gott hat es so gewollt!« Die vornehmsten Kriegsgefangenen wurden gleichfalls dem Könige vorgeführt. Abdank Skarbek brachte den Fürsten Kasimir von Stettin, Trocnowski, ein böhmischer Ritter, den Fürsten von Öls; und Kopidlowski den vor Wunden ohnmächtig gewordenen Georg Gersdorf, der unter dem Banner des heiligen Georg alle ausländischen Ritter befehligte.

Zweiundzwanzig Nationen hatten an dieser Schlacht des Kreuzritterordens gegen die Polen teilgenommen, und jetzt schrieben die Schreiber des Königs die Kriegsgefangenen auf, die, vor der Majestät kniend, um Erbarmen flehten, und daß es ihnen gestattet sei, gegen Lösegeld heimkehren zu dürfen.

Die ganze Armee der Kreuzritter hatte aufgehört zu existieren. Die Polen erbeuteten das ungeheure feindliche Lager und in ihm außer dem Eigentum der Kreuzritter eine ungeheure Zahl Wagen mit Fesseln, für die Polen bestimmt, und mit Wein, der für ein großes Siegesfest vorbereitet war.

Tannenberg 1410: Schlacht zwischen dem Deutschen Orden und Polen im Krieg um die Herrschaft in Preußen

Ulrich von Jungingen, 1407–1410 Hochmeister des Ordens

Komture: Leiter der Komturen, also Ordensburgen und Ordensbezirke

Witold, herrschte seit 1392 über Litauen

Attila (434–453), Hunnenkönig

Jagiello oder Jagello (1348–1434), seit 1386 polnischer König mit dem Namen Wladislaus II.

gen: gegen

Das Tannenberg-Denkmal

Hans Rychener

Nach kurzer Fahrt erreichte ich [im Sommer 1930] mit der Nebenbahn von Allenstein aus das stille Landstädtchen Hohenstein. Von hier pilgerte ich auf staubiger Straße auf eine sanfte Anhöhe, und da tauchte ein riesiger Mauerkranz auf, der sich mit acht Türmen kraftvoll vom blauen Himmel abhob. Die Umfassungsmauer bildete ein Achteck. In der Mitte jeder Mauerseite stand ein mächtiger viereckiger Turm. Ich muß es gestehen, ich war sehr beeindruckt vom monumentalen Schlachtdenkmal, das in der kahlen Umgebung düster, beinahe unheimlich wirkte. Unbarmherzig brannte die Sonne auf das burgähnliche Backsteinbauwerk.

Durch das Tor des Eingangsturms gelangte ich in den sogenannten Ehrenhof. In den Nischen der Bogenhallen im Gemäuer erinnerten Standbilder und Schrifttafeln an die an der Schlacht bei Tannenberg beteiligten Regimenter. Auf einem Sockel breitete der stilisierte deutsche Adler stolz die Flügel aus. Noch war der als großer Sieger geehrte (und dann 1934 gestorbene) Hindenburg hier nicht beigesetzt.

Von der Aussichtsterrasse eines der Türme überblickte man einen großen Teil des Schlachtgeländes. Still lag das weite wellige Land mit seinen Wäldern, Wiesen, Kornfeldern und Seen in der Sonne. Hoher Himmel, ferner Horizont – eine Welt, die nichts als Frieden zu kennen schien. Und doch! Orientierungstafeln gaben Aufschluß über die Umfassungsschlacht, die hier, östlich des nahen Dorfes Tannenberg, in den letzten Augusttagen 1914 getobt hatte. Zahlenmäßig stark überlegene russische Heeresmacht war, von Ost und Süd, nach Ostpreußen hereingeflutet. Deutsche Truppenteile,

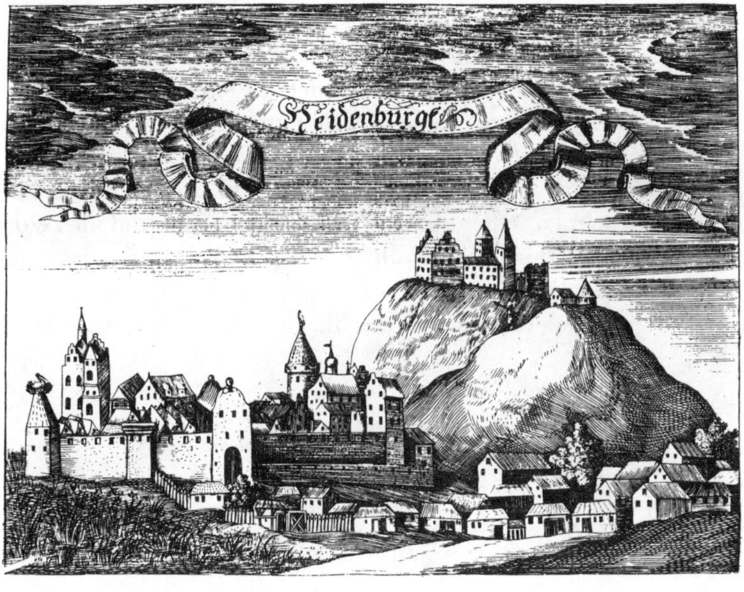

Neidenburg um 1680

die der Njemen-Armee Rennenkampfs bei Gumbinnen gegenüberstanden, lösten sich, unter Zurücklassung schwacher Täuschungskräfte, von den Russen und fielen der Narew-Armee Samsonows, die von Süden gegen Allenstein vorgestoßen war, in den Rücken. In drei Tagen wurde der eiserne Ring um die Narew-Armee geschlossen. Nach deren Untergang erlitt auch die Njemen-Armee an den Masurischen Seen eine vernichtende Niederlage. Generalfeldmarschall von Hindenburg, der spätere (von Hitler abgelöste) Reichspräsident, und Stabschef Ludendorff galten fortan als die Erretter Ostpreußens, als die Helden der durch überlegene Führung gewonnenen Schlacht von Tannenberg.

Die Irrberge bei Neidenburg

Johann Georg Theodor Grässe

Nicht weit von dem Goldberg sind die Irrberge. Als im Jahre 1807 hier Krieg und Hungersnot wüteten, flüchteten die Bewohner von Wallendorf und anderen Dörfern der Umgegend dorthin. Da fand ein Mädchen am Fuße des Berges eine möhrenartige genießbare Wurzel und aß davon sich satt. Andern teilte sie das mit, sie suchten auch, und je mehr sie suchten, desto mehr fanden sie derartige Wurzeln. Wer von denselben aß, vergaß Not und Sorgen, aber er vergaß auch den Weg von den Bergen nach Hause. Wenn sie aus dem Walde kamen, sahen sie wohl ihre Wohnungen und ihr Feld, allein wenn sie dahin gehen wollten, verliefen sie sich. So irrten sie in den Bergen tagelang herum, bis sie sich endlich in weit entfernten Dörfern wiederfanden und von da auf weiten Umwegen nach Hause kamen.

Anfang 1945 in Neidenburg

Alexander Solschenizyn

[…] Neidenburg: verglühend bricht hier
altes, gutes Mauerwerk.
Überstürzt ward's aufgegeben,
rasch besetzt im Plünderwahn,
dann, den Deutschen auf den Fersen,
gleich verlassen – neu besetzt.
Militärs wie Zivilisten –
alle Deutschen hier sind fort,
aber in den warmen Wänden
steht noch alles unberührt.
Und Europas Sieger, emsig,
uns're Russen, schwirren 'rum,
Qualm und Ruß und Dunst verachtend,
stopfen rasch sich in die Wagen
Kerzen, Weine, Teppichsauger,
Pfeifen, Röcke, Malerei,
Broschen, Schnallen, Tand und Blusen,
Käse, ganze Ringe Wurst,
Schreibmaschinen fremder Schriften,
alle Art von Hausgerät,
Gabeln, Gläser, Schuhe, Kämme,
Waagen, Teppiche, Geschirr.
Doch die Uhr am Rathausturme,
unversehrt noch in dem Brand,
grad so ehrlich zählt die Stunden
zwischen diesen, zwischen jenen,
mag wer kommen, mag wer gehen,
hält sie ungerührt den Takt,
und es zittert eben merklich
nur der Zeiger Filigran. […]

Das weltliche Wirken des Deutschen Ordens

Heinrich von Treitschke

(...) Von umfassenden Kombinationen jedoch kehrte die Staatskunst des Ordens immer wieder zurück zu ihren einfachsten Aufgaben. Die Verbindung mit Deutschland blieb ungesichert, solange der launische Wille der pommerschen Wendenfürsten sie jederzeit abschneiden konnte. Der Erwerb von Stolp und Bütow und anderen Grenzstrichen vermochte nicht, dies zu ändern. Endlich gelang es, den alten Übelstand zu heben und eine sichere Straße in das Reich zu erwerben: Der Orden benutzte (1402) die Geldnot der märkischen Lützelburger zum Ankaufe der Neumark. Bürger und Bauern des neugewonnenen Landes fügten sich willig der Herrschaft der Aristokratie; nur der meisterlose Adel widerstrebte hartnäckig, er fürchtete den Landfrieden der Ordenslande. Nicht bloß für die Staatskunst, auch für die Wirtschaft des Ordens ward die neue Straße in das Reich hochwichtig; denn sein Besitz in Deutschland war allmählich stattlich angewachsen, umfaßte zwölf Balleien, darunter zwei von unerschöpflichem Reichtum, Österreich und Koblenz.

Wenn der Orden die Völker des Ostens vor seiner Landwehr erzittern ließ: vergessen wir nicht, welches wetterfeste, in ewigen Kämpfen gestählte Bauernvolk ihm gehorchte. In altpreußischer Zeit hatten dereinst reiche Dörfer und Wälder geprangt, wo nun der Spiegel des Frischen Haffs sich dehnte. Aber auch noch unter der Ordensherrschaft verwandelten Einbrüche des Meeres die Gestalt der Küste. Die alte Einfahrt in das Frische Haff, das Tief von Withlandsort, kaum erst durch eine Feste geschützt, versandete; die See brach sich ein neues Tief, und der Orden ließ die Bauern fronden zu den starken Dammbauten bei Rosenberg. Gewaltiger noch war das Ringen mit dem tückischen Weichselstrome. Undurchdringliches Gehölz hob sich aus dem Röhricht der weiten Sümpfe zwischen den Armen der Weichsel und Nogat, bis alljährlich im Frühjahr der Schrecken des Landes, der Eisgang, herankam, Fußboten das unheimlich langsame Nahen des Feindes verkündeten und endlich die weiten Wälder in der großen Wasserwüste verschwanden. Hat auch die moderne Kritik den vielgefeierten Namen des Landmeisters Meinhard von Querfurt erbarmungslos seines Glanzes entkleidet: zu den Fabelgestalten zählen wir darum doch nicht jenen Ordensritter mit dem Wasserrade, der heute unter den Steinbildern der Dirschauer Brücke prangt. Der Orden war es, der, nicht durch eines Mannes Kraft, nein, durch die nachhaltige Arbeit mehrerer Geschlechter, die Wut des Stromes bändigte. Der güldne Ring der Deiche ward um das Land gezogen, gesichert durch ein strenges Deichrecht, durch die Bauernämter der Deichgrafen und Deichgeschworenen, die noch heute alterprobt bestehen. Also geschützt, ward das Sumpfland der Werder, unter dem Wasserspiegel der Ströme gelegen, von holländischen Kolonisten in die Kornkammer des Nordens verwandelt, und bald blähte sich hier die Üppigkeit, der unbändige Trotz der überreichen Werderbauern.

Auch anderer Orten im Lande blühte die Landwirtschaft. Die Schafzucht arbeitete dem Tuchhandel von Thorn in die Hände, und Preußens Falkenschulen versorgten den Weidmann aller Länder mit dem unentbehrlichen Federspiele. Die Beutener in den Wäldern von Masuren versandten das Wachs ihrer Bienenkörbe weithin an den Klerus, und selbst der Landwein von Altpreußen hat den unverdorbenen Kehlen unserer Altvordern gemundet. Wichtiger noch war die Ausfuhr des Holzes, das von den Baumbesteigern der Danziger und Rigaer Kaufhäuser in den Forsten von Polen, Litauen, Wolhynien ausgesucht und dann auf mächtigen Flößen, die dichtgedrängt oftmals den Flußverkehr sperrten, die Weichsel und Düna hinabgefahren ward – wenn anders die heilige Barbara in dem Bergkirchlein zu Sartowitz das Gebet des Weichselschiffers um gesegnete Fahrt erhörte. Desselben Weges kam der Flachs, den die Braker im Hafen prüften und stempelten. Der Handel über Land mit Polen und den Nachbarländern war Preußens Vorrecht; und seit der Orden das Kurische Haff mit dem Pregel durch einen Kanal verbunden, ward auch der Wasserweg auf dem Niemen bis in das Herz von Litauen seinem Kaufmann erschlossen. Das rührige Danzig gründete dort das hansische Kontor von Kowno. Dies Monopol des überländischen Verkehrs hinderte die Sechsstädte des Hochmeisters nicht, auch den anderen Handelszügen der Hansa zu folgen: sie nahmen teil an dem großartigen Verkehre des Weltmarktes zu Brügge und sendeten ihre Schiffe auf die Baienfahrt,

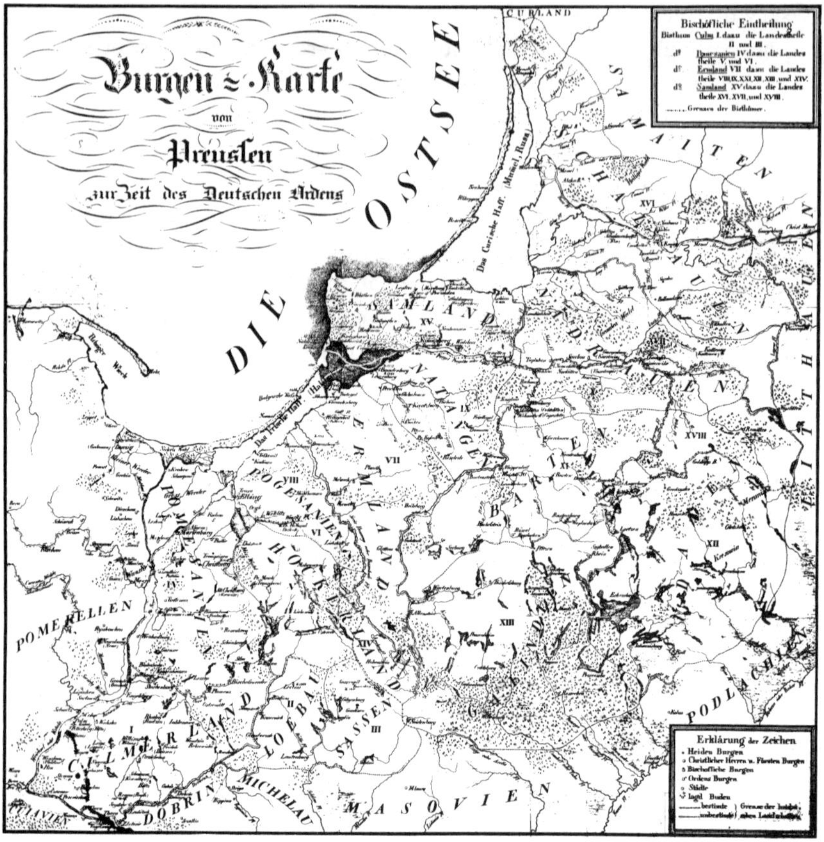

Karte der Ordensburgen

um an der Loiremündung Salz zu kaufen. Indes dankten alle Städte der Osterlinge den Wohlstand ihrer Zünftler vornehmlich dem Aktivhandel nach den Ländern des Nordens und Ostens, welche der Produkte unsers Landbaues und Gewerbes nicht entraten konnten. Die Fischerei im großen, jederzeit das natürliche Vorrecht des seeherrschenden Volkes, ward in den nordischen Gewässern von der Hansa ausschließlich ausgebeutet. Allsommerlich bezogen die Hansen bei Falsterbo auf Schonen ihre Hütten, um des Heringsfangs zu pflegen, und durch die Gnade des bedrängten Waldemar Atterdag durfte dort Danzig sein Fischlager neben der Vitte des gebietenden Lübeck aufschlagen. – Der Kredit ward gefördert durch die vom Orden erlassene gemeine preußische Bankrottordnung und durch ein verständiges Wechselrecht, das in den Städten zur Regelung des Überkaufs sich gebildet hatte. Vor allem sorgte der Landesherr für die Sicherheit des Verkehrs. Jeder Komtur hielt in seinem Bezirke das strenge Straßengericht. Von den Stettiner Fürsten erlangte der Orden das Versprechen, ihm alle Verbrecher auszuliefern, und von den Herzogen von Oppeln ertrotzte er sich das Recht, die Räuber des preußischen Kaufguts noch auf schlesischem Boden niederzuwerfen. Dem verderblichen Grundsatze des mittelalterlichen Handels, daß jedermann sich seines Schadens erholen solle bei den Volksgenossen, suchte der Orden entgegenzuwir-

ken durch Handelsverträge, zumal mit England, das bereits ein Konsulat in Danzig errichtete.

Mit diesem gewaltigen Aufschwunge materieller Wohlfahrt hielt die geistige Bildung nicht gleichen Schritt. Ein banausisches Wesen geht durch die mittelalterliche Geschichte unseres Nordens, der Hansa wie der deutschen Herren. Von der schrecklichen Eintönigkeit des mönchischen Garnisonlebens mochte der deutsche Herr sich erholen in ritterlichen Spielen, obwohl das eigentliche Turnier ihm verboten blieb, oder in schwerer Jagd auf Bären, Wölfe, Luchse, »nicht durch kurze weile, sunder durch gemeinen vrumen«. Auf Hochmeisters Tag oder zu Ehren fürstlicher Gäste feierte man glänzende Gelage und Waffenspiele; dann flossen statt des Bieres der Osterwein von Chios, die welschen Weine und der köstliche Rainfal aus Istrien. Zu Ostern zogen die Dirnen von Marienburg mit Maizweigen auf das Hochschloß, um den Fürsten nach gut preußischem Brauche einzuschließen, bis er mit einer Gabe sich löste. Meisters welscher Garten und Karpfenteich boten manche heitere Stunde, bald war der Lärm und Prunk fürstlicher Besuche zur Regel geworden an dem geistlichen Hofe. Edlerer geistiger Luxus aber schien dem rauhen Militärstaate bedenklich. Noch im fünfzehnten Jahrhundert begegnet uns ein Hochmeister, der »kein Doktor« ist, weder lesen noch schreiben kann. Wenn Meister Winrich befahl, daß in jedem Konvente zwei gelehrte Brüder, ein Theologe und ein Jurist, verweilen sollten, so hatte er nur kirchlich-politische Zwecke im Auge. Seine Schöpfung, die Rechtsschule von Marienburg, ging rasch zugrunde, und die Universität von Kulm, die der Orden in jenen Tagen zu gründen gedachte, ist nie zustande gekommen. Die gelehrten Brüder haben Urlaub, das Gelernte zu üben, die ungelehrten aber sollen nicht lernen; genug, wenn sie das Paternoster und den Glauben auswendig wissen.

Balleien: Verwaltungsbezirke des Ritterordens
Sechsstädte: Bezeichnung für die von 1346 bis ins 17. Jahrhundert verbündeten Städte Bautzen, Görlitz, Zittau, Lauban, Löbau und Kamenz
Hansa, Hanse: im Mittelalter Bund von Handelsstädten zu Erleichterung des Handels und zum Schutz
Osterlinge: Austern
Komtur: Vorsteher einer Ordensburg
Straßengericht: Gerichtsbarkeit über Land- und Heerstraßen
Chios: griechische Insel
welsch: französisch
Meister Winrich: Winrich von Kniprode (gest. 1382), seit 1351 Hochmeister
Konvent: Versammlung eines Ordens
Paternoster (lat.): das Vaterunser

Aus »Der höllische Sebastian«

Albrecht Schaeffer

[…] Der Offizier drehte den Kopf hinüber. In der Schuppentür stand ein Kerl, um Nichts kleiner als der Schwarze, aber mit Gliedern von ungeschlachter Mächtigkeit, eingezwängt in eine verschossene und geflickte deutsche Feldmontur, deren ausgefranste, zu kurze Hosenbeine nicht bis auf die Knöchel der nackten hellroten Füße reichten. Er war barhaupt; Bart- und Haupthaar rundeten ein gewaltiges braunes Oval von dichtem Gelock wie des Zeus, aber die Augen darin waren nur klein und funkelten böse. Der Mund, ein großes Dreieck, stand offen und bebte sichtlich. Er hielt ein Armee-Gewehr an die Hüfte gedrückt und hatte ein Koppel umgeschnallt mit zwei Patronentaschen links und rechts. Gleich rollte aus seiner Brust wieder die dröhnende Stimme:

»Revolver hinlegen!«

Statt zu folgen machte die Hand, die ihn hielt, eine kleine steife Drehung, um ihn gegen den Schuppen hin in Anschlag zu bringen; allein da fuhr bereits dröhnend der Schuß aus dem Rohr, scheinbar ungezielt, aber der große Revolver flog, sich überschlagend, in die Luft empor. Der Offizier hielt die weiße Handschuhhand gespreizt von sich; der Daumen hing lose und Blut troff herunter.

Da liefen die beiden Kosaken dicht hintereinander durch den Garten zur Tür. Wieder knallte ein Schuß, der hinten Laufende sprang hoch und riß im Vornüberstürzen den andern zu Boden. Der dritte Schuß, – allein der erste raffte sich auf und erreichte die Tür, saß im Nu auf dem roten Pferd und sprengte davon. Währenddem preßte der Offizier den Ballen seines Taschentuchs auf die Wunde und aus der Haustür kam die Mutter die Stufen hinabgelaufen, um bei ihrer Tochter zu knieen, wo die Kinder schon lagen und wimmerten. Sie richteten ihren Kopf in die Höhe; die Augen standen weit offen, sahn aber nichts.

Der Schütz, der jetzt im Sturmschritt vom Schuppen herankam, schüttelte das Gewehr in den Fäusten. Er war ganz außer sich und keuchte; er schrie: »Ach, um Gottes willen, Frau! Aufgewacht, ach Gott, aufgewacht! Es ist ja vorbei, ich hab' ja nur geschossen, ich, David hat geschossen, bloß David!« Seine Augen troffen von Jammer, und nun schoß er sie, mit Gift und Feuer geladen, auf den Schwarzen ab, der noch unbewegt dastand, das Tuch auf die Wunde drückend. Er brüllte mit ungeheurer Stimme: »Bist du's wirklich, Hund! Was hast du hier gemacht? Hast du die Frau totgemacht? Und die Kinderchen, was? Hast du sie ganz tot quälen wollen? Höllenbraten! Die liebe süße Frau hast du ganz tot gemacht, Bolschewik! O Gott, o Gott, die Kinderchen, Frau, da sind sie ja alle beide, oh ha ha, die Fischlein, da springen sie ja!« Und er schluchzte, daß es ihn schüttelte. Er stotterte, blaurot im Gesicht, als die Ohnmächtige nun zu sich kam und ihre Augen sich zu ihm wandten. »Ach, David«, sagte sie leise, »hast du noch mal geschossen ...« Und kaum hörbar:

»Guter ...«, worauf er den Kopf hob und zu heulen begann wie ein Hund. Er warf sich auf die Kniee, faßte ihre Hand, küßte sie rasend zwanzigmal, sprang wieder auf, stellte die Liegende leicht auf die Füße, griff wieder zu seinem Gewehr und befahl mit schreiendem Flüstern: »Macht, daß ihr wegkommt, fix weg, alle weit weg, hier geht's jetzt los!« Er stieß fast die beiden Frauen und die Kinder die Stufen empor. Sie liefen, soviel sie vermochten, während er sich zurückdrehte, über den Hausflur und drüben hinaus. Mit ihnen hatte sich auch der Windhund ins Haus gedrängt, sprang zwischen ihnen herum und bellte; und er tanzte mit hellem Freudengeläut ihnen voran, als sie sich durch den Obstgarten wandten und schrägüber in einen schmalen Steig, der dort in das Tannicht geschnitten war, und unaufhaltsam diesen hinunter.

David stand schon längst vor dem Schwarzen. Er riß ihm mit einem Griff der Linken den Leibgurt ab, streifte die Tasche herunter und schnallte mit ihm – den Gewehrriemen zwischen den Zähnen – jenem die Handgelenke zusammen. Danach packte er ihn um den Leib und trug ihn, wie eine Marionette über die Achsel geworfen, zur Gittertür, wobei die schwarze Mütze herabfiel wie ein Skalp, denn darunter war nur blanker brauner Schädel. Vor der Gittertür warf er ihn auf die Füße herab; sie war beim Hindurchstürmen des Kosaken zugeschlagen. Nun löste er hurtig den Riemen von seinem Gewehr, warf die zusammengeschnürten Hände des andern ihm über den Kopf empor und knotete sie mit dem Riemen an zwei der obersten Lanzenspitzen fest. Dann stand er eine Weile, die glühenden Augen dicht unter jenen, die unbeweglich entgegenstarrten.

»Pfui«, sagte er dann, »wie du schielst!« und trat zurück. Ungeheuerlich ausgereckt und verlängert stand der Unmensch nun da. David maß ihn von oben und unten; sein Blick sammelte sich zur Tücke, und er fragte:

»Wo ist Wlanka?«

Keine Antwort. »Ja, wo ist Wlanka?« wiederholte er giftig. »Ich weiß es, ja, ich weiß, wo der Wlanka sitzt. Ich bin's gewesen, ich hab' ihn heut früh gefunden, halb tot und verblutet, und wenn wir nicht gleich der Alten begegnet wären, dann hätten wir ihn auch nicht in den Schuppen gebracht, denn er wollte ja nicht zu Menschen. Der Bolschewik, der Verdammte, alle seid ihr Bolschewiken! Aber ich hab' mich erbarmt und ihn weggebracht in mein

Waldloch, guter Gott, und der Alten hab' ich wahrhaftig gesagt, wo es ist, und da ist sie gelaufen und hat geschrieen ...« Er verstummte, bog sich zurück und brüstete sich in den Schultern: »Da bist du ja in eine schöne Falle gerannt, mit deiner Wut hinter Wlanka. Hast du nicht gemerkt, daß die Roten überall vorgegangen sind, und nun steckst du hier mutterallein und bist hin. Sag was, Teufel!«

Aber er bekam keine Antwort, und fast eine Minute lang war Stille. Endlich begann David wieder mit voller Ruhe seiner tönenden Stimme:

»Da stehst du nun. Ja, da stehst du nun, Bolschewik, oder was du schon sein magst. Scheusal, für dich hat ja kein Teufel nicht Namen mehr. Du bist ja nicht weiß und nicht rot, du bist ja ganz unter allem! Und nun wird dir heimgezahlt werden.« Er machte abermals einen Schritt rückwärts, warf das Lockenhaupt zurück und lachte gewaltig. »Du höllischer Sebastian«, sagte er, »dich werde ich spicken. Ja, dich werde ich spicken. Himmels-Aussatz, womit werd' ich dich denn spicken? Mit Augenblicken, ja, mit all den, woran die Frau fast verreckt ist, wieviel waren es, zwanzig, vierzig, hundert?« Er schlug auf die Taschen am Koppel links und rechts. »Die sind voll«, sagte er. »Und nun geht's los!« (...)

»Sag etwas!« wiederholte David erregt. »Höre, Kahlkopf, du mußt jetzt was sagen!« Er lief wieder hin zu ihm und hielt die geballte Faust ihm unter den Mund. »Kannst du nicht sprechen? Meinst du vielleicht noch, daß ich das Vieh bin und du der Herr? Fluch was, bet was, schimpf was, aber red was!«

Jetzt zogen die Lippen sich langsam über den blanken Zähnen auseinander. David sah gierig hin, was hervorkommen würde, ein Wort oder Speien, – aber die Lippen zogen sich nur wieder zusammen wie ein Tiefseetier, und kein Laut kam. »Dann auch nicht!« murrte David und ging nun in seinem freien Sturmschritt, hochgebogen und mit wehenden Locken zum Haus. Flink umherspähend erschien ihm der Hausflur als bester Platz, denn die Schwelle war gegen innen zu um einen halben Fuß erhöht, und hinter ihr lagerte er sich. Er legte das Gewehr neben sich und sich selbst bequem auf die Seite, leerte dann eine Patronentasche, indem er die fünfschüssigen Rahmen sorgfältig wie Spielkarten nebeneinanderlegte, zog die Kammer auf, blickte hinein, warf die noch darin liegenden zwei Geschosse hinaus und lud frisch. Endlich brachte er die Waffe in Anschlag und merkte nun, als er Korn nahm, daß es Abend geworden war. Der Garten lag tief und kühl im Schatten; nur die höchsten Spitzen der Tannen waren vergoldet. »Noch Büchsenlicht«, murmelte David, »aber ich muß mich sputen«, und er brachte das Auge ans Visier.

»Wirst du nun endlich zum Guten reden?« fragte er aufblickend verdrossen. »Hast du denn gar keine Stimme in dir? Wenn du keine Stimme hast, hast du auch keine Seele. O du armes Lamm«, murmelte er mitleidvoll, und hatte auf einmal die fünf Schüsse mit solcher Schnelle verfeuert, wie nur das Auswerfen der Hülsen dazwischen erlaubte. Als es still war, der bläuliche Qualm allmählich sich verziehend die schwarze Gestalt wieder frei gab, sprach David, den Ton auf das letzte Wort setzend: »Das war eine Hand.«

Der riesige schwarze Sebastian in der Dämmerung drüben hatte, wohl infolge der Umschnürung, die weißen Hände gespreizt gehalten; die eine war jetzt ein dunkler Stumpen. Und: »Sag nun was!« bat David. Sebastian schwieg. Darauf fuhr David fort, Schuß auf Schuß abzufeuern, nur mit solchen Pausen, wie er brauchte, um den Pulverqualm nach oben verschweben zu lassen, den die obere Kühle immer schnell wegsaugte. Er schoß jetzt von der Spitze aus in den einen Stiefel, fast Zoll an Zoll bis ins Bein, jetzt wieder in die andre Hand, dann die Arme hinunter bis in die Achseln, dann die Beine empor. Er schoß bald stumm und ruhig, bald tobte und fluchte er wieder oder bettelte fast um »ein gutes Wort«. »Ich will dich beten lehren!« heulte er und schoß wie ein Rasender dahinter. Der Sebastian – wenn auch seine getroffenen Gliedmaßen flogen, wenn auch die Schmerzen ungeheuerlich sein mußten und jeder Schuß von der Möglichkeit zu leben etwas wegschnitt – bewegte sich nicht; sogar das Gesicht hielt er unveränderlich grade empor, obschon er schon längst nicht mehr stand, sondern hing, eine tote schwarze Puppe im Zwielicht, über einem großen dunklen Flekken in der Helle des Sandwegs. Nach dem vierzigsten Schuß sprang der Schütze auf und stöhnte: »Er spricht nicht, er spricht nicht, und nun wird er verbluten!« (...)

Der aber schien jetzt zu sterben. Das Gesicht neigte sich langsam vornüber und auf die Seite mit einer so sanften Bewegung, daß David in der seinen erstarrte, den Gewehrkolben hoch in der Luft. Ganz langsam senkte er ihn dann, während drüben der braune Kopf sich in Rucken langsam wieder erhob, bis er zwischen den Armen stand.

Die Augen waren geschlossen, aber die Lippen zogen sich noch einmal auseinander; der Mund öffnete sich und sagte: »Kanaille.«

»So ist es gut«, sprach David und schoß ihn durch den Kopf. (...)

Zeus: Göttervater der griechischen Sage
Skalp: bei den Indianern die abgezogene Kopfhaut
Zoll: Längenmaß (0,026m)
Kanaille (frz.): Schurke, Gesindel

Die Königstochter zu Soldau

Aus der »Altpreußischen Rundschau«

Vorzeiten führte vom Soldauer Schlosse bis in die Nähe des Dorfes Königshagen ein unterirdischer Gang, der jetzt verschüttet und kaum mehr zu finden ist. An der Stelle, wo sich einst sein Eingang befand, ist noch heute eine große, runde Vertiefung zu sehen. Hier tut sich alle hundert Jahre einmal die Erde auf und verschlingt alles, was sich gerade dort befindet.

Nun lebte vor vielen Jahren auf dem Schlosse eine Königstochter; die war so schön, daß die Freier aus allen Ländern kamen und um sie warben. Aber sie wies jeden ab; denn sie liebte einen armen Ritter, dessen Burg da stand, wo jetzt das Dorf Königshagen liegt. Weil er aber von seinen Vätern außer der verfallenen Burg wenig mehr als Schild und Schwert und ein Paar silberne Sporen geerbt hatte, geriet der alte König in großen Zorn, als die Tochter es wagte, ihm ihre Liebe zu dem armen Ritter zu gestehen. »Ich lasse dich in den tiefsten Kerker zu Ratten und Schlangen werfen«, drohte er, »wenn du nur noch einmal mit ihm sprichst oder ihn nur ansiehst!«

Bleich und traurig verließ sie den gestrengen Vater. Ihre Liebe zu dem jungen Ritter aber war so groß, daß sie es möglich machte, ihm einen Schlüssel zu dem unterirdischen Gange zu verschaffen. Täglich in der Morgenfrühe, wenn alles auf dem Schlosse noch in tiefem Schlummer lag, öffnete der Ritter nun die Tür des Ganges und eilte zu ihr. So verging der Sommer. Da waren die hundert Jahre um, und als er wieder zu seiner Getreuen eilen und die Tür hinter sich schließen wollte, tat sich die Erde auf und verschlang ihn. Voll banger Ahnungen eilte die Königstochter dem Liebsten entgegen; doch, soviel sie auch suchte und so laut sie auch nach ihm rief, er kam nicht wieder.

Da vergaß sie den strengen Vater, da vergaß sie alles auf der Welt und suchte ihn Tag und Nacht. Jahr um Jahr verrann, sie fand keine Ruhe, sie suchte ihn. Als sie einst an die Stelle kam, wo ihr Liebster versunken war, waren wieder hundert Jahre vergangen. Wieder tat sich die Erde auf, und am Grunde der Schlucht lag bleichendes Gebein. Da sank sie zu ihm hinab, den sie über alles geliebt hatte, und über beiden schloß sich der Abgrund.

Preußenlied

Ich bin ein Preuße! kennt ihr meine Farben?
Die Fahne schwebt mir weiß und schwarz voran;
Daß für die Freiheit meine Väter starben,
Das deuten, merkt es, meine Farben an;
  Nie werd' ich bang' verzagen;
  Wie jene will ich's wagen.
Refrain: Sei's trüber Tag, sei's heitrer Sonnenschein:
Ich bin ein Preuße, will ein Preuße sein!

Mit Lieb' und Treue nah' ich mich dem Throne,
Von welchem mild zu mir ein Vater spricht;
Und wie der Vater treu mit seinem Sohne,
So steh' ich treu mit ihm und wanke nicht.
  Fest sind der Liebe Bande;
  Heil meinem Vaterlande!
Refrain: Des Königs Ruf dringt in das Herz mir ein:
Ich bin ein Preuße, will ein Preuße sein!

Nicht jeder Tag kann glüh'n im Sonnenlichte,
Ein Wölkchen und ein Schauer komm' zur Zeit;
Drum lese keiner mir es im Gesichte,
Daß nicht der Wünsche jeder mir gedeiht;
  Wohl tauschen nah und ferne
  Mit mir gar viele gerne;
Refrain: Ihr Glück ist Trug und ihre Freiheit Schein,
Ich bin ein Preuße, will ein Preuße sein!

Und wenn der böse Sturm mich wild umsauset,
Die Nacht entbrennet in des Blitzes Glut;
Hat's doch schon ärger in der Welt gebrauset.
Und was nicht bebte, war der Preußen Mut.
  Mag Fels und Eiche splittern,
  Ich werde nicht erzittern!
Refrain: Es stürm' und krach', es blitze wild darein!
Ich bin ein Preuße, will ein Preuße sein!

Wo Lieb' und Treu' sich so dem König weihen,
Wo Fürst und Volk sich reichen so die Hand;
Da muß des Volkes wahres Glück gedeihen,
Da blüht und wächst das schöne Vaterland.
So schwören wir aufs neue
Dem König Lieb' und Treue.
Refrain: Fest sei der Bund! Ja, schlaget mutig ein!
Wir sind ja Preußen, laßt uns Preußen sein!

Die Schlacht bei Löbau

Fr. Reiche

Löbau, eine Stadt, die im Jahre 1222 erbaut worden sein soll und damals zum Gebiete des Herzogs Konrad von Masowien gehörte, wurde von diesem mit dem dazugehörigen Gebiet im Jahre 1226 an den Deutschen Orden, gleich bei dessen Eintritt in das Land Preußen, überlassen; von hier und von Kulm aus begannen die Operationen der Ritter zur Unterdrückung des Götzentums und der patriarchalischen Freiheit der Preußen. Unter diesen Umständen mußte die Stadt Löbau natürlich die vielen, zum Teil schmerzhaften Erfahrungen teilen, die den Orden betrafen. Hierzu gehört das Unglück in der Schlacht bei Löbau, die im Jahre 1263 erfolgte.

Heinrich Monte, der tapfere Häuptling der gegen den Orden aufgestandenen Natanger, hatte nach langer Belagerung Kreuzburg eingenommen und stürmte nun mit seiner Schar bis in das Kulmerland hinauf. Feuer und Schwert begleiteten ihn; alle Gebäude, die nicht starke Mauern schützten, wurden durch seine wilde Horde niedergebrannt, kein Christ, der sich blicken ließ, fand Schonung vor dem Schwerte. Frauen und Kinder wurden herdenweise fortgetrieben, und, da das Land eine ziemliche Zeit lang Ruhe genossen, viele Beute gemacht. In der Nähe von Löbau bot der Landmeister Helmerich von Rechenberg und der Ordensmarschall Dietrich mit der ganzen Kriegsmacht des Kulmerlandes dem Feinde die Spitze; Monte nahm die Schlacht an, und es wurde mit der größten Erbitterung gekämpft. Die Preußen, welche den Vorteil genossen, durch Verhaue in der Flanke gedeckt zu sein, leisteten anfangs so männlichen Widerstand, daß der Sieg sich auf ihre Seite zu neigen schien. Da ermunterte der Landmeister die Seinigen zu neuem Kampfe: »Es sind nicht unsere Feinde«, sagte er, »die ihr zu besiegen habt; es sind die Feinde der gebenedeiten Jungfrau. Nicht irdischen Lohn sollt ihr im Kampfe erringen, der Lohn des ewigen Lebens ist es, der euern Sieg krönen wird.« Diese Worte wirkten; der Feind ward in die Flucht geworfen und in ein nahes Gebüsch getrieben, wo viele dem Schwerte der Ritter erlagen. Im Verfolgen der einzelnen feindlichen Haufen begriffen, hatte sich aber das Ordensheer dergestalt zerstreut, daß nur wenige bei der Fahne zurückgeblieben waren. Heinrich Monte bemerkte dies in der Ferne, sammelte die Seinigen schnell und stürmte mit reißender Gewalt auf den Kampfplatz zurück, die Schlacht von neuem zu beginnen. Mehrere Stunden lang war mit der äußersten Erbitterung gekämpft worden, als der Fall des Landmeisters das Ordensheer zum Weichen brachte; der Feind benutzte den allgemeinen Schrecken, und in kurzem waren vierzig Ordensritter und der gesamte übrige Teil des Heeres erschlagen. Entsetzen verbreitete sich durch die ganze Landschaft; die auserlesensten und tüchtigsten Glieder des Ordens waren hier gefallen, während in den übrigen Provinzen ihn ein gleiches Mißgeschick verfolgte.

Neumark

August Eduard Preuß

Neumark (polnisch Nowemiasto), eine kleine Stadt mit 1188 zum größern Teil polnischen Einwohnern, eineinhalb Meilen von der Kreisstadt Löbau, acht Meilen von Marienwerder entfernt, liegt an der Drewenz in ebner Gegend. Die Stadt hat eine katholische Pfarrkirche und ein evangelisches Bethaus. Die Evangelischen, welche erst seit 1773 sich hier niedergelassen haben, hielten früher mit den evangelischen Landleuten der Umgegend gemeinschaftlich ihren Gottesdienst in einem Bürgerhause, und ein benachbarter Prediger teilte vierteljährlich das Abendmahl aus. Die Einwohner treiben Bierbrauerei, Ackerbau und allerlei bürgerliche Gewerbe. Die Stadt ist im Jahre 1325 erbaut worden.

Ganz nahe bei der Stadt nördlich befindet sich das ehemals sehr bedeutende und bekannte Reformatenkloster Lonk, vom Woiwoden Dzialinski erbaut, wo mit dem vom Fronleichnamstage ab acht Tage lang dauernden Ablasse ein sehr besuchter Leinwand- und Krammarkt verbunden war.

Nördlich bei Lonk liegt das Amt Brattian mit einer Mahl-, Walk- und Schneidemühle am kleinen Wellflusse, der in die Drewenz geht.

Die Reformation in Strasburg

A. G. H. Lambeck

Aus einem alten Kirchenbuche erhellt, daß gegen das Ende des Jahres 1554 die ganze Stadt Strasburg mit ihrem Pfarrer Nikolaus Gliczner die Reformation angenommen, daß 1598 die Religionsverfolgung begonnen und die Pest sowohl als der Krieg furchtbar hier gewütet haben. Bis 1598 war die hiesige evangelische Gemeinde im Besitz der Pfarrkirche, welche sie in diesem Jahre am 7. Mai an die polnischen katholischen Bürger abtreten und ihren Gottesdienst in einem Zimmer des Rathauses abhalten mußte. Im Jahre 1646 wurde ein Privathaus zu einem Bethause eingerichtet. Ein Kelch mit der Jahreszahl 1578 beweist, daß schon damals das Licht der Reformation bis hierher gedrungen war. Im Jahre 1830 wurde die große und schön erbaute evangelische Kirche eingeweiht.

Die heilige Jutta

Eine Sage

Im Jahre 1260 verschied zu Kulmsee die heilige Jutta, die Mutter des Hochmeisters Hanno von Sangerhausen, der sie, da er noch als Komtur auf Althausen saß, nach dem Tode ihres Gatten, des Freiherrn Carl von Sangerhausen, mit sich aus Thüringen gen Preußen geführt hatte. Dort wohnte sie mit vier Jungfrauen in dem Kloster zu Kulmsee, von dem Bischofe Heinrich mit dem notdürftigsten Lebensunterhalte versorgt. Da sie des Lesens unkundig war und es deshalb schmerzlich empfand, daß sie sich nicht an frommen Büchern zu erbauen vermöge, so kam ein Engel vom Himmel, der innerhalb einer einzigen Stunde sie so weit brachte, daß sie alles fertig lesen konnte. Von Gott erbat sie sich als eine Gnade: in dieser Welt verachtet und verhöhnt, in jener aber erhöht zu werden. Und diese Bitte ward ihr gewährt. Nicht nur in ihrem eigenen Kloster ward sie drei Jahre hindurch mit unglaublicher Schmach angetan, sondern es wurden ihr auch von den Kreuzesbrüdern die schmählichsten Verbrechen vorgerückt, so daß sie sich durch die Feuerprobe reinigen mußte, indem sie einen glühenden Dreifuß ohne allen Schaden trug. Einst, als sie mit frommer Beschauung beschäftigt war, kamen Engelein, die sie durch den Himmel trugen. Da die Fromme die Sorge für einen kranken Priester übernommen und deshalb allnächtlich ihr Kloster verlassen mußte, so erschien immer ein helles Licht, welches sie hin und zurück geleitete. Als sie das Herannahen ihres Todes fühlte, ließ sie sich in die Kirche bringen, wo ihre Seele, während Bischof Heinrich das Totenamt hielt, unter dem Gesange der himmlischen Heerscharen in den Himmel geführt war. Noch nach ihrem Hingange ließ Gott auf ihre Fürbitte viel Wunder geschehen.

Gen: nach
vorgerückt: vorgeworfen

Ivo, der Burgmann von Thorn

Gustav Freytag

Aus dem Hügellande Thüringen bewegte sich ein reisiger Zug ostwärts nach den Ufern der Weichsel. In der Urzeit hatte das gelbe Wasser des großen Stromes die Vandalen und Burgunder getrennt von Slawen und anderen Völkern fremden Stammes. Damals hatten sich die Germanenkrieger aus ihren östlichen Sitzen erhoben und waren wie Meereswogen eingebrochen in den Ländern des Westens, mildere Sonne und ein reicheres Leben begehrend. Jetzt strömte die Volkskraft der Deutschen in vielen kleineren Wellen wieder zurück von Westen nach Osten, und tausend Jahre nach der

Auswanderung jener alten Germanen begannen die Thüringer und Sachsen an der Stromgrenze aufs neue den Kampf gegen die Fremden, mit stärkeren Waffen und festerer Kraft.

Der Haufe, welcher von den roten Bergen und dem Nessebach über die Saale zog, glich in vielem den Schwärmen alter Germanen, welche tausend Jahre vorher aus dem Osten gekommen waren; denn nicht nur gewappnete Krieger bildeten die Schar, ein langer Troß von Wagen und Karren folgte mit Kindern und Frauen, gezogen durch starke Rinder, beladen mit Saatkorn, Hausrat und Feldgerät. Und es war nicht allein die unruhige Jugend, welche auszog, auch grauhaarige Bauern mit ihren Hausfrauen saßen auf den Wagen oder schritten, das Kreuzlied singend, nebenher. Der alte Hartmann aus Friemar ritt in dem Haufen, der Freischöffe Isenhard und andere ansehnliche Nachbarn von der Nesse, welche Baugrund in einem Lande begehrten, wo sie als Christen ehrwürdig waren, und wo man um anderes sorgte als um ihre Gedanken über die Macht des Vaters und des Sohnes. Auch deutsche Ordensleute zogen in der Schar, Bruder Sibold führte sie, und Ivo ritt als Mitbruder neben seinem Gemahl Friderun, und in seinem Gefolge waren die Witwe Henners mit ihren zwei Knaben, Ritter Lutz und ein rotwangiges Dorfkind, das Berchtel aus Frienstädt.

Als der Zug über die Saale gesetzt hatte und auf der Höhe anhielt, damit die scheidenden Pilger noch einmal das Land ihrer Väter begrüßten, bestiegen Ivo und Friderun einen Felsen und blickten Hand in Hand hinüber nach dem blauen Streifen des Waldgebirges. Da klang in der Nähe Hufschlag eines einzelnen Reiters, und Berthold stand vor ihnen. Wild und drohend war sein Aussehen, als er die Hand der Schwester ergriff und sprach: »Du trägst den Segen des alten Mannes auf deinem Haupte, meiner hat er nicht gedacht. Ich aber war in dem Hofe, den die Horden des Mönches ausgeraubt haben, ich kniete nieder am Herde und gelobte, den Vater zu rächen an seinem Mörder. Lebe wohl, Friderun, und ihr, der ihr über meine Schwester Herr geworden seid, macht an ihr gut, was euer Gesinde an mir gefrevelt hat. Vernehmt ihr von schwerer Tat, so wißt, daß es der Sohn des Richters ist, welcher eine Brandfackel in unserem Lande austilgt.« Und ohne Gruß trat er zurück und jagte den Bergen zu.

Je weiter die Fahrenden nach Osten drangen, desto größer wurde ihre Schar, mehr als einmal kamen sie bei ähnlichen Haufen gerüsteter Auswanderer vorüber, dann liefen die Fahrenden mit frohem Gruß zusammen als künftige Nachbarn und Streitgenossen. Während der Nächte rasteten sie in der Wagenburg, die sie aus ihren Karren zusammenstießen, auf einem Dorfanger oder in der Nähe einer ummauerten Stadt, bis sie das wilde Wasser der Weichsel erreichten. Dort lagerten sie am Ufer und zimmerten Fähren. Bruder Sibold aber fuhr mit Ivo über den Strom zu der Stelle, wo andere Brüder bereits um einen alten Eichbaum die kleine Holzburg gezimmert hatten. Dort steckten die beiden mit ihren Gehilfen Pfähle für ein Standlager, welches zu einer festen Stadt werden sollte und zu einer neuen Grenzburg der Deutschen. Den Brüdern gefiel, die neue Stätte Toron zu nennen, und sie dachten dabei mit Freude an einen Berg bei Akkon, unter dem die Bremer vor vierzig Jahren das erste Spital des Ordens aus Segeltuch errichtet hatten. Die Kreuzfahrer aber taten jetzt am Gestade der Weichsel dieselbe Arbeit, welche frühere Waller im Heiligen Lande geübt hatten, sie zogen die Gräben, erhöhten den Wall, richteten darüber aus Pfählen den Zaun einer Stadt und bauten in dem umschanzten Raum ihre Hütten. Fehlten ihnen in dem Flachland die Steine, so schichteten sie die Baumstämme des Waldes. Wie durch Zauber wuchs das neue Menschenwerk aus dem Boden, und auf dem Markt und in den Straßen der Stadt bewegte sich wenige Monate nach der Ankunft geschäftig die wohlgeordnete Gemeinde, der Kaufmann bot seine Waren feil, der Handwerker schnitt und hämmerte, und der Landbauer fuhr auf seinem Erntewagen den ersten Hafer ein.

Als endlich der große Ordensmeister Hermann selbst über die Weichsel kam, da war Ivos Haus die erste Herberge, welche er auf dem neuen Grunde der Deutschen besuchte. Er saß zwischen Friderun und ihrem Gatten und begann: »Dir, Schwester, bringe ich einen Gruß der Herzogin Hedwig, welche am Kaiserhofe lebt, von vielen umfreit und von den Sängern gepriesen. Sie sprach zu mir: Grüßt die Hausfrau, und nicht ihn, damit sie erkenne, daß ich ihr Recht ehre und ihr Gutes wünsche.« Darauf erzählte er, daß Kaiser Friedrich über die Alpen nach Deutschland gekommen sei. »Wie war sein Heergefolge, Meister?« frug Ivo.

»Er zog ohne Heer. Dreißig Kamele trugen ihm Kisten nach, darunter einige mit Gold gefüllte für die deutschen Fürsten.«

»Die Leute hier sorgen oft, daß die Herrlichkeit des Reiches klein werde, und sie fürchten Unheil auch für unsere Burgen im Preußenland.«

»Der bescheidene Mann meidet vergebliche Sorge. Du weißt, wir Brüder deuten nicht und grübeln nicht, wir schaffen schweigsam und warten überall unseres Amtes. Hier im Lande säen wir deutsche Saat. Wenn einst die Zeit der Ernte kommt, dann mögen andere zusehen, die nach uns leben.« Er wies auf zwei blondhaarige Knaben, welche an die Knie der Mutter geschmiegt den fremden Herrn anstarrten.

Auch die deutsche Saat, bei welcher Ivo tätig war, wurde zuweilen durch die Kriegsrosse der heidnischen Preußen niedergetreten. Es war ein harter Kampf, und es war ein sorgenreiches Wachstum, aber ihm erschien es als groß und als heilsam für alle, die er liebhatte. Wenn er mit seinem treuen Gesellen Lutz gegen die Feinde ritt oder wenn er im Rate der Ansiedler tagte, so oft er den alten Sibold gleich einem Ahnherrn zwischen der Kinderschar sitzen sah, welche in seinem Hause aufblühte, und immer wenn er das mutige und hochgesinnte Weib im Arme hielt, welches sich ihm in der Todesnot verlobt hatte, freute er sich des Tages, wo er ein Mitbruder des deutschen Hauses geworden war und aus einem thüringischen Edeln der Ivo, den sie den König nannten, ein Burgmann von Thorn.

Kaiser Friedrich II. (1194–1250)

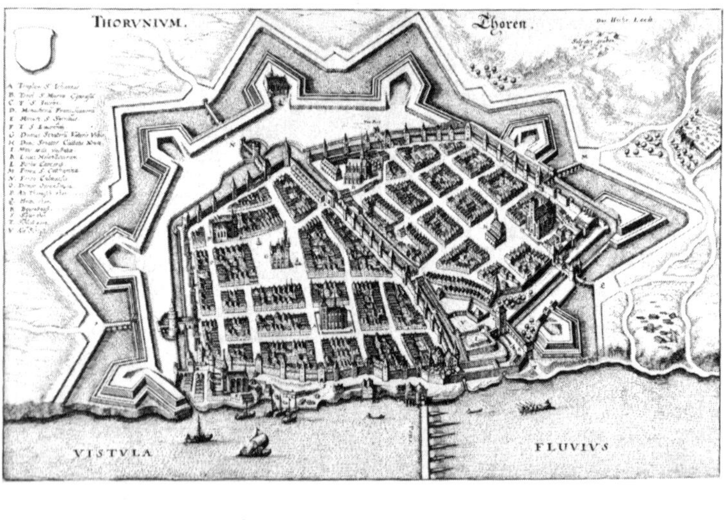

Thorn im 17. Jahrhundert

Thorn

Aus einem alten Lexikon

Thorn (polnisch Torun), Kreisstadt mit 18 667 Einwohnern (1875) und (seit 1877) Festung erster Ordnung im Regierungsbezirk Marienwerder der preußischen Provinz Westpreußen; liegt in 44,5 m Seehöhe am rechten Ufer der Weichsel, über die eine Holzbrükke nach dem gegenüber liegenden Städtchen Podgorze und eine auf dreizehn kolossalen Pfeilern ruhende, drei km lange Eisenbahnbrücke führt, im Bahnnetze der oberschlesischen und der preußischen Ostbahn. Thorn besteht schon seit 1263 aus Alt- u. Neustadt, hat alte, vier bis fünf Stock hohe Giebelhäuser, ein sehenswertes, zwischen den beiden großen Plätzen der Hauptstadtteile gelegenes und nach dem Muster des Amsterdamer 1602 erbautes Rathaus (daran das von Tieck modellierte, 1853 errichtete Standbild des hier geborenen Kopernikus), zwei evangelische und drei katholische Kirchen, von denen die Johanniskirche das Epitaphium Kopernikus' und die Marienkirche schönes Holzschnitzwerk aus dem vierzehnten Jahrhundert enthalten, ein Theater an der Stelle des Artushofes, einen schiefen Turm, Trümmer des 1260 erbauten, 1454 von den Bürgern zerstörten Schlosses, von welchem nur der vorgebaute »Danzk« noch wohlerhalten ist, ein stattlicher Befestigungsturm, »Katzenschwanz« genannt etc. Die lebhafte Stadt ist eine Hauptzollstätte gegen Polen hin, hat bedeutende Industrie in Tuch, Leder, Hüten, Seife, Stärke, Tabak, berühmte Fabrikation von Met und Pfefferkuchen (Leckkuchen), lebhafte Schiffahrt und starken Getreide- und Holzhandel. Thorn wurde 1231 in dem altpreußischen Gau Kulm von dem Landmeister Hermann von Balk gegründet; seine ersten Bewohner waren großenteils Westfalen; seine Privilegien (Kulmer Handveste) datieren von 1232. Im Jahre 1263 wurde Thorn Glied der Hansa und erblühte bald zur Königin der Weichsel. 1410 und 1436 hielt es standhaft die Belagerung der Polen aus, sagte sich aber 1454 vom Deutschen Orden los, stellte sich unter den Schutz des Königs von Polen, zerstörte das Ordensschloß, nachdem dessen Besatzung vertrieben war, und wurde 1466 im Frieden von Thorn vom Orden nebst einem großen Landstriche förmlich an Polen abgetreten; 1557 nahm die Stadt die Lehre Luthers an. Die Glaubensverschiedenheit der polnischen (katholischen) Einwohner aber und der vielen Reformierten führte 1645 zum Colloquium caritativum (Thorner Religionsgespräch) zwischen den katholischen, lutherischen und reformierten Theologen, in welchem vergeblich Versöhnung gesucht wurde, aber doch die Declaratio Thoruniensis, ein symbolisches Buch für die brandenburgische Reformierte Kirche, zustande kam. 1655 wurde Thorn von Karl Gustav von Schweden erobert, aber schon 1658 wieder genommen; 1703 zwangen die Schweden unter König Karl XII. Thorn abermals zur Kapitulation und schleiften es. Ein Tumult, der 16. Juli 1724 bei der Fronleichnamsprozession zwischen Katholiken und Protestanten ausbrach und große Dimensionen annahm, führte schließlich zum sogenannten Thorner Blutbade, indem die polnische Regierung, trotz aller Vermittlung der benachbarten Fürsten, 7. Dezember den Stadtpräsidenten Rösner nebst neun anderen Bürgern enthaupten und ihre Güter einziehen ließ; auch wurde das Ratskollegium zur Hälfte aus Katholiken zusammengesetzt, die Hauptkirchen an die Katholiken übergeben und das evangelische Gymnasium eine Meile von der Stadt verlegt. 1793 kam Thorn durch die zweite Teilung Polens an Preußen, infolge des Friedens von Tilsit 1807 zum Herzogtum Warschau, aber 1815 durch den Wiener Frieden wieder an Preußen.

Nikolaus Kopernikus (1473–1543) Astronom
Epitaphium: Gedenktafel für einen Verstorbenen
Met: Honigwein
Hermann von Balk (gest. 1393), erster Landmeister des Deutschen Ordens, Gründer von Thorn
Privilegien: Vorrechte, Freiheiten
Martin Luther (1483–1546), Kirchenreformator
Karl X. Gustav von Schweden (1622–1660)
Karl XII. (1682–1718), König von Schweden

Nikolaus Kopernikus

August Eduard Preuß

Nikolaus Kopernikus (eigentlich *Köpernik*), geboren am 19. Februar 1473 zu Thorn, nach vollendeter Schulbildung im Jahr 1492 auf die Universität Krakau gesendet, studierte die griechische und lateinische Literatur neben den mathematischen Wissenschaften und der

Nikolaus Kopernikus

Medizin. Die Namen Peurbach und Müller Regiomontanus (Wiederhersteller der Astronomie in Europa) erregten frühe schon seine Bewunderung und ihr Ruhm seine Nacheiferung. Nach Abberufung seines geliebten Lehrers, des Professors der Mathematik und Sternkunde Albert Brudzewski, aus Krakau, begab er sich 1497 nach Bologna, der damals berühmtesten Hochschule, wo er unter Leitung des berühmten Astronomen Dominik Maria von Ferrara seine Studien fortsetzte und bald einen so ausgezeichneten Ruf erwarb, daß er in seinem siebenundzwanzigsten Lebensjahre öffentlich die Mathematik zu Rom lehrte. Auf seiner Rückreise aus Italien nach Polen (wo er in Krakau als Universitätslehrer angestellt wurde) erlangte er in Padua die Würde eines Doktors der Medizin. Von Krakau rief ihn indes bald sein Oheim, der Bischof von Ermland ab, indem er ihm ein Kanonikat am Dome zu Frauenburg verlieh. Hier lebte nun Kopernikus entfernt vom Treiben der Welt in Abgeschiedenheit und Stille den Wissenschaften und beschäftigte sich daneben mit praktischer Ausübung der Heilkunde, worin er bald einen so ausgezeichneten Ruf erwarb, daß er in bedenklichen Fällen an den Hof des Herzoges nach Königsberg beschieden wurde. Überhaupt genoß er in der Provinz des höchsten Ansehens, wofür unter anderen der Umstand zeugt, daß das Domkapitel ihn im Jahre 1521 auf den Landtag nach Graudenz sandte, wo man die Verwirrung im Münzwesen, welche durch gesetzwidriges Münzen in den Städten entstanden war, zu heben versuchen wollte.

Das Resultat seiner astronomischen Forschungen ist folgendes: Bis dahin war der Glaube allgemein, daß die Erde als Mittelpunkt des Weltsystems ruhe und die andern Weltkörper um sie ihre vielfach verschlungenen Bahnen machten. Kopernikus nun, von der Idee ausgehend, die Natur folge einfacheren Gesetzen, und sobald diese gefunden, müßten sich auch die verwickelten Erscheinungen einfach erklären lassen, nahm gegen die Lehre der berühmtesten Astronomen an, die Sonne, ein Fixstern, bilde den Mittelpunkt unsres Weltsystems, die Erde dagegen, ein Planet, bewege sich um ihre Achse und mit den andern Planeten Merkur, Venus, Mars, Jupiter, Saturn um die Sonne in verschiedenen Zeiträumen und verschieden großen Bahnen. Außer diesen Hauptplaneten gebe es Planeten zweiter Ordnung, oder Monde, welche zunächst um ihre Planeten und mit diesen um die Sonne kreisten. Aus dieser Annahme erklärte er auf eine höchst einfache Weise alle Erscheinungen am Himmelsgewölbe, die Tages-, Jahreszeiten usw. – So wurde denn der preußische Domherr des sechzehnten Jahrhunderts, ohne Hilfe künstlicher Ferngläser (diese wurden erst 100 Jahre später erfunden) der Gründer eines neuen Systems in der Astronomie, welches ungeachtet des vielfachen Widerspruches, den es finden mußte (weil der große Geist des Gründers um Jahrhunderte seinem Zeitalter vorangeeilt war), ungeachtet des päpstlichen Bannstrahles noch heute unter dem Namen des kopernikanischen Weltsystems als das einzig richtige anerkannt ist. Kopernikus hat sein System entwickelt in dem kurz vor seinem Tode gedruckten und dem Papste Paul III. zugeeigneten Werke: *de orbium coelestium revolutionibus lib. VI.* (sechs Bücher von den Bewegungen der Himmelskörper).

Seine mathematischen Kenntnisse sind indes nicht allein der Wissenschaft, sondern auch in praktischer Beziehung unsrer Provinz zugute gekommen. Von ihm sind nämlich manche Bauwerke, namentlich Wasserleitungen in Preußen angelegt worden, so die in Frauenburg, wo das eine Viertelmeile weit abliegende Flüßchen Baude mittels einer Schleuse nach der Stadt geleitet und das Wasser durch ein hydraulisches Kunstwerk bis auf den hohen Domberg einem besonderen Behältnisse zugeführt wurde. Wie viele der übrigen in unsern Städten dem großen Manne zugeschriebenen Wasserleitungen wirklich von ihm herrühren mögen, läßt sich schwer entscheiden.

Wie in der Wissenschaft, so war Kopernikus auch als Mensch ausgezeichnet. Zu geschweigen der großen Anspruchslosigkeit und Bescheidenheit, welche der Begründer der neuern Astronomie in seinen Schriften an den Tag legt, können wir nicht umhin, der unerschütterlichen Rechtlichkeit zu gedenken, mit welcher er jeglicher Ungerechtigkeit im Kleinen und im Großen, obwohl persönlich vielfach bedroht, bei den verschiedensten Gelegenheiten rücksichtslos entgegentrat, sowie der Menschenfreundlichkeit, mit der er als Arzt seine selbstbereiteten Arzneimittel und ärztlichen Rat jedem Armen, der ihn antrat, unentgeltlich verabreichte. Der große Mann starb am 11. Juni 1543, im einundsiebzigsten Lebensjahre, ehe er ein Märtyrer für sein System werden konnte. Seine von ihm selbst verfaßte Grabschrift soll also gelautet haben:

Non parem Paulo veniam requiro,
Gratiam Petri neque posco; sed quam
In crucis ligno dederis latroni,
Sedulus oro.

Astronomie: Sternkunde
Oheim: Onkel
Kanonikat: Kirchliches Amt in einem Stift oder an einem Dom
Domkapitel: körperschaft von Geistlichen an einem Dom
päpstlicher Bannstrahl: Kopernikus' Buch wurde 1616 von der Kirche verboten
Non parem ... (lat.) : Nicht stehe ich um gleiche Gnade, wie sie Paulus empfing oder wie sie Petrus zuteil wurde, sondern wie du sie am Kreuze dem Schächer gewährtest

Der Tumult in Thorn im Jahr 1724

A. G. H. Lambeck

Die Veranlassung zu dem traurigen Schicksal, welches die Stadt Thorn im Jahre 1724 traf, gab ein von den Katholiken selbst erregter und sodann von dem ausgelassenen Pöbel vollzogener Tumult, dessen Umstände aber, auf welche es doch vorzüglich ankommt, von den Jesuiten ganz anders angegeben wurden, als sie in der Tat waren. Der eigentliche Verlauf dieses Tumults, wie er von dem Magistrat zu Thorn, nach genauem Verhör geschworner Zeugen, durch dessen Kanzler ausgefertigt, protokolliert und später der Inquisitions-Kommission vorgelegt wurde, ist folgender: Als am 16. Juli des Jahres 1724 (am 5. Sonntage nach Trinitatis) die Katholiken in der Neustadt auf dem St.-Jakobs-Kirchhofe eine feierliche Prozession hielten, weil es das Fest der heiligen Jungfrau Maria vom Berge Karmel, sonst das Fest des allerheiligsten Skapulirs genannt, war und einige Bürgerkinder, auch andere junge Leute daselbst standen und der Gewohnheit nach zusahen, geschah es, daß ein polnischer Jesuitenschüler Stanislaus Lysiecki, der Sohn eines Töpfers zu Gollub, aus Übermut an die evangelischen Zuschauer frech herantrat und von ihnen verlangte, sie sollten vor der Monstranz den Hut abnehmen. Da sie dies verweigerten, so stieß er nicht nur beleidigende Schimpfworte aus, sondern gab einigen Ohrfeigen, was diese sich gefallen ließen, um die Prozession nicht zu stören. Als dem rohen Menschen solcher Übermut so ungestraft hinging, wurde er immer frecher und insultierte mit einigen seiner Kameraden, zwei Stunden nach geendigter Prozession, nachmittags gegen fünf Uhr, ohne alle Veranlassung zwei junge Leute und Knechte von Bürgern. Einige evangelische Bürger traten hinzu, verwiesen ihm und seinen Mitschülern solche Exzesse und mahnten zum Frieden, aber vergebens, es kam zum Handgemenge, in welchem die Katholiken die Oberhand behielten. Sie rissen zwei evangelische Bürger, David Heyder und Löban, mit Gewalt auf den Jakobs-Kirchhof, warfen sie zur Erde und rauften sich mit ihnen dergestalt, daß, als ein anderer Bürger namens Deublinger zusprang, um seine Mitbürger zu befreien, er ihnen auf die Hände schlagen und sie so zwingen mußte, die niedergeworfenen Bürger loszulassen. Währenddessen hatte sich nicht nur mehr Volk versammelt, sondern die Stadtwache kam auch auf den Lärm vom Jakobs-Tore von selbst herbei, nahm den Urheber dieser Schlägerei, den Jesuitenschüler, gefangen und brachte ihn in die Stadtwache. Als dies die andern verjagten Jesuitenschüler dem Pater Rektor Kasimir Czyzewski hinterbracht hatten, schickte er sie zum Präsidenten Rösner, und hier forderten sie mit Ungestüm die Freigebung ihres gefangenen Mitschülers. Rösner lehnte die Sache von sich ab, weil sie nicht zu seinem Ressort gehöre, sondern vor den

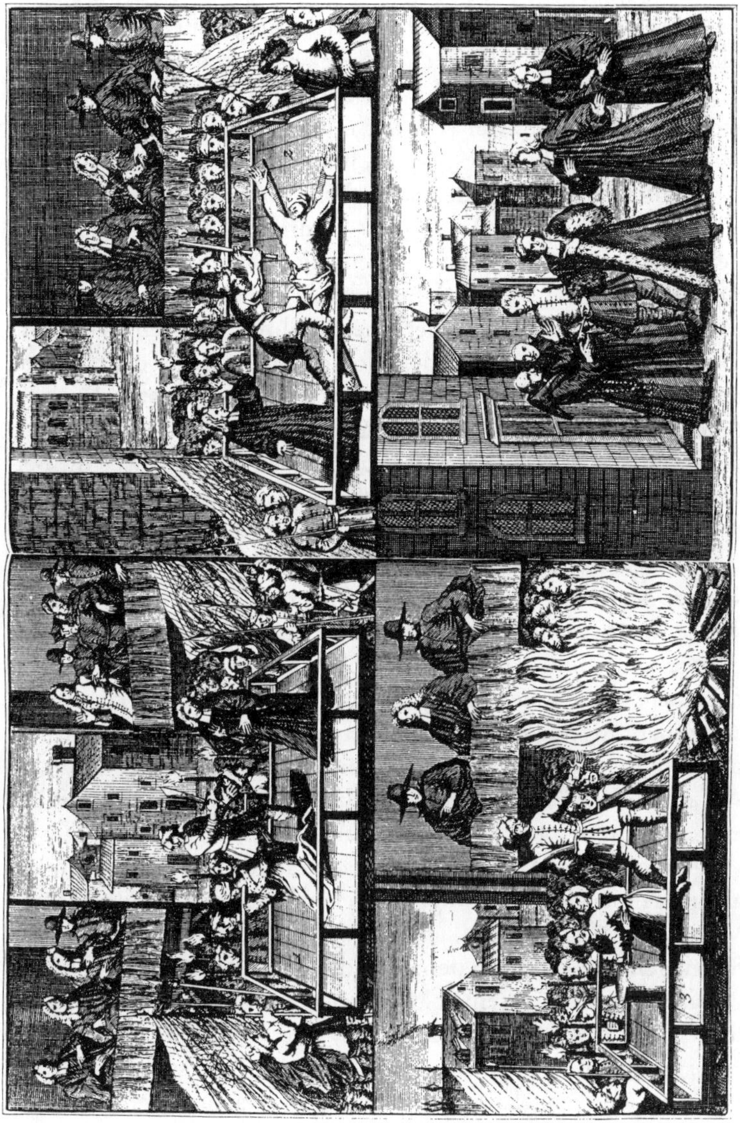

königlichen Burggrafen, Gerhard Thomas, welcher über Realinjurien zu entscheiden hatte.

Sofort gingen sie zum Burggrafen, allein auch von diesem wurde ihnen der gefangene Mitschüler nicht freigegeben, sondern nur die Antwort erteilt: daß er, da es Sonntag sei, die Sache nicht vornehmen könne, sie müsse bis auf den folgenden Tag verschoben werden, wo er um zwei Uhr nachmittags beide Teile wollte vor sich laden lassen. Montags, den 17. Juli, versammelte sich der Magistrat früh und beschloß, dem königlichen Burggrafen Thomas, der ein hochbejahrter Mann war, diese verdriesliche Streitsache abzunehmen und sie selbst zu beseitigen. Als daher die Jesuitenschüler nachmittags zwei Uhr zum Burggrafen kamen, so wies dieser sie an den Präsidenten Rösner, der ihnen bei ihrem Erscheinen bekannt machte, der Magistrat habe beschlossen, die Sache bei der nächsten Sitzung zu untersuchen und abzutun. Allein dies glaubten die ungeduldigen Leute nicht abwarten zu dürfen, sondern begaben sich voll Ingrimm in großer Anzahl auf die Neustadt, suchten die beiden evangelischen Bürger, mit welchen sie tags zuvor Handel gehabt hatten, nämlich Heyder und Löban, auf und drangen mit Ungestüm in sie, es bei dem Magistrat zu bewirken, daß der Jesuitenschüler, der ihretwegen in Haft gekommen sei, auf freien Fuß gesetzt werde, widrigenfalls sie selbst es entgelten sollten. Da nun andere evangelische Bürger ihren so hart bedrängten Mitbürgern zu Hilfe kamen, wurden sie von den polnischen Jesuitenschülern mit bloßen Säbeln angefallen und zurückgetrieben, bis die Stadtwache wieder erschien, die tumultuierenden Schüler zerstreute und den Anführer dieses neuen Tumults ebenfalls in die Wache nahm. Hierauf sammelten sich die Jesuitenschüler in größerer Zahl und beabsichtigten, ihren gefangenen Kameraden aus der Wache zu befreien; allein da ihnen dies zu gewagt und gefährlich schien, gaben sie ihren Vorsatz auf und beschlossen, sich auf eine andere Art zu rächen. Sie gingen nämlich nach der Altstadt, um den Bürger Deublinger, der am vorigen Tage seinen Mitbürgern auf dem Jakobs-Kirchhofe Beistand geleistet hatte, zu holen; allein Deublinger hatte sich, zeitig gewarnt, von Hause wegbegeben; dagegen stand vor seiner Haustüre ein evangelischer Schüler namens Nagorni, der Sohn eines Predigers aus Bischofswerder, und zwar im Schlafrocke, da es bereits sieben Uhr abends war. Diesen ergriffen die wütenden Jesuitenschüler, rissen ihn unter vielen Schimpfreden und Schlägen mit sich fort und schleppten ihn in ihr Kollegium, wo er auf das Empörendste behandelt und ihm sogar der Tod gedroht wurde. Dieser Fang des lutherischen Schülers versetzte sie in solchen Jubel, daß sie denselben auf Waldhörnern aus den Fenstern des Kollegiums hinaus verkündigten, auch auf das vor demselben versammelte Volk, welches ihrem Unfug mit Bestürzung zusah, einen Ausfall machten und mit Steinen warfen, bis sie endlich von der Stadtwache auf Befehl des Präsidenten zurückgetrieben wurden. Die von Rösner durch den Magistrats-Sekretär Wedemeyer verlangte Auslieferung des lutherischen Schülers verweigerte der Pater Rektor so lange, bis die beiden polnischen Jesuitenschüler auf freien Fuß gesetzt sein würden. Während dessen sammelte sich immer mehr Volk auf dem Johannis-Kirchhofe, namentlich auch Handwerksburschen, welche, da es Montag war, aus ihren Herbergen nach Hause gehen wollten. Diese Handwerksburschen, auch die gegenwärtigen Kaufmannsdiener, ermunterten die lutherischen Schüler, ihren im Jesuiterkollegio gefangen sitzenden Mitschüler zu befreien, und verhießen ihnen dabei kräftigen Beistand. So wurden die Türen des Kollegiums erbrochen, und der gefangene Gymnasiast aus seiner Haft befreit, während die Jesuitenschüler teils auf die Dächer und Rinnen, teils in das Innere des Kollegiums sich geflüchtet hatten. Als die Gymnasiasten ihren Mitschüler frei sahen, gingen sie ruhig nach Hause, und das versammelte Volk wurde von dem aus dem Kollegio zurückkehrenden Sekretär beruhigt, auch von der Stadtmiliz, welche auf Befehl des Sekretärs die Türe des Kollegiums besetzt hatte, zurückgedrängt. Allein als die Jesuiten später aufs neue anfingen, auf den Volkshaufen mit Steinen zu werfen und selbst zu schießen, was von diesem mit Einwerfen der Fenster erwidert ward, als sie ferner ihre Stundenglocke zogen, um dadurch die in den Vorstädten wohnenden Katholiken zu Hilfe zu rufen, da ließ sich das gereizte Volk von dem zur Stillung des Tumults kommandierten königlichen Militär nicht länger zurückhalten, sondern drang wütend in die Schulzimmer ein, und als aus dem Kollegio aufs neue geschossen wurde, erbrach es die Türe des Kollegiums und mehrere Gemächer, aus denen die Jesuitenschüler bereits geflüchtet und in ihre Zellen geeilt waren, schlug die Fenster ein, zerbrach Tische, Stühle, Bänke und andere Möbel und machte aus dem zertrümmerten Holzwerk ein Feuer auf der Gasse, der Schule gegenüber, um bei dessen Schein besser sehen zu können.

Der Präsident hatte inzwischen einen Teil der Bürgerschaft, nämlich das sogenannte Alt-Thorner Quartier, so schnell als möglich aufbieten lassen, welche sich mit dem etwa zwanzig Mann starken königlichen Militär vereinigten, den wütenden Pöbel auseinanderjagten und um elf Uhr nachts den Tumult stillten. – Wie sich voraussehen ließ, erhoben die Jesuiten alsbald ein gewaltiges Geschrei, verbreiteten die Sache, natürlich höchst entstellt, in lateinischen Schriften durch besondere Emissäre und riefen die Senatoren und den polnischen Adel auf, den Schimpf, welchen der Orden erlitten, mit Feuer und Schwert zu rächen. Sie wußten die Gemüter ihrer Glaubensgenossen wegen der erdichteten Verletzung, Beschimpfung, Verbrennung der heiligen Bilder und der dabei ausgestoßenen Gotteslästerung, aufzuregen; ließen durchstochene Bilder im Lande umhertragen und den einfältigen Leuten einbilden, dies sei von den Protestanten verübt, und dies alles taten sie, um Unwillen und Haß gegen die Thorner bei dem bevorstehenden Reichstage zu erwecken. Sie ermahnten in ihren Predigten, Gott anzurufen, an den Schändern seiner Ehre und seiner Heiligen Rache zu nehmen; ordneten Fasttage an, erzählten Wunderwerke, daß die zertrümmerten Bilder der Heiligen sollten geblutet haben, und dem Fleischer Karwies, der in ein Bild gehauen, das Beil mit Blut sollte gefärbt sein. Die in der Schule und im Kollegio ruinierten Türen, Fenster, Öfen usw. ließen sie nicht reparieren, sondern zum Skandal so zertrümmert stehen, damit die öfter durch Thorn reisenden Polen diese Verwüstung in Augenschein nehmen und davon den Ihrigen in der Heimat erzählen könnten.

(...) Obgleich nun zwar anfangs die am 7. August geschehene Veröffentlichung dieser Zitation in Thorn großes Aufsehen machte, fürchtete man doch nicht einen zu schlimmen Ausgang der Sache, nachdem sie von dem königlichen Hof- und Assessorial-Gericht einer Kommission übertragen war, die an Ort und Stelle verhandeln sollte. Die Kommissarien fanden sich gegen Ende August in Thorn ein und wurden bei den Bürgern untergebracht, auf deren Kosten sie samt ihrem großen Gefolge lebten. Am 2. September wurde die Jurisdiktion in der altstädtischen Gerichtsstube auf dem Rathause eingesetzt. Die Jesuiten gewannen an Mägden, alten Weibern, abgedankten Soldaten und andern dergleichen losem Gesindel, die mit ihren Herrschaften nicht zum besten standen oder sonst auf jemand einen Groll hatten, Zeugen; erkauften sie durch Geld oder mit der Vorstellung, daß sie damit bei der geschmähten Mutter Gottes Maria große Gnade und Lohn sich erwerben könnten, wenn sie das verlangte Zeugnis ablegten und viele evangelische Einwohner namhaft machten, welche beim Tumulte sollten tätig gewesen sein. Dieser Leute Namen schrieben die Jesuiten auf einen Zettel, übergaben ihn der Kommission und brachten so viele unschuldige Leute ins Gefängnis.

Nach ungefähr vier Wochen erklärte die Kommission ihre Arbeiten für beendet, entließ mehrere junge Leute ungestraft, die bei dem Tumulte am meisten tätig gewesen waren, und bestimmte, daß sechzehn Personen an das Assessorial-Gericht nach Warschau geschickt werden sollten, um daselbst durch Pein und Marter zum Bekenntnis gebracht zu werden. Nachdem die Kommissarien der Stadt gegen 50 000 Florin gekostet und an Kommissions-Gebühren 2950 Dukaten abgenommen hatten, entfernten sie sich nach und nach.

Geschworener: hier – vereidigter
Inquisitions-Kommission: Untersuchungsausschuß
vom Berge Karmel: Mönchsorden der Karmeliter
Fest des allerheiligsten Skapulirs (tunikaähnlicher Überwurf bei der Mönchskleidung): 16. Juli
insultierte: beleidigte, beschimpfte
Exzesse: Auswüchse
Ressort: Aufgabenbereich
Realinjurien: Ehrverletzungen durch Tätlichkeiten, also etwa Körperverletzung
abzutun: zu erledigen
Kollegium: hier – Schule
Emissäre: Abgesandte
Zitation: in der Rechtsprechung eine Vorladung oder ein Vorbescheid
Jurisdiktion: Rechtsprechung

Preußens Landesgrenzen nach dem Frieden von Thorn

Max Toeppen

Im Frieden zu Thorn, unterzeichnet am 19. Oktober 1466, verlor der Orden eine gute Hälfte seiner preußischen Lande, ganz Pomerellen, ganz Kulmerland und Michelau und außerdem das Gebiet von Marienburg und Teile der Gebiete von Elbing und Christburg. Im einzelnen wurde bestimmt, daß der Orden von der Frischen Nehrung, welche die Polen als Zubehör von Pommerellen betrachteten, den nordöstlichen Teil von der ermländischen Wassergrenze bis zum Tief mit der Fischerei in den anliegenden Teilen des Haffs und der See behalten sollte; der König überließ ihm diesen Teil der Nehrung aus besonderer Gnade (de speciali gratia) und behielt sich die Jagd in der ganzen Nehrung vor. Mit dem Ordenshaupthause Marienburg fiel der Große (Marienburger) und Kleine (Fischauer) Werder, die Scharpau, Stuhm und der ganze Drausensee, in welchem nur einigen nahe gelegenen Ordensdörfern die Fischerei gestattet wurde, an Polen. Von der Komturei Elbing mußte der nordwestliche Teil längs der Küste des Frischen Haffs bis zur ermländischen Grenze abgetreten werden, die Alt- und Neustadt Elbing mit ihrem Gebiete, das ganze Kammeramt (Waldamt) Tolkemit, das ganze Kammeramt Pomen mit den Dörfern Pylonen, Meislatein, Bartkam, Kämmersdorf, Weklitz, Preußisch-Mark und fünf Dörfer des Bezirkes von Mühlhausen, nämlich Groß- und Klein-Stoboy, Schönmohr, Pomehrendorf und Wolfsdorf. Auf dem Gebiete der Komturei Christburg sollte die Sorge von dem Knie, welches sie bei Altstadt bildet, bis zum Drausensee hinab, soweit nicht das Stadtgebiet von Christburg hinübergreift, und so, daß Dollstädt mit der Mühle dem Orden verbleibt, südwärts von dem bezeichneten Knie bis zur Grenze des pomesanischen Bistums eine Linie, welche die Dörfer Altstadt und Münsterberg zur linken (Ordens-) Seite läßt, die Grenze bilden. Ferner gab der Hochmeister seine Zustimmung dazu, daß die Diözese Kulm künftig (mit der vorausgesetzten Genehmigung des Papstes) an das Erzbistum Gnesen (von dem Erzbistum Riga) als Metropole zurückkehren solle. Der kulmische sowie der ermländische Bischof sollten als weltliche Herrscher mit ihrem ganzen Territorium unter die Botmäßigkeit und Protektion des polnischen Königs treten, der samländische und pomesanische unter der Oberhoheit des Hochmeisters verbleiben. Der Hochmeister leistet dem Könige für den dem Orden erhaltenen Teil Preußens den Eid der Treue.

Die damals zwischen dem polnischen und dem Ordenslande Preußen gezogene Grenzlinie bildet teilweise noch jetzt die Grenze zwischen Ost- und Westpreußen.

Noch zweimal erhob der Orden offenen Kampf gegen Polen, um sich seine Unabhängigkeit und seine verlorenen Länder wieder zu erkämpfen. Aber das Glück der Waffen war ihm nicht günstig. Inzwischen trat Luther auf, und die Reformation der Kirche machte in Preußen schnelle Fortschritte. Da entschloß sich der Markgraf Albrecht von Brandenburg, der letzte der Hochmeister in Preußen, das Ordensgewand abzulegen und sich zu verheiraten. So konnte es zu den Bestimmungen des Krakauer Friedens vom 8. April 1525 kommen, nach welchen der Orden in Preußen abgetan wurde, der Markgraf Albrecht das Land, soweit es dem Orden im Thorner Frieden gelassen war, als Herzogtum für sich und seine Erben erhielt und dem Könige dafür den Lehnseid leistete. Des Markgrafen Brüder wurden mitbelehnt und erhielten dadurch die Anwartschaft auf die Erbfolge.

Die Grenzen Preußens, sowohl des herzoglichen, später königlichen, als auch des polnischen, haben sich bis auf die Erste Teilung Polens nicht wesentlich verändert. Die Grenzbestimmungen des Thorner Friedens waren so bestimmt und klar, daß nur etwa wegen der Grenze auf der Nehrung noch einige Zeit verhandelt und gestritten wurde. Aber der Gegenstand des Streites war ohne Erheblichkeit, und wir erfahren nicht, wie man sich endlich einigte. Die Grenzen gegen Litauen waren durch den am See Melno geschlossenen Frieden von 1422 festgesetzt. Die hierauf bezüglichen Bestimmungen desselben wurden im Jahre 1529 durch einen Vertrag erneuert, welchen König Sigismund von Polen in seinem Namen und in dem Namen seines noch minderjährigen, zum Großherzog von Litauen erwählten Sohnes Sigismund August mit dem Herzog Albrecht abschloß. Es wurde damals zur Vermeidung weiterer Streitigkeiten zugleich festgesetzt, daß die Grenzen von fünf zu fünf Jahren erneuert werden sollten, wenn der eine oder der andere Teil die Erneuerung verlangte. Aber dieses Mittel führte nicht zu dem

Preußen um 1570

erwünschten Ziele. Die beiderseitigen Grenzkommissarien konnten sich nicht verständigen, und der Streit dauerte fast während der ganzen Regierung des Herzogs Albrecht fort. Namentlich wurde dem Herzog der Besitz von Coadjuten (nördlich von Tilsit) streitig gemacht, welches deshalb eine Zeitlang sequestriert, ja sogar als litauisches Besitztum verwaltet wurde.

Aus Herzog Albrechts Zeiten stammt die Ostrokolnische Grenzsäule. Sie ist im Jahre 1545 nicht eigentlich bei Ostrokollen, sondern bei dem Dorfe Prostken nahe dem Lyckflusse errichtet und bezeichnet die Grenze nicht nur zwischen Preußen und Litauen, sondern auch zwischen Preußen und Masowien.

Komturei: Verwaltungsbezirk im Gebiet des Deutschen Ordens
Diözese: katholischer Verwaltungsbezirk
Metropole: vormals Sitz des Erzbischofs
Territorium: Gebiet
Martin Luther (1483–1546), Kirchenreformator
Albrecht von Brandenburg, seit 1511 letzter Hochmeister des Deutschen Ordens
abgetan: aufgelöst
Lehnseid: Treueschwur gegenüber dem Lehnsherrn, der dem Schwörenden (Lehnsmann) ein Gebiet überläßt; dafür muß der Lehnsmann, sobald notwendig, Hilfeleistungen erbringen
König Sigismund von Polen: Sigismund I, der Alte oder der Große (1466–1548)
sequestrieren: beschlagnahmen, zwangsverwalten

Hohensalza / Jungbreslau / Inowrazlaw

Heinrich Wuttke

Der zweite Schwedenkrieg war auch für Jungbreslau verderblich. Im Jahre 1656 brannten die Schweden die Stadt ab. Seitdem war ihre Blüte dahin. Bei dieser Einäscherung gingen auch die Freibriefe zugrunde, welche die Juden Jungbreslaus sich ausgewirkt hatten. Sie gaben sich Mühe, eine neue Rechtsurkunde zu bekommen, und erlangten eine solche von König Johann am 11. April 1681. Danach war ihnen gestattet, in Jungbreslau in erkauften oder neuaufgeführten Gebäuden zu hausen, Schlachtvieh zu kaufen, Bier und Branntwein zu schenken, mit allen Arten von Waren zu handeln, Handwerke auszuüben, Synagoge zu halten, ein Totenfeld zu besitzen. Alle Rechte, welche den Juden in den Woiwodschaften Kalisch, Posen und Sieradien zustanden, waren auch ihnen eingeräumt. Im achtzehnten Jahrhundert war Inowrazlaw nur noch eine verfallene Stadt, obschon sie einen weiten Raum einnahm und Sitz eines Grodgerichtes war.

Im Jahre 1772 wurde Jungbreslau preußisch, und in ihr leistete der Netzdistrikt am 22. Mai 1775 die »Erb-Landes-Huldigung«. Namens der Stadt tat dies ihr Bürgermeister Georg Wolter. In den ersten drei Jahren der preußischen Beherrschung nahm Jungbreslaus Einwohnerzahl um drittehalbhundert Bewohner zu. 1779 hatte die Stadt 193 Wohngebäude, ein Jahrzehnt später 1788: 299, freilich schlechte, von Holz gebaute. Das schlechte Rathaus auf dem Markte hatte neben sich einen alten Turm. Ein Kloster der Franziskaner und fünf Kirchen am Orte. Die Straßen waren so schmutzig, daß man bei üblem Wetter kaum durchkommen konnte. An gutem Trinkwasser litten die Einwohner Mangel, »auf dem Markt ist statt eines Wasserbehälters ein großer Sumpf oder Teich«, schreibt 1793 der Bromberger Hofgerichtsrat Holsche. Die Stadt besaß einige Dörfer, die ihrer Kämmerei jährlich über 2000 Taler einbrachten. Als Einwohnerzahl wird 1788 angegeben 1371, deren Hälfte (665) Juden waren. Holsche meint aber, es wohnten in Jungbreslau »ungleich mehr Juden, die sich heimlich hier aufhalten«. Handwerkerei war ganz unbedeutend, Hauptgeschäft war Handel, der sich gänzlich in den Händen der Juden befand. Einige jüdische Kaufleute standen in Verbindung mit Bromberg und führten Kornhandel, aber obwohl die Stadt inmitten eines reichen Getreidestriches gelegen ist, war die Bedeutung der Jungbreslauer Kornhändler dennoch gering. Der vornehmste Betrieb war Anfuhr von verarbeiteten Waren, die nach Polen verführt wurden.

Da indes vielleicht nur ein Dutzend Häuser die Geschäfte mit eignem Gelde zu treiben vermochten, so waren auch unter den Juden wenig Wohlhabende. Eine Salpetersiederei, die jährlich Salpeter im Wert von 8000 Talern lieferte, war lange im Schwunge, ging jedoch ein. In preußischer Zeit fing man an, gemauerte Häuser zu bauen. 1799 zählte Jungbreslau 1433 Bewohner, unter denen 604 Juden waren, 1800 zählte man 315, im Jahre 1807 dagegen nur 258 Wohnhäuser, wofern diese Angaben verläßlich sind. Von 1800 bis 1802 wurde mit Beihilfe aus Staatsmitteln eine evangelische Kirche gebaut. Um 1810 war ein Postamt am Ort. Im Jahre 1816 hatte Jungbreslau 417 Feuerstellen und 3106 Einwohner. Von diesen waren 1448 katholisch, 1265 israelisch, 391 lutherisch, sechs reformiert. Die Zahl der Franziskanermönche war auf vier herabgesunken; 1819 erfolgte ihre gänzliche Aufhebung. Das Kloster wurde verkauft und diente erst als Getreidespeicher, später zu einer Öl-Dampffabrik. Das Klostervermögen wurde für die Stadtschulen angewiesen. Den Evangelischen schenkte der König 1825 zur Erwerbung eines Pfarrhauses 2000 Taler. Patron der evangelischen Kirche wie der katholischen zum heiligen Nikolaus ist der König. Ein Land- und Stadtgericht bekam hier seinen Sitz. Ein neues Rathaus wurde gebaut. Die Bestimmung des Königs vom 24. September 1835 führte die preußische Städteordnung ein. Die Stadt besitzt ein Hospital »Zum Heiligen Geist«, welches gegenwärtig eine Jahreseinnahme von 1100 bis 1200 Talern bezieht; ihm gehört das um 520 Taler in Erbpacht gegebene Gut Dalkowo.

Im laufenden Jahr 1862 ist die evangelische Kirche abgetragen worden, damit sie würdiger erstehe. Längst hat sich das Aussehen der Stadt geändert, Mauern, Wälle, Gräben sind seit alten Zeiten gänzlich verfallen; von der ehemaligen Nikolaikirche ragt nur ein einsamer Turm auf dem Marktplatze als Gedenkzeichen der Vergangenheit, die Marienkirche ist eine Ruine, die Jakobskirche wurde veräußert und (1850) abgetragen, von der Heiligen Geistkirche ist keine Spur mehr vorhanden. Auf der Stelle des alten Schlosses der polnischen Fürsten ist eine Kaserne für preußische Soldaten erbaut. Als der Polenaufstand 1848 ausbrach, bildete sich in Jungbreslau ein deutscher Bürgerverein; die Stadt stand mit Bromberg zusammen und verlangte Aufnahme in den Deutschen Bund. 1837 lebten in Jungbreslau 4761 Menschen, 1843: 5447, 1858: 5844, 1861: 6664, von denen 565 auf den Soldatenstand kamen. Von den übrigen waren 2866 der katholischen Kirche zugetan, 1846 Israeliten, 1387 Evangelische. Nur polnisch sprachen 1668, nur deutsch 1095 Bewohner. Auffälligerweise hat die deutsche Regierung den guten alten Namen nicht in sein Recht wieder eingesetzt, sondern bedient sich noch immer der polnischen Bezeichnung Inowrazlaw.

König Johann III. Sobieski (1624–1696), seit 1674 König von Polen
Grodgericht: Gericht eines Starosten
Deutscher Bund: der von 1815–1866 bestehende deutsche Staatenbund
Israeliten: Juden

Volkscharakter und Sitten

Carl Friedrich Wagner

In den größern Städten hat die allgemeine Volksbildung in der Regel das Übergewicht erlangt und das Eigentümliche des polnischen Charakters merklich verdrängt. Auch in den kleinern Städten zeichnen sich oft die Bewohner von denen des platten Landes aus. Da aber auch in jenen viele Bewohner sich vom Ackerbau ernähren müssen, so ist ihr Charakter mit diesen fast gleich. Daher läßt sich hier nur im allgemeinen sagen: daß der Bürger der hiesigen Provinz einen schlichten und verständigen Charakter zeigt, fleißig ist, wenn auch nicht erfinderisch in seinen erlernten Gewerben, und treu an der Konfession hängt, der er angehört.

Der Landmann besitzt einen kräftigen Körperbau und ausdauernde Gesundheit. Sein Hauptzüge sind Dienstfertigkeit, und erwirbt man sich einmal sein Vertrauen und seine Liebe, so hat man einen hohen Grad von Anhänglichkeit zu erwarten. Sie zeigen eine angeborne knechtische Unterwürfigkeit. An unglaubliche Entbehrungen gewöhnt, sind sie in ihren Bedürfnissen äußerst beschränkt, schweifen aber, wenn sich die Gelegenheit darbietet, leicht aus und versetzen sich bei ihren Festen gern durch den Branntwein in eine heitere Stimmung, in der sie ihr hartes Los vergessen und im glücklichsten Zustande zu sein glauben. Abgehärtet sieht man die Männer bei der härtesten Kälte mit bloßer Brust ohne Unbehaglichkeit im Freien. Nur der Kopf ist durch eine dicke Pelzmütze geschützt, und ein Schafpelz ist ihr unentbehrlichstes Staats- und Arbeitskleid. Sie hängen an ihrem Boden und fügen sich nur mit großer Mühe in fremde Sitten. Bei der Erziehung der Kinder halten die Eltern besonders auf ihre Volkseigentümlichkeit. Reinlichkeit ist keine so große Tugend, und häufig sieht man in ihren Wohnungen Vieh und Menschen in schönster Eintracht miteinander leben. Wohlhabenheit trifft man selten an.

Der hiesige Bewohner ist ziemlich einfach im Essen; doch liebt er auch bei gewissen Gelegenheiten große Schmausereien. Klöße kann man ein Volksgericht nennen, und Sauerkraut mit Schweinefleisch ist sein Himmelreich. Ein Haupt-Volksfest ist in den Städten das sogenannte Pfingst- oder Königsschießen, was da, wo Schützengesellschaften bestehen, durch sie in einem öffentlichen Aufzuge

gefeiert wird. Auf dem Lande ist die Fastnacht ebenfalls ein großes Fest; ebenso die Kirmes. Hochzeiten sind nicht minder wichtig und werden oft mit solchem Aufwande gefeiert, daß die jungen Eheleute die Nachwehen noch lange Zeit nachher fühlen. Mancherlei Gebräuche, die aus den ältesten Zeiten beibehalten worden, sind ihnen unerläßlich. So der Brautdiener, der den Hochzeitsbitter und Zeremonienmeister bei der ganzen Feier macht. Kindtaufen werden bei den Wohlhabenden ebenfalls stets mit großen Schmausereien begangen; so auch die Begräbnisse. Übrigens werden alle Feste mit Trinkgelagen und Tanzvergnügungen zugebracht.

Die Wohnplätze der hiesigen Bewohner sind sehr vielartig gebaut, welches von den großen und zahlreichen Bränden, die oft noch jährlich vorkommen, herbeigeführt wird. Obgleich die neuern Bauten schön und meist massiv aufgeführt werden, so trifft man doch, namentlich in kleineren Städten und Dörfern, völlig feuerfeste Gebäude seltner. Die meisten Gebäude sind von Fachwerk, mit Lehm oder Ziegeln ausgesetzt. Auf dem Lande, selbst in den Vorstädten kleiner Städte findet man Blockhäuser, von sogenanntem Schrotholz oder lauter übereinandergelegten Balken, deren Enden genau ineinander gefügt sind. Solche Häuser sind sehr trokken und warm. Die Dächer sind von Stroh.

Konfession: Religionszugehörigkeit
Zeremonienmeister: Organisator einer Feier

Die Gründung des Bernhardinerklosters Bromberg

Aus der »Bromberger Chronik«

Am Ufer der Brahe, wo sich schon lange die Mönche zu St. Marien vom Berge Karmel, und zwar auf der pommerschen (nördlichen) Seite niedergelassen hatten, siedelten sich unsere Brüder etwas stromabwärts auf der kujawischen (südlichen) Seite im Jahre 1480 an.

Der erlauchteste König von Polen Kasimir (IV) hatte ihnen einen Platz geschenkt. Bischof Zbigneus von Oleśnica mit den Ordensbrüdern Michael Bal und Stanislaus von Klobucko, einem hervorragenden Prediger, sowie zwei andern Brüdern hatten den Auftrag erhalten, einen Platz ausfindig zu machen.

Als diese nun die ganze Umgegend der Stadt in Begleitung des großmächtigen Herrn Starosten von Bromberg Johannes von Koszczielecz durchschweiften, kamen sie auch in den Schloßgarten, der damals Obora hieß. Der Platz schien den Brüdern für das Kloster geeignet, und sie entschieden sich für ihn. Der Starost sträubte sich zwar ein wenig und gab vor, die Burg könne den Garten nicht entbehren. Da ließ sich der Bischof vom Bruder Michael Bal die Urkunde geben, in welcher der König den Brüdern die Wahl des Ortes freigegeben hatte; der Starost las sie und gab sofort nach: »Auch das ganze Schloß«, fügte er hinzu, »übergebe ich euch gern, wenn mir nur die Pfandsumme, für welche ich jetzt das Schloß besitze, zurückgezahlt wird.« Nun knieten die Brüder vor dem Bischofe nieder; dieser gab ihnen seinen Segen zur neuen Niederlassung und empfahl des Königs Majestät und das gemeine Wohl des Königreichs Polen ihren Gebeten; seinem Kanzler aber gebot er, einen Bestätigungsbrief über die Schenkung auszustellen und zu untersiegeln.

Ich füge hier gern eine Prophezeiung betreffs unseres Klosters ein, die meines Erachtens den Brüdern nicht unangenehm sein wird zu lesen.

Mehrere Jahre, bevor unsere Brüder das Kloster begründet hatten, lebte in Bromberg ein äußerst frommer Mann, mit Namen Myslo, seines Zeichens ein Schuster, der rings um die Stadt Bromberg herum in der Wildnis der Wälder an den Wegen Kreuze errichten ließ. Dieser spazierte sehr häufig nach der Stelle, wo sich jetzt die Klosterkirche erhebt, durch dichtes Dorngestrüpp, um dort zu beten, und pflegte voll prophetischen Geistes, so daß es viele hörten, zu sagen: »Die Zeit wird kommen, wo an diesem verworfenen Orte Christus auf die andächtigste Weise verehrt werden wird; der Ruhm Gottes wird so stark werden, wie er niemals in Bromberg gewesen ist; und die Schandtaten, welche jetzt hier begangen werden, werden ganz aus der Welt geschafft werden.« Dieser Ort nämlich war die Stätte vieler sehr böser Freveltaten und Ungebührlichkeiten, die ich vor Schauder hier nicht näher zu bezeichnen wage. Aber wie der Tempel zu Jerusalem, einst durch den greulichen Götzendienst der Heiden befleckt, dann doch dem Ruhme Gottes und seiner Verehrung eine Stätte wurde, so ist auch dieser Ort, der ursprünglich durch den Schmutz des Lasters geschändet war, ein Beispiel alles Guten und eine Zierde der wahren Gottesverehrung geworden.

Der Schuster Myslo aber ward wegen seiner Prophezeiungen von allen für aberwitzig und sinnlos gehalten.

Mönche vom Berge Karmel: Karmelitermönche
Kasimir IV., König von Polen (1447–1492)
Starost: entspricht einem Landrat

Die Klarissinnenkirche in Bromberg

Die Eroberung Nakels

Eine Sage

Boleslaw III. mit dem Beinamen Krzywousty, d. h. Schiefmund, bestieg den polnischen Thron im Jahre 1102 als siebzehnjähriger Jüngling. Bald nach seiner Thronbesteigung drang er ins Pommerland ein, unterwarf es sich und zog dann weiter nach Böhmen, allein im Jahre 1109 fand ein neuer Pommernaufstand statt, und er war genötigt, von hier aus nach den Grenzen seines Reiches zurückzueilen, um die eingebrochenen Feinde zurückzutreiben. Zu Kruswice vereinigte er seine Völker und hielt eine große Heerschau. Während aber die Krieger angesichts der dem St. Veit geweihten Kirche festlich aufgestellt waren, erschien plötzlich auf dem Giebel derselben, allen sichtbarlich, im kostbar schimmernden Kleide, einen goldenen Wurfspieß in der Rechten, ein Jüngling von der wunderbarsten Schönheit; ein unaussprechlich zauberischer Glanz ging von ihm aus, der nicht bloß das Heer und die Stadt Kruswice, sondern auch die ganze weite Umgegend überleuchtete. Den Speer mit dem kräftigen Arme schwingend, winkte er gen Norden, und hin schwebte er von dem hohen Giebel durch die Lüfte langsam in der Richtung, die er bezeichnet hatte, dahin wo der Feind stand. Der König und das Heer, das göttliche Zeichen erkennend, brachen sogleich begeistert auf, folgten dem himmlischen Wegweiser, der im unveränderten Lichtglanze ihnen langsam voranschwebte, und ruhten nicht eher, als bis sie die von der Natur und Kunst gleich stark befestigte Burg Nakel erreicht hatten. Aufs neue schwang hier der Jüngling seinen goldenen Speer gegen die Veste gewandt, und von dem Lichtmeer, das ihn umgab, aufgenommen, verschwand er vor den Blicken des staunenden Heeres in den hohen Äther, in seiner Erscheinung ihm ein sicheres Zeichen des nahen Sieges zurücklassend. Sogleich ward mit den Belagerungsarbeiten begonnen und die Veste aufs höchste bedrängt. Die Belagerten, denen es auch an Nahrung fehlte, versprachen, als er sie zur Übergabe aufforderte, sich zu ergeben, wenn nicht bis zu einem bestimmten Tage Entsatz kommen werde. Allerdings war auch ein starkes Heer der Pommern im Anzuge, und als diese durch einen Boten, dem es gelungen war, sich durch das polnische Lager zu schleichen, von der Not ihrer bedrängten Landsleute unterrichtet worden waren, da beschlossen sie alles daran zu setzen, die Burg zu retten. Es gelang ihnen auch, unbemerkt auf ungebahnten Wegen bis zu dem Polenlager zu dringen und dasselbe zu überfallen. Viele Polen waren abwesend auf Streifzügen nach Lebensmitteln, und der dagebliebene Rest kam eben aus der Messe, denn es war gerade der Tag des heiligen Laurentius. Allein mutig raffte Boleslaw zusammen, so viele er nur zusammentreiben konnte, hielt eine kurze Rede an seine Krieger, worin er ihnen verhieß, der heilige Laurentius, der sie ja selbst hierhergeführt, werde auch heute mit ihnen sein, und griff mit seiner schwachen Schar die Pommern mutig von der einen, sein Palatin Skarbimir, der sie umging, von der andern an, und siehe, wunderbarer Weise erfochten die Polen einen so großen Sieg, daß die Pommern, nachdem sie gegen 27 000 Mann verloren hatten, sich in ungeordneter Flucht auflösten und den Polen das Schlachtfeld überließen. Die Burg Nakel ergab sich nun, worauf der Besatzung das Leben geschenkt ward.

Tag des heiligen Laurentius: 10. August
Palatin: Pfalzgraf

Zu Hause in Samotschin

Ernst Toller

Friedrich der Große erlaubte meinem Urgroßvater mütterlicherseits als einzigem Juden in Samotschin, einer kleinen Stadt im Netzebruch, sich anzusiedeln. Mein Urgroßvater bezahlte eine Summe Geldes, dafür ward ihm der Schutzbrief eingehändigt. Auf diesen Akt war der Urenkel stolz, er sah darin Auszeichnung und adlige Erhöhung und prahlte damit vor den Schulkameraden.

Mein Urgroßvater väterlicherseits, der aus Spanien gekommen sein soll, besaß ein Gut im Westpreußischen. Von diesem Urgroßvater erzählten die Tanten, daß ihm das Essen auf goldenen Schüsseln und Tellern gereicht werden mußte und seine Pferde aus silbernen Krippen fraßen. Die Söhne verkupferten erst die Krippen, dann versilberten sie die Schüsseln und Teller. Vom sagenhaften Reichtum des Urgroßvaters träumte der Knabe: die Pferde fraßen den alten Mann, und er sieht zu, ohne Abscheu und ohne Mitleid, eher mit einem unerklärlichen Gefühl der Befriedigung.

Auf den Dachböden des Hauses verstaubten riesige vergilbte Folianten. Sie hatte der Großvater bei Tag und oft bei Nacht studiert, während die Großmutter im Geschäft stand, die Käufer bediente, Wirtschaft und Küche versah. Dieses Geschäft übernahm mein Vater, nachdem er als Primaner und Apotheker versagt hatte.

Samotschin war eine deutsche Stadt. Darauf waren Protestanten und Juden gleich stolz. Sie sprachen mit merklicher Verachtung von jenen Städten der Provinz Posen, in denen die Polen und Katholiken, die man in einen Topf warf, den Ton angaben. Erst bei der zweiten Teilung Polens fiel die Ostmark an Preußen. Aber die Deutschen betrachteten sich als die Ureinwohner und die wahren Herren des Landes und die Polen als geduldet. Deutsche Kolonisten siedelten ringsum in den flachen Dörfern, die wie vorgeschobene Festungen sich zwischen die feindlichen polnischen Bauernhöfe und Güter keilten. Die Deutschen und Polen kämpften zäh um jeden Fußbreit Landes. Ein Deutscher, der einem Polen Land verkaufte, ward als Verräter geächtet.

Wir Kinder sprachen von den Polen als »Polacken« und glaubten, sie seien die Nachkommen Kains, der den Abel erschlug und von Gott dafür gezeichnet wurde.

Bei allen Kämpfen gegen die Polen bildeten Juden und Deutsche eine Front. Die Juden fühlten sich als Pioniere deutscher Kultur. In den kleinen Städten bildeten jüdische bürgerliche Häuser die geistigen Zentren, deutsche Literatur, Philosophie und Kunst wurden hier mit einem Stolz, der ans Lächerliche grenzt, »gehütet und gepflegt«. Den Polen, deren Kinder in der Schule nicht die Muttersprache sprechen durften, deren Vätern der Staat das Land enteignete, warf man vor, daß sie keine Patrioten seien. Die Juden saßen an Kaisers Geburtstag mit den Reserveoffizieren, dem Kriegerverein und der Schützengilde an einer Tafel, tranken Bier und Schnaps und ließen Kaiser Wilhelm hoch leben.

Folianten: großformatige Bücher
Kolonisten: zugezogene Siedler

Der Adalbertstein und die faule Magd bei Strelno

Fr. Reiche

Auf dem Klosterhofe zu Strelno, zur Seite eines Standbildes der Madonna, erblickt man drei Feldsteine von ungewöhnlicher Größe. Auf dem einen derselben bemerkt man eine Vertiefung, gleich der eines ausgefahrenen Wagengleises. Der Volkssage nach ward dieses Merkzeichen dem Steine in frühen Jahrhunderten schon bei nachstehend beschriebener Gelegenheit eingedrückt. Der Bischof Adalbert soll nämlich auf seiner Reise von Gnesen nach dem preußischen Ostseelande über die Strelner Gemarkung gekommen, ein Rad seines Fuhrwerks auf den weit vorragenden Feldstein geraten, der ungeschickte Wagenlenker herabgestürzt und tot liegengeblieben sein. In der Schwebe solcher Gefahr habe, so erzählt man, der fromme Bischof gebetet und nicht nur bewirkt, daß das Wagenrad, wie in weiche Erde, tief in den Stein einschnitt und das Gleichgewicht hergestellt ward, sondern auch der tote Fuhrmann zu neuem Leben erweckt ward.

Später wurde der mit der wunderbaren Gleisvertiefung bezeichnete Stein nebst zwei dabeiliegenden an den Ort gebracht, an welchem er sich heute befindet. Die umwohnenden Landleute messen ihm Heilkräfte bei, kratzen mit Messern und andern eisernen Werkzeugen daran, sammeln sorgsam den abgeriebenen Staub und trinken ihn, mit Branntwein vermischt, als Mittel gegen das dreitägige Fieber.

Unfern des Klosters befindet sich noch ein ungeheurer Steinblock, der, aus der Ferne gesehen, wie die Gestalt eines einen Wassereimer tragenden Mannes erscheint. Das gemeine Volk behauptet, es sei das Bild eines versteinten Weibes, und habe es mit der Verwandlung solches Bewenden. Eine ungewöhnlich faule Magd habe alle ihr aufgetragenen Geschäfte höchst sorglos verrichtet. Als sie einst von ihrer Herrin zu dem Brunnen nach Wasser geschickt worden und, wie es ihre Gewohnheit war, erst spät und langsam zurückkehrte, sei die erzürnte Wirtin ihr bis in die Hälfte des Weges entgegengetreten und habe in des Zornes Aufwallung geäußert: Gott gebe, daß du in deiner Trägheit versteinst! und siehe! der böse

Wunsch ward augenblicklich erfüllt; eine fortwährende Warnung für Arbeitscheue, erstarrte die Magd zum Steinbilde in der Nähe des Brunnens. Nicht ohne Grund erhält sich die Sage lebendig in dem Munde des Volkes.

Über das Entstehen des Klosters zu Strelno liefert die Geschichte zwei voneinander abweichende Angaben. Anton Kraschewski in seinem Werkchen »Leben frommer Gottesdiener, Warschau 1752« bezeichnet den kujawischen Fürsten Alexander als den Erbauer des Stifts zu Strelno und behauptet, dieser habe im Jahre 1124 Prämonstratensermönche dort eingeführt, die auch länger als ein Jahrhundert im Besitze des Klosters geblieben. Dagegen versichert der polnische Geschichtsschreiber Dlugosch, Peter der Däne, auch Wlast genannt, habe das ursprünglich in dem Dorfe Kalino, in der Wlotzlawer Diözes, errichtete Kloster der Norbertiner-Nonnen im Jahre 1133 nach Strelno verlegt. Bedenkt man, daß die polnischen Chronisten eines kujawischen Fürsten Alexander nirgends erwähnen, so wird wohl gewiß, daß Kraschewski sich irrte und kein anderer als Peter der Däne das Kloster in Strelno gründete. Wie dem aber auch sei, das Stift gehört ohne Widerstreit zu den ältesten des Großherzogtums Polen. Gleich anfangs ward es mit ansehnlichen Einkünften aus Landgütern ausgestattet, deren Namen man in dem angezogenen Werke Kraschewskis nachlesen kann. Der Nonnen Bestimmung, nach dem Willen des Stifters, war, die weibliche Jugend der Umgegend zu frommer Gesittung und häuslicher Geschäftigkeit zu bilden, den Armen und Kranken beizustehen und für die Seelenruhe der Verstorbenen zu beten.

Unter der Regierung des Königs Johann Kasimir ward Strelno von den Schweden geplündert und zum Teil zerstört. Von dieser Zeit an datiert sich der gänzliche Verfall des Klosters. Merkwürdig aber ist, daß, während im Jahre 1708 eine schreckliche Pest die Gegend heimsuchte, keine der Klosterfrauen starb, wie sehr sie sich auch der Krankenpflege widmeten.

Bischof Adalbert: Adalbert von Prag (gest. 997, heiliggesprochen 999), der »Apostel der Preußen«

Junge Kätzchen

Ludwig Jacobowski

Fünf Kätzchen vorm Fenster und Lieschen dazu,
Die stehen zusammen schon längst auf du.
Trippelt zum Garten sie in der Früh',
Wartet Frau Miezekatz' schon auf sie,
Putzt die vier kleinen noch akkurat;
Jeder macht gern mit seinen Kindern Staat.

Die Kätzchen haben heut' Augen gekriegt,
Gucken ganz dumm und blinzeln vergnügt.
Wenn solch ein großes Wunder geschehn,
Das muß die Mutter doch auch mal sehn!
Holt noch ein Näpfchen, so ein klein's,
Macht für die Kätzchen was Extrafein's.
Das ist ein Springen, hinauf und hinab,
Lecken sich alle Pfoten ab.

Durch den Apfelbaum, schwerbelaubt,
Fällt der Mutter ein Strahl aufs Haupt,
Glänzt dann auf Lieschens Blondhaar hell,
Gleitet hernieder aufs Katzenfell,
Bis zu den Kätzchen winzig und klein
Kriegt jedes sein bißchen Sonnenschein.

Gnesen – das Nest

Carl Friedrich Wagner

Gnesen (Gniezno), Stadt zwischen Hügeln und Seen erbaut, ist der älteste Wohnsitz in der ganzen Provinz und hat seinen Namen von dem Worte Gniadzo, d. h. »Nest«. Es soll nämlich hier ein ungewöhnlich großes Adlernest gefunden worden sein, welcher Umstand auch den Polen einen Adler zum Wappen gegeben hat. Die Stadt ist mit Mauern umgeben, hat eine schöne, ansehnliche

Domkirche, eine evangelische, zwölf katholische Kirchen, zwei Klöster, eine Synagoge, ein katholisches Priesterseminar, ein Hospital, 480 Häuser und 5 900 Einwohner. Hier ist der Sitz des Erzbischofs, der in früheren Zeiten großes Ansehen hatte. Er war der Erste nach dem Könige von Polen, bestimmte den Tag der Königswahl und vollzog die Krönung. Hier ist das Landrätliche Amt sowie ein Stadt- und Landgericht. Brauereien, Brennereien, Tuch- und Leinwebereien, Vieh- und Pferdezucht sind für den Ort vorzügliche Nahrungszweige. – Geschichtliches: Im sechsten Jahrhunderte residierte hier der König Lech. Von hier verbreitete sich zuerst das Christentum über alle Teile des Landes. König Boleslaw brachte 997 den Leichnam des heiligen Adalbert hierher, zu welchem der Kaiser Otto im Jahre 1000 eine Wallfahrt machte, bei welcher Gelegenheit er auch den Boleslaw zum Könige von Polen machte. Hierauf wurde die Stadt zum Erzbistum ernannt. Die Kreuzherren brannten die Stadt 1331 ab; auch 1613 brannte sie abermals ab. Schlachten waren in den Jahren: 1038, 1107, 1181, 1238 und 1656.

König Lech (auch Tschech), der Sage nach Stammvater der Polen
heiliger Adalbert, Bischof von Prag (gest. 997, heiliggesprochen 999), »Apostel der Preußen«
Kaiser Otto III. (980–1002), 996 zum deutschen Kaiser gekrönt

Die drei polnischen Teilungen

Max Toeppen

Unter den Königen Friedrich Wilhelm I. (gest. 31. Mai 1740) und Friedrich II. (gest. 17. August 1786) erstarkte der preußisch-brandenburgische Staat zu einer europäischen Macht ersten Ranges. Die nächste Gebietserweiterung desselben aber, welche auf Preußen unmittelbaren Bezug hat, erfolgte durch die Erste Teilung Polens. An Preußen fiel durch dieselbe nicht bloß das polnische Preußen mit Einschluß der Landeshoheit über Lauenburg und Bütow, welche bis dahin polnische Lehen gewesen waren, zu beiden Seiten der Weichsel mit Ausnahme von Danzig und Thorn, sondern auch der Teil von Großpolen, welcher nördlich von der Netze liegt. Das

Besitznahmepatent König Friedrichs II. ist vom 13. September 1772, der den Polen abgedrungene Zessionsvertrag vom 18. September 1773. Aber Friedrich II. griff bei der Besetzung des Netzdistrikts noch über die Netze hinaus, und nach vielfachen Verhandlungen unter russischer Vermittelung kam es zu Warschau zum Grenzvergleich vom 22. August 1776 zwischen Preußen und Polen, nach welchem 1) in Großpolen die Städte, Herrschaften und Gebiete von Filehne, Czarnikow, Uscie, Chodziesz, Budzyn, Margonin, Golancza, Kcyn und Szubin, die sich weit über das linke Ufer der Netze erstreckten, bei Preußen blieben. 2) In Kujavien wurde die Grenze von Szubin her über Znin, Gonsava, Mogilno und Willatowo, deren Bezirke bei Preußen blieben, in südöstlicher, ferner in östlicher Richtung durch den südlichen Teil des Goplo-Sees zwischen Klein-Rusz und Gurkowo auf Piotrkowo, welches so wie Klein-Rusz zu Polen gehören sollte, endlich nach Norden hinauf bis Skotniki und von da bis zur Weichsel gezogen. 3) Die Okkupationen im Dobriner Lande zur Linken der Drewenz, von deren Einflusse in die Weichsel bis zum Flusse Pissa, wo sie vereint mit der Rypnica in die Drewenz fällt, gab Preußen an Polen heraus; weiterhin bildete die Pissa selbst die Grenze. Man erkennt aus die-

König Friedrich II.

ser Urkunde nicht, daß auch Gurzno mit seinem Gebiete (im Südwesten des Michelauer Landes) an Preußen abgetreten sei, doch ist auch Gurzno im Jahre 1772 von Preußen in Besitz genommen und demselben später verblieben. Die neugewonnenen Länder erhielten als Teil des preußischen Staats den Namen Westpreußen.

Unter König Friedrich Wilhelm II. (gest. 16. November 1797) erfolgte die Zweite und Dritte Teilung Polens. In Übereinstimmung mit der Kaiserin Katharina II. von Rußland erließ Friedrich Wilhelm II. bereits am 24. Februar 1793 ein Manifest über die Besetzung Danzigs und des Gebietes dieser Stadt, und am 25. März 1793 ein ähnliches über die Besitznahme Thorns und eines großen Teils von Großpolen. Nachdem die beiden verbundenen Mächte eine gemeinschaftliche Erklärung über ihre Absicht einer zweiten Teilung Polens am 16. April 1793 bekannt gemacht hatten, erfolgte die Einwilligung des Reichstages zu Grodno zu den neuen Zessionen für Preußen am 25. September 1793. Preußen gewann damals außer den Städten Danzig und Thorn mit ihren Gebieten den an den Netzdistrikt und an Schlesien stoßenden Teil Großpolens bis zu einer Linie, welche aus der Gegend von Czenstochau, eine halbe Meile südlich von der Stadt vorüberziehend, nach der Piliça, längs derselben hinab bis Grotowicz, von hier bei Rawa vorbei, die Stadt eine halbe Meile links lassend, nach dem Flügchen Skerniewka und zur Einmündung desselben in die Bzura, längs der Bzura bis zur Einmündung derselben in die Weichsel, Wyszogorod gegenüber, endlich von hier geradeaus bis nach Soldau gezogen wurde. Preußen trat dagegen die seit einem Jahrhundert besessenen Herrschaften Tauroggen und Serrey an Polen ab. Es kamen mithin an Preußen ganz Großpolen mit den Woiwodschaften Posen, Gnesen, Kalisch, Lenczyc, Sieradz und dem Lande Wilun, ganz Kujavien mit den Woiwodschaften Brzesc und Inowrazlaw und dem Lande Dobrizin, außerdem Teile der Woiwodschaften Plock und Rawa, zu Masovien gehörig, und ein Teil der Woiwodschaft Krakau, zu Kleinpolen gehörig.

Über die Dritte Teilung Polens einigten sich Preußen, Österreich und Rußland in dem Vertrage zu Petersburg vom 24. Oktober 1795, welchem die Entsagung des Königs von Polen in wenigen Wochen nachfolgte. An Preußen fiel damals von Masovien (den Woiwodschaften Plock, Rawa und Czersk) alles, was links von der Weichsel und rechts vom Bug lag, zwischen Bug und Weichsel nur ein schmaler Landstrich zur Abrundung, ferner die Woiwodschaft Podlachien auf dem rechten Ufer des Bug, endlich von der Starostei Samaiten und der Woiwodschaft Trocki die auf dem linken Ufer der Memel gelegenen Teile. Seitdem bildete die Memel vom Einfluß der Schente an bis nach Grodno hinauf und von hier eine gerade Linie, welche, in der Richtung auf Brzesc Litewski gezogen, den Narew schneidet und dann sich westlich gegen den Bug wendet, die Grenze gegen Rußland. Zwischen dem österreichischen und preußischen Anteile an Polen bildeten – abgesehen von dem vorhin erwähnten mäßigen Landstriche am Zusammenfluß des Bug und der Weichsel – diese Flüsse und die Piliça die Grenze. Über die Teilung der Woiwodschaft Krakau mit Einschlug des Herzogtums Severien einigten sich Preußen und Österreich unter russischer Vermittelung erst am 21. Oktober 1796. Nach diesem Vertrage sollte die Grenze von der Weichsel längs den Flüssen Premza, Biala-Premza und Centory hinauf und von dem letzteren bei Starahutta über den Rücken des Croczobord und über Smolen zur Piliça sich hinziehen.

Aus den neugewonnenen Ländermassen wurden zwei neue Provinzen, Südpreußen und Neu-Ostpreußen und der Distrikt Neu-Schlesien gebildet. Aber nur kurze Zeit trugen sie diesen Namen. Nach dem unglücklichsten aller Kriege mußte König Friedrich Wilhelm III. (gest. 7. Juni 1840) in dem Frieden, welchen er mit dem Kaiser Napoleon am 9. Juli 1807 zu Tilsit schloß, abgesehen von anderweitigem unermeßlichem Verlust in Deutschland, den größten Teil der durch die drei Teilungen Polens gewonnenen Länder wieder herausgeben. Von denselben blieben bei Preußen nur »der Teil des Netzdistrikts, welcher nordwärts der Straße von Driesen nach Schneidemühl gelegen, ingleichen einer Linie, die von Schneidemühl über Waldau längs der Grenze des Bromberger Kreises bis zur Weichsel führt, Pomerellen, die Insel der Nogat, das Land auf dem rechten Ufer der Nogat und der Weichsel im Westen von Altpreußen und im Norden des kulmischen Kreises, Ermland«, endlich vom Kulmerlande »die Stadt und Festung Graudenz mit den Dörfern Neudorf, Parschken und Schwierkorzy«. Das Übrige fiel größtenteils an den von Napoleon unter dem Namen eines Herzogtums Warschau wiederhergestellten polnischen Staat, nämlich Südpreußen und Neu-Schlesien ganz, Neu-Ostpreußen mit Ausnahme des südlichen Teiles des Kammerdepartements Bialystok, der Netzdistrikt mit Ausnahme der nördlichen Hälfte des Kreises Deutsch-Krone und der nördlichen zwei Fünfteile des Kreises Cammin, von Westpreußen auf dem rechten Weichselufer die Kreise Kulm und Michelau mit Thorn, aber mit Ausschluß von Graudenz mit den drei genannten Dörfern. Jener südliche Teil des Kammerdepartements Bialystok mußte an den Kaiser von Rußland, den bisherigen Verbündeten Preußens, abgetreten werden. Endlich wurde die Stadt Danzig mit einem Gebiete von zwei Lieues im Umkreise in ihre frühere Unabhängigkeit gesetzt.

In der Elbinger Konvention vom 10. November 1807, welche unter Vermittelung des Marschalls Soult zwischen den Bevollmächtigten Preußens und Sachsens abgeschlossen wurde, wurde die Grenze Preußens gegen das Herzogtum Warschau noch etwas näher bestimmt. Preußen gab in derselben seine Ansprüche auf die Michelau, welche es zu retten gehofft hatte, auf; die Ortschaften Strenatschin, Gelbudde Rehkrug wurden zu dem Preußen zugehörigen Gebiete von Graudenz geschlagen; von Graudenz an sollte die Grenze dem Talwege des Flusses bis oberhalb Topolno, von hier den alten Grenzen des Bromberger Kreises bis Waldau folgen; von Waldau wurde sie südwestlich über Komirowske, an dem Zempelburger See vorbei, durch den adlig Vandsburger Wald, zwischen den Seen von Lukowo hindurch auf Poln.-Ruden, von hier an dem See von Piesnowo vorbei längs den Seen Großsee, See von Podruzen, Biala-See, See am Fuße des Teufelsberges, durch das Gehölz zur Küddow gezogen, passierte dieselbe zwischen Schneidemühl und Koschutz, ging dann über Stöwen, Fratzig, Schönlanke, Stieglitz, Ascherbude und Mariendorf zur Netze und folgte diesem Flusse bis zu den Grenzen der Neumark. Die genannten Ortschaften sollten zu Warschau gehören, außer Zempelburg, Komirowske, Poln.-Ruden, Piesnowo, Podrusen, Lukowo, Koschutz und Mariendorf. Trotz dieser Konvention blieben jedoch eine Reihe von Grenzbezirken zwischen Preußen und Warschau strittig – namentlich auch das Amt Kammin, welches von Napoleon noch vor dem Tilsiter Frieden dem Marschall Mortier geschenkt worden war –, ohne daß diese Streitigkeiten während der Existenz des Herzogtums Warschau zur Erledigung kamen.

Nach den glücklichen Erfolgen der Befreiungskämpfe der Jahre 1813 und 1814 und dem ersten Pariser Frieden (30. Mai 1814) war die Wiederherstellung Preußens in seinen früheren statistischen

Verhältnissen eine der wichtigsten Aufgaben des in Wien zusammengetretenen Kongresses der verbündeten Mächte. Aber es war überaus schwierig, an 2000 Quadratmeilen zur Entschädigung Preußens für die im Tilsiter Frieden verlorenen Länder auszumitteln, da Rußland die polnischen Lande, welche damals das Herzogtum Warschau bildeten, ganz oder doch beinahe ganz zur Entschädigung für sich selbst verlangte. Erst als Napoleon aus seiner Verbannung wieder nach Frankreich zurückgekehrt war, einigten sich Preußen und Rußland zu Wien am 3. Mai 1815 über einen Teilungsvertrag, welchem Österreich am 4. Mai beitrat, und welcher dann auch in die Schlußakte des Wiener Kongresses vom 9. Juni übergegangen ist. Die Kreise Kulm und Michelau waren gleich nach der Vertreibung der Franzosen im Jahre 1813 mit Westpreußen wiedervereinigt; nach dem eben bezeichneten Vertrage sollte überdies der westliche Teil des Herzogtums Warschau dem preußischen Staate als Großherzogtum Posen einverleibt werden. Die Grenze zwischen Rußland und Preußen sollte demnach für Westpreußen von Neuhof bis Leibitsch dieselbe bleiben, wie sie nach der Ersten Teilung Polens bestimmt war; von hier sollte sie in gerader Linie über Kompania, Grabowiec und Szytno (preußisch) zur Weichsel, von der Weichsel an Sluzewo (russisch) nördlich vorüber auf Groß-Opoczko an der ehemaligen Grenze des Netzdistrikts gehen. Von hier an begleitete sie eine Strecke weit die Grenze des früheren Netzdistrikts über Chlewiska, Piasky, Chelmce, Kobylinka (westlich von Petrikau, das bei Polen verblieb), über die Südspitze des Goblosees bis Woyczyn; von dem See bei Woyczyn wandte sie sich bei Orchowo, Powiedz (preußisch) und Slupce (russisch) vorüber nach der Einmündung der Prosna in die Warthe; der Prosna folgte sie dann, nur mit Ausnahme der nächsten Umgebung von Kalisch, welche etwa eine Stunde Weges im Umkreise auch auf dem linken Prosnaufer bei Rußland verbleiben sollte, durch die Städte Grabow, Wieruszow und Boleslawice bis zur schlesischen Grenze.

Lehen: Grundbesitz, den ein Fürst einem Untertanen gegen das Versprechen von Hilfeleistungen zur Nutzung überläßt
Zessionsvertrag: Abtretungsvertrag
Okkupationen: Besetzungen
Katharina II., die Große (1729–1796), seit 1762 Zarin von Rußland
Manifest: öffentliche Erklärung

Woiwodschaften: polnische Verwaltungsbezirke
Starostei: polnischer Verwaltungsbezirk, entspricht etwa einem Landkreis
Kaiser Napoleon: Napoleon Bonaparte (1769–1821), seit 1804 Kaiser von Frankreich
Lieue (frz.): Längenmaß (4,45 km)
Marschall Soult: Nicolas Jean de Dien, Herzog von Dalmatien (1769–1851)
Marschall Mortier: Edouard Adolphe Casimir Josephe Mortier, Herzog von Treviso (1768–1835)
Wiener Kongreß: Versammlung europäischer Herrscher und Staatsmänner 1814/15 in Wien zwecks Neuordnung Europas

Posen im 18. und 19. Jahrhundert

Heinrich Wuttke

Die Stadt war sehr danieder. Kraft eines Gesetzes von 1764 wurde der Rat ermächtigt, die leerstehenden Häuser und wüsten Bauplätze Meistbietenden unter der Bedingung zuzuschlagen, daß sie dieselben binnen drei Jahren herstellten oder bebauten.

Man rechnete 1777 ohne Geistliche und Beamte 4655 Bewohner; einige Vorstädte waren dabei nicht mitveranschlagt. In der Stadt waren die Häuser wohl gebaut, aus Ziegeln. Das Schloß auf dem Hügel, in welchem das Grodgericht saß, war in solchem Zustande, daß man sich nicht getraute, im Winter zu heizen. Die Schreiber saßen manchmal mit dem Schreibzeug unterm Arm, um die Tinte flüssig zu erhalten. Nach der Aufnahme von 1779 gab es etwa 850 Häuser. Die dreimaligen Jahrmärkte, die eine Ausdehnung von vier bis fünf Wochen hatten, wurden noch stark besucht. Mit den Juden traf der Rat 1779 ein Abkommen, welches das Verbot, Christen ärztlich zu behandeln, aufnahm, fremden jüdischen Hausierern die Stadt untersagte, den einheimischen auferlegte, in ihren Häusern die Nacht zuzubringen, und an Sonn- und Festtagen zu hausieren ihnen bei Verlust ihrer Ware verbot. Jährlich mußten sie 2000 Gulden, und zwar in wöchentlichen Abzahlungen an die Stadt entrichten. Für Wiederherstellung Posens war eine besondere Behörde der guten Ordnung tätig, und die Stadt hob sich auch etwas; 1787 zählte man schon wieder 1211 Gebäude. Im Unterrichtswesen ging durch die Erziehungsbehörde eine Veränderung vor 1779. Die jesuitische Lehranstalt durfte nach der Aufhebung des Jesuitenordens (1773) noch bis 1780 fortbestehen. In diesem Jahre wurde sie sowohl als das Lubranskianum aufgehoben, dafür eine Woiwodschaftsschule im Mariengymnasium und ein geistliches Seminar eingerichtet. Das Gymnasium wurde aber mehr von jungen Adligen der Umgegend als von den Bürgerssöhnen besucht. Der Unterricht der Kinder geriet in völlige Verwahrlosung. Die Judenschaft sorgte dagegen fort und fort für den ersten Unterricht ihrer Jugend. Reformierter Gottesdienst ward wieder seit 1780 gehalten. Die evangelische Gemeinde legte 1783 auf der Warthe-Insel eine Schule für sich an; ebenda baute sie sich auch die Kreuzkirche, welche 1786 vollendet war. Auf der Insel war sie vor boshaften Anschlägen einigermaßen sicher. 1780 brannte, vom Blitz getroffen, die Marien-Magdalenenkirche aus; ihr hoher Turm mußte 1802 abgetragen werden. Der Kirchhof wurde nun zur Verkaufsstätte bestimmt, der jetzige »Neumarkt«. Als Hauptpfarrkirche wurde fortan die prächtige Jesuitenkirche benutzt. Die Sternwarte der Jesuiten (der astronomische Turm) war verfallen, mußte 1785 eingerissen werden. Die Bücherei, welche die Jesuiten gesammelt hatten, wurde zum Teil zerstreut. Die Werkzeuge zur Himmelsbeobachtung kamen nach der Aufhebung des Ordens an die Krakauer Universität. Auch das physikalische Kabinett und die Naturaliensammlung wurde aus dem Jesuitenkollegium weggebracht.

Als Posen zu Preußen kam – am 12. Februar 1793 rückten die Preußen ein, am 7. Mai ließen sie sich huldigen –, war es bewohnt von 7437 Katholiken, 3021 Juden, 1918 Lutheranern, 115 Kalvinisten, 47 Griechischgläubigen. Die preußische Regierung nahm der Stadt als der ersten des Landes sich an. Behörden, die Kriegs- und Domänenkammer oder Regierung, die Steuerdirektion und das Oberlandesgericht, auch ein Regiment Fußvolk wurden in sie gelegt. Die Überreste der Befestigungen wurden nun geschleift. Aus dieser Zeit schreibt sich vermutlich das Zusammenfallen der vielen verschiedenen Städte in eine einzige. Aus der südpreußischen Zeit haben wir mehrere umständliche Beschreibungen der Stadt, deren Hauptangaben wir zusammenstellen. Holsche ist der Ansicht, daß die Stadt einen weit größern Umfang in älteren Zeiten als dermalen gehabt haben müsse, »auch ist es wahrscheinlich«, sagt er, »daß sie an einem andern Ort gelegen und durch Überschwemmung verwüstet worden, die Warthe aber eine andere Richtung genommen

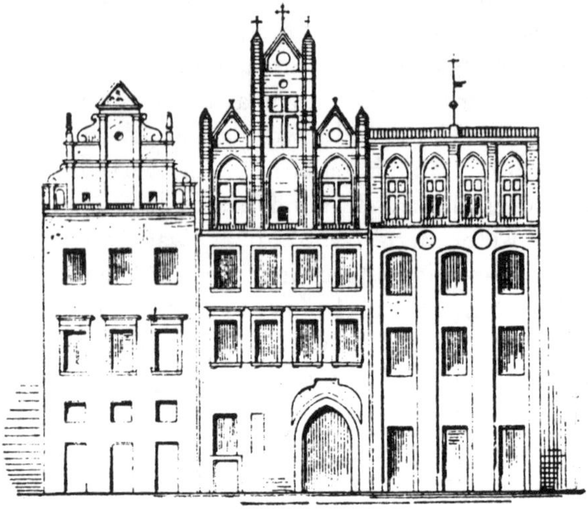

Am Alten Markt in Posen

hat, denn man findet noch Spuren von sehr langen Straßen, welche jetzt außer den Mauern der Stadt fünf bis sechs Fuß unter Schutt versunken liegen und in grader Linie angelegt sind«. Es war eben kleiner geworden! »Seit der preußischen Besitznehmung«, schreibt Herberg, »hat sich diese Stadt durch viele schöne große Anlagen und neue Gebäude so sehr zu ihrem Vorteil verändert, daß Reisende, die vormals hier gewesen sind, sie jetzt kaum mehr kennen«: dies wäre in so wenigen Jahren wahrhaft außerordentlich! Die Tore, welche die verschiedenen Teile ehedem sonderten, waren 1798 schon zum Teil niedergerissen.

Schrutka, Sawade, Wallischei hatten besondere Rathäuser und waren geistlich. An der Domseite machten Strohhütten den Anfang. Die Sawade (Zawada) bestand aus armseligen Hütten. Die Altstadt hatte massive Gebäude, alle Straßen derselben waren gepflastert, aber schlecht. Die Häuser am Markt waren Giebelhäuser. Hübner nennt sie »sehr schön«. Holsche hingegen sagt: »Sie dienen nicht zur Zierde der Stadt, zumal da die eine Seite des Marktes mit Herings-, Stockfisch-, Käse- und Bratwurstkrämern besetzt ist, welche ihre Ware unter vorspringenden Buden ausstellen und die Luft dergestalt verunreinigen, daß man des üblen Geruchs wegen vor Ekel nicht vorbeigehen kann.« In jeder Ecke des Marktes war ein Springbrunnen samt einem Wasserbehälter. Das Rathaus der eigentlichen Stadt hatte den höchsten Turm. Die obere Hälfte desselben war nach Hübner (1798) »erst vor einigen Jahren auf dem gotischen Rumpf aufgeführt«, vor dem Rathaus stand die steinerne Schandsäule, nahe dem Rathaus das Wachhaus mit einem Säulengange, wohl erst in preußischer Zeit gebaut. Die Stadt hatte vier Tore und drei Pforten. Die Katholiken besaßen vierunddreißig Kirchen, am ausgeschmücktesten war die Jesuitenkirche; prächtig war auch das Jesuitenkollegium, in welches der preußische Minister und die königliche Kammer einzog.

Die preußischen Bemühungen zur Hebung unterbrach bald Krieg. 1807 rückten die Franzosen ein. Es folgte die Zeit des Warschauer Herzogtums. Da wurde die Wilhelmsstraße, welche zum Spaziergange diente, »Napoleonstraße« umgetauft, der reformierten Gemeinde die Benutzung der Josefinerkirche wieder entzogen, auf dem Gymnasium der Unterricht in deutscher Sprache durch die neue Erziehungsbehörde verbannt. Da grade die geschicktesten Lehrer außerstande waren, in polnischer Sprache zu unterrichten, erlaubte man ihnen, um ihren Abgang zu verhüten, den Gebrauch des Lateinischen! Präfektur und Tribunal bekamen Sitz in Posen. Die Schulden der Stadt stiegen aber. Flatt gab ihre Einnahmen auf 20 000, ihre Schulden auf 160 000 Taler an. Der Zoll in Posen warf nach ihm jährlich 600 Taler ab. Gemäß der neuen Einrichtung nach französischem Zuschnitt wurde (10. Februar 1809) die Stadtverfassung geändert und die Gemeinde gänzlich vom Präfekten des Departements und vom Unterpräfekten abhängig gemacht. Dem »Munizipalrat« stand nicht mehr beschließende Befugnis zu, er hatte nur seine Anträge und Vorschläge bei dem Kreisrate einzubringen. Regierend in der Stadt und verantwortlich war der Bürgermeister, der den Titel »Munizipalpräsident« erhielt. Er war nicht mehr, nach deutscher Einrichtung, Vorsitzer des Rates, sondern im Grunde das Organ des Präfekten. Der Minister stellte ihm drei Beisitzer und drei Polizeiintendanten als Gehilfen zur Seite; der Munizipalpräsident war indes nicht an sie gebunden. Die Zeit des Warschauer Herzogtums war trübselig und kurz. Am 14. Februar 1813 ritten Kosaken in Posen ein.

Als Posen wieder an Preußen gekommen war, zählte es (1816) 2175 Feuerstellen und hatte 18 211 Insassen. Der Großhandel war unbedeutend geworden; höchstens mit Holz, Getreide, Tüchern und Leinwand wurde er geführt, dagegen war der Verkehr auf den jährlichen Messen noch belebt. Im Juni und Oktober fanden vielbesuchte Wollmärkte statt. Tuchweberei wurde auf 102 Stühlen betrieben, 59 Lederarbeiter, 30 Tabakspinner gab es, während diese Erwerbszweige im Jahre 1800 noch nicht geblüht hatten. 24 Kirchen wurden gezählt, fünf Mönchs- und vier Nonnenklöster mit 81 Mönchen und 50 Nonnen. Außer der Regierung bekam hier das Oberpräsidium und das Oberappellationsgericht der ganzen Provinz den Aufenthalt. Die Regierung bezog das Jesuitenkollegium, der Gerichtshof das alte Schloß. Seit dem Juli 1828 wurde Posen mit einem Aufwand von einigen 30 Millionen Talern zu einer starken Festung gemacht. Major von Prittwitz ordnete mit großer Einsicht die Befestigungsbauten an. Die das Warthetal beherrschenden Anhöhen wurden geschützt, etwas unterhalb der Stadt ward eine gemauerte Brücke auf zwölf Bogen über den Fluß gelegt und mit einem Brückenkopf gewahrt; an der Zibina ward eine Festungsschleuse gemauert.

Grodgericht: Gericht eines Starosten
Kalvinisten: Anhänger des Genfer Reformators Johann Calvin (1509–1564)
Griechischgläubige: Orthodoxe
Schandsäule: Pranger, Pfahl, an dem Verurteilte angebunden und öffentlich zur Schau gestellt wurden
Oberappellationsgericht: Gericht der dritten Instanz

Wie die Pestjungfrau nach Posen gekommen ist

Eine Sage

Niewiasta, die Pestjungfrau, ist eine Tochter der bösen Luft, die den Mehltau und den Brand in den Weizen bringt, das Gras versengt und die Ähren taub macht. Man sieht sie wohl bisweilen, wenn der Hahn zum ersten Male kräht, und sie ragt dann mit ihrem luftigen Schleier bis zu den Wolken hinan, aber niemals fühlt der Mensch ihre Hände, wenn sie ihn erfaßt. Wenn sie sich in die Locken einer Dirne setzt, so trägt dieselbe sie unbewußt in ihr Dorf hinab.

Sie setzt sich dem wallfahrenden Pilger auf den Hut und läßt sich von ihm, ohne daß er es merkt, von Ost nach West tragen. Im Jahre 1398 setzte sie sich auf den Helm eines Kreuzritters, der von Marienburg aus heimlich seine Buhlin an der Warthe besuchte. Er brachte die Pestjungfrau, ohne es zu wissen, nach Polen. Hier stellte sie sich auf einen hohen Berg und blies ihren Atem bis tief in das Ungarland hinein. Wo der Hauch ihres Odems vorüberstrich, da dampfte die Erde, die Dörfer wurden wüst, die Häuser leer, vor den Städten häuften sich die Leichen, für die der Totengräber keinen Raum mehr hatte, die Glocken wimmerten, ohne daß die Stränge berührt wurden, ihre Klagen in die Wälder und Gebirge hinaus, und die Sonne erschien in fahlem Lichte. In der Stadt Posen erschien ein zerlumpter blinder Bettler mit seinem lahmen Hunde, von dem er geleitet wurde. Aber der Hund wollte nicht bellen und verschmähte das Stücklein Brot, das man ihm mitleidig zuwarf. Da kam ein Gelehrter auf den Gedanken, daß das Paar die Pestjungfrau mit sich führe. Alles floh vor demselben, der Pöbel warf aus der Ferne Steine nach ihm und tötete auch den Blinden wie seinen Hund. Allein die Pestjungfrau hatten die Steinwürfe nicht getroffen, sie flüchtete zunächst auf den Dom und hauchte alles tödlich an, was in ihm und in seiner Nähe war.

Buhlin: Geliebte
Odem: Atem

Die Hauptstadt Posen

Meyers Konversations-Lexikon 1897

Posen (polnisch Poznan), Hauptstadt des gleichnamigen preußischen Regierungsbezirks und der gleichnamigen Provinz, Stadtkreis, Festung ersten Ranges, liegt an der Mündung der Bogdanka und Zybina in die Warthe, über welche vier Hauptbrücken führen, 58 m über dem Meer, und besteht aus der Altstadt und der eleganten, unter preußischer Herrschaft erst entstandenen Neustadt auf dem linken und den Vorstädten Wallischei (Chwaliszewo), Ostrowek, Schrodka, Zawade und St. Roch auf dem rechten Wartheufer. Von 1827–53 ward Posen zu einer Festung ersten Ranges umgeschaffen und diese seit 1876 noch durch einen Kreis von Außenforts verstärkt. Die Trace um die Stadt besteht aus sechs regelmäßigen Bastionen und sechs Kavalieren. Das Fort Wimary bildet gleichsam die Zitadelle; auf dem rechten Ufer liegt die sogenannte Dombefestigung. Posen hat meist schöne, breite Straßen, worunter die mit einer Kastanienallee bepflanzte Wilhelmsstraße, die große Gerberstraße, Friedrichsstraße, Neue Straße, Viktoriastraße, Berliner Straße, St. Martinstraße, Ritterstraße u. a. die ansehnlichsten sind. Unter den vielen Plätzen sind hervorzuheben: der Alte Markt, der Wilhelmsplatz mit dem vom Fünften Armeekorps seinen im österreichischen Kriege Gefallenen errichteten Löwendenkmal (1870 enthüllt), der Sapiehaplatz, der Königsplatz mit dem Perseusbrunnen, der Kanonenplatz (mit dem 1889 errichteten Denkmal des Kaisers Wilhelm I.). Von den fünfzehn katholischen und fünf evangelischen Kirchen Posens verdienen Erwähnung: der katholische Dom auf der Dominsel mit zahlreichen Grabmonumenten und der sogenannten goldenen Kapelle, welche 1842 unter besonderer Mitwirkung des Grafen Raczynski in byzantinischem Stil errichtet und mit vielen Kostbarkeiten und Kunstwerken, namentlich mit den Bronzestandbildern der ersten polnischen Fürsten, Mieczyslaw und Boleslaw (von Rauch), ausgestattet wurde; ferner die katholische Stadtpfarrkirche, ehemals den Jesuiten gehörig, ein Werk des italienischen Barockstils; die alte Marienkirche (1859 restauriert), die evangelische Paulikirche nach Stülerschen Bauplänen (von 1841). Die Juden haben mehrere Synagogen. Die bemerkenswertesten Gebäude sind: das Rathaus, ursprünglich

Die Stadtpfarrkirche in Posen

gotisch, 1552 in Renaissanceformen umgebaut, mit einem ansehnlichen Turm, und das durch einen Übergang mit dem Rathaus verbundene, innerlich reich ausgestattete Stadthaus; ferner der prächtige, an der Fassade mit 24 korinthischen Säulen gezierte Palast, welchen mit der darin befindlichen Bibliothek von 30 000 Bänden der frühere Besitzer, Graf Raczynski, 1832 der Stadt schenkte; das

Dzialynskische Palais mit reicher Sammlung polnischer Urkunden, der erzbischöfliche Palast, der Bazar (das größte polnische Hotel), die Artilleriekaserne, das von dem Stadtrat Berger seiner Vaterstadt gestiftete monumentale Realschulgebäude, das Polizeipräsidium, die Post, das Land- und das Oberlandesgericht, das evangelische Konsistorium, das Stadttheater, das polnische Theater, das Diakonissenhaus und (vor der Stadt) die prächtigen, 1874 vollendeten Gebäude des 1875 aufgehobenen Klosters der Damen vom Herzen Jesu, welches jetzt zu einer Altersversorgungsanstalt eingerichtet ist. Von Denkmälern ist außer dem Perseusbrunnen (1890) der Pranger auf dem Alten Markt zu erwähnen. Die Zahl der Einwohner beläuft sich (1895) mit der Garnison auf 73 235 Seelen, darunter (1890) 23 102 Evangelische, 40 188 Katholiken und 6126 Juden, der Nationalität nach 35 022 Polen, im übrigen Deutsche. Unter den Industrieanlagen nehmen diejenigen, welche sich mit der Verarbeitung landwirtschaftlicher Erzeugnisse befassen, einen hervorragenden Platz ein. Besonders bedeutend sind die Müllerei, die Spiritus- und Likörfabrikation, Bierbrauerei etc. Sonst sind von Bedeutung: Die Fabrikation künstlicher Dungmittel und landwirtschaftlicher Maschinen, von Dachpappe, Möbeln, Watte, Tabak und Zigarren, Leder, Gold- und Silberwaren, Schokolade, Konserven, Billards, Wagen etc. Der lebhafte Handel, unterstützt durch eine Börse, eine Handelskammer, eine Reichsbankhauptstelle, eine Provinzialaktienbank und eine Landschaftsbank und andre öffentliche Geldinstitute, beschäftigt sich vorzugsweise mit dem Vertrieb der landwirtschaftlichen Produkte, namentlich von Getreide, Kartoffeln, Futterstoffen, Vieh; ferner von Spiritus, landwirtschaftlichen Maschinen und Geräten, Wolle, Holz etc.

Trace: Anlage
Kavalieren: Erhöhungen des Befestigungswalles
Zitadelle: Stadtveste
Konsistorium: Kirchenrat

E. T. A. Hoffmann und der Karnevalsskandal (1802)

Julius Eduard Hitzig

Ein Gefühl geistiger Superiorität, wie es durch eine solche Umgebung leicht erklärlich ist, verbunden mit einer in vielfacher Beziehung aufregenden Lebensart, konnte nur zum Übermut führen, und dieser wurde die Quelle eines Unternehmens, welches Hoffmann damals viel bitt're Stunden bereitete, und seine baldige Versetzung von Posen, an einen noch viel unwohnlicheren Ort, zur Folge hatte.

Verleitet nämlich durch sein großes Talent, Ähnlichkeiten karikaturmäßig aufzufassen, hatte er sich monatelang damit beschäftigt, in Farben sauber ausgeführte Blätter zu entwerfen, welche die handgreiflichsten und beißendsten Anspielungen auf in Posen allgemein bekannte Verhältnisse enthielten und deren überaus witzige Unterschriften so wenig, als das Treffende in der Zeichnung, einen Zweifel über die dargestellten Personen ließen. Kein Stand, keine Stellung zum Publikum, oder zu ihm selbst, war hierbei von ihm verschont worden. Einer seiner Freunde – sein nachmaliger Schwager, Krimina – hatte es übernommen, diese Karrikaturen zu verbreiten, und bewirkte dies auf eine höchst geschickte Weise. Er erschien nämlich auf einem Maskenballe (am 28. Februar 1802) als italienischer Bilderkrämer und teilte, nach seiner Lokalkenntnis, aus einer großen Bildermappe jedem ein Blatt zu, auf welchem ein anderer vorgestellt war, von welchem es sich voraussetzen ließ, daß es ihn freuen würde, jenen lächerlich gemacht zu sehen. Darum – im ersten Augenblicke – allgemeiner Jubel im Saale über den herrlichen Spaß. Aber nur zu bald fand sich jeder der Lacher in den Händen eines dritten wieder! Nun verwandelte sich die Freude in Unmut, der sich zuerst gegen den Kolporteur Luft machen wollte. Dieser aber war mittlerweile aus dem Saale spurlos verschwunden, um sich in einer andern Verkleidung wieder einzufinden und an dem großen Lärm teilzunehmen.

Ernst Theodor Amadeus Hoffmann (1776–1822), Jurist, Dichter, Musiker und Maler; verbrachte während seiner Beamtenlaufbahn einige Zeit in Posen

Superiorität: Überlegenheit

Kolporteur: Verbreiter

Über den Posener Karneval 1802

Anonymus

... Noch ein ander Paar (von Masken) erschien in den letzten Karnevalstagen als reisende Bilderhändler oder Maler, – diese hatten eine Sammlung Bilder, aus der skandaleusen Chronik der Posenschen Einwohner, verfertigt und teilten in Karikatur-Gemälden jedem, den's betraf, seinen eigenen Lebenswandel in dem wohlgetroffenen Gemälde mit. – Viele wollten dies sehr höhnisch finden,

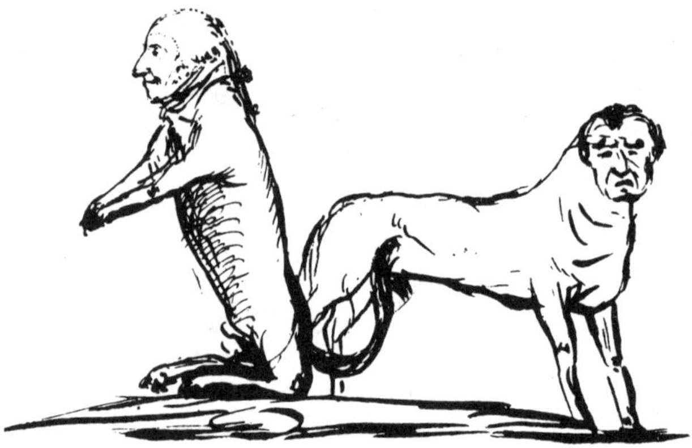

und manche schwuren an dem Verfertiger dieser sonst wohlgeratenen und gewiß mit vieler Mühe verfertigten Gemälde Rache zu nehmen, da er nicht unentdeckt geblieben war, aber ob gleich bis itzt, da dieses geschrieben wird, die Neckereien, die so ziemlich öffentlich geschahen, noch nicht aufhören, so bleibt es doch nur und wird wohl auch bei diesen Neckereien bleiben. Es ist übrigens hier nicht der Ort, unser Urteil über den Gebrauch der Maskenbälle auf solche Art, hieherzusetzen, ob wir es uns gleich nicht verhehlen können, zu sagen, daß man nicht hätte vergessen sollen, daß man in Südpreußen ist, wo – was vielleicht in andern Orten der Fall gewesen wäre, durch beißenden Witz der Art seine Mitbrüder auf häusliche und Amtsschwächen aufmerksam zu machen, – hier der entgegengesetzte Fall eintritt, nämlich: Hohnlachen über den Austeilenden solches Witzes und den Empfangenden zugleich.

Neustadt an der Warthe

Heinrich Wuttke

Neustadt an der Warthe, polnisch Nowe miasto, Rzika, im Kreise Pleschen. Wenn es derselbe Ort sein sollte, der als Nowemiasto 1458 in der Veranlagung der Städte zu einem Heere aufgeführt wird, so war er damals nicht unbedeutend, denn dieser hatte zehn Mann zu stellen, doch ist dies kaum glaublich. Seine Viehmärkte, deren es fünf hatte, waren ziemlich groß und Gerberei wurde lange stark getrieben, nahm aber später wieder ab. Die Stadt gehörte Ende des achtzehnten Jahrhunderts dem Grabski, hatte 1800 außer dem Edelhof eine katholische Kirche, zwei öffentliche Gebäude, 98 Wohnhäuser, zwei Mühlen und war bewohnt von 588 Menschen; 186 davon Juden, die andern Polen. Gewerbtreibend waren 24 Schneider (Juden), zwölf Schuster, vierzehn Fleischer, sechs Wollkämmer, fünf Kürschner, vier Müller, vier Töpfer, drei Branntweinbrenner, drei Böttcher, drei Mützenmacher (Juden), zwei Bäcker (Juden), zwei Leinweber, zwei Fischer, zwei Pottaschbrenner (Juden), ein Glaser (Jude), Pantoffelmacher, Schmied, Tischler, Stellmacher, vier Gastwirte, fünf Kaufleute. Federposen und Papier waren nach Holsche Handelsartikel, doch lebten die Einwohner kümmerlich und hauptsächlich vom Ackerbau. 1816 hatte der Ort 689 (n. a. 630) Einwohner. In preußischer Zeit wurde eine Papiermühle angelegt. 1837 zählte dieses Neustadt 1143, 1843: 1250, 1858 nur 1236, 1861: 1355 Einwohner.

Ursache des bittern Leidens Jesu Christi

Johannes Heermann

Herzliebster Jesu, was hast du verbrochen,
Daß man ein solch scharf Urteil hat gesprochen?
Was ist die Schuld: In was für Missetaten
Bist du geraten?

Du wirst gegeißelt und mit Dorn gekrönet,
Ins Angesicht geschlagen und verhöhnet:
Du wirst mit Essig und mit Gall getränket:
Ans Kreuz gehenket.

Was ist doch wohl die Ursach solcher Plagen?
Ach meine Sünden haben dich geschlagen.
Ach, HERR JESU, ich hab' dies wohl verschuldet,
Was du erduldet.

Wie wunderbarlich ist doch diese Strafe!
Der gute Hirte leidet für die Schafe.
Die Schuld bezahlt der HERRE, der Gerechte,
Für seine Knechte.

Der Fromme stirbt, der recht und richtig wandelt.
Der Böse lebt, der wider Gott mißhandelt.
Der Mensch verwirkt den Tod und ist entgangen:
Gott wird gefangen.

Ich war von Fuß auf voller Schand und Sünden:
Bis zu der Scheitel war nichts Guts zu finden.
Dafür hätt' ich dort in der Hölle müssen
Ewiglich büßen.

O große Lieb! O Lieb ohn' alle Maße,
Die dich gebracht auf diese Marterstraße!
Ich lebte mit der Welt in Lust und Freuden:
Und du mußt leiden!

Ach großer König, groß zu allen Zeiten:
Wie kann ich gnugsam solche Treu ausbreiten?
Keins Menschen Herz vermag es auszudenken,
Was dir zu schenken.

Ich kann's mit meinen Sinnen nicht erreichen,
Womit doch dein' Erbarmung zu vergleichen.
Wie kann ich dir denn deine Liebestaten
Im Werk erstatten?

Doch ist noch etwas, das dir angenehme:
Wann ich des Fleisches Lüsten dämpf' und zähme:
Daß sie aufs neu mein Herze nicht entzünden
Mit alten Sünden.

Weil's aber nicht besteht in eignen Kräften,
Fest die Begierden an das Kreuz zu heften:
So gib mir deinen Geist, der mich regiere,
Zum Guten führe.

Alsdann so werd' ich deine Huld betrachten:
Aus Lieb an dich die Welt für nichtes achten.
Bemühen werd' ich mich, HERR, Deinen Willen
Stets zu erfüllen.

Ich werde dir zu Ehren alles wagen:
Kein Kreuz nicht achten, keine Schmach und Plagen,
Nichts von Verfolgung, nichts von Todesschmerzen
Nehmen zu Herzen.

Dies alles, ob's zwar für schlecht ist zu schätzen:
Wirst du es doch nicht gar beiseite setzen:
Zu Gnaden wirst du dies von mir annehmen,
Mich nicht beschämen.

Wann, HErre JESU, dort für deinem Throne
Wird stehn auf meinem Haupt die Ehrenkrone:
Da will ich dir, wann alles wird wohl klingen,
Lob und Dank singen.

Lissa

Carl Friedrich Wagner

Lissa (Leszno) ist eine vorzügliche Fabrikstadt dieser Gegend, mit Wällen umgeben und in der Nähe eines Landgrabens, mit einer evangelischen, einer katholischen, einer Unitäts-Kirche, einer Syn-

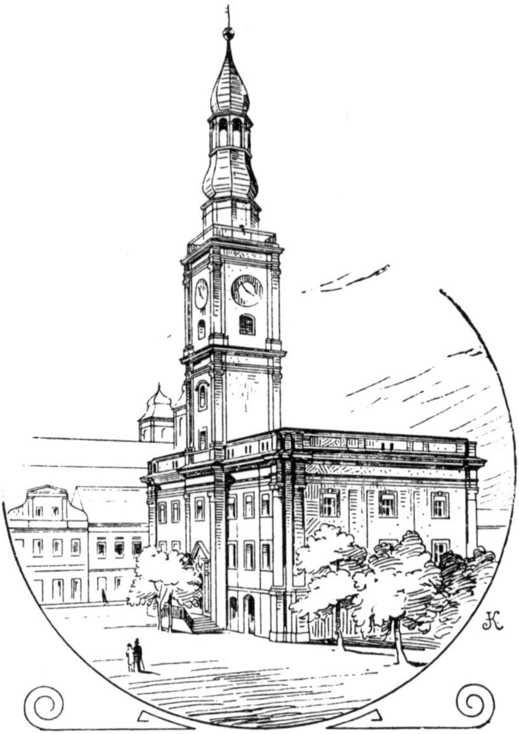

Das Rathaus von Lissa

agoge, einem Schlosse, vier Hospitälern, einem schönen Rathause, einem Gymnasium, einem Waisenhause, einer Glockengießerei und bedeutenden Tabaksfabriken. Die Stadt hat 8500 Einwohner und 800 Häuser, in deren Nähe viele Windmühlen stehen. Geschichtlich merkwürdig ist, daß diese Stadt 1656 von den Schweden abgebrannt, den 26. Juli 1707 ebenfalls von den Russen geplündert und bis auf eine Mühle abgebrannt wurde, wobei viele Einwohner umkamen. Ferner brannte die Stadt den 10. August 1767 und den 2. Juni 1790 ab. Das hiesige Schloß ist das Stammhaus vieler berühmten Personen. Es wurde 1720 neu aufgebaut, und 1738 verkaufte Stanislaus Poniatowski, König von Polen, das Schloß mit der Stadt an den damaligen Grafen, jetzigen Fürsten von Sulkowsky, dessen Erben es noch jetzt besitzen.

Unitäts-Kirche: Kirche der Brüdergemeine, auch Herrnhuter genannt, evangelisch-pietistische Religionsgemeinschaft

Stanislaus II. August (Poniatiowski) (1732–1798), seit 1764 König von Polen, mußte 1795 nach der Dritten Teilung Polens abdanken

Eine »gute Akquisition«

Christ. Meyer

Bis zum Jahre 1807 hat der durch die Erste polnische Teilung an Preußen gefallene Teil unserer heutigen Provinz Posen unter dem Namen Netzedistrikt einen Bestandteil der Provinz Westpreußen gebildet. Preußen hat durch diese erste Teilung, was den Flächeninhalt, die Bodenergiebigkeit und die Bevölkerungszahl anlangt, zwar den kleinsten Teil erhalten, doch gewährte derselbe den unschätzbaren Vorteil, daß durch ihn eine unmittelbare Verbindung des altpreußischen Landes mit den Kernlanden der Monarchie hergestellt war. Friedrich hatte anfänglich sein Augenmerk auf die an Oberschlesien grenzenden polnischen Gebietsteile gerichtet, und es wären dieselben, rein materiell betrachtet, eine weit bessere Akquisition gewesen als das polnische Preußen mit dem Netzedistrikt; allein schließlich überwog doch die praktische Erwägung, daß durch diese alten Gebiete vorteilhaft arrondiert wurde. Zugleich gewann Preußen damit auch die Herrschaft über die Weichsel, da die schließliche Erwerbung von Danzig und Thorn, die von der ersten Teilung noch ausgeschlossen blieben, doch nur eine Frage der Zeit war. Auch blieb der Besitz Ostpreußens, solange er nicht besser abgerundet und materiell gekräftigt war, unsicher. (...)

Der Zustand, in dem Preußen dieses Land überkam, spottete aller Beschreibung. Auf der Quadratmeile wohnten durchschnittlich 763 Menschen. Zwischen der Netze, Weichsel, Drage und der pomerellschen Grenze zählte man zusammen 27 Städte, die kaum den Namen von Marktflecken verdienten und größtenteils nur von Juden bewohnt waren. Ein Viertel des Bodens lag gänzlich ohne jegliche Kultur. Wo noch Handel und Wandel einigermaßen kümmerliche Blüten trieben, war es in den deutschen und protestantischen Orten. Die Zahl der Katholiken machte gegen die der Protestanten ungefähr das Doppelte aus. Die Städte waren verödet, es gab in ihnen fast dreimal so viele wüste Baustellen als Gebäude.

Akquisition: Erwerbung
arrondiert: abgerundet, zusammengelegt

Posener Trachten

Aus einem alten Lexikon

Die Tracht des gewöhnlichen Mannes in Posen ist ein Kaftan von grünem oder blauem Tuch, zuweilen mit farbigem Besatz; die Hosen sind im Sommer von weißem Leinen, im Winter von blauem oder grünem Tuch; die Füße bekleiden Kniestiefel, den Kopf bedeckt eine flache Tuchmütze mit Pelzstreifen. An Festtagen trägt

man über dem Hemd einen kürzeren und darüber einen längeren blauen oder grünen Tuchrock; letzterer, weitfaltig und immer offen, ist mit farbigem Stoff besetzt und hat seidene Knöpfe. Gebräuchlich ist eine rotwollene, mit Franzen besetzte Leibbinde, deren Enden vorn herabhängen, sowie eine hohe Mütze von Schaffell mit farbigem Tuchdeckel oder ein schwarzer, niedriger, breitkrämpiger Hut, beide mit bunten Bändern geziert. – Die Frauen und Mädchen tragen ein Leibchen von hellem Seiden- oder Baumwollenstoff, auf den Schultern gehalten von Bändern mit Schleifen. Darüber liegt eine blaue oder grüne Tuchjacke, zuweilen mit faltigem Schoß. Der verschiedenfarbige Rock, von Tuch oder Baumwolle, ist am Saum mit Bändern, auch mit Gold- oder Silbertressen besetzt, die Schürze meist weiß; weiß sind auch die mit Schleifen geschmückten Strümpfe. Die Frauen tragen lange Mäntel. Die Kopfbedeckung ist bei Mädchen eine mit bunten Bändern verzierte Binde, unter welcher zuweilen die Zöpfe versteckt werden, bei Frauen eine Kappe oder Haube, ebenfalls mit Bändern.

Birnbaum

Heinrich Wuttke

Birnbaum, polnisch Miedzychód, Medzychod, Miedszychod, Mjendschychod, an der Warthe, gegen Ende des vierzehnten und in den ersten Jahrzehnten des fünfzehnten Jahrhunderts den Glogauer Herzogen gehörig, bestand im fünfzehnten Jahrhundert als adlige Stadt. 1458 hatte es gegen die Reichsfeinde vier Mann zu stellen. Die Rcformation drang auch hier ein. Grundherren waren die Ostrorog; von ihnen erkaufte den Besitz (1593) Christof von Unruh, der gern Evangelischen den Aufenthalt gewährte. Am 30. September 1677 fand sogar in Birnbaum eine allgemeine Zusammenkunft der Unität lutherischer Patrone und Pastore statt. Sie wünschten, es möge in der Schule darauf gesehen werden, daß »die Jugend in der Polnischen Sprache fundamentaliter informirt werde«. Am 26. Mai 1795 verzehrte eine Feuersbrunst fünf öffentliche Gebäude und 109 Wohnhäuser. Die Stadt brachte es zu sieben Jahrmärkten und war am Anfange des neunzehnten Jahrhunderts ein Ort von 258 Wohnhäusern, von denen vier massiv gebaut, 30 mit Ziegeln gedeckt waren, einer Mühle und fünf öffentlichen Gebäuden, von denen eines die evangelische Kirche war. Die Gassen der Stadt gingen ungrade, bergauf und bergab. Jenseits der Brükke, ziemlich entfernt entstand die Vorstadt »Lindenstadt«, in ihr war die lutherische Kirche und das herrschaftliche Schloß, welches zu den schöneren gehörte, auch Lindenanlagen. Eine Walkmühle vor der Stadt gehörte der Herrschaft.

Der in der Nähe befindliche Torf wurde noch nicht benutzt. Tuchweberei war der Hauptbetrieb, man schätzte den Wert der im Jahre gefertigten Tuche auf mehr als 50 000 Taler. Der Absatz des Tuches ging hauptsächlich in das innere Polen, nach Warschau. 1796 war Besitzer der Minister von Struensee, welcher die Herrschaft für 295 000 Taler erkaufte. 1816 wurde die Tuchmacherei auf 102 Stühlen betrieben, und außerdem waren 70 Wollspinnmaschinen im Gange. Die Einwohnerzahl betrug 1861. Ungeachtet der Absatz der Tücher durch die russische Grenzsperre Abbruch erlitt, stieg die Einwohnerzahl und betrug 1837: 2637, über ein Viertel Juden. Nach Einführung der Städteordnung (17. März 1833) bestimmte das Ortsstatut, daß nur ein Drittel der Stadtverordneten Juden sein dürften. Über die Warthe führen zwei Brücken. Die evangelische Kirche wurde in neuerer Zeit neu gebaut; außer ihr gab es eine katholische und eine Synagoge; ferner ein Armenhaus, ein Waisenhaus in dem nahebei liegenden Großdorf (Wielkawieś). Ein Stadt- und Landgericht bekam seinen Sitz in Birnbaum. Außer dem Schlosse zählte man 230 Wohngebäude. 1843 betrug die Häuserzahl 263, die Einwohnerzahl 2937. 1858 gab es 3240,1861: 3285 Bewohner.

Fundamentaliter (lat.): grundlegend

Von der Kriminaljurisdiktion und dem dabei beobachteten Verfahren

Landesgerichtsrat Berndt

Die Kriminaljurisdiktion haben die meisten Städte, nach der gedachten Tabelle B sind selbige in folgende Klassen zu teilen.

1. Einige haben gar nicht die Kriminaljurisdiktion, worunter auch diejenigen zu rechnen, die nicht wissen, daß sie dieselbe haben.

2. Von einigen hat der Magistrat nur die geringen Strafen bis zum Staupbesen und muß in schweren Strafen erst Konfirmation einholen.

3. Und einige haben das unumschränkte Recht über Leben und Tod ohne Bestätigung des Starosten oder Erbherrn. Von Nr. 2, 3 ist noch als eine Unterabteilung anzumerken, daß in einigen Städten der Magistrat primam notionem hat, und wann die Sache kriminell, dieselbe an das Judicium remittiert, wie solches in der Tabelle B bei denen Städten specifice angezeiget worden.

Geschah ein Delictum, so wurde, wann es nicht ganz notorisch, nicht ex officio verfahren, indem bei ihnen das Sprichwort war: wo kein Kläger, da kein Richter. Fand sich jemand, der den Delinquenten anklagte, so wurde er nunmehro arretiert, und der Ankläger mußte die Sitz-, Verpflegungs- und Hütungs-Kosten tragen, denn da in denen meisten Städten die Gefängnisse schlecht waren, so mußten die Inquisiten sehr bewacht werden, welches die Kosten ungemein erschwert.

Wenn hingegen das Delictum öffentlich war begangen worden, etwa in conspectu civium, so wurde ex officio dem Delinquenten der Prozeß gemacht, und die Kosten trug, wenn er nichts hatte, die Stadtkasse und liquidierte hernachmals, wenn das Tribunal gehalten wurde, dieselben, da sie ihnen dann von der Republik erstattet wurden.

Von einer Ordnung im Verfahren weiß man nicht; auf die Judicia, ob sie remota waren oder proxima, wurde nicht reflektieret, es wurden in der Geschwindigkeit articuli formieret und die Untersuchung fing sich mit der responsione ad articulos an, daher diese denn auch nicht infamierten. Nach geendigter Inquisition, wobei die Tortur adplizieret und die Postronkes (eine Art höscht empfindlicher Schläge mit zusammengeflochtenen Strikken) nicht gesparet wurden, ordnete man dem Delinquenten, wenn er was im Vermögen oder einen reichen Ankläger hatte, einen Defensorem ex officio zu, die Sache wurde mündlich proponiert, und der Sekretarius notierte die Contenta ad Protocollum, darauf erfolgte denn das Kriminal-Urteil und wurde, falls wie es in einigen Städten Confirmatio des Erbherrn oder Starosten nicht nötig war, sogleich vollzogen, indem der Inkulpat mit einem weitern Verteidigungsgesuch nicht gehört wurde. Billig ist es zu verwundern, daß von Kleinigkeiten in Zivilsachen dem Appellationsgesuch deferiert wurde, aber in Kriminalsachen, auch in Fällen, wo es auf das Leben des Menschen ankam, kein weiteres Remedium stattfand. Indessen obtiniert diese unvernünftige

Gewohnheit doch in allen Städten, welche die Kriminaljurisdiktion haben.

Bei Mordtaten war es gewöhnlich, daß die Hand, mit der die Tat verübt worden, erst abgehauen wurde; war der Todesschlag an einer vornehmen Person, zum Beispiel an einem Geistlichen oder einem von Adel, verübt, so wurde der Stumpf, nachdem von ihm der Kopf war abgetrennt worden, auf das Rad gelegt.

Kriminaljurisdiktion: Kriminalrechtsprechung
Staupbesen: Züchtigungsmittel des Scharfrichters
Konfirmation (confirmatio, lat.): Bestätigung
primam notionem (lat.): erste Kenntnisnahme
an das Judicium remittiert: ans Gericht überwiesen
Specifice (lat.): besonders
Delictum (lat.): Vergehen
notorisch: allbekannt
ex officio (lat.): von Amts wegen
Delinquenten: Übeltäter
arretiert: verhaftet
Hütungskosten: Bewachungskosten
Inquisiten: Untersuchungshäftlinge
in conspectu civium (lat.): in aller Öffentlichkeit
Tribunal: Gerichtsverfahren

remota (lat.) : entfernt
proxima: nächste
reflektieret: bedacht, berücksichtigt
articuli formieret: Punkte, Sätze, Artikel verfertigt
responsione ad articulos (lat.): Antwort, Entgegnung auf die Punkte
infamierten: beschimpften; für ehrlos erklärten
Inquisition (lat.): Untersuchung
Tortur (lat.): Folter
adplizieret: angewendet
Defensorem ex officio (lat.): von Amts wegen
proponiert: vorgetragen
notierte die Contenta ad Protocollum: das Verhandlungsprotokoll aufnehmen
Inkulpat (lat.): Schuldige
Appellationsgesuch: Berufungsgesuch
deferiert: übertragen, angetragen
Remedium: Rechtsmittel
obtiniert: setzt sich durch

Deutsch-Krone im Jahr 1773

Kriegs- und Domänenrat Ladewig

Nach der Anzeige des Bürgermeisters und Stadtschreibers besteht die Stadt gegenwärtig aus 177 Ackersleuten und 50 Professionisten, von denen jedoch viele etwas Ackerbau treiben. An Stadt- und Kämmereigütern sind vorhanden: 1. Das Dorf und Vorwerk Breitenstein, so bisher von zwei Magistratspersonen administriert worden und nicht über 500 Pfund jährlich getragen. 2. Eine Mühle, deren bisheriger Ertrag in 172 Scheffel Kronsches Maß oder 258 Berliner Scheffel bestanden, wovon nach Berliner Scheffel gerechnet der Starost 108, der Bürgermeister achtzehn, der Stadtschreiber fünfzehn, der Vorwerkschäfer 78 3/4 Scheffel und das übrige die Stadtdiener, Nachtwächter, Buschwärter, Feldwächter und Hirten bekommen. 3. Ein Wald von masttragendem Holze, den die gesamte Bürgerschaft bisher genutzt. 4. Ein großer See, der bisher 15 Pfund jährliche Pacht getragen, und andere kleine Seen, die der Magistrat bisher befischt. – Die Einfuhrgelder, so bei den Jahrmärkten bezahlt werden, sollen deductis deducendis, was der Starost und die Stadtbedienten davon bekommen, jährlich ungefähr 6 Pfund betragen. Die debita passiva der Stadt sind auf 35 000 Tymfe oder 7000 Pfund angegeben worden.

Professionisten: Handwerker
administriert: verwaltet
Scheffel: Raummaß (ungefähr 54,96 l)
deductis deducendis (lat.): davon abgezogen
debita passiva (lat.): passive Schulden
Tymfe: Tympfe, polnische Münzen

Das Schmochbaal

Eine Sage

Unfern von dem, im Flatowschen Kreise belegenen Dorfe Krummenfließ befindet sich eine Kette von Sandhügeln, die ganz nahe beim Dorfe mit einem über die anderen hervorragenden Berge endigt, der den Namen Schmauch- oder Schmoch-Baal führt. Es erzählt die Sage, daß einst ein der Hexerei beschuldigtes Weib, obwohl sie fortwährend standhaft ihre Unschuld beteuerte, lebendig habe verbrannt werden sollen. Als sie schon auf dem Holzstoß stand, hörte man durch die lodernde Flamme hindurch, wie sie Gott mit lauter Stimme anrief, daß er ein Wahrzeichen ihrer Unschuld möge ergehen lassen. Und kaum war der Holzstoß ausgebrannt, so wuchs an derselben Stelle eine sonst nie gesehene Pflanze, weder Baum noch Staude, nie sich vergrößernd und abnehmend, die nun schon seit Jahrhunderten dem Zahne der Zeit und den Menschenhänden trotzt. An diese Begebenheit soll jener Name erinnern, dessen erster Teil, wendischen Ursprungs, eine Brandstätte, der letztere aber Abgott bedeutet.

In der Klippschule in Preußisch-Friedland

Karl Friedrich von Klöden

Da ich noch nicht lesen konnte, wurde ich in die Vorschule gebracht, welche von einer mehr als siebzig Jahre alten Frau gehalten wurde. Sie bewohnte ein kleines schlechts Häuschen am katholischen Kirchhofe, das nur eine Stube und den Hausflur umschloß. Das

Zimmer war auf dem Fußboden mit Ziegeln belegt, die kleinen Fenster befanden sich oben nahe der Decke und waren so blind, daß man nicht hinaussehen konnte. Ein großer Ziegelofen stand neben dem Kamine, und vor diesem saß die alte Frau und spann den ganzen Tag, neben sich auf einem Sessel eine hölzerne Kelle und eine Rute, die einzigen und mir schon sehr wohlbekannten Lehrmittel. Drei freistehende, rohe, doch glattgeriebene Bänke ohne Lehnen nahmen die Schuljugend, Knaben und Mädchen auf, bis sie notdürftig lesen konnten. Die eine Bank trug die Abc-Schützen, die zweite buchstabierte, die dritte fing zu lesen an. Der Schulunterricht begann mit dem Gesange eines feststehenden Liederverses, den man wie seine Melodie durch den Gebrauch lernte, und einem feststehenden kurzen Gebete, welches einer im Singsang hersagte, und hierauf ging einer nach dem anderen zur spinnenden Frau und sagte aus der gewöhnlichen Fibel mit dem Hahne seine Buchstaben oder sein »a, b, ab« her. Die Alte sprach wenig; machte ein Kind Fehler, so schob sie ihr Spinnrad zur Seite, kippte mit einer Hand das Kind über den Schoß, hob mit der anderen den Rock in die Höhe, ergriff die Kelle oder Rute und bearbeitete nach Gutdünken das Sitzfleisch. Dann kam ein anderes Kind an die Reihe, bis man durch war. Etwas anderes wurde nicht vorgenommen, und lange Stunden saß man still und müßig, bis die bestimmte Zeit verflossen war. Die Schule wurde geschlossen, wie sie angefangen hatte. Zuviel lernte man nicht, ausgenommen Jungenstreiche, die nach natürlicher Methode einer dem andern mitteilte, wozu auch die Zeit vollkommen ausreichte. Gesang und Gebet wurde völlig gedankenlos hergeleiert; beim Unterricht dachte höchstens der etwas, der eben aufsagte, wenn etwa beim »f, a, fa, f, i, fi« etwas zu denken ist, und hätten wir nicht unsere Streiche im Kopfe gehabt, so wären wir völlig gedankenlos gewesen. Ich ging übrigens mit großer Unlust in die Schule, nicht weil ich sie für schlecht hielt, denn davon verstand ich nichts, auch nicht, weil ich mich langweilte, denn daß das nicht geschah, dafür sorgten wir ja untereinander; aber ich glaubte die Zeit besser benutzen zu können und begriff nicht, was mir das Lesen helfen sollte. Nur das wußte ich, daß ich dann zum Rektor in die Schule kommen könnte, was mich jedoch nicht lockte.

Wiegenlied

Schloap, min Kindke, lange,
De Voader öß utgegange,
Nu steit er doa öm kole Wind,
Hädd e Klockke an klingert fert Kind:
  Klockke, du sollst klinge,
  Kindke, du sollst springe.

Schloap, min Kindke, feste,
Morge kri wi Gäste;
De hucke denn bim seete Beer,
Hucke tosamme bös Uhre veer:
  Wenn de Klock ward schloane,
  Ware to Hus se goahne.

Schloap, min Kindke, kleene,
Öck weeg di mötte Tehne,
Öck weeg di möttem linke Fot,
Denn schläpt min Kindke noch moal so got:
  Hätt et utgeschloape,
  Denn stoahne de Ogkes oape.

Landeck

Aus »Historische Nachrichten«

Im Flecken Landeck sind keine Vorstädte und überhaupt 52 Feuerstellen. Publique Häuser sind gar keine. Eine alte baufällige katholische Kirche, sonst nichts. 59 Bürger.

Zehn Hufen, die plätzeweise verteilt sind, aber nicht vermessen. Von obigem Acker ist niemals eigentlich eine Abgabe entrichtet worden.

Was für ein Prinzip zur Schatzung und Aufbringung der Akzisen … angenommen? Es ist bishero sowenig von den Häusern als übrigen Grundstücken, item von Nahrung und Verkehr Akzise gegeben worden und dahero auch kein angenommenes Principium zu bestimmen.

Der ganze Ort hat jährlich an das Amt Schlochau abgetragen, welches eine unveränderte Abgabe gewesen, an Kopfgeld 246 Florin preußisch, an Brotgeld 153 Florin preußisch, an Zinse 274 Florin preußisch, zusammen 673 Florin preußisch.

An den katholischen Geistlichen ist jährlich de jure von einem jeden Einwohner sechs Groschen preußisch als ein Jahrgeld entrichtet worden.

Ob Fabrikanten in der Stadt? 50 Tuchmacher, andere Wollfabrikanten gar nicht. Sie debitieren nach Konitz.

Wieviel Brauer und Branntweinbrenner in der Stadt? Bisher sind gewesen drei publique Krüge nebst dem Schulzen, die das einzige Recht zum Bierbrauen und Branntweinbrennen, und zwar letzterer vor sein Haus, exerziert haben. Die drei Krüger haben an das Amt Schlochau vor die Schänkearrende jährlich 308 Florin preußisch entrichtet.

Hauptnahrung der Bürger? In der Tuchmacherprofession.

Ob die Stadt eigene Mühlen usw. habe? Nichts. Zwar ist eine Mühle bei dem Flecken vorhanden, selbige aber ist eine Lehnmühle, die bisher ihre Abgaben an das Amt Schlochau entrichtet und mit dem Orte keine Eigentumskonnexion gehabt.

Krugverlag? Ist nie gewesen.

Jährliche Revenuen der Kämmerei? Da Landeck so lang ein reines Dorf gewesen, fällt dieser Artikel weg.

Es ist hier ein Schulze und zwei Gerichtsmänner. Besoldung bisher nichts als die wenigen, sich auf etliche Gulden preußisch belaufenden Gerichtsgebühren.

Publique und Privatfeuerinstrumente? Ist nicht das geringste vorhanden und wäre zu wünschen, daß S. Maj. in diesem Stücke an den blutarmen Einwohnern dero Gnade beweisen möchten.

Jurisdiktion? Der Schulz nebst Gerichtsleuten. Bisher ist nach dem kulmischen Recht dezidiert worden.

Es ist jetzo befohlenermaßen die Brot-, Bier- und Fleischtaxe publiziert worden, auch sind richtige hierher gesandte Maße und Gewichte dem Publiko ausgeteilt.

Getreidegewinn? Der Acker bei dem Flecken besteht aus hellem Sande und wird folglich niemals soviel Getreide gebaut als gebraucht wird, daher ein jeder Ackersmann jährlich Brot- und

Saatkorn kaufen und sich mit großer Mühe zu ernähren suchen muß. Nach Proportion hätte jeder wohl wenigstens über den eigenen Zuwachs jährlich fünfzehn Scheffel nötig.

Es sind vorhanden: Männer 88, Frauen 92, Söhne und Töchter über 10 Jahr 16 bzw. 10, unter 10 Jahren 24 bzw. 31, Knechte 4, Gesellen 3, Jungen 2, Mägde und Margellen 30, zusammen 300.

Pferde 14, Rindvieh 151, Schafe jetzt vorhanden, da sie in der Seuche gestorben 40.

Publique: öffentliche
Hufe: sieben bis fünfzehn Hektar
Akzisen: Steuern, Abgaben
Item (lat.): auch
de jure (lat.): von Rechts wegen
debitieren: absetzen, vertreiben
Krüge: Gasthäuser
exerziert: ausgeübt
Arrende: Pachtvertrag gegen Zinsen
Eigentumskonnexion: Eigentumsverknüpfung
Krugverlag: Bierhandel
Revenuen: Einnahmen
dezidieren: entscheiden
Fleischtaxe: Fleischsteuer
Margellen: Mädchen

Nur Sand, Tannen, Heidekraut

Friedrich der Große

Ich habe dieses Preußen gesehen, welches ich gewissermaßen aus Ihren Händen erhalte. Es ist eine sehr gute und sehr vorteilhafte Erwerbung, sowohl hinsichtlich der politischen Lage des Staats, als auch betreffs der Finanzen; aber um weniger beneidet zu werden, sage Ich jedem, der es hören will, daß Ich auf Meiner Reise nur Sand, Tannen, Heidekraut und Juden gesehen habe. Es ist wahr, daß dieses Stück Mir viel Arbeit verursacht; denn ich glaube Kanada ebenso wohl eingerichtet wie dieses Pomerellen. Keine Ordnung, keine Anordnung. Die Städte dort sind in einem beklagenswerten Zustand. Kulm z. B. soll 800 Häuser enthalten; es stehen nicht 100 aufrecht, deren Bewohner entweder Juden oder Mönche sind; und es gibt noch elendere Städte.

Ich habe einen großen Teil des Landes gesehen, welches uns in der

Teilung zufällt. Unser Anteil vorteilhafteste, in betreff des Handels. Wir werden die Herrn aller Erzeugnisse Polens und aller seiner Einfuhr, was von Belang ist; und der größte Vorteil besteht darin, daß wir, indem wir Herrn des Getreidehandels werden, zu keiner Zeit in diesem Lande der Hungersnot ausgesetzt sind. Die Bevölkerung dieser Erwerbung beläuft sich auf 600 000 Seelen, und binnen kurzem wird man sie auf 700 000 bringen können, um so mehr als alles, was Dissident ist in Polen, (bei uns) dort eine Zuflucht suchen wird.

Dies ist, mein lieber Bruder, worauf wir hinarbeiten werden; denn die erste Sorge in einem Staate ist, dessen Bevölkerung zu mehren, nach Maßgabe der Ertragsfähigkeit des Bodens.

Dissident: Abweichende, Andersdenkende, in Polen die Nichtkatholiken

Hammerstein

Aus »Historische Nachrichten«

In der Stadt 75 Häuser, in der Vorstadt 41. Publique Häuser: zwei Predigerhäuser, eins für den evangelischen, eins für den katholischen, ein Torhaus. Es sind zwei Kirchen, eine evangelische und eine katholische. In der Stadt sind überhaupt 110 Bürger.

Die Stadt hat laut Privileg a) 100 Hufen mit Sand betrieben, b) 12 gekaufte Hufen, c) 40 Morgen Krugacker, welches Land nicht vermessen ist. – Es ist niemals davon etwas gegeben worden.

Prinzip der Schatzung? Nachdem die Ausgaben in einem Jahr entweder viel oder wenig gewesen, nachdem ist auch ein solcher Überschlag gemacht worden, daß die zu bestreitenden Ausgaben davon bestritten werden können, wie solches der folgende Punkt mit mehrerem ausweiset.

Die sämtlichen ordninären Ausgaben, so die Stadt jährlich gehabt, sind: Brotgelder 464 Florin, Kopfgelder 500 Florin, Holzmiete ans Schloß 150 Florin, Miete für die zwölf Hufen 8 Florin, für die Krugstücken an die Falkenwaldsche Kirche 3 Florin, jährliche Interessen für Stadtschulden 337 Florin. – Grundgeld ist nie gegeben worden, und außer diesen Ausgaben hat die Stadt von mehreren nicht gewußt. Und sind solche Summen von Häusern, dem Handwerke und denen in Morgen geteilten zwölf Hufen Landes und von den städtischen zwei Vorwerkchen genommen.

Laut Privileg gibt die Stadt an die Falkenwaldsche Kirche 3 Florin, laut Kommissionsdekret von 1645 an den Parochus 80 Florin und 12 Scheffel Roggen, item vor den Hufenschlag, da er laut Privileg 4 Hufen haben soll, 27 Florin, wie denn auch die Stadt katholische Kirch- und Pfarrgebäude instand halten und bauen muß.

Es sind 52 Tuchmacher, Zeug- und Raschmacher sind gar nicht.

Sie debitieren 3/4 nach Konitz, 1/4 nach Danzig.

Wieviel Brauer und Branntweinbrenner? Ein jeder hat frei zu brennen und zu brauen gehabt, zum wenigsten für seinen Tisch, anjetzo sind derer, die da zum Verkauf Branntwein brennen sechs, die Bier brauen acht.

Hauptnahrung der Bürger? Im Tuch- und Schuhmachen.

Ob die Stadt eigene Dörfer, Mühlen usw. habe? Die Stadt hat zwei kleine Vorwerkchen, Muckernitz und Heinrichsburg, tragen beide jährlich, wenn kein Mißwachs, an 700 Florin, wovon aber jährlich Baukosten und Reparaturen abzuziehen sind. Mühlen hat die Stadt nicht.

Krugverlag? Vor Zeiten hat die Stadt laut kulmischem Recht und allgemeinem Privileg von Sigismund III. den Krugverlag auf einigen, uns aber wegen Mangel der Nachrichten nicht bekannten Dörfern zwar gehabt, seit vielen Jahren aber verlegt das Schloß die beiden dahin gehörige Dörfer Falkenwalde und Hansfelde.

Jährliche Revenuen der Kämmerei? Es hat bis dato nichts weiter als die Pacht oder vielmehr Arrende von den zwei Vorwerkchen dahin geschlagen werden können.

Der Magistrat besteht ad interim aus ihrer drei. Consul dirigens hat 100 Florin Fixum, ohngefähr 12 Akzidenzien, welches letztere die andern auch gehabt, aber kein Fixum.

Es ist befindlich eine publique Feuerspritze, so noch nicht völlig bezahlt, einige alte Feuerhaken und zwei Küwen. An Privatfeuerinstrumenten hat der Bürgermeister eine Handspritze, viele auch schon lederne Feuereimer neu gemacht.

Bei vorfallender Rechtspflege hat Magistratus Befehl, dergleichen dem Oberhof- und Landesgericht in Marienwerder zur Entscheidung einzusenden. Zu seiner Instruktion hat nach aufgehobenem kulmischem Rechte Magistratus nebst dem Notifikationspatent von Sahmes Einleitung in die preußische Rechtsgelehrtheit. Sonst aber hat die Stadt unter der Jurisdiktion der Landesobrigkeit gestanden, wiewohl die Starosten Oberrichter gewesen.

Die Fleischtaxen wie auch von Brot und Bier werden monatlich gemacht. Maße und Gewichte sind auch in guter Ordnung.

Die Stadt gewinnt und baut an Roggen 643 Scheffel, Erbsen und Gerste 377 Scheffel, Haber und Buchweizen 296 Scheffel. Wird alles konsumiert, das zu dem eigenen Zuwachs noch erforderliche Quantum ist nicht zu bestimmen.

Männer 146, Frauen 150, Söhne und Töchter über bzw. unter 12 Jahren 26 und 38 bzw. 110 und 98, Knechte 33, Gesellen 8, Mägde und Margellen 61, zusammen 670.

Pferde 49, Ochsen 52, Kühe 90, Jungvieh 20, Schafe 376.

Publique: öffentliche
Privileg: Vorrecht
Hufe: zwischen sieben und fünfzehn Hektar Land

ordinär: gewöhnlich
Interessen: Zinsen
Parochus: Pfarrer
Scheffel: Raummaß (ungefähr 54,96 l)
item (lat.) : auch
Zeug- und Raschmacher: Weber, die locker gewebte Tücher herstellen
Krugverlag: Bierhandel
Revenuen: Einnahmen
bis dato: bis heute
Arrende: Pachtvertrag gegen Zinsen
ad interim (lat.): einstweilen, unterdessen
Consul dirigens (lat.): regierender Bürgermeister
Fixum: Festgehalt
Akzidenzien: zufällige Einnahmen
Notifikationspatent: öffentliche Bekanntmachung
Fleischtaxen: Fleischsteuern
konsumiert: verbraucht
Quantum: Menge
Margellen: Mädchen

Schlochau

Matthaeus Merian

Ein nicht unbekanntes Schloß in Pomerellen nahe Konitz und Tuchel gelegen, welches Anno 1463 durch Verräterei den Polen bald wäre entzogen worden. Es sein gleichwohl die getreuen Soldaten, so in der Besatzung gelegen und das Schloß haben erhalten geholfen, von dem Gebietiger oder Kommandanten allda alle hingerichtet worden. Anno 1466 ist dieses Schloß, so an Größe und Befestigung dem zu Margenburg oder Marienburg nicht viel weichet, von denen zu Stolpe in Pommern mit List einbekommen; aber bald hernach von den Polen durch großes Glück wieder erobert worden. Anno 1563 hat Herzog Erich von Braunschweig in seinem Rückzug von der Oliva und dem Werder längs der Weichsel vor Schlochau über nach Hammerstein und folgend gegen Neu-Stettin in Pommern seinen Weg genommen.

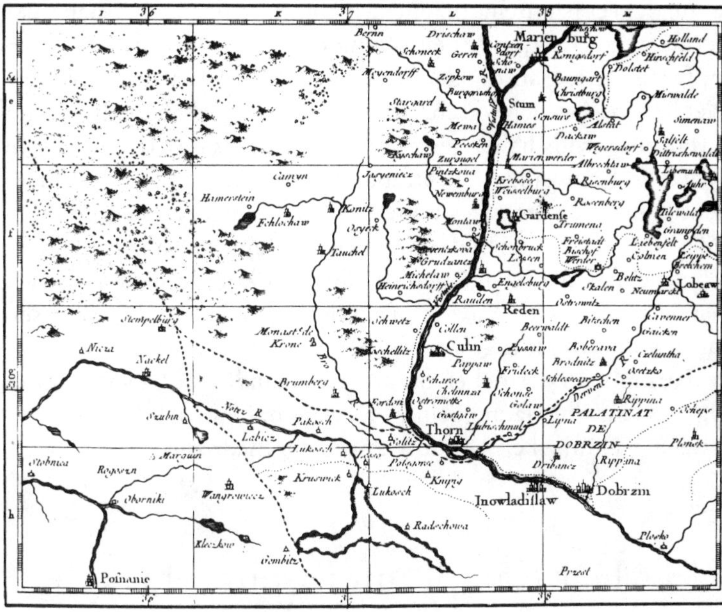

Das Gebiet zwischen Thorn und Marienburg

Der Schatzgräber

F. Strehlke

Auf der Nordseite wird die Stadt Konitz von dem Lehmberge begrenzt, über den die Landstraße nach Bütow führt. Auf dieser gelangt man eine Viertelmeile von der Stadt zu einem schilfbedeckten Teiche, Negerpfuhl genannt, der seinen Abfluß zum großen Loeckmann-See hat. Am flachen westlichen Ufer des Teiches geht die Straße; auf der höchsten Stelle des steilen östlichen Ufers liegt ein weithin sichtbarer Granitstein. Daß bei diesem ein Schatz vergraben wäre, wußte der Zimmermeister M. in Konitz längst, auch war er mehrmals dem Ziele seiner Wünsche nahe gewesen, aber stets hatte der Teufel ein Hindernis in den Weg gelegt. In einer Nacht von Sonnabend zu Sonntag machte sich M. wieder einmal mit Spaten und Hacke unter dem Mantel nach dem bekannten Steine, auf dem er heute eine bläuliche Flamme brennen sah. Nach einer Stunde angestrengter Arbeit schlug der Spaten deutlich an einen kupfernen Kessel an, der den Schatz verbarg. Jedoch war es M. verdrießlich, daß er sich so sehr in der Zeit geirrt haben mußte. Denn es war zusehends heller geworden und jenseits des Teiches zogen Wagen und Fußgänger die Straße nach der Stadt. Zuerst wollte er nicht darauf achten; wie sie aber seinen Namen nannten und einander fragten, was doch der M. bei dem Steine mache, da hüllte er sich in seinen Mantel und lief, so schnell er konnte, die Straße vermeidend auf einem Umwege nach dem Lehmberge. Unterdessen war es wieder dunkler geworden. M. steht eine Weile still; da schlägt die Turmuhr in der nahen Stadt nacheinander vier Viertel, dann folgt ein einzelner lauter Schlag. Es war ein Uhr nach Mitternacht. In tiefster Dunkelheit tappte M. nach der Stadt zurück.

Der Kampf um Konitz 1454

Matthaeus Waissel

Den Montag nach Marien Geburt zog der König Kasimir mit den Obersten und Edelsten seiner Ritterschaft, fast Zwölftausenden, zu Roß auf die Stadt Konitz. Die Zeit waren auch im Drauenbergischen Walde sechstausend oder fast mehr Kriegsleute an Reitern und Fußknechten, die um ihren Sold dem Orden zu Hilfe kamen.

Den Dienstag nach Erhebung des heiligen Kreuzes lagerte sich der König vor Konitz, und folgenden Tages kam des Ordens Kriegsvolk aus der neuen Mark, und stellten darauf von beiden Teilen ihre Ordnungen und machten zur Schanze eine Wagenburg. Bald durchdrangen mit Macht dreitausend Reiter, so den Kreuzherren zum Beistande gekommen waren, des Königs Heer, schlugen zu beiden Seiten sich durch, machten weiten Raum und kamen also in die Stadt. Fielen auch bald wieder heraus mit dem Jungen von Plauen, überfielen die Königschen zu beiden Seiten und täten eine große Schlacht. Da schrieen die Schildträger: »Die Polen fliehen, die Polen fliehen.« Und demnach mußte der König weichen samt den Seinen, kam wieder nach Polen, nach empfangener großer Niederlage und merklichem Schaden an goldenen und silbernen Gefäßen,

Halsbanden, Ketten, Kleinodien und köstlichen Kleidern. Kamen also um zu beiden Teilen (doch wenig von des Ordens Volk) dreitausend streitbare und edle, rittermäßige Männer (ohne den gemeinen Haufen), unter welchen auch Herzog Rudolph von Sagan auf der Kreuzherrn Seite erlegt ward. Und viele polnische Ritter und Kriegsleute wurden gefangen, unter denen war: Herr Scherlenski, Kastellan auf Bromberg, H. Lucas, Posener Kastellan, desgleichen ein böhmischer Hauptmann oder Rittmeister, H. Jonas von Jene. Des Königs Unterkanzler ward erschlagen, und des Reichs Siegel ward verloren. ....

Diese Schlacht vor Konitz wird sonsten in einem alten Buch etwas anders beschrieben, nämlich so: Nachdem die Ordensherrn Marienburg, Stadt und Schloß, entsetzten und die Feinde davontrieben, viele totschlugen, viele gefangennahmen, die übrigen in die Flucht jagten, ward unlängst hernach die Stadt Konitz belagert, von dem König Kasimir selbst, zwar mit großer Macht. Und die Städte mit ihren Kriegsleuten zogen auch vor Marienburg und belagerten es zu beiden Seiten. Der Meister aber, aus deutschen Landen besuchend, erwarb an den Kurfürsten, Fürsten, Grafen, Freiherrn, Herrn in Oberdeutschland viel Hilfe und versammelte so über siebentausend wohl gerüstete Mann, die hierüber zu Hauptleuten gemacht worden, Herzog Rudolph von Sagan, Herr Burchardt Graf von Hennenberg und Herr Heinrich von Lauterstein. Die zogen mit dem Volke in Preußen dem Orden zu Hilfe und Rettung. Als diese Herren mit dem Volke in Preußen ankamen, das denn der König vorher nie erkundet hatte, so zog er ihnen entgegen und wollte sie zurücktreiben, damit sie nicht weiter ins Land kämen: Aber Gott fügte es so, daß sie den Weg nicht kamen, als der König vermeinte und seine Kundschaft hatte, sondern einen andern Weg. Und da der König nichts von den Deutschen vernahm, zog er wieder vor Konitz in sein altes Lager, vermeinte, es sollte niemand kommen. Nun zogen die obgenannten Hauptleute mit ihrem Volk in Preußen (wie gesagt) einen andern Weg, des sich König Kasimir zum wenigsten versehen hätte, und kamen immer weiter ins Land, nicht fern von der Konitz, da sie auch vermeinten zu sein. Bald, als sie gewahr worden, daß der König daselbst mit großer Macht sein Lager aufgeschlagen, wurden sie zu Rat, also unversehens die Königschen zu überfallen und in die Stadt Konitz und gegen Marienburg zu kommen.

Der König hütete sich hier vor nichts, lag in seinem Gezelt und hat sich ausgezogen, Harnisch, Panzer und alle Rüstung abgelegt, als er den Tag geritten hatte. Herzog Rudolph von Sagan, Graf Burchardt von Hennenberg und Herr Heinrich von Lauterstein trösteten und ermahnten ihr Volk und zogen also ungewarnt auf den Feind. Da hob sich ein ernstes Treffen, bis die Polen die Flucht gaben und der König zuletzt auch selbst zurückweichen mußte. Und die in der Stadt waren, fielen mit heraus und halfen, die Polen jagen und schlagen zwei Meilen Wegs lang in die Flucht, bis ihnen die Nacht benahm, weiter zu folgen. (Eine andere geschriebene Chronik meldet:) Der König, als ein beherzter kühner Held, habe mit festem Anhalten und Schreien sein flüchtiges Volk wollen aufhalten und zurückrufen, aber keineswegs zur Gegenwehr sie bewegen mögen. Darum behielten die Kreuzherrn das Feld und erschlugen über dreitausend Polen und fingen über dreihundertsechsundreißig polnische Herren, Woiwoden, Ritter und Edle. Sie eroberten auch zwei Hauptfahnen, nämlich die Fahne von Polen und die Fahne von Litauen. ... Wo aber der König war, konnte man nicht wissen, sondern hernach erfuhr man, daß er zu Thorn unbeschädigt und ganz gesund angekommen war.

König Kasimir IV. (1427–1492) König von Polen seit 1447 und Großfürst von Litauen

der Junge von Planen: Heinrich Reuß von Plauen, Hochmeister des Ordens Oktober 1492 bis Januar 1493

Die Kirche in Zempelburg – unser KZ

Erika Bleck

In Zempelburg befand sich auf dem Marktplatz unsere evangelische Kirche, mit ihr ist das Leben meiner Eltern und das meine sehr eng verknüpft. Meine Eltern sind darin getraut, meine Geschwister alle getauft und konfirmiert worden. Ich kann heute daran nur mit Grauen denken, denn sie war [im Frühjahr 1945] unser Gefängnis. In ihr wurden wir streng bewacht und gefangen gehalten ...

Unsagbares Leid wurde uns Frauen zugefügt, viele haben es nicht zu ertragen vermocht. Ärztliche Hilfe wurde uns nicht zuteil, absichtlich wohl nicht. Das einstmalige Gotteshaus wurde unser KZ und ein großes Klosett. Die Schreckenstage näher zu beschreiben, möchte ich mir ersparen …

Eine gute Bekannte von mir, die Tochter des ehemaligen Bürgermeisters von Zempelburg, Fräulein Annemarie Dorow, ist in der Kirche buchstäblich von Läusen aufgefressen worden, es klingt unglaublich, ist aber bittere Wahrheit.

Die jüngeren Leute wurden zur Arbeit herangezogen, und zwar auf Güter, die von Russen verwaltet wurden. So kam ich zuerst auf das Gut Waldowke bei Zempelburg, auf dem noch der ehemalige Vogt oder Verwalter Nowakowski war. Als dort alles ausgedroschen war, kamen wir nach Klonia, in dem Kreise Tuchel. Es wurde nichts gesät, nur geerntet …

Der Viehbestand nahm zusehends ab. Als alles geschlachtet und abgeerntet war, zogen die Russen ab, nahmen Frauen mit, die kein Heim mehr hatten, der Rest wurde entlassen. Darunter war ich auch.

Dieser Wechsel sollte zu meiner Rettung beitragen. Ich bemühte mich um Auswandererpapiere, bekam sie aber nicht, sondern kam auf einen polnischen Hof in Ilowo-Ilau, Kreis Zempelburg, wo eine derartige Armut herrschte, daß der Bauer mit seiner Familie nur trockenes Brot aß. An lebendem Inventar besaß der Bauer nur zwei magere Kühe, die er noch mit einem zweiten Mitinhaber des Grundstückes teilen mußte. Dort gab es weder Geflügel noch Schweine. Am 1. September wurde Roggen eingefahren mit grünen und weißen Keimen. Auf diesem Gut war ich ein halbes Jahr Magd und Knecht in einer Person.

Das Gespenst in der Tucheler Heide

Eine Sage

In den Waldgegenden, die zwischen den Flüssen Brahe und Schwarzwasser liegen, und die gewöhnlich den Namen der Tucheler Heide führen, zeigt sich häufig um Mitternacht ein Gespenst. Es sitzt auf einem Wagen, welcher etwa die Form eines römischen Triumphwagens hat und der von zwei schwarzen Pferden mit feurigen Augen gezogen wird. Das Gespenst selbst ist in weiße Gewänder gehüllt und gleicht einem Karmelitermönche. Das Wunderbarste dabei ist, daß der Wagen, selbst wenn er über leichten Sand oder Schnee hinfährt, ebenso rasselt, als wenn er in vollster Schnelligkeit über Steinpflaster rollte, und es sich dabei wie heftiges Kettengeklirre vernehmen läßt.

Vor einiger Zeit fuhr ein Landmann in der Nacht von Tuchel nach seinem in der Heide belegenen Gute. Plötzlich beginnt das vor den Schlitten gespannte Pferd zu keuchen, und nur mit der äußersten Anstrengung kann der Besitzer Herr desselben bleiben. Als er in einen Hohlweg gelangt ist, so enge, daß sonst kaum ein Wagen hindurch kann, fährt mit einem Male das Gespenst, wie es vorstehend beschrieben, in vollem Galopp, und zwar ohne seinen Schlitten im mindesten zu berühren, an ihm vorbei. Gleich darauf steht das Pferd des Landmanns still; alle Bemühungen es fortzutreiben sind fruchtlos; als jener nun näher hinsieht, erblickt er die beiden Rappen mit den feurigen Augen seinem Pferde gegenüber. Als er aber durch einen derben Fluch seinem Herzen Luft gemacht hatte, saust der Wagen, wie er gekommen, wieder zurück an ihm vorüber. Keuchend und von Schweiß triefend, gelangt das Pferd nach Hause, zittert an allen Gliedern und berührt lange Zeit kein Futter. Erst nach mehreren Tagen beruhigt es sich allmählich wieder.

Die Brahejungfern in Westpreußen

Widar Ziehnert

In einer Mühl' am Brahefluß
Vor alter grauer Zeit
Ein armer Müller hat gewohnt,
Des' Ehrlichkeit ihm Gott belohnt
Mit einer schönen Maid.

Sie blühte jungen Rosen gleich,
War ohne Falschheit klug,
Von schlankem Wuchs und blondem Haar
Und über dies erst sechzehn Jahr,
Zum Lieben alt genug.

Wohl mancher Bursche wollte gern
Knapp' in der Mühle sein,
Zu metzen hier der Küsse viel
Bei Röschen, und im Minnespiel
Des Meisterrechts sich freun.

Es wanderte so mancher ein,
Und wurde feirig bald,
Denn Röschen trug gar spröden Sinn
Und sprach: Laßt mich in Ruh, ich bin
Erst sechzehn Sommer alt.

Doch das war ernstlich nicht gemeint,
Ihr Herz war nicht mehr frei,
Der Ritter Luithold sah sie gern,
Und sie – sah gern den jungen Herrn,
Sie liebten sich so treu.

Der Müller merkt's und schallt sie aus:
»Mein Kind, das kann nicht sein!
Ein Müller nur ist für dich recht,
Dem Ritter bist du viel zu schlecht,
Er wird dich nimmer frei'n!«

Doch Ritter Luithold wünschte ernst
Schön Röschen sich zur Frau.
Darauf sein stolzer Vater sprach:
»Das wär' für unsern Adel Schmach,
Die führst du nicht zur Trau'.«

Da weint des Müllers Töchterlein
Die Augen sich fast blind,
Weil ärgerlich ihr Vater schmollt
Und Luithold mit dem seinen grollt,
Sie ohne Hoffnung sind.

Sie ohne Hoffnung? Liebe kann
Nie ohne Hoffnung sein;
Verscheucht sie auch ein Augenblick,
So kehrt sie doch sehr bald zurück,
Um treuer nun zu sein.

Und zu den Brahejungfern gehn
Luithold und Röschen nun
(Es war in einer Vollmondnacht)
Und bitten, doch mit ihrer Macht
Auch ihnen wohl zu tun.

Sie helfen treuen Liebenden
Und schützen Fromme gern –
Drum geben sie der Bitte Raum
Und zeigen sich dem Morgentraum
Dem vielgestrengen Herrn,

Verkünden, wird er Röschens sich
Als seiner Tochter freun
Um selbst und seinem Hause Heil –
Doch widerstrebt er, wird sein Teil
Fluch und Verderben sein!

So abergläubisch er auch war,
Stört das nicht seinen Sinn;
Die Müllermaid (er zornig spricht)

Duld' ich als meine Tochter nicht,
So wahr ich Ritter bin!

Die Brahejungfern nehmen drauf
Die Liebenden vereint
In ihren holden Schwesterkreis
Und winden ihnen 's Myrtenreis,
So oft der Vollmond scheint.

Sie kehren aus kristallner Flut
Ins Leben nie zurück
Und singen oft um Mitternacht,
Wenn nur noch treue Liebe wacht,
Der treuen Liebe Glück.

Der alte Ritter dachte bald
An seines Traumes Spruch;
Verarmt an Gütern und an Lust,
Traf ihn, sich seiner Schuld bewußt,
Der Brahejungfern Fluch.

Metzen: eigentlich mahlen
feirig: feurig
frei'n: freien, heiraten

Wie Schwetz zu seinem Namen kam

Christoph Hartknoch

Das Schloß und Städtlein Schwetz, welches an der Weichsel fast dicht über Kulm liegt, haben nicht die Schweden, wie Erasmus Stella meldet, sondern Swentopelcus, Herzog in Pommern, welcher mit dem Deutschen Orden große Kriege geführt, Anno 1242 gestiftet, und haben sich die Ordensbrüder vergebens bemüht, den Bau des Schlosses zu verhindern. Heutigentages sieht dieses Städtlein elend aus. Daraus sieht man nun schon, warum des Erasmi Stellæ Meinung allhie nicht statthaben kann: Aber es kömmt auch noch dieses dazu, daß die Schweden vormals im Lateinischen nicht Svveci, daraus das Wort Schwetz könnte gemacht werden, sondern anfangs Svevi, hernach Sveones, nach dem Svedi genennet sind.

Das polnische Westpreußen

Leopold Prowe

Nach Aufhebung der Personalunion (Polen und Preußen) hörten auch die übrigen Vorrechte der Preußen, welche mit der Sonderstellung ihres Landes verbunden gewesen waren, auf oder verloren ihren Wert, wenn sie gleich dem Namen nach bestehen blieben ...

Weit tiefgreifender als die eben berührten und ähnliche Änderungen war die Umgestaltung, welche in Sprache und Sitte der Preußen sich vorbereitete, seit die vollständige Vereinigung mit dem polnischen Reiche dekretiert worden war. Der Gegensatz der Nationalität hatte vorzugsweise die Preußen von den Polen scharf geschieden. Alle übrigen Gerechtsame und Privilegien, welche die Preußen bei dem Verlangen ihrer Sonderstellung betonten, standen in näherer oder entfernterer Beziehung zu diesem tiefgreifenden Gegensatz. Selbst die Vernichtung der Personalunion konnte kaum zu dem erwünschten Ziele einer dauernden Vereinigung Preußens mit Polen führen, wenn es den Polen nicht gelang, die deutsche Nationalität der Preußen zu alterieren. Das Übergewicht der deutschen Kultur blieb immer drückend, selbst wenn die Gefahr der Hinneigung zu Deutschland bei einer Grenzprovinz nicht zu fürchten gewesen wäre. Und diese Gefahr war allerdings auch vorhanden. Nicht mit Unrecht haben die Polen den Preußen oft vorgeworfen, daß sie Deutsche, die zu ihnen einwanderten, bereitwillig als Brüder und Landsleute aufgenommen, während sie ihren von demselben Staatsverbande polnischen Mitbürgern den Eintritt in ihr Land verschlossen. Es mußte den Polen daher, um sich den Besitz Preußens dauernd zu sichern, in hohem Grade daran gelegen sein, den deutschen Charakter der Provinz zu verwischen. Dies ist ihnen zum Teil gelungen. Keineswegs aber in dem Maße, wie es bei der weitreichenden Unbekanntschaft mit den preußisch-polnischen Verhältnissen oft angenommen wird. Westpreußen hatte, als es sich unter die Oberherrschaft des polnischen Königs begab, eine überwiegend deutsche Bevölkerung. In den reicheren Teilen des Landes, ebenso in den Städten, waren die Bewohner fast durchweg deutscher Abstammung. In Pomerellen, wie in den südöstlichen Grenzgebieten, wohnten die Deutschen allerdings mit Slawen vermischt. Allein im ganzen Lande war die deutsche Sprache die herrschende. Sie war die allgemeine Verkehrs- wie die alleinige Geschäftssprache.

Dekretiert: verfügt
Gerechtsame und Privilegien: Rechte und Vorrechte
alterieren: ändern

Kulm, die versetzte Stadt

Christoph Hartknoch

Nachdem der Landmeister Herman von Balk Thorn Anno 1231 angelegt und nunmehr weiter ins Kulmische Land seinen Fuß fortsetzen wollte, hat er an dem Ort wo jetzt das Schloß Althaus, oder wie es die Polen nennen, Starigrod, der bischofliche Sitz an der Weichsel liegt, ein Schloß und dabei eine Stadt Anno 1232 erbaut und dieselbe Kulm genennet. Einige vermeinen, daß dazumal nur das Schloß zu Kulm aufgerichtet, die Stadt aber erst hernach Anno 1239 gebaut worden. Allein es kann nicht sein.

Dieser Stadt haben diese zwei Obersten Häupter des Ordens, nämlich Hermann von Salza der Hohemeister und Hermann Balk der Landmeister, in gedachtem Kulmischen Privilegio die Oberstelle und den Vorsitz vor allen andern preußischen Städten gegeben. Die Ursach, warum solches geschehen, da doch Thorn eher angelegt gewesen, ist vielleicht diese, weil dazumal Anno 1232, als Kulm erbaut, Thorn noch schlecht, und so volkreich nicht gewesen als Kulm.

Als hernach die Stadt in folgenden Zeiten, weil sie niedrig gelegen, von dem Wasser Not gelitten, ist sie an einen andern höhern Ort versetzt worden. Wie vielmal aber diese Versetzung geschehen, sind nicht einerlei Meinungen.

Nach dieser Versetzung muß die Stadt Kulm das Wappen bekommen haben, dessen sie sich noch jetzt gebraucht, nämlich neun Berge, auf derer einem ein Kreuz aufgerichtet. Dann die Berge sind sonder Zweifel deshalb gegeben, weil die Stadt auf hohen Bergen steht: Das Kreuz aber, weil der Deutsche Orden ein Kreuz im Wappen geführt. Von der Zeit an hat die Stadt sehr zugenommen, sowohl an Reichtum als auch an vielen schönen Gebäuden. Der Reichtum ist geflossen aus den Schiffahrten, so man von dannen in Dänemark, Schweden, Deutschland, Niederland und England angestellt. Denn obgleich alles das für Fabelwerk zu halten, was noch heutigentags unter dem gemeinen Mann geredet wird, als sollte vorzeiten die See oder das Baltische Meer bis an Kulm gegangen sein, so ist doch dieses mehr dann gewiß, daß um dieselbe Zeit Schiffe bis nach Kulm, ja auch wohl bis nach Thorn gegangen sein und daß auch diese Städte ihre Schiffe in weit entlegene Länder geschickt. Dieses gibt an den Tag das schöne an dem Markt zu Kulm liegende Englische Packhaus, da vormalen die Engländer ihre Waren gehabt, nun aber zu Brotbänken und andern Nutzen gebraucht wird.

In derselben guten Zeit sind sonder Zweifel zu Kulm unterschiedene Kirchen erbaut, als nächst der großen Pfarrkirche die

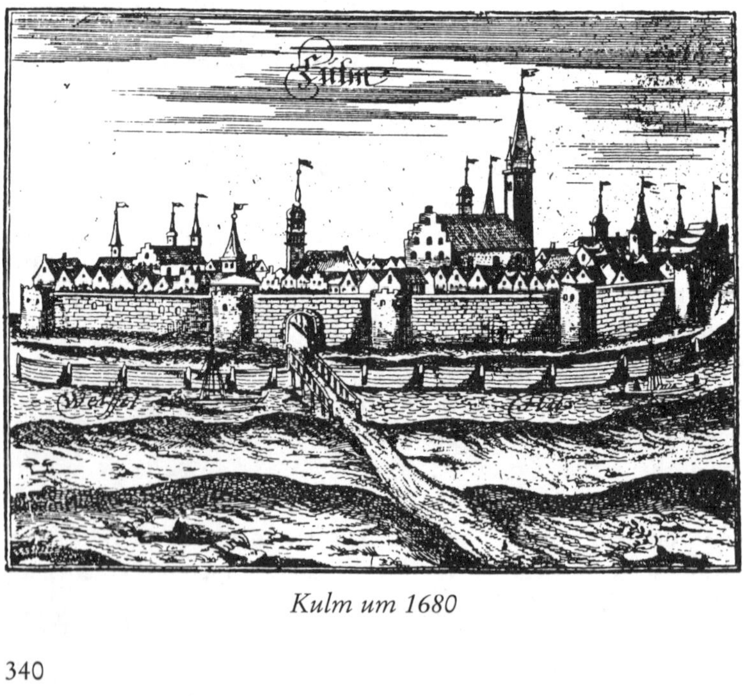

Kulm um 1680

Dominikanerkirche, darin noch ein Grabstein von Anno 1309 zu finden, daraus man das Alter dieser Kirchen abnehmen kann. Item die Kirche der Minoriten, welche Anno 1258 erbaut. Von den anderen Kirchen finde ich sonst keine Nachricht. Von dem Anfange des fünfzehnten Jahrhunderts und insonderheit als der große polnische Krieg angangen, ist die Stadt Kulm sehr in Abnehmen geraten. Dann erstlich ist sie Anno 1422 unter dem Paul von Rußdorf von dem Könige in Polen erobert und ein gut Teil davon samt der Pfarrkirchen verbrannt. Hernach, da sie sich mit den andern preußischen Städten an den König in Polen Casimirum ergeben, hat sie von des Ordens Volk viel müssen ausstehen. Und ob sie sich gleich Anno 1455 wieder den Orden tapfer gewehrt, daß derselbe auch mit Schimpf und Spott hat müssen abziehen. Dannoch hat sie endlich Anno 1457 der Bürgermeister Hans Mazkau dem Bernd von Zinnenberge oder, wie ihn andere nennen, Sonnenberg geöffnet, der mit 2000 Ordenssöldnern hineinkommen, und als er sie der Größe wegen nicht wohl besetzen konnte, hat er sie ausgeplündert, darüber auch Hans Mazkau, der diese Plünderung nicht hat wollen gut sein lassen, den Verräter-Lohn mit fünf andern Ratsleuten bekommen. Diesem Sonnenberg oder Schonenburg blieb Kulm und Althaus wegen rückständigen Soldes von dem Orden verpfändet. Endlich hat sich Sonnenberg mit dem Könige in Polen also verglichen, daß er Kulm, Althaus und Strasburg wegen Quittierung des Ordensdienstes für sich zu seinen Lebtagen behalten, ruhig besitzen und genießen sollte. Ist also diese Stadt wiederum unter die Botmäßigkeit der Polen gekommen; doch hat sie wegen der an dem Könige Casimiro verübten Untreu ihren Vorrang vor den anderen großen Städten verloren. Nach des Sonnenbergs Tode hat sie der Hohemeister in dem Pfaffen-Kriege den der Bischof von Ermelland Nikolaus von Tungen geführt Anno 1478 wieder erobert, doch aber wiederum bald verloren. Nach der Zeit hat sie der kulmische Bischof eigentümlich von dem Könige in Polen bekommen, wie sie dann auch noch eine bischöfliche Stadt ist. Aber sie hat sich nimmer wieder erholen können, sondern bleibt annoch fast wüste und unbebaut. Dann außer den Kirchen, dem Rathause, welches zierlich genug gebaut, und dem Englischen Packhause sind kaum auf dem Markte etliche gemauerte Häuser zu finden, das übrige ist alles jämmerlich anzusehen.

Hermann von Balk, erster Landmeister des Deutschen Ordens (gest. 1239), baute die Ordensburg Thorn und erhob Kulm zur Stadt
Hermann von Salza (gest. 1239), Hochmeister des Deutschen Ordens, Begründer des Ordensstaates
Privilegio: Vorrecht, Freibrief
König Kasimir IV. (1427–1492), König von Polen seit 1447 und Großfürst von Litauen
also: so
Quittierung: Aufgabe eines Amtes, einer Stellung
eigentümlich: zu eigen

Das altertümliche Kulm

Carl Friedrich Schinkel

Kulm, 22. Juli 1834

Die Lage von Kulm auf der Höhe eines bedeutenden Abhanges an der Weichsel ist eine Hauptverschönerung der Landschaft vom gegenüberliegenden Ufer bei Schwetz, und die Aussicht vom dortigen Posthause und der dabeiliegenden Höhe wird für eine der schönsten an der Weichsel gehalten. Hierzu trägt besonders die altertümliche Erhaltung der Stadt bei, die fast noch vollständig mit ihren alten Ringmauern, kirchlichen und anderen Gebäuden erhalten ist und eine seltene Rettung bei der hier stattgefundenen Zerstörungswut fand.

Die Armseligkeit der Stadt läßt aber fürchten, daß die Zerstörung unseren nächsten Tagen aufgespart worden sei, denn es fehlt an allen Mitteln, die Stadtmauern sowie die alten Kirchen zu erhalten, die bereits halbe Ruinen geworden sind.

Stadt und Festung Graudenz

August Eduard Preuß

Die Stadt Graudenz (polnisch Grudziadz), eine alte Stadt, ehedem Grodeck genannt, Kreisstadt mit 4846 Einwohnern, sechsdreiviertel Meilen von Marienwerder, neunzehn Meilen von Danzig, achteinhalb Meilen von Thorn entfernt, hat eine für den Handel recht bequeme Lage. Sie ist mit einer Mauer umgeben, hat drei Vorstädte, eine katholische und eine evangelische Kirche, zwei Hospitäler, ein Schullehrerseminar für Zöglinge beider Konfessionen, eine höhere Bürgerschule mit derselben Befugnis, wie die zu Kulm, ein Armenhaus und eine von der Provinz Westpreußen unterhaltene Straf- und Besserungsanstalt für Vagabonden (mit der Inschrift: »zur Reue und Besserung«), mit welcher seit dem Jahre 1821 eine Lehr- und Erziehungsanstalt für jugendliche Verbrecher und Vagabonden verbunden ist. Diese sogenannte Hausschule ist für Kinder unter sechzehn Jahren bestimmt, welche von richterlichen oder Polizeibehörden der Zucht- oder Korrektionsanstalt zugewiesen werden. Sie werden hier unterrichtet und erzogen, um für den Eintritt in die niedern Stände der Gesellschaft befähigt zu werden. – Die Stadt ist der Sitz eines Land- u. Stadtgerichts, eines Landratsamtes, eines Hauptsteueramts und einer Salzfaktorei. Sie besitzt eine Wasserleitung, die der Sage nach von Kopernikus angelegt sein soll. Eine Meile östlich davon ist aus dem Flüßchen Ossa von dem Dorfe Klotke ab ein kleiner Kanal nach Graudenz geleitet, Trinke (ehedem Tränke oder Mühlenfließ) genannt. Die Ossa wird durch eine Schleuse angestaut und dadurch genötigt, einen Teil ihres Wassers an die höher liegende Trinke abzugeben. Aus dieser wird es kurz vor dem Einflusse in die Weichsel vermittels eines Druckwerks über die Stadtmauer hin zum sogenannten Wasserturme gehoben (im Ganzen 75 Fuß hoch vom Wasserspiegel der Trinke ab) und von hier aus durch Röhren in die verschiednen Stadtteile geleitet. Die Hauptnahrungszweige der Einwohner sind Getreidehandel, der sonst sehr stark ging, Bierbrauerei, Branntweinbrennerei und andere bürgerliche Gewerbe.

Die Zeit der Gründung der Stadt ist nicht genau bekannt. Im elften Jahrhundert erbauten hier die Preußen, während Kasimir im Kriege begriffen war, eine Feste Grudenz (von polnischen Chronisten Grodeck genannt), und Kasimirs Sohn, Boleslaus der Kühne belagerte sie nach des Vaters Tode vergebens. Nachdem der Orden von diesen Landesteilen Besitz genommen hatte, baute er um 1299 die Stadt von neuem nach deutscher Art auf, befestigte sie und verwandelte den Namen Grodeck in Graudenz. In den spätern Kriegen hat sie viel gelitten und ist namentlich 1659 von den Polen, welche die darin befindliche schwedische Besatzung belagerten, fast ganz niedergebrannt worden. In der nächsten Umgebung der Stadt, die eine günstige Abdachung nach Süden bietet, soll bis zum Jahre 1797 noch einiger Weinbau betrieben worden sein; ja, die Kelterung soll in dem genannten Jahre noch einige Ohm Wein ergeben haben. Etwa eine Viertelmeile nördlich der Stadt liegt auf einem Berge, an dessen Fuße die Weichsel vorbeifließt, die Festung Graudenz, von Friedrich II. angelegt. Der Bau ward 1770 begonnen und 1776 vollendet. Sie umschließt nur bombenfeste Militärgebäude und Kasematten und hat zwei Ausgänge, den einen nach der Stadt Graudenz, den andern nach Marienwerder hin. Ein tiefer Brunnen in der Festung gewährt der Besatzung das nötige Trinkwasser. In dem Kriege mit Frankreich 1806 und 1807, als so viele vaterländische Festungen in Feindeshand gerieten, hielt sie unter ihrem wackern Verteidiger, dem ehrenwerten Feldmarschall von Courbière, die Belagerung vom 22. Januar 1807 bis zum Tilsener Frieden aus. Den Feinden, die ihm sagen ließen: Fernere Verteidigung würde nutzlos sein; es gäbe keinen König von Preußen mehr, antwortete er: »Wohlan, so will ich König von Graudenz sein!« – Der König hat sein Andenken geehrt durch ein Monument auf den Wällen, die er so tapfer verteidigt. Von der Höhe der Festung genießt man eine weite und schöne Aussicht über die Weichsel, die fruchtbare Niederung, die Stadt Graudenz und die östlichen Höhen, welche das Weichseltal begrenzen.

Salzfaktorei: Salzniederlassung
Nikolaus Kopernikus (1473–1543), Astronom
Kasimir I. (1016–1058), der Erneuerer, seit 1034 Herzog von Polen
Boleslaw II. Smialy (der Kühne), Fürst von Polen (1058–1081)
Ohm: Raummaß (150 l)
Friedrich II., der Große (1712–1786), seit 1740 König von Preußen
Kasematten: Wallgewölbe in Festungen
Wilhelm Rénee de l'Homme von Courbière (1733–1811)
Monument: Denkmal

Revuen in Mokrau

Ernst Graf Lippe-Weißenfeld

Das Dorf Mokrau liegt eineinhalb Meilen von Graudenz, dreieinhalb Meilen von Marienwerder. Es bestand aus einem Freischulzen-Gut und elf Bauergrundstücken, in niederungscher Weise auseinander gebaut. Die Revuen brachten dem Ort viel Gewinn. Der König ließ sich auf dem Freischulzen-Territorio in der Mitte des Dorfs, 1773, ein einfaches Fachwerkgebäude als Hauptquartier herstellen, 136 Fuß lang, 36 Fuß breit, 10 Fuß hoch, mit Stroh eingedeckt. Es enthielt zwei Wohnzimmer mit Kamin, einen Speisesaal, fünf Kabinette und einen Korridor, so wie ein Paar Giebelkammern für die Dienerschaft. In einem Nebengebäude befand sich die Küche und ein Saal für die Marschallstafel. Des Königs Adjutanten wurden in den nächsten Bauernhäusern notdürftig untergebracht, die Kabinettsekretärs in dem Freischulzengebäude, unweit des königlichen Logis.

Fürstliche Personen, welche der Revue beiwohnten, mußten sich mit einer Stube und Kammer im Dorf begnügen. Das Mobiliar in den Wohnzimmern des Königs war äußerst einfach. Die Bürger von Graudenz gaben jedesmal bereitwilligst die benötigten Hausutensilien nach Mokrau. Der König verweilte sehr gern in seiner westpreußischen Lagerhütte. Elf Mal kam er auf drei bis vier Tage

hierher, hielt Inspizierung und Manöver ab und beschäftigte sich mit den Angelegenheiten des neu erworbenen Landes. Die Infanterie lagerte längs der »Bingsberge«; die Kavallerie kantonnierte in den nächsten Ortschaften. Am ersten Tage fand die Spezialrevue statt. Eine große Menschenmenge, aus allen Schichten des Volks, biwakierte im wahren Wortsinn und betrachtete an diesem Tage mit Muße den auf- und abgehenden Monarchen.

In Graudenz wohnte der König stets im Hause des Postdirektor Wagner und begrüßte ihn jedesmal mit den Worten: »Nun wie geht's in Sibirien?« Diese Frage war doppelsinnig. Fürs erste bezeichnete bekanntlich der König scherzweis sein Westpreußen als Kanadien, Irokesien oder dergleichen; fürs andere hatte Wagner als russischer Gefangener die Bekanntschaft des Original-Sibirien gemacht, weil er, als Postmeister in Pillau während der russischen Okkupation 1758–1762, wegen heimlicher Beförderung von Korrespondenz an den König verraten worden war.

Revue: Truppenbesichtigung
Der König: Friedrich II., der Große (1712–1786), seit 1740 König von Preußen
Territorio: Gebiet
Logis: Unterkunft
Mobiliar: Einrichtung
Inspizierung: Besichtigung
kantonnierte: stand in Ortschaften beisammen
Okkupation: Besetzung

Der Deutsche Orden im vierzehnten Jahrhundert

Heinrich von Treitschke

Nach dem Aussterben der pomerellischen Herzöge bestreiten die Polen das unzweifelhafte Recht der Markgrafen von Brandenburg auf das verwaiste Herzogtum. König Wladislaw von Polen ruft den Orden zu Hilfe, um die Askanier aus Danzig zu vertreiben. Der Orden wiederholt die alten kühnen Ränke, verjagt die Brandenburger (1308) – aber auch die Polen und verlangt von Polen für dies

Werk der Befreiung eine unerschwingliche Entschädigung. Als Polen sie zu zahlen verweigert, kauft der Orden den Brandenburgern ihre Ansprüche auf Pomerellen ab (1311), vertreibt alle polnisch Gesinnten, organisiert das Herzogtum zwischen Weichsel und Leba als Ordensland und gewinnt die Gunst der Bauern, indem er die unmenschlichen slawischen Frondienste erleichtert. So tritt zu den längst blühenden Städten, der alten Landeshauptstadt Kulm, dem festen Elbing und dem schönen Thorn, das reiche Danzig hinzu. Diese alte slawisch-dänische Ansiedlung, erst seit kaum hundert Jahren von einigen Deutschen bewohnt, wächst unter der Ordensherrschaft mit wunderbarer Lebenskraft empor. Eine Ordensburg erhebt sich an der Stelle des slawischen Herzogsschlosses, und neben der Altstadt und dem slawischen Fischerviertel, dem Hakelwerke, entsteht, beide rasch überflügelnd, die deutsche Jung-Stadt Danzig, reich begnadigt von dem neuen Landesherrn.

Durch diese verwegene Erwerbung mußte der oft gereizte Haß der Polen endlich zum Losschlagen gedrängt werden. Und schon hatte sich dem Orden im Osten ein zweiter, schrecklicherer Feind erhoben, das wilde Litauervolk, das damals, auf dem Gipfel seiner Macht, die Lande bis Kiew und Wladimir beherrschte. Ein ruheloses Grenzerleben war das Los der Deutschen ostwärts von Königsberg. Wartleute des Ordens, unterhalten durch das schwere Wartgeld der Umwohner, stehen in den kleinen Festen und Wachthäusern der weiten Grenzwildnis, die das Ordensland gegen die Barbaren deckt. Mehrmals im Jahre ertönen die warnenden Signale der Ordensleute. Dann retten sich Weiber und Kinder in die Fliehhäuser des Ordens, und die Landwehr rückt aus. Lärmend sprengen die Feinde heran auf ihren kleinen Gäulen, sengen und verwüsten, führen alles Lebendige hinweg in die Eigenschaft, als willkommene Ackerknechte in ihre entvölkerte Heimat. Dies die unwandelbare Kriegskunst der Barbaren des Ostens, die noch Peter der Große gegen die Deutschen geübt hat. – Auch diese Feindschaft war eine notwendige. Denn nimmermehr konnten die Heiden einen Nachbarn dulden, dem das Gesetz die Pflicht des ewigen Heidenkampfes auferlegte; und noch minder durfte der Orden von diesem Gesetze lassen, solange die litauische Provinz Samaiten sich als ein trennender Keil zwischen Ostpreußen und Kurland einschob, ja sogar den deutschen Küstensaum zerriß. –

Also von Feinden umringt, sah der Orden zu Anfang des vierzehnten Jahrhunderts ein neues Unheil nahen. Verlassen standen die Ritterorden in der zur monarchischen Ordnung heranreifenden Zeit. Als ein Satrap der neuen Monarchie von Frankreich betrieb Papst Clemens V. zu Avignon die Vernichtung der Templer. Die Johanniter, von ähnlichen Anschlägen bedroht, verstärkten sorglich ihre Macht durch die Eroberung von Rhodos. Auf die Klage des aufsässigen Erzbischofs von Riga schleuderte jetzt der Papst den Bann wider die deutschen Herren, drohte »die Dornen des Lasters auszureuten aus dem Weinberge des Herrn«.

Ein staatsmännischer Gedanke rettete den Orden aus dieser Gefahr. Er beschloß – was seit langem die Eifersucht der Ritter verhindert –, den Schwerpunkt seiner Macht, den Hochmeistersitz, nach Preußen zu verlegen. Denn bereits hundert Jahre nach seiner Gründung war, vornehmlich durch die Zuchtlosigkeit der beiden andern Ritterorden, die letzte Veste der Lateiner im Oriente, das Ordenshaupthaus Akkon, in die Hände der Ägypter gefallen (1291). Seitdem hatten die Hochmeister, in Hoffnung auf einen neuen Kreuzzug, zu Venedig hofgehalten. Aber wie konnte eine Stadt die Häupter zweier mißtrauischer, hochstrebender Aristokratien auf die Dauer beherbergen? Von den sieben Säulen, welche, nach dem alten Ordensbuche, das Hospital von St. Marien stützten, waren gefallen oder ins Wanken gekommen Armenien, Apulien und Romanien. In Alemannien und Österreich war der Orden nur ein reicher Grundbesitzer, bot den nachgeborenen Söhnen des Adels eine warme Herberge; und schon verspottete der Volkswitz das träge Zeremonienwesen am Hofe des Deutschmeisters: »Kleider aus, Kleider an, Essen, Trinken, Schlafen gahn, ist die Arbeit, so die Deutschen Herren han.« Der Landmeister von Livland endlich teilte seine Macht mit der Kirche. Nur in Preußen besaß der Orden unbeschränkte Staatsgewalt. Marienburg also sollte der neue Hochmeistersitz werden – eine glücklich gewählte Hauptstadt, im Westen das noch ungesicherte Pomerellen beherrschend, in leichter Verbindung mit Deutschland und der See, etwa gleichweit entfernt von Thorn und Königsberg. Als der Hochmeister Siegfried von Feuchtwangen in Marienburg einzog (1309) und die Pflichten des Landmeisters in Preußen selber übernahm, da war entschieden, daß der Orden der verlebten Romantik orientalischer Kreuzfahrt den Rücken wandte und allein dem Ernste seines zukunftreichen staatlichen Berufes leben wollte.

Und alsbald bewährte sich, welche nachhaltige Kraft dem Orden aus seiner weltlichen Gewalt erwuchs. Trefflich unterrichtet durch die ganz moderne Einrichtung einer ständigen Gesandtschaft bei der Kurie, den Ordensprokurator, wußte der Hochmeister, daß Rom seine Schafe nicht ohne die Wolle weide, beschwichtigte eine Weile den päpstlichen Zorn durch das bewährte Mittel der Handsalbe und zog endlich selbst gen Avignon, wo er bald erfuhr, daß der Staat der Deutschen Herren sicherer stehe als die staatlosen Templer.

Als später der Orden nach seiner keck zugreifenden Art über die polnischen Bischöfe in Pomerellen dieselben gestrengen Rechte in Anspruch nahm, deren er in Preußen genoß, als er gar der Kurie den Fischzug des Peterspfennigs verbot, da war bereits das preußische Volk selbst erfüllt von dem Rationalismus kolonialer Völker und dem Trotze der Deutschen Herren. Die Stände des Kulmerlandes verweigerten den Peterspfennig, und das mit dem Interdikte belegte Land »ließ sich sein Brot und Bier darum nicht schlechter schmecken«.

Nicht minder glücklich verfuhr der Orden gegen Polen. Alle Lebensbedingungen beider Staaten, die innerste Natur beider Völker drängten zum Kriege.

Eben jetzt erwachte in Polen wieder ein starkes nationales Bewußtsein. Der Erbe der polnischen Krone freite die Erbtochter von Litauen, und das werdende große Ostreich stiftete, als ein Symbol seiner verwegenen Ansprüche, den Orden vom weißen Adler. So drohte zum ersten Male die – vorderhand noch durch ein freundliches Geschick beseitigte – Gefahr der polnisch-litauischen Union, welche hundert Jahre später sich vollziehen und den Orden in das Verderben reißen sollte. König Kasimir der Große war persönlich den Deutschen wohl geneigt, er förderte ihre Einwanderung in seine Städte, aber der nationalen Leidenschaft seines Adels vermochte er auf die Dauer nicht zu widerstehen: Er verbot den Städten den Rechtsgang nach Magdeburg, gründete einen polnischen Gerichtshof zu Krakau. Unaufhörlich mahnte der polnische Adel die Krone zum Kriege gegen die Deutschen Herren. Wie sollte er dulden, daß die Deutschen seinem Reiche zu der Weichselstraße auch noch das letzte Stück der Küste raubten? Wie sollte der polnische Woiwode ertragen, daß jetzt auf altpolnischem Boden der Ordensvogt den Starosten die Karbatsche aus der Hand nahm, die sie gewohnt waren, über ihren Frönern zu schwingen? daß der deutsche Herr als einen plumpen Bauer den polnischen Edlen verlachte, der es doch so trefflich verstand, den Schuh vom Fuße seiner Schönen zu ziehen, ihn mit Met zu füllen und in einem Zuge zu leeren? daß, mit einem Worte, der strenge Staat, die milde Sitte der Deutschen die zuchtlose Roheit des Slawentums verdrängten? – An dreißig Jahre währte der oft unterbrochene Krieg, oftmals schwankte die Entscheidung. In dem blutigen Kampfe bei Plowcze war das Ordensheer der Auflösung nahe, als der Vogt von Pomesanien, Heinrich von Plauen, die Schlacht wiederherstellte. Der Kalischer Frieden (1343) brachte endlich den Deutschen vollständigen Sieg: Polen verzichtete auf Pomerellen und einige Grenzlande – darunter ein guter Teil des weitgerühmten Weizenlandes Kujavien zwischen Weichsel und Netze. Während des ganzen Kampfes stand Rom mit seinen geistlichen Waffen den Polen zur Seite. Um so fester schloß sich der Orden an das Reich, dessen er in seinen frohen Tagen nur zu oft vergaß. Eben jetzt unter Kaiser Ludwig dem Bayer lebte der alte Streit zwischen Staat und Kirche als ein Prinzipienkrieg wieder auf. Ghibellinische Schriftsteller eröffneten den Federkrieg wider Rom, unsere Kurfürsten behaupteten wider Frankreich und seinen Knecht, den Papst, mannhaft die Freiheit der Kaiserwahl, und, zum ersten Male im Schoße der Kirche, ward von den Minoriten der Satz verfochten: das Konzil steht über dem Papste. In diesem großen Kampfe nahm der Hochmeister offen Partei für den Kaiser als »sein Fürst und Geliebtester des Reichs«.

So hatte die weltliche Staatskunst der geistlichen Genossenschaft ihrem Gebiete eine gesicherte Abrundung erobert. Dieselbe weltliche Politik bewog den Hochmeister Werner von Orselen, in diesen Tagen (1329) die alten Statuten der bescheidenen Hospitalbrüderschaft nach den kühneren Gesichtspunkten der baltischen Großmacht abzuändern – soweit die zähe Bedachtsamkeit kirchlicher Sitten dies zulassen mochte. Nach dem Siege über Polen wird auch das Drohen der Litauer minder gefährlich. Als Angreifer tritt nun der Orden den Völkern des Ostens gegenüber und steigt in wenigen Jahrzehnten zur Sonnenhöhe seines Ruhms empor. Nach Orselen besteigt eine Reihe begabter Männer den Meisterstuhl, so der sangeskundige Luther von Braunschweig, Dietrich von Altenburg und – vor allen – Winrich von Kniprode. Vom Niederrhein gebürtig, ein freudiger Rittersmann von Grund aus und doch ein kalt erwägender Staatsmann, war er den Ideen seiner Zeit insoweit untertan, als es nötig ist, um groß in der Zeit zu wirken, doch weltlich heiterer, freier im Gemüte als die meisten der Zeitgenossen – mit einem Worte, gleich Frankreichs viertem Heinrich, eine jener frohen, prachtliebenden, siegreichen Fürstengestalten, an deren Namen die Völker die Erinnerung ihrer goldenen Zeiten zu knüpfen lieben. Unter ihm – in den Jahren 1351 bis 1382 – wird der Ordensstaat in Wahrheit eine Großmacht, zugleich, wie ein Jahrhundert später Spanien, der Mittelpunkt und die hohe Schule der lateinischen Ritterschaft.

König Wladislaw (IV.) Lokietek (1260–1333), seit 1296 Herzog, 1320 nach langen Kämpfen als Wladislaw I. König von Polen
Frondienste: Hilfsdienste, die die Bauern dem Grundherrn leisten müssen
Wartleute: bewaffnete Wächter
Eigenschaft: hier – Leibeigenschaft
Peter I., der Große (1672–1725), Zar von Rußland
Satrap: Statthalter
Papst Clemens V. (Papst 1305–1314), verlegte seine Residenz nach Avignon und hob 1311 den Templerorden auf
Templer: geistlicher Ritterorden, 1119 im Heiligen Land entstanden
Johanniter: ältester geistlicher Ritterorden, um 1100 in Jerusalem entstanden, ursprünglich mit dem Ziel der Krankenpflege
Siegfried von Feuchtwangen, Hochmeister des Ordens von 1303 bis zu seinem Tod 1311
Handsalbe: Geschenke, um den Empfänger geneigt zu machen
gen: gegen
Peterspfennig: Abgabe an die Kirche zum Bau des Petersdoms in Rom
Interdikt: Verbot von Gottesdienst und Sakramentenspendung
König Kasimir III., der Große (1309–1370), seit 1333 König von Polen
Starost: Vorsteher einer Starostei, eines polnischen Verwaltungsbezirks, der etwa einem Landkreis entspricht
Karbatsche: Peitsche
Met: Honigwein
Heinrich von Plauen, 1410 bis 1413 (abgesetzt) Hochmeister des Deutschen Ordens
Kaiser Ludwig IV., der Bayer (um 1285–1347), deutscher König seit 1314, 1328 in Rom zum Kaiser gekrönt
Ghibellinisch: zur Anhängerschaft der Hohenstaufen gehörig
Minoriten: »Minderbrüder«, mildere Richtung der Franziskaner
Werner von Orselen, 1324–1330 Hochmeister
Luther von Braunschweig, 1331–1335 Hochmeister
Dietrich von Altenburg, 1335–1341 Hochmeister
Winrich von Kniprode, 1351–1382 Hochmeister
Frankreichs vierter Heinrich: Heinrich IV. (1553–1610), seit 1589 König von Frankreich

Die heilige Dorothea

Eine Sage

Unter den heiligen Wundertätern Preußens steht oben an die heilige Dorothea, die, nachdem sie viele fromme Werke verrichtet und viele Wallfahrten getan, den letzten Teil ihres Lebens eingeschlossen in einer an die Domkirche zu Marienwerder stoßenden Zelle zubrachte. Vor allem hatte ihr Gott die Gabe verliehn, zukünftige Dinge vorherzusehen, wie sie denn auch den Fall des Deutschen Ordens vorher verkündet hat. Als sie ihr letztes Stündlein nahen fühlte, ließ sie ihren Beichtiger, den Domherrn Johannes von Marienwerder, herbeirufen, daß er ihr die Letzte Ölung gewähre, und als er zögerte, fügte sie hinzu, daß er ihr nicht ferner diesen frommen Dienst leisten werde. Und wie sie vorher verkündet hatte, geschah es; denn um die nächste Mitternacht umgab sie plötzlich ein himmlischer Glanz und es war ein lieblicher Gesang zu vernehmen, der zwei Stunden währte und währenddessen sie von Engeln zu Gott geführt ward. Zugleich fingen die Glocken, ohne daß irgendeine menschliche Hand sie bewegte, an zu tönen, und ihr Geläute dauerte ebenso lange wie jener himmlische Gesang. Viele Wunder geschahen und noch nachher an ihrem Grabmale, das in dem kleinen Chor der Domkirche befindlich war, so daß zu demselben die Scharen frommer Pilger von weit und breit her gewallfahrtet kamen.

Marienwerder, gezeichnet von Carl Friedrich Schinkel

Bemerkungen zu Marienwerder

Carl Friedrich Schinkel

Marienwerder, 22. Juli 1834

Schlösser, welche in der Gegend von Marienwerder der damalige Baurat der Regierung During in den Jahren von zirka 1800 bis 1805 teilweise, ganz oder großenteils abbrechen ließ, sind folgende: Marienburg, Mewe, Marienwerder, Graudenz, Engelsburg, Rheden, Lipinken, Gollup, Löben, Rosenberg, Stuhm.

Zu den beabsichtigten Einrichtungen im alten Schlosse gehören besonders die Erweiterung der Gefängnisse, welche zum Teil schon in dem sogenannten alten Danziger untergebracht sind, wodurch dieser originelle Bau eine Bestimmung erhalten hat und vor der Hand gegen Vernichtung gesichert ist.

Besonders beeindruckt war ich von der im ganzen so großartigen architektonischen Anlage der Schloß- und Kirchengruppe.

De ole Buerschmann an sine Fru

A. Lehmann

Hied es en Dag so wunderschen,
As eck mindag nich hew gesehn:
Du trutste Fru, best schmock on fin,
So seet as Zocker, karsch as Win.

Fer alle Läwe on Geduld
Bliew eck tiedlewens en din Schuld;
Du plegst so trielich emmersch mi,
Wo kann genog eck danke di?

Bold steit dat Mitzke mi nich recht,
De Kopp deit weih, de Tied es schlecht,
Bold es't em Mage grausam ful,
Bold lat eck hänge Näs on Mul.

Du awerscht sorgst so schen fer mi,
On wenn eck ok strambulstrich si
On brommsch von mine Arbeid kom,
Du hest mi dat nich ewel nom.

Du redst mi emmersch frindlich to
On makst min trurig Hart so froh
Ort simmelerscht met mi so gern,
Dat onsre Wirmkes Godes lern.

Drom dank eck di ut Hartens Grund;
Hol di man stramm, froh on gesund;
De lewe Gott gäw Segen di
On onsre Kingerkes on mi.

Tiedlewens: zeitlebens
Wirmkes: Kinder

Ein aufregender Besuch in Riesenburg

Bogumil Goltz

Die erste Schlittenbahn vom Jahre, die Fahrt selbst, das Glockengeläute, das wunderschöne Wetter, der Weg nach dem geheimnisvollen Riesenburg, wo in der Kirche noch Knochen von Riesen gezeigt wurden, und wo vor den Toren der Stadt sich ein unermeßlicher See ausdehnte, den zur Sommerszeit Hunderte von Schwänen besegelten, und wo ich endlich in das alte Kaufhaus der reichen, riesenhaften Urgroßtante auf Besuch kommen sollte, vor allen Dingen aber die erste Komödie von Menschen aufgeführt, und nach all dem Erlebnis in der andern Woche Weihnachten, also die ganze Woche entlang Tag für Tag Weihnachten-Vorschmack, – das war mehr, als eine schwache Seele ertrug.

Aber mit dem Essen kommt der Appetit, und mit jedem Genuß die Kurage und die Dicknäsigkeit, sich in sein Glück zu finden. Auch ich rappelte mich endlich aus meinem Erbsenstroh, in das ich halb eingemullt war, hervor und zwitscherte so kecklich seelenvergnügt und naseweis wie die Sperlinge, die in dem Schlittengleise am Wege die Futterkörner aus dem Dünger pickten. Mein lieber Pflegevater sang und sagte mir unterwegs das Lied von der Türkenpfeife vor, und so waren wir vor der Stadt der Riesen, bevor wir uns dessen versahen.

Obgleich ich nun Verstand genug besaß, um zu wissen, daß es in dem Städtchen keine lebendigen Riesen mehr gab, so war es meiner nicht rastenden Phantasie gleichwohl so, als könnten schon im Tore oder doch aus irgendeinem Winkel bei der Kirche oder Stadtmauer irgendwelche ungeschlachte Riesengestalten zum Vorschein kommen und uns Tromnauern die Parole abfragen. Statt dessen begegneten wir gleich in der Straße einem alten Handlungsdiener meiner Urgroßtante, der unsern Pfarrherrn erkannte und mich demnächst, da es noch ein paar Stunden Zeit zur Komödie war, bis dahin mit sich nahm. Ich trabte neben dem großen Manne die Gasse entlang voller Erwartung der Dinge, die da kommen würden. Ein gewaltiges steinernes Markt- und Eckhaus mit Hintergebäuden ward mir als das der Prinzipalin meines Führers mit wichtiger Miene gezeigt.

Wir traten ein, und zwar zuerst in einen meinen Augen fabelhaft hoch und weit erscheinenden Hausflur, in den soeben ein Frachtwagen hineingebracht und mit allerlei Tuchwaren für einen benachbarten Markt bepackt ward.

Während dieser Tätigkeit erschien auf einem über dem Boden des Vorhauses erhöhten Treppenraum vor einer geöffneten Zimmertür im Hintergrund der Szene eine in der Tat riesenhaft große Frauengestalt (sie maß volle sechs Schuh). Es war die *Urgroßtante* in eigener Person! Nachdem sie ihren Willen in betreff des Packwagens kundgetan hatte, ward ich arme Krabbate, in mein Essigmäntelchen gewickelt, der Herrin vom Hause durch den alten Kaufdiener entgegengeführt und ihren Händen ehrerbietigst und feierlichst mit den pedantisch stilisierten Worten vorgestellt: »Dies hier ist der kleine Sohn des Herrn Justizdirektors aus Marienwerder, der sich bei dem Herrn Pfarrer J… zu T… befindet.«

Ich war ordentlich über die Art von Wichtigkeit bestürzt, die ich bei einer so weitläufig gefaßten Vorstellung, wie es mir deuchte, mitzuerlangen schien, und daß meine Wenigkeit sich überhaupt befinden könnte, was ich mir nur von großen Leuten möglich gedacht. Aber man faßt sich unschwer in neue Würden und Ehren, und so folgte ich denn der hohen Frau zur Stube. Ihre Haltung war so kerzengerade, wie die eines Garde-Grenadiers, und ihre ernstfeierliche Miene verzog sich nur ein wenig zum Lächeln, als sie meine Verlegenheit und meine Ratlosigkeit ersah, mich aus der Pummelage, wie sie es nannte, herauszuschälen. Nachdem sie dazu einen bei ihrer geraden Haltung und Größe nicht gleich gelingenden Versuch mit Aufknöpfen gemacht hatte, kam eine alte Hausjungfer von ihrem Nähzeug herbei, das Benötigte zu vollbringen, und nun ward ich denn von der Dame mit den halb zu ihrer Jungfer und halb zu sich selbst gesprochenen Worten auf den hohen Fenstertritt des ziemlich düstern großen Gemachs gestellt: »Das ist meiner Großnichte Kind, das ist der Justchen ihr jüngster Junge.« So ungeniert hatte ich meine Mutter noch von niemand nennen gehört, und ich meinte, daß nur Kinder bei ihrem Vornamen gerufen werden könnten. Hier wurde nun eine so strenge Frau, wie meine Erzeugerin, schlechtweg Justchen zubenannt. Wenn ich aber die Urgroßtante anblickte, so schien mir die Sache doch nicht so unnatürlich zu sein, denn meine Mutter, obwohl ebenfalls eine stattliche Person, konnte dieser Frau sehr wohl als Tochter auf dem Schoße sitzen.

In Riesenburg gibt es auch ein katholisches Kirchlein, die polnische Kirche genannt. Sie liegt in einem äußersten Winkel der Stadt, und da ich während des Nachmittagsgottesdienstes der Urgroßtante ein wenig an der Kirche zu spielen Erlaubnis erhalten hatte, so geriet ich beim Herumstreichen in den Winkelgassen, die ich von Anbeginn um der Abenteuer willen liebte, welche mir die Phantasie dort vorspiegelte, auch in den Bereich der polnischen Kirche. Mochte es nun vor der Nachmittagsandacht sein oder sonst welche Bewandtnis haben, genug, der Herr Kantor spielte sich wunderschön auf der kleinen Orgel vor, und als mich die Neugierde mit noch einem Spielkameraden, den ich mir auf der Gasse zugelegt hatte, hineintrieb, so war die Kirche leer und niemand darin zu sehen, als ein altertümlich angezogenes und ganz wunderlich geschmücktes Frauenzimmer, von dem man nimmer abstrahieren konnte, ob es jung oder alt, hübsch oder häßlich, ob es wach oder im Traume sei? Für die letzte Ansicht hätte man sich wegen der Art und Weise entscheiden können, wie die Person mit fast verschlossenen Augen und mit Gebärden, die dann und wann in ein krampfhaft hinzuckendes Lächeln verzerrt wurden, um den Altar beschäftigt war, den sie mit Kränzen und aufgetrockneten Strohblumen und Katzenpfoten und mit allerlei Schleifen von verblaßten, seidenen Bändern aufzuschmücken sich beeiferte. Demnächst folgten wir ihr, da sie keine Notiz von uns zu nehmen schien, hinter den Altar zur Sakristei, die ganz zu einem Stübchen für sie eingerichtet schien; denn es befanden sich dort ein paar Stühle, eine alte Kommode, ein kleiner Spiegel und allerlei Gegenstände, die sonst nicht an einem Orte angetroffen werden, den kein Mensch ordentlich zu seinem Wohnorte eingerichtet hat. Während ich nun der seltsamen Kirchenbewohnerin zuschaute, wie sie ganz in ihre Arbeit vertieft einen Haufen von alten Kunstblumen in verschiedenen zinnernen Blumenvasen zusammenordnete, wahrscheinlich um dieselben hernach auf den Altar zu stellen, so flüsterte mir mein Gefährte zu: »Du! das ist gewiß die verrückte Heliodora, die hier den Sommer über ganz in der Sakristei wohnen soll. Im Winter ist sie bloß des Sonntags hier, und des Nachts schläft sie im Hospital; die hat aus Liebe den Verstand verloren, hat meine Mutter gesagt. Möchten wir nicht mit ihr reden, was sie doch sagen wird, da sie verrückt ist!?«

Ich antwortete dem Jungen nicht; denn mir war selbst halb verrückt und ganz widersprechend zumute.

Noch hatte ich nur von wahnsinnigen Personen gehört, aber keine leibhaftig so vor mir gesehen, und dazu in einer Kirche. Ich allein mit einer Irren und einem fremden Knaben, mit dem ich erst seit einer halben Stunde bekannt geworden, – wie konnte sie eben hier sein, wenn sie wahnsinnig war, und wie konnte sie so eifrig einer Beschäftigung obliegen und so in Andacht versunken sein, wenn sie doch einmal keinen Verstand hatte; so tummelten sich ungefähr die Gedanken und Fragen für den Augenblick in meinem Kopfe; denn damals machte ich mir die wunderlichsten Vorstellungen von einem sogenannten Verrückten. Ich meinte, so einer könne auf keinem einzigen Punkte gescheit und heil und in keinem einzigen Stükke so wie ein anderer Mensch sein.

Während ich indessen mit meinem Begleiter noch da stand, erhob sich die Wahnsinnige und, an uns vorübergehend, sagte sie in einem ganz akzentlosen und unbelebten Tone, so wie ich ihn noch nie gehört hatte: »Überall die Jungen, die einen quälen!«

Der Junge, der mit mir war, erklärte mir das, indem er wußte, daß die Gestörte oft von den Gassenjungen auf der Straße und selbst in der Kirche geneckt ward, wiewohl er selbst noch nie dabeigewesen sei, was ihm recht leid zu sein schien. Ich besah mir aber noch ein letztes Mal die unheimliche Person am Altar und entlief dann der Kirche und ihrem Bezirk so rasch, und ohne mich mal nach meinem Begleiter umzusehen, wie wenn die Gestörte hinter mir drein gewesen wär'.

Kurage: Mut
Prinzipalin: Chefin
Schuh: Fuß, Längemaß (0,313 m)
Krabbate: lebhaftes Kind
Observanz: Beaufsichtgung
Hausmamsell: Hausmädchen
Kantor: Leiter eines Kirchenchores und/oder Organist an einer Kirche
abstrahieren: hier – ausmachen

Christburg

Fr. Reiche

Der glänzende Friede, welcher im Jahre 1249 zwischen dem Orden und den Preußen auf der Christburg geschlossen worden, war nicht von Dauer gewesen; schon ein Jahrzehnt später glich das ganze Land einer rauchenden Brandstätte. Beide Teile raubten, plünderten und verwüsteten sich gegenseitig ihr Eigentum. In dieser Zeit (1265) brach auch der Komtur von Christburg, Dietrich von Rhode, mit seinen Rittern und einer Schar von hundert Kreuzkriegern auf, um Beute zu machen und das empörte Pogesanien mit Feuer und Schwert zu durchziehen. Er führte diesen Vorsatz mit vielem Glück aus; auf dem Rückwege aber folgten ihm ganze Scharen von Preußen, jedoch bloß in der Absicht, sich ihres Eigentums womöglich wieder zu bemächtigen. Da sie den Rittern den Weg verlegten, kam es zum Kampfe; die Preußen wurden plötzlich überfallen, niedergemacht und die Flüchtigen verfolgt. Selten war auf einer Stelle so viel Blut vergossen worden, als an diesem Tage. Die Preußen glaubten am Himmel eine wunderschöne Jungfrau mit der Ordensfahne zu sehen, und dieses Phantom benahm ihnen alle Kraft zum Widerstande. Bald aber sammelten sich andere Pogesanier, stürmten rachedürstend bis Christburg vor, bemächtigten sich hier eines stark bewehrten Hauses, das mit flüchtigen Pomesaniern besetzt war, und ermordeten diese alle. Das feste Haus selbst wurde der Erde gleichgemacht.

Bald darauf erlitt der Orden den großen Unfall an der Sirgune, der zugleich die Besatzung und die Bürger von Christburg betraf. Alles flüchtete sich nach Christburg; aber die schlecht verwahrte Stadt wurde vom Feinde bald erstürmt, ein Schicksal, dem sogar die Vorburg der Ordensburg nicht entgehen konnte; alles Lebendige wurde niedergemacht, Häuser und Mauern vernichtet, die Hauptburg selbst wurde nur noch von den Rittern und Knechten verteidigt und würde ebenfalls verloren gewesen sein, hätte nicht ein Pomesanier (Syrene) sie durch die edelmütigste Tat gerettet.

Nichtsdestoweniger blieb Christburg fortwährend im Belagerungszustande, und daraus entstand bald eine Hungersnot in der Burg. Zahlreiche Flüchtlinge aus Pomesanien hatten die vorrätigen Lebensmittel bald verzehrt, und nur mit Mühe und Gefahr konnte zuweilen aus Elbing zu Wasser das Nötige herbeigeschafft werden. Dreimal wurde die Mannschaft auf den Fahrzeugen in der Sirgune vom Feinde überfallen und ermordet. Mehrmals setzte ein edler Pomesanier, namens Samile, der sich zwar im feindlichen Heere befand, aber dem Orden zugetan war, sein Leben aufs Spiel, um die Ritter auf der Burg heimlich mit neuen Lebensmitteln zu versorgen. Als die Preußen zuletzt dahinterkamen, ergriffen sie ihn auf der Tat, gossen ihm heißes Wasser in den Hals, marterten ihn am Feuer langsam und warfen den Gequälten vor das Burgtor von Christburg. Halbtot von den Rittern aufgenommen, genaß er unter der sorgsamen Pflege derselben und erwarb sich später noch manches Verdienst um den Orden.

Die Not der Ritter in Christburg war inzwischen in Elbing bekannt geworden, und der dortige Komtur beschloß, die Burg zu entsetzen. Mit einer mäßigen Mannschaft brach er auf und überfiel die Belagerer bei nächtlicher Weile. Die meisten, aus dem Schlafe aufgeschreckt, wurden erschlagen, und selbst der Anführer Diwane entkam nur dadurch, daß er, noch unbekleidet, sich auf ein Roß warf und entfloh. So war Christburg einstweilen befreit.

Phantom: Geist, Erscheinung
entsetzen: befreien

Christburg um 1680

1454 – ein erfolgreiches Jahr für die Ordensritter

Matthaeus Waissel

Den 21. September, am St. Matthäustag, zog des Ordens Volk aus Konitz und belagerte die Stadt Dirschau des folgenden Donnerstags. Die Danziger aber und andere, so in Dirschau waren, nachdem sie sahen, daß sie in die Länge nicht könnten Widerstand tun, unterhandelten sie mit dem Feinde, und da sie all das Ihre bekamen, übergaben sie den Kreuzherrn die Stadt am St. Michaelistage. Nach zwei Tagen ergaben sich auch die Bürger zu Mewe den Kreuzherrn. Den fünften Tag nach St. Michaelis kamen die Kreuzherrn mit ihrem vornehmsten Kriegsvolk ins Dorf Praust (eine deutsche Meile von Danzig abgelegen) und zerhieben die Schleuse an der Radaune und beraubten damit die Danziger desselben Wassers bis auf nachgehenden Montag.

Nach der Schlacht vor Konitz brachten die Kreuzherrn wieder in ihre Gewalt das Schloß Stuhm ohne Sturm. Denn Remsel von Brixen wich davon ohne Widerstand. Welches Schloß zuvor die Städte und Ritterschaft mit vielen Stürmen und Unkosten kümmerlich erobert hatten. Überdas ward den Kreuzherrn auch aufgegeben das Schloß Preußisch-Mark, von einem genannten Georg von Berge, derzeit zum Braunsberg Bürgermeister. Bald hernach wurden auch aufgegeben das Schloß Osterode und die Städte Saalfeld, Deutsch-Eylau, Neumark, Marienwerder, Riesenburg, das Schloß Schönberg, Bischofswerder und Lessen. Kurz vor Martini kamen die Kreuzherrn samt ihrem Kriegsvolk von Dirschau nahe bei Danzig und brannten aus etliche Edelhöfe, auch viele Bauernhöfe. Den nächsten Dienstag vor Martini kam König Kasimir mit sechzigtausend Reisigen nach Preußen und blieb eine Zeitlang im kulmischen Lande. Bald hernach belagerte er mit etlichem Volk Bischofswerder und brachte es wieder unter seine Gewalt. Danach belagerte er das Städtlein Lessen, darin ein Zusatz war von achthundert Kriegsleuten, samt etlichen Kreuzherrn. Aber das Städtlein ward nicht gewonnen, sondern der König zog von dannen wieder nach Polen, dienstags nach der heiligen drei Könige Tag, aus Mangel des Futters und geschwinder, heftiger Kälte halben.

Ausweisung aus Stuhm im Juni 1947

Agnes Ohl

Am 15. Juni [1947] erhielt ich ganz unvorbereitet um 8.00 Uhr morgens durch den polnischen Bürgermeister Jeziolowic, Mirahnen, einen roten Ausweisungsschein. Darin war angegeben, daß ich mich am 16. Juni früh um 8. 00 Uhr auf dem Kasernenhof in Stuhm zu stellen hatte. Gepäck etwa 30 Kilo, Lebensmittel für 14 Tage, 500 Zloty und 500 RM könnten mitgenommen werden …

Mein Neffe lief nun in dem Dorf herum, um Pferd, Wagen und Geschirr zu borgen, auf unserm Hof war z. Z. noch nichts, und so verabschiedete ich mich am Montag um 6.00 Uhr früh bei strömendem Regen, sah die Güter leer und wie ausgestorben, sah elende, magere Pferde auf den Wiesen, einige schon verendet an Rotz, es waren die von der UNRRA gelieferten, die schon angesteckt auf den Sammelplätzen in Gotenhafen den Keim mitbrachten. Auch das Pferd meines Neffen ging nach einiger Zeit daran ein. Ich sah Pestlin, die Kirche und den Friedhof und winkte nur den Gräbern unserer Lieben zu, denn das Unwetter wurde immer heftiger.

Die Wirtschaften rechts und links waren bis zur Stadt recht verwahrlost, viele ausgebrannt. Die Vorstadt hatte auch gelitten und der Markt und die Straßen kaum wiederzuerkennen; ich kannte jedes Haus von früher und sah es nun zum erstenmal wieder! Die Kirchen standen, und weiter zum Bahnhof auch etliche Häuser, die Kasernen und das Krankenhaus. Als wir das Tor erreichten, sahen wir schon viele angereiht. Der polnische Posten ließ sich die Papiere vorzeigen, und so ging es nur langsam voran trotz des Wolkenbruchs. Wir waren samt Gepäck durchnäßt. Da ich hilflos dastand, weil ich nichts tragen konnte, bat ich meinen Neffen, mir bis ins Gebäude zu helfen. Erst Geschimpfe und viel Reden, er sollte dann auch gleich dableiben und rauswandern. Dann aber ließ der Posten sich erbitten, als ich polnisch sprach, und ließ meinen Neffen durch, aber er behielt ihn immer im Auge!

Es waren nach meiner Schätzung ca. 800 Menschen, die weinten, zitterten und sich irgendwie zusammenschlossen, je nach Bekanntschaft oder Orten. Ich saß verlassen da, mein Neffe versprach, mir so lange weiterzuhelfen, bis ich im Zuge sitzen würde. Er beobachtete es vom Haus vis-à-vis, wo er Schutz suchte. Erst nach 4.00 Uhr wurde auf dem Exerzierplatz angetreten, und es ging in Reihen zum Bahnhof. Ich wartete auf meinen Neffen, er schlängelte sich durch die Reihen und nahm mein Gepäck und mich an den Arm, und so kamen wir zum Güterzug.

Er stand dort, wo die Güter verladen werden. Große Erdhaufen, vom Kartoffelverladen, vor den Waggons, Schmutz und Wasser im Waggon, es regnete mit Druck weiter, auch durch die Decke, und wir wußten nicht, wie wir uns schützen sollten.

Ich hatte ein Opernstühlchen mit, das mir auf allen Wegen gute Dienste leistete, so brauchte ich nicht zu stehen. Die andern setzten sich auf ihre Säcke, und nun nahm ich Abschied von meinem Neffen, der von den Milizen, die den Transport begleiteten, schon allerhand häßliche Redensarten einstecken mußte. Nochmals wurden die Papiere geprüft, und dann setzte sich der Zug in Bewegung. Wir standen an der offenen Waggontür, um noch das Letzte von der Heimat zu sehen, sangen tränenerstickt: »Nun ade, du mein lieb Heimatland«, kauerten uns dann eng zusammen, um uns zu wärmen, es rieselte weiter auf unsere Köpfe.

Stuhm zu Anfang des 17. Jahrhunderts

Die hohe Marienburg

P. Rosenwall

Meilenweit ist die hohe Marienburg schon zu sehen, die man von dieser Seite aus, der bösen Wege wegen, wohl selten anders, als mit müden Pferden erreicht. Die Stadt liegt an der Nogat, einem Hauptarm der Weichsel, der an Größe bei weitem die Elbe übertrifft und sehr schnell strömt. Der schiffbare Strom bietet die Gelegenheit zum Handel dar, daher der Ort sehr lebhaft ist und viele wohlhabende Bewohner enthält. Die Hauptstraße ist breit und mit schönen Häusern besetzt, die sämtlich gewölbte Vorlauben haben, unter denen die Fußgänger gegen den Regen geschützt gehen.

Das große, weitläufige Schloß war einst die Residenz der Hochmeister des Deutschen Ordens und zeigt noch in seiner Verwüstung eine Pracht, die es gewiß macht, daß die Ordenshäupter jener Zeit um vieles prächtiger wohnten, als die deutschen Kaiser. Es besteht aus zwei großen Vierecken, ist mit sehr breiten, ausgemauerten Gräben umgeben und selbst im Innern davon durchschnitten und hat eine unzählige Menge von Türmen zu Außenwerken, die jetzt, durch eine unwürdige Verwendung von vielem des äußern Mauerwerks, außer dem Zusammenhange mit dem Hauptgebäude stehen, dessen Innres durch eine kleinliche Sparsamkeit nicht weniger gemißhandelt ist. Das Äußre ist nach altdeutscher Art prächtig verziert, bis auf die Stellen, wo neuere unverständige Baumeister die alte Pracht mutwillig zerstörten und an die ellendicken Mauern Fachwerkwände anklebten. An der Ostseite steht in einer Blende das kolossale Muttergottesbild. Die Blende hat früher einen Goldgrund gehabt, und die Kleidung der Heiligen ist blau mit goldnen Lilien gewesen. Diese Farben, erzählt man mir, haben die vielen Jahrhunderte hindurch allen Eindrücken der Witterung widerstanden, bis im Jahr 1812 die unseligen Franzosen in der Sankt-Annen-Kapelle ein Lazarett errichteten und einen Rauchfang gerade unter dem Bilde anbrachten, wodurch die Farben, die einen schönen Effekt gemacht haben sollen, verblichen sind. An den Fenstern der Westseite sind Kragsteine ausgemauert, auf denen Granitsäulen stehen, die die Bogen über den Fenstern tragen. Dieses gibt dem Schloß ein sehr geschmücktes Aussehen, doch leider sind viele dieser Säulen ohne allen Zweck zersägt und hinuntergeworfen, wo sie jetzt im Graben ohne allen Nutzen liegen; die Bogen halten sich jetzt allein durch den guten Mörtel. Ein großer Teil des Schlosses ist zu Vorratsböden eingerichtet, und selbst in diesem Teil ging die sinnlose Zerstörungssucht so weit, daß man durch vier Stockwerke die Gewölbe ausbrach und dafür hölzerne Böden anbrachte.

Zwei Säle, die sich durch ihre künstliche Bauart und durch ihre

Größe auszeichneten, sind der eine in Zimmer, der andre in Futterböden verwandelt. Das Gewölbe des einen wird von zwei, das des andern von einem Granitpfeiler getragen. Um diese merkwürdige Bauart zu betrachten, muß man jetzt über Heu- und Strohhaufen klettern. Diese alte Pracht hatten die rohen Polen, die das Schloß von 1467 bis 1773 besaßen, verschont, und die kunstliebenden Preußen zerstörten sie.

Kragsteine: als Träger verwendete Steine

Marienburg – eine alte Stadt

Carl Baedeker

Marienburg, eine alte Stadt, einst Sitz des Hochmeisters des mächtigen Deutsch-Ritterordens, dem im dreizehnten Jahrhundert der König von Polen das umliegende Land abtrat. Das Schloß der Hoch- und Großmeister des Ordens in einem den baltischen

Gegenden eigentümlichen gotischen Stile, ernst, streng und kühn, zwei Vierecke nebeneinander, wurde zu verschiedenen Zeiten erbaut; der älteste Teil um das Jahr 1276, das mittlere Schloß 1309, als der Ordenssitz von Venedig hieher verlegt wurde. Es wurde 1457 den Polen übergeben, nachdem es 148 Jahre im Besitz des Ordens und die Residenz von siebzehn Hochmeistern gewesen war. Der Remter, ein Saal, in welchem der Orden seine Versammlungen hielt und fremde Gesandte empfing, wird durch einen einzigen Granitpfeiler gestützt. Als die Polen im Jahr 1410 Marienburg belagerten, war dieser Pfeiler das Ziel ihrer Geschütze, um unter den Trümmern den Hochmeister mit seinen Rittern zu begraben. Die Kugel verfehlte ihr Ziel und blieb in einer Ecke des Zimmers stekken, wo sie noch zu sehen ist. Dieser prachtvolle Saal sowie der größte Teil des Gebäudes sind jetzt, besonders durch Friedrich Wilhelm IV. wiederhergestellt worden. In der Gruft unter der Kirche ruhen viele Hochmeister des Ordens in einfachen Särgen. An der Kirche sieht man außerhalb ein 26 Fuß hohes Marienbild von Mosaik.

Friedrich Wilhelm IV. (1795–1861), seit 1840 König von Preußen, lehnte 1849 die deutsche Kaiserkrone ab

Winrich von Kniprode

August von Kotzebue

Er war bestimmt, das hochmeisterliche Schwert länger als irgendeiner vor ihm oder nach ihm zu führen, auch ruhmvoller. Lüder, Graf von Kirchberg, buhlte mit ihm um die höchste Ordenswürde; lang waren die Stimmen geteilt, und selbst des alten Duseners warme Empfehlung verschaffte seinem Freunde Winrich kein Übergewicht. Da ließ endlich in der Kirche zu Marienburg über dem Begräbnisgewölbe eine Stimme sich vernehmen: *Winrich! Winrich! Ordensnot!*, und dieser grobe Pfaffentrug entschied die Wahl. Von Verdruß und Neid gepeinigt, trat Lüder aus dem Orden, zog gegen die Schweizer und fand den Tod unweit Zürich.

Um mit wenigen Zügen ein Gemälde der Sitten jener Zeit zu entwerfen, zugleich um von der lästigen Schilderung ewiger Blutszenen auszuruhen, sei hier einen Augenblick von den Feierlichkeiten die Rede, welche Winrichs Einweihung zum Hochmeister begleiteten. Die Bürger von Marienburg wurden auf dem Schlosse köstlich bewirtet; Danzig lieferte zu diesem Schmause sechs Fässer inländischen Weins. Ein Vogelschießen – das erste in Preußen – wurde gehalten, und Winrichs Geschicklichkeit errang den Preis. Am Abend tanzte er mit der schönen Maria von Alffleben den Ehrentanz, zu dem drei Pfeifer aus Frankfurt am Main aufspielten, welche, um Bernstein zu kaufen, die preußische Küste besuchten. Ein Meistersänger aus Nürnberg sang die Geschichte des heidnischen Götzen Bacchus und wurde dafür vom Hochmeister mit einem güldenen Becher beschenkt. Dies Glück reizte einen preußischen Dichter, Rixel; von Nationalstolz entbrannt, bat er um Verwilligung, gegen das bestehende Verbot der preußischen Sprache sich zu bedienen, in dieser Mundart ein Lied singen zu dürfen.

Es wurde erlaubt, und Rixel sang die Taten Waidewuts. Doch sein ganzer Lohn war ein plumper Scherz, eine verdeckte Schüssel voll tauber Nüsse.

Die Städte brachten Geschenke, die drei Tage lang auf einer Wiese bei Marienburg, von sechs Rittern bewacht, zur Schau gestellt wurden. Danzig gab sechs goldene Schüsseln, Elbing ein künstlich gearbeitetes Hifthorn, Kulm ein Stück von der Arche Noah in einem silbernen Kasten, Marienburg eine mit Gold ausgelegte Stahlrüstung; die Mädchen dieser Stadt verehrten ein prächtig gesticktes Wams.

Beim Ehrenmahl mußte jeder Gast ein silbernes Becken mit acht Weinflaschen leeren. Der wackere Veit von Bassenheim erwarb die Schloßhauptmannswürde, indem er es dreimal leerte. Eines böhmischen Hofnarren Schwänke belustigten die Gesellschaft. Er zog reich beschenkt und seinem Könige empfohlen heim. Eine ganze Woche lang währte diese Herrlichkeit, zu welcher 54 Gäste aus Deutschland und zwölf aus Polen sich eingefunden hatten.

Aber schwere Landesplagen verwandelten im selben Jahre den Jubel in Angst und Weh! Durch einen heftigen Orkan scheiterten sechzig Schiffe im Hafen von Danzig. Siebenunddreißig Türme dieser Stadt wurden umgestürzt. Ein feuchter Winter folgte und begünstigte eine Pest, die im nördlichen Asien entsprungen nach und nach einen großen Teil von Europa entvölkerte. Diese Geißel raffte zu Danzig 13 000 Menschen weg; in gleichem Verhältnis litten Thorn, Elbing, Königsberg; 117 Ritter starben, und mehr als 3000 andere dem Orden angehörige Personen.

Doch ein einziger Mann, Winrich von Kniprode selbst, ersetzte dem Lande jeden Verlust hundertfach. Er werde zuerst als Krieger betrachtet, weil doch nun einmal diese zweideutige Eigenschaft durch menschliche Feigheit zu der ersten eines großen Regenten gestempelt worden. Sein persönlicher Mut kannte keine Gefahr; wo eine solche drohte, da focht er an der Spitze, sein Fuß stand beim Sturme zuerst auf der Leiter. Mit dem gemeinsten Krieger teilte er Brot und Beschwerde; der freie Himmel war gewöhnlich sein Obdach, und wenn alle schliefen, wachte er noch für alle. Sein Beispiel bildete ihm nacheifernde Helden. Unerbittlich streng war er in der Kriegszucht, allein auch nachsichtsvoll gegen Jugend oder Unerfahrenheit.

Ihm zur Seite focht Heinrich Schindekopf, sein Waffenbruder und Freund, ein rauher Degen, im Dienst des Ordens mit Ehren grau geworden, klein von Gestalt, doch Feuer im Auge tragend. Ein hohes Roß trug ihn gewöhnlich in die Schlacht. »Wacker wie ein Ordensbruder«, pflegte er zu sagen, »und schnell wie mein Roß und Gottes Wind.« Ein Feind alles Wohllebens, versagte er sich im Felde jede Bequemlichkeit, schlief nur drei Stunden auf harter Erde und seinem Ordensmantel, erlaubte keinem Untergebenen, was er sich selbst versagte.

Ihm gleich an Mut, doch nicht an wildem Feuer, war der Komtur Heinrich von Kranichfeld. Was jener durch Trotz, bewirkte dieser durch Sanftmut. Zu jeder Schlacht erflehte er Gottes Beistand, nach jedem gewonnenen Treffen dankte er kniend auf dem Felde dem Himmel für den Sieg. Nur weiblichen Reizen konnte der wackere Ordensbruder nicht widerstehen, und dieser sinnliche Hang erpreßte bei seinem Tode dem trauernden Hochmeister die Worte: »Wahrlich! er war ein tapferer Krieger! hätte er nur Weiber nicht gekannt!« – Des Ordens Macht zu Wasser vermehrte Winrich mit acht wohl bemannten Schiffen, deren Admiral, Bonström, vormals ein Danziger Kaufmann, viele Reisen unternommen und in den Niederlanden die Schiffsbaukunst erlernt hatte.

Ein großer Mann, von tapfern klugen Männern umringt, mußte glänzende Taten verrichten.

Winrich von Kniprode, Hochmeister des Ordens von 1351 bis 1382
der alte Dusener: Heinrich von Dusemer, Hochmeister von 1345 bis 1351
Bacchus: Gott des Weines
Hifthorn: Jagdhorn

Der Verräter von Marienburg

Otto Friedrich Gruppe

Herr Hinze, was tragt ihr den roten Hut,
Dünkt euch ein schwarzer nicht kleidsam und gut?

Herr Hinze, was schaut ihr zum Fenster hinaus?
Wir wissen es alle, die Polen sind drauß'.

Herr Hinze, was stellt ihr ans Fenster den Hut?
Sind an den Wänden die Pflöcke nicht gut?

Herr Hinze, Herr Hinz', es ist Essenszeit,
Es scheint, daß ihr heute nicht hungrig seid.

Herr Hinz', an dem Pfeiler ist euer Platz –
Ihr geht, wie um heißen Reisbrei die Katz'.

Nun sitzen die Ritter im Remter zumal –
Es trägt ein einziger Pfeiler den Saal.

Und wie sie so sitzen in frohem Genuß,
Auf einmal ein Krach: das war ein Schuß.

Ein Schuß, aus einer Kartaun' entsandt,
Von drüben, vom andern Nogatrand –

Ein Schuß, vortrefflich gezielt! Fürwahr,
Es galt uns allen bei einem Haar!

Er hat den tragenden Pfeiler berührt,
Doch Gott hat ihn dort in die Wand geführt.

O seht, getroffen, wie sonderbar,
Der rote Hut, der Herrn Hinzens war!

Herr Hinze, Herr Hinze, so kommt nur herein,
Die Gefahr ist vorüber, wir schenken euch ein!

Herr Hinze, ihr seid zu beklagen sehr:
Euer Hut ist zerschossen – von ungefähr!

Herr Hinze, ihr müßt einen roten Hut
Nun immer tragen, er steht euch so gut!

Eine Hahnenfeder nur stecket noch an,
Daß ein jeder Herrn Hinzen erkennen kann!

Remter: Versammlungssaal
Kartaune: großes Geschütz

Die Hochmeisterwahl

Aus »Heinrich von Plauen«

Ernst Wichert

Der König zog über Stuhm, Marienwerder, Rheden der Grenze zu, von neuem plündernd und brennend. Das Haus Rheden, nur von fünfzehn betagten Ordensbrüdern verteidigt, mußte sich nun ergeben. Überall legte er Mannschaft in die eroberten Burgen. »Wir kommen wieder!« rief er den Bürgermeistern der Städte und den

Landesältesten zu, die um Schonung baten. Das Land Preußen glaubte er so in Schrecken gesetzt zu haben, daß im nächsten Frühjahr auf ernstlichen Widerstand nicht zu rechnen sei.

Aber fast auf dem Fuße folgten ihm von Elbing her der Landmarschall von Livland und der Komtur von Balga mit einem Heere und brachten schnell wieder das ganze Kulmerland unter des Ordens Botmäßigkeit zurück. Der Komtur von Ragnit säuberte das osterodische Gebiet und nahm dem Feinde alle Burgen wieder ab. Nur in Thorn, Rheden und Strasburg hielten sich die Königlichen. Aber überall war Jammer und Not, Haus und Hof verbrannt, das Vieh fortgetrieben, die Ernte zertreten – und der Winter stand vor der Tür!

Es war am Anfang des Novembers, als auf der Marienburg zahlreiche Gäste eintrafen. Aber nicht, wie sonst, waren sie zu heiteren Festen geladen, und nicht mit lustiger Musik wurden sie im geschmückten Hause empfangen. Traurig war der Anblick der zerschossenen Giebel und gestürzten Zinnen. So eifrig auch die Handwerker auf des rührigen Statthalters Befehl an der Wiederherstellung arbeiteten, zu groß war die Verwüstung, als daß so schnell jede Spur der zehnwöchigen Belagerung hätte verwischt werden können. Still und ernst zogen die Gäste ein, und in manchem Auge glänzte eine Träne, deren sich auch der rauhe Kriegsmann nicht zu schämen brauchte.

Sie kamen zur Hochmeisterwahl, durch Eilboten von Plauen berufen.

Viel besprachen die Großwürdenträger und Gebietiger miteinander im geheimen, die Wahl vorzubereiten. Die Blicke der meisten richteten sich auf Heinrich von Plauen. Einige aber waren ihm seiner Strenge wegen abgeneigt und nahmen Partei für Michael Küchmeister von Sternberg, der sich auch als ein tapferer Mann bewiesen und die Neumark gehalten habe. Leider war er aber in der siegreichen Schlacht bei Deutsch-Krone für seine Person niedergeworfen und noch in der Gefangenschaft des Königs. Der Orden brauchte sofort ein Oberhaupt. So wurden seine Anhänger kleinlaut, obschon Plauen selbst ihn empfahl. Endlich wurde auf den Sonntag vor Martini, den neunten November, das Wahlkapitel berufen.

Es versammelte sich im Kapitelsaal neben der Kirche im oberen Hause, das der Statthalter so tapfer verteidigt hatte. Zuerst wurde eine Messe vom Heiligen Geist gesungen. Durch einen Priesterbruder ließ hierauf der Statthalter aus dem Ordensbuche die Regel und Gesetze über die Meisterwahl verlesen. Dann legte er sein Amt nieder und übergab zum Zeichen dessen dem Meister von Deutschland, Konrad von Eglofstein, das Ordenssiegel, daß er nun Statthalter sei bis zur Wahl des Hochmeisters. Es zeigte die Gottesmutter mit dem Kinde, in der Linken eine Lilie haltend und sitzend auf einem Thron von durchbrochener Arbeit. So aller Macht entledigt, trat er bescheiden unter die Brüder zurück.

Nun ernannte der Deutschmeister den Landkomtur von Österreich zum Wahlkomtur und fragte das Kapitel, ob ihm solches genehm sei. Alle stimmten zu. Darauf beriet der Wahlkomtur mit dem Deutschmeister und erkor mit seinem Wissen einen zweiten Wähler. Diese zwei wählten einen dritten, die drei den vierten und so fort bis zum dreizehnten, acht Ritterbrüder, vier dienende Brüder und einen Priester, aus Preußen wie aus anderen Ordensgebieten. Wieder fragte der Deutschmeister das Kapitel, ob es die Wahl genehmige. Niemand tat Einspruch.

Darauf wurde das Evangeliumbuch gebracht, und die dreizehn schwuren mit aufgelegtem Finger: »Wir schwören, daß wir weder mit Haß, noch mit Minne, noch mit Furcht, sondern mit lauterem Herzen nur den würdigsten und besten unter den Brüdern zum Meister erwählen wollen, welcher zum Amte der vollkommenste ist, nach unserm besten Wissen.« Konrad von Eglofstein sagte: »So sei es« und ermahnte sie ernstlich nach Vorschrift der Ordensstatuten: »Gedenket in allem eurer eidlich gelobten Pflicht und vergesset nicht, daß alle Ehre des Ordens hanget an einem guten Hirten und an eines Ordens Haupte.« Dann entließ er sie nach dem Wahlgemach und ließ die Tür bewachen.

Das ganze Kapitel erhob sich und leistete einen feierlichen Eid, daß jeder unweigerlich den als Meister anerkennen wolle, der aus der Wahl hervorgehen werde.

Im Konklave aber leisteten die dreizehn denselben Schwur auf das Evangelium.

Dann trat der Wahlkomtur vor und sprach: »Es ist mein Recht und meine Pflicht, euch denjenigen zu nennen, den ich selbst für den würdigsten zur Wahl halte. Nun habe ich aber in diesen Tagen unter den Brüdern von nah und fern nur zwei Namen nennen gehört, und beide haben sie guten Klang. Der den einen trägt ist

Marienburg: Gang zum Großen Remter

aber abwesend und müßte erst seine Freiheit wiedererlangen, wenn er ins Amt treten sollte. Nach Gebühr stelle ich seinetwegen zuerst die Frage: Wer gibt seine Stimme ab für Michael Küchmeister von Sternberg?«

Nur zwei von den Brüdern erhoben sich. Einige andere hätten ihn wohl wählen mögen, aber sie bedachten seine Gefangenschaft und des Ordens Not.

»Wohlan denn«, fuhr der Wahlkomtur fort, »so nenne ich von ganzem Herzen als den würdigsten den Bruder Heinrich von Plauen, vormals Komtur von Schwetz, nachmals Statthalter und Verteidiger unseres Haupthauses. Wer stimmt für ihn?«

Da standen sie alle auf und riefen: »Er soll unser Meister sein!«

Nun klopfte der Wahlkomtur an die Tür. Sie wurde aufgeschlossen, und die Wache begleitete die dreizehn Wähler zum Kapitelsaale zurück.

Dort saßen die Ritter schweigend ringsum. Die Wähler traten in die Mitte, und der Wahlkomtur sprach: »Einhellig haben wir zum Meister des Ordens erkoren den Bruder Heinrich von Plauen, bisherigen Statthalter, dessen Tapferkeit und Ausdauer wir's danken, daß wir die Meisterwahl in der Marienburg, des Ordens Haupthause, vornehmen konnten. Ihn halten wir nach unserm Gewissen für den würdigsten von allen Brüdern zu diesem Amte. Saget nun, ob ihr darauf unsere Vollmacht bestätigen wollt?«

Unter den Brüdern entstand eine freudige Bewegung. Aber der Deutschmeister sorgte dafür, daß die Handlung in aller Ordnung zu Ende ging, trat auf und rief: »Nimmt das Kapitel die Wahl an?« Da ertönte ein lautes »Ja« von aller Mund; Plauen aber stand da, keines Wortes mächtig, das Haupt gesenkt und das Kinn in die Hand gestützt.

Der Deutschmeister brachte ihm den hochmeisterlichen Schild und Waffenrock und hieß die jüngeren Brüder ihn kleiden. Der Landmeister von Livland verneigte sich vor ihm, und alle die anderen Ritter brachten ihm ihre Huldigung.

Dann öffnete sich die Tür. Die Hüter derselben sagten es weiter dem draußen harrenden Volke, auf wen die Wahl gefallen sei. Tausend Stimmen riefen jubelnd den Namen nach. Nun läuteten die Glocken, in der Ordenskirche intonierte die Orgel.

Und in feierlichem Zuge führten die Brüder gesamt den gewählten Meister dorthin und vor den Altar. Dort überreichte ihm der

Deutschmeister den altertümlichen Hochmeisterring, weit genug für den Daumen, besetzt mit einem Rubin und zwei Diamanten, nach der Überlieferung denselben Ring, den einmal der Papst Honorius III. Hermann von Salza gegeben hatte, dazu das Ordenssiegel, und ermahnte ihn dabei mit feierlichen Worten, allzeit seiner hohen Pflichten eingedenk zu sein und sich zu erinnern, daß er dereinst vor Gottes Gericht werde Rechenschaft geben müssen von seiner Verwaltung.

»Dessen will ich eingedenk sein«, antwortete Plauen, »solange Gott mir das Leben schenkt und mich in Würden läßt. Ihr aber sorget mit mir, daß diese Würde nie eine Unwürde werde, so vor Gott als vor den Menschen – nicht um meinetwillen, sondern des Ordens und des Landes willen, die eine starke Hand brauchen. Helfet mir dazu, liebe Brüder.« Dann gab er dem Deutschmeister und dem begleitenden Priester den Bruderkuß, wie es die alte Sitte gebot.

So ward Heinrich von Plauen Hochmeister des Deutschen Ordens, und nie mit schwereren Sorgen hatte ein Meister vor ihm sein verantwortliches Amt angetreten, wohl aber auch nie einer mit mehr redlichem Willen, sich ganz an dasselbe hinzugeben. Er nahm vorerst nicht von der hochmeisterlichen Wohnung Besitz, sondern ließ sich zurückführen in das einfache Gemach, das er während der Belagerung als Statthalter innegehabt hatte. Und wie damals nach seiner Wahl fühlte er auch jetzt das Bedürfnis, eine Stunde mit sich allein zu sein, während die Boten auf schnellen Withing-Pferden nach allen Windrichtungen ausjagten, dem Lande das frohe Ereignis zu verkünden.

Er legte die Hände gefaltet auf das Psalterbuch und die schwere Stirn darauf. »Bezeuge mir's, Herrgott im Himmel«, murmelte er, »daß kein ehrgeiziger Gedanke, solche Fürstlichkeit zu gewinnen, meine Seele bewegt hat alle die Zeit, die du mir vergönnt hast, in deinem Dienste zu streiten. Bin ich verschuldet als Mensch, so lege meine Sünden des Ordens Meister nicht auf, sondern entledige ihn solcher Schwachheit und gib ihm zu wissen und zu tun, was das Rechte sei. Gefällt es dir aber, ein anderes Werkzeug zu wählen, so rufe mich ab, daß ich mich demütige vor den Brüdern oder vor deiner Gnade, und verwirf mich, wenn ich mir selbst gelebt habe. Mein Irren und Fehlen aber rechne mir nicht an. Amen – Amen!«

Unter denen, die auf dem Burghof standen und der Verkündigung der Meisterwahl harrten, war auch Hans von der Buche. Kaum war der Name genannt, als er forteilte nach der Vorburg und in des Gießmeisters Wohnung. Und so war er wirklich nach seinem Wunsch der erste, von dem Waltrudis erfuhr, was geschehen war. »Das ist ein großes Glück für Euch, Fräulein«, sagte Frau Ambrosius, »daß Euer Schutzherr Fürst des Landes geworden ist. Nun wird es Euch an nichts fehlen, solange Ihr lebt. Hoffentlich erinnert sich seine Gnade auch unserer geringen Dienste.«

Waltrudis aber jubelte nicht auf, sondern sie stand da mit feuchten Augen und antwortete: »Gebe Gott, daß ich ihn nicht verloren habe! Was ist ihm nun die arme Waise?«

Da reichte der Junker ihr die Hand und sprach von einer Befürchtung anderer Art ergriffen: »Laßt es zwischen uns bleiben, wie es war.«

Ihr Gesicht erheiterte sich. Sie strich das Goldhaar von der Stirn zurück, nickte ihm freundlich zu und sagte leise: »In alle Ewigkeit!«

Heinrich von Plauen, 1410–1413 Hochmeister
des Königs: Kasimir IV. (1427–1492), König von Polen
Michael Küchmeister von Sternberg, 1414–1422 Hochmeister
Martini: 11. November
Konklave: Versammlungsort für die Wahl
Honorius III., 1216 zum Papst gewählt
Hermann von Salza (gest. 1293), erster Hochmeister des Ordens

Der Orden verliert die Marienburg (1459/1460)

Ludwig von Auer

Vergeblich wie alle bisherigen Unternehmungen gegen die Stadt waren dagegen aber auch die im folgenden Jahre wiederholten Angriffe gegen die Burg, deren Wiederbesitz der Orden nicht eifriger wünschen könnte, als Marienburgs Bürger, da nur in diesem Fall des früheren Wohlstandes Wiederkehr für sie zu hoffen war. Umsonst hatte in gerechter Fügung des Schicksals Kasimir von

Polen, gleichfalls aus Geldmangel die herrliche Veste an Stibor von Ponitz verpfänden müssen, der solche den Rittern zu überliefern bereit war; die fortwährende Armut des Ordens und die Wachsamkeit der Polen vereitelten auch diese Hoffnung. Verrat ahnend hatte der König am Tage Visitationis Mariae zwei polnische Magnaten als strenge Wächter des Schlosses eingesetzt, und diese hatten so gute Verteidigungs-Anstalten getroffen, daß der am Tage nach Margaretha versuchte dritte Hauptangriff trotz der Tapferkeit und Ausdauer, mit welcher den ganzen Tag gefochten wurde, nach einem Verlust von 500 Mann aufgegeben werden mußte.

Während auf diese Weise für die wackeren Bürger alle Hoffnung verschwand und die Lage des Ordens, für den sie dennoch ihr letztes Silbergeschirr bereitwillig zur Münze schickten, immer hilfloser ward, sahen sie sich im folgenden Jahre aufs neue von feindlichen Haufen umschlossen. Danziger und Polen waren es, welche montags vor Mitt-Fasten vor ihren Mauern sich zeigten, jetzt ernster als jemals die Belagerung und Einschließung betreibend.

Um den gefürchteten Ausfällen zu widerstehen, wurde sogleich eine von vier geschlossenen Werken (Basteien) verteidigte Circumvallations-Linie angelegt und die Nogat oberhalb der Stadt durch bewaffnete Fahrzeuge der Danziger gesperrt, welchen bald darauf acht Kähne, von Mewe aus mit Lebensmitteln für die Belagerten abgesandt, in die Hände fielen.

Durch diese Maßregeln wurden die unglücklichen Marienburger in kurzer Zeit so weit gebracht, daß sie Brot von Malz zu backen genötigt waren, deshalb sandten sie donnerstags vor Palmarum über 100 Frauen, Mägde und Kinder aus der Stadt, aber die Feinde ermangelten nicht, die Unglücklichen zurückzutreiben, welchen trotz der allgemeinen Not die Tore menschenfreundlich wieder geöffnet wurden. Endlich erschien dienstags nach Ostern Ludwig von Erlichshausen in der Feinde Rücken zum Entsatz, aber auch geteilt blieben diese ihm überlegen, und nach einem hartnäckigen, bis in die Nacht dauernden Gefecht bei der Bäcker-Mühle, in der Nähe des Bäcker-Sees, mußte der unglückliche Hochmeister sich von den Seinigen verlassen und zur Flucht genötiget sehen.

Ungebeugt durch diesen Fehlschlag setzten die Belagerten ihre Verteidigung aufs hartnäckigste fort, die Belagerer aber, wohl einsehend, daß gewaltsamer Angriff sie nimmer zum Ziele führen würde, und mit Recht voraussetzend, daß der Hochmeister alles aufbieten müsse, um die wackeren Bürger zu befreien, waren nur darauf bedacht, sich gegen einen neuen Angriff von außen her in Verteidigungsstand zu setzen. Deshalb begannen sie am Tage Ascensionis Christi ihre Stellung mit einer Contravallations-Linie zu umgeben, welche aus elf einzelnen geschlossenen Werken (Basteien) bestand, die durch palisadierte Kommunikationen (Gräben, Hakelwerk und Schrik-Zäune wie es die Chroniken nennen) verbunden wurden.

Nicht umsonst war diese Vorsicht, denn schon um Pfingsten erschien Ludwig von Erlichshausen aufs neue zum Entsatz. Wahrscheinlich hatte er keine frühere Kunde von den eben erwähnten Verteidigungswerken der Belagerer, denn es wurde ein Kriegsrat gehalten und darin beratschlagt, wer zuerst den Sturm auf die Zäune unternehmen solle, da trat George von Schlieben, der Haupt-Anführer der Söldner – einer von denen, die die Urkunde über den Verkauf der Marienburg unterzeichnet hatten – mit der Forderung auf: zuvor zehn Mark für jedes Pferd ihm zu zahlen. – Statt des Angriffs ward nun gehandelt und gestritten, bis endlich die geldgierige Bande nach Stuhm aufbrach, um dort das Weitere zu bedenken, aber vergebens folgte der Hochmeister ihnen dorthin nach, vergebens ließ er am anderen Tage die Tore dieses Städtchens sperren, um die Begehrlichen zu seinem Beistand zu vermögen, sie zerstreuten sich dennoch, und nur mit Mühe erlangte er das Versprechen: nach vier Wochen sich zu einer neuen Unternehmung zu vereinigen.

Die dürftigen Geschichtsquellen aus jener Zeit, in welcher mehr gehandelt als geschrieben wurde, geben uns keine Kunde von den einzelnen kleineren Vorfällen, durch welche eine so langwierige und hartnäckige Verteidigung notwendig bezeichnet werden mußte, nur eines bedeutenden Ausfalls am Tage Johannis Baptista geschieht noch Erwähnung, welcher die Belagerer nötigte, sich durch Notfeuer zu versammeln, und eines dritten Versuchs zum Entsatz, den der Hochmeister wahrscheinlich infolge jenes Versprechens seiner Söldner unternahm; aber leider ließ er sich in seinem Lager ohnfern Wildenberg überfallen, und die mitgebrachten Lebensmittel, den bedrängten Marienburgern bestimmt, wurden eine Beute des Belagerungsheers.

Zwanzig Wochen hatte nun bereits diese Belagerung gewährt, und die tapferen Verteidiger der kleinen, nur mit einer Mauer und wenigen Türmen umgebenen Stadt hatten sich zum glänzenden Muster für alle diejenigen erhoben, denen einst ein Bollwerk des Vaterlandes zur Zeit der Bedrängnis anvertraut wird. Der Mangel, der schon vor achtzehn Wochen sich zu äußern begann, war bis zu allen Schrecknissen der Hungersnot gesteigert, und die Zahl der waffenfähigen Bürger war bis auf die Hälfte geschmolzen, dennoch war es gegen den Willen des tapferen Hauptmanns August von Trotzeler und des nicht minder heldenmütigen Bürgermeisters der Stadt, als die Einwohner um die in dargebotenen Bedingungen gewährte Sicherheit des Grundeigentums ihrer zerstörten Wohnungen sich zu erhalten und ihre persönliche Freiheit zu retten, dem Feinde am Tage Transfigurationis Christi die Tore öffneten.

So war nun auch die Stadt Marienburg dem Orden für immer verloren, der edle Bartholomäus Blume aber büßte zwei Tage nachher (freitags vor Laurentii) seine unerschütterliche Treue mit martervollem Tode von Henkershand. – Noch lange nachher war an der südlichen Ecke der äußeren Stadtmauer, den Enkeln jener tapferen Verteidiger ein runder Turm gezeigt: »Blums-Turm« genannt: dort hat der tapfere Mann standhaft geendet. – Mag immerhin der Turm in Ruinen verfallen, ein solches Beispiel treuer Hingebung sollte nie vergessen werden können.

Tag Visitationis Mariae: 2. Juli
Tag nach Margaretha: 13. Juli
montags vor Mitt-Fasten: 17. März 1460
Circumvallations-Linie: Ringwall-Linie
donnerstags vor Palmarum: 3. April 1460
dienstags nach Ostern: 15. April 1460
Tag Ascensionis Christi: 5. Mai 1460
Contravallations-Linie: Gegenwall-Linie
Hakelwerk: Barrikaden
Schrikzäune: Zäune aus Pfählen; Palisaden
Tag Johannis Baptista: 24. Juni
Tag Transfigurationis Christi: 6. August
freitags vor Laurentii: 8. August

Der Remter der Ordensburg

Die Marienburg im 19. Jahrhundert

Joseph von Eichendorff

Mit Marienburg geht es noch immer gut. Daß die große Fassade, in welcher der Eingang zum Schlosse ist, in ihrem früheren Glanze wieder dasteht, habe ich Ihnen schon geschrieben. In diesem Jahr ist der frühere achteckige Eckturm nach der Nogat zu in seiner früheren Herrlichkeit wiederhergestellt. Über die Freskobilder, welche der König im oberen großen Remter durch Berliner Maler, nach der Anleitung des Geheimrat von Olfers hat ausführen lassen, werden Sie in einem der letzten Stücke der »Augsburger Allgemeinen Zeitung« des Ausführlichen lesen können. Seit Schinkels Tode hat Marienburg mit dem Berliner Kunstwesen nicht allein nichts gemein, sondern dies steht mit Marienburg sogar in Opposition. Nicht allein, daß die besten dieser Freskobilder gewöhnliche Schloßstubenbilder, also unwürdig für Marienburg sind, hat der Königliche Generaldirektor der Museen den größten Mann seines

Zeitalters, welcher unter den Hochmeistern vor allen vorleuchtet, den Begründer der Kultur im Norden von Europa und zugleich den des preußischen Staates, der durch Annahme des Schwarzen Adlers in seinem Fluge zum Lichte, Ziel und Zweck dieses Staats angab und bestimmte, diesen Mann, in Marienburg in einen beinahe dunklen Winkel gestellt und zwar in einer Form, welche mehr einem Ladendiener als einem eminenten Geiste gleicht.

Die Familie von Kunheim will die frühere Türe zwischen dem oberen kleinen Remter und dem oberen großen Remter (dem Saale unserer königlichen Familie) wiederherstellen, und so Pförtner auf dem Gange vom Hochmeister zum Königtume werden.

Es ist auch davon die Rede, den Gang zur Schloßkirche und die goldene Pforte wiederherzustellen. So ist noch Gottes Segen mit Marienburg.

Remter: Versammlungssaal
Karl Friedrich Schinkel (1781–1841), Maler und Baumeister
Schwarzer Adler: preußischer Orden

Mewe

Matthaeus Merian

Eine Stadt in Pomerellen, an dem Fluß Fers oder Fersa, so da in die Weichsel kommt. Es hat Fürst Mestwin der Zweite in Hinterpommern in der Güte das Schloß allhier dem Deutschen Orden geben. So hatte der Orden erstlich einen Fuß in Pommern gesetzt. Anno 1454 hat die Stadt Mewe, so mit andern sich vorher an die Krone Polens begeben, der Kreuzherr Kriegsvolk, so von Konitz dahin gezogen, freiwillig wieder ergeben. Anno 1463 haben die Polen und

Preußen Mewe oder Gnevum wieder belagert; die Kreuzherrn aber solchen Ort tapfer beschützet und doch endlich im folgenden Jahr Stadt und Schloß den Polen aufgegeben. Anno 1596 ist die vornehme Kirche allhier von den Römisch-Katholischen eingenommen worden. Anno 1626 hat der König Gustav Adolf aus Schweden Mewe einbekommen, auch solche, als die Polen sie wieder belagerten, mit der Polen großem Verlust wieder entsetzt: Welches Werk für eines der vortrefflichsten, so je von einem Kriegshelden verrichtet werden können, gehalten worden. Jetzt ist wieder polnisch.

Gustav II. Adolf (1594–1632), seit 1611 König von Schweden
entsetzt: befreit

Die Weichselniederung

P. Rosenwall

Der Weg von Elbing nach Marienburg geht durch die Weichselniederung, ein Marschland, das mit den reichsten Gegenden von Holland eine auffallende Ähnlichkeit hat. Dasselbe große wohlgenährte Vieh, nur von anderer Farbe: denn das hiesige ist rot und rotbunt; die reichen Felder, doch in größerer Anzahl, die fetten Triften, die vielen Kanäle; ebensolche Schöpfmühlen, um das Wasser in die Kanäle zu schöpfen; die nämlichen reinlichen, wohl unterhaltenen Bauernhöfe und überhaupt alles zum Verkennen hier wie dort. Selbst die ruhige, bedächtige Haltung und die platte Sprache der Bewohner dieses Landstriches gleichen denen jenes Volkes; nur sind die Gestalten hier viel wohlgeformter und blühender. Die Landleute dieser gesegneten Landschaft leben in einem unglaublichen Wohlstande, der so groß ist, daß die verhängisvolle Zeit mit allen ihren Übeln ihn nicht hat vernichten können. Eine der holländischen gleichkommende Reinlichkeit herrscht in ihren Zimmern, das feinste Linnen dient zu ihrem Gebrauch, und auf ihren Tischen glänzt eine Menge Silberzeug, die einen ungewöhnlichen Reichtum verrät. Ihre Speisen sind kräftig und wohlschmeckend, und ist ein Fremder zu Tische, so fehlt nie ein sehr guter Wein.

Nachdem was ich selbst gesehen habe, darf ich die Versicherung meiner Freunde: daß ein Bauer, der hier 60 000 bis 100 000 Taler im Vermögen habe, noch nicht für ausgezeichnet reich gilt, keineswegs bezweifeln. Der Acker hat hier eine überschwängliche Fruchtbarkeit und wird daher an vielen Orten gar nicht gedüngt. In guten Jahren trägt er zwanzig bis fünfundzwanzig, ja oft dreißigfältig, und eigentlicher Mißwachs tritt nie ein. Das Milchvieh gibt hier gewöhnlich zwanzig bis dreißig Quart Milch, doch eine Kuh, die recht gut heißen soll, muß 40 Quart geben, in welchem Fall sie aber auch 90 bis 100 Taler gilt. Butter wird nur zum Hausbedarf und von den Häuslern gemacht, die Bauern wenden ihre Milch zu Käse an, die den Sommer hindurch in Magazinen aufbewahrt, im Herbst aber nach Elbing, Danzig und Königsberg gebracht und von da aus teils nach dem übrigen platten Lande, teils nach Polen und Rußland ausgeführt werden. Pferde haben sie nur wenig, aber diese sind sehr schön und teuer. Obstgärten besitzen sie in solcher Menge, daß viele Bauern jährlich 600 bis 1000 Taler für ihr Obst einnehmen, welches teils in den Städten verbraucht, teils nach Rußland verschifft wird. Mit zwei Übeln haben die Bewohner dieser Niederung zu kämpfen, die sie einigermaßen daran erinnern, daß auf Erden nichts vollkommen ist: Wären sie von diesen befreit, so wäre ihre Lage ganz beneidenswert. Das erste dieser Übel ist die Wassergefahr, in der sie im Herbst, vorzüglich aber im Frühjahr schweben, wenn das Eis in der Weichsel zusammengeschoben wird und der Strom dadurch anschwillt. Er steigt alsdann fünfzehn bis achtzehn Fuß hoch aus seinem gewöhnlichen Bette und wütet mit wilder Gewalt gegen die großen Dämme, die allein diese Gegend schützen. Geschieht einmal ein Durchbruch, so ist der Schade ungeheuer und ganze Dörfer werden mit Menschen und Vieh von den Wellen verschlungen. Das zweite Übel ist der allgemeine Holzmangel, der hier herrscht und so groß ist, daß das Brennmaterial viele Meilen weit geholt werden muß. Wenn daher ein weicher Winter eintritt, bei dem die Wege hier durchaus unfahrbar sind, werden die Leute durch die Holznot unbeschreiblich gequält. Die Wege sind bei trockner Zeit sehr fest, aber ein Regentag reicht hin, sie auf mehrere Wochen zu verderben. Ich habe dieses unglücklicherweise erfahren, denn ich bin beinahe in dem Morast versunken, aus dem ich und der Kutscher sehr oft den Wagen heben mußten. Leider sind hier die Wege nicht wohl mög-

lich zu bessern, denn die ganze Niederung enthält weder Sand noch Steine.

Der Landbau wird hier sehr regelmäßig, und zwar auf folgende Weise getrieben. Der Boden wird in sechs Teile von gleicher Größe geteilt. Ein Teil davon ist zur Weide für das Vieh, der andre für die Pferde bestimmt; zwei Teile werden als Wiesen benutzt, und zwei Teile werden beackert. Die beiden Teile, die im vergangnen Jahre Weideland waren, kommen dieses Jahr unter den Pflug und bleiben künftiges Jahr zu Wiesen liegen. In diesem Wechsel geht es der Reihe nach herum. Winterfrucht wird in der Regel nicht gebaut, ebenso wenig Klee, da man den Dünger nicht brauchen kann, auch zur Stallfütterung nicht Menschen genug vorhanden sind. Überdem würden Vieh und Pferde bei dem Klee nie so gut gedeihen, als auf den fetten Triften, auf denen sie so fett werden, als wenn sie im Stall mit Körnern gefüttert würden.

Triften: Weiden
Verkennen: verwechseln
Quart: Hohlmaß (1,145 l)

Am Ufer der Nogat

Marie-Luise Kaschnitz

Die dunkle Fähre treibt stromüber
ein kleines und du ziehst dahin,
schon singt der ferne Wald herüber
von deines neuen Tags Beginn.

Was stehst du zögernd bei der Lände?
Der Fährmann ruft, die Glocke tönt,
wie oft hast du der Jahre Wende
und diesen Tag herbeigesehnt.

Erwartest du ein letztes Zeichen,
verbürgend deine Wiederkehr?
Der Zweig der Kiefer wird erbleichen
verrinnen wird der Sand vom Meer.

Du bist der reichen Länder Erbe,
hier wird dir keine Gabe mehr,
ich schlug in deinen Stab die Kerbe
so tief wie keine noch vorher.

Ich schenkte dir den Hauch der Frühe,
die Traumgebilde dunkler Zeit,
die tiefe Lust bestandner Mühe,
den hohen Mut der Einsamkeit.

Du wirst dich meiner oft entsinnen
wo Winde über Ebnen fliehn,
wo große Ströme meerwärts rinnen
und Segel mit den Wassern ziehn.

Es liegt mein Glanz auf fernen Ähren
die Wolken formen mein Gesicht,
zieh hin, du wirst nicht wiederkehren
vergessen aber wirst du nicht.

In Güttland

Max Halbe

Güttland liegt etwa eine halbe Wegstunde vom Weichselstrom entfernt, durch einen zwölf Meter hohen Deich oder Damm von ihm getrennt oder gegen ihn beschützt. Bei klarem Wetter hat man von der Höhe des Deiches eine herrliche, ja geradezu überwältigende Aussicht über die Lande weit und breit. Zu Füßen zieht sich das silberblaue Band des großen Stromes in manchen Windungen dahin, weiße Segel folgen seinem Laufe da und dort stromauf, stromab taucht die Rauchfahne eines Dampfers auf, breite Holzfrachten schwimmen zur See, von polnischen Flößern in weißen Schafspelzen gesteuert. Sie kommen weit her aus Podolien, Wolhynien, von den Urwäldern des Bug, des Narew, des San, von Galizien und von der Tatra, aus deren Schneefernern die Weichsel entspringt, um sich dann, beinahe unvermittelt, in die sarmatische Tiefebene hinabzustürzen.

Unsere Niederungsbauern aus den drei Werdern des Weichseldeltas, dem Danziger, dem Marienburger und dem Elbinger Werder, hatten sich schon von jeher, schon seit der Ordenszeit, als große Herren gefühlt, die den Nacken selbst gegen das Landesregiment steif hielten und sich mit dem feudalen Gutsbesitz auf der Höhe als gleichberechtigt fühlten, im Grunde ihrer Seele auf ihn herabsahen. Hörigkeit, Leibeigenschaft hat es bei unseren Niederungsbauern nie gegeben: Das unterscheidet die Geschichte des Weichselgaues sehr zu ihrem Vorteil von der unglückseligen Entwicklung des bäuerlichen Lebens im größten Teil des alten Mutterlandes. Kann man sich wundern, daß diese Menschen unseres Ostens, die die landläufige Meinung im übrigen Deutschland sich als eine einzige untertänige Masse vorstellt, ganz im Gegenteil aus den erwähnten Gründen ihren Kopf sehr hoch trugen, natürlich auch oft genug damit anstießen und im Guten wie im Schlimmen es auch noch heute so halten? Familienbewußtsein und Ahnenstolz haben sich auf unseren Werderhöfen als lebendiger Besitz von Geschlecht zu Geschlecht fortgeerbt, obwohl man dort nie das Wörtchen »von« vor seinem Namen gekannt hat. Ja, ich erinnere mich, bei Voreltern und Eltern auf eine sehr sichtbare Abneigung gegen alles, was mit Adel zusammenhing, gestoßen zu sein.

Auf einem solchen Boden, in solcher Atmosphäre gedeihen nicht nur Charaktere, sondern auch Originale, Sonderlinge, Eigenbrötler, Abseitige, Querulanten, Prozeßhansln, und wie immer man diese Rebellen gegen Norm und Paragraphen nennen mag. Mir will es scheinen, als habe die Geschichte meines Heimatdorfes, soweit ich sie zurückverfolgen kann, eine besonders reiche Galerie von derartigen Charakterköpfen und Sonderlingen aufzuweisen; ja, als sei diese Schrulligkeit, diese Wunderlichkeit, dieser Spleen nirgendwo so zu Hause wie ebendort, wo ich selbst zu Hause bin. Aber vielleicht bildet sich das jeder ein, der aus einer ganz individuellen abseitigen Sphäre und nicht aus einer modernen Fabrikstadt mit lauter Zweck- und Schablonenmenschen stammt.

Einer von diesen Eigenbrötlern war in meiner Jugend den älteren Zeitgenossen noch sehr gegenwärtig. Sie wußten auch über seine äußere Erscheinung noch gut Bescheid. Er trug, wenn er ausritt, einen frackähnlichen Rock von grünlicher Farbe, gelbe Stulpstiefel und einen grauen Zylinder. So ausgerüstet, ist er an der Spitze seiner Kuhherde einmal auf seinem Gaul durch den Weichselstrom geschwommen. Er hätte auch die Fähre dazu benutzen können, aber da der Fährmann ihm seiner Meinung nach um einige Groschen zu viel Fährgeld abverlangte, so stürzte er sich kurzerhand mit Roß und Rindern in die reißende Flut und schwamm ans jenseitige Gestade. So hatte er das ganze Fährgeld erspart. Er muß ein wunderlicher Heiliger gewesen sein.

Von solcher Art waren die Menschen und die Welt, in die ich hineingeboren werden sollte: ein aus Wirklichkeitssinn und Phantastik, aus klar rechnender Nüchternheit und verbiestertem Sonderlingstum seltsam gemischtes Geschlecht.

Querulanten: Nörgler
Prozeßhansln: Leute, die gerne Prozesse führen
Spleen (engl.): Tick

Elbing

P. Rosenwall

Eine Meile vor Elbing fängt eine wohlunterhaltene Kunststraße an, die künftig weiter fortgeführt werden soll; was hier bei der Hauptstraße des Landes unumgänglich nötig ist und wohl schon längst hätte geschehen sollen. Sobald man die Stadt erblickt, welches in einer Entfernung von dreiviertel Stunden geschieht, breitet sich vor dem trunknen Blick eine Landschaft aus, die auch den Fühllosesten entzücken muß. Ein großer Teil der paradiesischen Weichselniederung, mit den unzählbaren Dörfern, Landhöfen, Wind- und Schöpfmühlen, Gärten, Hecken und Kanälen, in dem höchsten Reiz ihrer unendlichen Fruchtbarkeit, zieht sich in unermeßlicher Ferne gegen einen Bergrücken hin, auf dem das hohe Marienburg und eine Menge andrer Städte thronen, deren viele Türme am Horizont durch einen blauen Nebel schimmern. Zahllose Viehherden weiden auf den reichen Triften; eine Menge weißer Segel bewegt sich auf den Kanälen und auf der mächtigen Nogat hin und her, und die Landwege wimmeln von Fuhrwerken. Vorne hebt das prächtige Elbing seine vielfach getürmte Zinnen majestätisch aus seinen Obstwäldern empor und blickt stolz auf die vielen Masten seines Hafens, die schon von ferne die reiche Handelsstadt ankündigen. Von allen Seiten ist es mit geschmackvollen Landhäusern umgeben, und alle Reize der segnenden Natur sind in unendlicher Fülle über diese einzig schöne Gegend ausgegossen.

Das Innre der Stadt ist, wie bei jeder Handelsstadt, keineswegs übereinstimmend, aber gut, oft prächtig gebaut. Es gibt hier viele schöne Häuser, mitunter breite Straßen und große Plätze. Würde ich in Preußen meinen Wohnsitz wählen, so wäre es, wenn nicht Königsberg, gewiß Elbing; denn eine schönere Umgebung, freundlichere Menschen und vortrefflichere Lebensmittel, wie man hier findet, dürften nicht leicht anzutreffen sein. Alles zeigt hier von dem gediegensten Wohlstande, die Menschen sind wohlgenährt und

wohlbekleidet, die Märkte enthalten einen Überfluß von vortrefflichem Obst und Gartenfrüchten; Fische von allen Gattungen sind im Übermaß vorhanden, das Fleisch sah ich nie schöner, wie hier; das Brot ist ganz vorzüglich. Auch wegen seiner Getränke ist Elbing berühmt: Das Bier ist das wohlschmeckendste, was ich auf meiner Reise angetroffen habe, und in der großen Weinhandlung des Geheimerats Abegg wird auch die leckerste Zunge eines Weintrinkers befriedigt.

Der Genuß des Landlebens macht hier im Sommer ein Hauptvergnügen der Einwohner aus; jede wohlhabende Familie besitzt ein Landhaus, worin die geschäftsfreien Stunden zugebracht werden; denn das hiesige Völkchen ist gegen die anmutvolle Natur dieser Landschaft keineswegs unempfindlich.

Die Musik wird allgemein geliebt und getrieben; ich habe schwere Sachen von hiesigen Damen sehr geschmackvoll vortragen hören, und selten besucht man ein anständiges Haus, ohne durch einen Ohrenschmaus erfreut zu werden.

Es ist hier auch eine Schauspielergesellschaft, die von den hiesigen gebildeten Einwohnern aber nur als ein Mittel zur Verdauung angesehen und benutzt wird. Schillers Trauerspiele und Mozartsche große Opern werden im eigentlichsten Sinne hier zerrissen. Die erste, ohngefähr fünfzigjährige, Liebhaberin, würde wegen ihrer körperlichen Gebrechen – sie ist ein wenig stark verwachsen – Nachsicht verdienen, wenn sie nicht zu stark lispelte. Hat sie eine Rolle, in der sie mit dem ersten Liebhaber, der ein wenig sehr stottert, zusammentrifft, so entsteht oft im Parterre ein helles Gelächter. Ich habe dieses holde Paar in »Kabale und Liebe« die Luise und den Major spielen sehen und gestehe, etwas vollendeter Lächerliches ist mir noch nie vorgekommen. Indessen das Publikum belustigt sich, wenngleich nicht auf eine geschmackvolle Weise, und die Kasse des Direktors wird gefüllt, daher er sich über das Urteil der Kritiker wegsetzt.

Der Handel mit Holz und mit Getreide ist hier sehr bedeutend, und in ersterem Artikel wetteifert Elbing mit Danzig und Memel.

Friedrich Schiller (1759–1805), Dichter
Wolfgang Amadeus Mozart (1756–1791), österreichischer Komponist
»Kabale und Liebe«: Schauspiel von Friedrich Schiller

Unterhaltung am Pfeifenbrunnen

Als auf dem jetzt leeren Postament des Pfeifenbrunnens auf dem alten Markt noch der steinerne Herkules stand, entspann sich zwischen wasserholenden Mägden folgendes Gespräch:

Karline (eben angekommen): Wer es der Letzte?

Miene: Öch! man es es noch ne ganze Schoow Margellens vor mer. Setz man Emmer an Peed hen, wer könne noch lang laure.

Karline: Jettche, soag mer doch, was es das ejentlich for ne Popp, was dor of der Feif steht met dem Knöppel?

Jette: Na, weest das nich, das es der Kules.

Miene: Joa! oaber he schriewt sich Herr Kules!

Jette: Na nu! Kules es genung! Wo wer öch so 'ne nackendige Mannsperschon vor Herr tittelire! –

Eine andere Magd läuft vorbei.

Karline (ihr nachrufend): Duche, wo wöllst hen?

Trine: Eh, öch hoabs so ens Leib gekreege, öch hoab zeviel Christorbeere gegesse, nu well öch man fohrtz nach der Apthek loofe on mer vorn Dittche Fefferminzkuche koofe!

Karline: Na oaber wacht doch man en eenzigstes Ogenbleckche, so drock werscht es doch nich hoabe, öch hoab heit vom Briefcheträger en Brief gekreege, den wöll öch der vorleese.

Trine: Ne, ne, Duche, öch muß renne, de Markentorsche werd stracks zehn schloage, denn mache se bei ons zu, on öch hoab kenen Hausenschlössel.

Postament: Unterbau
Margellens: Mädchen

Wissenswertes über Elbing

Johann Friedrich Goldbeck

Die Breite der ganzen Stadt Elbing von Westen nach Osten, und zwar von der westlichen Seite der Vorstadt Grubenhagen bis an das Ende des äußern Mühlendamms beträgt 650 Ruten kulmischen Länge-Maßes; die Länge aber von Süden nach Norden, und zwar vom Anfange des äußern Marienburgschen Dammes bis zum Ende der neuen Armen-Schule 775 Ruten. Die Anzahl der Häuser belief sich 1787 auf 1935, mit Ausschließung der Speicher und Stall-Gebäude. An Einwohnern wurden in diesem Jahr ohne die Garnison 13 231, mit derselben aber 16 000 gezählt, doch ohne die den Sommer über der Handlung wegen sich hier aufhaltenden vielen fremden Kaufleute, Schiffer und Matrosen. (Daß im Jahr 1781 die Seelenzahl in Elbing nach obrigkeitlicher Zählung 15 768 betragen habe, ist aus Fabri's Geographischen Magazin von mir entlehnt worden.) Im nämlichen Jahr sind in Elbing 904 polnische Gefäße ein- und 653 ausgegangen. Die Anzahl der hieselbst eingelaufenen See-Schiffe belief sich auf 280, und 282 gingen von hier wieder aus. Dies sind jedoch nur die zur Stadt gekommenen kleineren See-Schiffe. Die größern bleiben im Pillauschen Hafen liegen, und die Waren werden durch Lichter oder Bordinge ihnen abgeholt und zugeführt.

Die Stadt besteht aus folgenden vier Teilen: der Altstadt; der Neustadt; den Vorstädten innerhalb; und den Vorstädten außerhalb den Wällen und Toren. Die Altstadt besteht aus fünf Hauptstraßen, welche parallel in geraden Linien von Osten nach Westen laufen. Jede hat nach Osten eine Ausfahrt nach der Neustadt oder nach dem Mühlendamm. Nach Osten aber führt eine jegliche durch ein Tor nach dem Elbing-Fluß. Der lange Markt durchschneidet diese Straßen sämtlich in einem rechten Winkel. Auf diesem langen Markte stand das 1777 nebst der katholischen Kirche abgebrannte Rathaus. Von der Kirche ist bis jetzt nur noch erst das Dach wiederhergestellt, und der römisch-katholischen Gemeinde ist bis zur völligen Wiederherstellung ihrer Kirche der größere Hörsaal des Gymnasiums zu ihrem sonn- und festtäglichen Gebrauch eingeräumt worden. Das Rathaus aber ist zwischen der Altstadt, der Neustadt und dem Mühlendamm auf dem angelegten Neuen Markte nebst zwölf ansehnlichen Privathäusern wieder neu erbaut worden. Noch sind in der Altstadt an öffentlichen Gebäuden befindlich: die lutherische Marien-Kirche, welches die Hauptkirche ist, mit dem ehemaligen Kloster; das Gymnasium und das Hospital zum H. Geist mit einer Kirche, in welcher die Garnison zugleich ihren Gottesdienst hält. Auch sind in der Altstadt die Privathäuser, in welchen die reformierte und die mennonitische Gemeinden ihren Gottesdienst halten.

In der Neustadt ist die lutherische Kirche zu den Heiligen Drei Königen und das ehemalige Neustädtsche Rathaus, welches jetzt zu einem Spinn- und Arbeitshause gebraucht wird. Unter dem Deutschen Orden hatte die Neustadt ihren besondern Bürgermeister und Rat. Unter der polnischen Hoheit war sie zwar der Altstadt einverleibt, doch behielt sie ihr besonderes Gericht und ihre besondere Kämmerei. Unter der jetzigen Königl. Preuß. Regierung aber ressortiert die Neustadt so wie alle andere Distrikte der Stadt von dem kombinierten Magistrat und Gericht.

Die innere Vorstädte sind: der innere Mühlendamm, wo das Hospital und Waisenhaus zu St. Elisabeth liegt; der innere Vorberg und die Speicher-Stadt. Diese Speicher-Stadt, welche auch Speicher-Insel heißt, wird vom Elbingfluß auf der Ostseite und vom Stadtgraben auf den übrigen Seiten umgeben. Die Lage und die Einrichtung, daß hier keine Feuerstellen geduldet werden, verschaffen den Speichern und den darin aufbehaltenen Waren eine vorzügliche Sicherheit.

Ruten: Längenmaß (ca. 3.7 m)
Lichter: kleines Schiff zum Entladen größerer
Bordinge: das gleiche wie ein Lichter
ressortiert: ist ein Teil

Die Stadt am Fluß Elbing

Fr. Förster

Elbing (polnisch Elblag), dreizehneinhalb Meilen von Königsberg und wegen des Umweges der Straße über Marienburg elfeinhalb Meilen von Danzig am schiffbaren Fluß Elbing, durch welchen die Stadt mit der Nogat und dem Frischen Haff verbunden ist, hatte im Jahr 1836 gegen 24 000 Einwohner. Der erste Landmeister, welcher nach Preußen zog, Herrmann Balk, legte 1237 diese Stadt an. Sie blühte bald als Nebenbuhlerin von Danzig auf, trat der Hanse bei, war längere Zeit an Brandenburg verpfändet, bis sie 1772 mit Preußen vereinigt wurde. Sie wird in die Alt- und Neustadt geteilt, von den früheren Festungswerken sind noch hohe Mauern und Wälle übrig; die Stadt besitzt 25 Seeschiffe, und ihr Hafen sowie der Krahlfuhl-Kanal, welcher die Elbing mit der Nogat verbindet, stehen unter städtischer Verwaltung. Unter den Fabriken zeichnen sich die Zuckerraffinerien, Seifensiedereien, Pottaschfabriken, Zichorienfabriken, Brauereien, Brennereien besonders aus.

Meile (preuß.): Längenmaß (7,532 km)
Hermann Balk (gest. 1239), erster Landmeister des Deutschen Ordens
Hanse: mittelalterlicher Städtebund zu Verbesserung und Schutz des Handels
Pottaschfabriken: Fabriken zur Gewinnung von Pottasche, Kaliumkarbonat
Zichorienfabriken: Fabriken, die Zichoriewurzeln zu Kaffee-Ersatz verarbeiten

Auf die wunderbaren Wirkungen des Gemüts und des Glücks

Christian Wernicke

Daß ich heut' freudenvoll, bedachtsam und gescheut
Und morgen saur, zerstört und voller Traurigkeit
Und dies wie das ohn' Ursach' bin;
Daß ich heut' ganz gewiß gewinn'
Und morgen ganz gewiß verlier';
Daß dieser Wechsel hält gesetzte Maß und Ziel,
Doch oftmals früh- bald später sich einfind't,
Ist das, was kein Descartes nicht ergründ't:
Ich steh' zwar oftmals auf der Wach'
Und suche nach dem unerforschten Gut,
Ich grüble den unkennbarn Zeiten nach,
Umsonst! Es ist des Glücks, des Hauptes Ebb' und Flut.

René Descartes (1596–1650), französischer Mathematiker

Zünfte und Gilden

Friedrich Wilhelm Barthold

Vermißten wir in der früheren Periode die Abschließung der Handwerkszünfte in Preußens Städten, und machten sich auch jetzt nur die gewerblichen, kirchlichen, geselligen und kriegerischen Interessen derselben unverkennbar Raum, so hatte dagegen der wachsende Handelsreichtum die Vorrechte des kaufmännischen Adels in den größeren Städten, die Kür der Ratmänner aus der Mitte der vornehmen Bürger, Gegensätze und Trennung zwischen den Kaufherren und dem Gewerbstande, »der Gemeinde«, hervorgebracht, die jedoch nicht in politischen Zwiespalt und Verfassungskämpfe umschlugen, sondern allein in geselliger Absonderung sich aussprachen. Die Gilden der Großhändler und Ratsfähigen traten in Thorn, Königsberg, Elbing und Danzig als Stubengenossen zusammen, Artusbrüderschaften genannt, von der schmucken Baulichkeit des Artushofs, in welchem sie ihre Gelage hielten. Unentschieden bleibt, ob der Held der romanisch-keltischen Sage seinen Namen den Waffenübungen lieh, welche die wehrhaften Kaufherren in ihrem Kauf- oder Gildenhause anstellten; oder ob das fröhliche Zechen, das übliche Erzählen aus dem Gebiete der Ritterpoesie, dem Kompaniehause, das zu nüchterner Stunde auch als Börse galt, die romantische Bezeichnung beilegte, »weil es in ihm so hoch und lustig herging, wie an König Artus Tafelrunde«. Den Artus- und Junkerhöfen gegenüber versammelten sich in den Handelsstädten die Gewerbstände in sogenannten »Gemeingärten« zu geselliger Lust, da die Satzungen der Artushöfe, die »Trinkordung« bei ihrem sonst gemütlichen, auf Sitte und Anstand gehenden Inhalte, Handwerksleuten und Krämern den Zugang versperrten. Unzufriedenheit und geheimer Groll über solche Vornehmtuerei mochte bei den Zünften, die doch mit dem innern Deutschland in Verbindung standen, nicht ausbleiben; gleichwohl waren sie durch den Orden so eng an die städtischen Verwaltungsbehörden gebunden, daß wir selbst im vierzehnten Jahrhundert von keiner Gärung, keiner gewaltsamen Erhebung etwas erfahren. Dagegen mußten die Mönchsritter spät zu ihrem Verderben sich überzeugen, daß der unabhängige Geist des hansischen Bürgertums, welches, daheim eine untertänige Kommune und an den Willen der Landesherrschaft gebunden, draußen ganz selbständig mit fremden Königen Frieden schloß, Bündnisse einging und Kriege führte, ihre Gebieterstellung ungern ertrug, und daß ein schneidender Widerspruch in dem künstlich gefügten Verhältnisse lag. Besonders weckten die wiederholten Kriegsbürden eine stille Abneigung der Bürger, die, im Jahrhunderte der Kirchenversammlungen zum Haß gesteigert, die deutschen Gemeinwesen zu einem Abfall verleitete, welcher die Wurzeln des germanischen Lebens zu vernichten drohte.

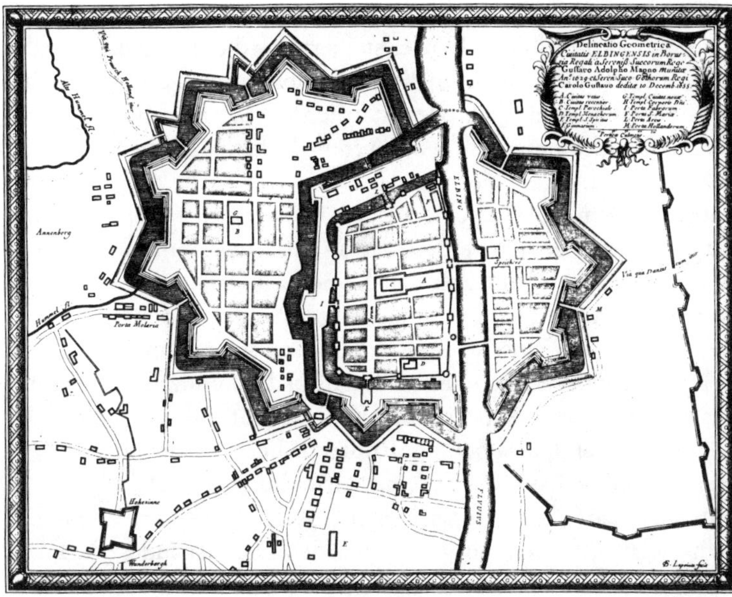

Stadtplan von Elbing um die Wende zum 18. Jahrhundert

Das heitere Elbing

Wilhelm Cornelius

Ein wahres Labyrinth von sieben bis acht Stockwerk hohen mächtigen Kornspeichern umgab uns als die imponierendste Vorstadt, die irgendeine See- und Handelsstadt aufzuweisen vermag, und ich fürchte nicht zu übertreiben, wenn ich die Zahl dieser Gebäude auf hundert schätze. Sie haben fast alle Namen, und allerlei oft recht ergötzliche Bilder und Schildereien versinnlichen ihre Benennung. Bedenkt man aber, wie seit geraumer Zeit der Handel Elbings und, mit Ausnahme Stettins, fast aller preußischen Ostseestädte gegen sonst darniederliegt, und wie erst seit drei Jahren sich eine Belebung gezeigt hat, die sehr wahrscheinlich als eine kurze, keine glückliche zu nennen sein wird, weil sie überall den Spekulationsgeist zu großem Kapitalaufwande für Schiffsbauten verleitet hat, so ergreift den patriotischen Wanderer schon in der Vorstadt ein gerechtes Bangen für die Zukunft Elbings. Und es steigert sich dies Bangen, wenn der Wanderer über die Brücke in die Stadt selbst gelangt, die breiten aber leeren Straßen und die großen stattlichen Häuser sieht, die er fast geschenkt bekommen kann, wenn er die Lasten und Abgaben davon bezahlen will. Es ist hier nicht der Ort und Raum zu politischen Betrachtungen, aber als eine ausgemachte traurige Wahrheit kann nicht oft genug gesagt werden, daß auf der einen Seite Rußland mit seiner Sperre, auf der anderen Dänemark mit seinem himmelschreiend drückenden und ungerechten Sundzoll die Mörder des Wohlstandes der einst so blühenden Ostseestädte sind. Schweden ist mit gutem Beispiel vorangegangen, um den Sundzoll zu bekämpfen und wegzuräumen. Preußen ist, erst spät die Wichtigkeit der Sache erkennend, nachgefolgt; Rußland aber, das allein hier durchgreifen könnte, hat bis jetzt seine Mitwirkung versagt.

In der »Stadt Berlin«, am schönen großstädtischen Friedrich-Wilhelms-Platze, fanden wir gutes Quartier. Die Gebäude, die diesen großen, von Linden umgebenen und mit Rasen und Blumen geschmückten Platz einschließen, sind hübsch, modern und dem Auge wohltuend, jedoch ohne architektonische Bedeutung, wie denn überhaupt Elbing wohl den Namen einer interessanten, sehr hübschen und kläräugigen, minder aber den einer historisch oder architektonisch merkwürdigen Stadt verdient. Unter den öffentlichen Gebäuden ist keines einer besonderen Erwähnung wert, und auch unter den sieben fast turmlosen Kirchen ist keine von hervorragender Bedeutung. Von der Kirche »Zum Leichnam Jesu« geht die Sage, daß sie ihre Erbauung folgendem Wunder verdanke. Im fünfzehnten Jahrhundert brannte die Kirche zu St. Georgen in Elbing ab. Als man den Schutt hinwegräumte, fand man das Büchslein unversehrt, in welchem das heilige Altarsakrament verwahrt wurde, und zum Gedächtnis dieser wunderbaren Erhaltung baute, wie die Chroniken berichten, Hellwig Schwang diese neue Kirche zur Ehre des heiligen Leichnams Jesu. Diese Sage, welche andrer Orten schon Jahrhunderte früher hundertfältig vorkommt, mag als Beleg meiner in der Einleitung ausgesprochenen Behauptung dienen, daß fast alle hier vorkommenden Sagen matter und nachgebildeter Art sind.

Unter den Privathäusern Elbings sind allerdings manche, die, was den bunten, gotisch sein sollenden; oft sehr barocken Zuschnitt der hohen schmalen Giebel betrifft, denen von Danzig und Lübeck sich an die Seite stellen können. Auch hier findet man jene Vorsprünge und umgitterten Balustraden, die fast jedem Hause das Ansehn einer kleinen Festung geben und die in den verschiedenen Städten verschiedene Namen führen. Im allgemeinen aber sieht man dem heitern Elbing an, daß es zu jenen Ostseestädten gehört, die, zwar früh gegründet, erst in späteren Jahrhunderten zur Entwicklung und Blüte gelangten. Eine feste Burg, namens Elbing, ward zwar schon im Jahr 1235 hart am Haff vom Markgrafen Heinrich von Meißen erbaut, jedoch gleich darauf von den erbitterten heidnischen Preußen wieder zerstört. Im Jahr 1237 ward dann mit Hilfe Lübecker Kaufleute entfernter vom Haff die Stadt Elbing da, wo sie jetzt steht, gegründet und mit Lübischem Stadtrechte bewidmet, während in Kulm und fast in allen übrigen Städten Preußens das Magdeburger Stadtrecht galt oder als Muster diente. Elbings Name wird als Hansastadt schon im Jahr 1295 in den Urkunden der Hansa genannt, jedoch die Stadt tat sich nie besonders hervor und erscheint überall nur als Bundesmitglied letzten Ranges. Reich, wie fast alle die Ostseestädte, an milden Stiftungen und unantastbaren Kapitalien begann die höchste Glanzperiode Elbings erst spät nach dem Erlöschen der Hanse und hauptsächlich erst, als Friedrich der Große, eifersüchtig auf den Handel Danzigs, das damals noch unter polnischer Oberhoheit stand, Elbing so außerordentlich begünstigte. So ward von ihm z. B. der Weichselzoll bei Fordon angelegt, welcher von den nach Danzig fahrenden Schiffen sechsfach höher als von den nach Elbing segelnden bezahlt werden mußte, und bei Neufahrwasser ließ er von allen Danziger Schiffen abermals einen bedeutenden Seezoll erheben. Auch der Binnen- und Landhandel Danzigs ward durch Friedrich den Großen zugunsten Elbings auf jegliche Weise beschränkt. Strombauten wurden in der Weichsel vorgenommen, um zwei Drittel ihres Wassers nach Elbing und nur ein Drittel nach Danzig zu leiten, und endlich wurde durch Ausgrabung des Kraffohl-Canals, der die Nogat mit dem Elbingflusse vereinigt, dem Handel Elbings solcher Verschub geleistet, daß Danzig fast auf die Hälfte seiner früheren Bedeutung herabsank und sich nicht eher wieder hob, als bis es 1793 der preußischen Monarchie einverleibt wurde. Aus dieser bedeutenden, leider kurzen Periode schreibt sich hauptsächlich der Wohlstand und die Mehrzahl der nun meistens leer stehenden großen Speicher und stattlichen Kaufhäuser Elbings her.

Im Hafen

Am andern Morgen war Markttag, an welchem die kleinste der Städte Leben und Farbe zu gewinnen pflegt. Wir gingen durch die freundlichen Straßen an das Bollwerk. Bald hier, bald dort zog uns ein Haus zu näherer Betrachtung an. Hier schmückten die in Stein gehauenen Bildnisse sämtlicher römischer Kaiser den Hausgiebel eines reichen Tuchhändlers, dort waren es Rosetten und Giebelverzierungen von buntglasierten Backsteinen, die unser Auge beschäftigten. Am Bollwerk, am Fisch- und Töpfermarkt war viel Gewühl und Geschnatter reinlich geschürzter, rundarmiger Mädchen, die ihr meist volles schönes Haar nur halb unter einem weißen Mützchen verborgen trugen. Die Mundart aber dieser freundlichen Mädchen oder Marjellen, wie sie hier und in ganz Ost- und Westpreußen genannt werden, ist keineswegs liebenswürdig. Reich an Gurgellauten, sprechen sie meist E wie A aus, und sagen Allbing statt Elbing. Auch die sonderbaren Partizipialbildungen, gekiefer für gekauft, geforben für gefärbt, geschumpfen für geschimpft usw., hören sich hier höchst eigentümlich an. Wir stiegen nun, weil's Frühstückszeit und weil wir die Stadt gründlich und somit auch ihrem unterirdischen Werte nach kennenlernen wollten, in etliche Weinkeller hinab, allwo man uns mit Rheinwein zweifelhaft, mit altem veritablen Portwein aber trefflich bediente. Keinem zu Liebe und keinem zu Leide! Aber dieser im bescheidenen Dunkel des Kellers lebende Portwein schien mir einer der bedeutendsten und interessantesten Geister Elbings zu sein. Ein junger Mann, der ganz so aussah, als ob er die Welt gesehen, setzte sich zu uns. »Sie werden mit meiner Vaterstadt nicht zufrieden sein«, begann er. »Ich bin es auch nicht. Es ist mir hier zu tot. Heute vor acht Tagen ging ich noch in London an der Themse spazieren. Das Dampfschiff, das Sie vielleicht schon gesehen haben, das erste und einzige, welches Elbing je besaß, war just in London fertig geworden und lag zur Abfahrt bereit. Plötzlich erwachte Sehnsucht nach der Heimat, überwog alle Rücksichten. Wie Sie auch hier sehen, ohne weiteres Hab und Gut, ohne einem Menschen ein Wort zu sagen, bin ich auf den Flügeln der Schwalbe, so heißt das Dampfschiff, in die Arme meiner Eltern geflogen. Und nun, da ich hier bin, da ich alle meine Lieben gesund weiß, nun möcht' ich wieder fort. Wissen Sie was? König Friedrich Wilhelm IV. wird sich in diesen Tagen in Königsberg huldigen lassen. Da wird's Leben geben. Die ›Schwalbe‹ macht morgen ihre Probefahrt dahin. Die Gesellschaft wird zahlreich und mannigfaltig sein. Sie, meine Herren, kommen mir aber auch nicht als Freunde der Traurigkeit vor. Lassen Sie uns zusammen nach Königsberg fahren, und Sie sollen mich einen Narren nennen, wenn Sie sich langweilen. Öffentliches, kunst- und wissenschaftliches Leben ist hier in Elbing, sozusagen, erst im Werden begriffen. Außer dem ›Elbinger Anzeiger‹, der unter den obwaltenden Verhältnissen Lob und Anerkennung verdient, existiert kein Organ der Öffentlichkeit. Berühmte oder auch nur merkwürdige Talente haben wir nicht. Ebensowenig historische Merkwürdigkeiten von Bedeutung, wenn man nicht etwa der am 6. März 1521 durch den deutschen Ordenshauptmann Moritz Knöbe versuchten Überrumpelung der Stadt und der wackeren Verteidigung der Bürger anerkennend gedenken will, die den schon ins Tor gedrungenen Feind durch Zertrümmerung des Torgewölbes erschlugen. Mit dem Feinde ging auch das sonst merkwürdig gewordene Tor zugrunde. Das Theater, wie auch die höchst rühmenswert versuchte Kunstausstellung werden heute geschlossen, und die schönste Tochter Elbings, meine blondgelockte Jugendgespielin, ist verreist; also was wollen Sie, und was soll ich noch hier? Sie erlauben mir wohl, daß ich Sie heute noch mit den wenigen, aber recht hübschen Vergnügungsorten Elbings bekannt machen darf, und morgen früh dampffahrten wir zusammen nach Königsberg.«

Balustrade: Geländer, Brüstung
Friedrich II., der Große (1712–1786), seit 1740 König von Preußen
veritabel: echt, wahrhaft
Friedrich Wilhelm IV. (1795–1861), seit 1840 König von Preußen

Die Pommern vor Elbing

Wilhelm Neuhof

Die beginnenden Feindseligkeiten des Pommern-Herzogs Swentopolk gegen den Deutschen Orden, bestimmten die unterjochten Preußen im Jahre 1242 zum ersten Aufstande. Die streitbaren Männer der Landschaften Natangen, Ermland und Barten griffen zu den Waffen und strömten zu Herzog Swentopolks Heere. Die gute Aufnahme, die ihnen von diesem tapfern und kühnen Fürsten wurde, bewog auch viele der neubekehrten Pomesanier und Pogesanier, vom Orden abzufallen und das Schwert gegen die verhaßten Sieger zu ziehen.

Die Überzeugung, daß es ihnen mit Hilfe des kriegskundigen Pommern-Herzogs gelingen müsse, ihre Unabhängigkeit und die höchsten Güter ihres Lebens: Glauben und Sitten zu erringen, feuerte die Preußen an zum wütendsten Kampfe. Die neugebauten Ordensschlösser wurden erstürmt und zerstört; alle Christen, die in ihre Hände fielen, getötet; Städte, Dörfer und Etablissements der Feinde gingen in Flammen auf – der Untergang des Ordens schien nicht fern.

Der Einbruch der wilden Mongolenhorden in Europa nötigte den Hochmeister Gerhard von Malberg, zur Verteidigung Deutschlands in Schlesien bedeutende Heeresmassen aufzustellen; die Hilfsscharen deutscher Kreuzfahrer blieben dagegen aus, und bald beschränkte sich der Besitz fester Burgen des Ordens nur noch auf Balga, Elbing, Thorn, Kulm und Rheden. Überfüllt mit Flüchtlingen und schlecht mit Lebensmitteln versehen, würden auch diese bald verloren gewesen sein, wenn nicht die besonnene Kühnheit des vormaligen Ordens-Marschalls Dietrich von Bernheim die drohende Gefahr abgewendet hätte.

Die Burg Zartowitz barg, nebst den besten Schätzen des Herzogs Swentopolk, das damals für unschätzbar geltende Haupt der heiligen Barbara und eine Anzahl vornehmer pommerscher Frauen. Kundschafter hinterbrachten dem alten Krieger die Nachricht, daß die Besatzung dieser Burg nur aus fünfzig Dienstleuten bestände, und sogleich war sein Entschluß gefaßt. In dunkler Nacht setzte er mit vier Ordensrittern und zwanzig Knechten, mit Sturmleitern versehen, über die Weichsel, drang durch tiefe Bergschluchten bis zur Mauer der Burg und erstieg diese ungehindert. Die jetzt wach werdende Besatzung kämpfte mit dem Mute der Verzweiflung; aber auch die Streiter des Ordens wußten, daß sie Sieger bleiben müßten, und nach mehrstündigem heißen Kampfe sank der letzte der Pommern. Dietrich von Bernheim sah sich im Besitze der ihrer Lage und Festigkeit wegen für unüberwindlich geltenden Burg.

Diese Eroberung befestigte den Sitz des Ordens in Preußen. Die Burg Zartowitz beherrschte nicht nur den Weichselstrom, sie war auch, in den Händen des Ordens, der Schlüssel zu des Pommern-Herzogs Landen. Herzog Swentopolk sammelte dieserhalb seine Heeresscharen und verbündeten Preußen und rückte vor Zartowitz. Der vorsichtige Ordens-Marschall hatte sich aber auf diesen Fall vorbereitet; zweihundert tapfere Männer und hinreichende Lebensmittel ließen ihn sieben Wochen lang den Stürmen des Feindes Widerstand leisten. Während dieser Zeit gelang es dem Hochmeister, von seinem Bedränger befreit, das Ordensheer durch deutsche Hilfsscharen zu verstärken und mit den polnischen Herzogen ein Bündnis gegen Swentopolk zu schließen; und als dieser die Erfolglosigkeit seiner Berennung der Burg einsah, die Belagerung aufgab und über die Weichsel ging, um das Ordensgebiet zu plündern, hatte Dietrich von Bernheim bereits ansehnliche Scharen gesammelt, deren plötzlicher Überfall den Pommern eine ansehnliche Niederlage beibrachte. – Täglich strömten nun Kreuzfahrer aus Deutschland zur Rettung des Ordens herbei, und bald stand die Heeresmacht Gerhards von Malberg dem Feinde achtungsgebietend gegenüber.

Zwistigkeiten mit seinen Brüdern machten Herzog Swentopolks Lage nun so bedenklich, daß er mit dem Orden Frieden schließen und ihm, als Unterpfand seiner aufrichtigen Gesinnungen, seinen ältesten Sohn Mestwin und den Besitz der Burg Zartowitz überlassen mußte.

Im Herbste des Jahres 1244 herrschte unter den Einwohnern der Stadt Elbing ein reges Leben. Alle Rüstkammern waren geöffnet; die waffenfähigen Männer reinigten Pickelhauben, Panzer und Hellebarden vom Roste und schliffen Schwerter und Flammberge, um unter einem anführenden Hilfsstreiter des Deutschen Ordens, dem Ritter Johannes von Wepern, gegen den Pommern-Herzog Swentopolk auszuziehen.

Der einbrechende Abend des letzten Tages vor dem Abmarsche fand die Straßen der Stadt leer und still. Manchen der jungen Kriegsleute mahnte eine innere Stimme, die letzten Stunden vor einer Trennung, auf die vielleicht im Leben kein Wiedersehen folgte, im Kreise der Familie zuzubringen. Mancher lag schweren Herzens am Busen der weinenden Braut; in den Armen der trauernden Gattin, von jammernden Kindern umklammert. Wieder andere sahen in dem Kriegszuge ein erwünschtes Waffenfest, bestimmt, die Blätter des Ruhmes und der Ehre zu brechen. In den Herbergen Zum goldnen Hirsche und Roten Löwen perlte der Wein, klirrten die Becher auf gut Waffenglück und getreue Waffenbrüderschaft; denn daheim war es öde in der Junggesellenwohnung, und auch die Tränen der Liebsten erschwerten ihnen den Abschied nicht.

In dem Familienzimmer des Handels- und Ratsherrn Sangerheim standen auf dem nußbaumnen Tische zwar auch die gefüllten silbernen Festpokale; aber des Trinkens erinnerten sich die Anwesenden nicht. Der Hausherr saß, ernst vor sich hinsehend, im Armsessel auf dem gewohnten Platze am Fenster. Frau Jutta, die Hausfrau, wurde von quälender Unruhe im Zimmer umher und in das Nebengemach getrieben. Kopfschüttelnd und mit nassen Augen sah sie bei ihren Wanderungen auf ein Paar im Hintergrunde der Stube, das, von dem Scheine der Lampe nur wenig getroffen, wortlos beunruhigenden Gedanken sich hinzugeben schien. Wir lernen in ihm den mannlichen Ritter Johannes von Wepern und seine reizende Braut Gertrude, die einzige Tochter des Sangerheimschen Ehepaares, kennen.

Die flüsternde Stimme des Mädchens unterbrach zuerst die ängstliche Stille. Ihr trübes Gesicht erheiterte ein Lächeln, der glühende Blick traf entschlossen das Auge des Verlobten, und zu diesem sich hinneigend sprach sie: »Die heilige Jungfrau hat mir einen Gedanken eingegeben, der mein Herz mit großer Freude erfüllt. Der Trompetenstoß in der Stunde des Abmarsches wird uns nicht trennen, mein Johannes; ich fühle Kraft in mir, das Schwert zu führen, und mein guter Vater wird mir vergönnen, die Gefahren des Krieges mit dem Verlobten zu teilen. Bin ich doch nicht die erste

Jungfrau, die das Frauengewand mit dem eisernen Waffenhemde des Kriegers vertauscht. Ich ziehe mit dir, Johannes! Hier würde mich die Angst um dich verzehren.«

»Ungern entreiße ich dich einem Traume, der dich beruhigt«, antwortete Ritter Johannes lächelnd, »aber, gutes Kind, bedenke, daß das schwache Frauengeschlecht nicht für die Beschwerden und Gefahren des Krieges geschaffen. Schau deine zarte Gestalt im reinen Metalle des Spiegels; versuche er mein Schwert zu schwingen, und du wirst erkennen, daß des Weibes Wirken nicht über die Grenzen des Hauses schreiten soll.«

Die Jungfrau senkte verlegen das Haupt. »Dein Wille heißt mich bleiben, und ich gehorche; aber auch du darfst nicht ziehen, Johannes. Kein Eid fesselt dich an den Orden, du dienst ihm ohne Sold und kannst dein Fähnlein verlassen, wenn es dir gefällt.«

»Beruhige dich, meine Gertrude«, erwiderte der Ritter ernst, »mein Schwert wird ruhen, sobald Herzog Swentopolk das Preußenland verlassen. Dann will ich ganz deiner Liebe angehören, Helm und Panzer sollen an der Wand rosten, der Zweig der Myrte den Lorbeerkranz verdrängen.«

»Verzeiht dem armen Kinde, lieber Ritter«, sprach Frau Jutta hinzutretend, »vergebt, was der Schmerz der Trennung sie Unziemliches sprechen läßt.«

Johannes schloß die Verlobte in die Arme; da wurde es laut auf den Straßen; Waffen klirrten, und unter den Fenstern des Hauses brachten jubelnde Stimmen dem Führer ein Lebehoch. Johannes eilte an das Fenster und rief hinab: »Meinen Dank, teure Waffenbrüder; aber begebt euch zur Ruhe, damit ihr gestärkt erwacht, wenn die Trompete zur Schlacht ruft.«

Jammergeschrei von Weibern und Kindern lärmte durch Elbings Straßen. Greise Männer schlichen bleich mit gefalteten Händen von einem Hause zum andern, und die Ratsherren sah man in ihrer schwarzen Kleidung fliegenden Schrittes nach dem Versammlungssaale eilen. Die Kunde, daß Herzog Swentopolk von Pommern, den man im heißen Kampfe mit dem Ordensheere wähnte, kaum einige Stunden von der Stadt mit starkem Heerhaufen lagere und Elbing berennen würde, erschütterte alle Gemüter mit gewaltigem Schreck. Die grausamen Taten des mordlustigen Fürsten waren allbekannt; man wußte, daß der Sieger kein Gnadenwort zu sprechen wisse. Die Mitglieder des hohen Rates erklärten demgemäß einstimmig mit zitterndem Munde: »Die Pommern dürfen die Mauern nicht besteigen, man muß sie zurückschlagen!«

Der Befehl war der Sache angemessen; aber wer sollte ihn ausführen? das war die nicht zu beantwortende Frage. Alle waffenfähigen Männer waren vor wenigen Wochen mit Johannes von Wepern ausgezogen, um den Feind im Anmarsche auf Elbing aufzuhalten und zu vertreiben. Kaum dreißig Mann waren in der Stadt zu finden, die das Schwert zu schwingen vermochten, und was konnte deren schwache Wehr gegen einen an Zahl so überlegenen, kriegskundigen Feind ausrichten? Von außen war keine Hilfe zu erwarten. Jedenfalls waren die Söhne der Stadt im Kampfe mit den Pommern gefallen, und der Sieger nahte ungehindert Elbings Mauern.

Die Stimme der Verzweiflung ließ sich bald in aller Brust vernehmen. Der Verteidigung der Stadt wurde, des gänzlichen Mangels an Verteidigern eingedenk, nicht mehr erwähnt. Der Umstand, daß der Herzog der Stadt so nahe und ein Rettungsmittel schleunigst aufgefunden werden müsse, wenn es der Stadt noch Nutzen bringen solle, machte die Köpfe der schwarzen Herren noch wüster.

Stunden waren über dieser Beratung untätig verflossen, – da – endlich – verfiel man auf den kühnen Gedanken: dem mächtigen Pommern-Fürsten auf Gnade und Ungnade sich zu ergeben; dem hohen Herrn die Schlüssel der Stadt auf kostbarem Kissen entgegenzusenden und durch die sanften Worte schöner Mädchenlippen den Gestrengen gnädig zu stimmen.

Während man diesen hoffnungsreichen Gedanken an Rettung mit beiden Händen ergriff, klirrte im Vorsaale der Eisentritt eines Gewappneten, und durch die aufgerissene Türe trat eine ritterliche Gestalt mit geschlossenem Visier an die lange Tafel der staunenden Ratsherren.

»Die Thore sind geschlossen, ehrbare Herren«, sprach die Stimme des Ritters durch das Visiergitter, »beliebet hinabzuschauen auf den Marktplatz; mein Fähnlein von zweihundert Mann ist gerüstet und harrt meines Winkes, die Mauern zu besetzen. Herzog Swentopolk soll erfahren, daß Elbings Einwohner zu kämpfen wissen, wenn auch die waffenfähigen Männer die Stadt verlassen.«

Mit diesen Worten schlug der Ritter das Visier zurück, und wie aus einem Munde riefen die alten Herren: »Gertrude! Jungfrau Sangerheim!«

Diese senkte lächelnd das Haupt und sprach: »Schlagen auch an die Eisenpanzer meiner Untergebenen nur Jungfrauenherzen, so seid dennoch versichert, werte Herren, daß ein männlicher Geist uns beseelt und stärkt.«

Mit grüßender Handbewegung verließ sie den Saal festen Trittes.

»Bei Gott, die Jungfrau beschämt uns!« rief der Bürgermeister erglühend. »Bewaffnet euch, ihr Herren, und laßt uns versuchen, ob Rettung möglich ist! Jedenfalls ist ein ehrlicher Waffentod schmachvoller Unterwerfung vorzuziehen.«

»Laß die Kundschafter hängen, ihr Lügenmund betrog ihren Herrn!« rief Herzog Swentopolk seinem Feld-Obersten zornig zu und blickte mit Ingrimm auf Elbings Mauern.

»Erlaubt, gnädigster Herr –«

»Schweig! oder sprich, glaubst du Elbing noch ohne Besatzung, wie der trugvolle Mund der Spione mir versicherte? Wer war es, der die Steinmassen auf die Häupter meiner Streiter wälzte und ganze Reihen niederschmetterte? Wer überflutete die Stürmenden mit den Wogen siedenden Öles und den Flammenbächen brennenden Peches? Wer erschlug die Tapfern, denen die Besteigung der Mauern nach dreimaligem Sturme gelungen, oder warf sie mit gewaltigem Stoße von den Sturmleitern in die Tiefe des Grabens? – Verflucht sei die Stunde, die mich bestimmt, mein Heer zu teilen, um das Blut meiner Krieger an diesen Mauern zu verspritzen! – Laß die Kundschafter erdrosseln, und die einbrechende Nacht sehe uns auf dem Marsche gegen das Ordensheer.«

Die Besatzung der Brustwehren Elbings traute ihren Augen nicht, als die ersten Sonnenstrahlen des kühlen Herbstmorgens den geräumten Lagerplatz des Feindes beschienen.

Stürmisches Jubelgeschrei verkündete der Stadt das frohe Ereignis. Alles, was die Füße gebrauchen konnte, erstieg die Mauerbrüstung, um sich von dem schier unglaublichen Erfolge jungfräulicher Tapferkeit zu überzeugen; aber es wurde nicht anders. Kein lebender Mann des feindlichen Heeres war sichtbar; wohl aber an aufgerichteten Pfählen die Körper zweier pommerschen Männer.

Die Glocken der Kirchen erklangen in freudigen Siegestönen; die Zinnen der Mauern wurden zum Bankettplatze, weil die vorsichtige Gertrude, immer noch eine Kriegslist des Feindes befürchtend, ihre Krieger nicht von den Verteidigungsorten entfernen wollte.

Wie klug und zweckmäßig diese Maßregel war, zeigte sich am Vormittag des darauffolgenden Tages. Der Wachtposten meldete, daß in weiter Ferne aufwirbelnde Staubwolken den Anmarsch einer Truppenmasse verrieten. Nach einiger Zeit konnte man einen Haufen Fußvolk erkennen, deren Waffen, von den Strahlen der Sonne getroffen, blitzten.

Die Besatzung stand schon schlagfertig auf den Wällen, als ein Reiter, dem Kriegshaufen auf schäumendem Rosse vorauseilend, an den Stadtmauern erschien und, die Eisenreihen der Verteidiger wahrnehmend, den Rappen überrascht parierte.

Aus dem Munde der Geharnischten ertönte aber jetzt ein lauter Freudenruf. Gertrude hatte in dem Reiter den Ritter Johannes von Wepern erkannt und eilte dem Verlobten, mit der Sehnsucht des liebenden Mädchens, über die niedergelassene Zugbrücke in die Arme.

Ritter Johannes von Wepern kehrte als Sieger heim von dem kurzen Kriegszuge. Herzog Swentopolk war am Tage des Abzuges von Elbings Mauern von dem vereinigten Ordensheere überfallen und seine Schar total vernichtet worden. Er selbst war mit wenigen der Seinen auf einem kleinen Nachen über die Weichsel entkommen.

Mit dem Lorbeer- und Myrtenkranze geschmückt, feierte das Brautpaar nach einigen Tagen das Fest der Vereinigung.

Etablissements: Einrichtungen
Gerhard von Malberg, 1242–1243 Hochmeister
Hellebarden: Stoß- und Hiebwaffen
Visier: Gesichtsschutz, meist aus Metall
parieren: anhalten
Flammberge: Schwertart

Bei der guten Tante in Elbing

Hermann Sudermann

Unter der Obhut des Herrn Hoffmann, desselben Herrn Hoffmann, bei dem die zwei Tuchanzüge gekauft waren und der sich jetzt zur Leipziger Messe begab, um neuen Vorrat zu schaffen, fuhr ich an einem sonnigen Aprilmorgen von dannen – bis Tilsit mit der Post – von dort mit dem Personenzuge weiter.

Bei Herrn Hoffmann – gesegnet sei sein Andenken! – war zwei Tage vorher große Gesellschaft gewesen, und darum hatte seine sorgliche Gattin ihm einen ganzen Freßkober mit gefüllten Blätterteigschnitten vollgepackt – Dinge, von denen man im Sudermannschen Hause gerade nur eine Ahnung bekam, wenn Mama auf »Ressource« gewesen war. Und wenn ich mit vollen Händen herausholen durfte, mehr als mein Herz begehrte, dann war es wie eine glückliche Vorbedeutung für die Üppigkeit kommender Zeiten, war fast eine Reise ins Schlaraffenland.

Die Nacht über saß ich wach in meiner harten Ecke und malte mir die Wonnen künftiger Tage.

Am meisten freute ich mich auf Onkel Heinrich.

Onkel Heinrich war der einzige rechte Bruder meines Vaters und hatte in meinem Elternhause eine Stellung von märchenhafter Wichtigkeit. Er war der Besitzer des Hotels Zum goldenen Löwen gewesen, das er verkauft hatte, als seine Frau, eine sehr üppige und vornehme Frau – beider oft angestauntes Bildnis hing in unserer guten Stube – ihm nach einer geheimnisvollen Krankheit, bei der alles zu Zucker wird, vom Tode entrissen worden war. Was er seither getan hatte, darüber war Genaues nicht mehr zu uns gedrungen. Er lebte bei den Verwandten, wie es hieß, gewiß als ein wohlhabender und lebensfroher Rentner, bereit, auch seinem dankbaren Neffen einen Anteil an den Genüssen des eigenen Daseins zu vergönnen.

Dieser Onkel Heinrich würde mich mit Fuhrwerk vom Bahnhof abholen kommen, so hatte die gute Tante in ihrem letzten Briefe geschrieben, und als ich in Elbing um fünf Uhr früh dem Zuge entstiegen war, sah ich mich herzpochend nach der Karosse und ihrem Kutscher um, die meiner warteten. Wo sie waren, da konnte auch Onkel Heinrich nicht fern sein.

Aber nichts dergleichen ließ sich bemerken. Hinter dem knallgelben Postwagen stand nur ein klappriges Brettergefährt, auf dem ein zweifelhaft aussehender Mann mit langem Fetthaar und einer roten Nase zigarrenlutschend kauerte. Als der mich in meiner Ratlosigkeit suchend dastehen sah, winkte er mir zutraulich mit seiner Peitsche und rief: »Wenn du der Hermann bist, mein Jungchen, dann komm nur! Der Gaul ist zwar noch nie im Leben durchgegangen, aber mir ist gesagt worden, ich soll ihn nicht allein lassen.«

Sehr beklommen trat ich näher, und als er sich mit zwei feuchten Schmatzlippen zu mir herniederneigte, kletterte ich auf die Radnabe und küßte ihn tapfer, während ein verdächtiger Dunst, den ich von Krügen und Landstraße her wohl kannte, lähmend über mich herfiel.

Das war mein Onkel Heinrich.

Als ich meinen Koffer besorgt hatte, fuhren wir quer durch die noch schlafende Stadt, und überall glitzerten in der Morgensonne die hohlgebogenen Fensterscheiben, die ich in solcher Fülle an keinem anderen Ort der Erde gefunden habe.

Das sprach von Glanz und Glück und Lebensfülle, aber mir war das Herz sehr schwer.

»Hier ist der ›Goldene Löwe‹«, sagte mein Onkel und wies mit der Peitsche nach einem hohen, kahlen und kleinfenstrigen Hause, das altmodisch eingeklemmt zwischen ähnlichen Giebelbauten stand, und mit einem von Bitterkeit freien, fast fröhlichen Lachen, fügte er hinzu: »Ja, ja, mein Jungchen, das *war* einmal.«

Dann kam der breite Elbingfluß, von bauchigen Kähnen und schwarzen Dampfern voll – und dann ein Stadtteil, der mit seltsamen himmelhohen, schwarzweißen Fachwerkhäusern dicht besetzt war, ein Stadtteil, in dem kein Mensch sich sehen ließ, in dem keine Gardine leuchtete, in dem alles tot und erstorben schien.

»Das ist die Speicherinsel«, erklärte mein Onkel.

Und dann war es plötzlich wie auf dem Lande. Noch kahle Chausseebäume säumten die Straße ein, ein Dorfgasthaus mit Einfahrt und Wolmen winkte zur Ankehr, Obstgärten rüsteten sich zum Blühen, ein Ackerfeld, frisch aufgebrochen, dunstete – – –

»Hier sind wir«, sagte mein Onkel, auf ein stattliches blitzblankes Haus hinweisend, dessen Fensterglas gerade so hohl geschliffen glitzerte wie in allen den gastlichen Wohnungen, die ich mit heimlichem Neide hinter mir hatte zurücksinken sehen.

Das also war eine »Villa«! Und als ich vom Wagen sprang, war das Herz mir wieder ganz leicht.

Und dann kam eine kleine, verschrumpelte Frau mit langen Zähnen und tränigen Augen mir freundlich entgegen, wischte sich die Reibeisenhände an einer blauen Küchenschürze und umhalste mich. Ein hochaufgeschossenes Jungfräulein, braunzopfig, blinkäugig und auch im übrigen leidlich wohlgetan, reichte mir die vollen Lippen zum Kusse – das war meine Kusine Marie.

In einem sonnendurchglänzten Giebelzimmer, in dem – das sah ich auf den ersten Blick – ein Pianino meiner Künstlertaten harrte, stand auf dem Sofatische die Kaffeekanne und das Butterbrot.

Ich war daheim.

Freßkober: Freßkorb
Wolmen: Vortreppen, Terrassen

Wir kommen hereingetreten

Wir kommen hereingetreten,
  Loop an de Linge!
Mit Singen und mit Beten,
  Loop an de Linge!
  De Strußklangs klinge,
  De Föschkes springe,
  De Dannekinder singe.

Wo öß denn de Käke?
  Loop an de Linge!
Wie wölle möt ehr spräke,
  Loop an de Linge usw.

De Käke steit am Füerheerd,
Se öß ok keine Grosche wert.

De Käke schiert dem Kätel blank
On schrobbt dat ganze Hus entlang.

Dort ön jennem Winkel,
Doa hängt e fetter Schinke.

Dort op jennem Nagel,
Doa hängt e fetter Toagel.

Dort ön jennem koppre Topp,
Doa öß e goder Schwienskopp.

Loat ons nich lange lure,
Det Beer ward ons versure.

Loat ons nich lang stoahne,
Wie motte wieder goahne.

Loat ons nich lang wachte,
Wie motte hier verschmachte.

Ock stoah op enem Löllgeblatt
De Feetkes ware ons ömmer natt.

De Schettel hefft e goldne Rand,
De Herrschafft hefft e milde Hand!

In Tolkemit und Cadinen

Wolfgang Ignée

Das nächste Dorf am Ufer des Haffs ist Tolkemit (Tolkmicko), ein kleiner Fischerhafen, der 1945 oft im Wehrmachtsbericht auftauchte. Hier riegelten die Sowjets den Heiligenbeiler Kessel im Süden ab. Ein kleiner Hafen ist da, über dessen Einfahrt die Möwen im Wind stehen. Es bläst kühl von der Ostsee über das Haff herüber, und das Wasser im Hafenbecken zittert. Der Ort scheint menschenleer.

Endlich Cadinen (Kadyny), das Dorf mit der Eiche. Zuerst sehen wir aber nur das Gut mit dem Gestüt, sehr gepflegt, hinter dem vom Baumlaub überdachten Vorplatz. Das zur Komturei Elbing gehörende Dorf mußte der Orden 1431 an die altpreußische Familie Baisen (auch Baysen) für nicht mehr bezahlbare Dienste verpfänden. So ging das meiste Land in Ostpreußen aus Ordenshand in den Besitz alteingesessener oder eingewanderter Familien über. Der Orden zog sich so seine eigenen Todfeinde und Erben selber heran. Hans von Baisen war zunächst engster Berater des Hochmeisters, wechselte aber opportunistischerweise bald mit zweien seiner Brüder ins Lager der aufrührerischen Stände. Er wurde deren Wortführer, und er war es auch, der dem polnischen König das Land anbot.

Um die Wende zum zwanzigsten Jahrhundert kaufte Wilhelm II. das Gut Cadinen. Der Kaiser machte eine Ferienidylle für seine Familie daraus. Seine Kinder ruderten auf dem Haff und nahmen bei den Kinderfesten der Kaiserin am Sackhüpfen mit der Cadiner Dorfjugend teil. Das Dorf stand am Bahnhof und schwenkte Tücher und Arme, wenn die Herrschaften die Haffuferbahn Richtung Berlin bestiegen.

Wilhelm II. (1859–1941), seit 1888 deutscher Kaiser und König von Preußen; dankte 1918 ab

Romantisch gelegen

Friedrich Förster

Cadinen, hat eine romantische Lage auf einer bewaldeten Anhöhe mit reizender Aussicht auf das Haff und die Ostsee. Obschon von den Wundern des aufgehobenen Bernhardiner-Klosters daselbst nichts verlautet, so ist es doch noch immer ein besuchter Wallfahrtsort, an welchem die Wunder der schönen Natur sich in ihrer vollen Kraft erhalten haben, während die der Heiligen dahin sind. Nicht minder reizend liegt Jungfer am Haff und Preußisch-Mark.

Das kaiserliche Schloß in Cadinen

Frühlingsruf

Robert Reinick

Ein Vogel, ein Vogel! O hört, wie er singt!
Wie hell durch den Garten sein Stimmlein erklingt!
Er rufet: »Ihr Kinder! Ihr Lämmer! heraus!
Ihr Kinder zum Spielen, ihr Lämmer zum Schmaus!«

Und alles auf Erden und hoch in der Luft,
Das lacht und erfreut sich an Blüten und Duft:
Was Flossen hat, schwimmt; was Beine hat, springt!
Was Flügel hat, fliegt; und wer singen kann, singt!

Die Frische Nehrung mit ihren Dünen

Paul Fechter

Die Frische Nehrung mit ihren Dünen, die bald hinter den Weichselmündungen, den alten natürlichen, und dem neuen Durchstich einsetzen, taucht Jahrhunderte vor den ersten deutschen Stadtgründungen im Osten im Bericht über die erste Preußenfahrt unverkennbar auf, Bild einer noch unberührten Landschaft, die seitdem ihre Züge oft und einschneidend verändert hat und im Kern sich doch gleichgeblieben ist. Das Frische Haff hat gerade durch seine Lage zwischen Nehrung und Höhe, durch seine Herkunft aus der Weichsel- und Nogatniederung und sein fernes Verdämmern auf Pillau und Balga zu des öfteren mehr Bodenseecharakter, als man erwartet. Wenn man gegen Abend im Segelboot zwischen dem schmalen dunklen Schattenstreif der Frischen Nehrung auf der einen, den melancholisch heiter ins letzte Tageslicht steigenden Waldhöhen auf der anderen Seite dahingleitet, durch die unerhörten Perlmuttertöne dieses weiten, kaum bewegten Wassers, wenn die hohen abendlichen Wolkengebirge geheimnisvoll rosig leuchtend ins verdämmernde Blau steigen – und das Haff vor dem Schiff leuchtet in einem Reichtum süßester Farben bis in die Ferne, in der Himmel und Horizont verschweben und die Welt unwirklich überirdischer Raum wird –, dann erlebt man Momente, wie sie so nur noch der Bodensee, eine Fahrt von der Mainau ostwärts etwa, zu bieten hat. Vergleiche von Landschaften sind immer schief: hier aber gibt es Augenblicke, in denen man, wie auf den Waldhöhen um Panklau, in den Rehbergen, vergißt, im Osten zu sein, und etwas vom Zauber einer südlichen Gegend erlebt, den man hier oben kaum vermutet hätte.

Der Reiz dieses bis auf die kurzen Sommerwochen einsamen Landstrichs zwischen der Weichsel und Lochstädt, dieses geschichtslose Land mit so viel Geschichte seiner Natur aber ist geblieben: die Frische Nehrung gehört zu den wundersamsten Gegenden des landschaftlich so reichen Ostens. Sie hat wie die Kurische Nehrung ihre große Poststraße: sie ist im übrigen wie sie frei geblieben von der Motorisierung. Der hat man das Wasser überlassen: die Fischer von Liep, von Kahlberg bringen ihre Beute in Motorbooten nach Pillau, nach Elbing zum Verkauf. Über der Nehrung liegt noch das Rauschen der Wälder und der See, die uralte Melodie, die zu Wulfstans Zeiten nicht anders erklang als heute, wenn man damals auch weniger auf sie achtete. Weithin ziehen sich die »Kiehnenwälder« über das Auf und Ab der Sandhügel: hohe Farne, vor allem Adlerfarne wachsen zu Tausenden zu ihren Füßen, und in der Gegend um den Blocksberg, westlich vor Liep, ragen unzählige dunkle Sträucher des Wacholders auf, des Machandelbaums oder des Kaddick, wie man auf der Nehrung sagt. Die Kaddickschweiz heißt noch heute die Hügelwelt um den Blocksberg.

Die Nehrung hat noch etwas von der Wildheit des großen unmittelbaren Lebens, das den Maler Lovis Corinth zu ihr zog, der in seinen »Legenden aus dem Künstlerleben« sehr anschaulich von dem wilden Dasein mit seinen Fischerfreunden berichtet. Sie hat diese Wildheit am meisten im Winter, wenn der Frost und der Ostwind über dem Haff liegen, und das Eis in den Nächten mit dumpfem Knallen weithin reißt, wenn die See den Strand vereist und wie ein spielendes wildes Tier Badebuden und Fischerhütten und was sie sonst an Menschenwerk erreichen kann, mit sich nimmt. Wenn die Nehrung trotz Haffuferbahn und Schlittschuhen abgeschnitten ist von der Welt des Draußen, weil der Winter tückisch lauernd mit dem Nebel daliegt und den Waghalsigen, der zu spät heimkehrt, plötzlich auf dem Haff überfällt und keinen Ausweg aus dem Nebel mehr finden läßt, also daß er stunden-, nächtelang verzweifelt auf dem Eis im Kreis umherirrt – wenn der Schneesturm kommt und ihn mitnimmt: dann bekommt er hier eine erste Ahnung, was Osten heißt und was diese in Sommertagen so freundliche Gegend eigentlich ist.

Lovis Corinth (1858–1925), Maler und Graphiker des Impressionismus, später auch an den Expressionismus angenähert

Die warnende Nebelgestalt

F. Strehlke

In dem Eise des Frischen und Kurischen Haffs bilden sich bei zunehmender Kälte, »wenn der Frost Meilen hinab spaltet den See«, unter donnerähnlichem Krachen nicht selten breite Spalten, über welche die Schlitten auf mitgenommenen Brettern gebracht werden. Es wird erzählt, daß ein Landmann, der bei einbrechender Dunkelheit längs des Frischen Haffs hinfuhr, plötzlich vor seinem Schlitten die Nebelgestalt eines riesigen Mannes erblickte, die ihm Umkehr zuzuwinken schien. Als der Landmann vorsichtig weiterfuhr, befand er sich bald vor einer breiten Spalte offenen Wassers, die er nicht überschreiten konnte und in die er ohne die Warnung mit Pferd und Schlitten gestürzt wäre. Es ist, als schwebe um diese Sage die Erinnerung an ein friedliches, Schiffbrüchigen hilfreiches Volk der Vorzeit.

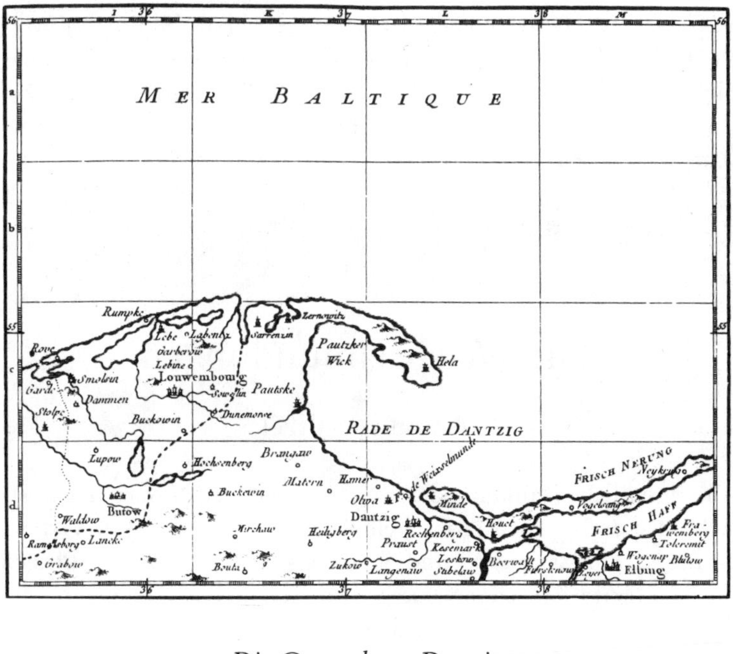

Die Gegend um Danzig

Das ehemals berühmte Seebad Kahlberg

Wolfgang Ignée

Dann weiter, hindurch zwischen Fichtenwäldchen und Schilffeldern, zwischen See und Frischem Haff, und auf gut geteerten Straßen nach Kahlberg (Krynica Morska). Von dem berühmten Seebad ist nicht viel übrig, aber ich verspüre darüber keinen Stich in der Brust und keinen Schmerz, weil nur einzelne, wie vom Seewind zerfetzte Kindheitserlebnisse in mir aufsteigen. Das Strandleben hinter der bepflanzten Düne sieht wie Grömitz oder Dahme vor dem Wirtschaftswunder aus, paradiesisch also. Wir setzen uns zum Essen in den abgekühlten Sand – eine Tafel zeigt fünfzehn Grad Wassertemperatur – und nehmen nur ein Bad mit den Augen. Wir packen die Preußisch Holländer Schweinekoteletts aus, und sofort sind wir von schätzungsweise hundert kräftigen, hungrigen Möwen umflattert. Mit gespreizten Flügeln stehen sie in der Luft, lassen sich sanft in den Sand fallen und trippeln näher, soweit es ihre Angst und Feigheit zulassen. Die kleinen Glotzaugen sind fest auf unsere Gesichter geheftet, und das ist kein angenehmes Gefühl. Wir werfen kleine Brocken in die Luft, möglichst weit weg, und sehen, wie sich der Pulk darauf stürzt. Manchmal schlägt der Wind um, und dann riecht es bis herunter zum Strand nach gebratenem Fisch und Kartoffelflinsen.

Kartoffelflinsen: Kartoffelpuffer

Die Weichselmündungen

Anton von Etzel

Die eigentliche Mündung der Weichsel, welchen Namen der westliche der drei großen Arme beibehält, geht direkt in die Ostsee, während die Ostweichsel und Nogat das Haff aufsuchen, grub sich aber im Laufe der Zeiten verschiedene Betten. Bis um die Mitte des sechzehnten Jahrhunderts bediente sich die Schiffahrt eines jetzt östlich von Weichselmünde liegenden Talganges, das alte Fahrwasser oder die Norderfahrt genannt, seitdem dieselbe aber 1550 durch Anlegung des Mägdegrabens bei der Montauer Spitze, der den größten Teil des von Polen kommenden Weichselwassers in die Nogat geleitet hat, nach und nach völlig versandete, ist sie jetzt kaum noch für kleine Boote fahrbar. Schon seit dem Anfange des siebzehnten Jahrhunderts mußten Schiffe, die aus der Weichsel in die See gelangen wollten, östlich oder westlich eine Durchfahrt suchen, je nachdem die momentan herrschenden Stürme hier oder dort den Boden tiefer ausgehöhlt und dadurch Kanäle gegraben hatten, die man durch eingeschlagene Pfähle und daran angebrachte Vertonnungen kenntlich machte. Unter diesen Kanälen fand man den, der zwischen dem westlichen Festlandsufer und der seit 1634 von den Meereswellen aufgeworfenen Sandbank, die Platte genannt, entstanden war, am sichersten und nutzbarsten, weshalb man denn auch sorgfältig darauf dachte, ihn gegen Stürme und Fluten zu schützen, und daher fleißig den nachsinkenden Sand herausbaggerte und zur Erhöhung der Platte benutzte. Im Jahre 1698 aber, als ein unglücklicher Eisgang den Kanal mit völliger Zernichtung bedrohte, fing man an ihn mit Bollwerken einzufassen und durch eine Schleuse gegen die Eisschollen des Stromes zu sichern, und so entstand nun das »neue Fahrwasser« oder die »Westerfahrt«. Die ursprüngliche Schleuse und Befestigung des Kanals wurde mehrfach erneut und verstärkt und durch Fürsorge der preußischen Regierung im Jahre 1826 durch Aufmauerung steinerner Molen, die zu den Riesenwerken der Baukunst gehören, völlig gesichert. Die Benutzung der Westerfahrt schuf aber auch an ihrem linken Ufer den jetzt so lebhaften Schiffer- und Lotsenflecken Neufahrwasser.

Drei Meilen südostwärts von der Stadt Danzig teilt sich die Weichsel bei dem sogenannten Danziger Haupt in zwei Arme, von denen der rechte, die fahrbare Weichsel, direkt nach Osten in das Frische Haff strömt, der linke sich nach Nordwesten unmittelbar zur See wendet. Beide Arme umfassen die Danziger Nehrung, die in Außen- und Binnen-Nehrung zerfällt, und durch welche sich erst kürzlich, im Jahre 1840 von Eisstopfungen verursacht, die Westweichsel einen neuen Ausfluß bei dem Dorfe Neufahr bahnte, der demselben mehrere Häuser kostete, indem sie sich ein Bett von fünfzehnhundert Schritt Länge und mehr als fünfhundert Schritt Breite grub, das jedoch bald wieder durch Versandung für die Schifffahrt geschlossen wurde. Diese Nehrung hat zum Teil am Gestade des Meeres vielen Sand und in den Anhöhen am Strande vielen Bernstein, längs der beiden Weichselarme aber enthält sie fruchtbare Marschen, die zahlreiche Viehherden nähren, reiche Getreidefelder einschließen und mit wohlhabenden Dörfern bedeckt sind. Im Osten schließt sich die Frische Nehrung, eine neun Meilen lange Sandbank, die das Frische Haff vom Meere scheidet, an die Danziger an, hakenförmig nach der See gewendet, in nordnordöstlicher Richtung laufend und in ihrer Breite ziemlich gleichmäßig und höchstens zwischen einer und zwei Meilen wechselnd.

Dieser Landrücken, als dessen tieferliegenden Bestandteile an einzelnen Stellen Grabungen kalkige Substanzen, Kiesel, Muschelreste und vegetabilische Stoffe erkennen ließen, ist auf seiner Oberfläche größtenteils mit hohem Sande bedeckt, auf dem sonst nichts gedeiht als eine ausgedehnte Waldung von Nadelholz, vornehmlich Kiefern, zwischen denen eine Anzahl Fischerdörfer zerstreut liegt. Auf der Meeresseite bildet dieser Sand eine Kette von Hügeln oder Dünen, welche ihre Gestalt und Lage nach jeder Richtung des Windes ändern. Sie drohten damit nicht nur die ganze Erdzunge unbewohnbar zu machen, sondern auch sowohl die Elbinger als Danziger Weichsel völlig zu versanden; denn sie drangen allmählich immer weiter in das Innere der Nehrung hinein, viele Häuser wurden von ihnen verschüttet, die Kirche von Neukrug mußte, um nicht ein gleiches Schicksal zu erleiden, abgebrochen und auf eine andere Stelle verlegt werden, und die zu Bohnsack konnte man nur durch öfteres Wegschaufeln des vorgeschütteten Sandes zugänglich machen. Allein seit 1795 wird mit sehr großem Kostenaufwande daran gearbeitet, diese Dünen durch Bepflanzung mit Kiefern und Seegräsern zum Feststehen zu bringen, und schon ist ein großer Teil der Erdzunge dadurch gerettet worden.

Die Entstehung dieser Nehrung und des dahinterliegenden Wasserbeckens ist unbekannt. Schon in der Beschreibung der im neunten Jahrhundert auf König Alfreds Befehl unternommenen Entdekkungsreise im Baltischen Meere findet sich das Haff beschrieben, wie es sich uns jetzt noch zeigt; und in der Lebensschilderung des heiligen Adalbert, die schon vor dem Jahre 1190 niedergeschrieben wurde, wird erzählt, daß derselbe im Jahre 997 aus der Gegend von Danzig auf die Nehrung (in Neringam) gekommen sei.

Die Verbindungspunkte des Haffs und des Meeres sind aber häufiger und leicht dem Wechsel unterworfen; die Öffnung, durch welche das Wasser des Frischen Haffs sich mit der Salzflut verbindet, hat in historisch beglaubigter Zeit, im vierzehnten und sechzehnten Jahrhundert, mehrfach ihre Stelle verändert. Erst befand sie sich bei Lochstädt, ganz im Nordosten der Nehrung, dann ungefähr in der Mitte der Landzunge zwischen den Dörfern Fogle und Schmeergrube, der Stadt Frauenburg gegenüber, und wurde hier in dem Jahre 1311 und nach anderen Chroniken 1395 durch heftige Nordweststürme mit Sand ausgefüllt, und es bildeten sich darauf erst bei Rosenberg und dann bei Alttief, Balga gegenüber, Durchbrüche. Auch sie versandeten, und die Fluten wendeten sich von der Mitte der Landzunge ab wieder nach der Nordostecke, bei Altpillau sich einen neuen Weg öffnend, aber auch er schloß sich bald wieder, wohingegen eine Springflut am 16. September 1510 das noch heut benutzte Fahrwasser, das »Pillauer Tief« oder »enge Gatt«, eröffnete. Es hat diese Straße 3000 Fuß Breite und ihre Tiefe von zwölf bis fünfzehn Fuß gestattet Fahrzeugen mit einer Ladung von 200 Last den Einlauf.

Das Frische Haff selbst nimmt zwischen der Weichselmündung und Königsberg eine Länge von vierzehn Meilen und eine Breite von anderthalb bis zwei Meilen ein, und seine Tiefe gestattet kleineren Fahrzeuge beladen die südlichen Häfen aufzusuchen. Die Festlandsküste ist hier und dort ausgebuchtet und zieht sich nach Nordnordost, in ihrem nördlichen Endpunkte sich bis auf vier Meilen und darüber von dem Meere entfernend.

Vegetabilisch: pflanzlich
heiliger Adalbert, Bischof von Prag (gest. 997, heiliggesprochen 999), der »Apostel der Preußen«
Last: Maß (2000 kg)

Die hochmütigen Bauern zu Lichtenau

Eine Sage

Zu derselben Zeit waren aber auch die Bauern sehr hochmütig und gottlos geworden, wie denn der Reichtum so gar leicht Üppigkeit und allerlei Laster gebiert. Unter andern sind die Taten der Bauern zu Lichtenau im Großen Werder berühmt geworden. Wir wollen hier einige davon erzählen:

Es kam auf eine Zeit in dieses Dorf ein Dominikanermönch von Danzig zum Betteln. Nachdem dieser das Dorf durchterminiert, kam er auch in den Krug. Weil es grade Fronleichnamsabend war, so saßen allda viele Bauern am Zechen. Die Bauern empfingen ihn mit großer Ehrerbietung, setzten den Herrn oben an und tranken ihm einer nach dem andern zu, welches alles ihm sehr wohl gefiel. Da nun aber der Trunk über ihn kam, glaubte er Affenspiele mit ihnen treiben zu können; das wollten die Bauern nicht leiden; worauf er ihnen gar unnütze Worte gab, sie schmähte und verfluchte und zuletzt, kraft seines heiligen Ordens, sie in den Bann tat. Das verdroß die Bauern sehr auf den Mönch, und sie beschlossen, ihm nichts zu schenken. Nun durften sie ihn nicht schlagen, weil er ein geweihtes Haupt hatte, sie ersonnen daher etwas anderes. Nahmen derohalben einen weiten Hopfensack, spannten denselben außen um die Stubentüre, hoben dann unter sich einen falschen Streit an, ziehen vom Leder und löschen die Lichter in der Stube aus. Da gedachte der Mönch, der auch seiner Haut sich fürchtete, es sei nun Zeit zu gehen; er rannte daher mit gebücktem Haupte eilend der Türe zu, um sich davonzumachen, und läuft also recht den Bauern in den Sack hinein. Diesen banden die Bauern nun zu, hängten ihn über den Herd und machen von allerlei stinkenden Sachen ein Feuer an, welches den Mönch von allen Seiten so beräuchert, daß er fast den Atem verliert. Als er nun um Gottes willen bat, sie sollten ihn aus dem Sacke lassen, da reichen sie ihm zwei Eier zu, die sie mit allerlei eklen Sachen gekocht, die mußte er in dem Sacke essen. Darauf ließen sie ihn los. Aber der Mönch hatte von der Mißhandlung einige Tage nachher seinen jämmerlichen Tod.

Ein andermal kam ein Pilgersmann in den Krug, da die Bauern dort am Zechen waren. Dieser ließ zuerst von den Bauern sich traktieren, und als er mehr als ihm nötig getrunken, fing er an, von sich selbsten zu rühmen, was für weite Reise er gemacht, wie er zu Compostella und beim finsteren Stern gewesen und großen Ablaß verdient habe; aber, sagte er zuletzt, ich habe noch an keinem Orte ärgere und gottlosere Leute gesehen als euch heillose Bauern in diesem Dorfe, die ihr die fremden Pilger so wenig mit Almosen labet. Dieses sagte er, weil er seines Bedünkens beim Terminieren durch das Dorf nicht genug bekommen hatte. Die Bauern wollten es nicht gern mit ihm verderben und setzten ihm daher zu dem Trunk nun auch Fleisch vor, welches teils getrocknet, teils gekocht war; das war aber dem Jakobsbruder nicht genug, und er sagte: Mit solchem Fleisch könnt ihr keine Gnade erlangen bei St. Jakob, meinem Herrn, etwas Gebratenes müßt ihr mir vorsetzen. Da dachten die Bauern seinen Hochmut zu bestrafen, sie berieten sich kurz miteinander, fielen über ihn her, banden ihm Hände und Füße, taten ihm einen Knebel in den Mund, sagten: Jetzt sollst du Gebratenes haben; banden ihn darauf nackend an einen Bratspieß, legten ihn an das Feuer und beträufelten ihn mit Butter. Sie wollten ihm bloß etwas heiß machen, aber mittlerweile lief plötzlich ein Hase durch den Krug, welches ohne Zweifel der Teufel selbst gewesen, dem an der Seele des Pilgers wie der Bauern gelegen war. Diesem Hasen folgten die Bauern alle mit großem Geschrei, und als sie zurückkommen, ist der Jakobsbruder am Spieße verschmachtet und gestorben.

Ein drittes Stück ist folgendes: Sie hatten einen Pfarrherrn, Wolfgang Lindau mit Namen, einen gelehrten und gottesfürchtigen Mann; der strafet sie öfters von der Kanzel wegen ihres üppigen und bösen Lebens und bedrohte sie mit Gottes Zorn und ernster Strafe. Das mißfiel den hochmütigen Bauern, die sie warteten auf eine Gelegenheit, wie sie an dem Pfarrherrn sich rächen möchten. Der Pfarrherr aber merkte ihre Absicht gar wohl, und er wich ihnen überall aus. Endlich aber trug es sich zu, daß sie die ganzen Pfingstfeiertage hindurch im Kruge gesoffen, und zwar so viel Bier, daß von den Hefen, welche der Krüger in einem Troge sammelte, eine große Sau, die von ungefähr darüber gekommen, sich so voll gesoffen, daß sie sogleich tot geblieben. Diese tote Sau nahmen nun die andern vollen Säue, legten sie in einer ganz finstern Kammer zu Bette, deckten sie zu und schickten dann zum Pfarrer, ihm sagen lassend, daß einer von ihnen plötzlich krank geworden, in den letzten Zügen liege und berichtet sein wolle. Der Pfarrer meinet, es wäre ernst, und kam bald gelaufen. Als er aber mit dem Kranken begann zu reden, da merkte er von Stund an die Büberei, er ließ daher jedermann heraustreten, ging dann nach einer Weile heraus und sagte zu den Bauern: um den Kranken stehe es schlecht, derselbe habe schon die Sprache verloren, das heilige Sakrament könne ihm daher nichts mehr nützen, er wolle ihm aber das heilige Öl holen, welches ihm eben sowohl zur Seligkeit dienen werde. Die Bauern glaubten ihren Scherz noch weiter mit ihm treiben zu können und blieben. Er aber setzet sich eilend auf und reitet zum Neuenteich, wo der Pfleger des Schlosses Marienburg war; dem erzählet er, was geschehen, worauf sich derselbe sofort mit seinen Mannen rüstet, die gottlosen Bauern zu bestrafen. Diese hatten unterdessen, als der Pfarrer ihnen zu lange ausblieb, die von ihm zurückgelassene Monstranz genommen, und als sie darin keine Hostie fanden, sich eine solche geschnitten. Diese administrierten sie dem Kranken. Einer von ihnen hielt des Pfarrers Amt, der andere diente ihm mit einer Kuhglocke, die übrigen saßen im Zirkel rings umher, als wenn sie Seelenmesse sängen. Dabei soffen sie einander in Halben und Ganzen zu. Zu diesen Sachen kam eben der Pfleger mit seinen Leuten. Er ließ ernstlich auf die Bauern zuschlagen, diese aber, nicht faul, nahmen den Pfleger gefangen und jagten sein Gesinde in die Flucht. Weil nun der Pfleger einen großen dicken Bart hatte, so steckten sie diesen in ein Loch über der Türe und schlugen einen Keil dicht hinein, daß er also, halb an dem Barte hängend, stehen mußte, und trieben nun allerlei Gespötte mit ihm. Sein Gesinde war aber nach Marienburg gelaufen, und es kam alsbald eine große Macht des Ordens, welche den Pfleger befreiten und die Bauern gefangen nach Marienburg führten, wo sie in die tiefsten Gefängnisse eingesperrt wurden. Ihre Strafe war nachmals die, daß sie die ganze Landstraße von dem Kruge zu Lichtenau bis in das Schloß zu Marienburg mit Groschen belegen, sodann mit eigenem Gelde und mit eigenen Händen einen Turm des Schlosses zur Nogat bauen und demnächst in diesem ein ganzes Jahr lang bei Wasser und Brot gefangen liegen mußten.

Der Mörtel, welcher zum Bau des Turms verwendet wurde, ward nicht wie sonst mit Wasser, sondern mit Buttermilch bereitet, welche die Bauern herbeischaffen mußten. Davon heißt selbiger Turm noch bis auf den heutigen Tag der Buttermilchturm. Eine andere Sage will diesen Namen aber daher leiten, daß der Woiwode Stanislaus Kostka einst zu den Bauern nach etwas Buttermilch geschickt, diese aber dessen Boten verspottet und tags darauf ein ganzes Faß mit Buttermilch durch zwei Männer auf das Schloß gesendet hätten. Da habe der Meister diese greifen, in den Turm setzen und so lange in demselben festhalten lassen, bis sie sämtliche im Fasse befindliche Milch aufgezehrt.

durchterminiert: Haus für Haus abgeklappert
Krug: Gastwirtschaft
traktieren: bewirten

Compostella: spanischer Wallfahrtsort
Ablaß: Nachlaß der Sünden
administrierten: reichten

Die Weichselbrücke bei Dirschau

K. H. Brandes

Wir sind an der Weichselbrücke bei Dirschau, das einige Meilen westwärts am linken Ufer des Stromes liegt. Derselbe hat hier angeblich die Breite von 1200 Fuß – ich zählte 500 Schritt – und kommt sonach der Breite des Rheins bei Köln gleich. Da aber die Weichsel bei Hochwasser, wenn das Eis losbricht und sich festsetzt, das niedrige rechte Ufer überschwemmt, so hat die Brücke mehr als noch einmal so lang gebaut werden müssen, denn sie mißt 2660 Fuß. Es ist keine Bogenbrücke – zu einer solchen wären vielleicht an 40 Pfeiler erforderlich gewesen, und diese hätten bei Anschwellung des Stroms den Durchfluß des Wassers zu sehr aufgehalten –, auch keine Hängebrücke, die für Eisenbahnzüge wohl zu beweglich und unsicher sein möchte, sondern eine Gitterbrücke von außerordentlicher Festigkeit. Auf jeder Seite erheben sich fünf gewaltige runde weiße Pfeiler, wie Festungstürme oben mit Zinnen versehen, 140 Fuß hoch, immer zwei einander gegenüber, und außer diesen an den beiderseitigen Aufgängen eckige Türme. Sonach sind sechs Zwischenöffnungen vorhanden, durch welche das Wasser fließen kann. Der untere Teil des Turmes oder der eigentliche Pfeiler, der im Wasser und zunächst darüber steht, ist teils aus Lavastein von Niedermendig in der Eifel, teils aus Grant vom Ockertale des Harzes, teils aus Sandstein von Obernkirchen bei Bückeburg erbaut. Zwischen diesen Pfeilern befindet sich nun auf jeder Seite, der Länge nach, ein starkes eisernes Doppelgitter von sowohl aufrecht stehenden als kreuzweis gerichteten Eisenstäben, die fest ineinandergenietet und verschlungen sind, gleichsam eine durchbrochene Wand bildend, 38 Fuß hoch, und auf den Pfeilern fest und sicher ruhend. Unten auf dem Gitter liegen die Eisenstäbe, welche sich quer von einem Gitter zum andern erstrecken, und auf den Querstäben die Balkenlage, über welche gefahren wird. In der Mitte derselben ist die Eisenbahn mit den Schienen, auf jeder Seite ein Weg für das gewöhnliche Fuhrwerk, und außerhalb des Gitters auf jeder Seite ein schmaler drei Fuß breiter Pfad für die Fußgänger, so daß die ganze Breite der Brücke 26 Fuß beträgt, davon 20 Fuß zwischen den Gittern. Durch ein prachtvolles Portal mit viereckigen Seitentürmen betritt man von beiden Enden her diesen merkwürdigen Strom-Übergang, als wenn man in eine kunstvoll erbaute Zitadella eingeht, und kann darüber hinschreitend den Bau der glattpolierten schönen hohen Türme, das durchsichtige, so zierlich und fest gearbeitete, rot angestrichene Eisengitter und den sauberen sichern Pfad nicht genug bewundern. Denn es ist nicht allein das Notwendige und Erforderliche, sondern auch für Schönheit und

Würde eines Werkes, das Jahrhunderte dauern und dem Verkehr der Menschheit dienen soll, das Möglichste geleistet; und noch herrlicher wird sich das Kunstwerk zeigen, wenn erst die großen Reliefs daran prangen, welche den östlichen Aufgang zieren sollen. Gegenwärtig, indem ich dies schreibe, lese ich, daß sie bereits fertig geworden und nach dem Entwurf Schievelbeins in der Fabrik des Herrn March zu Berlin mit höchster Sauberkeit und Eleganz als das Vollendetste, was die Tonbildnerei bisher geliefert hat, ausgeführt sind. Gegenstand derselben ist die Verherrlichung der Verdienste des Deutschen Ordens um das preußische Weichselland. Das große Relief, ein 22 Fuß breiter und 10 Fuß hoher Fries, für die Wand des Portalturmes bestimmt, enthält in der Mitte die Gestalt des Hochmeister Winrich von Kniprode zu Roß, der 30 Jahre lang von 1351 bis 1382 für den Orden und die Verbreitung des Christentums wirkte; vor ihm stehen ein Baumeister der Marienburg, im Gefolge ein Bischof mit dem Kreuz in der Hand, heidnische Preußen, und auf dem Boden liegen zertrummerte Götzenbilder; im Hintergrunde zeigt sich ein Ritter mit dem Banner des Ordens, zur Seite ein Mönch, der einem herbeieilenden Knaben die heilige Schrift vorhält. Die kleineren Reliefs beziehen sich auf die bedeutenden Strombauten, die der Orden für Entwässerung der Weichselniederung vornahm. – Wenn man indes die Brücke vom Strome her, sei es oberhalb oder unterhalb, betrachtet, so macht sie nicht den imposanten Eindruck, wie wenn man auf derselben umherwandelt, und das scheint mir daher zu kommen, weil sie bei der außerordentlichen Länge nicht sehr hoch über dem gewöhnlichen Wasserstande ruht. Ich sah die lange Bogenbrücke, die durch das Meer vom Festlande nach Venedig führt, sie machte ebenfalls nur geringen Eindruck, da sie sehr niedrig ist, und ich sah die Britannia-Brücke, die über die Menai-Straße von Wales nach der Insel Anglesea geschlagen ist, und die war von gewaltiger Wirkung, da sie hoch über der Wasserfläche thront. Wenn ich nicht irre, so ist die Weichselbrücke bei Dirschau die erste Gitterbrücke, die gebaut worden, und würde dann die neue Rheinbrücke bei Köln, die ich nicht gesehen habe, die zweite sein.

Zitadelle: Stadtveste
Reliefs: Bildwerke
Hermann Schievelbein (1817–1867), Bildhauer
Fries: gliedernder Gesimsstreifen
Winrich zu (von) Kniprode (1351–1382), Hochmeister des Deutschen Ordens

Preußisch Stargard

Daniel Chodowiecki

5. Juni 1773. Stargard ist eine der schönsten Städte, die ich bis jetzt passierte. Es hat schöne Straßen, schöne Kirchen und einen schönen Markt. In der Umgegend könnte man hübsche Sachen zeichnen. Hier halten die Franzosen ihren Gottesdienst in einer lutherischen Kirche. Ich trank Kaffee, fütterte ein Maß Hafer und ein Stück Brot, welches es nicht auffraß.

Westpreußen, liebes Heimatland

Johannes Trojan

Westpreußen, liebes Heimatland,
Dir send' ich Grüße zu;
So nahe meinem Herzen stand
Kein andres Land wie du!
So manches Land, das hold und schön,
Sah ich im Zeitenlauf,
Doch nie, als wenn ich dich gesehn,
Ging so das Herz mir auf.

Ursprung und Wappen der Stadt Berent

Eine Sage

In der Gegend, wo jetzt die Stadt Berent liegt, zeigte sich einst vor grauen Jahren ein Bär von ungeheurer Größe und Stärke, der rings alles verwüstete, Menschen und Vieh anfiel und der Schrecken der ganzen Gegend war. Endlich entschlossen sich zwei beherzte Männer, Vater und Sohn, das Land von dieser Plage zu befreien. Sie erspähten die Höhle des Bären, drangen in dieselbe ein, als er sich gerade drin befand, und töteten ihn nach einem mörderischen Kampfe. Durch diese Heldentat erwarben sich beide so viel Ansehn, daß alle benachbarten Gaue sie zu Führern wählten. Sie bauten sich darauf einen Hauptort und nannten ihm zum Andenken an die Begebenheit, der sie ihre Herrschaft verdankten, Bär-End (Berent). Der jetzige Markt der Stadt ist die Stelle, wo die Tat geschah.

Bei der Stadt Berent befinden sich zwei Seen, welche früher miteinander verbunden gewesen sind; gegenwärtig trennt sie eine Wiese. Letztere hat das Eigentümliche, daß in ihrer Mitte Binsen stehn, welche durch ihren Abstand gegen die umgebenden Gräser genau die Gestalt des Wappens der Stadt, und zwar mit einer solchen Genauigkeit, bilden, daß selbst die Sterne, welche das Schild desselben verziehren, deutlich zu erkennen sind. So oft auch die Wie-

se samt den Binsen gehauen werden mag, so zeigt doch in jedem neuen Jahre der Platz, den die letzteren einnehmen, dieselbe Gestalt. Einen Ursprung oder Grund dieser Erscheinung verkündet die Sage nicht; von den beiden Seen aber berichtet sie, daß an der Stelle, wo sich der kleinere jetzt befindet, eine Kapelle, wo der größere, das Schloß von Berent gestanden habe, wie denn letzterer auch noch den Namen des Schloßsees führt. Ersterer hat das Eigentümliche, daß er, trotz seines nicht bedeutenden Umfanges, doch von unergründlicher Tiefe ist. An Stelle der versunkenen ward eine andere Kapelle auf einer Höhe am Ufer erbaut, wo sie noch steht. Das Schloß soll wegen der Schändlichkeit des Starosten, der auf ihm saß, untergegangen sein.

Das stille Karthaus

K. H. Brandes

Bald blinken uns mehrere kleine Seen entgegen, hernach fahren wir sanft bergab, und wir sind am Ziel unserer Reise, in Karthaus, acht Stunden von Danzig. Schon der Name meldet uns, daß hier einst ein Karthäuserkloster war. Es ist ein stiller, einsamer Platz, den sich hier die Mönche auswählten, wenn auch nicht so einsam und schwer zugänglich wie ihr Ursprungskloster, die große Karthause in dem Alpentale unfern Grenoble. Aber wer dem Geräusch der großen Stadt entfliehen will, findet hier eine ländliche Stille, die ihm wohl tun wird. Die weit auseinanderliegenden großen, fast alle wie Neubauten erscheinenden weißen Häuser des Marktflekkens ziehen sich an einer sanften Höhe in die Tiefe nieder, welche von zwei ansehnlichen Seen ausgefüllt wird. Zwischen beiden steht noch jetzt die Klosterkirche und auf einem bewaldeten Hügel darüber recht malerisch eine verfallene Kapelle. An dem Stillen See – so heißt, wie ich meine, der eine – schlängelt sich ein anmutiger Weg zwischen stattlichen Buchen hin. Hier wandele umher, an dem blauen Wasserspiegel, den sanfte bewaldete Berghöhen umfassen, und Gottes Friede wird sich in dein Herz senken und es wahrhaft erquikken.

Westpreußen um 1780

Gustav Freytag

Die Mehrzahl des Landvolks lebte in Zuständen, welche den Beamten des Königs jämmerlich erschienen, zumal an der Grenze Pommerns, wo die wendischen Kassuben saßen. Wer dort einem Dorfe nahte, der sah graue Hütten und zerrissene Strohdächer auf kahler Fläche, ohne einen Baum, ohne einen Garten – nur die Sauerkirschbäume waren altheimisch. Die Häuser waren aus hölzernen Sprossen erbaut, mit Lehm ausgeklebt; durch die Haustür trat man in die Stube mit großem Herd ohne Schornstein; Öfen waren unbekannt, nie wurde ein Licht angezündet, nur der Kienspan erhellte das Dunkel der langen Winterabende; das Hauptstück des elenden Hausrats war das Kruzifix, darunter der Napf mit Weihwasser.

Das schmutzige und wüste Volk lebte von Brei aus Roggenmehl, oft nur von Kräutern, die sie als Kohl zur Suppe kochten, von Heringen und Branntwein, dem Männer wie Frauen unterlagen. Brot war fast unbekannt, viele hatten in ihrem Leben nie einen solchen Leckerbissen genossen, in wenig Dörfern stand ein Backofen. Hielten sie ja einmal Bienenstöcke, so verkauften sie den Honig an die Städter, außerdem geschnitzte Löffel und gestohlene Rinde; dafür erstanden sie auf den Jahrmärkten den groben blauen Tuchrock und das hellrote Kopftuch für die Frauen. Selten war ein Webstuhl, das Spinnrad war unbekannt, die Preußen hörten dort kein Volkslied, keinen Tanz, keine Musik, stumm und schwerfällig trank das Volk den schlechten Branntwein, prügelte sich und taumelte in die Winkel. Auch der Landadel unterschied sich kaum von den Bauern; er führte seinen Hakenpflug selbst und klapperte in Holzpantoffeln auf dem ungedielten Fußboden seiner Hütte. Schwer wurde es dem Preußenkönige, diesem Volke zu nützen. Nur die Kartoffel verbreitete sich schnell, aber noch lange wurden die befohlenen Obstpflanzungen von dem Volke zerstört, und alle andern Kulturversuche fanden Widerstand. Ebenso dürftig und verfallen waren die Grenzstriche mit polnischer Bevölkerung, aber der polnische Bauer bewahrte in seiner Armseligkeit und Unordnung wenigstens die größere Regsamkeit seines Stammes. Selbst auf den Gütern der größeren Edelleute, der Starosten und der Krone waren alle Wirtschaftsgebäude verfallen und unbrauchbar. Wer einen Brief befördern wollte, mußte einen besonderen Boten schicken, denn es gab keine Post im Lande, freilich fühlte man in den Dörfern auch nicht das Bedürfnis danach, denn ein großer Teil der Edelleute konnte so wenig lesen und schreiben, als die Bauern. Wer erkrankte, fand keine Hilfe, als die Geheimmittel einer alten Dorffrau, denn es gab im ganzen Lande keine Apotheke ... Wer einen Rock bedurfte, tat wohl, selbst die Nadel in die Hand zu nehmen, denn auf viele Meilen weit war kein Schneider zu finden, wenn er nicht abenteuernd durch das Land zog. Wer ein Haus bauen wollte, der mochte zusehen, wo er von Westen her Handwerker gewann. Noch lebte das Landvolk in ohnmächtigem Kampf mit den Herden der Wölfe, es gab wenig Dörfer, in welchen nicht jeden Winter Menschen und Tiere dezimiert wurden. Brachen die Pocken aus, kam eine ansteckende Krankheit ins Land, dann sahen die Leute die weiße Gestalt der Pest durch die Luft fliegen und sich auf ihren Hütten niederlassen; sie wußten, was solche Erscheinung ihnen bedeutete, es war Verödung ihrer Hütten, Untergang ganzer Gemeinden; in dumpfer Ergebung erwarteten sie dies Geschick. – Es gab kaum eine Rechtspflege im Lande, nur die größeren Städte bewahrten urkräftige Gerichte; der Edelmann, der Starost verfügten mit schrankenloser Willkür ihre Strafen, sie schlugen und warfen in scheußliche Kerker nicht nur den Bauer, auch den Bürger der Landstädte, der unter ihnen saß oder in ihre Hände fiel. In den Händen, die sie untereinander hatten, kämpften sie durch Bestechung bei den wenigen Gerichtshöfen, die über sie urteilen durften; in den letzten Jahren hatte auch dies fast aufgehört, sie suchten ihre Rache auf eigne Faust durch Überfall und blutige Hiebe. – Es war in der Tat ein verlassenes Land, ohne Gesetz, ohne Herren, es war eine Einöde. Friedrich begann in seiner großartigen Weise auch die Kultur dieses Landes; gerade die verrotteten Zustände waren ihm reizvoll, und Westpreußen wurde, wie es bis dahin Schlesien, fortan sein Lieblingskind, das er mit unendlicher Sorge, wie eine treue Mutter, wusch und bürstete, neu kleidete, zur Schule und Ordnung zwang und immer im Auge behielt. Noch dauerte der diplomatische Streit um den Erwerb, und schon warf er eine Schar seiner besten Beamten in die Wildnis, wurden die Landschaften in kleine Kreise geteilt, die gesamte Bodenfläche in kürzester Zeit abgeschätzt und gleichmäßig besteuert, jeder Kreis mit einem Landrat, einem Gericht, mit Post und Sanitätspolizei versehen. Neue Kirchengemeinden wurden wie durch einen Zauber ins Leben geru-

fen, eine Kompagnie von 187 Schullehrern wurde in das Land geführt, Haufen von deutschen Handwerkern wurden geworben, vom Maschinenbauer bis zum Ziegelstreicher hinab. Überall begann ein Graben, Hämmern, Bauen, die Städte wurden neu mit Menschen besetzt, Straße auf Straße erhob sich aus den Trümmerhaufen, die Starosteien wurden in Krongüter verwandelt, neue Kolonistendörfer abgesteckt, neue Ackerkulturen befohlen. Im ersten Jahre nach der Besitznahme wurde der große Kanal gegraben, welcher in einem Lauf von drei Meilen die Netze mit der Oder und Elbe verbindet. Ein Jahr, nachdem der König den Befehl erteilt, sah er selbst beladene Oderkähne von hundertundzwanzig Fuß Länge nach dem Osten zur Weichsel einfahren.

Starosten: Vorsteher einer Starostei, eines polnischen Verwaltungsbezirks, der in etwa einem Landkreis entspricht
dezimieren: vermindern

Der Silberdistelwald

Oskar Loerke

Mein Haus, es steht nun mitten
Im Silberdistelwald.
Pan ist vorbeigeschritten.
Was stritt, hat ausgestritten
In seiner Nachtgestalt.

Die bleichen Disteln starren
Im Schwarz, ein wilder Putz.
Verborgne Wurzeln knarren:
Wenn wir Pans Schlaf verscharren,
Nimmt niemand ihn in Schutz.

Vielleicht, daß eine Blüte
Zu tiefer Kommunion
Ihm nachfiel und verglühte:
Mein Vater du, ich hüte,
Ich hüte dich, mein Sohn.

Der Ort liegt waldinmitten,
Von stillstem Licht gefleckt.
Mein Herz – nichts kam geritten,
Kein Einhorn kam geschritten –
Mein Herz nur schlug erweckt.

Das freundliche Städtchen Neustadt

August Eduard Preuß

Neustadt (polnisch Nusdt), ein freundliches, in sehr angenehmer Gegend belegenes Städtchen, Kreisstadt, sechseinviertel Meilen von Danzig entfernt, mit 1690 Einwohnern, unter denen ungefähr zwei Drittel Katholiken. Der kleine Bialafluß, der eine Loh- und Walkmühle treibt, durchfließt die Stadt und fällt außerhalb derselben in die Reda, auf welcher viel Flößholz aus den benachbarten Wäldern bis zur See geflößt wird. Die Stadt hat eine katholische Kirche, eine evangelische, eine Stadt- und zwei Elementarschulen, ein Reformatenkloster, zu dem 26 in der Umgegend liegende Kapellen (Kalvarienkapellen genannt) gehören, und ist der Sitz eines Landratsamtes, einer Kreis-Justiz-Kommission und eines Stadtgerichts. Ihre Erbauung fällt in das Jahr 1643 und geschah durch den Woiwoden Weyher, nach welchem sie auch anfangs den Namen Weyhersfrei (polnisch Weyherowa) führte. Da sie ursprünglich auf dem Grunde des adeligen Gutes Schmechau angelegt ward, so war sie früher Mediatstadt, und der Graf von Keyserling zu Schmechau Mediatherr. Dies Verhältnis hat sich seit Einführung der Städteordnung geändert; doch bezieht der Gutsherr von Schmechau noch gewisse Grundabgaben, wogegen er die Kosten der Gerichtsverwaltung trägt. Noch bis auf den heutigen Tag ist Neustadt ein zur Zeit des Ablasses sehr besuchter Wallfahrtsort und gehört deshalb zu den wohlhabenderen kleinen Städten in unsrer Provinz. Aus den in der Umgegend befindlichen Bergen wurde ehedem viel Bernstein gegraben.

Mediatstadt: Amtstadt, ohne eigene Gerichtsbarkeit

Kassubische Dörfer

Daniel Chodowiecki

Wir kamen durch mehrere kassubische Dörfer, von denen eins immer elender war als das andere, wir erklommen Hügel, stiegen in Täler nieder, und quälten uns lange auf schlechten Wegen. Gegen ein Uhr kamen wir in Donnemörse an, wo wir in der Herberge gar nichts vorfanden; wir wandten uns an den Postmeister, der Einwände machte, uns aber schließlich doch Hafer gab, eine gute Biersuppe, ein Stück kaltes gekochtes Fleisch und ausgezeichnetes Brot aus Langfuhr mit Butter und Elbinger Käse. Auf dem Wege hierher bot uns eine Frau ein zwei- bis dreijähriges Kind zum Geschenk an, das sie gefunden haben wollte. Der Schlesier versprach, es auf seiner Rückreise mitzunehmen, um es einem kinderlosen Manne, der sich ein Kind wünschte, zu bringen. Der Posthalter in Donnemörse hatte einen polnischen Fuchs von der Größe des meinigen und von guter Statur, aber mager, vielleicht auch älter als meines. Er behauptete, beide würden gut zusammen im Geschirr gehen; der Postillon riet mir, mein Pferd seinem Herrn zu verkaufen oder gegen das seinige zu vertauschen. Aber ich sagte ihm, mein Pferd koste 50 Gulden, er erwiderte, seines koste 30 und das polnische sieben. Nachdem wir um zwei Uhr von hier abgereist waren, erreichten wir nach drei guten Meilen ein nur noch zwei Meilen von Danzig entferntes Dorf. Es war in der Kaschubei, und da wir keinen Hafer erhalten konnten, mußten wir vom Pfarrer für zehn Silbergroschen einviertel Scheffel Roggen kaufen, von dem das Pferd fast nichts fraß. Den Rest erhielt der Mann, der den Schlesier fuhr, dieser verkaufte ihn seinem Herrn, und einen Teil des Geldes gab er dem Metzger.

Scheffel: Hohlmaß (54,95 l)

Die Auseinandersetzung des Deutschen Ordens mit Polen um Pomerellen

Dr. Stadie

... Nach Wenzel II. Tode 1305 ergriff Wenzel III. die Herrschaft Polens, Böhmens und Pommerns, unterhandelte jedoch mit den Markgrafen von Brandenburg Otto, Herrmann und Waldemar wegen der älteren Ansprüche dieser über die Abtretung Pommerns gegen die Herausgabe des Teils der Markgrafschaft Meißen, den er ihm verpfändet hatte, und vollzog diese Urkunde am 8. August 1305. Auch dem Deutschen Orden bestätigte er seine Besitzungen im Stargarder Kreise, so daß nun alles Land westlich von Stargard und westlich vom Schwetzer Wege bis an das Schwarzwasser dem Deutschen Orden gehörte.

Durch die Abtretung Pommerns von seiten Wenzels III. hatten die Markgrafen von Brandenburg nunmehr ein doppeltes Recht auf das Erbe Mistwins, doch gelang es diesen nicht gleich, sich in Besitz dieses Erbes zu setzen. Nach Wenzels III. im Winter 1306 erfolgten Tode kam Wladislaw Loktiek ihnen zuvor und nahm Pommern für sich in Besitz. Zunächst verdrängte er hier die Swenzas, setzte neue Statthalter ein und kehrte nach Krakau zurück.

1308 rückten nun die Brandenburger mit großer Heeresmacht in das Land und eroberten sämtliche Städte und Burgen und standen bereits Anfang September vor Danzig, der Hauptstadt Ostpommerns. Bogussa, der hier als polnischer Hauptmann kommandierte, suchte Schutz bei Wladislaw in Krakau gegen die Danzig belagernden Brandenburger. Doch erhielt er keine Hilfe: Danzig fiel ohne großen Kampf, denn Danzigs Bürger, aus Deutschen bestehend und mit der polnischen Besatzung in Zwiespalt, öffneten den Brandenburgern freiwillig die Tore, nur das Schloß jenseits der Mottlau blieb, von Bogussa dem Anführer der Polen tapfer verteidigt, den Polen. Mit Eifer suchten die Brandenburger die Burg zu erstürmen, noch ehe Wladislaw Loktiek den Polen zu Hilfe kam. Die Lage der Burgbesatzung war hoffnungslos, da entschloß sich Bogussa den Deutschen Ritterorden zur Hilfe zu rufen, der auch bald bereitwillig laut geschlossenem Vertrag die eine Hälfte der Danziger Burg mit der nötigen Besatzung auf ein Jahr verteidigte und besetzte. Zugleich verpflichtete sich der Herzog nach Ablauf dieser Zeit dem Deutschen Orden die Kosten des Krieges zu erstatten oder ihn, bis solches geschehen, im Besitz der Burg Danzig zu lassen. Der Schade jedoch, den sie in ihrer Verteidigung erlitten, sollte nicht in Anschlag kommen. Die Verteidigung der deutschen Ritter, mannhaft geführt, sowie das Heranrücken des Winters veranlaßte bald den Markgrafen die Belagerung aufzuheben und nur die nötige Besatzung zum Schutze der Stadt zurückzulassen. Diese jedoch, zu gering an Zahl, wurde bald aus derselben herausgedrängt und erschlagen.

Die Polen, nachdem sie so aus der Not durch die Tapferkeit der Ordensritter befreit waren, verlangten nunmehr den Abzug derselben aus der Burg. Diese jedoch, da erstens das Jahr der Besetzung noch nicht um war, auch der Herzog die Kosten des Feldzuges noch nicht gezahlt, weigerten sich abzuziehen, und als die Polen ihnen trotzig drohten, wurde Bogussa mit den vornehmsten Polen festgenommen und die polnische Besatzung aus der Burg vertrieben, und nachdem neue Ordensverstärkung in die Burg gelegt war, auch die Stadt Danzig von den Polen gesäubert und so in die Gewalt des Ordens gebracht, den 14. November 1308. In dem in den Straßen tobenden Kampfe fanden nebst den Polen auch viele Danziger Bürger ihren Tod. Die von polnischen Chronisten angegebene Zahl von 30 000 ist ganz übertrieben. Lächerlich aber klingt es, wenn heute von Polen diese Eroberung Danzigs durch den Deutschen Orden als ein Attentat gegen die Katholiken dargestellt wird, wie ich es selbst von einem polnisierten Deutschen gehört habe.

Nunmehr konnte der Orden auf halbem Wege nicht stehenbleiben. Um den Besitz Danzigs zu sichern und dieses Gebiet mit dem Ordensgebiete zu verbinden, mußten auch die andern Städte an der Weichsel, Dirschau, Neuenburg und Schwetz, in die Gewalt des Ordens kommen. Sofort brach der Landmeister Heinrich von Plotzke auf, um Dirschau zu erstürmen, welches Kasimir von Kujavien, ein Neffe Herzogs Wladislaws, seit dem Sturze Swenzas, Statthalter Ostpommerns, zu verteidigen suchte. Als er die Annäherung des mächtigen Ordensheeres erfuhr, begab er sich in das Lager der deutschen Ritter und soll dort fußfällig um Sicherung Dirschaus gebeten haben. Heinrich von Plotzke jedoch soll ihm die trotzige Antwort gegeben haben: »Verteidigt die Burg, wenn Ihr es vermögt, getraut Ihr euch nicht, sie zu behaupten, so ziehet frei mit den Eurigen von dannen.«

Dirschau hielt eine harte Belagerung aus, wurde im Sturm erobert und ging in Flammen auf.

Herzog Wladislaw erkannte, daß er sich in dem Orden einen gefährlicheren Nebenbuhler als die Brandenburger ins eigene Land gesetzt. Da er jedoch fürchtete, daß der Orden sich ganz und gar mit den Brandenburgern in den Besitz des Landes teilen würde, versuchte er durch Unterhandlungen Danzig wieder für sich zu erwerben. Dieser Forderung antwortete der Ordensmeister Heinrich von Plotzke, daß er Danzig vertragsmäßig räumen werde, sobald Wladislaw dem Orden, wie ausbedungen, die Kriegskosten, welche 100 000 Mark böhmischer Groschen betrügen, erstatten werde. Diese Summe erkannte der Herzog als für seine Verhältnisse nicht erschwinglich und schlug eine schiedsrichterliche Entscheidung vor. Der Ordensmeister berief sich auf seinen Vertrag und wies dies Anerbieten zurück. Da brach Wladislaw zornig die Unterhandlungen ab, unschlüssig, was nun zu tun sei, da er rings von Feinden bedroht war.

Der Orden jedoch behielt den einmal gefaßten Plan, Pomerellen für sich zu erwerben, fest im Auge und ging sogleich an die Arbeit, um ihn auszuführen. Dazu war nötig, sich in den Besitz der noch übrigen Weichelstädte Neuenburg, besonders aber Schwetz zu setzen.

Auch dieses fiel. Nachdem so die drei bedeutendsten Weichselstädte in die Gewalt des Ordens gekommen waren, wurden durch einzelne Heerhaufen die andern Binnenstädte Konitz, Tuchel, Schlochau usw. erobert.

Ferner ging der Orden Verträge mit dem Markgrafen von Brandenburg ein. Schon Kaiser Friedrich II. hatte im Dezember 1231 die Askanier mit dem Herzogtum Pommern belehnt. 1295 hatte Adolf von Nassau dieses Privilegium erneuert. Diese Ansprüche und die von Mistwin den Markgrafen Otto Conrad und Johann zuerkannte Lehnshoheit trat im Vertrage zu Soldin am 13. September 1309 Markgraf Waldemar von Brandenburg ab und verkaufte für 10 000 Mark die Gebiete von Danzig, Dirschau und Schwetz dem Orden und übernahm zugleich die Verpflichtung, den Fürsten von Rügen, den Herzog von Glogau, der ebenfalls Ansprüche auf einen Teil des Landes hatte, zur Zustimmung zu bringen und die Bestätigung des Kaisers zu beschaffen. Im März 1310 erfolgte der Beitritt Witzlaffs III., des Fürsten von Rügen und des Herzogs von Glogau zum Vertrage, und zu Stolp erfolgte endgültig am 12. Juni 1310 der Kauf, wobei der Orden die Hälfte des Kaufgeldes erlegte (5000 Mark weniger 40). Ende Juni 1311 wurde die zweite Kaufgeldrate bezahlt, so daß Waldemar am 24. Juli 1311 die Untertanen Pomerellens ihrer Pflicht gegen Brandenburg entband und dem Orden überwies. Dieses Gebiet umfaßte die heutigen Kreise Danzig, Neustadt, Karthaus, Stargard, Berent, Schwetz, Konitz, Schlochau und Lauenburg, also ein Territorium von 250 Quadratmeilen.

Um diese Besitzungen mehr und mehr der deutschen Kultur zugänglich zu machen und die Untertanen mehr für die Herrschaft des Ordens zu gewinnen, wurde in Danzig und in Schwetz eine Komturei eingerichtet, wozu später noch die Vogtei zu Dirschau kam und den in diesem neuen Bezirk liegenden Klöstern ihre Privilegien (Pelplin, den 10. August 1312) bestätigt. Auch wurden alle von den Pommerherzögen verliehenen Freiheiten und Gerechtsamen, welche in der Zeit des Erbschaftsstreites von 1295 bis 1313 abhanden gekommen waren, erneuert.

Obgleich der Orden seine neuen Besitzungen durch Verträge sich gesichert, durch Geld erworben hatte, so suchte Herzog Wladislaw von Polen ihn dennoch aufs neue daraus zu verdrängen.

Der Orden dagegen schloß mit den benachbarten Fürsten, Herzog Wladislaw von Vorpommern und Bischof von Cammin, Schutz- und Trutzbündnisse, da Wladislaw von Polen Miene machte, gewaltsam Pommern zu nehmen, entschlossen, mit dem Schwerte sein Recht zu verteidigen, welches die Bischöfe von Kulm, Ermland und Samland anerkannten, indem sie dem Papste versicherten, daß es allbekannt sei, daß der Orden Pomerellen mit Geld erkauft

habe. Die Folge hiervon war, daß der Orden im Besitze Pomerellens blieb und es sich angelegen sein ließ, durch Einführung von Verbesserungen und Kultur sowie des kulmischen Rechts den ländlichen Bewohnern des neuen Gebietsteiles zu zeigen, daß der Wohlstand und das Wohlergehen seiner Untertanen ihm ernste Sache sei. Inzwischen vergingen mehrere Jahre in Streitigkeiten zwischen Polen und dem Orden, bis im Jahre 1327 der lang genährte Streit, vorzüglich durch unaufhörliche Neckereien Wladislaws hervorgerufen, in offene Fehde ausbrach. Ende Juli überschritt der Komtur Otto von Luterberg die Drewenz und fiel in das Gebiet des Herzogs von Polen ein. Unter wechselsweisen Kämpfen, unter gegenseitigen Plünderungen und Verheerungen wurde der Krieg geführt. Während des Krieges erlangte 1328 der Orden vom Könige Johann von Böhmen eine Schenkungsurkunde, Pommern betreffend, so daß also auch dieses Prätendenten weitläufige Ansprüche nun dem Orden zur Vertretung oblagen.

Die Kriegsfehde mit Polen dauerte fort; erst 1332 schloß der Orden einen Waffenstillstand und einigte sich mit demselben zur Wahl zweier Schiedsrichter. Die Könige von Ungarn und Böhmen wurden für dieses Amt erwählt. Zu Wissegrod in Ungarn gaben sie ihr Urteil dahin ab (24. November 1335), daß Kujavien und Dobrin im Besitz des Polenkönigs, dagegen Pommern dem Orden verbleiben solle, welches zum Heile der Seele des Polenfürsten und seiner Vorfahren dem Orden zu ewigen Almosen überlassen wird.

Inzwischen war Wladislaw, der erbitterte Gegner des Ordens, gestorben und Kasimir 1333 seinem Vater gefolgt. Obgleich dieser dem Schiedsspruch sich fügen wollte, trieben die polnischen Barone ihn aufs neue in den Kampf. Die rieten ihm, den Orden nicht nur aus dem Besitze Pomerellens zu verdrängen, sondern auch Kulmerland und Michelau wieder dem Orden zu entreißen. Außerdem leitete Kasimir bei dem Papste Benedikt XII. neue Klagen gegen den Orden ein. Zwar versucht der Abt und der Konvent von Oliva, diese Klagen beim Papste zunichte zu machen. Der Abt von Oliva schrieb: »Auf trügerische Weise sind die Feinde des Ordens bemüht, diesen durch ehrenrührige Anschuldigungen anzuschwärzen ...« – »Wir bitten, solchen lügenhaften Verleumdungen weiter kein Gehör geben zu wollen, sondern der Wohlfahrt des Ordens Eure väterliche Sorgfalt wieder zuzuwenden, denn aus täglicher Beobachtung des ehrbaren Wandels der Ritter und mit strenger Gewissenhaftigkeit können wir bezeugen, welch ein Licht für die Kirche und welch eine Säule, ein Schild und Schirm für die Verbreitung des Glaubens sie sind, die Leib und Leben dafür einzusetzen, sich nicht scheuten.«

Vom deutschen Kaiser Ludwig dem Bayern aber erhielt der Orden folgenden Brief vom 22. Juli 1338. »Da Euer Orden von Kaisern und römischen Königen gestiftet und eingesetzt ist zu des Reiches und des Glaubens Verteidigung und der von Kasimir, welcher sich König Polens nennt, wegen der Ordensgebiete gegen Euch, als des Reiches Glieder, erhobene Streit auch uns und das Reich angeht, so ersuchen wir Euch ernstlich und warnen Euch in Gnaden, doch unter Strafe des Verlustes aller Euch von unsern Vorfahren, den Kaisern und Königen, erteilten Landen, Rechte und Freiheiten, daß Ihr keine, der Euch verliehenen Gebiete und Rechte auf irgendeines Befehls irgendwie aus Eurer Gewalt gebt oder auf die Vorladung irgendeines geistlichen oder weltlichen Richters in dem gegen Euch angeregten Streite erscheint ohne unsere Zustimmung oder dem Gerichte Folge leistet, da vorzüglich uns die Verteidigung jener Lande zusteht …«

Von seiten des Papstes wurde Kasimir von Polen die Herbeiführung des Friedens empfohlen, und da auch seine Geldkräfte erschöpft waren und seinem Reiche von Osten Einfälle der Tartaren drohten, so kam es endlich 1343 zum Frieden, vorzüglich durch die Bemühungen der drei erwählten unparteiischeren Schiedsrichter des Bischofs von Krakau, des Bischofs von Kulm und des Bischofs von Meißen.

Kasimir überließ dem Orden Pomerellen und verzichtete auf alle Rechte und Anforderungen auf das Land Michelau und Pommern für sich und seine Nachfolger sowie für seine Gemahlin Adelheid mit der Erklärung, daß er den Titel eines Herzogs von Pommern weder in Siegeln noch in Schriften jemals wieder annehmen noch gebrauchen wolle. Diesem Frieden mußten die polnischen Magnaten, Prälaten und Stände beistimmen. So war denn nach vielen Anfechtungen 1343 der Orden in den Besitz Pomerellens endgültig gekommen, nur die Kraina, das Land an der Netze, verblieb bei Polen. Sofort machte er sich daran, diesen Besitz sich noch mehr als früher nutzbar zu machen.

Welche Segnungen der Orden mitbrachte, wäre überflüssig an

dieser Stelle zu erzählen. Die Geschichte hat darüber gerichtet. Städte und Dörfer entstanden aus der Wildnis, Getreidefelder, wo kurz vorher Sumpf gewesen war. Ackerbau und Viehzucht war im Flor, Handel und Gewerbe blühte, mit Macht drang mit der Kultur deutsche Sprache und Sitte vor. Unaufhörliche Züge von Ansiedlern ließen sich nieder und schoben ihre Vorposten so weit ins Königreich Polen vor, daß selbst Polens Krönungsstadt Krakau bis zur ersten Hälfte des sechzehnten Jahrhunderts deutsch war und in seinen Syndikats-Akten, die entweder deutsch oder lateinisch waren, bis ins Jahr 1583 dafür Zeugnis ablegt.

Wenzel II. (1271–1305), seit 1300 König von Polen
Wenzel III. (1289–1306), seit 1305 König von Polen und Böhmen
Wladislaw (Loktiek) Lokietek (1260–1333), 1320 als Wladislaw I. zum König von Polen gekrönt
Friedrich II. (1194–1250), deutscher Kaiser
Lehnshoheit: Hoheitsrecht eines Fürsten über ein Gebiet, das ihm zwar gehört, das er aber einem Untertanen zur Nutzung (zu Lehen) überlassen hat, der dafür wiederum dem Fürsten zu Hilfeleistungen verpflichtet ist
Komturei: Verwaltungseinheit des Deutschen Ordens
Vogtei: ehemaliger Amtsbezirk
Gerechtsame: Vorrechte, Rechte
König Johann von Böhmen: Johann von Luxemburg (1296–1346), genannt der Blinde
Prätendent: ein Amt oder die Krone Beanspruchender
Kasimir III., der Große (1309–1370), seit 1333 König von Polen
Ludwig IV., der Bayer (um 1285–1347), seit 1328 deutscher Kaiser
polnische Magnaten: Großgrundbesitzer und Adeliger
Flor: Blüte

Die Ostsee

Johannes Trojan

Dich hab' ich gern und bleib' dir treu,
Mein teures heimatliches Meer.
So schön das Meer des Südens sei,
Doch geb' ich dich dafür nicht her.

Mein Herz geht auf, wenn ich dich schau',
Daliegend in der Sonne Licht.
Ein tieferes, ein schön'res Blau
Hat auch die Flut des Südens nicht.

Und wenn der Sturm die Wolken jagt
Hin über die bewegte See:
Auf einem Grunde von Smaragd
Glänzt dann der Wellenkämme Schnee.

Putzig

August Eduard Preuß

Putzig, ein Städtchen, zweieinhalb Meilen von der Kreisstadt Neustadt und sieben Meilen von Danzig entfernt, von welchem der daranliegende Meerbusen den Namen Putziger Wiek erhalten hat, liegt an der Mündung des kleinen Plusnitzflusses in die Ostsee. Es hat 1939 Einwohner, teils katholisch, teils evangelisch, eine katholische, eine evangelische Kirche, eine Synagoge, mehrere Mühlen, eine Zichorienfabrik und ist der Sitz eines Land- und Stadtgerichts. Die Hauptnahrungsquellen der Einwohner sind Fischerei, Holzhandel und Bierbrauerei. Das Putziger Bier ist in Pomerellen berühmt und wird besonders nach Danzig verfahren. Die erste Anlage dieses Orts soll um 1145 durch den pommerschen Fürsten Bugislaus geschehen sein und ihm anfangs der Name Bugustin, dem Meerbusen aber die Benennung Buguswiek gegeben sein. Um 1378 erhob der Orden den Flecken zur festen Stadt und nannte diese Bauzig, woraus später Putzig geworden. Nahe dabei liegt das sogenannte Vorschloß Putzig.

Dat verlaerne Paradies

Cornelius von Almonde

Ver Tiden, as't so schnorrig wer,
Dat wie de Mensch so eok dat Der
Noch reden kunn, don weren Rinder
So kleok bol als de Menschenkinder,
Ort seone wille greauwe Ent
Ferd wie en Firscht är Regiment,
Versteiht sick, onder äres Glicken.
De schlauwe Foß must är nich ricken,
Sonst kreag he är stracks bi ne Schnüt,
Ort alle Herrlichkeit wer üt.
So hadd nu jeder enzge Schlach
Von Vee eok sinen egnen Schach
De föhrden Krig om klene Seaken
Recht so als't nü de Menschen meaken.
Se beten sick enander dod
On schwelgten recht en Flesch on Blod.
De Mensch kreag so wat nich te ricken,
He must dat man von Wids bekicken;
Denn ohne Hörner, Klauen, Start
Sat he em Garden engespart,
Herüter durft he sick nich weagen,
Sonst kreag de Bar em bi den Kreagen.
Oft sat he biglick wi em Drom
Op enem hogen Kearschberbom
On sach den Lauen Breaden freaten,
Wenn he must Awt an Wearteln eaten.
Dat ging em barsch en't Hofd herom.
He säd: Wi send doch schlagschen domm;
De lewe Gott nennt sont onschuldig,
Ons meakt et awerscht ongeduldig,
To setten wi de Mus em Loch,
Ort büten grült en Mensch sick doch.
Had wi man Hörner oder Klauen,
Wull wi ons eok herommer hauen
On nähren ons von Flesch on Blod,

Dat wer wol emmersch noch so god
Als Wearteln, Plümen oder Beren,
Von de wi ons nü motten nähren.
So morrden alle, grot on klen;
Wat kunn wol anders nü geschehn? –
De Düwel kreag dat Ding to hören.
Wacht! säd de, ju wöll eck bekehren.
He kam als wie en hübscher Mann
Em schönen groten Garden an
On plapperd pure schneaksche Seaken;
Om se recht niüschirig to meaken,
Brogt he eok Breaden en de Pann
On lit dat schmecken Mann för Mann.
Gotts Lichting! nu ging't an't Schmerlexen.
Wat es dat? kann de Kerdel hexen?
So fuschelt en dem andern to,
En Mensch läwt noch enmal so froh
Bi sone leckre Traktementen!
De Düwel säd: Seht, dat senn Enten,
Det es en Stöck vom jungen Reh,
Dat Schmorflesch es vom Ossenveeh;
Kamt, schmeckt enmal den solten Schinken,
Dean lett sick billig god op drinken.
Dat klene Breadken es en Lamm,
De grote es en Rinderkamm,
Jenn Hotschpotsch dat send junge Düwen.
So let he alles em beschnüwen,
On alle freten vör Gewalt.
Met enmal schreg de Düwel: halt!
Wöll jü sont emmersch eok geneten,
Denn mot eck jü erscht lehren scheten;
Begegent ju denn eok en Bar,
Denn heft et nie met all Gefahr;
Jü flitschen em denn dörch de Neren,
Dat he nich ene Flet kann reren.
Man darfär, dat eck ju dit lehr,
Gäwt mi als junem Herrn de Ehr.
Den Garden hier, den mot jü miden,
Gott kann dat Dotschlean nich recht liden.

Kamt, bed't mi an, fallt op de Kne,
Eck föhr ju eok mankt lewe Veeh.

Gesegt, gedean. Nu wurd geschaten,
De schöne Garden ward verleaten,
Dat Veeh verlor vör Angst de Spreak,
De Mensch blef awerscht doch en Teak.
Erscht lehrd he sick dat Veeh bedwingen
On denn met sine Bröder ringen.
De böse Krig kam en de Welt;
Nu es det met ons schlecht bestellt!

Breaden: Braten
Schmerlexen: Fischart
Traktementen: Bewirtungen

Zoppot

K. H. Brandes

Von Oliva zieht die Hügelkette gerade gegen Norden, und da die Seeküste von Weichselmünde her sich nach Nordwest krümmt, so kommt jene der See immer näher und legt sich nach einer Stunde

Weges dicht daran. Da liegt dann der freundliche Badeort Zoppot. Der Rand der ziemlich steil abfallenden Höhen trägt schöne Buchenwaldung, durch welche an der ganzen Strecke hin hübsche Promenaden angelegt sind. Querspalte, oft sehr tiefe, durchfurchen sie, in denen klare Wasser herunterplätschern; dann folgen seewärts grüne Wiesen, und darauf mit freundlichen Häusern in drei bis vier Straßen das Dorf Zoppot, welches durch ein Wäldchen von Birken, Pappeln, Fichten und Weiden von dem Badestrande geschieden wird. In diesem Wäldchen hat auch der große, von einer hölzernen Galerie umgebene Kursaal seinen Platz erhalten. Zoppot ist einer der besuchtesten Badeörter und mit Kranz bei Königsberg zu vergleichen.

Christian von Oliva

Ferdinand Schmidt

Unweit Danzig, dem Meere nahe, erhebt sich am Fuße waldiger Höhen das Kloster Oliva. Hier walteten zu Anfange des dreizehnten Jahrhunderts Zisterziensermönche in segensreicher Weise. Einer der Mönche, Christian mit Namen, ein vom Geiste des Christentums tief durchdrungener Mann, ward von dem Gedanken ergriffen, den heidnischen Preußen das Evangelium zu predigen. Die Vorstellung der solchem Werke drohenden Gefahren sowie die fehlgeschlagenen Versuche Adalberts und mehrerer seiner Nachfolger vermochten nicht, ihn von seinem Entschlusse abzubringen. Er hatte sich sowohl mit der Sprache als auch mit dem Charakter und der Lebensweise der Preußen vertraut gemacht und lebte der zuversichtlichen Hoffnung, sein Werk werde mit Gottes Hilfe nicht ohne Segen sein. An den Grenzgebieten zunächst predigend, erreichte er es wirklich in kurzer Zeit, eine große Schar heidnischer Preußen für das Christentum zu gewinnen, ja es begehrten sogar im Jahre 1208 zwei Häuptlinge von ihm die christliche Taufe. Der Papst Innozenz III. vernahm dies voller Freude und erhob den frommen Mönch zum Bischofe von Preußen. Doch nun brach der Zorn der heidnischen Landesbewohner gegen die Bekehrten aus, und Feuer und Schwert wüteten in den Grenzgebieten, die Christian schon für immer für das Christen-

Kloster Oliva

tum gewonnen glaubte. Nur wenige Anhänger des neuernannten Bischofes kamen mit dem Leben davon. Sowohl der Herzog von Masovien, Konrad, wie Scharen von Kriegern, die aus benachbarten Gebieten herbeieilten, vermochten den erbitterten Preußen, die mit dem Glauben ihrer Väter auch das höchste irdische Gut, die Freiheit, gefährdet hielten, auf die Länge zu widerstehen. In Masovien sanken über dreihundert christliche Kirchen und Kapellen in Asche, das Kloster Oliva ging ebenfalls in Flammen auf, ein Teil der Mönche wurde hinweggeschleppt und ermordet, und nur durch Geschenke von köstlichen Rossen und schönen Kleidern konnten endlich die Preußen dahin gebracht werden, von ihrem Rachezuge abzulassen.

Nun verzweifelte der Bischof daran, durch die Macht des Wortes allein das Christentum befestigen zu können, und er erhielt auf seine Vorstellung von dem Papste die Erlaubnis zu einem Kreuzzuge wider die Preußen; den Teilnehmern am Zuge wurde reicher Ablaß zugesagt.

Es währte nicht lange, so war ein starkes Heer beisammen. Ein bedeutender Landstrich an der Weichsel ward eingenommen, und es wurde in den nächsten drei Jahren durch Anlegung von Ortschaften und Aufbau von Burgen an der Befestigung des Landes gearbeitet. Leider aber blieben die Kreuzfahrer nur so lange im Lande, bis der Ablaß verdient war, und zogen heim, sobald sie ihre

Schuldigkeit getan zu haben glaubten. Kaum waren sie hinweg, so erschienen die Preußen in dem von Feinden entblößten Landstriche aufs neue, und wiederum wüteten Feuer und Schwert.

Nun strebte der Bischof Christian danach, einen geistlichen Ritterorden zu begründen, der, seinen Wohnsitz in dem gewonnenen Landstrich nehmend, ein dauernder Schutz desselben sein sollte. Hatte doch ein solcher Orden (die Schwertbrüder) in Livland Bedeutendes zur Befestigung und Verbreitung des Christentums beigetragen. Christian erlangte die Bewilligung des Papstes und die Zustimmung des Herzogs Konrad, und so entstand der Orden der »Ritter Christi in Preußen«. Ihr Ordenskleid war ein weißer Mantel mit Stern und Schwert in Rot. Es ward ihnen die Burg Dobrin an der Drewenz als Hauptort angewiesen, und nach dieser Burg nannte man sie auch die »Ritterbrüder von Dobrin«.

Die Preußen, beunruhigt durch die Einfälle der Ritter, und mehr und mehr erkennend, worauf es schließlich abgesehen sei, unternahmen einen Zug gegen die Burg. Herzog Konrad zog ihnen mit den Rittern entgegen, und es kam in der Gegend des heutigen Strasburg zu einem zweitägigen mörderischen Kampfe. Endlich suchte der Herzog, begleitet von seinen Masoviern, sein Heil in der Flucht, und die Ritterbrüder hatten es nun allein mit dem ergrimmten überlegenen Feinde zu tun. Die Preußen blieben Sieger. Alle Ritter, bis auf fünf, die sich mit ihren Knechten in die Burg retteten, fielen im Kampfe, und es war dadurch der Landstrich, auf dem man sich zu halten gehofft hatte, wiederum in die Gewalt der Preußen gefallen.

Adalbert, Bischof von Prag (gest. 997, heiliggesprochen 999), der »Apostel der Preußen«
Papst Innozenz III. (um 1160–1216)
Ablaß: Nachlaß von Sünden

Gotenhafen – Rückkehr und Erinnerung

Herbert Reinoß

Das Fährschiff von Danzig nach Travemünde, die schwedische »Peter Pan«, fährt 1980 von Novy Port ab. Das hieß früher, ich erinnere mich daran, Neufahrwasser, sage ich zu Anneliese; und dort muß doch auch die Westerplatte liegen, wo die Polen 1939 Soldaten und Militär hatten und wo dieser unsinnige und so fürchterliche Zweite Weltkrieg mit dem deutschen Überfall hier begann.

Im Fährhafen steht man lange herum, tauscht mit anderen Ostpreußen-Reisenden Erfahrungen aus. Die unterschiedlichsten Temperamente und Haltungen werden deutlich. Die Regel ist: ruhige, gelassene, von der alten Heimat wieder tief beeindruckte Menschen; einige waren auf Höfen in Familien, bei Deutschen wie bei Polen. Aber zum Beispiel auch ein Angeber, der alle Polen für etwas beschränkt hält, man kann sie jederzeit ohne große Anstrengung übertölpeln, und für etwas deutsches Geld bekommt man ohnehin alles. Und es fehlen natürlich auch nicht die rücksichtslosen Ellenbogen-Deutschen heutiger Machart, die auch an einem solchen Ort nicht anders können, als andre übervorteilen wollen.

Und dann legten wir ab. Ich hatte Ostpreußen nach fünfunddreißig Jahren wiedergesehen. Und nun war auch das zu Ende.

So wie 1945 so vieles zu Ende ging, als wir aus der Danziger Bucht doch noch hinauskamen.

Wir bleiben an Deck: Dort hinten im Dunst liegt das frühere Gotenhafen, sage ich zu Anneliese. Als wir dort im März 1945 buchstäblich in der letzten Stunde doch noch einen Platz auf einem Schiff bekamen, waren wir endlich gerettet.

Das war natürlich eine ganz andere Reise als die heutige mit Schlafkabinen, Speisesälen und Einkaufskiosken. Wir lagen in den schmutzigen Räumen eines Frachters wie Sardinen in der Dose, etwa fünftausend Menschen auf einem nicht großen Schiff. Und wir fürchteten uns vor Flugzeugen, Minen und Torpedo-Angriffen, es waren schon Tausende Flüchtlinge untergegangen.

Lag es damals an der Jahreszeit, dem tristen Spätwinter? Gotenhafen ist mir als ein ziemlich unattraktiver Ort in Erinnerung geblieben …

Es ging auch mit Gotenhafen zu Ende.

Hinter den Gebäuden an der Straße lag eine Anhöhe mit Wald. Dort sah man eines Tages Soldaten mit Panzerfäusten umherlaufen. Auf Mutters Frage, was das bedeute, hieß es: Die üben …

Was natürlich Unsinn war: Damals übte man dort nicht mehr.

Der Ring um Danzig und Gotenhafen wurde immer enger. Wieder, wie in Braunsberg, saßen wir in einer Frontstadt, aus der es nur noch einen Ausweg gab. Die Fliegerangriffe begannen, wir mußten in einen Bunker laufen. Da er zu weit weg war, blieben wir bald sicherheitshalber ganz dort.

Mutter war immer wieder unterwegs, um Schiffskarten zu bekommen. Wieder war es allerhöchste Zeit geworden, wollten wir nicht doch noch den Russen in die Hände fallen.

Als wir die heißersehnten Karten endlich hatten, schossen die feindlichen Geschütze schon in den Ort. Heute kann man nachlesen, daß der russische Marschall Rokossowski sich am 24. 3. an die kämpfenden Deutschen mit der Verlautbarung wandte, man habe Zoppot genommen und damit Danzig von Gotenhafen getrennt, und man beschieße die Häfen beider Städte »und die Einfahrten zu denselben«.

Als wir uns zum genannten Gotenhafener Hafenbecken durchgefragt hatten, fanden wir es leer vor: Von dort ging der Beschießung wegen kein Schiff mehr ab. Wir wurden in ein entfernteres Becken geschickt …

Es lagen mehrere imposante Schiffe am Kai. Und Tausende von Menschen standen noch vor diesen Schiffen, um bei dieser letzten großen Anstrengung der Marine doch noch der sich anbahnenden Hölle zu entrinnen. Die Frauen, die alten Männer, die Kinder wurden beruhigt: Es kommen alle mit!

Aber feindliche Flugzeuge versuchten die ganze Zeit über, das Verladen zu stören: Sie näherten sich, schossen, warfen Bomben …

Nach Einbruch der Dunkelheit fuhren wir an jenem späten Märzabend 1945 in die Danziger Bucht hinaus. Hielten noch einmal. Wir warten noch auf die Schiffe aus Danzig, sagte ein Seemann. Und hoffentlich kommen wir heil um Hela herum, sagte er (oder ein anderer).

Wie lange sind wir eigentlich gefahren? Fragt Mutter. Zwei Tage und drei Nächte oder drei Tage und zwei Nächte? Das weiß ich genau, sage ich: Zwei Tage und drei Nächte. Am ersten Tag haben wir auf dem Schiff noch Erbsensuppe bekommen, erzählt sie; dann hatten sie nichts mehr.

Es war ein Konvoi von mindestens einem halben Dutzend Schiffen voller Flüchtlinge; ich erinnere mich an Namen: Cap Arkona, Robert Ley, Graf Spee. Rechts und links schnellere Kriegsschiffe, voraus Minensucher (die tatsächlich einmal den Geleitzug stoppten und Minen beseitigten). Ein schwedisches Schiff war dabei, behauptet Mutter.

Zwei Tage und drei Nächte? fragt Anneliese erstaunt, die an die heutigen nicht einmal vierundzwanzig Stunden von Danzig nach Travemünde denkt.

Am Tag standen wir ja oft, erklärt Mutter. Aber es war eine gute Überfahrt, ganz ruhige See. Zuerst sollten wir wohl nach Dänemark; aber war eins unserer Schiffe nicht in Ordnung?

Als wir nach der dritten Nacht an Deck kamen, lagen wir in einem Hafen. Es war das mecklenburgische Warnemünde. Alles erschien auf einmal ohne unmittelbare Gefahr und Hast. Unendlich erleichtert und ruhig gingen wir von Bord.

Und an Land war alles gut organisiert: Rote-Kreuz-Frauen versorgten uns mit Frühstück; und dann fuhren wir noch am selben Vormittag mit einem guten Personenzug los. Und fuhren noch einen weiten Weg über Rostock, Schwerin und Hamburg-Harburg nach Stade an der Niederelbe. Dort kamen wir unmittelbar vor Ostern 1945 an, wenn ich mich recht erinnere: am Gründonnerstag.

Im letzten Herbst hatten wir unser idyllisches Schwarzberge verlassen, im ärgsten Winter das ermländische Windtken. Nun erst, im beginnenden Frühjahr, war unser Umherirren zu Ende.

Die wandernden Urnen

Friedrich Strehlke

Eine Meile von Danzig bei dem Dorfe Prangschin an der Radaune steht ein hölzernes Gebäude, worin eine Familiengruft. Als einst beim Ackern einige Urnen ausgepflügt waren, setzte man dieselben in den hintersten Raum der Familiengruft; aber so oft man die Türe öffnete, waren die Urnen von ihrer Stelle gerückt und standen an der Türe. Sie wurden nun wieder an der Stelle des Ackers eingegraben, wo sie gefunden waren.

Heraus!

Robert Reinick

Ging unter dichten Zweigen
Am Morgen im grünen Wald,
Der Vöglein luft'ger Reigen
Von allen Wipfeln schallt.

Und riefen all einander:
»Heraus, wo Vöglein sind,
Zu singen miteinander
In den kühlen Morgenwind!«

Da hat's auch mir geklungen
Tief in die Brust hinein;
Da hat sich's drin geschwun-
gen,
Als wär's ein Vögelein. –
»Und ist ein Vogel drinnen,
So flieg er frei heraus!
Und ist ein Lied darinnen,

Das unnachahmlich schöne Danzig

Anton von Etzel

Danzig selbst, eine der wichtigsten und reichsten Städte des Königreichs Preußen, etwa 65 000 Einwohner zählend, liegt am linken Ufer des westlichen Hauptarms der Weichsel, am Einflusse der durch die Radaune verstärkten Mottlau in diesen Strom, etwas weniger als eine Meile von der eigentlichen See entfernt. Ein guter Kanal von genügender Breite und Tiefe führt aus der Weichsel und der Stadt zu dem Flecken Neufahrwasser an seinem linken Ufer, welcher den eigentlichen Hafen von Danzig bildet. Gegen äußere Feinde schützen ihn Fortifikationen und die auf dem rechten Ufer desselben liegende Zitadelle Weichselmünde, und gegen die Einwirkungen der Stürme die natürliche Lage, gute Molen und andere künstliche Bauten. Die Lage Danzigs in seiner hügeligen, waldreichen Umgebung und mit seinem Wasserreichtum ist so schön als bekannt und verschaffte ihr einen Rang unter den sieben bestgelegenen Städten der Welt, oder mindestens Europas. Von allen

Blick auf Danzig vom Bischofsberg aus

Seiten naht man sich ihr in prächtigen Alleen von Linden- und Kastanienbäumen und durch reiche Vorstädte mit von Gärten umgebenen und alle Behäbigkeit des städtischen und kaufmännischen Luxus verratenden Landhäusern. Die Stadt selbst hat, ohne die Vorstädte, etwas über eine halbe Meile im Umfange und ist unregelmäßig und winklig gebaut, überall das Gepräge des Mittelalters fast unverändert zur Schau tragend. Allein Nürnberg vermag mit ihr zu wetteifern in Reinheit jener unnachahmlich schönen altdeutschen Bauart mit den vielkantigen und ausgezackten Türmen, den mit Spitzbogen verzierten Fenstern und den hochemporragenden Zinnen, die nur dieser soliden und königlichen Kunstentfaltung eigen sind. Die Giebel und ganze Vorderseiten sind oft sehr reich mit Skulpturen geschmückt, unter denen manche, vermöge ihres wahren Werts, eher den Anspruch auf selbständige Kunstwerke, als auf architektonische Ornamente erheben können. Fast alle alten Häuser sind vorn mit Terrassen, hier Beischläge genannt, verziert, die Blumen wie Oleander, Syringen und selbst Orangen in großen Kübeln schmücken und zum Lieblingsaufenthalt der Bewohner machen, wodurch die Stadt einen südlichen Charakter erhält und die Straßen oft sehr malerische und romantischschöne Ansichten darbieten, die in vielen von Kanälen durchschnittenen

Gegenden sogar an Venedig und, da wo in Nebengassen Zwischentore und Backsteinmaterial vorherrschend sind, an holländische Städte erinnern. Einen höchst eigentümlichen Eindruck erzeugt auch die Speicherstadt; auf einer ganz unbewohnten Insel, von den sechs besonderen Stadtvierteln umschlossen, erheben sich riesenhohe Kornspeicher und nehmen sich namentlich des Abends zwischen den hellerleuchteten Straßen gespenstisch aus, da aus nötiger Vorsorge auf die Insel selbst weder Feuer noch Licht gebracht werden darf.

Unter den merkwürdigen Gebäuden ragt die zu Ende des fünfzehnten Jahrhunderts in zierlichem gotischen Stile aus Backsteinen erbaute Marienkirche, das Rathaus mit einem schlanken Turm und Glockenspiel und der Artushof, die jetzige Börse, hervor. Dieser altgotische Bau ist in einer einzigen großen Halle ausgefüllt, die seit alter Zeit der Versammlungsort der Gilden war und noch ihre in Reime gebrachten Gesetze, zwischen zierlichem Schnitzwerk, alten Gemälden an den Wänden und unter Modellen, Trophäen und Waffen von dem Gebälk herabhängend, aufbewahrt hat. Vor dem Artushof steht ein Brunnen mit einer schönen, aus Erz gegossenen Gruppe, Neptun von Seepferden gezogen. Der Stadtteil, auf dem sich das meiste Leben Danzigs konzentriert, ist der Langemarkt, ihn schließt ein schönes gotischen Gebäude, das Grüne Tor, die Residenz der polnischen Könige, wenn sie in Danzig waren. Von neuen Gebäuden zeichnen sich die königlichen, namentlich militärischen, das Schauspielhaus, Navigationsschule etc. aus.

Danzig hat, abgesehen von dem Treiben als Handelsstadt, etwas Großstädtisches und Selbstbewußtes von jeher bewahrt und reges Interesse für Kunst und Wissenschaften in allen Zeiten bewiesen. Es besitzt städtische und private Kunstsammlungen, Museen und Kabinette, gute Bürger- und gelehrte sowie Handels-Schulen und Akademien, öffentliche Stadtbibliothek, wissenschaftliche Klubs, eine naturforschende Gesellschaft, eine Sternwarte usw. Auf seinen Werften herrscht reges Leben und ist noch bedeutend durch den Umstand erhöht, daß es der Hauptplatz für die hoffnungsreiche, junge preußische Marine ist.

Auch in Hinsicht auf Fabrik und Manufakturwesen nimmt Danzig eine nicht unbedeutende Stelle ein; vorzugsweise ragt darunter die Branntwein- und Likör-Brennerei hervor, unter deren

Erzeugnissen sich das Goldwasser, der Lachs und das Rosenwasser einen weit reichenden Ruf erwarben; nächst dem sind nennenswert Gold- und Silber-Tressen, Tuche, Wollenstoffe, Vitriol, Stahlarbeiten und Waffenfabrikation, Eisengußwaren, Öl, Pottasche, Seife, Stärke, Zucker und andere Erzeugnisse des Gewerbfleißes, ein Kommerz- und Admiralitäts-Kollegium überwacht den ganzen Geschäftszweig. Als Seehandelsstadt ist Danzig nächst Stettin die bedeutendste Stadt Preußens, und keine andere rivalisiert mit ihr. Der wichtigste Zweig des kommerziellen Lebens ist hier unstreitig der Kornhandel. Im Laufe eines einzigen Jahres hat Danzig schon oft mehr als eine halbe Million Quarter Weizen verschifft und kann also, da noch beträchtliche Mengen feinen Mehls, Roggen, Gerste, Hafer, Leinsamen und Flachs hinzukommen, begründete Ansprüche erheben, an der Spitze aller Kornhäfen zu stehen.

Wenn der frisch angekommene Weizen lange genug der Sonne und Luft ausgesetzt gewesen ist, wird er endlich in die Speicher geschafft, die, wie bereits erwähnt, auf einer von der Mottlau umfaßten Insel im Herzen der Stadt liegen. Sechs und sieben Stockwerke hoch sind diese Speicher; das Hinaufschaffen des Getreides erfordert daher keine geringe Mühe. Lange Reihen Luken nach allen Seiten hin erlauben zwar den Winden bei trocknem Wetter den Durchzug durch die Speicher, aber trotzdem bedarf das Korn doch noch einer Umschüttung, und dreimal in der Woche erfolgt sie, wobei das Getreide so hoch geworfen wird, als es die Gewölbe gestatten. Diese schwierigen Arbeiten, die natürlich gut gelohnt werden müssen, erzeugten denn in den Speicherarbeitern eine eigene, an Kraft ihresgleichen wohl vergeblich suchende Menschenklasse, die nicht leicht zu lenken ist. Zu ihrer Eigentümlichkeit gehört, daß sie, mit noch so großen Lasten beladen, nie schreiten, sondern, meist einförmige Rhythmen singend, in stetem Trabe laufen.

Die in ziemlicher Entfernung von den Speichern anlegenden Fahrzeuge werden durch eine ihrer Größe entsprechende Rotte in drei bis vier Stunden mit einem Kargo von 500 Quarter Weizen beladen. Da, wie auch schon berührt, die Speicherinsel von keinem Menschen bewohnt und dem Feuer und Licht gänzlich verschlossen ist, wird sie mit Einbruch der Dunkelheit geräumt, die dorthin führenden Zugbrücken werden aufgezogen, und zwanzig bis dreißig von ihren Ketten gelösten, großen und bissigen Hunden wird neben den, die den Zugängen naheliegenden Straßen beaufsichtigenden Wächtern der Schutz der Insel gegen Raub und Diebstahl überlassen. – Seit Aufhebung der britischen Korngesetze ist der Wert des Danziger Exports bedeutend gestiegen und wird auf sechs bis sieben Millionen Taler geschätzt, während der Import etwa ein Drittel davon beträgt.

Fortifikationen: Befestigungen
Zitadelle: Stadtveste
Syringen: Flieder
Gilden: Zusammenschlüsse von Kaufleuten
Manufakturwesen: Fabrikwesen
Tressen: Borten
Vitriol: Sulfat von Zink, Eisen oder Kupfer
Pottasche: Laugenart, Kaliumkarbonat
kommerziell: wirtschaftlichen
Quarter: Maß (12,70 kg)
Rotte: Mannschaft
Kargo: Last, Zuladung

In Danzig

Joseph von Eichendorff

Dunkle Giebel, hohe Fenster,
Türme tief aus Nebel sehn,
Bleiche Statuen wie Gespenster
Lautlos an den Türen stehn.

Träumerisch der Mond drauf scheinet,
Dem die Stadt gar wohl gefällt,
Als läg' zauberhaft versteinet
Drunten eine Märchenwelt.

Ringsher durch das tiefe Lauschen,
Über alle Häuser weit,
Nur des Meeres fernes Rauschen –
Wunderbare Einsamkeit!

Und der Türmer wie vor Jahren
Singet ein uraltes Lied:
Wolle Gott den Schiffer wahren,
Der bei Nacht vorüberzieht!

Die freie Stadt Danzig

Friedrich Förster

Danzig, 87 1/2 Meilen von Berlin, liegt an dem westlichen Hauptarme der Weichsel und wird von der Mottlau und Radaune durchströmt. Der älteste Name der Stadt im sechsten Jahrhundert war Gióteschants, was auf gotische Herkunft deutet. Später um das Jahr 998 finden wir sie in dem Besitz heidnischer Letten und Slawen, denen der heilige Adalbert das Christentum predigte, und damals hieß sie Gidanie, oder Gedansk, lateinisch Dantiscum. Die deutschen Ritter hatten zwar ihr Augenmerk sehr bald auf diesen wichtigen Punkt gerichtet und legten hier im dreizehnten Jahrhundert die Neustadt an, allein es entwickelte sich bald der Geist und der Wohlstand einer unabhängigen Bürgerschaft, welche die Anmaßungen der aristokratischen Ordensritter aus seinen Mauern hinauswies. Bald aber kamen die Danziger in die größten Übelstände dadurch, daß man ihnen von verschiedenen Seiten eine allzugroße Zuneigung bewies, so daß sich die Markgrafen von Brandenburg, die Könige von Polen und Schweden, die Deutschen Ritter, die Kurfürsten von Sachsen, die Könige von Preußen und zuletzt auch noch Napoleon, der gern alles gehabt hätte, um den Besitz von Danzig gestritten und geschlagen haben. Die Markgrafen von Brandenburg Johann II. und Otto IV., von dem Herzoge Mestwin II. von Pommerellen zu Hilfe wider den Deutschen Orden gerufen, besetzten Danzig; später trat es der Markgraf Waldemar an den Orden ab, gegen dessen Herrschaft sich die Stadt fortwährend sträubte. Der Orden verlor die Stadt in dem Kriege mit Polen 1524, seit welcher Zeit Danzig als freie Hansestadt unter der Schutzherrschaft der Könige von Polen stand. Bald nach der im Jahre 1524 hier eingeführten Reformation versuchten es die Danziger, die ihnen unerträglichen Polen zu verjagen; allein König Sigismund bezwang die Empörer und ließ 40 angesehene Bürger hinrichten. Von jetzt an ward Danzig in alle Kriege, welche um den schwankenden polnischen Königsthron geführt wurden, verwickelt. So sah Danzig die sächsischen Auguste, Heinrich von Valois, Stephan Bathori, Stanislaus Lescinsky in seinen Mauern. Am blühendsten war sein Zustand unter König August III. von Polen, als ihr ein Gebiet von 40 Geviertmeilen gehörte, dazu einen Hafen, welcher der wichtigste der ganzen Ostseeküste war. Bei der Ersten Teilung Polens 1772 blieb zwar Danzig als eine freie Stadt unter polnischer Hoheit, allein Friedrich II. kam in den Besitz von Weichselmünde und durchschnitt somit den Lebensfaden Danzigs, die Weichsel. Es war daher nur vorteilhaft für die Stadt, daß sie bei der Zweiten Teilung 1793 vollständig mit Preußen vereinigt wurde. Allein Preußen freute sich nicht lange dieses Besitzes. Nach tapferer Gegenwehr fiel Danzig 1807 in die Hände der Franzosen, in deren Besitz es blieb, bis es im Befreiungskrieg 1813 wieder erobert wurde. Danzig ist seit dieser Zeit zu einer Festung ersten Ranges und zu einer Haupt-Waffenniederlage für die östlichen Provinzen erhoben worden.

Danzig wird in die Altstadt, Vorstadt, Rechtstadt, Niederstadt, Langgarten und Speicherinsel eingeteilt, hat neun Vorstädte und 45 000 Einwohner. Unter den öffentlichen Gebäuden zeichnen sich die Pfarrkirche (auch Marien- oder Dom-Kirche genannt), in welcher ein berühmtes Gemälde: das Jüngste Gericht, von den Niederländern Johann und Hubert van Eyck, im Jahre 1420 bis 1430 gemalt, die Katharinenkirche, das Rathaus, die Börse mit dem Artushof, einem reich verzierten Saale, die Wasserkunst, die Zeughäuser und Speicher aus. Die Stadt besitzt mehrere höhere Bildungsanstalten für den Handel, die Schiffahrt, Wissenschaft, Kunst und Gewerbe. Es sind hier große Zuckersiedereien, Tabak- und

Likörfabriken und Mühlen, unter denen sich die Öl- und Dampfmühle der Gebr. Behrend besonders auszeichnet. Die vornehmsten Seemächte halten in Danzig Konsulate. Es laufen jährlich 600 bis 700 Schiffe in den Hafen ein und ebenso viele aus. Der Wert der Ausfuhr wird auf sechs Millionen Taler, der der Einfuhr auf zwei Millionen angeschlagen. Danzig besitzt gegen 100 Seeschiffe, und die Reederei bringt einen jährlichen Gewinn von gegen vier Millionen Taler. Danzig ist die Hauptniederlage für den Getreidehandel von Preußen und Polen. Der Hafen Neufahrwasser ist eine Meile von der Stadt entfernt, mit einem Leuchtturme versehen und durch das Fort Weichselmünde geschützt. Unter den schönen Umgebungen Danzigs zeichnet sich vor allen die auf hohem Ufer gelegene Abtei Oliva mit reizenden Gartenanlagen aus. Diese Zisterzienser-Abtei wurde 1170 von dem Herzoge Subislav I. gegründet; im Laufe der Jahre ist dabei ein Marktflecken entstanden, welcher 1250 Einwohner hat. Hier wurde am 3. Mai 1650 der Olivaer Frieden zwischen Polen und Brandenburg geschlossen, in welchem dem Großen Kurfürsten der Besitz des souveränen Herzogtums Preußen aufs neue versichert wurde. Nahe bei Oliva erhebt sich 272 Fuß über den Ostseespiegel der Karlsberg mit einem Wildgehege, von wo man eine herrliche Aussicht genießt.

Die Seebäder Bresen und Zoppot gehören zu den fleißig besuchten Vergnügungsorten, an denen überhaupt hier kein Mangel ist. Besonders wohlhabend sind die Bauern in dem Werder. Die Dörfer Praust, Kasemark, Hochzeit, Silberhammer, Zinden zeichnen sich durch Fabrikanlagen, vortreffliche Felder und fette Triften aus.

Heiliger Adalbert, Bischof von Prag (gest. 997, heiliggesprochen 999), der »Apostel der Preußen«

Hansestadt: Mitglied im mittelalterlichen Städtebund der Hanse, die zunächst dem Schutz des Handels diente, später die Unabhängigkeit der Städte betrieb

Geviertmeilen: Quadratmeilen

Johann (Jan) (um 1390–1441) und Hubert (um 1370–1426) van Eyck, niederländische Maler

Konsulate: Auslandsvertretungen

souverän: selbständig, unabhängig

Triften: Weiden

Martin Luther an den Rat von Danzig

Gnade und Friede durch Christum unsern Herrn! Ehrsame und Weise, liebe Herren und Freunde. Auf euer schriftlich Begehren habe ich meinen Fleiß getan, um einen geschickten Prediger euch zu bestellen. Nun hat es nicht sein wollen, daß Herr Johann Bugenhagen oder Pommer, welchen ihr selbst genannt und begehrt habt, hätte mögen euch gegeben werden, wie ich gern gesehen hätte; denn unsre Gemeinde hat ihn nicht wollen lassen, auf daß wir allhier auch Leute behielten, durch welche wir andere erziehen und andern Städten dienen möchten; so schicke ich euch M. Michael Haenlein, einen fast (sehr) frommen Mann in allen Stücken, desgleichen ich keinen andern hie weiß, damit hoffe ich, ihr sollet versorgt und verwahrt sein, und er auch täglich je baß gefallen wird. Denselben empfehle ich euer Weisheit und Liebden, wollt ihn euch auch soviel desto mehr lassen gefallen, je weiter er sich von uns zu euch in fremde Lande begibt, und verschaffen, daß er euern Zusagen nach christlich und wohl versorgt sei, wie denn Christus und Paulus vielmal lehren, daß diejenigen, die uns das Wort lehren, zweifältiger Ehre wert zu halten. Auch bitte ich, meine lieben Herrn und Freunde, wollt ja alles tun und leiden, was sich immer tun und leiden will, damit ihr Frieden untereinander habt, und zusehen, daß nicht irgend Schwärmgeister unter euch kommen, wie leider bei uns in Oberdeutschland solche Leute viel Jammers anrichten, wie euer Weisheit vielleicht wohl gehört haben. Ist etwas zu ändern und zu brechen, es sei Bilder oder was es sei, daß solches nicht durch den gemeinen Mann, sondern durch ordentliche Gewalt des Rechts geschehe, damit nicht auch, wie anderswo, ein Einriß würde die Obrigkeit zu verachten, welche doch Gott will gefürchtet und geehrt haben. Insonderheit aber, daß euer Weisheit darauf sehen, daß man euch nicht lehre, nach dem Gesetz Mosis regieren, viel weniger nach dem Evangelium, wie ich in beigelegtem Zettel verzeichnet, und diesem neuen Prediger, Herrn Michael, befohlen habe, der euch wohl unterrichten wird, dem gehorchet. Hiermit Gott befohlen, der euch stärke und mehre zu seinem Lobe und Ehren. Amen.

Datum, Wittenberg am Tage vor Jubilate, den 5. Mai 1525
Martinus Luther

Johann Bugenhagen (1485–1558), Mitarbeiter Luthers

Danzigs Häuser

Johanna Schopenhauer

Wie in allen einst durch den Hanseatischen Bund vereinigten Städten stehen auch in dieser alle Häuser mit der Giebelseite der Straße zugewendet und erscheinen daher nicht nur, im Vergleich zu ihrer Breite, von unverhältnismäßiger Höhe, sondern sind es auch wirklich; und müssen es sein, um den ihren Bewohnern notwendigen Raum der Luft abzugewinnen, welchen der durch die Festungswerke beschränkte feste Boden zu karg ihnen gewährt.

Auch wühlten unsere Vorfahren zum nämlichen Zwecke sich tief in die Erde hinein; weitläufige Keller, oft zwei Stock übereinander, ziehen unter den Häusern sich hin, deren Gewölbe einige Fuß über die Oberfläche sich erhebt und eine Art Souterrain bildet, das häufig zu ziemlich bequemen, weder feuchten noch sehr dunklen Wohnungen eingerichtet ist, zu denen man von der Straße aus hinabsteigt und die von Bürstenmachern, Korbflechtern, besonders aber von Obst-, Gemüse- und Milchverkäufern vorzugsweise gesucht werden.

Hierin scheint mir die erste Veranlassung der ganz eigentümlichen Bauart zu liegen, durch welche meine Vaterstadt von allen anderen ihr sonst so ähnlichen alten Städten sich unterscheidet. Die Hauptstraßen in Danzig sind weit breiter als in jenen; in dem Raum zwischen den beiden einander gegenüberliegenden Häuserreihen könnten zwei, ja drei Kutschen bequem nebeneinander hinfahren und zu beiden Seiten bliebe noch Platz für einen mit Platten belegten Fußweg. Und dennoch ist die eigentliche fahr- und gangbare Straße durchweg so eng, daß ein recht gut eingefahrener Kutscher es nicht immer vermeiden kann, mit seinem ihm entgegenkommenden Kollegen in unangenehme Kollision zu geraten. Die in solch einen Wirrwarr hineinkommenden Fußgänger aber haben genug zu tun, um nur ihre gesunden Gliedmaßen zu salvieren.

Die Beischläge von allen Häusern, von denen aber das, was man in Hamburg oder Lübeck mitunter so nennt, nicht den Schatten eines Schatten bietet, sind die alleinige Ursache dieser seltsamen Erscheinung. Doch womit soll ich sie vergleichen, um nur eine einigermaßen anschauliche Idee von diesen wunderlichen Propyläen

zu geben, durch welche die alte nordische Stadt ein fast südliches Ansehen gewinnt und in denen in meiner frühen Jugendzeit ein großer Teil des häuslichen Lebens mit jetzt unglaublicher Offenherzigkeit, fast so gut als auf freier Straße, betrieben wurde.

Balkone sind die Beischläge nicht, eher möchte ich geräumige, ziemlich breite Terrassen sie nennen, die, mit großen Steinplatten belegt, längs der Front des Hauses sich hinziehen, zu denen einige breite bequeme Stufen hinaufführen und die straßenwärts mit steinernen Brustwehren versehen sind.

Zwischen den aneinanderstoßenden Beischlägen der zunächst benachbarten Häuser bilden vier bis fünf Fuß hohe Mauern die Grenze; blecherne Röhren führen der auf derselben ruhenden steinernen Rinne das Regenwasser von den Dächern zu, die dieses durch den Rachen kolossaler, zuweilen recht kunstreich in Stein gehauener Walfisch- und Delphinköpfe wieder ausströmen läßt.

Die launigste aller Herrscherinnen, die Mode, nimmt seit einiger Zeit alles, was sonst als altfränkisch verschmäht wurde, unter dem Namen des Rokoko in ihren mächtigen Schutz; möge es ihr gefallen, diesen auch den Danziger Beischlägen angedeihen zu lassen! Schwerlich gibt es ein grandioseres Rokoko, das dessen würdig wäre.

Häuser von mehr als drei Fenster in der Front gab es in meiner Jugend in Danzig nur wenige; und sie gehören wohl noch zu den Ausnahmen; weit häufiger sind die, welche nur zwei Fenster aufzuweisen haben, und wie kahl, wie jämmerlich vereinzelt müßten diese vier bis fünf Stockwerke hohen Häuserstreifen ohne den sie dem Auge zu einem Ganzen verbindenden Vorhof der Beischläge sich darstellen.

Die unbeschadet der Vorliebe für Rokoko immer weiter um sich greifende Verschönerungs- oder vielmehr Modernisierungssucht unserer Tage droht aber schon seit geraumer Zeit ihnen den nahenden Untergang. Schon sind die alten herrlichen Kastanienbäume vor den Häusern verschwunden, deren weit sich ausbreitende Zweige Kühlung und Schatten gewährten, unter welchen der arbeitsmüde Bürger in der Mitte der Seinen oder im Gespräch mit dem sich zu ihm herüberbeugenden Nachbarn einer Art leidlichen Genusses sich erfreute.

Salvieren: retten
Propyläen: Ansichten, ursprünglich Torbauten
Rokoko: Stilphase in der europäischen Kunst des achtzehnten Jahrhunderts

Wanderungen mit Carl Friedrich Schinkel durch die Stadt (1834)

Johann Carl Schultz

Welche Lust und Freude Schinkel ... an unseren gemeinschaftlichen Wanderungen hatte, kann ich nicht genügend beschreiben. In unseren Straßen reihte sich damals noch Beischlag an Beischlag, die ganze unabsehbare Perspektive entlang, mit ihren tüchtigen, immer abwechselnden Steingebilden, mit ihren künstlichen Schmiedearbeiten, mit ihren in holländischer Reinlichkeit blitzenden Messingknöpfen und Türklopfern, mit ihren figürlichen Balustraden, Portalen und Hausfassaden als integrierende Teile des Ganzen. Schinkel blieb oft auf der Straße wie festgebannt stehen und ließ den Totaleindruck, weniger das einzelne auf sich wirken. Der

Der Markt mit Rathaus und Artushof

gewöhnlich Refrain war dann immer: »Aber, mein Gott, warum malen Sie das denn nicht?!«

Bekanntlich bin ich später diesem seinem Wunsche wenigstens durch meine Originalradierungen nachgekommen, und bei dieser zeitraubenden mühsamen Arbeit war jene erlebte Lust und Freude Schinkels an unseren ... Bauwerken der Labetrunk, der mich erquickte und zu ausgedehnterem Abschluß des Werkes ermunterte. Der eigentliche Zweck desselben, die Erkenntnis des Wertes ... bei den Eigentümern zu steigern und dadurch ihre Erhaltung zu ermöglichen, ist freilich nur sehr unvollkommen erreicht worden.

Der Totaleindruck des Innern der ehemaligen Dominikanerkirche überraschte Schinkel, und meine Äußerungen, die vielen barokken Formen der Altäre und Verzierungen widerstrebten mir, um dies Interieur zu malen, rief die Gegenbemerkung hervor: »Ein barockes Bauwerk kann geistreicher und interessanter behandelt sein als ein anderes in reinerem Stil, und überdies ist ein Bild nicht Vorschrift, wie man bauen soll; was geht der Baustil den Maler an!«

Bei dem Blick von den inneren und äußeren Wällen auf die Türme von Danzig und die Ferne sagte Schinkel: »Nur den Mittelgrund muß man zum Vordergrund wählen, also das Bild mit demselben anfangen, dann ist es vortrefflich.«

Bei dem Ausblick vom Karlsberge über Oliva, den bischöflichen Park, den Strand, Hela und das weite Meer: Schinkel stand lange schweigend und sinnend da, das Bild in sich aufnehmend. Endlich erscholl abermals die Frage: »Aber warum malen Sie das nicht?!«

Ich erwiderte, wenn nur nicht die langen Linien der beschnittenen Hecken ... so störend einwirkten. Schinkel: »Ach, mich stören sie gar nicht, weder in der Wirklichkeit, noch würden sie es im Bilde tun. Dergleichen beschnittene Baumgänge sind vortrefflich als Übergang der Steinarchitektur in den englischen Park oder in die freie Natur, wie es ja auch hier der Fall ist.«

Carl Friedrich Schinkel (1781–1841), Baumeister und Maler
Balustraden: Geländer, Brüstung
Refrain (frz.): Kehrreim
Interieur (frz.): Inneres, Inneneinrichtung

Der Lange oder Längemarkt in Danzig

Aus »Borussia«

Unter den Hauptstraßen Danzigs zeichnet sich, nach dem Langegarten, der Lange oder Längemarkt durch seine schönen und großartigen Gebäude aus, von denen der Artus- oder Junkerhof und das Rathaus der Rechtstadt die beiden merkwürdigsten sind. Kommt man durch das Grüne Tor in die Stadt, so ist man sogleich auf dem Längemarkt und erblickt rechts den Artushof, ein altertümliches Gebäude aus dem vierzehnten Jahrhunderte (1370–79 erbaut), welches durch seine schöne gotische Fassade aus gehauenen Steinen, durch seine drei hohen Kirchenfenster, zwischen und neben welchen vier Bildsäulen, wie im Obergeschosse zwei in Nischen zwischen Säulen stehen, sogleich in die Augen fällt. Auch den Dachfirst ziert noch eine weibliche Bildsäule. Eine breite Freitreppe führt durch das große Portal in den geräumigen Saal, dessen hohe Gewölbe vier schlanke Säulen von poliertem Granit tragen. In der Mitte steht die Statue des Königs August III. von Polen (1733–65) aus weißem Marmor auf einem Fußgestelle, von einem künstlichen Eisengitter umgeben, während die Wände mit Gemälden, Basreliefs, Fahnen, Rüstungen, Statuen und andern Bilderwerken geschmückt sind. Rings um den ganzen Saal läuft unter diesen ein schmaler Streifen hin, auf welchem sich interessante Züge bunt gekleideter Miliz, aus den Zeiten des Mittelalters, abgebildet befinden. Die stattlichen Bürgermeister in altertümlicher Kriegstracht und mit ihren ausdrucksvollen Gesichtern reiten als rüstige Anführer auf schön geputzten Rossen voran, hinter ihnen schreiten die Trommelschläger, Pfeiffer und Hellebardierer mutig und stolz einher. – Unter den Gemälden zieht vor allen ein herrliches Bild, das Jüngste Gericht, den Blick auf sich, indem es in einem edlen Geiste gedacht und im italienischen Geschmacke ausgeführt ist, 1601 von Anton Müller, einem Schüler Raffaels gemalt. Zeichnung, Kolorit und Gruppierung verraten den denkenden, genialen Künstler und stellen es zu den ersten Kunstschätzen Danzigs. – Weiterhin erblickt man auf derselben Seite, bei einem alten 38 Fuß hohen Ofen, ein allegorisches Gemälde, welches weniger durch die Kunst als durch den Gegenstand interessiert. Es stellt nämlich die Kirche unter dem Bilde eines Schiffes dar, auf welchem der Klerus seine Reise in den Himmel macht und hier und da einem Laien, aus geistlichem Erbarmen, einen Strick oder Haken zuwirft, um sich aus den Fluten in das sichere Schiff zu retten und mit demselben am Gestade der Ewigkeit glücklich zu landen. Schon Luther erklärte dies Gemälde für einen kurzen Begriff der päpstlichen Lehre, und auch Herder hat die römische Kirche des Mittelalters mit diesem Bilde verglichen. Der Maler und die Zeit sind unbekannt. – Einige andre, in künstlerischer Hinsicht, bemerkenswerte Bilder, von alten Danziger Meistern, sind eine Gerechtigkeit von Hofmann, ein schöner Christuskopf und ein Marienbild von Andreas Stech. Das letztere ward 1526 von Amsterdam nach Danzig gebracht. – Von der Decke des Saales hängen Modelle von Kriegsschiffen herab, und unter demselben befindet sich der Ratskeller.

Nach seiner ursprünglichen Bestimmung diente dieses Gebäude den reichen und vornehmen Bürgern, welche damals Junker hießen, zu ihren geselligen Zusammenkünften und frohen Trinkgelagen bei Danziger Bier, namentlich zur Versammlung einer aus den Zeiten der Hanse stammenden, unter dem Namen König-Artus-Hof bestehenden Verbindung, welche eine Nachahmung der Tafelrunde des britischen Königs Arthur war, sich in bestimmte Bänke teilte und ihre besondern Gesetze hatte. Solcher Bänke gab es sechs: die Reinholdsbank, die Christopher- oder lübische Bank, die Bank der Heiligen Drei Könige, die Marienburger Bank, die holländische Bank und die Schifferbank. Jede dieser Bänke, mit gewissen Einkünften, hatte ihren Vogt, Statthalter und drei Schreiber, welche alle Jahre an gewissen Tagen gewählt wurden. – Die jungen Bürger mußten, unter der Aufsicht von zwei Hofherren, der Reihe nach vierzehn Tage lang, den Hof halten, das Bier herbeischaffen und es verschenken. Für diese gab der Rat 1631, zur Aufhebung eingeschlichener Mißbräuche, eine eigene Schenkordnung, nach welcher der Hof nur nachmittags von drei bis fünf und abends von sieben bis zehn Uhr geöffnet und gutes Bier aus richtigem Maße verschenkt werden sollte. – Die Reinholdsbank war die erste und vornehmste; sie zählte nicht nur die angesehensten Bürger, sondern auch Mitglieder des Rates unter ihren Genossen und hatte selbst eine eigene Kapelle in der Marien- oder Oberpfarrkirche mit ihrem Namen. Im Jahre 1592 ließ der Bürger Meidt den am nördlichen Ausgange befindlichen zinnernen Schenktisch setzen, und 1593 der holsteinische Edelmann Hans Löwe das darüber befindliche Musikchor errichten, wo die Hofmusikanten, von Pfingsten bis Michaelis, alle Mittwoche und Sonnabende nachmittags spielen mußten.

Als diese Art Gilde mit der Zeit aufhörte, erhielt der Hof, wie man jenes Gebäude schlechthin nannte, die gegenwärtige Bestimmung und ward 1676 der Kaufmannschaft, nach dem seit 1595 geäußerten Wunsche der Bürger, vom Rate als Börse überlassen. Im Jahre 1807 mußte er den Franzosen zum Lazarett eingeräumt werden, wodurch er mancherlei Beschädigungen erlitt, weshalb der neue Ausbau 1829 ebenso nötig als nützlich war. – Neben dem Artushofe stand das Schöppenhaus, dessen Dachgiebel mit Bildsäulen verziert war. – Es gab auch noch einen kleinen Hof, welcher dem Rathause gegenüber lag, aber im Jahre 1475 mit dem großen Hofe abbrannte. Der erstere ward bis 1552 wiederhergestellt, auf des letztern Stelle aber, von Teves Kerle, ein schönes Privatgebäude errichtet. – Auch Königsberg hatte einen Jungerhof, welcher jedoch weder in Rücksicht seiner Bauart noch seiner Merkwürdigkeiten dem Danziger gleichkam.

Vor dem Artushofe steht ein kunstvoller Springbrunnen aus grauem Sandstein, 1633 gesetzt und 1634 mit einem zierlichen Eisengitter umgeben, aus dessen Mitte ein steinernes Postament hervorragt, darüber mit einer großen Schale, auf welcher Neptun, aus Erz gegossen, steht, aus dessen Dreizack und Meerpferden sowie aus der Schale und ihrer Umgebung die Wasserstrahlen in mannigfaltigen Bogen hervorspringen.

Einige Häuser weiter steht das Rathaus der Rechtstadt, gleichfalls ein großartiges Gebäude, über welchem ein schöner viereckiger Turm mit einer Schlag- und Spieluhr und zwei Galerien, von denen die erste mit Türmchen und andern Zieraten geschmückt ist, 270 Fuß hoch emporsteigt, zuerst 1465 gebaut, dann 1556 abgebrannt und von 1559–1561 wiederhergestellt. Auf der Spitze des Turmes steht ein geharnischter, vergoldeter Mann, über drei Ellen lang, welcher im Sonnenschein hell glänzt und sich mit seiner Fahne nach dem Winde dreht. Dieses Rathaus besteht aus zwei Stockwerken und einem unterirdischen Gewölbe; eine schöne, steinerne Doppeltreppe führt durch das große Portal in das weitläufige Innere, worin sich verschiedene Säle und Zimmer mit wertvollen Gemälden und andern Kostbarkeiten befinden.

Im Jahre 1644 ward zum feierlichen Empfange der königlichen Braut, Maria Ludovica, Herzogin von Mantua, Waldislaws IV. (1632–48) künftiger Gemahlin, welche aus Frankreich über Brüssel, Köln, Hamburg und Stettin 1645 nach Danzig kam, die Fronte des Rathauses auf das Schönste geschmückt, besonders das Portal mit zwei hohen Säulen von buntem Marmor; auf der einen stand die personifizierte Gottesfurcht, in der Hand zwei Gesetztafeln mit dem salomonischen Spruch: »Der Weisheit Anfang ist die Furcht Gottes« in lateinischer Sprache und vergoldeten Lettern, auf der andern die Gerechtigkeit mit bloßem Schwerte und der Waage, beide von weißem Marmor. Unter beiden Figuren, über dem Portale, standen die Worte: »Durch Frömmigkeit und Gerechtigkeit«, lateinisch mit vergoldeten Buchstaben. Zwischen beiden Figuren waren zwei Wappen: das eine Wappen aus schwarzem Marmor, bei der Gottesfurcht, war ein schwarzer Adler mit ausgebreiteten Flügeln, das preußische Feldpanier, beim rechten Flügel ein geharnischter Arm mit einem bloßen Schwerte, das alte preußische Wappen, welches die Kreuzherren führten; das andere Wappen zur Linken, war das Stadtwappen, ein Schild von rotem Marmor, und in demselben zwei weiße Kreuze mit der vergoldeten Krone darüber.

Basrelief: flaches Bildwerk
Miliz: Bürgerwehr
Hellebardierer: Soldaten, die mit einer Hellebarde (Stoßwaffe) kämpfen
Raffael, eigentlich Raffaello Santi (Sanzio) (1483–1520), italienischer Maler und Baumeister
Kolorit: Farbgebung
allegorisch: sinnbildlich
Klerus: Geistlichkeit
Martin Luther (1483–1546), Kirchenreformator
Johann Gottfried Herder (1744–1803), Theologe und Dichter
des britischen Königs Arthur: sagenhafter walisischer König namens Artus, dessen tatsächliche Existenz bis heute nicht bewiesen ist, der aber in der mittelalterlichen Dichtung zum Inbegriff des starken und guten Königs stilisiert wurde
Vogt: Leiter eines Amtsbezirks
Michaelis: 29. September
Postament: Unterbau
Neptun: Gott des Meeres
Ellen: Längenmaß (preuß. 0,666 m)
Fronte: Stirnseite

Jetzund kömmt die Nacht herbei

Martin Opitz

Jetzund kömmt die Nacht herbei,
Vieh und Menschen werden frei,
Die gewünschte Ruh geht an,
Meine Sorge kömmt heran.

Schöne glänzt der Mondenschein
Und die gülden Sternelein;
Froh ist alles weit und breit,
Ich nur bin in Traurigkeit.

Zweene mangeln überall
An der schönen Sternen Zahl;
Diese Sterne, die ich mein',
Ist der Liebsten Augenschein.

Nach dem Monden frag' ich nicht,
Dunkel ist der Sternen Licht,
Weil sich von mir weggewend't
Asteris, mein Firmament.

Wann sich aber neigt zu mir
Dieser meiner Sonnen Zier,
Acht' ich es das Beste sein,
Daß kein Stern noch Monde schein'.

Asteris (lat.): Stern

Im Junker- oder Artushof

Daniel Chodowiecki

Im Junkerhof hielt ich mich einige Zeit auf und betrachtete die Gemälde. Das große Bild »Sankt Michael die Laster austreibend« im Stile Taddeo Zuccheros (es ist von einem gewissen Möller) zeigt große Schönheiten, sowohl in Zeichnung wie in Farbe, in schönem Faltenwurf und guter Komposition, trotz alledem aber hat es keinen persönlichen Stil. Das Bild mit dem Orpheus, das von einem deutschem Meister zu sein scheint, ist etwas trocken und recht verdorben. Hier gibt es auch zwei schön gemalte Kriegerfiguren eines italienischen Künstlers, eine Darstellung kämpfender römischer Soldaten, auch schön komponiert, gut gezeichnet und gut in Farbe. Eine Hirschjagd im Geschmack von Snyders, aber kein Original, ist in flach erhabener Arbeit, der Kopf des Hirsches in halb erhabener Arbeit mit natürlichem Geweih. In derselben Manier ist auch »Aktäon, durch Diana in einen Hirsch verwandelt«, die Figuren in flach erhabener Arbeit und der Hintergrund gemalt. Auch der große Christoph und einige andere Figuren sind im gleichen Stil gehalten. Eine farbige Figur Sankt Georg ist ganz im Stile Lucas van Leydens, einige Gemälde sind im Stile Albrecht Dürers und Lucas Cranachs. Ein Fries, »Triumphzug«, in Alabaster und Gold läuft rings um den Raum, darüber sind die oben erwähnten Malereien angebracht. Auch zwei sehr alte Figuren der Mutter Gottes und mehrere Schiffsmodelle finden sich hier. Der große Kachelofen verdient nur seiner Größe wegen Beachtung. Die Vorderseite dieses Bauwerks ist mit Skulpturen, Figuren und plastischen Ornamenten geschmückt.

Taddeo Zucchero: Taddeo Zuccari (1529–1566), italienischer Maler
Orpheus: Sänger der griechischen Sage
Frans Snyders (1579–1657), flämischer Maler
erhaben: vorsehend, Maltechnik, bei der die Farbe so dick aufgetragen wird, daß sie keine glatte Fläche bildet
Aktäon: Jäger der griechischen Sage; erblickte Diana (Artemis) im Bade und wurde zur Strafe in einen Hirsch verwandelt
Lucas van Leyden (1489?–1533), niederländischer Maler
Albrecht Dürer (1471–1528), Maler und Kupferstecher
Lucas Cranach: entweder der Ältere (1472–1553) oder der Jüngere (1515–1586), beide Maler
Fries: in der Architektur gliedernder und schmückender Wandstreifen
Alabaster: durchscheinender weißgelber bis roter Gips

Zum Konzert in Danzig

Louis Spohr

Fast jedesmal, wenn eine Oper gegeben wurde, besuchte ich das Theater und versäumte nicht, eine Kritik des Werkes und der Ausführung niederzuschreiben, wobei Sänger, Chor und Orchester immer scharf mitgenommen wurden.

Zu meiner großen Freude ward auch »Ariadne auf Naxos« gegeben, das berühmte Melodrama von Brade, das ich noch nicht kannte. Es beleidigte aber meinen Geschmack, daß in dem darauf folgenden Lustspiele, »Die Bauern und Advokaten«, Theseus als Advokat und Ariadne als naives Bauernmädchen wieder zum Vorschein kamen. Die Musik entzückte mich, obgleich sie sehr schlecht ausgeführt wurde. Wie konnte es aber auch anders sein, da die Partitur erst am Morgen von Königsberg angekommen und mittags die erste und einzige Probe war?! Madame Bochmann, welche die Ariadne gab, deklamierte zwar sehr gut, war aber für diese Rolle zu häßlich. Ein junger Engländer, der neben mir saß, meinte, es sei dem Theseus nicht übelzunehmen, daß er eine solche Ariadne verlasse.

Ein Konzert des Herrn Eck am 16. Oktober im Schauspielhause fiel sehr glänzend aus. Da ich die Konzertsachen, die mein Lehrer vortrug, sehr genau kannte, so übernahm ich die Leitung derselben an der ersten Violine. Die Musiker, die bald erkannten, wie sicher der junge Dirigent war, folgten mir willig, und es wurde dadurch dem

Solospieler der Vortrag sehr erleichtert, was dieser auch dankbar anerkannte. Außer den drei Vorträgen des Herr Eck gab das Konzert noch eine Symphonie von Haydn, eine Ouvertüre von Mozart, ein Pianoforte-Konzert von Danzi, gespielt von Herrn Reichel und zwei Arien von Cimarosa und Mozart, gesungen von Demoiselle Motruba und Herrn Ciliax. Der Beifall nach den Vorträgen des Herrn Eck war ein sehr enthusiastischer und wollte gar nicht enden. Ich hörte ihn aber auch noch nie so gut öffentlich spielen.

Theseus: Held der griechischen Sage
Advokat: Rechtsanwalt, Verteidiger
Ariadne: in der griechischen Sage Tochter des Königs Minos von Kreta; hilft Theseus durch das Abrollen eines Fadens aus dem Labyrinth
Josef Haydn (1732–1809), Komponist
Wolfgang Amadeus Mozart (1756–1791), österreichischer Komponist
Domenico Cimarosa (1749–1801), italienischer Opernkomponist

Das Danziger Bild

Carl Baedeker

Danzig besitzt einen wertvollen Kunstschatz in dem sogenannten Danziger Bild. Es ist ein Altarblatt in der zierlichen, Ende des fünfzehnten Jahrhunderts aus Backsteinen erbauten, zur Mittagszeit stets geöffneten Marienkirche am Langemarkt, die auch einen merkwürdigen, 1514 in den Niederlanden gegossenen Taufstein, ein kunstvoll in Holz geschnitztes Kruzifix u. a. Sehenswürdigkeiten hat. Jenes Bild, 1467 gemalt, in kühner und großartiger Auffassung das letzte Gericht darstellend, wird dem Johann van Eyck, neuern Untersuchungen zufolge aber dem A. van Ouwater aus Haarlem zugeschrieben. Es war für den Papst gemalt, wurde aber auf dem Wege von Brügge nach Rom von Seeräubern weggenommen, welchen es ein Danziger Schiff wieder abjagte und nach der Rückkehr der Marienkirche verehrte. Im Jahr 1807 schleppten die Franzosen es nach Paris, von wo die Preußen es sich 1815 wieder holten. Friedrich Wilhelm III. bot den Danzigern vergeblich 40 000 Taler dafür.

Johann (Jan) van Eyck (um 1390–1441), niederländischer Maler / Friedrich Wilhelm III. (1770–1840), seit 1797 König von Preußen

St. Peter und Paul – das originellste Bauwerk der Stadt

Rudolph Genée

St. Peter und Paul, die bedeutendere der beiden reformierten Kirchen, darf wohl als das originellste Bauwerk Danzigs betrachtet werden. Wie bei der Katharinenkirche erhebt sich auch hier der Turm in gleicher Linie aus dem westlichen Giebel, aber in so ungewöhnlicher Breite, daß man kaum den Eindruck eines Turms erhält. Ganz charakteristisch im Stile der altpreußischen Bauwerke gehalten, ist dieser Turm in seinem obern Teile, indem er ohne Spitze oder Plattform nur in einem sehr hoch aufsteigenden Giebeldache endet, ähnlich wie der Turm an der Marienburg, aber ohne Spitze. Wie dort, steigen auch hier die nach Norden und Süden gekehrten

Giebelseiten des Daches stufenartig in die Höhe, und der burgenartige Eindruck wird durch die an den andern beiden Seiten angebrachten Zinnen noch erhöht. Die oft erwähnte Unregelmäßigkeit in diesem Baustyl zeigt sich an dieser Kirche am auffallendsten in den von beiden Seiten sich an den Turm lehnenden halben Giebeln des Hauses. Während die eine dieser Giebelseiten durch vier Fialen geteilt ist, entbehrt die andere ganz glatte Seite dieses Schmukkes; sie hat statt dessen in der flachen Mauer nur drei Fensternischen und ein unvollkommen ausgebildetes Flankentürmchen; selbst dem oben an dieser Westseite des Turms angebrachten Kran ist es verwehrt, die Mitte zu halten, so daß es fast scheint, als habe der Erbauer einen besondern Humor darin gesucht, jede Symmetrie sorgfältig zu vermeiden. Nicht minder seltsam nimmt sich auf dieser sehr breiten und hohen Mauerfläche das einzige Bogenfenster aus, und so unregelmäßig, wie dieser westliche Teil der Kirche, sind auch die beiden mit heraustretenden Giebeln und kleinen Türmchen versehenen Langseiten.

Fialen: schlanke Spitztürmchen

Auf der Speicherinsel

Wilhelm Cornelius

Von hier haben wir nur noch wenige Schritte bis zu der sich längs der Mottlau hinziehenden Langen Brücke, und wir stehen im Mittel- und Glanzpunkte Danzigs und seines Volkslebens. Hier gleiten Flöße, Boote und Segel aller Art auf und ab; hier werden Schiffe, unter jodelnden Gesängen in allen Sprachen, gelöscht und befrachtet; und auf den Schiffen und der Speicherinsel gibt sich das Treiben aller seefahrenden Nationen in seiner ganzen eigentümlichen Kraft und Roheit kund. Hier ist, was besonders bemerkenswert, die enge Wasserstraße, durch welche England fast zwei Drittel seines ungeheuren Weizen-Bedarfs bezieht, und für Getreide, Holz und Wolle mußte es in den letzten Jahren fast all sein gemünztes Gold nach dem Kontinent und zunächst nach den Ostseehäfen schicken. Wer von Danzigs Getreide-Ausfuhr sich einen übersichtlichen Begriff verschaffen will, der muß im Frühjahr die Weizenhaufen sehen, die vor der Stadt längs der Weichsel unter Gottes freiem Himmel aufgeschüttet liegen, wenn zur Speicherung weder Zeit noch Raum vorhanden ist. Es sind natürlich sichere Leute zu Wächtern bestellt, die bei Regenwetter geteerte Segel über das Getreide breiten müssen. – Das Volksleben ist aber besonders rege und interessant am Krantor und Höckertor, wo zu all dem Gewühl, Gejodel und Gekreisch der teerigen Rotjacken noch die großartigen Zungenschlachten der Weiber kommen. Berlin ist, wie in manchem, so auch im Schimpfen groß; hier aber wird es übertroffen. Hier sollten Schriftsteller wie Glaßbrenner, Lenz und Lyser ihre Studien machen. Hier gibt es Stoff zu Genre- und Guckkastenbildern. Hier sind blaue Nasen, heisere Stimmen, haarige Fäuste und symmetrisch geflickte Hosen, wie sie Berlin seit dem Tode seines letzten Eckenstehers nicht mehr aufweisen kann. Wer aber Maler ist oder sonst Schlägereien mit und ohne obligate Messerstiche liebt, der muß an die Schiffswerft am Kielgraben gehen; schöner findet er sie nur auf dem Hamburger Berge. Hier sind auch wie dort Boutiquen, deren Inneres dem Pinsel wie der Feder widerstrebt. Und doch muß man den Matrosen in diesen Boutiquen sehen. Er steigt oder taumelt nach halbjähriger beschwerlicher Reise ans Land. In den Taschen seiner teerigen Jacke oder in ein Taschentuch gebunden, trägt er den ungeheuern Schatz seines ersparten Monatsgeldes, oft 70 bis 80 Taler. Schon jetzt lauern auf ihn die rotgetünchten Töchter der Lust. Aber sie kirren vergebens. Seine Begierde ist groß, doch seine Eitelkeit ist noch größer. Er will fäschen erscheinen. Sein erster Gang ist zum Tuchhändler oder Trödler. Er kleidet sich fein vom Scheitel bis zur Sohle. In der hübschen blauen Jacke mit blanken Knöpfen und entsprechenden Beinkleidern, mit dem schief aufs Ohr gedrückten blanken Hut, der baumelnden Uhrkette und dem leicht um den Hals geworfenen seidenen Tüchlein geht er nun, wohin? in die Boutiqen. Hier ist er selig, wird er angebetet. Jeder kann trinken, was er will, er bezahlt alles und wirft zum Beweise dessen eine Handvoll Geld ungezählt auf den Tisch. Er ist ein Gott – so lang er Geld hat. Ist der Beutel aber leer und steht er nach der Wirts Behauptung schon an der Tafel, so wird sein Grog immer dünner, sein Mädchen immer kälter, sein Wirt immer gröber; er fängt Händel mit ihm an, zieht sein Messer, wird überwältigt und auf die Straße geworfen. Nun taumelt er wieder zum Trödler, verkauft Kleider und Uhr, wenn ihm letztere nicht inzwischen gestohlen oder vom Boutiquen-Wirt zurückbehalten ist für ein Spottgeld; erlustiert sich noch einmal, das heißt: er tanzt, er säuft, er spielt, fängt Schlägerei an, wird wieder hinausgeworfen und geht dann in der alten bequemen Teerjacke wieder wohlgemut an Bord, ißt heute Grütze, morgen Erbsen, alle drei Tage salzes Fleisch und liest gewissenhaft jeden Morgen und Abend ein Kapitel aus der Bibel oder lernt einen der Gesänge auswendig, die seine alte Mutter daheim ihm mit einem wollenen Faden gezeichnet hat. Entarteter als der Danziger Matrose und Lazzaroni kann der Mensch, zumal der deutsch redende, schwerlich gedacht werden, und wehe dem Fremden, der am Hafen oder an der Mole spazierend sich durch die Pechfaust eines solchen Kerls verdutzen läßt, wenn er ein ungebührliches Begehren stellt. Die Frechheit und Raufsucht dieser Menschen kennt gar keine Grenzen.

Adolf Glaßbrenner (1810–1876), Journalist und humoristischer Schriftsteller
obligat: unentbehrlich
Boutiquen: Schenken
fäschen: fashioned (engl.), modern
Lazzaroni (ital.): Gelegenheitsarbeiter, Bettler

Das Hohe Tor mit dem Stockturm

Rudolph Genée

Dies bedeutende Bauwerk wurde in seinen innern Teilen bereits im Jahre 1574 begonnen, und dies ursprüngliche, innere Tor mit den nach der Stadt zu auslaufenden Gewölben war 1576 beendet.

Erst 1588, also zwölf Jahre später, wurde der äußere Teil mit der prächtigen Fassade, den Zugbrücken und dem Fallgitter hinzugefügt. Diese imponierende Steinmasse, welche, wie kein anderes Gebäude der Stadt, den polnischen Charakter trägt, zeigt in seiner gedrungenen muskulösen Statur eine wahrhaft drohende und unerschütterliche Entschlossenheit. Über jedem der drei Eingänge befindet sich ein in starkem Relief gehauenes Wappen, in der Mitte das polnische, zu beiden Seiten das der Stadt Danzig und das westpreußische Provinzialwappen. Den Raum zwischen den Portalen und den Wappen füllen mehrere lateinische Inschriften aus; unter denselben hat der über dem mittleren Eingangsbogen befindliche Lehrsatz

Justitia et Pietas duo sunt Regno-
Rum Omnium Fundamenta.

durch die humoristische Teilung des Wortes Anspruch auf allgemeine Anerkennung. Demungeachtet steht grade dem Hohen Tore die Justitia näher, als diese absonderlich spiritus regnorum, denn in direkter Verbindung mit diesem gewaltigen Hüter der Frömmigkeit und Gerechtigkeit steht der, demselben sich fest anschließende, aber ältere Stockturm. Er wurde bereits im Jahre 1346 erbaut; die schöne glänzende Fronte des Tores gibt dem darüber weit hinausragenden Turm-Gemäuer ein vortreffliches Relief, und die ganze Gruppe (mit den dazugehörigen Gebäuden) bietet, besonders vom Walle aus gesehen, ein wahrhaft originelles und malerisches Bild aus dem Mittelalter. Eine sehr gute Abbildung in Curickes Danziger Chronik zeigt uns auch noch wie an der der Stadt zugekehrten Seite des Turms die öffentliche Auspeitschung am erhöhten Pranger – der seit 1604 vom Rathaus hieher verlegt wurde – und dergleichen harmlose Vergnügungen der romantischen Vorzeit getrieben wurden. Die mit Blei gedeckte Spitze des Turms wurde erst im Jahre 1508 aufgesetzt; nach einer durch die Belagerung des Polenkönig Stephan Batori erfolgten Beschädigung des Turms fand 1587 eine Renovation desselben statt. Wie viele ähnliche Türme des Mittelalters diente auch dieser ursprünglich als Tor und dann – wie Curicke berichtet – zur Gefangenhaltung derjenigen, »so etwan auf den Hals sitzen, oder auch solche Schelmstücke begangen, daß sie deswegen in des Henkers Hände geraten«. Zwischen dem Turm und dem äußern Tor, und zwar über den innern Torgewölben, liegt die sogenannte »Peinstube« (will sagen: Folterkammer), »in welcher die Übeltäter examiniert, auch da es nötig, auf der Peinbank gezogen werden«. Es ist diese Peinstube ein hübsches Giebel-Gebäude, welches mit seinen achteckigen Türmchen ein zwar finsteres, aber malerisches Ansehn hat. Haben auch jetzt an dem ganzen Gebäude die schauerlichen Varianten des Schandpfahls und der Folter aufgehört, so dient doch der Stockturm selbst noch zur Herberge der schwarzgelb uniformierten »Baugefangenen«.

Stockturm mit Peinstube

Unter den wenigen noch übriggebliebenen Toren, welche sich im Innern der Stadt befinden und zur Trennung der verschiedenen Stadtteile dienen, ist das bedeutendste das erst 1612 erbaute Langgasser Tor, in italienischem Stile mit Rokoko versetzt und ohne besondere Eigentümlichkeiten. Am entgegengesetzten Ende der Langgasse und des Zangenmarktes war ehedem das Grüne Tor ein bemerkenswertes Gebäude, hat aber durch Hinwegnahme der drei hohen Giebel wenn auch nicht an Schönheit, so doch an Charakter verloren.

Relief: Bildwerk
Justitia et ... (lat.): Gerechtigkeit und Frömmigkeit sind beide die Grundlagen aller Herrschaft
spiritus regnorum (lat.): Geist der Regierenden
Fronte: Stirnseite
Reinhold Curicke: Danziger Chronist
Pranger: Schandsäule
Stephan Batori (1532–1586), seit 1575 König von Polen
Renovation: Renovierung
Rokoko: Stilepoche im achtzehnten Jahrhundert, die von sehr verspielten Kunstformen geprägt war

Väterlicher Rat für Arthur Schopenhauer

Heinrich Floris Schopenhauer

23. Oktober 1804

Mein lieber Sohn! Da Du nunmehr mir schriftlich die Angelobung machest, schön und flüchtig schreiben und perfekt rechnen zu lernen, so will ich dann mir auch darauf verlassen, mit Bitte es ebenfalls dahin zu bringen, wie andere Menschen aufrecht zu gehen, damit Du keinen runden Rücken bekommst, welches abscheulich aussieht. Die schöne Stellung am Schreibpulte wie im gemeinen Leben ist gleich nötig; denn wenn man in den Speisesälen einen so darnieder Gebückten gewahr wird, nimmt man ihn für einen verkleideten Schuster oder Schneider. Es ist gut, daß Du Dich ein Kleid hast machen zu lassen bereits resolviert, aber Du mußt auch eine Winterweste demselben beifügen und wird Herr Kabrun die Auslage davon machen. Sei diesem guten Mann auch ebenso ergeben wie dankbar, daß er Dir die Wechselbriefe und die Fakturen schreiben läßt auf seinem Kontor, damit diese weiters so aussehen, daß sie in alle Welt gehen können. Es sind wenige Häuser, wo Du Dich so gut vorbereiten kannst, ein guter Kontorist zu werden, wie bei diesem meinem werten Freunde Kabrun in Danzig. Betrachte demnach alles und merke auf seine Reden, sie können Dir nicht anders wie sehr förderlich zu Deinem Fortkommen in der Welt sein. Zwar lohnt es sich nicht, Dir die neue Flöte noch zuzuschicken, weil die Hälfte der Zeit schon passiert ist, die Du in Danzig noch zuzubringen hast, aber darum spiele immer auf der alten in ein oder anderes Konzert, weilen auch dieses Dir in Deiner Vaterstadt zur mehreren Empfehlung dient. Die Mutter schreibt mir gar, daß Du mit eins ein besserer Jüngling geworden, da man ihr von Deinem ordentlichen Betragen erzählt. Laß diese Ordnung aber auch doch in Deinem Zimmer und bei Deinem Weißgeräte herrschen, denn die Begebenheit in Braunau war gar ärgerlich. Solltest Du auf der Reitschule guten Unterricht oder durch einen guten Korporal durchs Exerzieren den besseren Maintien des Körpers gewinnen können, so will ich auch dazu die Kosten gerne hingeben, allein Du mußt doch auch im Französischen und Englischen Dich üben und Herrn Kabrun wiederum anliegen, Dir Briefe in diesen Sprachen, wie in dem Deutschen, schreiben zu lassen; er hilft Dir gerne zurecht, und wenn Du seinen Briefstil erhascht, hast Du ganz alles, was dir vonnöten ist, auch wollte ich, daß Du bei hiesigem Herrn Jenisch nicht mehr als ein Kind aufs Kontor säßest, und damit Gott befohlen.

20. November 1804

Ich wollte, daß Du lerntest, Dir den Menschen angenehm zu machen; denn so würdest Du auch gar leicht den Herrn Kabrun bei Tische zu mehreren Reden veranlassen. Und was dein Geradegehen und -sitzen betrifft: so rate ich Dich jedweden, der mit Dir umgeht zu bitten, Dir einen Schlag zu reichen, wenn Du gedankenlos ob dieser großen Sache Dich antreffen läßt. So haben Fürstenkinder verfahren und nicht den Schmerz gescheut für wenige Zeit, bloß nicht als Tölpel ihr Leben lang zu erscheinen. Nichts kann als dieses helfen, und ich korrigiere dermalen den jungen Lehmann mit Sukzeß von diesem Erziehungsfehler. Du wirst mit Deiner lieben Mutter und Schwester in der Mitte des Dezembers das gute Danzig verlassen und so noch mehr als drei Monate darinnen verlebt haben. Vom Tanzen und Reiten kann man nicht leben als Kaufmann, dessen Briefe gelesen werden sollen und folglich gut geschrieben werden müssen. Hin und wieder finde ich die großen Buchstaben deiner Schreiberei noch immer wahre Mißgeburten, besonders im Deutschen, welches als Deine Muttersprache Dir keines einzigen Fehlers in der Handschrift zeihen müßte. Es ist ganz gut, daß Du in Danzig konfirmiert werden wirst, hier aber noch morgens die Vorlesungen des Herrn Runge in der Theologie anhören und stets dich bescheiden, sittlich und fleißig betragen. Adieu.

Resolviert: entschlossen
Fakturen: Rechnungen
Kontor: Büro eines Kaufmanns
Weißgeräte: Leibwäsche
Maintien (frz.): Haltung
Sukzeß: Erfolg

Skeptische Ansicht über die Moral

Arthur Schopenhauer

Man würde sich in einem großen und sehr jugendlichen Irrtum befinden, wenn man glaubte, daß alle gerechte und legale Handlungen der Menschen moralischen Ursprungs wären. Vielmehr ist zwischen der Gerechtigkeit, welche die Menschen ausüben, und der echten Redlichkeit des Herzens meistens ein analoges Verhältnis, wie zwischen den Äußerungen der Höflichkeit und der echten Liebe des Nächsten, welche nicht, wie jene, zum Schein, sondern wirklich den Egoismus überwindet. Die überall zur Schau getragene Rechtlichkeit der Gesinnung, welche über jeden Zweifel erhaben sein will, nebst der hohen Indignation, welche durch die leiseste Andeutung eines Verdachts in dieser Hinsicht rege wird und bereit ist, in den feurigsten Zorn überzugehn, – dies alles wird nur der Unerfahrene und Einfältige sofort für bare Münze und Wirkung eines zarten moralischen Gefühls oder Gewissens nehmen. In Wahrheit beruht die allgemeine, im menschlichen Verkehr ausgeübte und als felsenfeste Maxime behauptete Rechtlichkeit hauptsächlich auf zwei äußeren Notwendigkeiten: erstlich auf der gesetzlichen Ordnung, mittels welcher die öffentliche Gewalt die Rechte eines jeden schützt, und zweitens auf der erkannten Notwendigkeit des guten Namens, oder der bürgerlichen Ehre, zum Fortkommen in der Welt, mittels welcher die Schritte eines jeden unter der Aufsicht der öffentlichen Meinung stehn, welche, unerbittlich strenge, auch einen einzigen Fehltritt in diesem Stücke nie verzeiht, sondern ihn, als einen unauslöschlichen Makel, dem Schuldigen bis an den Tod nachträgt. Hierin ist sie wirklich weise: denn sie geht von dem Grundsatze *operari sequitur esse* und demnach von der Überzeugung aus, daß der Charakter unveränderlich sei und daher, was einer einmal getan hat, er unter ganz gleichen Umständen, unausbleiblich wieder tun werde. Diese zwei Wächter also sind es, welche die öffentliche Rechtlichkeit bewachen und ohne welche wir, unverhohlen gesagt, übel daran wären, vorzüglich in Hinsicht auf den Besitz, diesen Hauptpunkt im menschlichen Leben, um welchen hauptsächlich dessen Tun und Treiben sich dreht. Denn die rein ethischen Motive zur Ehrlichkeit, angenommen daß sie vorhanden sind, können meistenteils nur nach einem weiten Umwege ihre Anwendung auf den bürgerlichen Besitz finden. Sie können nämlich sich zunächst und unmittelbar allein auf das natürliche Recht beziehn; auf das positive aber erst mittelbar, sofern nämlich jenes ihm zum Grunde liegt. Das natürliche Recht aber haftet an keinem andern Eigentum, als an dem durch eigene Mühe erworbenen, durch dessen Angriff die darauf verwendeten Kräfte des Besitzers mit angegriffen, ihm also geraubt werden. – Die Präokkupationstheorie (Theorie des Rechts der ersten Besitzergreifung) verwerfe ich unbedingt, kann jedoch nicht hier auf ihre Widerlegung eingehn. – Nun soll freilich jeder auf positives Recht gegründete Besitz, wenn auch durch noch so viele Mittelglieder, zuletzt und in erster Quelle auf dem natürlichen Eigentumsrechte beruhen. Aber wie weit liegt nicht, in den meisten Fällen, unser bürgerlicher Besitz von jener Urquelle des natürlichen Eigentumsrechtes ab! Meistens hat er mit diesem einen sehr schwer oder gar nicht nachweisbaren Zusammenhang: Unser Eigentum ist geerbt, erheiratet, in der Lotterie gewonnen, oder wenn auch das nicht, doch nicht durch eigentliche Arbeit im Schweiße des Angesichts, sondern durch kluge Gedanken und Einfälle erworben, z. B. im Spekulationshandel, ja, mitunter auch durch dumme Einfälle, welche, mittels des Zufalls, der *Deus Eventus* gekrönt und verherrlicht hat. In den wenigsten Fällen ist es eigentlich die Frucht wirklicher Mühe und Arbeit, und selbst dann ist diese oft nur eine geistige, wie die der Advokaten, Ärzte, Beamten, Lehrer, welche, nach dem Blicke des rohen Menschen, wenig Anstrengung zu kosten scheint. Es bedarf schon bedeutender Bildung, um bei allem solchen Besitz das ethische Recht zu erkennen und es demnach aus rein moralischem Antriebe zu achten. – Dem-

zufolge betrachten viele, im stillen, das Eigentum der andern als allein nach positivem Rechte besessen. Finden sie daher Mittel, es ihnen mittels Benutzung, ja auch nur Umgehung der Gesetze zu entreißen; so tragen sie kein Bedenken: denn ihnen scheint, daß jene es auf demselben Wege verlören, auf welchem sie es früher erlangt hatten, und sie sehn daher ihre eigenen Ansprüche als ebenso gut begründet an, wie die des frühern Besitzers. Von ihrem Gesichtspunkt aus, ist in der bürgerlichen Gesellschaft an die Stelle des Rechtes des Stärkern das des Klügern getreten. Inzwischen ist der Reiche oft wirklich von einer unverbrüchlichen Rechtlichkeit, weil er von ganzem Herzen einer Regel zugetan ist und eine Maxime aufrechterhält, auf deren Befolgung sein ganzer Besitz, mit dem vielen, was er dadurch vor andern voraus hat, beruht; daher er zu dem Grundsatze *suum cuique* sich in vollem Ernst bekennt und nicht davon abweicht. Es gibt in der Tat eine solche objektive Anhänglichkeit an Treue und Glauben, mit dem Entschluß, sie heilig zu halten, die bloß darauf beruht, daß Treue und Glauben die Grundlage alles freien Verkehrs unter Menschen, der guten Ordnung und des sichern Besitzes sind, daher sie uns selbst gar oft zugute kommen und in dieser Hinsicht sogar mit Opfern aufrecht gehalten werden müssen; wie man ja an einen guten Acker auch etwas wendet. Doch wird man die so begründete Redlichkeit, in der Regel, nur bei wohlhabenden oder wenigstens einem einträglichen Erwerb obliegenden Leuten finden, am allermeisten bei Kaufleuten, als welche die deutlichste Überzeugung haben, daß Handel und Wandel am gegenseitigen Vertrauen und Kredit ihre unentbehrliche Stütze haben; weshalb auch die kaufmännische Ehre eine ganz spezielle ist.

Hingegen der Arme, der bei der Sache zu kurz gekommen ist und, vermöge der Ungleichheit des Besitzes, sich zu Mangel und schwerer Arbeit verdammt sieht, während andere, vor seinen Augen, im Überfluß und Müßiggange leben, der wird schwerlich erkennen, daß dieser Ungleichheit eine entsprechende der Verdienste und des redlichen Erwerbes zum Grunde liege. Wenn er aber dies nicht erkennt, woher soll er dann den rein ethischen Antrieb zur Ehrlichkeit nehmen, der ihn abhält, seine Hand nach dem fremden Überflusse auszustrecken? Meistens ist es die gesetzliche Ordnung, die ihn zurückhält. Aber wenn einmal die seltene Gelegenheit kommt, wo er, vor der Wirkung des Gesetzes gesichert, durch eine einzige Tat die drückende Last des Mangels, welche der Anblick des fremden Überflusses noch fühlbarer macht, von sich wälzen und auch sich in den Besitz der so oft beneideten Genüsse setzen könnte, was wird da seine Hand zurückhalten? Religiöse Dogmen? Selten ist der Glaube so fest. Ein rein moralisches Motiv zur Gerechtigkeit? Vielleicht in einzelnen Fällen: Aber in den allermeisten wird es dann nur die auch dem geringen Manne sehr angelegene Sorge für seinen guten Namen, seine bürgerliche Ehre sein, die augenscheinliche Gefahr, durch eine solche Tat auf immer ausgestoßen zu werden aus der großen Freimaurerloge der ehrlichen Leute, welche das Gesetz der Rechtlichkeit befolgen und danach auf der ganzen Erde das Eigentum unter sich verteilt haben und verwalten, die Gefahr, in Folge einer einzigen unehrlichen Handlung, zeit Lebens Paria der bürgerlichen Gesellschaft zu sein, einer, dem keiner mehr traut, dessen Gemeinschaft jeder flieht und dem dadurch alles Fortkommen abgeschnitten ist, d. h. mit einem Wort: »Ein Kerl, der gestohlen hat«, – und auf den das Sprichwort geht: »Wer einmal stiehlt, ist zeitlebens ein Dieb.«

Analoges: entsprechendes
Egoismus: Ichbezogenheit
Indignation: Entrüstung, Empörung
operari sequitur esse (lat.): Handeln folgt dem Sein
Deus Eventus (lat.): Gott des Erfolgs
Advokaten: Rechtsanwälte
Maxime: Grundsatz, Verhaltensregel
suum cuique (lat.): jedem das Seine
Kredit: Glaubwürdigkeit
Dogmen: Glaubenssätze
Paria: unterste Stufe des indischen Kastensystems, die »Unberührbaren«

Rakkóx, der Billionär

Paul Scheerbart

Vergnügt, wie ein echter Potentat, lebte Rakköx, ein mehrfacher Billionär, in den Großstädten Asiens und Europas und vergeudete natürlich sein Geld in Zentnersäcken – er hatte es ja dazu.

Der große Mann schwärmte natürlich für alles Grandiose und für martialische Unternehmungen – er hatte es ja dazu. Er belächelte diejenigen, die seine Passionen teilten, trotzdem sie's nicht dazu hatten.

Um aber seine größeren kompakten Pläne realisieren zu können, sah er sich genötigt, zunächst auf Vergrößerung seiner Machtmittel bedacht zu sein.

Und so ward seine Phantasie allmählich eine militaristische Phantasie. Er wollte selbstverständlich seine Pläne nicht allein ausarbeiten – auch seine militaristischen nicht. Und so telegraphierte er denn an den Direktor seiner Erfindungsabteilung, in der zweihundert abgefeimte Genies beschäftigt waren: »Schnell neues Militär erfinden – mit Gebrauchsanweisung. Rakköx.« Der Direktor der Erfindungsabteilung verlas das Telegramm seinen Untergebenen. Es entstand ein allgemeines Halloh, und nach vierundzwanzigstündiger Geistesarbeit lag der folgende geniale Plan Rakköxen zu Füßen: Das neue Militär.

Es war vorauszusehen, daß einem vorgeschrittenen Militarismus das Menschenmaterial bei Fruktifizierung kriegerischer Ideen nicht auf die Dauer genügen könnte. Und so ist die Herstellung eines »neuen Militärs« allgemach zum tiefgefühlten Bedürfnis geworden. Der Mensch ist als Soldat zu schwächlich und zu rücksichtsvoll. Der Automat ist als Soldat zu kostspielig und nicht imstande, sich rechtzeitig zurückzuziehen. Somit bleibt bei Herstellung eines »neuen Militärs« nur die Tierwelt zu berücksichtigen übrig. In der Tierwelt finden wir unzählige Lebewesen, die weder schwächlich noch rücksichtsvoll sind, auch nicht zu kostspielig genannt werden dürfen, da ihnen grade der Hunger erfahrungsgemäß die allergrößte Rücksichtslosigkeit verleiht; außerdem haben sämtliche Tiere die genügende Intelligenz, sich rechtzeitig zurückzuziehen.

Unsere Aufgabe ist daher, Tierregimenter zu schaffen. Nur durch gut organisierte Tierregimenter kann dem alt gewordenen Militarismus unsrer Zeit neue Lebenskraft eingeflößt werden.

Die Unterzeichneten empfehlen nun in erster Reihe Heranziehung der größeren Tiersorten. Die Dressur der vierfüßigen Dickhäuter bereitet bekanntlich keine nennenswerten Schwierigkeiten. Und auch die Dressur der Walrosse und Seelöwen wird den großen Tierbändigern unserer Zeit ein Leichtes sein. Die Walrosse und Seelöwen sind mit umfangreichen kugelsicheren Kork-Panzer-Hemden auszurüsten, und künstliche Riesenflossen aus Aluminium und Stahl müssen die natürliche Flossenkraft ganz gewaltig heben; mit solchen Kunstflossen läßt sich jedes Meer mit Leichtigkeit orkanartig aufregen.

Die meisten Tiere können die Waffen – auch die Schießwaffen und Geschütze – auf dem Kopfe wie einen Hörnerschmuck tragen. Dem Offizierskorps der Tierregimenter dürfen natürlich nur erprobte

Tierbändiger angehören. Die Ausarbeitung der Ideen über die beste Art der Verwertung tierischer Gliedmaßen ist selbstverständlich Spezialaufgabe des Generalstabes. Die Rüssel der Elefanten können z. B. zu Schleudermaschinen ausgebildet werden; die Löwen wären am wirksamsten zusammengekoppelt zu gebrauchen.

Sehr interessant wird sich die Uniformfrage gestalten; sie läßt sich hier nur nicht so kurz abtun. Jedenfalls wird über die beste Uniformierung der Auerochsen, Giraffen und Kamele innerhalb drei Tagen eine besondere Broschüre erscheinen; allen Anforderungen der militaristischen Tradition soll nach besten Kräften Rechnung getragen werden.

Man kann fernerhin nicht bestreiten, daß sich viele Vögel sehr wohl zu Heereszwecken eignen. Die Krähenvölker ließen sich leicht mit Zyankalispritzen bewaffnen, und die Adler, Eulen und Störche könnten abgerichtet werden, kleine Dynamitbomben im richtigen Momente fallen zu lassen.

Über feingegliederte Schlauchbomben, die nur mit Pestbazillen gefüllt werden sollen, schreibt das Obergenie Schmoller-Käsebauch ein zweibändiges wissenschaftliches Werk.

Was über die methodische Züchtung von Ungeziefer zu Kriegszwecken zu sagen ist, findet ... Hier sank dem Billionär der Plan aus der Hand und fiel ihm tatsächlich zu Füßen. »Merkwürdig!« murmelte der dicke Herr und erhob sich.

»Mein Personal glaubt wohl«, fuhr er stehend fort, »es sei nichts leichter, als sich über mich lustig zu machen. Merkwürdig! Weil ich mich über alles lustig mache, will man mir das heimzahlen. Personal!«

Und er bückt sich und hebt das Manuskript noch einmal auf, blättert in den hinteren Pergamentseiten und findet dort ein Kapitel, das sich »über die Verwendung der Heringe beim submaritimen Kriege« eingehend ausspricht.

Oho! Er liest das Kapitel nicht, aber interessieren tuts ihn mächtig; submaritime Angelegenheiten sind ihm allzeit lieb und teuer gewesen.

Nach längerem Nachdenken telegraphiert der allmächtige Billionär an den Direktor der Erfindungsabteilung: »Schnell kurzen Artikel über die Endziele der submaritimen Kriegstechnik abfassen. Aber ernst! Das Große soll nicht bloß für die Narren sein. Rakkóx.«

Der Nabob begibt sich in seinen Höllensaal, allwo er gewöhn-

lich zu frühstücken pflegt. Der Höllensaal ist mit feuerrotem Tropfstein erbaut, die Wände sind zu symmetrisch verteilten Grottennischen ausgebildet. Der ganze Saal ist, obgleich die Formen des Tropfsteins so blieben, wie sie waren, mit fanatischer Symmetrie gearbeitet. Vor jeder Nische steht eine goldene Urne, in der schwarze Tulpen blühen. Selbst die Anzahl und die Formen der Tulpen sind symmetrisch angeordnet. In der Mitte steht der Frühstückstisch, über dem eine riesige tausendkantige Smaragdampel brennt. In den feuerroten Tropfsteingrotten brennen viele elektrische Flammen – wirksam versteckt. Auf dem weißen Tischtuch schieben sich die grünen und roten Lichtkegel über- und untereinander. In den goldenen Urnen gleißt es gleichfalls grün und rot.

Rakkóx ist kaum beim elften Gericht angelangt, da stört ihn ein dumpfer Glockenton – und herein stürmt ein weißgekleideter Diener, legt sanft ein neues Pergament-Manuskript auf den Frühstückstisch und eilt lautlos über den karminierten Teppichpelz, der den Fußboden des ganzen Saales bedeckt, wieder hinaus.

Vor dem Billionär liegt der Artikel »über die Endziele der submaritimen Kriegstechnik«, geschrieben von Schultze dem Siebenten, einem berühmten Obergenie. Der erste Teil der Geschichte beginnt also:

Eine erlösende Idee.

Geliebte Brüder! Teure Schwestern! Werteste Verwandte, Bekannte und Unbekannte! Schon oft erhob ich mein Haupt, Euch was Vernünftiges mitzuteilen – aber dieses Mal will ich Euch eine erlösende Idee verkünden – darum spitzet die Ohren wie kluge Mäuse! Ihr wisset, daß wir anitzo Schiffe bauen, die in die Tiefe des Meeres steigen können wie die Flundern; die submaritimen Flotten sind die besten Flotten unsrer Zeit. Welches aber sind die Endziele der submaritimen Kriegstechnik? Habt Ihr darüber schon nachgedacht? Glaubt Ihr vielleicht, es könne dem submaritimen Militarismus nur darauf ankommen, den Haifischen der Südsee den Anblick submaritimer Schlachten zu verschaffen? Oh nein! Laßt Euch nichts weismachen! Ein wahrhaft moderner Militarismus – der waschechte ist gemeint! – will als Erstes und Letztes immer nur die Befestigung und Stärkung der Nationen und Staaten. Das steht bombenfest.

Welches sind nun die Nationen und Staaten, die von der submaritimen Kriegstechnik Befestigung und Stärkung erwarten dürfen? Hm – die Nationen und Staaten, die sich immer noch auf den leider allzutrocknen Festländern der Erde vorfinden, haben die submaritime Kriegstechnik nicht so nötig. Was fragen die nach der? Alles Submaritime ist für die Oberflächenpolitik doch nur eine dekorative Begleiterscheinung der Meeresoberflächenflotte.

Indessen – jetzt kommt es! Für die Nationen und Staaten, die den Mut haben – lies leis'! –, in den kolossalen märchenweiten weltfreien Tiefen des Ozeans unter dem Wasser sich anzusiedeln – für diese Nationen und Staaten hätten die submaritimen Flotten eine größere Bedeutung – eine Existenz begründende Bedeutung! Versteht Ihr mich schon? Alsdann würdet ihr einsehen, daß die Endziele der submaritimen Kriegstechnik auf nicht mehr und nicht weniger als auf die Begründung und Erhaltung submaritimer Nationen und Staaten hinauslaufen. Das ist die erlösende Idee, die Schultze der Siebente Euch verkündet.

Die herrlichste Perspektive eröffnet sich dem glückseligen Erdbewohner – die Größe der Erde wird durch die Endziele der submaritimen Kriegstechnik für die Menschheit einfach verdreifacht!

Die lokale Entwässerung des Meerbodens und die Befestigung

der unter den Wassermassen des Ozeans zu erbauenden Riesengewölbe wird für die genialen Baumeister unsrer Zeit so leicht wie ein Kinderspiel sein.

Edler Erdenbürger! Bedenke, daß sämtliche submaritimen Länder Normaltemperaturen empfangen können, daß dort also Zugluft und Hausbau unbekannt bleiben werden. Die Wohnungsmiete wird zur Chimäre. Hausbesitzer und Schnupfen gibt's nicht mehr.

Daß die Existenz der submaritimen Weltreiche eine Erlösung für die Menschheit bedeutet, muß ja wohl ohne weiteres selbst einem Kalbskopf einleuchten. Entschuldigt, daß ich lache und so was sage. Aber ich kann mir das leisten. Alle idealen Staatsideen lassen sich ja dort unten so leicht realisieren – der aristokratische Idealstaat wie der demokratische Idealstaat – Staaten mit automatischer, wie solche mit parlamentarischer, cäsaristischer, karnevalistischer oder anarchistischer Regierung – auch solche ohne jede Regierung. Alle überflüssigen harmoniezerstörenden Lebewesen können diesen submaritimen Weltreichen ohne jede Anstrengung ferngehalten werden. Das oben auf den trockenen Festländern so lästige Ungeziefer läßt …

Bei dem Worte »Ungeziefer« sinkt dem großen Nabob wiederum das Manuskript aus der Hand und fällt dabei unter den Tisch.

»Merkwürdig!« tönt es wieder von Rakkóxens Lippen. Dann aber ißt der große Mann ruhig weiter. Nach der Mahlzeit telegraphiert er an den Direktor seiner Erfindungsabteilung: »Schultze VII. ist ein altes Rhinozeros, bin für seine Pläne leider zu arm. Der Kerl ist ein oberfauler Kopp. Bin mit Ihren Genies und Obergenies sehr unzufrieden. Ihr Personal ist bald für den Jahrmarkt reif. Rakkóx.«

An den Direktor seiner kaufmännischen Abteilung, in der fünfzehnhundert verkrachte Gründer beschäftigt sind, telegraphiert der Billionär: »Schnell zehntausend submaritime Torpedoboote bauen lassen – aber beste Konstruktion. Rakkóx. »Danach ruht er in seinem Perlmutterzimmer von seiner Arbeit aus.

Auf den weißen Eisbärfellen, die den ganzen Fußboden bedekken, spielen gelbliche und grünliche Lichtbüschel, die oben durch die Glaskuppel hineinkamen. Die Glaskuppel ist so bunt wie ein alter Krötenbauch, und viele weiße Pelzhaare werden zu Rakkóxens Füßen auch so bunt. An den welligen Wänden, die aus tausend Perlmutterbuckeln bestehen, glitzert's; mitten auf jedem Buckel sitzt ein kleiner hellblauer Saphir.

Passionen: Leidenschaften
Fruktifizierung: Fruchtbarmachung
Zyankali: Gift
submaritimen: untermeerischen
Nabob: reicher Mann
Chimäre: Ungeheuer der griechischen Sage; Hirngespinst, leerer Wahn

Danzigs Wiederaufbau

Waldemar Epp

Der Wiederaufbau Danzigs war für Polen mehr als nur die Beseitigung von Trümmern und die Wiederherstellung historischer Gebäude sowie neuer Wohnsiedlungen. Der Wiederaufbau Danzigs war auch keine Frage des Prestiges, sondern eine Herzensangelegenheit des ganzen polnischen Volkes.

Der Wiederaufbau der Rechtstadt erfolgte nach alten Plänen und Vorlagen, so daß manch ein Gebäude in anderer Form erstand, als sie den Danzigern, die bis 1945 dort gelebt hatten, bekannt war. Eines der besten Beispiele hierfür ist der Turmaufbau des sechsgeschossigen von Antoni van Obbergen errichteten Bürgerhauses an der Langen Brücke neben dem Frauentor, das der »Naturforschenden Gesellschaft« gehörte. Der auf dem Turm später errichtete Kuppelbau der Sternwarte war sowieso zerstört, und es entstand der alte wunderschöne Turm in seiner ursprünglichen Form, wodurch sich wiederum das ganze Panorama der Langen Brücke in neuer Gestalt darstellte. Der Blick von der Spitze der Speicherinsel auf diesen Komplex Frauentor-Bürgerhaus gehört zu den schönsten im neuen Danzig.

»Bei der Rekonstruktion des historischen Aussehens«, heißt es ferner, »hielt man sich jedoch nicht an den Grundsatz der Wiederherstellung des Aussehens der Stadt in einer gewissen, ausgewählten Periode. Man wählte in jedem einzelnen Fall von einigen möglichen Formen die in architektonischer Hinsicht am wertvollsten erscheinende.« Das Schlagwort war: »Wir werden Gdansk schöner aufbauen als je zuvor.«

Jetzt ... läßt sich beurteilen, ob dies gelang.

Der Kern des alten Danzig, das Gebiet zwischen Hundegasse

und Altstädtischem Graben, ist tatsächlich in seiner historischen Form wiedererstanden. Nichts findet sich mehr von der Fülle der großen Kaufhäuser in der Langgasse, die es dort vor dem Kriege gab. Das Geschäftszentrum ist nach Langfuhr verlegt worden.

In der Langgasse und auf dem Langen Markt stehen die stolzen Bürgerhäuser aus der Blüteepoche Danzigs, und es befinden sich in ihren Erdgeschossen nur vereinzelt kleine Geschäfte. Die Häuser sind im Stil jener Jahrhunderte wiedererbaut worden, da Danzig, wenn auch mit weitgehenden Privilegien ausgestattet, zur polnischen Krone gehörte.

Bewußt sind Baulücken gelassen worden, um die architektonische Wirkung der Kirchen oder profanen Bauwerke zu erhöhen, so daß beispielsweise das Krantor völlig frei steht. An der südlichen Seite ist eine Grünfläche angelegt und an der nördlichen Seite das anschließende Haus so weit zurückgesetzt worden, daß die beiden wuchtigen Rundtürme des Krantors jetzt voll zur Geltung kommen. Die gegenüberliegende Speicherinsel wurde nur z. T. neu mit Speichern bebaut, diese jedoch nicht mehr in Fachwerkbauweise, sondern mit modernen Baumaterialien aus Beton, der vielfach verklinkert und in seiner architektonischen Form der alten Bebauung angepaßt wurde.

Polen hat sich beim Wiederaufbau Danzigs streng an die historische Vergangenheit dieser bedeutenden Stadt gehalten und sich auch nicht gescheut, deutsche Inschriften anzubringen, wenn sie dort hingehörten, wie beispielsweise auf der Stockturmseite des Langgasser Tors, während die Inschrift auf der Seite zur Langgasse hin, die lateinisch war, wiederum Lateinisch ausgeführt wurde.

Aber nicht an jeder Stelle gelang die Wiederherstellung des historischen Zustandes. So steht beispielsweise in der Gr. Wollwebergasse neben dem Zeughaus ein Neubau, der so gar nicht in den Stil des alten Danzig hineinpaßt, was allerdings von den Polen offen zugegeben wird. Dennoch kann ohne Vorbehalt anerkannt werden, daß der Wiederaufbau des historischen Stadtkerns eine Meisterleistung der polnischen Architekten und Handwerker darstellt.

Es bedarf nach diesen Ausführungen schon keiner besonderen Erwähnung mehr, daß Danzigs Kirchen, die fast sämtlich ausgebrannt waren, in ihrer alten Schönheit neu entstanden. Das Franziskanerkloster, in dem früher das Gymnasium St. Johann untergebracht war, beherbergt heute das Pomorskie-Museum, angefüllt mit wunderbar gearbeiteten Vitrinen, in denen die entsprechenden alten Fundstücke stehen.

Den Holzmarkt, auf den als Hauptstraße die Breitgasse mündet, schmückt eine prachtvoll angelegte Grünanlage, in deren Mitte ein Reiterstandbild mit König Johann III. Sigismund steht. Begrenzt wird der Holzmarkt zwischen Schmiede- und Töpfergasse durch den Komplex »Haus der Presse«, der zur Schauseite hin mit Giebeln geschmückt ist. Das Eckhaus an der Schmiedegasse ist ein sechsgeschossiges Giebelhaus, das durch besonders kunstvolle Gestaltung auffällt.

Eines der schönsten alten Danziger Bürgerhäuser, das Haus der Äbte von Pelplin, in der St.-Elisabeth-Kirchengasse am Radaunekanal, ist erhalten geblieben, doch die Ecke davor an der Weißmönchengasse war im Zuge der Kampfhandlungen zerstört worden. Hier ist ein viergeschossiger Neubau entstanden, der sich architektonisch gut einfügt und eine technische Dienststelle beherbergt.

Auf der Pfefferstadt befindet sich vor dem originalgetreu wiederhergestellten Altstädtischen Rathaus eine große Grünanlage, so daß sowohl die breite Front des Rathauses als auch der Ostgiebel der Karmeliterkirche voll zur Geltung kommen.

Daß die drei Wahrzeichen Danzigs, die Marienkirche, das Rathaus mit seinem schlanken, jetzt 84 m hohen Turm und das Krantor zu den Erstwerken des Wiederaufbaus gehörten, versteht sich von selbst, und daß die Innenarchitektur der äußeren nicht nachsteht, braucht auch nicht hervorgehoben zu werden.

Dieses Wenige mag über die Wiederherstellung des historischen Danzig genügen, und so soll noch kurz ein Blick auf das heutige gewerbliche Danzig geworfen werden.

Danzig, Zoppot und Gdingen sind zu einer Verwaltungseinheit zusammengeschlossen, wobei jeder Ort sein eigenes Aufgabengebiet hat. Hier braucht nur von Danzig gesprochen zu werden, denn allein Danzig und das Schicksal dieser Stadt beschäftigen uns.

In Danzig leben heute [1982] etwa 400 000 Menschen, also weitaus mehr als vor dem Kriege. Hierbei sind zwar die Vororte eingerechnet, doch auch in dem uns interessierenden Danzig ist die Anzahl der Menschen größer als früher. Die Rechtstadt ist dünner besiedelt, sie wurde »verdünnt«. Ungefähr 20 000 Menschen weniger als ehedem leben auf ihrem Gebiet. Das bedeutet eine stärkere

Besiedlung der übrigen Stadtteile. Dies konnte nur dadurch erreicht werden, daß sie nicht mehr in der alten Form erstanden …

Die Industrie in Danzig hat sich gewandelt. Vielleicht ist es besser zu sagen, sie ist ergänzt und erweitert. Nach wie vor stehen an erster Stelle die Werften, auf denen heute ungefähr 30 000 Menschen beschäftigt sind. Als Folge hiervon ist eine bedeutende

Elektro- und Maschinenbauindustrie entstanden. Völlig neu ist die chemische Industrie, die einen beachtlichen Platz einnimmt. Heute wie früher aber nimmt die Nahrungsmittelindustrie den zweiten Platz ein, zu der sich Textil-, Leder- und Schuhindustrie gesellen. Darüber hinaus findet man eine Anzahl mittlerer und kleinerer Betriebe aller Branchen.

Mottlau und Radaune

Reinhold Curicke

Die Mottlau entspringt nicht weit von Dirschau, bei einem Dorfe Liebenhof genannt, aus einem Gesümpfe, von dannen fließt sie durch Danzig, zwischen der Rechten Stadt und den Speichern, und läuft beim Polnischen Dacken in die Weichsel. Ist nicht ein so klares und weißes Wasser, wie die Weichsel: sondern fast schwärzlich und morastig; dahero es denn auch, ob es schon als ein stilles Wasser oft ehe zufriert als die Weichsel, ein sehr ungewisses falsches Eis gibt, wie solches viele mit Schaden erfahren haben.

Es ist die Radaune zwar ein kleiner, aber edler und sehr nützlicher Fluß und ein sonderlich Kleinod der Stadt Danzig; hat seinen Ursprung ungefähr eine Meile von der Karthause, aus dem Radaunen-See, und geht ihres natürlichen Laufs in die Mottlau. Bei Praust wird die Radaune mit einer Schleuse geteilt, davon ein Teil, welchen man die Alte Radaune nennet, ihres natürlichen Ganges in die Mottlau läuft, der andere Teil aber, nämlich die Neugegrabene Radaune, geht gerade auf Danzig zu durchs Schottland, durchläuft die Alte-Stadt und kommt endlich in die Weichsel. Anno 1535 am Tage der Heimsuchung Mariä, sind die Röhren von der Radaune bis ins Schottland gelegt worden, welche das Wasser in die Stadt leiten sollten, darüber denn drei Männer im Graben mit Erde befallen und gestorben sind. Anno 1593 sind die Röhren im Schottlande aufgenommen und durch die Schiedlitz nach der Tempelburg gelegt worden, von dannen das Wasser durch die Neugarten fließt und in die Radaune wieder nahe bei der Stadt fallen tut.

Anno 1571 hat man die Radaune zum erstenmal durch die Ziegelscheine geleitet und zu graben angefangen, daselbst denn bei einem eichenem Klotz in die elf Personen begraben gefunden, welche, wie sie dahin mögen kommen sein, hat niemand sagen können, und hat man den 12. August desselben Jahres das Wasser laufen lassen. Anno 1572 den 7. Oktober hat man wiederum angefangen zu graben und die Radaune zum anderenmal verleitet auf die Neue Wasserkunst. Anno 1574 sind die Röhren durch das Hohe Tor, wie noch heutigen Tages zu sehen ist, gelegt, durch welche das Wasser in die Brunnen der Stadt fließen möchte. Anno 1563, bald nach Herzog Erichs Abzuge, wurde das alte Wesen abgebrochen und der Grund gelegt zu der gewölbten Riedwand über den Stadtgraben, dadurch die Radaune in die Alte Stadt fließt und die große Mühle treibt, nachmals aber in die Weichsel läuft, welches Gewölbe Anno 1567 erstlich recht verfertigt worden. Dieses Gewölbe, wie es nach so vielen Jahren leck- und baufällig geworden, ist abermals Anno 1636 abgebrochen und an dessen Stelle, im selbigem wie auch folgendem Jahre, eine andere Riedwand von gutem starkem Holze hingesetzt worden. Inmittels, weil, wie gedacht, der Stadt an die sein Strom viel gelegen, als hat dieselbe

An der Alten Mottlau

vom König Sigismundo Augusto Anno 1567 ein sonderliches Privilegium erhalten, daß weder das Kloster Karthaus noch jemand anders sich unterstehen solle, den Lauf dieses Flusses zu hemmen oder anderswo von der Stadt abzuleiten, wie solches aus dem Privilego selbst mit mehrem zu vernehmen.

König Sigismundo Augusto: Sigismund II. August (1520–1572), seit 1548 König von Polen

Fahrt über die Weichsel

Daniel Chodowiecki

Nach dem Mittagessen begab ich mich mit meiner Mutter, meinen Schwestern und der Magd nach dem Fischmarkt, wo wir uns für einen Schilling pro Person über den Fluß setzen ließen, dann gingen wir bis an die Weichsel. Barren nennt man die fliegende Brükke, die man hier passieren muß. Kaum waren wir an die Weichsel gekommen, da traf auch schon die Treckschute von Weichselmünde ein, doch war sie bereits voll besetzt, so daß es unmöglich war, an Bord zu gelangen, man hätte riskiert, ins Wasser gestoßen zu werden. Die Leute drängten in solcher Eile vorwärts, daß wir kein

Mittel fanden, hindurchzukommen. Also mußte am Ufer eine Stunde gewartet werden, bis die nächste Treckschute kam. Unterdes hatte sich die Menschenmenge wieder vergrößert, es waren wieder genauso viel, wie das erstemal, aber da wir jetzt vor den anderen waren, kamen wir doch, indem wir uns schieben ließen, an Bord. Meine Mutter, meine Schwestern und die Magd gingen in die Kajüte, wo sich ein Tisch und an beiden Seiten Bänke befanden. Die zwei Bänke waren besetzt, und auf dem Tisch saß man von beiden Seiten Rücken an Rücken, hier und da auch einer auf dem anderen. Vorder- und Hinterteil des Schiffes waren mit stehenden und sitzenden Menschen angefüllt.

Im ganzen waren es mindestens 100 Personen, denn auch auf dem Kajütendache hatten sich Leute plaziert. Ich meinerseits saß auf dem Hinterteil des Schiffes zwischen dem Mast und einer jungen Bürgersfrau, die meinen Arm umklammert hielt aus Furcht, ins Wasser zu fallen. Dabei erklärte sie mir die Orte am Ufer, die wir passierten. Die Treckschute, die bei der Abreise stark die Ruder gebrauchte, die Weichsel ist hier ziemlich breit, wendete beim Holm, einer Insel, von der der König Besitz ergriffen hat, in ein schmales, rechts von dieser Insel, links vom festen Lande begrenztes Wasser ein. Auf dem Holm sieht man Bauernhäuser und Felder, ebenso am Ufer des Flusses auf dem festen Land. Man spannte ein Pferd vor die Treckschute, welches dieselbe zur Seite des Flusses entlanggehend, bis nach Weichselmünde zieht. Nahe Weichselmünde kommt man wieder in die Weichsel und landet rechts bei zwei Gasthäusern. Wir traten in das erste ein und tranken Bier mit Zucker. Während ein Gericht Aale zubereitet wurde, das wir bestellt hatten, machte ich mit meiner jüngeren Schwester einen Spaziergang bis zum Tor der Festung, doch gingen wir nicht hinein, da der Eintritt verboten ist. Jetzt wurde uns eine Schüssel mit drei ungeheuer großen Aalen serviert, die wir sehr gut fanden. Um 6 1/2 Uhr schifften wir uns wieder nicht ohne Schwierigkeiten ein, aber doch etwas besser als vorher. Die Menge derer, die hineinwollten, war weniger groß. Wir kehrten auf demselben Weg zurück und kamen um acht Uhr zu Haus an.

Treckschute: Schleppkahn

Blaues Meer

Otto Friedrich Gruppe

Blaues Meer, das mich erzogen,
Das mir gab den offnen Blick,
Mich verlangt nach deinen Wogen:
Brächt' es doch mich mir zurück.

Laß, o laß die Wogen rollen,
Gib, was die Natur mir gab,
Was die Menschen aus mir wollen,
Schäumend wasche du es ab.

Nie gelobt und nie getadelt,
Wieder jung und ungekannt,
Nur gehoben und geadelt,
Steig' ich an des Ufers Sand.

Der Tod des Preußenapostels Adalbert bei Tentikken am 23. April 993

Daten zur Geschichte

Im 8./9. Jh.	sitzen westlich der Weichsel bis zur Elbe slawische Stämme, östlich davon baltische, u. a. die Prußen.
Um 1000	beginnt die Missionierung durch Adalbert von Prag († 997) und Bruno von Querfurt († 1009), sie ist wenig erfolgreich.
1015	macht der Polenkönig Boleslaw Chrobry die Prußen (in älteren Quellen auch »Pruzzen«) tributpflichtig.
1206	beginnt die erneute Preußenmission durch aus Polen gekommene deutsche Zisterzienser;
1215	wird Christian von Oliva erster Preußenbischof.
1225/26	ruft Herzog Konrad von Masowien nach Scheitern der bisherigen Missionierungsversuche den Deutschen Orden ins Land.
1226	bestätigt Kaiser Friedrich II. in der »Goldenen Bulle von Rimini« dem Deutschen Orden nicht nur das ihm von Konrad von Masowien überlassene Kulmerland, sondern auch »alles noch zu erobernde Gebiet« als unabhängigen Staat.
1230	setzt eine Bulle des Papstes den Kreuzzug gegen die heidnischen Preußen gleich mit einem Kreuzzug ins Heilige Land.
1231	überschreiten erste Kreuzritter die Weichsel und erobern das Kulmerland,
1233	das Gebiet um Marienwerder,
1234	in der Schlacht an der Sorge das westliche Pomesanien; daraufhin erfolgt durch Papst Gregor die Bestätigung dieser und aller weiterer Eroberungen als »ewiger Besitz« des Deutschen Ordens.
1237	vereinigt sich der Deutsche Orden (dem sich 1235 schon der verhältnismäßig kleine »Orden von Dobrin« angeschlossen hatte) mit dem livländischen Orden der Schwertbrüder.
1243	werden durch den päpstlichen Legaten Wilhelm von Modena die vier Diözesen Kulm, Pomesanien, Ermland und Samland errichtet.
1248	werden letzte Widerstände in Pomesanien, Ermland und Natangen durch ein Kreuzfahrerheer unter askanischer Führung beseitigt,
1255	wird auch das Samland endgültig erobert.

1260–72	kommt es nochmals zu einem großen Preußenaufstand, doch werden
bis 1283	auch die östlichen Preußengaue besetzt.
Etwa 1285	
bis 1320	kommt es zu starker Einwanderung deutscher Bauern.
1294	erhebt Wladislaw Lokietek von Großpolen und Kujawien Ansprüche auf Pommerellen, nachdem das dortige einheimische Fürstengeschlecht ausgestorben ist; seinem Anspruch tritt
1300	König Wenzel II. von Böhmen entgegen, besetzt Großpolen und überträgt den Schutz Pommerellens dem Deutschen Orden.
1305	verzichtet dann Wenzel III. von Böhmen gegen Abtretung von Meißen durch die Brandenburger Markgrafen auf das Gebiet, die
1309	im Vertrag von Soldin gegen eine Geldentschädigung es dem Deutschen Orden überlassen;
1313	erfolgt die Bestätigung durch Kaiser Heinrich VII.
1343	kommt es zum Frieden von Kalisch zwischen dem Deutschen Orden und König Kasimir von Polen, der darin (was die polnischen Reichsstände anschließend bestätigen) auf Pommerellen und das Kulmerland verzichtet.
1380	tagen im Deutschordensland erstmals Angehörige der Ritterschaft und Vertreter der Städte gemeinsam.
1398	beendet der Vertrag von Sallinwerder die seit 1245 andauernden Kämpfe zwischen den Litauern und dem Deutschen Orden, dem der Besitz von Szamaiten bestätigt wird.
1410	kommt es zur denkwürdigen Schlacht von Tannenberg: der litauische Großfürst Jagiello (seit 1386 als Wladislaw II. auch König von Polen) und sein Vetter Witold schlagen das Heer des Deutschen Ordens, der im ersten Frieden von Thorn (1411) u. a. auf Szamaiten verzichten und eine überaus hohe Geldentschädigung zahlen muß.
1422	bestätigt der Vertrag von Moldensee diese Abtretung und legt die neue Grenze zu Litauen fest, die bis 1945 gilt;
1435	bringt nach neuerlichen Kämpfen der Friede zu Brest nur eine Bestätigung dieser Vereinbarung.
1440	schließen die Städte und ein Teil der Ritterschaft den »Bund vor Gewalt« zum Schutz vor ihnen unbillig erscheinenden Forderungen des Deutschen Ordens;

1453 wird dieser Bund von Kaiser Friedrich III. für ungesetzlich erklärt, was zum Aufstand von

1454 führt, bei dem 1456 u. a. die Marienburg an den König von Polen verlorengeht; erst

1466 beendet der zweite Frieden von Thorn den langjährigen Streit. Dabei gingen dem Deutschen Orden Pommerellen, das Kulmerland sowie die Gebiete um Marienburg, Elbing, Stuhm und Christburg verloren, und er mußte die Oberhoheit des polnischen Königs »nächst der des Papstes« anerkennen.

1520/21 versucht der Deutschordenshochmeister Albrecht von Brandenburg im »Reiterkrieg« noch einmal (vergeblich) das Waffenglück gegen den Polenkönig.

1525 hebt Albrecht dann den Orden auf und macht das Ordensland, in dem er das lutherische Bekenntnis einführt, zum weltlichen, erblichen Herzogtum, das er vom Polenkönig zu Lehen nimmt. Im September des gleichen Jahres kommt es zu Bauernaufständen in Natangen und im Samland.

1568 folgt Albrechts minderjähriger Sohn Albrecht Friedrich nach dem Tod des Vaters in der Regierung, wegen Gemütskrankheit steht er jedoch auch nach Erreichung der Volljährigkeit unter Vormundschaft des Markgrafen Georg Friedrich von Brandenburg-Ansbach.

1603 wird die Vormundschaft von den brandenburgischen Kurfürsten, erst Joachim Friedrich, dann Johann Sigismund, übernommen. Da 1569 Polen für den Fall des Aussterbens der fränkischen Linie Mitbelehnung und Anwartschaft auf Preußen der brandenburgischen Linie zuerkannt hatte (vgl. hierzu auch Herzogtum Preußen und Westpreußen), wird

1618 beim Tode Herzog Albrecht Friedrichs der ehemalige Deutschordensstaat, genauer das nach den Abtretungen von 1466 (die 1569 aus der Personalunion in die Realunion mit Polen übergegangen waren) verbliebene »Herzogtum Preußen« mit Brandenburg vereinigt.

1626 landet im Verlauf des Dreißigjährigen Krieges der Schwedenkönig Gustav Adolf in Pillau, das er ebenso wie das Samland, Elbing und Memel besetzt; doch schließt er.

1629 zu Altmark bei Christburg einen Waffenstillstand für sechs Jahre, bei dem er Zugeständnisse z. B. im Hinblick auf bisher von ihm beanspruchte Zölle macht.

1635 gibt Schweden dann im Frieden zu Stuhm alle Eroberungen an Preußen zurück.

1640 folgt als Herrscher auf Georg Wilhelm dessen Sohn Friedrich Wilhelm, später der Große Kurfürst genannt. Er wird problemlos von seinem Vetter, dem Polenkönig Wladislaw IV., mit dem Herzogtum Preußen belehnt.

1655 rückt König Karl X. von Schweden im (polnischen) Westpreußen ein und zwingt den Kurfürsten

1656 im Königsberger Vertrag (Januar), statt der polnischen die schwedische Lehnshoheit anzuerkennen, wofür er ihm das Ermland überläßt. Im Juni verbessert im Vertrag von Marienburg der Schwedenkönig die Bedingungen und schließt mit Friedrich Wilhelm ein förmliches Bündnis ab, ehe er im November im Vertrag von Labiau ganz auf die Anerkennung der Lehnshoheit verzichtet.

1657 erkennt dann im Vertrag von Wehlau auch der Polenkönig die Souveränität Preußens an; im Tausch gegen das Ermland kommen Lauenburg und Bütow (später verwaltungsmäßig Pommern angegliedert) sowie die Starostei Draheim an Preußen sowie Elbing, das allerdings bis 1703 eine polnische Besatzung behält.

1660 bringt dann der Friede zu Oliva zwischen dem Deutschen Reich, Brandenburg, Schweden und Polen auch völkerrechtlich die Anerkennung der preußischen Souveränität.

1679 schlägt der Große Kurfürst bei Splitter die zum dritten Mal in Ostpreußen eingedrungenen Schweden,

1688 folgt bei seinem Tode ihm sein Sohn Friedrich III., der

1701 in Königsberg als Friedrich I. zum »König *in* Preußen« gekrönt wird.

1708–11 rafft in Ostpreußen die Pest fast eine Viertelmillion Menschen hinweg, weit über zehntausend Bauernhöfe sind verwaist. Der

1713 zur Regierung gelangte Friedrich Wilhelm I., später »Soldatenkönig« genannt, zieht im Rahmen seines »Retablissements« allein vierzigtausend Kolonisten in das entvölkerte Land, hebt Handel und Gewerbe, gründet Städte und Manufakturen und allein 1500 Schulen.

1740 folgt ihm Friedrich II., der schon im gleichen Jahr den ersten der Schlesischen Kriege eröffnet. Ostpreußen erlebt in deren Verlauf nur eine einzige Schlacht, nämlich

1757 die von Groß-Jägersdorf bei Insterburg, doch ist 1758–62 die Provinz von den Russen besetzt. Später holt der König weitere fünfzehntausend Neusiedler ins Land.

1772 einigt sich Friedrich der Große (der sich von nun an »König *von* Preußen« nannte) mit Katharina II. von Rußland und Kaiser Joseph II. über die erste polnische Teilung, bei der Westpreußen und der Netzegau sowie das Ermland an Preußen fallen.

1786 folgt als König Friedrichs Neffe Friedrich Wilhelm II. In seine Zeit fallen

1793 die zweite polnische Teilung, durch die (neben Danzig und Thorn) »Südpreußen«, das Gebiet westlich der Linie Plozk-Rawa und der Piliza bis etwa zur Höhe von Tschenstochau, an Preußen kommt, und

1795 die dritte polnische Teilung, bei der Restpolen endgültig zwischen Österreich, Rußland und Preußen aufgeteilt wird, wobei an letzteres das sogenannte »Neu-Ostpreußen« von Kowno bis zum Bug und, Warschau einschließend, zur Piliza und der bisherigen preußischen Grenze fällt. Damit ist nach Osten zu die weiteste Ausdehnung Preußens erreicht.

1797 folgt als preußischer König Friedrich Wilhelm III.,

1803 bringt der Reichsdeputationshauptschluß neuen Gebietszuwachs, der jedoch ebensowenig den hier behandelten Raum betrifft wie der Basler Friede von 1795 mit dem revolutionären Frankreich.

1806 nimmt als Verbündeter Rußlands Preußen den Krieg mit Napoleon auf, der durch die Kämpfe um Danzig, Pillau, Graudenz und die Weichselübergänge Ostpreußen erheblich in Mitleidenschaft zieht. Das Jahr

1807 bringt bei Preußisch Eylau zwar die erste Niederlage Napoleons, doch im Juli auch den Frieden von Tilsit, demzufolge nicht nur alle Lande westlich der Elbe, sondern auch Danzig und die bei der zweiten und dritten Teilung Polens gewonnenen Gebiete verlorengehen.

1812 kommt es zum französisch-preußischen Bündnis gegen Rußland, doch folgt der »Konvention von Tauroggen« am letzten Tag dieses Jahres (bei welcher der preußische General Yorck auf eigene Faust die Neutralität seiner Truppen erklärte)

1813 im März die Kriegserklärung an Napoleon als Auftakt zu den Befreiungskriegen.

1815 erhält im Pariser Frieden bzw. durch den Wiener Kongreß Preußen u. a. Danzig wieder und das nunmehr so bezeichnete »Großherzogtum Posen«.

1824 werden Ost- und Westpreußen zur »Provinz Preußen« vereinigt (bis 1878), und es tritt in Königsberg der erste, in drei Stände mit fünfzehn Vertretern der adeligen und bürgerlichen Großgrundbesitzer, dreizehn der Städte und sieben der Bauern gegliederte Provinziallandtag zusammen.

1840 tritt Friedrich Wilhelm IV. die Regierung an,

1848 nehmen die ostpreußischen Provinzen an der Volkserhebung kaum Anteil (doch wird der Ostpreuße Eduard von Simson Präsident der Frankfurter Nationalversammlung), und

1851 scheiden mit Zustimmung der Gesandten des Deutschen Bundes auf preußischen Antrag die Provinzen Preußen und Posen aus dem Deutschen Bund aus. –

1914 marschieren zu Beginn des Ersten Weltkriegs bald nach der deutschen Kriegserklärung an Rußland russische Truppen in Ostpreußen ein, das damit als einzige deutsche Provinz Kriegsgebiet wird. Hindenburg erringt im August den sogenannten »Sieg von Tannenberg« (das aus propagandistischen Gründen zur Erinnerung an 1410 zur Namensgebung herangezogene Tannenberg lag eigentlich außerhalb des Kampfgebietes im Raum Hohenstein-Willenberg-Ortelsburg) und gewinnt im September die »Schlacht an den masurischen Seen«.

1915 im Februar wird in der »Winterschlacht von Masuren« der Gegner dann endgültig vertrieben.

1918 verläuft die Revolution in den preußischen Provinzen verhältnismäßig ruhig, die Arbeiter- und Soldatenräte arbeiten mit den bisherigen Behörden zusammen.

1920 muß aufgrund des Versailler Vertrags von 1919 die Provinz Posen, Westpreußen und das Kulmerland sowie das Gebiet um Soldau an Polen abgetreten werden, Danzig wird »Freie Stadt«, und auch das Gebiet nördlich der Memel geht verloren. Über das Schicksal der westpreußischen Kreise Stuhm, Rosenberg, Marienburg östlich der Nogat und Marienwerder östlich der Weichsel, des gesamten Regierungsbezirks Allenstein und des Kreises Oletzko (Treuburg) sollte eine Volksabstimmung entscheiden; deren überwältigendes Ergebnis sicherte den Verbleib bei Preußen.

1939 eröffneten die Schüsse, die am 1. September das deutsche Kriegsschiff »Schleswig-Holstein« auf die polnischen Befestigungen auf der Westerplatte vor Danzig abgab, den Zweiten Weltkrieg. Der NS-Staat gliedert nicht nur die 1920 abgetretenen Gebiete wieder ein, sondern erweitert die Provinz Posen bis über Litzmannstadt (Łódz) hinaus zum »Wartheland« und Ostpreußen um den Zipfel von Suwalki/Sudauen und das Gebiet bis zur Weichsel (»Südostpreußen«);

1941 wird nach dem Einmarsch in die Sowjetunion noch der Bezirk Bialystok Ostpreußen zugeschlagen.

1944 beginnt im Oktober die »Schlacht um Ostpreußen«, nur zögernd werden Teile der Bevölkerung evakuiert;

1945 wird Ende Januar/Anfang Februar durch die vorrükkenden russischen Truppen Ostpreußen vom übrigen Reichsgebiet abgeschnitten, aus z. T. noch bis in die letzten Kriegstage gehaltenen Brückenköpfen an der See gelingt noch der Abtransport von Hunderttausenden von Flüchtlingen nach Westen. – Das Potsdamer Abkommen vom August schlägt das Memelgebiet der Sowjetrepublik Litauen zu, das Land nördlich der Linie Heiligenbeil-Preußisch Eylau-Nordenburg-Goldap wird verwaltungsmäßig der Russischen Sozialistischen Föderativen Sowjetrepublik angegliedert, der Rest polnischer Verwaltung unterstellt.

1949 gibt im Januar das polnische Umsiedlungsamt bekannt, daß 2,2 Millionen Deutsche ausgesiedelt worden seien ...

Stichworte zu einzelnen Regionen, Städten u. ä.

Danzig

Für das Jahr 997 wird in der Lebensbeschreibung des Bischofs Adalbert von Prag berichtet, er habe »den Fürsten von Danzig« besucht und dort zahlreiche Heiden getauft. Auf Ende des zwölften Jahrhunderts kann man den ersten Zuzug von Deutschen in die Burgsiedlung an der Mottlau ansetzen. Für 1178 sind deutsche Mönche im nahen Kloster Oliva bezeugt. Um 1240 erhält die deutsche Gemeinde durch Herzog Swantopolk von Pommerellen deutsches Stadtrecht; 1309 erwirbt der Deutsche Orden im Vertrag von Soldin die Stadt, der 1343 gegenüber dem bisherigen lübischen Recht das kulmische verliehen wird. Seit 1361 nimmt die Stadt an Beratungen der Hansestädte teil, 1454 erkennt sie die Schutzhoheit des Polenkönigs an und huldigt ihm 1457, doch bleibt sie politisch weitgehend selbständig und z. B. in den polnisch-schwedischen Kriegen des siebzehnten Jahrhunderts neutral.

1793 fällt Danzig an Preußen, 1807–13 ist es mit erweitertem Territorium unter einem französischen Gouverneur »Freie Stadt«. 1920 wird die Stadt mit einem Gebiet von etwa 1900 qkm, das ebenso das Weichsel-Nogat-Delta wie ausgedehnte Ländereien im bergigen Hinterland der Danziger Bucht umfaßt, zur »Freien Stadt« unter dem Schutz des Völkerbundes. Der Wiederanschluß der Stadt an das Deutsche Reich am 1. September 1939 ist der Auftakt zum Zweiten Weltkrieg.

Ermland

Das Gebiet, dessen Name sich vom altpreußischen Gau Warmien herleitet, ist nur ein Drittel der gleichnamigen, 1243 von päpstlichen Legaten gebildeten Diözese – jenes nämlich, das als weltliches Territorium mit seinen Einkünften den Aufwand von Bischof und Domkapitel sichern sollte und zwischen beiden wiederum im Verhältnis 1:2 geteilt wurde.

Der Hochmeister des Deutschen Ordens war Schirmherr; die 1458 von Papst Pius II., der 1457/58 Bischof von Ermland war, geprägte

Formel, das Stift sei »dem Apostolischen Stuhl unmittelbar unterstellt«, beschränkte sich wohl auf den geistlichen Bereich und erlangte volle Gültigkeit erst mit Erlöschen des Erzbistums Riga 1566.

Eine gewisse Unabhängigkeit vom Deutschen Orden beweist jedenfalls der zwischen Bischof und Hochmeister 1461 geschlossene Neutralitätsvertrag; 1464 erkennt der Polenkönig die Selbständigkeit des Gebietes an, was allerdings schon 1466 wieder relativiert wird dadurch, daß der Hochmeister seine oberherrlichen Rechte an den polnischen König im zweiten Thorner Frieden abtritt. 1478 kommt es zum offenen Kampf, dem »Pfaffenkrieg« oder Ermländer Bischofsstreit: Bischof und Hochmeister stehen vereint im Bund mit dem Ungarnherrscher gegen den Polenkönig, der jedoch im Petrikauer Vertrag von 1479 den persönlichen Treueid (der nicht einer Lehnshuldigung gleichzusetzen war) eines jeden Bischofs durchsetzt. 1772 erwarb bei der ersten polnischen Teilung Friedrich der Große das Ermland für Preußen.

Königlich Preußen: vgl. Westpreußen

Kulmerland

Das Kulmerland zwischen Weichsel, Drewenz und Ossa wurde von Herzog Konrad von Masowien im Winter 1225/26 dem Deutschen Orden als Preis für dessen Beistand gegen die heidnischen Prußen überlassen. Die deutsche Siedlung Kulm auf altem Siedlungsboden erhielt Ende 1233 das dem magdeburgischen nachgebildete »Kulmer Recht« und galt lange als Hauptstadt des Deutschordensstaates. Das Bistum Kulm wurde 1243 begründet, der Bischof saß in Kulm, vom vierzehnten Jahrhundert an bis 1781 jedoch in Löbau im Osten des Kulmerlandes; Sitz des Domkapitels war dagegen Kulmsee, ehe 1824 Kapitel und Bischof (der seit 1781 auch in Kulmsee saß) nach Pelplin übersiedelten.

Das Kulmerland wird 1466 im zweiten Thorner Frieden ebenso wie das Ermland und Pommerellen in Personalunion mit der Krone Polens vereinigt, die Einverleibung nach Polen im engeren Sinne (Realunion) erfolgt 1569. 1772 bringt die erste polnische Teilung die Vereinigung mit Preußen, 1920 muß das Gebiet wieder an Polen abgetreten werden.

Memelland

Das Gebiet zu beiden Seiten der unteren Memel wurde im nördlichen Teil vom Deutschen Orden aus Livland her erobert (Memel 1252 gegründet), im Süden (Schalauen) um 1275 von Preußen aus. Erst 1328 wurde Memel von Livland an Preußen abgetreten, als Grenze galt von 1328 bis 1422 die Heilige Aa nördlich von Polangen, südlich von Liebau. Der Friede von 1422 im Gefolge der Schlacht von Tannenberg verschob die Grenze, die dann bis zum Ende des Ersten Weltkriegs galt, nach Süden auf eine Linie, die unterhalb von Polangen etwas ins Landesinnere und dann in südlicher Richtung etwa zwanzig Kilometer an Heydekrug vorbei nach Laugszargen und Schmallenigken verlief.

Das sogenannte »Memelgebiet« wurde durch den Vertrag von Versailles geschaffen und umfaßte die Gebiete nördlich der Memel und die Nordhälfte der Kurischen Nehrung. 1920 wurde es von französischen Truppen besetzt und erhielt einen eigenen Staatsrat mit einem französischen Präfekten. 1923 drangen litauische Freischärler ein, 1924 beugte sich der Völkerbund den vollzogenen Tatbeständen und die Siegermächte übertrugen ihre Rechte an Litauen – das Memelland erhält »Autonomie unter litauischer Staatshoheit«. – Im März 1939 marschieren aufgrund eines Abkommens deutsche Truppen ein, die Wiedervereinigung mit Deutschland wird verkündet. 1945 wird aufgrund des Potsdamer Abkommens das Gebiet mit der Sowjetrepublik Litauen vereinigt.

Netzedistrikt

Als Netzedistrikt wurde beim Anfall an Preußen aufgrund der ersten polnischen Teilung von 1772 das polnische Gebiet Kujawien bezeichnet. Der Distrikt erstreckte sich beiderseits der Netze von der Drage bis zur Weichsel und grenzte im Norden an Pommerellen bzw. »Westpreußen«; zu ihm gehörten aus dem nachmaligen Regierungsbezirk Marienwerder die Kreise Flatow und Deutsch-Krone, aus dem nachmaligen Regierungsbezirk Bromberg die Kreise Bromberg, Inowrazlaw (Hohensalza), Kolmar (Chodziesen), Wirsitz und Czarnikau. 1815 kam der Westteil zur Provinz Westpreußen, 1919 dann zur Provinz Grenzmark Posen-Westpreußen; der Süd- und Ostteil wurde zur Provinz Posen geschlagen und gelangte mit ihr 1918/19 an Polen.

Neu-Ostpreußen

Unter dieser Bezeichnung wurden als Provinz die Gebiete zusammengefaßt, die bei der dritten polnischen Teilung 1795 an Preußen gefallen waren: das Land zwischen der bisherigen preußischen Grenze und den Flüssen Weichsel, Bug und Njemen. Es umfaßte etwa 45 000 qkm und kam durch den Tilsiter Frieden von 1807 an das neugegründete Großherzogtum Warschau, durch den Wiener Kongreß von 1815 an das in Personalunion mit Rußland vereinigte Polen, das dann ab 1831 nur noch russische Provinz ist.

Pommerellen

Diese Bezeichnung, entstanden aus dem lateinischen Pomerania parva, also Kleinpommern, wurde im fünfzehnten Jahrhundert üblich für den Landstrich zwischen dem linken Weichselufer, der Ostsee und den Grenzen der späteren Provinzen Pommern und Posen. Das Land hatte zunächst eigene Fürsten, fiel aber schon 1290 an Polen, das es gegen die Pommern, den Markgrafen von Brandenburg und den Deutschen Orden verteidigen mußte. Letzterer eroberte es 1310, mußte es aber 1466 im zweiten Thorner Frieden wieder an Polen abtreten, ehe es bei der ersten polnischen Teilung 1772 wieder an Preußen fiel und im wesentlichen die Provinz Westpreußen (s. d.) bildete.

Posen

Die spätere preußische Provinz Posen, im Westen und Süden an Brandenburg und Schlesien, im Norden an Westpreußen und im Osten an Russisch-Polen grenzend, bildete ursprünglich einen Teil Großpolens. Die nördlich der Netze liegenden Teile kamen als Netzedistrikt schon bei der ersten polnischen Teilung von 1772 an Preußen, die südlichen bei der zweiten von 1793. (Die Hauptstadt Posen selbst, eine der ältesten Städte Polens, wurde schon Ende des zehnten Jahrhunderts Bischofssitz und war bis 1296 Residenz der polnischen Herzöge, im Mittelalter Hansestadt.)

1807 kam im Frieden zu Tilsit die Provinz an das Großherzogtum Polen, durch den Wiener Kongreß von 1815 wieder als eigenes Großherzogtum an Preußen. Der Versailler Vertrag von 1919 sprach das Gebiet wiederum Polen zu, nach dessen Besetzung durch die Deutschen 1939 bildete es den Hauptteil des sogenannten Warthelandes.

Grenzmark Posen-Westpreußen

Zu dieser kurzlebigen politischen Einheit wurden als eigene Provinz nach den Abtretungen aufgrund des Versailler Vertrags die bei Deutschland verbliebenen westpreußischen Kreise Schlochau, Flatow und Deutsch-Krone sowie ein schmaler, von der Provinz Posen verbliebener westlicher Streifen (u. a. Kreis Fraustadt) vereinigt; Regierungssitz war Schneidemühl,1938 erfolgte mit veränderten Grenzen die Angliederung als Regierungsbezirk an Pommern.

Herzogtum Preußen

Das eigentliche Herzogtum Preußen reichte von Nimmersatt oberhalb Memels bis zur Weichsel, und die Grenze gegen Polen verlief etwa außerhalb der Städte Soldau, Neidenburg, Lyck und Stallupönen; es gehörten jedoch weder das Ermland (vom Frischen Haff bis Bischofsburg landeinwärts reichend) noch das Kulmerland, das Gebiet um Elbing und Pomesanien mit der Marienburg dazu.

Im Frieden von Thorn von 1466 war das Staatsgebiet des Deutschen Ordens auf obige Begrenzung festgelegt worden. Der letzte Großmeister des Ordens, Markgraf Albrecht von Brandenburg (seit 1510), wandelte 1525 unter Aufhebung des Ordens das Gebiet um in ein weltliches, erbliches Herzogtum, das er vom Polenkönig zu Lehen nahm (Vertrag von Krakau 8. April 1525). 1569 hatte Polen eine Anwartschaft der Brandenburger anerkannt, und daher wurde 1618 beim Tode von Albrechts Sohn Albrecht Friedrich, der keine Leibeserben hatte, das Herzogtum Preußen mit Brandenburg vereinigt.

Preußen königlichen Anteils: vgl. Westpreußen

Samland

Unter den altpreußischen Landschaften (Barten, Galinden, Nadrauen, Pogesanien, Pomesanien, Samland, Schalauen und Sudauen) sei hier das Samland als besonders typisch herausgegriffen.

Besiedlung schon während der mittleren Steinzeit ist gesichert, schon im neunten Jahrhundert werden die Bewohner von Reisenden und Chronisten als gast- und menschenfreundlich bezeichnet, erste Handelsbeziehungen bestehen mit den Wikingern. Die Samländer und der Deutsche Orden verhielten sich abwartend gegeneinander; erst 1255 wurde das Gebiet von einem Kreuzfahrerheer unter Führung König Ottokars von Böhmen unterworfen. 1260 schon blieben beim großen Aufstand gegen den Orden viele samländische Edle diesem treu.

1246 schon war die Diözese Samland begründet worden, die das ganze Ordensgebiet nördlich des Pregels umfaßte. Bei der Ordensaufhebung und der Einführung des lutherischen Bekenntnisses wurde die Diözese 1525 zum »samländischen Kreis« und Sprengel eines evangelischen Bischofs. 1626–35 unterstand das Samland schwedischer Verwaltung, 1945 wurde es als letztes Gebiet Ostpreußens von den deutschen Truppen geräumt.

Südpreußen

Diese ehemalige Provinz wurde aus dem bei der zweiten polnischen Teilung 1793 an Preußen gefallenen Gebiet gebildet und umfaßte die beiden »Kammerdepartements« Posen und Kalisch. Bei der dritten polnischen Teilung von 1795 kam dann noch der westliche, links der Weichsel gelegene Teil Masowiens als »Kammerdepartement Warschau« hinzu, womit Südpreußen gut 53 000 qkm mit etwa eineinhalb Millionen Einwohnern umfaßte und bis zur Piliza reichte.

Der Friede von Tilsit 1807 brachte das ganze Gebiet an das neugegründete Großherzogtum Warschau, beim Wiener Kongreß von 1815 wurde es entlang der Presna geteilt – die östliche Hälfte kam an das (mit Rußland in Personalunion vereinte und 1831 als Provinz diesem eingegliederte) Königreich Polen, die westliche bildete das preußische Großherzogtum Posen (s. d.).

Thorn

Die Stadt Thorn wurde an der Stelle einer bereits bestehenden Siedlung 1231 mit einer Befestigung vom Deutschen Orden begründet, erhielt 1233 die Rechte der sogenannten »Kulmer Handfeste« und mußte wegen Überschwemmungsgefahr 1236 um etwa acht Kilometer flußaufwärts verlegt werden. Thorn entwickelte sich rasch zum bedeutenden Handelsplatz, zur »Königin der Weichsel«; seit der zweiten Hälfte des dreizehnten Jahrhunderts hatte es erheblichen Anteil auch am Seehandel, Thorner Ratsherren gehörten 1358 in Lübeck zu den Gründern des Bundes der »Städte von der deutschen Hanse«, und bis gegen 1400 beherrschte die Stadt den Handel mit Polen nahezu konkurrenzlos.

1411 wurde in der Stadt der erste Thorner Friede geschlossen, in dem der Deutsche Orden zugunsten Polens auf Samogitien verzichten mußte. 1454 kam es zum Aufstand gegen den Orden, dessen Schloß wurde zerstört und man huldigte dem Polenkönig. Das Große Privileg von 1457 bestätigte nicht nur das Recht der »Thorner Niederlage« von 1403 – alle fremden Kaufleute mußten auf der Thorner Straße einziehen und in der Stadt Halt machen und ihre Waren zum Kauf anbieten – und übertrug der Stadt neben Einkünften aller Art auch als Territorium den größten Teil der bisherigen Komturei Thorn, wozu dann noch Burg und Schloßgebiet Schwetz kamen.

Im zweiten Thorner Frieden von 1466 mußte der Deutsche Orden umfassende Gebietsabtretungen an Polen anerkennen. – Trotz der Schirmherrschaft des Polenkönigs kann man erst ab 1569 von einer unmittelbaren Zugehörigkeit der Stadt zu Polen sprechen, die 1724 im Gefolge religiöser Streitigkeiten durch das »Thorner Blutgericht« traurige Berühmtheit erlangte. 1793 fiel bei der zweiten polnischen Teilung die Stadt mit ihrem ansehnlichen Gebiet an Preußen, bis dahin war sie zu »Königlich Preußen« gerechnet worden.

Westpreußen

Unabhängig von verwaltungsmäßigen Gliederungen im Laufe der Zeiten sei hier Westpreußen verstanden als das Gebiet, das im zweiten Thorner Frieden von 1466 vom Deutschen Orden abgetreten werden mußte, also im wesentlichen das Land zwischen Pommern und dem Herzogtum Preußen; zu seiner Eroberung vgl. den allgemeinen Teil und Pommerellen.

Der Krieg mit Polen (seit 1409) führt schon 1454 zu einem Unterwerfungsvertrag, der aber nach erneuten Kämpfen im Grunde erst mit dem Thorner Frieden von 1466 Geltung erhält: Pommerellen und das Kulmerland sowie die Gebiete von Elbing und Marienburg werden in Personalunion mit der Krone Polens vereinigt, die Bistümer Ermland und Kulm treten unter polnische Oberhoheit. Den Städten bleiben ihre Sonderrechte erhalten, für Danzig, Elbing und Thorn war die Oberhoheit des polnischen Königs nahezu rein formell; dem Adel wurden die in Polen üblichen Rechte eingeräumt, die Komtureien wurden zu Starosteien, die Großgliederung erfolgte in die drei Palatinate (Woiwodschaften) Marienburg, Kulm und Danzig.

Auf dem Reichstag zu Lublin (der durch die Anerkennung der Anwartschaft der brandenburgischen Kurfürsten eine wichtige Vorentscheidung für den späteren Anschluß Ostpreußens an Brandenburg brachte) wurde die Autonomie Westpreußens, nun auch »Preußen königlichen Anteils« oder »Königlich Preußen« genannt, beseitigt – die Personalunion wurde zur Realunion. 1772 erwarb bei der ersten polnischen Teilung Friedrich der Große das Land für Preußen, 1773 erhielt das Gebiet nördlich des Netzedistrikt verwaltungsmäßig die Bezeichnung »Westpreußen«, durch die zweite polnische Teilung kam 1793 das Gebiet um Danzig dazu. 1824 wurde Westpreußen mit Ostpreußen zur »Provinz Preußen« vereinigt, 1878 erneut die Provinz Westpreußen mit den Regierungsbezirken Danzig und Marienwerder gebildet, 1922 dann in wesentlich verkleinertem Umfang ein »Regierungsbezirk Westpreußen« innerhalb der Provinz Ostpreußen eingerichtet.

Stichworte zu den Autoren

Albert, Heinrich
* 1604 in Lohenstein/Vogtland, † 1651 in Königsberg
Lebte als Domorganist in Königsberg und stand dem Königsberger Dichterkreis nahe. Wurde bekannt durch seine geistlichen Liedkompositionen und die Vertonung zahlreicher Gedichte von Simon Dach. Das »Ännchen von Tharau« ist seine heute noch bekannteste Vertonung.
Werke: u. a. Arien (8 Bde., 1638–1654), Poetisch-musikalisches Lustwäldlein (1652).
33f.

Anderson, Eduard Wilhelm Franz
* 1873 in Preußisch Holland, † 1947 in Stade
Nach dem Besuch des Gymnasiums in Elbing absolvierte er 1890–92 dort eine Fotografenlehre. Anschließend studierte er an der Königsberger Kunstakademie. Nach dem Ersten Weltkrieg lebte er als freier Künstler in Königsberg, wo er sich vor allem des Kunstlebens annahm und u. a. 1928 den Auftrag zum Aufbau eines stadtgeschichtlichen Museums erhielt, das er bis 1945 leitete. Nach der Vertreibung lebte er in Stade. Er verfaßte zahlreiche Aufsätze zur Königsberger Stadtgeschichte und eine Geschichte des Kunstvereins (1931).
64ff.

Arndt, Ernst Moritz
* 1769 in Schoritz auf Rügen, † 1860 in Bonn
Studierte an den Universitäten Greifswald und Jena evangelische Theologie und Geschichte. Reisen durch Deutschland, Ungarn, Italien und Frankreich. 1800 wird er an der Universität Greifswald Privatdozent für Geschichte und Philosophie, 1805 Professor. 1812 begleitet er als Privatsekretär den Freiherrn von und zum Stein nach Petersburg. 1818 wurde er als Professor für Geschichte an die neu gegründete Universität Bonn berufen, fiel dort jedoch bald der Demagogenverfolgung zum Opfer und wurde »wegen Teilnahme an burschenschaftlichen Umtrieben« seines Amtes enthoben. Erst 1840 wurde er von Friedrich Wilhelm IV. rehabilitiert.
Werke: u. a. Geist der Zeit (1. Bd. 1806, 2.–4. Bd. 1813), Lieder für Deutsche (1813), Meine Wanderungen und Wandlungen mit dem Reichsfreiherrn vom Stein (1858), Gedichte (1860).
56ff.

Auer, Ludwig Kasimir von
* 1788 in Labiau, † 1837 in Teplitz
Schlug die militärische Laufbahn ein. Wurde 1805 Sekondelieutnant in der 2. ostpreußischen Füsilier-Brigade, 1808 Adjutant des Oberst von Bülow, 1812 Bittmeister des 1. mobilen Husarenregiments. Im Jahr 1815 wurde er zum Generalstab und Generalkommando in Preußen abgestellt, wo er 1819 zum Chef des Generalstabs ernannt wurde. Im Jahr 1812 wurde er mit dem Orden Pour le mérite ausgezeichnet, während der Befreiungskriege mit dem Eisernen Kreuz Erster Klasse.
Werke: Kriegsgeschichtliche Denkwürdigkeiten des Ordenshauses und der Stadt Marienburg (1824).
376ff

Baczko, Ludwig von
* 1756 in Lyck, † 1823 in Königsberg
Studierte in Königsberg Rechtswissenschaften. Nach Beendigung des Studiums erblindete er im Alter von einundzwanzig Jahren vollkommen. Im

weiteren Verlauf seines Lebens war er an der Artillerie-Akademie in Königsberg als Lehrer tätig. Schriftstellerisch befaßte er sich vorwiegend mit der Geschichte und der Dichtkunst.
Werke: u. a. Handbuch der Geschichte, Erdbeschreibung und Statistik Preußens (1802–03), Geschichte Preußens (6 Bde., 1795–1800), Geschichte seines Lebens (3 Bde., 1824).
23ff., 70f., 121ff.

Baedeker, Carl
* 1801 in Essen, † 1859 in Koblenz
Sohn des Buchdruckers und Buchhändlers Gottschalk Diederich Baedeker. Nach dem Schulbesuch in Essen und Hagen studierte er in Heidelberg, wo er gleichzeitig bei Mohr und Winter den Buchhandel erlernte. In den Jahren 1823–25 war er bei Georg Reimer in Berlin tätig, 1827 gründete er seine eigene Firma in Koblenz mit Reisehandbüchern. Den »Baedeker« gibt es in immer neuen Auflagen und Überarbeitungen noch heute.
Werke: u. a. Führer durch Belgien und Holland (1839). Handbuch für Reisende durch Deutschland und den österreichischen Kaiserstaat (1842), Die Schweiz (1844).
365f, 473

Barthold, Friedrich Wilhelm
* 1799 in Berlin, † 1858 in Greifswald.
Studierte seit 1817 in Berlin Theologie, dann dort und in Breslau Geschichte. Nach kurzer Tätigkeit in Breslau als Hauslehrer wurde er 1826 Lehrer am Fridericianum in Königsberg. Zunächst als außerordentlicher Professor, ab 1834 als ordentlicher Professor an der dortigen Universität, lebte er dann bis zu seinem Tode in Greifswald.
Werke: u. a. Der Römerzug König Heinrichs von Lützelburg (2 Bde., 1830–31), Geschichte des großen deutschen Krieges vom Tode Gustav Adolfs ab (2 Bde., 1841/ 43), Geschichte der dt. Städte und des dt. Bürgertums (4 Bde., 1850–52).
393f.

Beckherrn, Carl Heinrich Leopold
* 1831 in Bladiau, † 1899 in Königsberg
Schlug die militärische Laufbahn ein. Trat 1849 ins preußische Heer ein und brachte es dort bis 1873 zum Major. 1877 nahm er seinen Abschied. In seiner Freizeit befaßte er sich mit geschichtlichen und genealogischen Forschungen und arbeitete an den Zeitschriften »Prussia« und »Altpreußische Monatsschrift« mit.
184ff., 188ff.

Bobrowski, Johannes
* 1917 in Tilsit, † 1965 in Berlin
Besuchte ab 1928 in Königsberg das Gymnasium und studierte anschließend in Berlin Kunstgeschichte. Dort knüpfte er Kontakte zur Bekennenden Kirche. 1937 wurde er zum Arbeitsdienst und zur Wehrmacht einberufen. Seine ersten Gedichte erschienen 1943 in der Zeitschrift »Das Innere Reich«. Nach seiner Rückkehr aus russischer Gefangenschaft wurde er 1949 Lektor. 1962 erhielt er den Wiener Alma-Johanna-Koenig-Preis und den Preis der Gruppe 47.
Werke: u. a. Sarmatische Zeit (1961), Schattenland Ströme (1962), Levins Mühle (1964), Litauische Claviere (1966).
117f.

Chodowiecki, Daniel Nikolaus
* 1726 in Danzig, † 1801 in Berlin
Maler und Kupferstecher. Kam 1743 nach Berlin, wo er bei seinem Onkel als Kaufmann arbeitete. Daneben bildete er sich künstlerisch weiter. 1754 gab er den Kaufmannsberuf auf. Seit 1764 war er Mitglied in der Akademie der Künste in Berlin. Im Jahr 1788 wurde er Vizedi-

rektor der Akademie und 1797 deren Direktor.
426, 433f., 471f., 497f.

Corinth, Lovis
* 1858 in Tapiau, † 1925 in Zandvoort/Holland
Studierte 1876–80 an der Königsberger Akademie. Ging 1884 zur weiteren Ausbildung nach München und Antwerpen und noch im gleichen Jahr nach Paris, wo er bis 1887 lebte. 1890–1900 hielt er sich in München auf, seitdem lebte er in Berlin als führendes Sezessionsmitglied. Der Maler wird dem deutschen Impressionismus mit später expressionistischen Tendenzen zugerechnet. Seit 1911 wandte sich Corinth vermehrt der Graphik zu. Seit 1940 ist in seinem Geburtshaus in Tapiau ein Corinth-Museum eingerichtet.
Schriftstellerische Werke: Gesammelte Schriften (1920), Selbstbiographie (1926).
201ff.

Cornelius, Gustav Friedrich Wilhelm Ewald
* 1809 in Stralsund
Redigierte 1830–32 die Zeitschrift »Das Constitutionelle Deutschland« in Straßburg. Wegen seines Engagements für das Hambacher Fest wurde er für sieben Jahre inhaftiert. Lebte dann in den vierziger Jahren in Berlin als Buchhändler.
Werke: u. a. Badens Volkskammer (1831), Übersetzungen aus dem Englischen, Wanderungen an der Nord- und Ostsee (1841, zusammen mit Theodor von Kobbe).
32f., 395ff., 475ff.

Curicke, Reinhold
* 1610 in Danzig, † 1664 ebda.
Begann 1626 in Rostock mit dem Studium, das er im Fach Jura 1630 in Königsberg fortsetzte. Von 1638 bis zu seinem Tode wirkte er als Sekretär der Stadt Danzig.
Werke: u. a. Der Stadt Dantzig historische Beschreibung, worinnen von dero Uhrsprung, Situation, Regirungs Art … gehandelt wird (1645), Commentarius de privilegiis (1652), Jus maritimum hanseaticum (1667).
495ff.

Dach, Simon
* 1605 in Memel, † 1659 in Königsberg
Nach dem Studium der Theologie und Philosophie in Königsberg wurde er 1633 Lehrer und Konrektor an der dortigen Domschule. 1639 erhielt er den Lehrstuhl für Poesie an der Universität Königsberg. Er gehörte neben Heinrich Albert und Robert Robertin dem Königsberger Dichterkreis an. 1658 schenkte ihm der Große Kurfürst für seine poetischen Verdienste ein kleines Landgut.
Werke: u. a. Churbrandenburgische Rose, Adler, Löw' und Szepter (1661), Poetische Werke (1696), Gedichte (hg. 1876).
29f., 111ff.

Dönhoff, Marion Gräfin von
* 1909 in Friedrichstein
Die promovierte Journalistin ist Herausgeberin der »Zeit« und lebt in Hamburg. 1966 wurde sie mit dem Theodor-Heuss-Preis und 1971 mit dem Friedenspreis des Deutschen Buchhandels ausgezeichnet.
Werke: u. a. Namen, die keiner mehr nennt (1964), Deutsche Außenpolitik von Adenauer bis Brandt (1970), Menschen, die wissen, worum es geht (1976), Von Gestern nach Übermorgen (1981).
142f.

Dohna, Abraham von
* 1579 in Mohrungen, † 1631 in Schlobitten

Barockdichter. Näheres über sein Leben nicht bekannt.
Werk: Historische reimen, von dem ungereimten reichstag anno 1613 ... (Handschrift 1613/14).
229ff.

Eberstein, Robert von
* 1801 in Stallupönen
Besuchte ab 1810 in Gumbinnen das Gymnasium. 1815 trat er in Berlin ins Kadettenkorps ein und machte in der Folgezeit beim Militär Karriere. Nach dem März 1848 war er als Kommandeur des Garde-Schützenbataillons in Charlottenburg stationiert und befehligte die Leibwache des Königs Friedrich Wilhelm IV. Wurde zum Generalmajor und Generalleutnant befördert. 1860 begann er mit der Niederschrift seiner Erlebnisse.
150ff.

Eichendorff, Joseph von
* 1788 auf Schloß Lubowitz, † 1857 in Neiße
Studierte 1804–10 in Breslau, Halle, Heidelberg, Berlin und Wien Jura und Philosophie; dazwischen Reisen durch Europa, traf in Heidelberg Vertreter der Romantik. Nahm an den Befreiungskriegen teil. 1816 trat er in den Staatsdienst und machte im Kultusministerium Karriere. Nach seiner Entlassung im Jahr 1844 lebte er an verschiedenen Orten.
Werke: u. a. Ahnung und Gegenwart (1815), Aus dem Leben eines Taugenichts (1826), Gedichte (1837), Über die ethische und religiöse Bedeutung der neueren romantischen Poesie in Deutschland (1847).
380f, 456f.

Fechter, Paul
1880 in Elbing, † 1958 in Berlin
Studierte an TH und Univ. in Berlin und schloß seine Studien mit dem Grad des Dr. phil. ab. War dann als Journalist (Feuilletonchef), Schriftsteller sowie Kunst- und Theaterkritiker tätig. Neben drei Literaturgeschichten über fünfzig weitere Buchveröffentlichungen, darunter »Das europäische Drama« (3 Bände), außerdem sieben Komödien.
413f.

Freytag, Gustav
* 1816 in Kreuzburg/Schlesien, † 1895 in Wiesbaden
Studierte in Breslau und Berlin deutsche Philologie. Seit 1839 wirkte er in Breslau als Privatdozent für deutsche Sprache und Literatur, konnte sich dann ab 1844 aufgrund seiner ausgezeichneten finanziellen Verhältnisse aus der Universitätslaufbahn zurückziehen und widmete sich fortan nur noch der schriftstellerischen Tätigkeit. 1847 übersiedelte er nach Dresden, 1848–70 leitete er den »Grenzboten« in Leipzig. 1886 wurde er zum Geheimen Hofrat, 1893 zur Exzellenz ernannt.
Werke: u. a. Der Gelehrte (1844), Soll und Haben (3Bde., 1859), Bilder aus der deutschen Vergangenheit (5 Bde., 1859–67), Gesammelte Werke (22 Bde., 1886–88).
261ff., 429ff.

Friedrich II., der Große
* 1712 in Berlin, † 1786 ebda,
Wurde von seinem Vater, Friedrich Wilhelm I., sehr streng erzogen und unternahm deswegen 1730 einen Fluchtversuch, der jedoch scheiterte. Lebte in Rheinsberg, wo er Künstler und Gelehrte um sich scharte. 1740 wurde er König von Preußen. 1740–42 eroberte er Schlesien, sicherte diesen Besitz im Zweiten Schlesischen und im Siebenjährigen Krieg und erwarb bei der 1. Teilung Polens (1772) Westpreußen, Ermland und das Netzegebiet. Er machte Preu-

ßen zur Großmacht. Im Inneren regierte er als aufgeklärter Fürst und führte umfassende Reformen in der Wirtschaft, Landwirtschaft, in Heer, Rechtswesen und Verwaltung durch.
324f.

Genee, Rudolph
* 1824 in Berlin, † 1914 ebda.
Beeinflußt durch die Bühnenarbeit seines Vaters, versuchte er sich zunächst als dramatischer Dichter, wurde jedoch als Kritiker und Literarhistoriker bekannter. Hielt sich dreimal in Danzig auf (1849, 1854, 1857–60), wobei er bei seinem zweiten Aufenthalt kurzfristig das Danziger Theater leitete und in den Jahren 1857–60 zusammen mit Heinrich Rickert die neugegründete »Danziger Zeitung« herausgab.
Werke: Danziger Bauwerke (hg. v. Genée und Rickert).
474f., 477f.

Gerlach, Karl Friedrich Leopold von
* 1757 in Berlin, † 1813 ebda.
Wurde 1796 Chefpräsident der Kurmärkischen Kriegs- und Domänenkammer, im Jahre 1809 der erste gewählte Oberbürgermeister von Berlin.
54f.

Goldbeck, Johann Friedrich
* 1748 in Insterburg, † 1812 Schaaken/Königsberg
Studierte in Königsberg ab 1764 Theologie und trat ab 1769 als Hofmeister in die Dienste eines preußischen Adligen ein, den er 1771 nach Magdeburg begleitete. Nachdem er als Lehrer und Feldprediger tätig gewesen war, wurde er 1783 in Schaaken Superintendent.
Werke: Literarische Nachrichten von Preußen (2 Tle.,1781 und 1783), Nachrichten von der Königlichen Universität zu Königsberg (1782), Vollständige Topographie des Königreiches Preußen (2 Tle., 1785/ 89).
235f, 390ff.

Goltz, Bogumil
* 1801 in Warschau, † 1870 in Thorn
Sohn eines preußischen Staatsgerichtsdirektors. Unternahm Reisen in verschiedene Teile Europas, 1849 bereiste er auch Ägypten. Von seinen Reisen heimgekehrt, verarbeitete er seine Erlebnisse und Erfahrungen schriftstellerisch.
Werke: u. a. Buch der Kindheit (1847), Der Kleinstädter in Ägypten (1853), Zur Charakteristik und Naturgeschichte der Frauen (1858), Zur Charakteristik des Volkes (1859).
221ff., 354 ff.

Gottsched, Johann Christoph
* 1700 in Juditten/Königsberg, † 1766 in Leipzig
Nach dem Studium der Theologie und Philosophie in Königsberg habilitierte er sich 1725 in Leipzig für Philosophie und Dichtkunst. 1730 zum außerordentlichen Professor ernannt, wurde er 1734 ordentlicher Professor und 1739 Rektor. Er gab mehrere Zeitschriften heraus und reformierte das Drama und das Theater.
Werke: u. a. Versuch einer critischen Dichtkunst vor die Deutschen (1730), Sterbender Cato (1731), Neuer Büchersaal der schönen Wissenschaften und freien Künste (10 Bde., 1745–54), Grundlegung einer neuen Sprachkunst (1748).
71

Grässe, Johann Georg Theodor
* 1814 in Grimma, † 1885 auf Wackerbarthsruhe bei Dresden
Wurde 1843 Bibliothekar des Königs von Sachsen, 1852 Direktor der Porzellan- und Gefäßsammlung in Dresden. Seit 1863 war er als Direktor für das Grüne Gewölbe und ab 1877 für die

Königliche Münzsammlung verantwortlich. Ferner widmete er sich bibliographischen, literarhistorischen und volkskundlichen Aufgaben.
Werke: u. a. Lehrbuch einer allgemeinen Literaturgeschichte aller bekannten Völker der Welt (4 Bde., 1837–60), Die Sage vom Ritter Tannhäuser (1846), Sagenschatz des Königreichs Sachsen (1855), Märchenwelt (1868).
144, 161., 175., 244

Gregorovius, Ferdinand Adolf
* 1821 in Neidenburg, † 1891 in München
Begann 1838 in Königsberg Theologie zu studieren; nach in diesem Fach bestandener Prüfung hängte er ein Studium der Philosophie und Geschichte an, das er 1843 mit der Promotion abschloß. Danach war er als Lehrer in der Provinz und in Königsberg tätig. 1852 unternahm er eine Reise nach Italien und ließ sich in Rom nieder. Im Jahr 1874 übersiedelte er nach München und wurde dort 1875 Mitglied der Bayerischen Akademie der Wissenschaften.
Werke: u. a. Korsika (2 Bde., 1854), Wanderjahre in Italien (5 Bde., 1856–77), Die Geschichte der Stadt Rom im Mittelalter (8 Bde., 1859–72).
90f.

Gruppe, Otto Friedrich
* 1804 in Danzig, † 1876 in Berlin
Sohn eines Kaufmanns und Fabrikbesitzers. Nach dem Studium in Berlin übernahm er 1835 die Leitung des Feuilletons der »Preußischen Staatszeitung«. 1844 wurde er Professor für Philosophie und Geschichte an der Universität Berlin, 1862 Sekretär der Akademie der Künste. Daneben gab er 1848–50 den »Deutschen Dichterwald« und den »Deutschen Musenalmanach auf die Jahre 1851–55« heraus.
Werke: u.a. Lyrisches Schatzkästlein der Deutschen (Hg., 1836), Leben und Wirken deutscher Dichter (5 Bde., 1863–77), Vaterländische Gedichte (1866).
369f., 499

Halbe, Max
* 1865 in Güttland/Danzig, † 1944 in Burg/ Oberbayern.
Studierte Jura, Germanistik und Geschichte in Jena, Heidelberg, München und Berlin, promovierte 1888 zum Dr. phil. und lebte danach als freier Schriftsteller bis 1894 in Berlin, 1894–95 in Kreuzlingen am Bodensee, ab 1895 in München. Dort war er u. a. mit Wedekind, Keyserling und Ludwig Thoma befreundet. 1924 kaufte er den Landsitz Burg und lebte dort bis zu seinem Tode.
Werke: u. a. Freie Liebe (1890), Der Ring des Lebens (1909), Der Strom (1904), Heinrich von Plauen (1933).
385ff.

Hartknoch, Christoph
* 1644 in Jablonka/Ostpreußen, † 1687 in Thorn
Preußischer Geschichtsschreiber. Mußte das 1662 an der Königsberger Albertina begonnene Studium mangels finanzieller Absicherung wieder abbrechen. Nach einer Hauslehrertätigkeit übernahm er das Rektorat der evangelischen Schule in Wilna. Krankheitsbedingt mußte er diese Stelle 1667 wieder aufgeben. Er ging erneut nach Königsberg und studierte dort die Geschichte des Altertums und Preußens. Diesmal schloß er mit dem Magister ab. 1677 wurde er als Professor an das Gymnasium in Thorn berufen.
Werke: u. a. Alt- und Neues Preußen, (1684), Preußische Kirchen-Historia (1666), Lebens-Lauff Hartknochs durch ihn selbst entworfen (1725).
337f, 339ff.

Heermann, Johannes
* 1585 Raudten/Schlesien, † 1647 in Lissa
Nach dem Studium in Leipzig, Jena und Straßburg wurde er 1611 zunächst in Köben, später in Lissa Pfarrer. Heermann dichtete vornehmlich Kirchenlieder.
Werke: u. a. Gebettbuch, darinnen hundert Gebett (1609), Teutsche Poemata (1640), Poetische Erquickstunden, Darinnen allerhand schöne und trostreiche Gebet ... zu finden seyn (1656).
309ff.

Heinel, Eduard Friedrich Reinhard
* 1798 in Marienburg, † 1865 in Königsberg
Studierte 1818–22 in Königsberg und erwarb den Grad eines Dr. phil. In den Jahren 1823–24 war er in Elbing als Lehrer tätig, dann übernahm er in Ladekopp im Kreis Marienburg die Pfarrerstelle. 1830 wurde er Pfarrer in Tannsee, 1842 Diakon an der altstädtischen evangelischen Kirche in Königsberg.
Werke: u. a. Gedrängte Übersicht der vaterländischen Geschichte (1823), Geschichte des preußischen Staates und Volkes (3 Bde., 1835/38/41).
37f.

Herder, Johann Gottfried
* 1744 in Mohrungen, † 1803 in Weimar
Studierte ab 1762 in Königsberg Medizin, Theologie und Philosophie, besuchte Kants Vorlesungen und schloß Freundschaft mit Hamann. 1764–69 wirkte er als Lehrer an der Domschule in Riga, als Hilfspastor und Prediger. 1769–70 Reisen durch Frankreich, Holland und Italien. 1771 ging er als Hofprediger, Konsistorialrat und Superintendent nach Bückeburg, wo er eine Kirchen- und Schulreform durchführte. Dann übersiedelte er 1776 auf Vermittlung Goethes als Hofprediger, Oberkonsistorialrat und Generalsuperintendent nach Weimar. 1801 wird er vom bayerischen Kurfürsten geadelt.
Werke: u. a. Fragmente über die neuere deutsche Literatur (1767/68), Kritische Wälder (1769), Abhandlung über den Ursprung der Sprache (1770), Von deutscher Art und Kunst (1773), Volkslieder (1778/79).
232f.

Hermanowski, Georg
* 1918 in Allenstein
Studierte in Köln und München Germanistik und Kunstgeschichte. Lebt als Übersetzer für flämische Literatur und als freier Schriftsteller in Bad Godesberg.
180ff.

Hermes, Johann Timotheus (genannt »Sophien-Hermes«)
* 1738 in Petznick bei Stargard, † 1821 in Breslau
Studierte in Königsberg Theologie, war dann als Lehrer und Feldprediger tätig, später in Pless als Hof- und Schloßprediger, zuletzt in Breslau als Pastor und Professor, wo er auch Superintendent wurde.
Werke: u. a. Sophiens Reise von Memel nach Sachsen (5 Bde.,1769–73), Lieder für die besten bekannten Kirchenmelodien (1779), Predigten fürs Zeitbedürfnis, gehalten seit Glogaus Belagerung (1808).
43ff.

Hitzig, Julius Eduard
* 1780 in Berlin, † 1849 in Berlin
Studium der Rechtswissenschaft in Halle und Erlangen, das er 1799 erfolgreich abschloß. Anschließend ging er als Auscultator nach Warschau. Im Jahre 1808 eröffnete er in Berlin, nachdem er bei Reimer eine Lehre absolviert hatte, eine Buchhandlung und verlegte namhafte Autoren. 1815 wandte er sich der Kri-

minalistik zu und wurde 1827 Direktor des Inquisitariats beim Kammergericht. Zeit seines Lebens pflegte er enge Freundschaft mit Chamisso, Varnhagen, Fouqué, Eichendorff, vor allem aber mit E. T. A. Hoffmann.
Werke: u. a. Gelehrtes Berlin im Jahre 1825 (1826), Leben und Briefe von Adalbert von Chamisso (2 Bde., 1839–40).
307.

Hoffheinz, Gustav Theodor
* 1806 in Barten, † 1891 in Königsberg
Begann 1827 in Königsberg mit dem Studium der Theologie und wurde dort im Jahre 1831 ordiniert. Ein Jahr darauf ging er als Pfarrer nach Gallingen, 1847 wechselte er als Prediger an der Burgkirche nach Königsberg, wo er auch die Position des Superintendenten bekleidete. 1882 trat er in den Ruhestand.
Neben theologischen Schriften veröffentlichte er eine Reihe von Aufsätzen zur preußischen Geschichte, die zumeist in der »Altpreußischen Monatsschrift« erschienen.
30f.

Hoffmann, Ernst Theodor Amadeus
* 1776 in Königsberg, † 1822 in Berlin
Studierte 1792–95 in Königsberg Jura. 1800 war er als Assessor in Posen, ab 1804 in Warschau. Zwischen 1808 und 1813 war er in Bamberg u. a. als Kapellmeister, Komponist und Musikkritiker tätig. In den Jahren 1813/14 lebte er als Musikdirektor der Secondas-Schauspieltruppe in Leipzig und Dresden. 1814 übersiedelte er nach Berlin, wo er 1816 Regierungsrat am Kammergericht wurde
Werke: u. a. Fantasiestücke in Callots Manier (1814f.), Die Elexiere des Teufels (1815f.), Die Serapions-Brüder (1819–22), Lebens-Ansichten des Katers Murr (1820–22), Meister Floh (1822).
34ff.

Holz, Arno
* 1863 in Rastenburg, † 1929 in Berlin
Sohn eines Apothekers. Kam 1875 nach Berlin, wo er zunächst Redakteur, dann freier Schriftsteller wurde. War hier Mitglied des Naturalistenvereins »Durch!« und erster Schriftleiter der »Freien Bühne«.
Werke: u. a. Das Buch der Zeit (1886), Phantasus (2 Bde., 1898f.), Die Blechschmiede (1902), Dafnis (1904).
187

Jacobowski, Ludwig
* 1868 in Strelno/Posen, † 1900 in Berlin
Nach der Übersiedlung der Familie nach Berlin besuchte er ab 1874 dort die Oberrealschule und studierte seit 1887 in Berlin Literaturgeschichte, Geschichte, Philosophie und Nationalökonomie. Im Jahr 1889 zog er nach Freiburg/Brsg., wo er 1891 zum Dr. phil. promovierte. Anschließend lebte er als Dichter, Kritiker und Soziologe in Berlin, wo er 1900 an Typhus starb.
Werke: u. a. Aus bewegten Stunden (1889), Aus Tag und Traum (1896), Schlichte Geschichten (1901).
291.

Jacquemin, Rudolf
lebt in Königsberg und hat in mehreren Verlagen der Sowjetunion in den letzten zwanzig Jahren Gedichtbände in deutscher Sprache veröffentlicht, darunter »Dich sing ich, Leben«, »Immer scheint die Sonne« und »Noch glänzt mein Stern«.
68f.

Jung, Jakob Friedrich Alexander
* 1799 in Rastenburg, † 1884 in Königsberg
Nach dem Besuch des Gymnasiums in Braunsberg machte er 1827 sein Abitur in Berlin. Dort studierte er anschließend

Theologie und Philosophie, bis er das Studium 1828 in Königsberg fortsetzte. Nach dem Examen lebte er in Königsberg als Schriftsteller und Lehrer an der französischen höheren Töchterschule. Redigierte 1841–45 das »Königsberger Literatenblatt«.
Werke: u. a. Das Geheimnis der Lebenskunst (2 Bde., 1858).
48ff

Kant, Immanuel
* 1724 in Königsberg, † 1804 ebda.
Studierte ab 1740 an der Albertina Mathematik, Physik und Philosophie. 1747–54 hatte er mehrere Hauslehrerstellen. Im Jahr 1755 wurde er nach bestandener Promotion und Habilitation Privatdozent an der Albertina. 1770 wurde er zum ordentlichen Professor für Logik und Metaphysik ernannt, 1786 und 1788 versah er das Amt des Rektors an der Universität Königsberg. Seit 1786 war er Mitglied der Akademie der Wissenschaften in Berlin.
Werke: u. a. Kritik der reinen Vernunft (1781), Kritik der praktischen Vernunft (1788), Kritik der Urteilskraft (1790), Die Metaphysik der Sitten (1797).
52ff.

Kaschnitz, Marie Luise (eig. Freifrau von Kaschnitz-Weinberg, geb. von Holzing-Berstett)
1901 in Karlsruhe, † 1974 in Rom
Verbrachte ihre Kindheit in Baden, Potsdam und Berlin und arbeitete dann als Buchhändlerin in Weimar und München. Seit 1925 begleitete sie ihren Mann, einen Archäologieprofessor, in die Städte, an deren Universitäten er lehrte: 1932 nach Königsberg, 1937–41 nach Marburg, 1953–58 nach Frankfurt am Main und Rom. Nach seinem Tode lebte sie in Frankfurt am Main, dort hielt sie 1960 Vorlesungen über Poetik.
Werke: u. a. Gedichte (1947), Ewige Stadt (1952), Lange Schatten (1960), Ferngespräche (1966).
384f.

Klöden, Karl Friedrich von
* 1786 in Berlin, † 1856 ebda.
Absolvierte zunächst eine Goldschmiede- und Kartenstecherlehre in Berlin und studierte dann Geographie. 1817 wurde er Direktor des Schullehrerseminars in Potsdam und 1824 Direktor der neubegründeten Friedrichswerderschen Gewerbeschule in Berlin, die er bis 1855 leitete. Neben Veröffentlichungen zur Geographie schrieb er auch historische Abhandlungen.
Werke: u. a. Grundlinien zu einer neuen Theorie der Erdgestaltung (1824), Über die Entstehung, das Alter und die frühste Geschichte der Städte Berlin und Kölln (1839), Lebens- und Regierungsgeschichte Friedrich Wilhelms III. (1840), Andreas Schlüter (1855).
320f.

Koeppen, Wolfgang
* 1906 in Greifswald
Fuhr eine Zeitlang zur See und studierte dann in Greifswald, Hamburg, Berlin und Würzburg Theaterwissenschaft und Philosophie. Arbeitete als Journalist, Dramaturg und Redakteur am Berliner »Börsen-Courier«. 1934 ging er nach Holland, kehrte Ende der dreißiger Jahre nach Berlin zurück und schrieb Drehbücher. Mitglied des PEN, der Berliner Akademie der Künste und der Deutschen Akademie für Sprache und Dichtung. 1962 erhielt er den Georg-Büchner-Preis, 1967 den Immermann-Preis, 1971 den Andreas-Gryphius-Preis, 1977 das Schillerstipendium des Europaforums, 1974/75 war er Stadtschreiber in Bergen-Enkheim.
Werke: u. a. Eine unglückliche Liebe

(1934), Das Treibhaus (1953), Romanisches Café (1972), Jugend (1976).
176ff.

Kollwitz, Käthe (geb. Schmidt)
* 1867 in Königsberg, † 1945 in Moritzburg bei Dresden
Graphikerin und Malerin. Absolvierte ihre Ausbildung in Berlin und München und lebte bis 1943 in Berlin, wo sie zunächst Mitglied, ab 1919 Professorin der Akademie war.
Schriftstellerische Werke: Tagebuchblätter und Briefe (1949), Ich will wirken in dieser Zeit. Auswahl aus den Tagebüchern und Briefen (Neuauflage 1962), Ich sah die Welt mit liebevollen Blicken (1968).
81f.

Kongehl, Michael
* 1646 in Kreuzburg/Ostpreußen, † 1710 im Kneiphof/Königsberg
Nach dem Jurastudium wurde er 1676 Kanzleiverwalter in Königsberg, 1681 Konsistorialnotar, 1682 Stadtsekretär, 1696 Ratsverwandter, 1710 Bürgermeister des Kneiphofs. Seit 1673 war er Mitglied des Pegnesischen Blumenordens.
Werke: u. a. Der beglückwünschte Doppelsieg des Kaisers wider den König von Frankreich (1675), Surbosia oder Geschichtsmäßiges Heldengedicht (1676), Die vom Tode erweckte Phönizia (1680), Der immergrünende Cypressen-Hayn (1694).
210f.

Lehndorff, Ernst Ahasverus von
* 1637 in Steinort, † 1688 ebda.
Staatsmann und Soldat. Unternahm Reisen nach Dänemark, in die Niederlande, nach England, Paris, Florenz, Italien und Spanien. Trat als Oberstleutnant in die Dienste des Königs Johann Kasimir von Polen und erhielt bald das Kommando über sämtliche deutsche Truppen in polnischen Diensten. 1668 wurde er zum Hof- und Legationsrat ernannt, 1671 zum kurfürstlichen Kämmerer, später zum kurfürstlichen Oberst. Im gleichen Jahr Eintritt in den Johanniterorden. 1676 trat er als Generalmajor in dänische Dienste und nahm an der Belagerung Stettins auf dänische Seite teil. 1686 erhob ihn der Kaiser in den Reichsgrafenstand.
233ff.

Lehndorff, Hans Graf von
* 1910 in Graditz/Elbe, † 1987 in Bad Godesberg
Studierte Medizin und erlebte das Kriegsende in Königsberg, wo er ein Tagebuch über seine Erlebnisse führte. Seit der Vertreibung in Bonn/Bad Godesberg.
Werke: u. a. Ostpreußisches Tagebuch (1961), Die Insterburger Jahre (1969), Menschen, Pferde, weites Land (1980).
66ff.

Lenz, Jakob Michael Reinhold
* 1751 in Seßwegen, † 1792 in Moskau
Sohn eines Pfarrers. Studierte 1768–71 in Dorpat und Königsberg Theologie. 1771 begleitete er nach Abbruch des Studiums zwei Adlige auf der Reise über Berlin und Leipzig nach Straßburg, wo er bis 1776 blieb und mit Goethe Freundschaft schloß. Nach einem kurzen Aufenthalt in Weimar ging er 1778 zu Pfarrer Oberlin nach Waldenbach, wo er unter den ersten Ausbrüchen von Geisteskrankheit litt. Schließlich wurde er 1779 nach Livland zurückgeholt. 1780 ging er dann als Lehrer und Soldat nach St. Petersburg, bis er ab 1781 unter stetigem Verfall seiner geistigen und körperlichen Verfassung nach Moskau übersiedelte.
Werke: u. a. Der Hofmeister oder Vorteile der Privaterziehung (1774), Lust-

spiele nach dem Plautus fürs deutsche Theater (1774), Die Soldaten (1776).
125

Lenz, Siegfried
* 1926 in Lyck/Ostpreußen
Wuchs in Masuren auf und machte dort 1943 das Notabitur. Wurde zur Marine eingezogen und versteckte sich bei Kriegsende in dänischen Wäldern. Anschließend studierte er in Hamburg Anglistik und Philosophie, brach das Studium 1948 ab und arbeitete bis 1951 als Feuilletonredakteur bei der »Welt«. Seit dieser Zeit ist er freier Schriftsteller und lebt bei Hamburg.
Werke: u. a. So zärtlich war Suleyken (1955), Deutschstunde (1968), Heimatmuseum (1978), Exerzierplatz (1985).
163ff.

Lewald, Fanny (geb. Markus, verh. Stahr) 1811 in Königsberg, † 1889 in Dresden
Tochter des jüdischen Kaufmanns Markus, der später den Namen Lewald annahm; konvertierte 1828 zum Luthertum, um einen angehenden Theologen heiraten zu können, der allerdings starb. Zahlreiche Reisen. 1845 traf sie in Italien ihren späteren Ehemann Adolf Stahr, 1854 heiratete sie ihn. Nach dem Tode Stahrs (1876) setzte sie ihre schriftstellerische Tätigkeit in Berlin fort.
Werke: u. a. Deutsche Lebensbilder (4 Bde., 1856), Reisebriefe aus Deutschland, Italien und Frankreich (1880), Stella (3 Bde., 1883), Römisches Tagebuch 1845–46 (1927).
73f.

Loerke, Oskar
* 1884 in Jungen, † 1941 in Berlin
Machte nach dem Besuch des Gymnasiums in Graudenz eine Forst- und Landwirtschaftslehre. Anschließend studierte er in Berlin Philosophie, Germanistik, Musik und Geschichte. 1913 erhielt er den Kleistpreis. Nach einer Reise nach Nordafrika und Süditalien wurde er in Berlin Dramaturg. Ab 1917 arbeitete er als Lektor beim S. Fischer Verlag in Berlin. 1926 wurde er Senator und 1928–33 war er Sekretär der Sektion für Dichtkunst der Preußischen Akademie der Künste.
Werke: u. a. Gedichte (1915), Der Silberdistelwald (1934), Die Abschiedshand (1949).
432

Luther, Martin
* 1483 in Eisleben, † 1546 ebda.
Deutscher Reformator. Studierte ab 1501 in Erfurt Rechtswissenschaft, interessierte sich aber mehr für Philosophie und Dichtkunst. 1502 machte er seinen Magister. Drei Jahre später, 1505, trat er völlig überraschend ins Augustinerkloster in Erfurt ein und wurde 1507 zum Priester geweiht. 1508 erhielt er eine Professur in Wittenberg, wo er 1512 den Doktortitel erwarb. 1517 veröffentlichte er seine 95 Thesen. Im Jahr 1521 vom Reichstag in Worms aufgefordert, seine Schriften und Ansichten zu widerrufen, verweigert er dies standhaft, wofür er mit der Reichsacht belegt wird. Er wird auf der Wartburg interniert. 1522 erscheint der erste Teil seiner Bibelübersetzung: das Neue Testament. Zwölf Jahre später, 1534, wird die erste deutsche Gesamtausgabe der Bibel veröffentlicht. In den Jahren 1532–34 predigte er aus gesundheitlichen Gründen nicht mehr von der Kanzel, sondern nur noch zu Hause.
Werke: u. a. Von der Freiheit eines Christenmenschen (1520), Babylonische Gefangenschaft der Kirche (1520), Von den Conciliis und Kirchen (1539), Luthers Briefwechsel (1866).
460f.

Merian, Matthaeus (der Ältere)
* 1593 in Basel, † 1650 in Schwalbach
Erlernte das Kupferstechen in Zürich und arbeitete in Nancy, Paris, den Niederlanden und später zumeist in Frankfurt. Wurde berühmt durch seine Topographien verschiedener Länder und deutscher Regionen, die er seit 1640 zusammen mit M. Zeiller herausgab.
199, 218, 221, 328, 381f.

Miegel, Agnes
1879 in Königsberg, † 1964 in Bad Salzuflen
Nach Studienreisen nach Frankreich und Italien ging sie als Journalistin nach Berlin. 1920–26 leitete sie das Feuilleton der »Ostpreußischen Zeitung« in Königsberg. 1933 wurde sie Mitglied der Deutschen Akademie der Dichtung. Im Jahr 1945 flüchtete sie aus Königsberg und lebte seit 1948 in Bad Salzuflen.
Werke: u. a. Gedichte (1901), Geschichten aus Alt-Preußen (1926), Mein Bernsteinland und meine Stadt (1944), Truso (1958).
107f.

Nicolaus von Jeroschin
(14. Jahrhundert)
Preußischer Chronist, lebte als Kaplan des Hochmeisters auf der Marienburg, Dietrich von Altenburg, und übersetzte Petrus von Dusbergs »Cronica terrae Prussiae« ins Deutsche.
Werk: Die Kronike von Pruzinlant (1331–35).
17

Opitz, Martin
* 1597 in Bunzlau, † 1639 in Danzig
Nach dem Studium in Frankfurt an der Oder und in Heidelberg unternahm er 1620 und 1621 Reisen nach Holland und Jütland. 1622 war er als Gymnasiallehrer in Weißenburg/Siebenbürgen tätig, seit 1623 lebte er zumeist am Hof in Liegnitz. 1625 wurde er von Kaiser Ferdinand II. in Wien zum Poeta laureatus gekrönt. Ein Jahr später wurde er zum Sekretär und Leiter der Geheimen Kanzlei in Breslau ernannt. 1633 stand er im diplomatischen Dienst der Herzöge von Liegnitz und Brieg, führte in der folgenden Zeit jedoch ein unstetes Leben, bis er auf Veranlassung König Wladislaws IV. von Polen 1636 in Danzig Hofhistoriograph wurde. Seit 1629 war er Mitglied der »Fruchtbringenden Gesellschaft«.
Werke: u. a. Teutsche Poemata (1624), Buch von der teutschen Poeterey (1624), Trostgedichte in Widerwärtigkeit des Kriegs (1633).
470f.

Preuß, August Eduard
* 1801 in Kaukehmen, † 1839 in Königsberg
Setzte seine schulische Ausbildung ab dem 16. Lebensjahr in Königsberg fort, wo er ab 1821 auch Theologie studierte. 1824 wurde er, noch bevor er das Studium beendet hatte, als Hilfslehrer am Königlichen Waisenhaus angestellt. 1829 wurde er zum Direktor dieser Schule ernannt. Er begründete die Zeitschrift »Der Volksschulfreund«, deren erstes Heft am 1. April 1837 erschien, und betätigte sich nebenbei auch schriftstellerisch.
Werke: u. a. Preußische Landes- und Volkskunde oder Beschreibung von Preußen (1835), Preußischer Kinderfreund (1836), Biblische Geschichte für Schulen und Familien (1839).
74f., 82ff., 96f., 154ff., 160f., 201, 213f., 217f., 229, 259f., 266ff., 342ff., 433, 442

Prowe, Leopold Friedrich
* 1821 in Thorn, † 1887 ebda.
Nach dem Besuch des Gymnasiums in Thorn begann er 1840 in Leipzig und

später in Berlin mit dem Theologiestudium. Nach Abschluß des Studiums wirkte er 43 Jahre lang in Thorn als Gymnasiallehrer, daneben war er Mitglied der Stadtverordnetenversammlung und der städtischen Schuldeputation. Aufgrund seines wissenschaftlichen Interesses an Kopernikus unternahm er mehrere Archivreisen nach Schweden, Italien, Frauenburg und Krakau. Für seine Verdienste erhielt er von Kaiser Wilhelm I. den Roten Adlerorden und vom italienischen Königshaus das Ritterkreuz.
Werke: u. a. Zur Biographie des Nicolaus Copernikus (1853), Nicolaus Copernikus (3 Bde., 1882–84).
338f.

Reinick, Robert
* 1805 in Danzig, † 1852 in Dresden
Sohn eines Großkaufmanns; wurde Maler. 1828 hielt er sich in Nürnberg auf und entdeckte hier seine Begeisterung für Dürer. 1831 war er in Düsseldorf, 1838 unternahm er eine Italienreise. Seit 1844 lebte er in Dresden. Vor allem bekannt wurde er als volkstümlicher Lyriker, Märchen-, Fabel- und Geschichtenerzähler.
Werke: u. a. Deutscher Jugendkalender (6 Bde., 1847–52), Drei Umrisse nach Holzschnitten von Dürer (Text und Gesänge, 1830), Märchen-, Lieder- und Geschichtenbuch (1873).
412f., 452

Reinoß, Herbert
* 1935 in Schwarzenberg
Lebt in Gütersloh und ist als Verlagslektor tätig. Schreibt Romane, Novellen, Essays und Dramatisches.
Werke: u. a. Ein altes Lied (1963), Eine fast alltägliche Begegnung (1970), Frag den Wind und die Sterne (1976), Ostpreußen. Porträt einer Heimat (1980).
448ff.

Robertin, Robert
* 1600 in Saalfeld/Ostpreußen, † 1648 in Königsberg
Studierte in Königsberg, Leipzig und Straßburg. Mit Martin Opitz befreundet. 1637 wurde er Sekretär am Hofgericht in Saalfeld. Mit Simon Dach und Heinrich Albert zählt er zum Königsberger Dichterkreis. Seine Gedichte sind veröffentlicht in Heinrich Alberts »Musik-Lustwäldchen« von 1648.
42f.

Rosenkranz, Carl
* 1805 in Neustadt bei Magdeburg, † 1879 in Königsberg
Studierte in Berlin, Halle und Heidelberg, habilitierte sich 1828 in Halle und wurde hier 1831 zum außerordentlichen Professor ernannt. 1833 übersiedelte er als ordentlicher Professor der Philosophie nach Königsberg. 1848–49 war er vortragender Rat im Ministerium des Kultus in Berlin, bevor er wieder als Professor nach Königsberg zurückging. Zuletzt erblindete er.
Werke: u. a. Handbuch einer allgemeinen Geschichte der Poesie (3 Bde., 1832–33), Leben Hegels (1844), Meine Reform der Hegelschen Philosophie (1852), Wissenschaft der logischen Idee (2 Bde., 1858–59).
60ff.

Rosenwall, P. H. (d. i. Gottfried Peter Rausahnick)
1779 in Königsberg, † 1835 in Leipzig
War zunächst Beamter, später Gutsbesitzer. Unternahm Reisen nach Holland, den Rheinlanden und in die Schweiz. 1815–1819 lebte er in Frankfurt am Main, Mainz und Bonn. 1819–1822 redigierte er die »Allgemeine Zeitung« in Elberfeld, anschließend die Zeitschrift »Hermann« und ließ sich 1827 in Leipzig nieder. Verfaßte vorwiegend Erzählungen.

Werke: u. a. Bemerkungen eines Russen über Preußen und seine Bewohner (1817), Päonien (2 Bde., 1820), Denkwürdigkeiten aus der Geschichte der Vorzeit (2 Bde., 1822–23), Züge aus dem Pfaffentum der Deutschen im Mittelalter (1833).
108ff., 112f., 118ff., 211ff., 217, 363ff., 382ff., 387ff.

Schaeffer, Albrecht
* 1885 in Elbing, † 1950 in München
Studierte in München und Berlin klassische und deutsche Philologie. Lebte ab 1913 als freier Schriftsteller in Hannover, nach dem Ersten Weltkrieg in Bayern. 1939 emigrierte er über Kuba in die USA und kehrte im Jahr 1950 nach Deutschland zurück, wo er schon mehrere Wochen später starb.
Werke: u. a. Helianth (1920), Aphaia (1937), Das Haus am See (1934).
250ff.

Scheerbart, Paul (Ps. Bruno Küfer)
* 1863 in Danzig, † 1915 in Berlin
Sohn eines Zimmermanns; lebte als freier Literat an verschiedenen Orten, seit 1887 in Berlin, wo er 1892 den »Verlag deutscher Phantasten« gründete.
Werke: u. a. Tarub (1897), Der Kaiser von Utopia (1904), Münchhausen und Clarissa (1906), Astrale Noveletten (1912).
486ff.

Schenkendorf, Max von
* 1783 in Tilsit, † 1817 in Koblenz
Studierte in Königsberg Kameralwissenschaften und wurde danach Referendar in Königsberg. Obwohl bei einem Pistolenduell sein rechtes Auge schwer verletzt worden war, nahm er 1813 am Krieg beim preußischen Generalstab teil. Zuletzt lebte er als Regierungsrat in Koblenz. War mit Görres befreundet.
Werke: u. a. Christliche Gedichte (1814), Gedichte (1819), Poetischer Nachlaß (1832).
129f., 228.

Schinkel, Carl Friedrich
* 1781 in Neuruppin, † 1841 in Berlin
Übersiedelte 1798 in Berlin in das Haus von David Gilly, um sich von diesem und dessen Sohn Friedrich in der Baukunst unterrichten zu lassen. 1799 besuchte er kurzzeitig die Bauakademie und arbeitete nach bestandenem Examen zunächst als privater Architekt. 1803 unternahm er eine Studienreise über Süddeutschland und Österreich nach Italien und Sizilien und über Paris nach Berlin zurück. 1810 wird er auf Empfehlung Wilhelm von Humboldts in den Staatsdienst übernommen. Im Jahr 1811 ernennt ihn die Akademie der Künste in Berlin zum ordentlichen Mitglied. 1830 wurde er zum Oberbaudirektor befördert, 1838 erhielt er den Titel Oberlandes-Baudirektor. Im Jahre 1819 bereiste er Ostpreußen und führte darüber ein Tagebuch, das für die baulichen Maßnahmen in diesem Gebiet in den nachfolgenden Jahren maßgeblich werden sollte.
Werke: Schinkels Lebenswerk (10 Bde., 1960).
136, 342, 353

Schmidt, Ferdinand
* 1816 in Frankfurt an der Oder, † 1890 in Berlin
Beliebter Volks- und Jugendschriftsteller. War bis zu seiner Versetzung in den Ruhestand an einer Gemeindeschule in Berlin als Lehrer tätig. Sein Engagement für die unteren Volksschichten führte zur Gründung von Volksbibliotheken und des Vereines zum Wohl der arbeitenden Klassen.
Werke: u. a. Weltgeschichte für Haus

und Schule (1876), Berliner Bilder (1876), Preußens Geschichte in Wort und Bild (3. Auflage 1881–83), Frauengestalten aus der Sage und Geschichte (1881).
76ff., 446ff.

Schopenhauer, Arthur
* 1788 in Danzig, † 1860 in Frankfurt am Main
Durchläuft ab 1805 auf Wunsch des Vaters eine Kaufmannslehre. 1809 begann er in Göttingen mit dem Studium der Medizin und Philosophie. Während der Befreiungskriege schrieb er 1813 seine Doktorarbeit »Die vierfache Wurzel des Satzes vom zureichenden Grunde«. Danach privatisierte er in Dresden einige Jahre und widmete sich seinen philosophischen Studien, bevor er 1818 eine Reise nach Italien unternimmt. 1820 habilitiert er sich in Berlin, zwei Jahre später verläßt er die Stadt wieder und reist ins Ausland. 1831 gibt er seine Universitätslaufbahn endgültig auf und zieht nach Frankfurt am Main, wo er bis zu seinem Tode lebt.
Werke: u. a. Die Welt als Wille und Vorstellung (1818), Über den Willen in der Natur (1836), Über die Freiheit des Willens (1839).
482ff.

Schopenhauer, Johanna Henriette
* 1766 in Danzig, † 1838 in Jena
Heiratet den reichen und angesehenen Kaufmann Heinrich Floris Schopenhauer und unternimmt ab 1787 ausgedehnte Reisen nach Berlin, Frankfurt, Hannover, Antwerpen, Brüssel, Paris und England. 1788 Geburt des Sohnes Arthur, 1797 der Tochter Luise Adelheid. Schon im Jahr 1793 siedelte sie mit ihrer Familie von Danzig nach Hamburg über. 1800 und 1803 geht sie erneut auf Reisen durch Deutschland, nach Holland, Belgien, England und Paris. Die Ereignisse dieser Reisen hält sie in ihren Tagebüchern fest. 1804 reist sie in die Alpen, nach Südfrankreich und Österreich. Im darauffolgenden Jahr stirbt ihr Mann unter ungeklärten Umständen, von seinem Vermögen ist nicht mehr viel übrig. 1806 begibt sie sich nach Weimar und trifft dort Goethe, Wieland, Fernow und andere. Fernow lebte bis zu seinem Tod in ihrem Haus. 1814 kommt es zum endgültigen Bruch zwischen Johanna und ihrem Sohn Arthur. 1832–37 lebte sie mit ihrer Tochter in Bonn, dann siedelte sie auf Einladung des Großherzogs von Sachsen nach Jena über.
Werke: u. a. Reisen nach England, Schottland und Frankreich (1813), Jugendleben und Wanderbilder (2 Bde., 1839), Sämmtliche Schriften (24 Bde., 1830–31).
461ff.

Schultz, Johann Carl
* 1801 in Danzig, † 1873 ebda.
Architekturmaler. Besuchte die Kunstschule in Danzig und ab 1820 die Kunstakademie in Berlin unter der Leitung von Johann Gottfried Schadow. Bis 1823 unternahm er mehrere Studienreisen nach Dresden, Meißen, Kassel, Bayreuth, München. 1824 erhielt er ein Reisestipendium nach Italien und blieb dort bis 1828. Zurück in Berlin wurde er 1830 Lehrer an der Berliner Bauschule. 1831 übernahm er die Leitung der Kunstschule in Danzig, wo er bis zu seinem Tode lebte und 1835 den Danziger Kunstverein gründete. 1872 zog er sich aus seinem Amt zurück.
Werke: u. a. Danzig und seine Bauwerke in malerischen Originalradierungen (1845–68), Über alterthümliche Gegenstände der bildenden Kunst in Danzig (1841).
464 ff.

Schumann, Julius Heinrich
* 1810 in Königsberg, † 1868 in Berlin
Wuchs zunächst in Mohrungen auf und besuchte dann das Gymnasium in Königsberg, wo er ab 1831 an der Universität Mathematik, Naturwissenschaften und Physik studierte. Nach einer Tätigkeit als Hauslehrer wurde er 1841 Lehrer in Elbing, 1844 Oberlehrer in Königsberg. Schumann starb auf der Rückreise von einem Kuraufenthalt in Südbayern in Berlin.
Werke: Geologische Wanderungen durch Altpreußen (1869), zahlreiche Zeitschriftenbeiträge.
169ff.

Sienkiewicz, Henryk
* 1846 in Wola Okrzejska, † 1916 in Vevey
Studierte in Warschau Philosophie und veröffentlichte 1872 seine erste Novelle. Bekannt wurde er durch seine im Anschluß an eine Amerikareise im Jahr 1876 veröffentlichten Reisebriefe. Fortan schrieb er vornehmlich historische Romane und wurde zum bedeutendsten polnischen Schriftsteller seiner Zeit. Er lebte abwechselnd in Warschau und Krakau. 1905 erhielt er den Nobelpreis für Literatur.
Werke: u. a. Hanna (dt. 1887), Mit Feuer und Schwert (dt. 1884), Quo vadis (1895).
236ff.

Solschenizyn, Alexander
* 1918 in Kislovodsk/UdSSR
Studierte Mathematik, Physik und Literatur und wurde Physiklehrer. Nahm ab 1941 am Zweiten Weltkrieg teil. Nach kritischen Äußerungen über Stalin wurde er verhaftet und zu acht Jahren Zwangsarbeit verurteilt. Ab 1953 lebte er in der Verbannung, bis er 1956 rehabilitiert wurde. 1962 wurde ihm die Veröffentlichung von »Ein Tag im Leben des Iwan Denissowitsch« erlaubt, worin er seine Erlebnisse verarbeitete. Doch im Laufe der sechziger Jahre fiel er erneut in Ungnade und wurde 1969 aus dem Schriftstellerverband ausgeschlossen. 1971 erhielt er den Literaturnobelpreis. Im Jahr 1974 wurde er aus der UdSSR ausgewiesen und lebt seitdem im Westen.
Werke: u. a. Im Interesse der Sache (1963), Krebsstation (1968), Der Archipel GULAG (3 Bde., 1973–75), Ostpreußische Nächte (1974).
245

Spohr, Louis
* 1784 in Braunschweig, † 1859 in Kassel
Erhielt 1799 seine erste Anstellung als Geiger in Braunschweig. Wurde 1805 Konzertmeister in Gotha. 1813 Orchesterdirektor am Theater an der Wien, 1817 Operndirektor in Frankfurt am Main und ab 1821 Hofkapellmeister in Kassel. Daneben unternahm er zahlreiche Konzertreisen im In- und Ausland und leitete viele Musikfeste. Er komponierte u. a. vierzig Streich- und Doppelquartette, fünfzehn Violinkonzerte, neun Sinfonien und zehn Opern.
Schriftstellerisches Werk: Selbstbiographie (2 Bde., 1860–61).
472f.

Strehlke, Friedrich
* 1825 in Danzig, † 1896 in Berlin
Nach dem Studium in Danzig wurde er dort Gymnasiallehrer. Seit 1864 war er als Gymnasialdirektor in Marienburg tätig, ab 1878 als Direktor der Doppel-Schulanstalt Gymnasium und Realschule in Thorn. Bekannt wurde er durch literarhistorische Arbeiten.
Werke: u. a. Martin Opitz (1856), Goethes Werke (Hempel-Ausgabe, 1868–79), Corneilles Dramen (hg. 1877).
329f., 415, 451

Sudermann, Hermann
1857 in Matziken/Memelland, † 1928 in Berlin
Sohn eines Landwirts. Studierte in Königsberg und Berlin Philosophie und Geschichte. 1881/82 war er Schriftleiter am »Deutschen Reichsblatt«, dann Hauslehrer, bis er schließlich freier Schriftsteller wurde. Er galt anfangs als bedeutendster Dramatiker des Naturalismus neben Gerhart Hauptmann.
Werke: u. a. Frau Sorge (1887), Heimat (1893), Litauische Geschichten (1917), Der Hüter der Schwelle (1921).
115ff., 407ff.

Toeppen, Max Pollux
* 1822 in Königsberg, † 1893 in Elbing
Das Studium der klassischen Philologie und Geschichte schloß er im Jahre 1843 in Königsberg mit der Doktorwürde ab. Bis 1848 lehrte er dann an der Albertina. Bis 1854 war er als Lehrer an den Gymnasien in Elbing und Posen tätig; in diesem Jahr ging er als Direktor des Progymnasiums nach Hohenstein in Ostpreußen, wo er fünfzehn Jahre blieb. 1882 kehrte er ans Gymnasium in Elbing zurück, doch 1893 mußte er seine berufliche Tätigkeit wegen Krankheit aufgeben. Er wurde vor allem als Forscher auf dem Gebiet der altpreußischen Provinzialgeschichte bekannt.
Werke: u. a. Die Gründung der Universität Königsberg und das Leben ihres ersten Rektors Georg Sabinus (1844), Geschichte der preußischen Historiographie (1853), Historisch-comparative Geographie von Preußen (1858).
276ff., 292ff.

Toller, Ernst
* 1893 in Samotschin/Posen, † 1939 durch Selbstmord in New York
Nach dem Besuch des Gymnasiums in Bromberg studierte er zunächst in Grenoble/Frankreich, kehrte aber 1914 nach Deutschland zurück und meldete sich als Kriegsfreiwilliger. 1916 wurde er Kriegsgegner und nach einer schweren Verwundung aus dem Militärdienst entlassen, er setzte sein Studium in München und Heidelberg fort. 1918 führende Rolle bei der Novemberrevolution in München, nach Eisners Tod Staatsoberhaupt der ersten Bayerischen Räterepublik, deshalb dann fünf Jahre Festungshaft. Danach zog er nach Berlin, arbeitete an der »Weltbühne« mit und unternahm mehrere Reisen. 1933 emigrierte er in die USA.
Werke: u. a. Die Wandlung (1919), Masse – Mensch (1921), Das Schwalbenbuch (1924), Eine Jugend in Deutschland (1933).
287f.

Treitschke, Heinrich von
* 1834 in Dresden, † 1896 in Berlin
Studierte in Bonn, Leipzig, Tübingen und Heidelberg Staatswissenschaften, Philosophie und Geschichte. Nach seiner Habilitation wirkte er als Professor in Freiburg/Br., in Kiel, Heidelberg und schließlich 1874 in Berlin. Dort war er auch Historiograph des Königreichs Preußen. Seit 1871 Mitglied des Reichstags. Mitarbeiter der »Preußischen Jahrbücher« und Herausgeber der »Historischen Zeitschrift«.
Werke: u. a. Vaterländische Gedichte (1856), Studien (1857), Historische und politische Aufsätze (1865–97), Deutsche Geschichte im 19. Jahrhundert (1879–94).
137ff., 246ff., 346ff.

Trojan, Johannes
* 1837 in Danzig, † 1915 in Rostock
Studierte in Berlin und Bonn deutsche Philologie. 1862–1904 arbeitete er am »Kladderadatsch« mit, seit 1886 fungierte er als dessen Chefredakteur.

Werke: u. a. Beschauliches (1870), Gedichte (1883), Von Strand und Heide (1888), Hundert Kinderlieder (1899), Erinnerungen (1912).
427, 442

Waissel, Matthaeus
* um 1540 in Bartenstein, † 1602 (?)
War bis 1573 in Bartenstein als Schulmeister tätig und versah 1574–87 bei Kastenburg das Pfarramt. Nähere Lebensumstände sind nicht bekannt. Er spielte von Jugend an Laute und komponierte geistliche und weltliche Lieder und Tänze.
Werke: u. a. Lautenbuch, Darinnen von der Tabulatur und Application der Lauten gründlicher und voller Unterricht … (1592), Summa doctrina sacrae (1596), Chronica alter Preusscher, Eifflendischer und Curlendischer Historien (1599).
330ff., 360f

Wald, Samuel Gottlieb
* 1762 in Breslau, † 1828
Evangelischer Theologe. Wurde 1786 in Königsberg ordentlicher Professor für griechische Sprache. Später wurde er Direktor des Friedrichkollegs oder Fridericianums. 1793 erhielt er seine Ernennung zum ordentlichen Professor der Theologie und 1796 wurde er südpreußischer Consistorialrat. Im Jahr 1800 beförderte man ihn zum Consistorialrat und Schulrat von Ostpreußen. 1810 wurde er vom Direktorat des Fridericianums entbunden.
Werke: u. a. Übersicht der allgemeinen Literatur- und Kunstgeschichte I (1786), Beiträge zur Biographie des Professor Kant (1804).
156ff.

Weißel, Georg
* 1590 in Domnau, † 1635 in Königsberg
Studierte 1608–11 in Königsberg Theologie, dann bis 1814 in Wittenberg, Leipzig, Jena, Straßburg, Basel und Marburg. 1614–17 lebte er als Rektor in Friedland/Ostpreußen, seit 1623 als erster Pfarrer an der Altrößgarter Kirche in Königsberg. Weißel verfaßte zahlreiche Gelegenheitsgedichte und zirka 20 Kirchenlieder.
200

Werner, Zacharias
* 1768 in Königsberg, † 1823 in Wien
Studierte ab 1784 Jura und hörte nebenbei Vorlesungen von Kant, brach das Studium jedoch ab. War dreimal verheiratet, wurde jedesmal geschieden. Bis zum Jahr 1810, in dem er zur katholischen Kirche übertrat, lebte er nacheinander in Thüringen, den Rheinlanden, in der Schweiz und Frankreich und in Rom. 1813 wurde er in Aschaffenburg zum Priester geweiht. Lebte zuletzt in Wien, wo er vor allem als glänzender Kanzelredner bekannt war.
Werke: u. a. Martin Luther oder Die Weihe der Kraft (1806), Cunegunde, die Heilige (1815), Dramatische Werke (1820).
56

Wernicke, Christian
* 1661 in Elbing, † 1725 in Kopenhagen
Studierte seit 1680 in Kiel und verdingte sich als Hofmeister. 1708–23 hielt er sich als dänischer Gesandter in Paris auf. Er schrieb vorwiegend Epigramme.
Werke: u. a. Überschriffte Oder Epigrammata (1697), Poetischer Versuch (1704).
393

Wichert, Ernst
* 1831 in Insterburg, † 1902 in Berlin
Studium der Geschichte und der Rechte in Königsberg. 1860 ging er als Kreis-

richter nach Preußisch-Litauen, 1863 kehrte er als Stadtrichter zurück nach Königsberg. Hier wurde er 1877 zum Oberlandesgerichtsrat befördert. Im Jahr 1888 übersiedelte er nach Berlin, wo er Kammergerichtsrat wurde. 1896 trat er als Geheimer Justizrat in den Ruhestand. Die Universität Königsberg hatte ihm die Ehrendoktorwürde verliehen.
Werke: u. a. Der Große Kurfürst in Preußen (3 Bde., 1888), Litauische Geschichten (2. Folge 1890), Die Königin Luise (1900). Gesammelte geschichtliche Romane (1927).
97ff., 370ff.

Wuttke, Heinrich
* 1818 in Brieg, † 1876 in Leipzig
Sohn eines Bürgermeisters. Studierte in Breslau und Berlin, bevor er 1841 in Leipzig Privatdozent und 1848 ordentlicher Professor wurde. War Mitglied des Frankfurter Parlaments und wurde als Historiker und Publizist bekannt.
Werke: u. a. Friedrich des Großen Besitzergreifung von Schlesien (2 Bde., 1842/43), Polen und Deutsche (1846), Die deutschen Zeitschriften und die Entstehung der öffentlichen Meinung in Deutschland (1866), Zur Vorgeschichte der Bartholomäusnacht (1876).
315ff., 279ff., 298ff., 309.

Ferner sind Texte folgender Autoren enthalten:
Cornelius von Almonde (443ff.), C. E. T. Amelung (39ff., 207ff.), Anonymus (308), Landesgerichtsrat Berndt (316ff.), Erika Bleck (332f.), K. H. Brandes (424ff., 428f, 445f.), Karl Gustav von Brinckmann (130ff.), Waldemar Epp (492ff.), Anton von Etzel (72f., 389ff., 408ff.), Fr. Förster (110f., 392f, 412, 457ff.), E. Hannighofer (144), C. Hildebrandt (92ff.), Egbert H. Hoffmann (190), Wolfgang Ignée (411, 416), August von Kotzebue (366ff.), Kriegs- und Domänenrat Ladewig (319f), A. G. H. Lambeck (260, 269ff.), A. Lehmann (353f.), Ernst Graf Lippe-Weißenfeld (345f.), Christ. Meyer (280f.), Wilhelm Neuhof (400ff.), Agnes Ohl (362f.), Fr. Reiche (199f., 258f., 289f., 358ff.), Hans Rychener (242ff), Heinrich Floris Schopenhauer (480ff.), Dr. Stadie (434ff.), Manfred Vollack (182ff.), Carl Friedrich Wagner (282f., 291f, 311ff.), Albert Weiß (125f., 145f., 149f., 159f., 167ff., 173ff.), Widar Ziehnert (334ff.).

Aus Sammelbänden u. ä.
Aus »Borussia«: (126ff., 184, 193ff., 197ff., 214f., 466ff.).
Aus »Dokumentation der Vertreibung der Deutschen aus Ost- und Mitteleuropa« (190ff.).
Aus »Illustrirtes Konversations-Lexikon«: (18ff., 265f., 314f.).
Aus »Meyers Konversationslexikon«: (304ff.).
Aus »Preußische Archive«: (322ff., 326ff.).
Aus »E. Schmidt, Bromberger Chronik«: (284f.).
Aus »F. Swillus, Unser Ostpreußen«: (255f., 389f.).
Sagen finden sich auf den Seiten: 260f., 286f., 302f, 320, 333f., 352, 420ff., 427f,
Lieder auf den Seiten: 144, 147f., 162f., 195ff., 206, 219f., 257f., 322., 410.

Unsere Quellen

Amelung, C. E. T.: Die denkwürdigsten Tage des Preußischen Vaterlandes in historischer und poetischer Betrachtung. 2. vermehrte und verbesserte Auflage Berlin 1862

Arndt, Ernst Moritz: Meine Wanderungen und Wandlungen mit dem Reichsfreiherrn vom Stein. Leipzig o. J.

Auer, Ludwig von: Kriegsgeschichtliche Denkwürdigkeiten des Ordens-Haupthauses und der Stadt Marienburg in Westpreußen. Danzig 1824

Baczko, Ludwig von: Handbuch der Geschichte, Erdbeschreibung und Statistik Preußens. 2 Theile. Königsberg und Leipzig 1802–03

Baczko, Ludwig von: Versuch einer Geschichte und Beschreibung Königsbergs. 2., völlig umgearbeitete Auflage Königsberg 1804

Baedeker, Carl: Handbuch für Reisende in Deutschland und dem Österreichischen Kaiserstaate. Coblenz 1846

Barthold, Friedrich Wilhelm: Geschichte der deutschen Städte und des deutschen Bürgerthums. 4 Teile in 2 Bänden. 2. Ausgabe Leipzig 1859

Beckherrn, Carl: Rastenburg historisch-topographisch dargestellt. Rastenburg 1880

Bobrowski, Johannes: Sarmatische Zeit. Schattenland. Ströme. © 1961/62 Deutsche Verlags-Anstalt, Stuttgart, mit freundlicher Genehmigung des Verlages

Borussia. Museum für Preußische Vaterlandskunde. 3 Bände. Dresden 1838

Brandes, K. H.: Ausflug von Memel nach Muskau im Sommer 1859. Lemgo und Detmold 1860

Daniel Chodowieckis Künstlerfahrt nach Danzig im Jahre 1773. Des Künstlers Tagebuch dieser Reise in deutscher Übertragung und das Skizzenbuch in getreuer Nachbildung mit einer Einleitung herausgegeben von Willibald Franke. Leipzig, Berlin 1919

Lovis Corinth. Eine Dokumentation. Zusammengestellt und erläutert von Thomas Corinth, Tübingen 1979, mit freundlicher Genehmigung durch Frau Wilhelmine Corinth-Klopfer

Cornelius, Wilhelm und Theodor von Kobbe: Wanderungen an der Nord- und Ostsee. Leipzig 1838

Curicke, Reinhold: Der Stadt Dantzig historische Beschreibung. Danzig 1687

Simon Dach, seine Freunde und Johann Röling. Herausgegeben von H. Oesterley. Berlin, Stuttgart o. J.

Dohna, Abraham von: Historische reimen von dem ungereimten reichstag anno 1613. Durch einen kurzweiligen liebhaber der wahrheit ans liecht gebracht, desselben jars in der weinlese nach der stroernte.

Dokumentation der Vertreibung der Deutschen aus Ost-Mitteleuropa. Herausgegeben vom Bundesministerium für Vertriebene, 1953

Eichendorff, Joseph von: Sämtliche Werke. Historisch-kritische Ausgabe. Herausgegeben von Wilhelm Kosch und August Sauer. Regensburg o. J.

Epp, Waldemar: Danzig. Bechtle-Verlag, Esslingen 1983, mit freundlicher Genehmigung des Verlages

Etzel, Anton von: Die Ostsee und ihre Küstenländer, geographisch, naturwissenschaftlich und historisch geschildert. Leipzig 1859
Förster, Fr.: Statistisch-topographisch-historische Übersicht des Preußischen Staats. Berlin, Leipzig o. J.
Freytag, Gustav: Gesammelte Werke. Leipzig 1887
Genée, Rudolph: Danzig's altertümliche Gebäude. Danzig 1857
Goldbeck, Johann Friedrich: Volständige Topographie des Königreich Preussen. 2 Theile. Marienwerder 1789
Goltz, Bogumil: Buch der Kindheit. 5. Auflage Berlin 1905
Gottsched, Johann Christoph: Versuch einer Critischen Dichtkunst vor die Deutschen. Leipzig 1731
Grässe, Johann Georg Theodor: Sagenbuch des Preußischen Staates. 2 Bände. Glogau 1868 und 1871
Gregorovius, Ferdinand: Wanderjahre in Italien. Leipzig 1856
Gruppe, Otto Friedrich: Gedichte. In Auswahl herausgegeben vom Sohne des Dichters. Leipzig o. J.
Halbe, Max: Bauern im Stromland, in: Sämtliche Werke, 14 Bände, Verlag Das Bergland-Buch, Salzburg 1945, mit freundlicher Genehmigung der F. A. Herbig Verlagsbuchhandlung GmbH, München
Hartknoch, Christoph: Alt- und Neues Preussen Oder Preussischer Historie ... 2 Theile. Frankfurt und Leipzig 1684
Heermann, Johannes: Devoti Musica Cordis Hausz- und Hertz- Musica. Das ist: Allerley geistliche Lieder aus den H. Kirchenlehrern und selbst eigner Andacht ... Leipzig 1630
Heinel, Eduard: Geschichte Preußens bis auf die neueste Zeit für das Volk und die Jugend, nebst einem Anhange, das Wichtigste aus der Geschichte Brandenburgs enthaltend. Königsberg 1861
Herder, Johann Gottfried: Werke. Nach den besten Quellen revidirte Ausgabe. Berlin o. J.
Hermes, Johann Timotheus: Sophiens Reise von Memel nach Sachsen. Ausgewählte Teile aus der Erstausgabe von 1770–72. Herausgegeben von Fritz Brüggemann. Leipzig 1941
Hildebrandt, C.: Heldenthaten der Väter. Magdeburg 1832
Hoffheinz, Gustav Theodor: Eine Wanderung durch Königsberg vor 250 Jahren. Königsberg 1868
Hoffmann, Egbert H.: Ostpreußen heute. Verlag Gräfe und Unzer, München 1966, mit freundlicher Genehmigung des Verlages
Hoffmann, E. T. A.: Gesammelte Schriften, 12 Bände. Berlin 1871–73
E. T. A. Hoffmann in Aufzeichnungen seiner Freunde und Bekannten. Eine Sammlung von Friedrich Schnapp. München 1974
Holz, Arno: Werke. Herausgegeben von W. Emrich und Anita Holz. Darmstadt 1961ff, mit freundlicher Genehmigung durch Herrn RA Dr. Manfred Assener
Ignée, Wolfgang: Masurische Momente. Reiseskizzen aus West- und Ostpreußen. Ein Tagebuch. Mit freundlicher Genehmigung des Autors
Illustrirtes Konversations-Lexikon für das Volk. Leipzig 1871ff.
Jacquemien, Rudolf: Textabdruck mit freundlicher Genehmigung durch Herrn Peter W. Wörster vom Johann-Gottfried-Herder-Institut in Marburg

Jung, Alexander: Charaktere, Charakteristiken und vermischte Schriften. 2 Bände. Königsberg 1848

Kant, Immanuel: Von den verschiedenen Racen der Menschen zur Ankündigung der Vorlesungen der physischen Geographie im Sommerhalbenjahre 1775. Königsberg 1775

Kaschnitz, Marie Luise: Gedichte, (vergriffen). © Claassen-Verlag in der Ullsteinbuchverlage GmbH, Berlin

Klöden, Karl Friedrich von: Jugenderinnerungen. Nach der ersten von Max Jähns besorgten Ausgabe neu bearbeitet von Karl Koetschau. Leipzig 1911

Koeppen, Wolfgang: Gesammelte Werke in sechs Bänden. Herausgegeben von Marcel Reich-Ranicki in Zusammenarbeit mit Dagmar von Briel und Hans-Ulrich Treichel. © Suhrkamp-Verlag, Frankfurt/Main 1986, mit freundlicher Genehmigung des Verlages

Kollwitz, Käthe: Tagebuchblätter und Briefe. Herausgegeben von Hans Kollwitz, Berlin 1948, mit freundlicher Genehmigung durch Herrn Prof. Dr. Arne A. Kollwitz

Kongehl, Michael: Belustigung bey der Unlust aus allerhand Geist- und Weltlichen Gedicht-Arten. Stettin 1684

Kotzebue, August von: Preußens ältere Geschichte. Riga 1808

Lambeck, A. G. H.: Geschichte der Begründung und des Wachstums der Reformation in Westpreußen. Thorn 1850

Lehndorff, Hans Graf von: Ostpreußisches Tagebuch, 14. Auflage, Biederstein-Verlag, München 1965, mit freundlicher Genehmigung des Verlages

Lenz, Jakob Michael Reinhold: Werke in einem Band. Ost-Berlin und Weimar 1975

Lenz, Siegfried: Heimatmuseum, © Hoffmann und Campe Verlag, Hamburg 1978, mit freundlicher Genehmigung des Verlages

Lewald, Fanny: Meine Lebensgeschichte. Berlin 1861/62

Lippe-Weißenfeld, Ernst Graf von: Westpreußen unter Friedrich dem Großen. Thorn 1866

Loerke, Oskar: Gedichte und Prosa, © Suhrkamp-Verlag, Frankfurt/Main 1958, mit freundlicher Genehmigung des Verlages

Merian, Matthaeus: Topographia Electorat. Brandenburgici et Ducatus Pomeraniae … das ist Beschreibung der Vornembsten und bekantesten Stätte und Plätz in dem hochlöblichsten Churfürstenthum und Marck Brandenburg und dem Herzogthum Pommeren zusampt einem doppelten Anhang, Vom Lande Preußen und Pomorellen, von Lifflande … Frankfurt/Main 1652

Meyer, Christian: Geschichte des Landes Posen. Posen 1881

Meyers Konversations-Lexikon. 5., gänzlich neubearbeitete Auflage. Leipzig und Wien 1895ff.

Miegel, Agnes: Gesammelte Balladen. Eugen Diederichs Verlag, Düsseldorf 1953, mit freundlicher Genehmigung des Verlages

Neuhof, Wilhelm: Historisch-romantische Erzählungen aus Preußens Vorzeit. Erfurt 1837

Opitz, Martin: Weltliche Poemata. Frankfurt/Main 1644

Ostpreußen – 700 Jahre deutsches Land. Festschrift der Königsberger Hartungschen Zeitung. Königsberg 1930

Ostpreußisches Panorama, München 1968 (für den Text von Paul Fechter, mit

freundlicher Genehmigung durch Frau Sabine Fechter, sowie den Text von Georg Hermanowski, mit dessen freundlicher Genehmigung)
Preuß, August Eduard: Preußische Landes- und Volkskunde. Königsberg 1835
Prowe, Leopold: Westpreußen in seiner geschichtlichen Stellung zu Deutschland und Polen. Thorn 1868
Publikationen aus den Königlich Preußischen Archiven. Bände 83 und 84. Leipzig 1909
Reiche, Fr.: Preußens Vorzeit, Historische Unterhaltungen, Gemälde und Sagen der Vergangenheit, von Städten, Burgen, Schlössern und Klöstern, Biographien und Züge aus dem Leben der Fürsten, Herren, Ritter und Bürger. 3 Bände. Berlin o. J.
Reinick, Robert: Märchen, Lieder und Geschichten. Volksausgabe. 4. Auflage Stuttgart 1913
Reinoß, Herbert (Hg.): Letzte Tage in Ostpreußen. Langen Müller Verlag, München 1983, mit freundlicher Genehmigung der F. A. Herbig Verlagsbuchhandlung GmbH München
Roese, Dr. Eduard: Lebende Spinnstubenlieder. Nach Wort und Weise aus Volksmund im ländlichen Ostpreußen aufgezeichnet und erläutert. Berlin 1911
Rosenkranz, Carl: Königsberger Skizzen. Danzig 1840
Rosenwall, P.: Bemerkungen eines Russen über Preussen und dessen Bewohner, gesammelt auf einer im Jahr 1814 durch dieses Land unternommenen Reise. Mainz 1817
Rychener, Hans: Vergessenes Land. Bern 1983
Schaeffer, Albrecht: Mitternacht. Zwölf Novellen. Leipzig 1928
Scheerbart, Paul: Rakkox der Billionär. Insel-Verlag, Leipzig 1900
Schenkendorf, Max von: Gedichte. Stuttgart, Tübingen 1815
Schinkel, Carl Friedrich: Deutschland in Schinkels Briefen und Zeichnungen. Herausgegeben von Carl von Lorck. Dresden 1937
Schmidt, Erich: Die Chronik des Bernhardinerklosters zu Bromberg. Übersetzung im Auszuge nebst Anmerkungen und verbindendem Texte. Bromberg 1900
Schmidt, Ferdinand: Preußens Geschichte in Wort und Bild. 3 Bände. 3. Auflage Leipzig 1881–83
Schneider, Johannes: Aus Gumbinnens Vergangenheit (1812–15). Gumbinnen 1904
Schoeps, Hans Joachim (Hg.): Aus den Jahren preußischer Not und Erneuerung. Tagebücher und Briefe der Gebrüder Gerlach und ihres Kreises 1805–1820. Berlin 1963
Schopenhauer. Briefe, Aufzeichnungen und Gespräche. Eingeleitet und ausgewählt von Paul Wiegler. Berlin und Wien 1916
Schopenhauer, Arthur: Sämtliche Werke. 6 Bände. Leipzig 1873–74
Schultz, Johann Carl: Danzigund seine Bauwerke. Danzig 1846–1867. Berlin 1872
Schwandt, Wilhelm: Westpreußen in Wort und Bild. Danzig 1907
Sienkiewicz, Henryk: Die Kreuzritter. Historischer Roman. Aus dem Polnischen übersetzt von S. Horowitz. Durchgesehen und verbessert von Hermann Wollschläger. 3. Auflage Berlin 1912
Solschenizyn, Alexander: Ostpreußische Nächte. Eine Dichtung in Versen. Aus dem Russischen übertragen von Nikolaus Ehlert. Luchterhand Literaturverlag, Darmstadt und Neuwied 1976, mit freundlicher Genehmigung des Verlages
Spohr, Louis: Selbstbiographie. 2 Bände. Cassel/Göttingen 1860/61

Dr. Stadie: Die Ansprüche der Polen auf Westpreußen. Thorn 1867.
Strehlke, F.: Deutsche Sagen aus Westpreußen. Nach mündlichen Mittheilungen. o. O. o. J.
Sudermann, Hermann: Das Bilderbuch meiner Jugend. Stuttgart und Berlin 1922
Swillus, F. (Hg.): Unser Ostpreußen. Ein Heimatbuch für Schule und Haus. 2 Teile. Leipzig und Berlin 1917
Aus den Tagebüchern des Grafen Lehndorff. Herausgegeben von Hans von Kuenheim. Berlin 1982
Toeppen, M.: Historisch-comparative Geographie von Preussen. Nach den Quellen, namentlich auch archivalischen dargestellt. Gotha 1858
Toller, Ernst: Eine Jugend in Deutschland, in: Gesammelte Werke. Herausgegeben von Wolfgang Frühwald und John Spalett. Carl Hanser Verlag, München/ Wien 1978, mit freundlicher Genehmigung des Verlages
Treitschke, Heinrich von: Das deutsche Ordensland Preußen. Leipzig 1915
Die Volkssagen Ostpreußens, Litthauens und Westpreußens. Gesammelt von W. J. A. von Tettau und J. D. H. Temme. Berlin 1837
Vollack, Manfred: Erlebtes Preußenland. Stationen einer bemerkenswerten Reise durch Pommern, die Neumark, West- und Ostpreußen. Husum-Verlag, Husum 1985 (2. Aufl.), mit freundlicher Genehmigung des Verlages
Wagner, Carl Friedrich: Geschichtliche, statistische und geographische Beschreibung des Großherzogthums Posen. Landsberg an der Warthe 1841
Waissel, Matthaeus: Chronica Alter Preusscher … Historien. Königsberg 1599
Wald, Samuel Gottlieb: Topographische Übersicht des Verwaltungs-Bezirks der Königlichen Preußischen Regierung zu Königsberg in Preußen. Königsberg 1820
Weiß, Albert: Preußisch-Littauen und Masuren. Historische und topographisch-statistische Studie betreffend den Regierungsbezirk Gumbinnen. Rudolstadt 1878
Werner, Zacharias: Ausgewählte Schriften. 13 Bände. Grimma 1841
Wernicke, Christian: Uberschriffte Oder Epigrammata, In Kurtzen Satyren, Kurtzen Lob-Reden und Kurtzen Sitten-Lehren bestehend. Amsterdam 1697
Wichert, Ernst: Heinrich von Plauen. Ein Roman aus der Vergangenheit deutschen Ostens. 2 Bände. Berlin 1942
Wichert, Ernst: Gesammelte Werke. Dresden 1896ff.
Wuttke, Heinrich: Städtebuch des Landes Posen. Leipzig 1864
Zeitmagazin Nr. 39 vom 18. September 1987 (für den Beitrag von Marion Gräfin Dönhoff, mit freundlicher Genehmigung der Autorin)
Ziehnert, Widar: Preußens Volkssagen, Mährchen und Legenden, als Balladen, Romanzen und Erzählungen. 3 Bände. Leipzig 1840

In wenigen Ausnahmefällen war es trotz entsprechender Bemühungen nicht möglich, die Inhaber der jeweiligen Rechte ausfindig zu machen oder ihre Zustimmung rechtzeitig vor der Veröffentlichung einzuholen. Für diese Fälle bitten wir um Verständnis und sichern die ordnungsgemäße Nachhonorierung im üblichen Rahmen zu bei Nachricht an die Bücher-GmbH, Klinikumallee 11, 8580 Bayreuth. – Im übrigen verweisen wir darauf, daß für die Textauszüge die Überschriften im allgemeinen von den Herausgebern formuliert wurden.

Alphabetisches Register

(Kursiv gesetzte Seitenzahlen verweisen auf Abbildungen)